벨기에 신앙고백서 강해

벨기에 신앙고백서 강해

찍은날 2019년 3월 25일
펴낸날 2019년 3월 30일
지은이 손재익
펴낸이 장상태
교　정 정현주 xian8805@gmail.com
펴낸곳 디다스코
　　　　서울시 서초구 서초동 1355-3 서초월드오피스텔 1605호
전　화 02-6415-6800
팩　스 02-523-0640
이메일 is6800@naver.com

등　록 2007년 4월 19일
신고번호 제2007-000076호
유　통 기독교출판유통 031-906-9191

ISBN 979-11-89397-01-2

값은 표지에 있습니다.

벨기에
신앙고백서 강해

| 네덜란드 신앙고백서 강해 |

손재익 지음

Confessio Belgica

너희 마음에 그리스도를 주로 삼아 거룩하게 하고
너희 속에 있는 소망에 관한 이유를 묻는 자에게는 대답할 것을
항상 준비하되 온유와 두려움으로 하고
벧전 3:15

디다스코

머리말

개혁주의 신학을 따르는 개혁교회와 장로교회는 세 개의 에큐메니칼 신경(사도신경, 니케아-콘스탄티노플 신경, 아타나시우스 신경)과 더불어 일곱 개의 중요한 신조를 고백한다. 벨기에 신앙고백서(1561), 하이델베르크 요리문답(1563), 제2스위스 신앙고백서(1566), 도르트 신조(1618-1619), 웨스트민스터 신앙고백서(1647), 웨스트민스터 소요리문답(1647), 웨스트민스터 대요리문답(1648).

이 책에서 다루는 벨기에 신앙고백서(*Confessio Belgica*, 1561)는 하이델베르크 요리문답(1563), 도르트 신조(1618-1619)와 함께 '개혁교회의 일치를 위한 세 개의 신조'(*Drie formulieren van enigheid*, The Three Forms of Unity)라고 불린다. 유럽 대륙에서 발전된 개혁교회는 이 3개의 문서를 중요하게 여긴다. 목사와 장로가 되기 위해서는 이 신앙고백서의 내용을 알아야 하고, 목사는 교회에서 정기적으로 강해해야 한다.

개혁주의 신학을 따르는 한국의 장로교회는 웨스트민스터 표준문서와 더불어 하이델베르크 요리문답, 도르트 신조에 대해서는 그나마 들어보거나 배운 적이 있지만 벨기에 신앙고백서는 낯설다. 웨스트민스터 신앙고백서와 대소요리문답, 하이델베르크요리문답, 도르트 신조 등은 국내 저자에 의해 발간된 책이 있지만, 벨기에 신앙고백서를 설명하거나 강해한 책은 국내 저자 중에는 2017년 1월에 별세한 고(故) 허순길 교수가 2016년에 출판한 것이 유일하다. 이러한 사실을 안타깝게 여긴 필자는 수년 전에 벨기에 신앙고백서를 강해하여 책으로 내기를 기대하고 있었다. 마침내 그 결실을 이렇게 내놓는다. 이 책을 필두로 하여 벨기에 신앙고백서를 강해한 다른 목회자들의 저술들이 많아져서 한국교회의 강단이 더욱 풍성해지기를 기대한다.

벨기에 신앙고백서는 다른 신앙고백서와 마찬가지로 바른 신앙을 이해하는 데 커다란 도움이 된다. 하이델베르크 요리문답이나 웨스트민스터 소요리문답은 기초적이며, 도르트 신조는 인간론과 구원론이라는 제한된 주제를 다루고, 웨스트민스터 신앙고백서는 그 주제와 내용이 방대하다면, 벨기에 신앙고백서는 기독교 교리의 모든 주제를 골고루 다루고 깊이가 있으면서도 간략하다. 이런 점에서, 짧은 기간에 기독교 교리 전체를 가르치거나 배우고자 하는 분들에게 유익할 것이다.

벨기에 신앙고백서가 다른 고백에 비해 독특한 점은 교회론이다. 벨기에 신앙고백서는 다른 주제보다도 교회론을 깊이 다루고, 특히 제29조에 나오는 참된 교회의 표지에 관한 고백은 한국교회가 교회의 본질을 잃어가는 오늘날 큰 유익이 될 것이다.

이 책에 실린 벨기에 신앙고백서의 본문 번역은 캐나다 개혁교회(CanRC)가 사용하는 영어 번역을 기초로, 다른 여러 한글 번역들(손정원, 김영재, 박일민 등)을 참고하여 저자가 번역했다. 벨기에 신앙고백서는 프랑스어로 작성되었고 네덜란드어와 라틴어로 번역되었으며, 도르트 회의에서 이 세 개의 언어로 공인되었다. 그렇기에 사실 그것들 중 하나를 대본으로 번역해야 한다. 그러나 필자는 이 세 언어를 거의 하지 못하기 때문에 다른 누군가가 이 번역을 더욱 발전시켜서 한국교회에 보급해 주기를 기대한다. 이 일에 한국교회의 신학자들의 역할이 중요하리라 생각된다.

마지막으로 디다스코를 통해 이 책을 발간할 수 있음에 깊은 감사를 드린다. 디다스코는 필자의 첫 책을 출간해 주었고, 좋은 책을 계속 발행하고 있다. 출간의 기쁨을 존경하는 양가 부모님, 사랑하는 아내 박선주(朴仙周), 아들 손세윤(孫世允)과 함께 하며, 이 책이 부디 진리를 사모하는 많은 기독교 신자들에게 유익하기를 바란다.

2018년 6월 18일
사랑하는 아내의 생일에
서재에서
손재익

차 례

벨기에 신앙고백서 소개

이 신앙고백은 "벨기에 신앙고백서"(Belgic Confession)라는 이름으로 불리는데, 그 이유는 이것이 현재의 벨기에(Belgium)라고 알려진 남부 네덜란드에서 작성되었기 때문입니다. 이 신앙고백의 주 작성자는 '귀도 드 브레'(Guido de Brès)라는 사람으로 네덜란드의 개혁교회의 설교자였고 1567년에 순교자(martyr)로 그 생을 마감하였습니다.

네덜란드의 교회들은 16세기를 지나는 동안 로마 가톨릭의 통치에 의하여 아주 극심한 박해(terrible persecution)를 당했습니다. 그 가운데 로마 가톨릭의 잔인한 압제(cruel oppression)에 저항하며, 박해자들(persecutors)이 그 책임을 전가시키는 바와 같이 개혁신앙의 고수자들(adherents)이 반역자(rebels)가 아니라 오히려 성경에 근거한 참된 기독교 교리를 고백하는 법을 지키는 사람들이라는 사실을 증명하고자 드 브레가 1561년에 이 고백을 준비했습니다. 그다음 해에 이 고백서의 사본이 왕 펠리페 2세(King Philip II)에게 보내지는데, 이 사본에는 합법적인 모든 일에는 정부에 복종할 준비가 되어 있지만 "등에 채찍을 맞고, 칼에 혀가 잘리며, 입에 재갈이 물리고, 온 몸이 불에 타는 것이 이 신앙고백에 나타난 진리를 부인하고 죽는 것보다 낫다."고 기록한 청원자들의 선언이 함께 동봉되어 있었습니다.

비록 박해(persecution)로부터 자유를 지키고자 하는 목적이 즉시 성취되지 못했으며, 드 브레 역시 자신의 생명으로 그 믿음을 지켰던 수천 명의 사람들 중 한 명처럼 실패했지만, 그의 작품은 여전히 남아 있으며(endure), 앞으로도 오랫동안 남을 것입니다.

이 신앙고백서의 구조(composition)는 작성자에게도 어느 정도 유익이 되었던 프랑스 개혁교회의 신앙고백서의 도움을 받았는데, 이는 주로 장 칼뱅에 의해 작성되었고 2년 전에 출판되었던 것입니다. 그러나 드 브레의 작품은 단순히 칼뱅의 것을 개정한 것이 아니라 오히려 독립적인 작품(independent composition)

입니다. 이 작품은 네덜란드에서 교회들에 의해 즉시 기꺼이 받아들여졌고, 총회에 의해 채택되었으며(adopted), 16세기의 마지막 30년 동안도 그대로 고수되었습니다. 1618-19년에 개최된 도르트 회의(the great Synod of Dort)에서도 이 고백서를 개혁교회의 교리적 표준(the doctrinal standards of the Reformed Churches) 가운데 하나의 신앙고백으로 채택하면서,[1] 각 교회의 모든 직분자들이 서명하도록 요구되었습니다. 이 고백서의 탁월성은 개혁주의 교리의 최상의 상징적인 문서들 중 하나로서 널리 인정되고 있습니다.

---

1) 도르트 회의는 명확한 본문 이해를 위해 프랑스어, 라틴어, 화란어 번역을 내놓았다. 이 회의에서 약간의 개정이 있었지만 그것은 용어나 길이에 관한 것일 뿐 내용에 관한 것은 아니었다.

벨기에 신앙고백서란 무엇인가?

• **본문:** 베드로전서 3:15

| 서 론 |

이 책은 벨기에 신앙고백서를 본문으로 한 강해다. 그렇다면 벨기에 신앙고백서란 무엇인가? 상당수 그리스도인들에게 벨기에 신앙고백서라는 이름은 매우 낯설다. 심지어 벨기에라는 나라조차도 낯설다.

이 강해에서는 다음의 네 가지를 생각해볼 것이다. ① 벨기에 신앙고백서는 무엇인가? ② 벨기에 신앙고백서는 누가 어떻게 만들었는가? ③ 벨기에 신앙고백서는 오늘날 우리에게 어떻게 전수되었는가? ④ 1561년에 벨기에라는 곳에서 만들어진 신앙고백서가 21세기 대한민국에 사는 우리와 무슨 상관이 있는가?

| 본 론 |

역사 속 신앙고백들

교리의 필요성을 잘 알았던 우리의 신앙선배들은 교리를 잘 정리하려는 시도를 많이 했다. 그것을 신조(信條)라고 하는데, 크게 세 가지로 구분할 수 있다. '신경(信經, creed)', '신앙고백서'(信仰告白, confession), '요리문답서'(要理問答, catechism).

신경은 초대교회 때 작성된 것을 종교개혁 때 작성된 것과 구별하여 부르는 말이다. 신경의 대표로는 '사도신경'을 비롯해서 니케아 신경, 아타나시우스 신경 등이 있다. 이 세 가지 신경을 '3대 공교회적 신경'이라고 부른다.[2] 신경은 우리에게 잘 알려져 있는 사도신경처럼 간결하며 요약적이다.

신앙고백서는 프랑스 신앙고백서[3], 스코틀랜드 신앙고백서(1560)[4], 벨기에 신앙고백서(1561), 제1스위스 신앙고백서(1536), 제2스위스 신앙고백서(1566), 웨스트민스터 신앙고백서(1647) 등이 있다. 이것들은 우리가 배우게 될 벨기에 신앙고백서처럼 기독교 교리의 많은 부분을 정리해 놓았다.

요리문답은 요리(要理)와 문답(問答)을 합친 말인데, 요리(要理)란 기독교 교리(敎理)의 요약(要約)이라는 뜻이다. 문답(問答)은 묻고 답하는 식으로 되어 있다는 의미다. 요리문답은 신앙고백서에 근거하여 언약의 자녀들과 장년들의 신앙교육을 위하여 문답형식으로 만든 것이다. 교회 역사에서는 묻고 답하는 방식이 교육 방법론으로서 유익하다고 여겨져 오랫동안 사용되어 왔다. 그 결과 제네바 요리문답(1542), 루터의 소요리문답(1529), 하이델베르크 요리문답(1563), 웨스트민스터 대소요리문답(1647) 등 많은 요리문답들이 있다.

전통적으로 개혁주의 교회는 일곱 개의 중요한 신앙고백과 요리문답을 고백하는데, 벨기에 신앙고백서(1561), 하이델베르크 요리문답(1563), 제2스위스 신앙고백서(1566), 도르트 신조(1618-1619), 웨스트민스터 신앙고백서(1647), 웨스트민스터 소요리문답(1647), 웨스트민스터 대요리문답(1648) 등이다.

역사 속 신앙고백들의 특성

신조들은 각각의 특성이 있다. 왜냐하면, 신조들은 일차적으로는 성경본문에 근거하지만, 이차적으로는 특별한 역사적 정황에 따라 만들어졌기 때문이다. 다시 말하면 잘못된 교리가 활개를 칠 때에 바른 교리를 체계화하는 목적으로

---

2) 대한예수교장로회 고신 총회가 2011년에 개정한 헌법에는 3개의 공교회적 신경이 부록으로 실려 있다. 이렇게 한 것은 한국교회 중 최초다.

3) 이에 대한 해설서로 다음을 보라. 장대선, 『프랑스 신앙고백서 해설』(서울: 세움북스, 2017).

4) 이에 대한 해설서로 다음을 보라. 이광호, 『스코틀랜드 신앙고백서』(평택: 교회와 성경, 2015).

만든 것이 신경이며 신앙고백이다.

예컨대, 사도신경이나 니케아 신경은 예수님의 인성이 공격당하던 때를 시대적 배경으로 한다. 그래서 예수님의 인성을 강조하기 위한 내용이 많은 비중을 차지한다. 아타나시우스 신경은 삼위일체론이 공격당하던 때를 시대적 배경으로 한다. 그래서 삼위일체가 성경적이라는 사실을 강조한다. 벨기에 신앙고백서나 하이델베르크 요리문답서의 경우 종교개혁의 상황 속에서 만들어졌다. 그래서 당시의 수많은 신학적 논쟁들, 특히 성경관, 구원관, 교회관, 성례관을 많이 다룬다.

1. 벨기에 신앙고백서의 이름

1) 이름

이 신앙고백서를 '벨기에 신앙고백서'라고 하는 이유는 이 고백서가 작성된 장소가 현재의 '벨기에'이기 때문이다.[5] 신앙고백서의 이름을 붙일 때 장소를 기준으로 삼는 경우가 많다. 잘 알려진 웨스트민스터 신앙고백서는 영국 런던에 있는 웨스트민스터 사원(Westminster Abey)에서 만들어졌기 때문에 그렇게 이름 붙여진 것이다. 하이델베르크 요리문답 역시 독일의 하이델베르크에서 만들어졌다. 벨기에 신앙고백서라는 이름 역시 마찬가지다.[6]

---

5) 벨기에 신앙고백서 본문 앞에 나오는 소개문에 "이 신앙고백은 "벨기에 신앙고백서"(Belgic Confession)라는 이름으로 불리는데, 그 이유는 이것이 현재의 벨기에(Belgium)라고 알려진 남부 네덜란드에서 작성되었기 때문입니다."라고 되어 있다.

6) 간혹 '벨기에 신앙고백서'라는 표현 대신 '벨직 신앙고백서'라는 표현을 사용하는 이들이 있다. 여기에서 '벨직'(Belgic)이란 '벨기에'(Belgium)의 형용사다. 그래서 벨직 신앙고백서라고 부르는 것이다. 하지만, 이런 표현은 바람직하지 않다. Korean People을 "코리안 사람"이라고 하지 않듯, Belgic Confession을 벨직 신앙고백서라고 하는 것은 바람직하지 않다. '벨직 컨페션(Belgic Confession)'이라고 하든가 '벨기에 신앙고백서'라고 해야지, '벨직 신앙고백서'라고 한다든지 '벨기에 컨페션'이라고 하는 것은 말이 되지 않는다.

2) 또 다른 이름

벨기에 신앙고백서는 또 다른 이름을 갖고 있다. "네덜란드 신앙고백서"다. 네덜란드 사람들은 벨기에 신앙고백서보다는 '네덜란드 신앙고백서'라고 부른다. 왜냐하면 벨기에는 1830년 네덜란드로부터 독립한 이후 네덜란드와 분리되어 서로 다른 독립국이 되었지만, 현재의 벨기에는 원래 없던 나라였다. 유럽의 많은 나라들이 그렇듯 처음부터 지금의 모습을 하고 있었던 것은 아니다. 역사적으로 점진적으로 형성된 나라들이다.[7] 네덜란드 역시 마찬가지인데, 당시의 네덜란드는 저지대(低地帶) 17개 지방(Seventeen Provinces)으로 이루어진 연방국가 중 하나였다. 네덜란드라는 말 자체가 '낮은'이라는 뜻의 Neder와 '땅'이라는 뜻의 land가 합쳐진 Nederlands인데, 오늘날의 벨기에, 네덜란드, 룩셈부르크, 프랑스 북부 지역 등 17개주를 포함하고 있었다.

그런데 이 신앙고백은 1830년 이후부터는 '벨기에'에 속하였으나 신앙고백서가 작성되던 당시에는 네덜란드 남부에 속하였던 도르니크(Doornik)에서 작성되었기에 원래 작성되던 때의 지명은 '네덜란드'다.[8] 그래서 오늘날 네덜란드 사람들은 '벨기에 신앙고백서'라는 표현보다는 '네덜란드 신앙고백서'라는 표현을 선호한다.

2. 귀도 드 브레와 신앙고백서의 역사적 배경[9]

1) 귀도 드 브레의 탄생과 그의 시대

---

7) 박홍규, 『작은 나라에서 잘 사는 길: 자유-자치-자연 그리고 운하의 나라 네덜란드에서 배운다』(서울: 휴먼비전, 2009), 32; 주경철, 『네덜란드: 튤립의 땅, 모든 자유가 당당한 나라』(서울: 산처럼, 2003), 177.

8) Nicolaas H. Gootjes, *The Belgic Confession: Its History and Sources*(Grand Rapids: Baker, 2007), 13.

9) 벨기에 신앙고백서의 저자인 귀도 드 브레와 신앙고백서의 역사적 배경에 대해서는 Nicolaas H. Gootjes, *The Belgic Confession: Its History and Sources*(Grand Rapids: Baker, 2007); Thea B. Van Halsema, *Three Men Came to Heidelberg and Glorious Heretic: The Story of Guido de Brès*, 『하이델베르크에 온 세 사람과 귀도 드 브레』(서울: 성약, 2006); Clarence Bouwman, *Notes on the Belgic Confession*(Armadale: The League of the Free Reformed Women's Bible Study Societies, 1997), 손정원 옮김, 『벨직신앙고백해설』(부산: 도서출판 신언, 2007)을 주로 참고했다.

이 신앙고백은 누가 어떻게 만들었는가? 여러 사람의 도움을 받아 작성했다는 논란이 있으나 그러한 주장은 설득력이 없고, 벨기에 신앙고백서 본문 앞에 나오는 소개문에 나와 있듯이 '귀도 드 브레'(Guido de Brès, 1522-1567)라는 네덜란드의 목사 한 사람이 작성한 것이다.[10] 영어권에서는 귀도 드 브레를 '가이 데 브레이'(Guy de Bray)라고 부르기도 한다.

귀도 드 브레는 네덜란드 개혁교회의 목사였다. 그는 1522년 네덜란드 남부에 속한 헤네호우웬(Henegouwen) 지방의 베르헌(Bergen, 영어로는 몽스 Mons라고 함)에서 장 드 브레(John de Brès) 집안의 네 번째 아들로 태어났다. 그의 부모는 당시의 많은 사람이 그러했듯이 로마 가톨릭 신자였다. 그래서 드 브레는 부모 밑에서 로마 가톨릭에 충실한 양육을 받았다. 어릴 때는 스테인드글라스 화가가 되기 위해 준비했다.

그가 살던 당시는 스페인이 유럽 정치에서 지배적인 위치를 차지하던 시대였다. 유명한 스페인의 무적함대가 1580년대다. 스페인은 로마 가톨릭 국가로서 당시의 나라들을 로마 가톨릭 신앙으로 지배했다.

그러면서도 그가 태어난 1522년은 종교개혁이 이제 막 시작되는 때였다. 마르틴 루터(1483. 11. 10 - 1546. 2. 18)가 95개조의 반박문을 비텐베르크 교회의 문에 붙인 것이 1517년이었고, 장 칼뱅(1509-1564)이 기독교 강요(최종판)를 완성한 것이 1559년이었으니 루터로부터 본격화된 종교개혁은 귀도 드 브레에게도 영향을 미쳤다. 귀도 드 브레가 자란 베르헌은 프랑스 위그노들이 박해를 피해 살던 곳이기도 했다. 그렇기에 귀도 드 브레는 십대 시절 종교개혁 신학의 단편들과 인근 마을에서 참수되거나 화형 당한 개신교도들의 이야기를 듣고 자랐다.

---

10) 귀도 드 브레 이외에 다른 저자(Adrianus Saravia(1532-1613), Herman Moded(1520-1603), Franciscus Junius(1545-1602), Gottfried Van Wingen and two others)의 가능성에 대해서 Geeraert Brandt, Anthony Thysius(1565-1640), Johannes Uytenbogaert(1557-1644), Jacobus Trigland(1609-?), Martinus Schoock(1614-1669)를 비롯한 여러 학자들이 언급하였으나, 근거 없는 주장임을 Gootjes 교수가 자신의 저서에서 잘 밝히고 있다. Gootjes, *The Belgic Confession*, 33-48.

2) 망명생활과 훈련

1547년 그의 나이 25세경 그는 개신교(개혁신앙)로 돌아섰다. 그 후 로마 가톨릭의 핍박을 피해야만 했다. 당시 네덜란드 남부는 로마 가톨릭을 믿는 스페인 왕국에 속해 있었기 때문이다. 당시는 거의 대부분의 나라가 로마 가톨릭의 영향 아래 있었고, 귀도 드 브레가 있던 곳 역시 마찬가지였다. 특히 스페인의 카를 5세(1500-1558)는 로마 가톨릭에 대한 강한 신념이 있었고 1521년부터 자신의 식민지에 로마 가톨릭을 강화하고 개신교를 억압하려고 했다.[11] 그래서 드 브레는 많은 도시와 국가를 떠돌며 공부를 했다. 일종의 망명생활을 한 것이다. 이 기간은 그의 훈련기간이기도 했다. 영국 런던에서 1548년부터 1552년까지, 그리고 1552년에 다시 네덜란드로 돌아와서 목회를 하다가 다시 1555년에 독일의 프랑크푸르트로 도피하였다가, 스위스의 제네바와 로잔 등에서 공부했다. 특히 런던은 당시에 많은 개신교 피신자들이 있던 곳이다. 그의 망명 당시 폴란드 출신의 종교개혁자인 요하네스 아 라스코(Johannes a Lasco, 1499-1560)도 런던 피난민 교회를 섬기고 있었다. 런던에 있는 동안 그는 마르텐 미크론(Maarten Micron), 요하네스 아 라스코, 요하네스 우텐호브(Johannes Utenhove)와 같은 당시의 몇몇 주도적인 개혁자들과 알게 되었다. 이 기간 동안 드 브레는 복음 설교자가 되는 '훈련'을 받았다. 사탄이 교회를 해산하고 박해하여 성취하려는 것을 하나님께서는 선한 것으로 바꾸어 일하신 것이다. 또 다른 망명지인 프랑크푸르트는 당시 존 녹스가 영국 피난민 교회를 목회한 곳이기도 했다. 로잔에서는 데오도르 베자의 지도 아래 헬라어를 공부하기도 했다.

3) 네덜란드로의 귀환

그 후 1558년 네덜란드로 돌아온 그는 도르니크(Doornik), 세단(Sedan), 안트베르펜(Antwerpen)[12] 등에서 사역했다. 이때는 박해의 위협이 있었기 때문에 지하

---

11) 주경철, 『네덜란드: 튤립의 땅, 모든 자유가 당당한 나라』, 196; 박홍규, 『작은 나라에서 잘 사는 길』, 30.

12) 안트베르펜(Antwerpen)은 유럽에서 가장 큰 무역항이었다. 그래서 이곳을 통해서 상품만 아니라

활동을 할 수밖에 없었다. 비록 오늘날 우리 시대의 교회에서 주일에 성도들에게 말씀을 전하듯이 하는 전통적인 방식으로는 아니지만, 이 기간 동안에 그는 회중들에게 복음을 전했다. 당국이 개신교적인 모든 것을 억압했기 때문에 공적인 예배를 위해 공개적으로 회중이 모일 수 없었다. 그래서 어둠을 틈타서 드 브레는 이 집 저 집으로 다니면서 여섯 명 내지는 열두 명 정도의 작은 무리들을 만났다. 드 브레는 성경을 펼쳐서 해석하며 듣는 이들을 북돋우어 주고는 다시금 자기의 갈 곳으로 이동하는 식으로 사역했다. 그러다 보니 회중들은 심지어 그의 이름조차 몰랐다. 대신 '몽스의 어거스틴'[그가 태어난 베르헌(Bergen)이라는 곳이 영어로 몽스(Mons)이기 때문]이라는 이름으로 불렸고, '제롬'이라고 부르는 사람도 있었다. 1566년, 마지막으로 청빙 받아서 목회했던 발렌치네(Valenciennes)에서 1567년 5월 31일 교수대에 매달려 처형당했다. 로마 가톨릭이 지배하던 시대에 개혁신앙을 믿는다는 이유였다. 그는 네덜란드의 종교개혁자로 불렸고, 1567년 순교로 그 생을 마감하기까지 개혁자의 삶을 살았다.

4) 신앙고백서의 작성

치열한 삶을 살았던 드 브레는 언제 어디서 어떻게 신앙고백서를 작성했을까? 1561년 도르니크(Doornik)에 있을 때에 신앙고백을 저술하였다. 1558년 망명에서 돌아온 그는 도르니크에 정착하여 3년간 사역했는데, 그의 사역의 결과로 도르니크 주민들의 상당한 수가 개혁신앙을 받아들였고 그중에는 그 도시의 주도적인 인물들도 포함되어 있었다. 그래서 이 도시의 일부 개신교인들은 그들의 숫자가 상당하다는 것을 적절하게 공개적으로 알려야 한다고 생각했다. 그들은 3-4천 명 정도가 길거리에서 공공연하게 시편찬송(Psalter)을 부르기도 했다. 이 일로 시(市) 당국이 자극을 받아 군대를 파송했다. 이 사건을 '시편찬송 사건'(chanteries)이라고 부른다.

이 사건 직전인 1561년 드 브레는 지난 몇 달 동안 작업하고 있던 신앙고백

사상도 들어왔으니 종교개혁 사상이 들어왔고 루터와 칼뱅의 가르침이 들어왔다. Van Halsema, 『하이델베르크에 온 세 사람과 귀도 드 브레』, 118.

서의 서문을 썼다. 이 신앙고백은 로마 가톨릭을 대항한 개혁 신앙을 변호하는 내용으로서 도르니크에 있는 총독 대리의 집의 담 너머로 던져졌고, 총독 대리는 카를 5세(Charles V, 1500-1558)에 이어 1555년에 왕이 된 당시의 스페인 왕 펠리페 2세(1527-1598)에게 전달했고,[13] 1년 후 1562년에 네덜란드어로 번역되어 그 후에는 "네덜란드(벨기에) 신앙고백서"라는 것으로 정착되게 되었다. 이 신앙고백서의 작성 목적은, "개혁 신앙의 신봉자들은 반역자나 범법자가 아니라, 성경 말씀에 따라 참된 그리스도 교리를 고백하는 법을 지키는 시민들"임을 밝히기 위한 것이었다.

여기에서 알아야 할 핵심은 이 신앙고백서가 그저 편안한 삶의 결과물이 아니라는 점이다. 당시 종교개혁자들의 삶은 아주 어려웠다. 죽음을 각오해야 하는 때였다. 세계사를 다루고 있는 저술들을 보면 카를 5세와 펠리페 2세가 개신교에 대하여 어떤 통치를 벌였는지를 알 수 있다.[14] 드 브레는 그러한 상황 속에서 신앙고백서를 남겼다. 죽음을 무릅쓴 행동이었다. 자신의 신앙을 담대히 드러내려고 그렇게 했던 것이다.

5) 출판과 번역

벨기에 신앙고백서는 귀도 드 브레가 1561년에 당시 스페인의 로마 가톨릭 정부에 의해서 박해받던 플란더스(Flanders)와 네덜란드(Netherlands) 교회들의 변호를 위해 작성한 것으로 당시 네덜란드 남부에서 사용하던 언어인 프랑스어로 작성한 것을 1563년에 출판하였다.[15]

---

13) 카를 5세는 1555년 벨기에 브뤼셀에서 자기 아들 펠리페 2세(1527-1598)에게 스페인, 오스트리아, 네덜란드, 해외식민지를 다스리는 왕위를 물려주었다. 자기 동생 페르디난트 1세(1556-1564)에게는 신성로마제국 황제직과 독일, 동유럽을 물려주었다. 카를 5세에 이어 왕이 된 펠리페 2세는 취임 3년 동안 벨기에 브뤼셀에 있은 후, 1558년에 아버지 카를 5세가 내린 이단 척결 칙령을 다시 시행할 것을 선언하다.

14) 카를 5세가 1540년도에 내린 칙령은 매우 끔찍했으니, 언제나 어디서든지 누구든지 성경이나 종교개혁에 대해서 말하면 이유 불문하고 재판 없이 죽였다. 개신교도들은 고문을 당했고 재산을 몰수당했으며, 심지어 도끼로 머리가 잘리고 화형을 당하기도 했다.

15) 벨기에 신앙고백서의 작성이 1561년이냐 1562년이냐 하는 부분에 대해서 Gootjes, *The Belgic Confession*, 13-14, 19-27을 참조하라.

이후 같은 해에 네덜란드어를 사용하는 네덜란드 북부 사람들을 위해서 네덜란드어로 출판되었다. 1565년 안트베르프 대회(Synod of Antwerp), 1566년의 아우구스버그 회의(The Diet of Augsburg) 등에서 공적으로 받아들여졌고, 1566년에 열린 안트베르프 대회(Synod of Antwerp)에서는 개정 작업이 있었고, 1571년 독일의 엠덴 대회(Synod of Emden, Germany), 1574년 도르트 대회(Provincial Synod of Dort)와 1581년 미델부르그 대회(National Synod of Middelburg)에서 교회적으로 받아들여졌고, 네덜란드가 스페인으로부터 독립한 이후인 1618-1619년에 아르미니우스의 문제로 열린 도르트 총회(the Great Synod of Dort)에서 프랑스어, 네덜란드어, 라틴어 본들의 비교를 거쳐 개정하여 오늘날의 형태로 확정되었으며, 지금까지 네덜란드 개혁 교회와 개혁파 전통의 교회 안에서 하이델베르크 요리문답과 도르트 신조와 함께 가장 중요한 신조로 받아들여지고 고백되고 있는 귀한 개혁파 신조다.[16]

6) 벨기에 신앙고백의 작성에 영향을 준 프랑스 신앙고백

모든 것이 그러하듯, 어떤 영향 없이 그냥 만들어진 것은 없다. 귀도 드 브레의 벨기에 신앙고백서 역시 귀도 드 브레의 개인적인 생각에 의한 것이 아니라 역사를 통해 내려온 고백의 결과다. 소개문에 나와 있듯이 벨기에 신앙고백서는 칼뱅이 기초하였고, 칼뱅의 학생이었던 앙뜨안느 드 라 로셰 샨디우(Antione de la Roche Chandieu)가 작성하여 프랑스 개혁교회가 1559년 파리 대회(a synod at Paris)에서 개정되어 받아들인 『프랑스 신앙고백서』(La confession de foi des eglises reformees de France=Confessio Fidei Gallicana) 라고도 하는 『갈리아 신앙고백서』(Confessio Gallicana)를 기초로 만들어졌다.[17] 비교해보면, 벨기에 신앙고백서는 프랑스 신앙고백서의 많은 부분을 수용하고 있다. 예컨대, 두 신앙고백

---

16) 이후 네덜란드 개혁교회의 직분자를 선출함에 있어서 벨기에 신앙고백서에 대한 서명은 필수 조건이 되었다. Donald Sinnema, "The Origin of the Form of Subscription in the Dutch Reformed Church," *Calvin Theological Journal* 42 (2007): 257-261.

17) 피터 드 영은 "벨기에 신앙고백서는 프랑스 교회들이 받아들인 신조의 자녀다."라고 표현한다. Peter Y. De Jong, *The Church's Witness to the World*(St. Catharines: Paideia Press, 1980), 30.

서의 제1조는 같고, 벨기에 신앙고백서 제25조와 프랑스 신앙고백서 제23조
가 같다.[18]

정리하면, 벨기에 신앙고백서는 칼뱅의 종교개혁 이후에 그 역사적 흐름 속
에서 영향을 받아 작성되었다. 벨기에 신앙고백서에 직접적인 영향을 준 프랑
스 신앙고백서가 칼뱅의 직접적인 영향을 받았기 때문이다. 그렇다고 귀도 드
브레가 칼뱅의 직접적인 영향을 받은 것은 아니다. 아마도 두 번 정도 칼뱅을
만난 경험은 있는 것으로 보인다. 또한 칼뱅과 한 번 정도 편지를 주고받은 것
으로 보인다. 하지만, 칼뱅의 기독교 강요 최종판이 나온 게 1559년이니까 아
마도 드 브레는 칼뱅의 영향을 아주 최근에 받았다고 볼 수 있다. 또한 그의 망
명시절 로잔에서 칼뱅의 후계자로 알려진 데오도르 베자(Theodore Beza, 1519-
1605)의 지도 아래 헬라어를 공부했다는 사실을 통해 볼 때에 칼뱅의 영향을
받았다고 볼 수 있다.[19]

7) 벨기에 신앙고백서가 네덜란드 종교개혁에 미친 영향[20]

이 신앙고백서는 단순히 귀도 드 브레 한 개인의 고백으로 끝나지 않고 네덜란
드 개혁교회 전체의 고백이었으며 이후 네덜란드의 종교개혁과 신앙의 독립
에 큰 영향을 미쳤다.

앞서 언급하였듯이 당시의 네덜란드는 스페인의 지배를 받고 있었다. 이는
찰스 5세가 공적으로 개신교를 이단으로 규정하고 그들을 처형하는 칙령을
발표하고 대대적으로 개혁교회의 성도들을 핍박했다. 1523년에는 아우구스

---

18) Gootjes, *The Belgic Confession*, 63-67.

19) 벨기에 신앙고백서는 프랑스 신앙고백서뿐만 아니라 베자의 신앙고백서에도 영향을 받은 것으
로 보인다. 이에 대해서는 Gootjes, *The Belgic Confession*, 71-91을 참조하라.

20) 17세기 네덜란드 개혁교회의 발전 과정에서 벨기에 신앙고백서가 어떤 영향을 미쳤는지
에 대해서는 다음을 참고하라. Frederik L. Rutgers, ed. *Acta van de Nederlandsche synoden der
zeitende eeuw*(1899; reprint Dortrecht; J. P. Van den Tol, 1980); J. F. Gerhard Goeters, *Die Akten der Niederl
ndischen Kirchen zu Emden vom 4-13. Oktober*(Neukirchen: Neukirchener Verlag, 1971); Bakhuizen van
den Brink, J. N. *De nederlandse belijdenisgeschriften in authentieke teksten*(Amsterdam: Ton Bolland,
1976).

티누스파의 수도사였던 헨리 보에스(Henry Voes)와 요한 에쉬(John Esch)가 브뤼셀에서 말뚝에 묶여 화형을 당하는 순교의 역사가 있었다. 이런 핍박의 역사는 펠리페 2세에 와서 더욱 심해져서 절정을 이루었다. 핍박이 극에 달하여 이에 맞선 개신교 지도자들이 1556년에 동맹을 맺고 로마 가톨릭에 대항하였다. 교회 역사학자인 필립 샤프의 조사에 의하면 당시의 순교자는 16세기 개신교 전체의 순교자와 거의 같고 로마제국 하에서 초대교회 때 순교한 숫자의 전체에 이르렀다.

하지만 네덜란드는 일찍부터 학문이 발달한 나라로, 루터파의 종교개혁 운동이 상당한 영향을 미치고 있었고, 나아가 칼뱅주의가 국가 전체적으로 확산되어서 큰 영향을 미치고 있었다. 종교개혁의 영향을 많이 받으면서 로마 가톨릭과 스페인의 간섭으로부터 독립하려는 의지가 강하게 표출되었다.

1555년 펠리페 2세가 아버지를 대신하여 스페인과 저지대 국가들을 다스리는 왕으로 등극한 이후 개신교에 대한 극렬한 탄압 정책을 폄에 따라 1550년대와 1560년대에 칼뱅주의 신앙인들이 급속히 증대되면서 펠리페 2세의 종교 정책에 대항하는 독립운동을 전개하였다. 그런데 이런 입장을 대변한 신앙고백 문서가 『벨기에 신앙고백서』다.

앞서 보았듯이 이 고백서는 당시 개신교를 핍박하던 펠리페 2세에게 보내졌다. 이렇게 보낸 것은 펠리페 2세의 핍박 정책에 항거하는 중요한 저항의 방식으로서, 그가 이것을 읽고 관용 정책을 베풀어 줄 것을 기대하는 것과 동시에 그가 이것을 읽고 만약 거절한다면 참되고 바른 신앙이 무엇인지를 순교를 통해서라도 보여 주고자 하는 강한 저항 정신이 담겨 있었다. 귀도 드 브레의 이러한 저항정신은 당시 네덜란드에서 신앙의 자유를 위해서 싸우던 수많은 칼뱅주의자들로 하여금 용기를 북돋아 주었고, 결국 스페인의 강압에서 네덜란드를 독립시키는 투쟁으로 이어지게 만들었다.[21]

실제로 이 고백서의 발행 이후 네덜란드의 귀족들은 반란을 일으키고 1566년에 당시 네덜란드를 통치하던 펠리페 2세의 이복 누이 마르가레타

---

21) 김재성, 『개혁신학의 광맥』(서울: 이레서원, 2001), 338-343.

(Margaretha van Parma, 1522-1586)에게 종교적 탄압을 중지해 달라는 탄원을 하였고, 그 결과 개신교도들에 대한 탄압이 중지되었다.[22] 물론 이후에 계속적인 탄압은 있었으나 1598년에 그 생애를 마감한 펠리페 2세의 영향력이 사라지게 되고 16세기 말 네덜란드는 거의 종교적으로나 정치적으로 독립하게 되고 1648년 베스트팔렌 조약(Peace of Westfalen)을 통해 완전히 독립하게 된다.[23]

8) 벨기에 신앙고백서의 구조와 특징

벨기에 신앙고백서는 총 37조로 구성되어 있다. 제1조에서 유일하신 하나님에 대해 다루고, 제37조에서는 최후심판에 대해 다룬다. 주제의 순서를 보면 하나님, 성경, 그리스도, 성령, 창조, 사람, 죄, 구원, 구속자 그리스도, 믿음, 교회, 성례, 세상 나라, 최후심판 등으로 되어 있다. 이는 기독교 신앙의 교리를 거의 대부분 다루는 것이다.

그러면서도 벨기에 신앙고백서는 간단하다. 하나의 항목에 대해서 하나의 글로 되어 있다. 이것은 벨기에 신앙고백서가 종교개혁 초기에 완성된 것이기 때문이고, 또한 기록 목적이 자기들의 신앙이 성경적이라는 것을 알리기 위함이었기 때문이다. 원래 신앙고백이라는 것이 시대가 흘러갈수록 복잡해지고 내용이 광범위해진다. 웨스트민스터 신앙고백서의 경우를 보면 알 수 있다.

이 고백서는 특히 '변증적' 성격이 강하다. 드 브레는 당시 로마 가톨릭의 가르침이 얼마나 잘못되었는지를 변증하는 것을 중요하게 여겼다. 그리고 소개문에 나와 있듯이 자신들이 로마 가톨릭에 의해 박해 받고 있는 상황의 부당함을 알리기 위해 기록된 것이다. 그래서 "거절하다"(reject), "동의하지 않다"(do not agree), "깨닫고 구별하다"(recognize and distinguish) 등의 표현이 많이 나온다.[24] 그리고 신앙고백서의 초판 표지에는 이 강해의 본문인 베드로전서 3:15 "너희 마음에 그리스도를 주로 삼아 거룩하게 하고 너희 속에 있는 소망에 관한 이

---

22) 주경철, 『네덜란드: 튤립의 땅, 모든 자유가 당당한 나라』, 198.

23) 주경철, 『네덜란드: 튤립의 땅, 모든 자유가 당당한 나라』, 214.

24) 주도홍, 『새로 쓴 세계교회사』(서울: 개혁주의 신행협회, 2006), 323-324.

유를 묻는 자에게는 대답할 것을 항상 준비하되 온유와 두려움으로 하고"라는 말씀이 기록되어 있었다.

3. 이 고백의 공교회성

벨기에 신앙고백서는 우리에게 어떻게 전수되었는가? 단순히 활자가 전수된 것을 말하는 것이 아니라 '어떻게 우리에게도 의미 있는 고백이 되었느냐?' 하는 질문이다.

앞서 언급하였듯이 벨기에 신앙고백서는 한 개인이 작성했다. 이는 다른 많은 고백서들이 개인이 만든 것이 아니라 여러 사람이 모인 회의에서 작성하고 결의한 것과 구별된다. 니케아 신경이나 웨스트민스터 신앙고백서 등이 그렇다. 이런 점에서 벨기에 신앙고백서는 공교회성이 떨어질 수 있다. 보편성이 약할 수 있다.[25] 하지만, 비록 개인의 작성에서 시작되었지만 도르트 회의 등을 통해 채택되었다는 점에서 공교회성을 충분히 갖고 있다.[26]

이 고백은 귀도 드 브레 개인의 신앙고백이었긴 하지만 1566년부터 네덜란드 개혁교회의 신앙고백으로 채택되었으니, 안트베르펜(Antwerpen) 회의(1566)와 바젤(Wasel) 회의(1568)에서 공인되었다. 무엇보다도 1618-19년 도르트 총회(the Great Synod of Dort)를 통해 채택되었다. 벨기에 신앙고백서의 소개글에도 나와 있듯이 이 회의에서는 개혁교회의 교리적 표준 가운데 하나로 채택했다. 그리고 이때 도르트 신조가 만들어지고 하이델베르크 요리문답(1563)과 함께 네덜란드 개혁파 교회의 공적인 고백으로 받아들여지면서 지금까지 이 세

---

25) 항론파(Remonstrants)였던 위텐보가트(Johannes Uytenbogaert)는 벨기에 신앙고백서의 저자가 모호하다는 이유로 이 신앙고백의 권위를 강조하였다. 그러나 저자가 누구인지는 이 신앙고백의 정당성을 이해하는 데 있어서 결정적인 것은 아니다. 이에 대해서 우리는 히브리서의 저자가 누구인지를 정확하게 모른다는 점을 통해서도 생각해볼 수 있다.

26) 스코트 클락은 벨기에 신앙고백서가 드 브레 개인의 것이나 어떤 위원회의 것으로 여겨져서는 안 되고 네덜란드 개혁교회의 고백서로 여겨져야 한다고 본다. R. Scott Clark, *Recovering the Reformed Confession: Our Theology, Piety and Practice*(Phillipsburg: P&R, 2008), 184.

가지를 가리켜 '개혁교회의 일치를 위한 3개의 신조'(*Drie formulieren van enigheid, The Three Forms of Unity*)라고 부른다.

이후에 계속해서 이 세 개의 고백서는 중요하게 받아들여졌다. 네덜란드라는 작은 나라에서 16세기에 만들어진 것이지만, 수세기 동안 세계의 많은 개혁교회에서 이 신앙고백서가 사용되고 있다. 지금도 개혁주의 신학을 따르는 교회냐 아니냐를 판가름할 때에 이 세 개의 고백서를 받아들이고, 교회가 공적으로 가르치고 배우고 있느냐를 중요하게 여긴다.

4. 1561년과 21세기를 이어주는 다리

1561년에 작성된 신앙고백서가 21세기를 사는 우리와 무슨 상관이 있는가? 또한 머나먼 땅 벨기에서 작성된 신앙고백서가 대한민국에 사는 우리와 무슨 상관이 있는가?

복음의 진리는 시대를 초월하기 때문에 1561년의 것이라 하더라도 21세기에도 동일하다. 마치 2000년 전의 성경이 지금과 앞으로도 동일하게 의미 있는 것과 같다. 벨기에와 한국의 관계는 어떠한가? 교회는 보편적으로 뻗어 있기 때문에(제27조 참고) 이 역시도 중요하지 않다. 예수 그리스도를 주(主)로 고백한다면 장소는 중요하지 않다. 고백만으로도 우리는 충분히 하나로 묶여 있다.

우리가 고백하는 신앙은 귀도 드 브레의 신앙과 동일하다. 그의 벨기에 신앙고백은 우리의 고백이며, 그가 고백한 신앙은 우리가 고백하는 신앙이다. 우리가 고백하는 하나님은 드 브레가 고백한 하나님과 동일하며 드 브레와 우리가 믿는 하나님께서는 변함없으시며, 그분의 말씀도 변함없으며, 그분의 약속들도 변함없다.

우리는 모두 함께 동일한 신앙을 고백한다. 당시에 붙잡아 주신 하나님께서 미쁘신 분이셨던 것처럼 오늘날에도 그분은 미쁘신 분이시다. 당시에 순수한 교회를 지키신 하나님께서는 지금도 바른 신앙고백의 터 위에 세워진 순수한 교회를 눈동자처럼 지키시고 보호하신다. 그래서 우리는 이 고백서의 내용을 믿는다.

우리의 믿음은 시간을 초월한다. 또한 공간을 초월한다. 2000년 전 예루살렘의 예수님이 우리의 예수님이듯, 450여 년 전 네덜란드, 지금의 벨기에 땅에서 신앙 고백하였던 귀도 드 브레와 그의 동역자들의 믿음이 곧 우리의 믿음이다. 이 믿음은 이제 450년을 넘어 또 다시 우리의 후대에 이어져야 한다. 이 땅한국뿐 아니라 온 세계로 뻗어나가야 한다.

| 결 론 |

이제 본격적으로 벨기에 신앙고백서를 배우게 될 것이다. 이때 먼저 생각해야 할 것은 이것은 하나의 '도구'에 불과하다는 것이다. 벨기에 신앙고백서를 배운다기보다는 벨기에 신앙고백서를 통해 성경 전체의 요약과 그와 관련된 교회사적 논의들을 생각하고, 나아가 이 일을 통해서 우리가 믿는 바가 무엇이며, 그것이 어떻게 우리에게 지금까지 전수되어 왔는지, 그리고 앞으로 우리의 후대에 어떻게 전달해 주어야 할지 고민하는 마음으로 배워야 한다.

그러면서도 이 고백을 작성하였던 귀도 드 브레의 마음을 가져보기를 바란다. 자기가 믿는 바를 지키기 위한 그의 처절한 몸부림, 그리고 그가 살았던 16세기 당시의 역사의 숨결도 느낄 수 있기를 바란다. 딱딱하고 엄숙한 신학 논쟁과 토론을 위한 교리가 아니라, 이 세상의 모든 보편교회에 속한 성도들이 고백하는 바 그 순수한 신앙을 맛보는 계기가 되기를 바란다.

그리하여서 이 강해의 본문 말씀이면서 또한 동시에 벨기에 신앙고백서 초판에 실려 있었던 말씀인 베드로전서 3:15 말씀처럼 우리 속에 있는 소망에 관한 이유를 묻는 자들에게 대답할 것을 항상 준비할 수 있는 모두가 되자. 이 일에 온유와 두려움으로 해야 한다.

유일하신 한 분 하나님만이 계시다

There is Only One God

우리 모두는 유일하신 한 분 하나님만(only one God)이 계시다는 것을[1] 마음(heart)으로 믿고 입으로 고백합니다.[2] 그분은 단순하시고(simple) 영적인 존재(spiritual Being)입니다.[3] 그분은 영원하시며(eternal),[4] 완전히 이해될 수 없으시고(incomprehensible),[5] 보이지 않으시며(invisible),[6] 변하지 않으시고(immutable),[7] 제한이 없으시고(infinite),[8] 전능하시고,[9] 완전히 지혜로우시며,[10] 공의로우시고,[11] 선하시고,[12] 모든 선이 흘러나오는 근원(the overflowing fountain of all good)이십니다.[13]

1) 신 6:4; 고전 8:4,6; 딤전 2:5 2) 롬 10:10 3) 요 4:24 4) 시 90:2 5) 롬 11:33 6) 골 1:15; 딤전 6:16 7) 약 1:17 8) 왕상 8:27; 렘 23:24 9) 창 17:1; 마 19:26; 계 1:8 10) 롬 16:27 11) 롬 3:25-26; 9:14; 계 16:5,7 12) 마 19:17 13) 약 1:17

유일하신 한 분 하나님만이 계시다

- **본문:** 고린도전서 8:4-6
- **관련신조:** 웨스트민스터 신앙고백서 제2장; 웨스트민스터 대요리문답
  제7-8문답; 웨스트민스터 소요리문답 제4-5문답; 하이델
  베르크 요리문답 제11, 94-95문답

| 서 론 |

'기독교 신앙을 갖는다'는 것은 '무엇을 믿느냐?'의 문제에서 시작한다. '신앙'
이란 '무엇을 믿는가?'와 관련 있다.

벨기에 신앙고백서는 가장 먼저 우리가 믿는 하나님에 대해 설명한다. 그 이
유는 하나님에 대한 믿음이 신앙고백의 우선이요 출발이기 때문이다. 기독교
신앙이란 궁극적으로 한 분 하나님께 향하고 있기 때문이다. 그래서 벨기에 신
앙고백서는 제1조에서 모든 믿음의 기초가 되시는 유일하신 한 분 하나님에
대해서 다룬다.[27]

---

27) 프랑스 신앙고백서 역시 하나님에 대해서 먼저 다루고 그 이후에 계시와 성경에 대해서 다룬
다. Nicolaas H. Gootjes, *The Belgic Confession: Its History and Sources*(Grand Rapids: Baker, 2007), 66.
신앙고백의 시작을 계시 혹은 성경에 관한 내용으로부터 시작하느냐 아니면 하나님에 관한 내
용으로부터 시작하느냐와 관련해서 그 차이를 지나치게 부각하는 이들이 있는데, 사실 근본적
인 차이는 없다고 보아야 한다. 리차드 멀러에 의하면 16세기의 고백서는 대부분이 하나님으로
부터 시작하고 성경으로 나아간다. 반면 17세기 고백서는 성경에서 시작하고 하나님으로 나아
간다. 대표적인 경우가 웨스트민스터 신앙고백서다. 특별히 초기의 신앙고백서들은 사도신경
을 따라 하나님으로 시작해서 창조, 구원, 교회로 나아가는 구조로 되어있다. Richard A. Muller,
Post-Reformation Reformed Dogmatics: The Rise and Development of Reformed Orthodoxy, vol
2(Grand Rapids: Baker, 2003), 152-153.

| 본 론 |

Ⅰ. 하나님의 존재

유일하신 한 분 하나님

우리 모두는 하나님께서 유일하신 한 분이라는 사실을 믿고 고백해야 한다. 이 것이 전제되어야 한다. 우리가 믿는 하나님은 오직 한 분 하나님이시다. 그리 고 유일하시다.

이 사실은 성경 곳곳에 나와 있지만 무엇보다도 이 강해의 본문인 고린도전 서 8:4-6 "(4)그러므로 우상의 제물을 먹는 일에 대하여는 우리가 우상은 세상 에 아무것도 아니며 또한 하나님은 한 분밖에 없는 줄 아노라. (5)비록 하늘에 나 땅에나 신이라 불리는 자가 있어 많은 신과 많은 주가 있으나 (6)그러나 우 리에게는 한 하나님 곧 아버지가 계시니 만물이 그에게서 났고 우리도 그를 위 하여 있고 또한 한 주 예수 그리스도께서 계시니 만물이 그로 말미암고 우리 도 그로 말미암아 있느니라."와 벨기에 신앙고백서 제1조의 첫 근거구절인 신 명기 6:4 "이스라엘아 들으라. 우리 하나님 여호와는 오직 유일한 여호와이시 니"에 잘 나타나 있다. 그밖에도 디모데전서 2:5은 "하나님은 한 분이시요 또 하나님과 사람 사이에 중보자도 한 분이시니 곧 사람이신 그리스도 예수라." 라고 말씀한다.

하나님은 한 분이시다. 하나님께서 한 분이시고 유일하시다는 고백은 너무 나 중요하다. 왜냐하면 유일성은 곧 그 가치에 있어서의 유일성을 포함하기 때 문이다. 예컨대, 만약 하나님께서 한 분이 아니라 여러 분이시라면 우리에게 하나님은 그다지 가치 있는 분이 아닐 수 있다. "모든 사람이 왕이면, 그곳에는 왕이 없다."는 말처럼 하나님이 여럿 있으면 사실상 하나님은 없는 것과 같다. 이런 점에서 하나님은 분명 한 분이심을 기억해야 한다.

범신론과 무신론에 대한 반대

하나님께서 오직 한 분이시라는 고백은 두 가지 잘못된 사상에 대한 반대로 이어진다.

첫째, 다신론(多神論)과 범신론(汎神論)이다. 다신론(多神論, polytheism)이란 이 세상에 수많은 신이 있다는 믿음이다. 범신론(汎神論, pantheism)이란 세계 밖에 별개로 존재하는 인격신이 아닌 우주, 세계, 자연의 모든 것과 자연법칙을 신이라고 믿는 것으로, 이 믿음은 결국 모든 것이 신이라는 믿음이다. 벨기에 신앙고백서 제1조는 다신론과 범신론을 반대하며, 유일신론(唯一神論)을 고백한다.

둘째, 무신론(無神論, Atheism)이다.[28] 벨기에 신앙고백서 제1조는 "우리 모두는 유일하신 한 분 하나님만(only one God)이 계시다는 것을 마음(heart)으로 믿고 입으로 고백합니다."로 시작한다. "하나님께서 계시다."를 중요하게 고백한다. 여기에서 "계시다"라는 표현 자체가 존재를 강조하는 것이고, 이러한 고백은 자동적으로 무신론을 반대한다. 신은 죽었다고 말하는 니체 이래로 무신론을 따르는 이들이 많다. 프로이트는 신이라는 존재는 정신적 미성숙이고 노이로제이며 하나의 질병이라고 했다. 현대에 와서는 영국의 생물학자 리처드 도킨스가 무신론을 퍼뜨리고 있다. 이 무신론은 현대과학의 발전과 함께 우리 주위에 팽배해 있다. 그러나 우리는 벨기에 신앙고백서의 가장 첫 문장인 "우리 모두는 유일하신 한 분 하나님만(only one God)이 계시다는 것을 마음(heart)으로 믿고 입으로 고백합니다."라는 고백을 통해서 온 세상 앞에 무신론이 헛되다는 사실을 선포한다.

II. 하나님의 속성

벨기에 신앙고백서는 한 분 하나님의 존재(being)에 대해 고백한 다음, 하나

---

28) 무신론에 대해서는 William A. Luijpen & Henry J. Koren, *Religion and Atheism*(New York: Humanities Press, 1982), 류의근 옮김,『현대 무신론 비판』(서울: CLC, 2005)을 참고하라.

님의 속성(attributes)을 고백한다. 즉 하나님이 어떤 분인지를 다룬다. 왜 존재(being)만 아니라 속성(attributes)을 이어서 다루는가?

그 이유는 많은 사람이 저마다 자기 나름의 하나님을 믿는다고 말하기 때문이다. 하나님이 한 분이라고 믿는 것, 유일하다고 믿는 것, 그것만으로 충분하지 않다. 너도나도 하나님을 믿는다고 말하고 하나님이 한 분이시라고 믿는다고 말하지만 정작 그 하나님이 우리가 믿는 하나님이 아닐 수 있다. 이 사실은 유대인들이 하나님을 믿는다고 말하고 이슬람도 하나님을 믿는다고 말하지만, 그들이 믿는 하나님이 우리가 믿는 하나님이 아니라는 점을 통해서 쉽게 알 수 있다. 그렇기에 우리가 믿는 하나님께서 어떤 속성을 가진 분이냐 하는 고백이 이어져야 한다. 우리가 믿는 이러이러한 하나님만이 한 분 하나님이요, 유일하신 하나님이라는 사실을 강조해야 한다. 그래서 존재에 이어 속성을 다룬다.

영적인 존재

하나님의 중요한 속성은 영적인 존재(spiritual Being)시라는 것이다. 하나님의 속성 중 모든 것이 중요하지만 특히 중요한 것은 하나님은 영이시라는 것이다(신 4:12, 15; 요 1:18; 4:24; 롬 1:20; 골 1:15; 딤전 1:17; 6:16).[29] 웨스트민스터 소요리문답도 제4문답에서 하나님의 많은 속성 중에서 영적인 존재를 가장 중요하게 여긴다.

> **Q 웨스트민스터 소요리문답**
> 4문: 하나님은 어떤 분이십니까(What is God)? (대 7문)
> 답: 하나님은 영(spirit)이신데,[1] 그분의 존재하심(being)[2]과 지혜(wisdom)[3]와

---

29) 하나님의 속성을 가장 잘 진술하고 있는 스티븐 차녹도 영이신 속성을 가장 먼저 언급하고 있다. Stephen Charnock(1628~1680), *The Existence and Attributes of God*(Reprinted: Grand Rapids: Baker, 1996), 176. 나아가 성경은 부활하신 예수님도 '영'이라고 했고(고후 3:17), 특히 그는 '살려주는 영'이시다(고전 15:45). 성령 하나님도 마찬가지로 영이시다(롬 8:11).

능력(power)[4]과 거룩하심(holiness)[5]과 공의(justice)와 선하심(goodness)과 진실하심(truth)[6]이 무한하시며(infinite),[7] 영원하시며(eternal),[8] 불변하십니다(unchangeable).[9]

─────────

1) 요 4:24 2) 출 3:14 3) 시 147:5 4) 계 4:8 5) 계 15:4 6) 출 34:6-7 7) 욥 11:7-9 8) 시 90:2 9) 약 1:17

그 이유는 하나님의 속성 중 '영'이라는 속성은 하나님의 하나님 되심을 보여 주는 아주 중요한 속성이며, 이 속성은 다른 많은 속성으로 이어지기 때문이다. 예컨대, ① 하나님이 영이 아니시라면 하나님은 무한하실 수 없다. 육체는 반드시 제한적이다. 물질은 한 장소를 넘어서 있을 수 없다. 이 세상에 온 세상에 충만하게 거하는 육체나 물질은 없다. 아무리 거대한 물체라 하더라도 온 세상에 가득 찰 수는 없다. 반드시 제한적이기 마련이다. 하나님께서 영이시기에 무한하시고 온 세상에 충만하게 거하실 수 있고, 무소부재하실 수 있다. 우주와 그 가운데 있는 만유를 지으신 하나님(행 17:24)께서 온 세상에 충만하신 것은 영이시기 때문이다. ② 하나님이 영이 아니시라면 영원하실 수 없다. ③ 하나님이 영이 아니시라면 불변하실 수 없다. 육체는 물리적이기에 변한다. 불변하는 물리적인 것은 없다. ④ 하나님께서 보이지 않으시는 이유는 영이시기 때문이다(신 4:12, 15; 요 1:18; 4:24; 롬 1:20; 골 1:15; 딤전 1:17; 6:16). 이처럼 하나님께서 영적인 존재라고 하는 사실은 하나님을 설명하는 데 있어서 가장 중요한 속성이다.

하나님은 영이신데, 성경에서 말씀하는 하나님의 손, 하나님의 눈, 하나님의 발등상과 같은 표현은 무엇일까? 육체가 없으신 하나님을 왜 그렇게 표현할까? 사람들로 하여금 이해하기 쉽도록 표현하는 일종의 의인법적 표현, 다르게 말하면 신인동형론적(神人同形論的) 표현(anthropomorphism)이다. 하나님은 손, 눈, 발을 가지신 분이 아니다. 하나님은 영이시다.

영원성

그분은 영원하시며(eternal) 하나님은 영원하시다. 하나님은 시간 너머에 계신다. 하나님의 관점에서는 항상 현재다. 하나님은 시간을 초월해 계시고, 모든 것을 현재로 보실 수 있다. 베드로후서 3:8은 "사랑하는 자들아 주께는 하루가 천 년 같고 천 년이 하루 같다는 이 한 가지를 잊지 말라."라고 했으니 이것은 하나님의 영원성 때문이다. 하나님은 영원부터 존재하시는 분이시다. 하나님은 그 존재에 있어 시작이나 끝, 순간의 연속이 없다. 시간이 하나님을 제한할 수 없다. 벨기에 신앙고백서의 근거구절인 시편 90:2 말씀처럼 "산이 생기기 전, 땅과 세계도 주께서 조성하시기 전 곧 영원부터 영원까지 주는 하나님이시니이다."라고 우리는 고백한다.

불가시적인 존재

보이지 않으시며(invisible) 한자어로 표현하면 불가시성(不可視性)이다. 하나님은 눈으로 볼 수 없다. 하나님은 영으로 존재하시는 분이시기에 육체의 한 부분인 눈에 보이지 않는다. 이에 대한 가장 중요한 성경구절은 디모데전서 6:16이다. "오직 그에게만 죽지 아니함이 있고 가까이 가지 못할 빛에 거하시고 어떤 사람도 보지 못하였고 또 볼 수 없는 이시니 그에게 존귀와 영원한 권능을 돌릴지어다. 아멘."

우리는 하나님을 볼 수 없다. 혹여나 하나님을 보았다고 하는 사람들의 말에 넘어갈 필요도 없다. 하나님께 해당하지 않는 것을 하나님께 돌려 드리려는 것은 옳지 않다. 우리 주변에 종종 하나님을 봤다고 말하는 사람들이 있는데, 그들은 우리와 고백이 다른 자들이다. 그러한 사람들이 믿는 하나님은 우리가 믿는 하나님이 아니다. 성경에 계시된 하나님이 아니다.

그럼에도 불구하고 우리는 하나님을 뵈옵는 것(*visio Dei*)을 소망하는 자들이다. 예수님께서도 "마음이 청결한 자는 복이 있나니, 저희가 하나님을 볼 것임이요."(마 5:8)라고 말씀하셨다. 그러나 여기에서 말하는 보는 것은 영적으로 보는 것을 말한다. 진정한 신자는 영적으로 하나님을 보고 있으며, 또한 죽어서 영혼이 하나님께서 계신 '하늘'에 있을 때에 하나님을 영적으로 볼 것이다. 즉,

하나님과 아주 친밀한 영적 교제를 할 것이다.

불변성

변하지 않으시고(immutable) 한자어로 표현하면 불변성(不變性)이다. 하나님은 영이시기에 변하지 않으신다. 그런데 변하지 않는다는 말을 오해하면 안 된다. 불변성(不變性)은 부동성(浮動性, immobility)이나 무감각성(無感覺性)을 의미하는 것이 아니다. '감정'이 없으시다는 것도 아니다. 하나님께서 움직이실 수 없으시거나, 아주 답답한 분이시라는 뜻이 아니다. 인간의 다양한 처지와 반응에 따라 하나님은 행동하신다. '생명'이시기에 '운동'이 있다.

하나님께서 불변하시다는 것은 우리로 하여금 하나님을 더욱 신뢰하게 만든다. 하나님께서 불변하시므로 미쁘신 하나님, 신실하신 하나님을 말할 수 있다. 그의 본질이 불변하시므로, 그의 행하시는 일에서도 변하지 않으신다. 그러하기에 하나님은 믿을 만한 분이시다. 만약 하나님이 자주 변하신다면 그 하나님을 믿고 신뢰하기 어렵다.

무한성

제한이 없으시고(infinite) 한자어로 표현하면 무한성(無限性)이다. 이 속성은 영원성(eternity)과 연결된다. 하나님께서는 시간과 공간과 관련해서 무한하시다. 하나님께서는 시공간에 대해서 초월하시며 동시에 그 안에 내재하실 수 있으시다. 그러므로 하나님을 시공간의 어느 한 점이나 한 영역에 가둘 수 없다.

하나님의 무한성은 편재성(遍在性, Ubiquitous, 어디에나 계시는 특성)이라고도 할 수 있는데, 편재하신 하나님의 무한함으로 인하여 하나님의 존재가 제한되거나 배제된 장소란 없다(*Divina essentia nusquam inclusa aut exclusa*).[30]

이렇게 어디에나 계신 하나님이시기에 우리는 위로를 얻는다. 하나님은 우리가 어디에 있든 항상 함께 계시며, 당신의 백성들이 있는 곳에는 어디든지 함께 계신다(창 39장; 시 139:10). 또한 어디에나 계신 하나님을 우리는 피할 수 없

---

30) 이 표현은 아우구스티누스의 것이다.

다(시 139:7).

전능성

전능하시고 하나님은 모든 것을 하실 수 있는 분이시다. 하나님께는 능치 못할 일이 전혀 없다. 하나님이 하실 수 없는 일은 전혀 없다. 굳이 있다면 자신이 존재하는 일을 멈추시는 일이나 자신이 하나님이시기를 멈추는 것은 하실 수 없으시다. 또한 변하실 수 없으시다. 자기부인을 하실 수 없으시다(딤후 2:13). 거짓말을 하실 수 없으시다(딛 1:2). 약속을 어기실 수 없으시다(고후 1:20).

지혜, 공의, 선함

지금까지 다룬 하나님의 속성들을 비공유적 속성들(incommunicable attributes)이라고 부른다. 다른 존재와 전혀 공유하지 않으시는 하나님만이 갖고 계신 속성이라는 의미다. 하나님 외에 다른 어떤 것도 비공유적 속성들을 가질 수 없다. 오직 하나님만이 영원, 불가시, 불변, 무한, 전능하시다.

다음으로 언급하고 있는 하나님의 속성들은 지혜, 공의, 선하심인데, 이 속성들을 공유적 속성들(communicable attributes)이라고 부른다. 비록 제한된 의미에서이기는 하지만 피조물인 우리도 지닐 수 있다는 의미다. '제한된 의미에서'라고 단서를 붙인 것처럼 '공유적'이라는 용어를 오해해서는 안 된다. 이 공유적 속성들도 비공유적 속성들처럼 하나님만 가지신 것으로, 우리들은 그것을 피조물 수준에서 반영하는 정도로만 가질 수 있다. 그래서 '공유적 속성들'이라는 표현도 엄밀한 의미에서는 비공유적이라는 이해를 가지고 사용해야 한다. 공유적, 비공유적이라는 용어는 상대적인 용어일 뿐이다. 하나님과 피조물 사이에는 무한한 질적인 차이가 있다.

이외에도 하나님께는 많은 속성들이 있다. 벨기에 신앙고백서는 하나님의 모든 속성을 다 언급할 수 없어서 우리가 꼭 알아야만 하는 중요한 것들만 언급한다. 그래서 벨기에 신앙고백서는 송영으로서 이렇게 외친다. "모든 선이 흘러나오는 근원(the overflowing fountain of all good)이십니다." 하나님은 우리의 최고선(summum bonum)이시다.

단순함

그분은 단순하시고(simple) 단순성(*simplicitatis*), 단일성(unity), 단수성(*singularitatis*)이라고도 한다. 여기서 말하는 단순하다는 "저 사람은 참 단순하다."라고 비아냥거릴 때에 사용하는 의미로서의 단순하다는 뜻이 아니다. "그 본질이 복합적이지(compositeness) 않으시다. 따라서 여러 부분으로 나누어질 수 없다."는 뜻에서 단순하다는 것이다.

단순성을 하나님의 속성들과 연관 지어 생각해보면, 하나님께 속해 있는 여러 속성들은 그것들이 모여서 하나님을 이루는 것이 아니다. 전능성, 불변성, 무한성, 불가시성과 같은 속성이 하나하나 모여서 하나님을 이루고 있는 것이 아니다. 그렇다고 속성들이 하나님의 존재에 더해진 것도 아니다. 하나님의 전 존재가 하나님의 모든 속성을 포함하고 있다. 그래서 그 속성들이 하나님의 존재와 구별될 수 없으며 서로 모순을 일으킬 수 없도록 하나로 있다. 각 속성이, 그 절대적 온전성 때문에, 하나님의 존재 전체와 동일하다.

불가해성

우리는 하나님을 완전하게 다 알 수 없다. 성경이 가르쳐주는 범위 안에서만 알 뿐이요, 성경이 가르쳐주는 것도 우리의 연약함으로 인해 다 알 수 없다. 벨기에 신앙고백서의 표현처럼 "완전히 이해될 수 없으신(incomprehensible)" 하나님이시다. 한자어로 불가해(不可解)성이라고 하는데, 인간이 하나님을 다 이해하려는 것은 마치 국자 하나로 바다를 측량하려는 시도와 같다.

하나님은 우리가 분석해서 파악할 수 있는 그런 대상이 아니다. 머리로 분석하고 손으로 만져보아서 알 수 있고 측량할 수 있는 대상이 아니다. 유한한 인간이 무한하신 하나님을 완전히 알 수 없다. 로마서 11:33은 이 의미를 가장 잘 표현한다. "깊도다 하나님의 지혜와 지식의 풍성함이여, 그의 판단은 헤아리지 못할 것이며 그의 길은 찾지 못할 것이로다."

그렇다고 불가지론(不可知論, agnosticism)에 빠져서는 안 된다. 하나님을 우리가 알 수 없으니 그냥 알려고 하지도 않고 아는 것 자체가 불가능하다는 생각을 경계해야 한다. 비록 하나님을 완전히는 알 수 없지만, 우리는 분명 하나님에 대해서 알 수 있다.

믿는다는 것의 의미

제1조에서 주목해야 할 표현이 있다. 첫 문장의 "마음(heart)으로 믿고 입으로 고백합니다."라는 표현이다. 이 표현은 제1조에 대한 것만 아니라 37개 조항 전체에 대한 것이다. 제1조에서부터 제37조까지의 모든 내용을 마음으로 믿고 입으로 고백한다는 말이다. 이 사실은 이어지는 많은 조항들도 같은 말을 "우리는 믿습니다."라고 줄여서 반복하고 있다는 사실을 통해서도 알 수 있다. 벨기에 신앙고백서는 이러한 표현을 반복함으로써 이 모든 것을 믿는 것이 중요함을 강조한다. 믿고 고백해야 함을 강조한다.

실제로 이 고백서를 작성한 귀도 드 브레를 비롯하여 당시의 개신교인들은 로마 가톨릭과 국가의 위협 속에서도 자신들의 믿음을 분명히 하고 고백하는 일에 주저하지 않았다. 심지어 그들은 개신교 신앙을 포기할 것을 강요받았고, 고문(拷問, torture)에 정통한 전문가들이 자신들을 마음대로 할 것이라는 사실을 익히 들어 알고 있었다. 그 상황에서도 "우리는 믿습니다."라고 고백했다.

| 결 론 |

우리가 믿는 하나님은 한 분이시요, 유일하시며, 벨기에 신앙고백서가 설명하고 있는 그러한 속성들을 갖고 계신 분이시다. 이 믿음이 우리의 믿음이다. 이것을 마음으로 믿고 입으로 고백해야 한다.

하나님께서 자기 자신을 우리에게 알리시는 방법

How God Makes Himself Known to Us

우리는 두 가지 방법을 통해 하나님을 압니다. 첫째는 우주의 창조 (creation)와 보존(preservation)과 통치(government)에 의한 것으로, 이는 우리 의 눈앞에 펼쳐진 가장 아름다운 책으로서[1] 그 안에 있는 크고 작은 모 든 피조물들은 아주 많은 글자들처럼 사도 바울이 (로마서 1장 20절에서) 말 한 바대로 우리를 하나님의 보이지 않는(invisible) 것들, 곧 그분의 영원하 신 능력(power)과 신성(deity)을 분명하게 깨달을 수 있게 인도합니다. 이 모든 것들은 사람에게 죄를 인정하게 하기에 충분하여(sufficient to convict men), 사람이 핑계치(excuse) 못할 것입니다. 둘째는 그분의 거룩하고 신적 인(holy and divine) 말씀을 통한 것으로,[2] 하나님은 이 세상에서 우리에게 필요한 만큼 그분의 영광과 구원에 대하여 보다 더 분명하고도 충분하게 (dearly and fully) 자기 자신을 알리십니다.

1) 시 19:1–4 2) 시 19:7–8; 고전 1:18–21

하나님께서 자기 자신을 우리에게 알리시는 방법

- **본문:** 고린도전서 2:13-16
- **참고본문:** 시편 19편; 로마서 1:18-20; 고린도전서 1:21
- **관련신조:** 웨스트민스터 신앙고백서 제1장; 웨스트민스터 대요리문답
  제12, 14문답; 웨스트민스터 소요리문답 제6-8문답; 도르
  트 신조 셋째 넷째 교리 제6-7항

| 서 론 |

벨기에 신앙고백서가 가장 처음으로 고백하는 것은 하나님에 대한 믿음이다. 하나님은 유일하시며, 한 분이시고, 영적이시며, 영원하시고, 눈에 보이지 않으시며, 변하지 않으시고, 제한이 없으시고, 전능하시고, 지혜, 공의, 선을 갖고 계신 분이다. 이 하나님을 믿어야 한다.

그렇다면, 여기에서 우리는 두 가지 의문을 가질 수 있다. 첫째, 하나님에 대한 이러한 믿음은 어디에서 오는가? 둘째, 이미 하나님을 믿은 우리가 하나님을 더 알기 위해서는 어떻게 해야 하는가? 이 질문을 조금 다르게 표현하면, 첫째, 하나님을 아는 지식은 무엇에서 비롯되는가? 둘째, 하나님은 자기 자신을 어떠한 방식으로 알리시는가? 이다.

하나님에 대한 지식과 믿음은 어디에서 비롯되는 것인가? 그냥 가만히 자다가 알게 될까? 어떤 빛이 우리에게 찾아올까? 아니면 깊이 있는 철학적인 사색이나 연구, 감정이나 생활의 경험으로부터 올까? 이 질문에 대한 답을 하고 있는 것이 벨기에 신앙고백서 제2조다.

| 본 론 |

Ⅰ. 계시의 필요성

이 질문에 대한 답을 하기 전에 전제해야 할 것이 있다. 사람의 이성으로는 하나님을 온전히 알 수 없다는 것이다. 제1조는 "완전히 이해될 수 없으시고(incomprehensible)"라는 표현을 통해 이 사실을 잘 말해 주고 있다.[31] 로마서 11:33 "깊도다 하나님의 지혜와 지식의 풍성함이여, 그의 판단은 헤아리지 못할 것이며 그의 길은 찾지 못할 것이로다."에서도 이 사실을 말해 준다.

　사람의 이성으로는 하나님을 완전히 알 수 없지만, 하나님께서 우리에게 자기 자신을 알려주실 때 우리는 비로소 하나님을 알 수 있다. 즉 하나님께서 자기를 계시해 주셔야만 알 수 있다. 우리의 노력으로 하나님을 아는 것이 아니라 하나님께서 우리에게 자기 자신을 알리신다. 그래서 제2조의 제목은 "하나님께서 자기 자신을 우리에게 알리시는 방법"이다.

Ⅱ. 하나님의 자기 계시 방법

하나님께서 우리에게 자신을 알려주시는 방법은 크게 두 가지다. 자연계시와 특별계시다.

---

31) 그래서 앞서 제1조를 다룰 때에 의도적으로 불가해성을 제일 마지막에 다뤘다. 왜냐하면 이 속성은 제2조의 내용에 연결되기 때문이다. 벨기에 신앙고백서는 각 조항 간에 긴밀히 연결되어 있다. 제2조의 경우에도 라틴어 판에 보면 "그런데 우리는 두 가지 방법을 통해"(*Duobus autem modis eum cognoscimus*)라고 되어 있다. '그런데'(*autem*)는 제1조와 연결되어 있음을 드러낸다.

1. 자연계시

첫째, 자연계시다. 하나님께서 창조하신 자연만물이 하나님을 우리에게 알려준다. 벨기에 신앙고백서가 말하는 대로 하나님의 "우주의 창조와 보존과 통치"는 하나님께서 자기 자신을 알리시는 방법이다.

어떻게 자연이 하나님을 알리는 방법이 될 수 있을까? 그림을 보면 그 화가를 알 수 있는 것과 유사하다고 생각하면 된다. 그림 자체가 그림의 작가가 누구인지를 말해 준다. 그림에 배어 있는 화가의 특성이 있다. 그래서 그림만을 놓고 진품명품을 가리기도 한다. 김홍도의 작품인지 아닌지를 김홍도에게 물어봐서 아는 것이 아니라 작품만을 놓고 평가하는 것이다. 그림만 보고 김홍도의 것인지 신윤복의 것인지 알 수 있다. 마찬가지로 자연은 하나님이 창조하셨으니 하나님의 본성과 속성이 드러나기 마련이다. 그래서 하나님이 만드신 창조의 결과물, 그리고 그것을 보존하시고 통치하시는 하나님의 섭리 속에 하나님에 대한 계시가 나타나 있다. 하나님께서 자연을 통해 자기 자신을 알리신다.

이에 대한 성경의 증거는 많다. 벨기에 신앙고백서가 인용하고 있는 시편 19편이 대표적이다. 시편 19:1은 "하늘이 하나님의 영광을 선포하고, 궁창이 그의 손으로 하신 일을 나타내는도다."라고 말씀한다. 하늘과 궁창 같은 자연이 하나님이 누구신지를 선포한다.

자연을 볼 때 "아~! 하나님께서 이것들을 만드셨구나!"라고 생각할 수 있다. 자연(nature)에서 끊임없이 품어져 나오는 본성(本性, nature)이 하나님의 살아계심을 증거한다. 그래서 아우구스티누스는 말하기를 "온 세상이 하나님의 존재를 보여주는 그림책이다."라고 하였다. 이러한 표현에 따라 그리스도인들은 전통적으로 벨기에 신앙고백서의 표현처럼, 자연을 가리켜서 "우리의 눈앞에 펼쳐진 가장 아름다운 책"이라고 말한다.

자연이 하나님에 대해서 말해 준다. 자연 그 자체가 갖고 있는 본성의 빛들(lights of nature)이 하나님의 살아계심을 증거한다. 하나님의 하신 일을 드러낸다. 그래서 '자연계시'(Natural Revelation)라고 한다.

핑계할 수 없는 계시

자연이 하나님을 나타낸다고 하는 것은 중요한 의미를 가진다. 특별히 그 누구도 하나님이 계시지 않다고 핑계할 수 없게 만든다는 점에서 중요하다. 로마서 1:18-20을 보면 "(18)하나님의 진노가 불의로 진리를 막는 사람들의 모든 경건하지 않음과 불의에 대하여 하늘로부터 나타나나니 (19)이는 하나님을 알 만한 것이 그들 속에 보임이라 하나님께서 이를 그들에게 보이셨느니라. (20)창세로부터 그의 보이지 아니하는 것들 곧 그의 영원하신 능력과 신성이 그가 만드신 만물에 분명히 보여 알려졌나니 그러므로 그들이 핑계하지 못할지니라."라고 말한다. 벨기에 신앙고백서도 "이 모든 것들은 사람에게 죄를 인정하게 하기에 충분하여(sufficient to convict men), 사람이 핑계치(excuse) 못할 것입니다."라고 고백한다.

자연에는 하나님의 영원하신 능력과 신성이 나타나 있다. 하나님은 자연을 통해 자신을 계시하신다. 우주의 신비와 조화와 아름다움을 통해 하나님의 능력의 오묘함을 계시하신다. 자연이 존재하는 한 그 누구도 하나님의 존재를 부정할 수 없고, 하나님 모른다고 핑계할 수도 없다.

자연계시의 한계

그런데 문제가 있다. '자연계시의 한계'다. 분명히 자연만물들은 하나님을 찬송하고 있다. 자연은 하나님께서 하신 일을 선포한다. 하지만 사람은 자연만으로 하나님을 보지 못한다. 하나님은 여전히 자연을 통해서 자기 자신을 드러내고 계신데, 정작 그것을 보는 사람은 하나님을 깨닫지 못한다.

왜냐하면 인간이 타락하였기 때문이다.[32] 그래서 회심하지 않은 자들, 하나님을 모르는 자들은 그것을 보아도 알 수가 없다. 보이지가 않는다. 들리지가 않는다. 그들의 죄가 그것을 가리고 있기 때문이다.

그래서 오직 믿음으로만(히 11:3) 하나님의 피조물들이 선포하는 창조주의 영광이 들린다. 자연을 통한 계시는 희미한 유리로 하나님을 보는 것과 같아서 하

---

32) *Institutes*, I. v. 11; II. vi. 1; Clarence Bouwman, *Notes on the Belgic Confession*(Armadale: The League of the Free Reformed Women's Bible Study Societies, 1997), 손정원 옮김, 『벨직신앙고백해설』(부산: 도서출판 신언, 2007), 47.

나님에 대해 인식하고 느낄 수 있기는 하지만 선명하게 하나님의 은혜를 알 수는 없다. 더 분명한 것이 필요하다. 이어서 다룰 '특별한 계시'다.

2. 특별계시

둘째, '특별계시'(Special Revelation)다. 앞서 살펴본 '자연계시'를 '일반계시'라고도 하는데, 그와 대조되는 표현이다. 하나님께서는 일반계시의 한계 때문에 특별계시를 허락하셨다. 말씀, 즉 '성경'이다. 이에 대해서 벨기에 신앙고백서는 보다 고상하고도 수준 있는 표현을 사용한다. "그분의 거룩하고 신적인(holy and divine) 말씀."

자연계시만으로 사람이 하나님을 알 수 없다. 타락 이전이라면 충분히 알았을 것이다. 하지만 타락 이후 사람들은 자연을 통해서 신의 존재 가능성을 깨닫는 정도는 가능하지만 그보다 더 나아가 단순한 신적 존재가 아닌 삼위 하나님에 대한 인식으로까지 이어지지 못한다. 그리고 하나님의 살아계심과 그 하나님의 구원에 대해서까지 알 수는 없다. 그래서 필요한 것이 특별계시로서의 성경이다.

성경의 증거

이를 가장 잘 보여 주고 있는 성경구절은 시편 19편과 고린도전서 1:18-21이다. 그래서 벨기에 신앙고백서 제2조는 이 두 본문을 근거구절로 제시한다. 시편 19:1-6은 자연계시에 대해서 시편 19:7-10은 특별계시인 말씀을 말씀한다. 고린도전서 1:21은 "하나님의 지혜에 있어서는 이 세상이 자기 지혜로 하나님을 알지 못하므로 하나님께서 전도의 미련한 것으로 믿는 자들을 구원하시기를 기뻐하셨도다."라고 함으로써 특별계시의 필요성에 대해서 말씀한다.

웨스트민스터 신앙고백서 1장 1절의 증거

참고로, 장로교회의 신앙고백서인 웨스트민스터 신앙고백서는 제1장 제1절에서 이 사실에 대해 벨기에 신앙고백서보다도 더 명확하고도 분명하게 설명한다.

제1장 성경에 관하여

1. 비록 본성의 빛(the light of nature)과 창조와 섭리의 사역들이 하나님의 선하심(goodness)과 지혜(wisdom)와 능력(power)을 사람이 핑계하지 못할 정도로 분명하게 나타낸다고 하더라도,[1] 구원에 이르게 할 정도로 필수적인 지식 곧 하나님과 그분의 뜻(will)에 대한 지식을 전달하기에는 충분하지 않습니다.[2] 그러므로 주님은 여러 시대에(at sundry times) 그리고 다양한 방식으로(in divers manners) 자신을 계시하시는 것(to reveal)과 자신의 뜻을 자신의 교회에 선포하기(to declare)를 기뻐하셨습니다.[3] 그 이후에 육신의 부패, 사탄과 세상의 사악함(malice)에 맞서 진리를 보다 잘 보전하고(preserving) 전파하기(propagating) 위하여 그리고 교회를 더욱 굳게 세우고 안위하기 위하여, 주님은 그것을 전부 기록하게 하셨습니다.[4] 그렇기 때문에 성경은 반드시 필요하게 되었습니다(to be most necessary).[5] 그리하여 하나님께서 자기 백성들에게 자신의 뜻을 계시하셨던 이전의 방식들은 이제 중단되었습니다 (ceased).[6]

---

1) 롬 1:20; 시 19:1–3; 롬 1:32; 2:1; 14–15 2) 고전 1:21; 2:13–14 3) 히 1:1 4) 롬 15:4; 잠 22:19–21; 사 8:20; 마 4:4,7,10; 눅 1:3–4 5) 딤후 3:15; 벧후 1:19 6) 히 1:2

특별계시로서의 성경의 중요성

특별계시는 하나님에 대해 알 수 있는 절대적인 방법이다. 하나님은 자기 자신을 두 가지로 계시하시지만 실제로 우리가 알 수 있는 방법은 하나다. 성경이다. 그리고 그 성경을 통해서 하나님을 알고, 이제 그 하나님을 아는 자들은 자연을 통해서 하나님의 풍성한 역사하심을 또 다른 측면으로 경험한다. 하나님이 자기를 알리시는 두 번째 방법을 통해서 첫 번째 방법으로 나아간다. 두 번째 방법인 성경을 알지 못하는 자에게 첫 번째 방법은 의미가 없다. 두 번째 방법인 성경을 아는 자들은 첫 번째 방법까지도 의미가 있으니 이로서 진정으로 하나님이 자기를 알리시는 두 가지 방법을 사용할 수 있는 자들이다.

특별계시로서의 성경이 중요하기 때문에 벨기에 신앙고백서는 제2조 이후 제3조에서부터 제7조에 이르기까지 모두 5개의 조항에서 성경에 대해서 다룬다. 벨기에 신앙고백서는 전체가 모두 37개의 조항으로 이루어져 있는데, 그 중에서 무려 5개의 조항을 성경에 대해 할애하고 있다는 점은 벨기에 신앙고백서가 성경을 얼마나 중요하게 여기는지를 보여 준다.

Ⅲ. 적용

완전할 수 없는 하나님을 아는 지식

다시 제1조로 돌아와서 "완전히 이해될 수 없으시고"라는 말을 꼭 기억해야 할 것이다. 하나님을 완전히 아는 것은 불가능하다. 어떻게 유한한 인간이 무한한 하나님을 알 수 있을까? 죄 많은 인간이 어떻게 거룩하신 하나님을 완전히 알 수 있겠는가? 바울은 이 사실에 대해서 다음과 같이 말했다. "사람의 사정을 사람의 속에 있는 영 외에는 누가 알리요 이와 같이 하나님의 사정도 하나님의 영 외에는 아무도 알지 못하느니라"(고전 2:11).

그렇다고 해서 불가지론(不可知論)에 빠지면 안 된다. 핵심은 하나님께서 우리에게 자신을 계시해 주셔야만 안다는 것이다. 하나님께서 자신을 계시하시지 않으셨다면 인간은 결코 그분을 알 수 없다. 또한 인간은 하나님이 드러내 보이시기로 작정하신 것 이상으로 하나님에 관해서 결코 알 수 없다. 하나님에 관한 지식은 무엇이든지 그분이 알리시기로 작정하셨기 때문에 존재한다(롬 1:19).

이러한 사실은 앞으로 우리가 배우게 될 모든 내용이 결국 하나님의 말씀에 근거한 것이어야만 한다는 결론으로 이어진다. 개혁주의 신앙이 말하는 '오직 성경'(Sola Scriptura)에 대한 고백으로 이어진다. 우리가 믿는바 하나님은 성경의 하나님이다. 성경을 넘어가서는 안 된다.

벨기에 신앙고백서 제2조를 확실히 고백하는 자들은 성경이야 말로 하나님을 알 수 있는 유일한 방법임을 기억하고, 이것을 벗어난 개인적 사색이나 철학적 사변, 혹은 종교적 체험을 통해 하나님에 대해 말하지 말아야 한다. 오직 하나님께서 주신 방식대로 하나님을 알아가야 한다.

계시하시는 하나님

하나님은 자기 자신을 알리시기 위하여 직접 찾아오신다. 오신 하나님은 말씀하신다(창 3:8; 4:6; 12:1). 오시고 말씀하시는 하나님은 당신이 행하실 일을 가르쳐주신다(출 3:8, 12). 우리가 하나님께로 나아가는 것이 아니라 하나님께서 우리에게 찾아오셔서 우리에게 당신을 알려 주신다.

계시의 인격성

이러한 계시관은 우리로 하여금 신앙이 무엇인지에 대해서도 생각하게 만든다. 신앙이란 객관적인 대상에 대한 파악이 아니라 인격에 대한 신뢰다. 다시 말해 우리의 믿음과 영적인 지식은 '하나님의 자기 계시'를 통해 주어지기 때문에 하나님에 관한 지식은 인격적인 지식(personal knowledge)이다.[33] 우리가 어떤 물체를 아는 것과 하나님을 아는 것은 완전히 다르다. '하나님을 앎'이란 교제 관계 속에서의 앎이다(암 3:2; 삼상 3:7). 하나님은 사람과 관계하시는 하나님이요, 그러한 관계 속에서만 하나님에 대해 알 수 있다.[34] 그래서 성경은 하나님을 '알다'라는 말의 히브리어를 부부의 성관계를 말할 때에도 사용하는 '야다'를 사용한다. 우리가 하나님을 아는 지식은 철저히 인격적 지식이다. 이러한 고백을 고린도전서 1:9은 다음과 같이 말씀한다. "너희를 불러 그의 아들 예수 그리스도 우리 주와 더불어 교제하게 하시는 하나님은 미쁘시도다."

---

33) 유해무, 『개혁교의학』(서울: 크리스챤다이제스트, 1997), 33, 99.

34) 유해무, 『개혁교의학』, 127.

벨기에 신앙고백서 제2조가 반박하는 것

오직 하나님께서 주신 계시를 통해서만 하나님을 알 수 있다는 고백은 우리로 하여금 주관주의에 빠지지 않게 한다. 상대주의의 함정에 빠지지 않게 한다. 개인의 종교적 체험이나 환상, 철학적 사색이 하나님을 아는 중요한 방법이 된다면 우리의 신앙은 보편적이지도 객관적이지도 절대적이지도 않을 것이다. 그러나 성경에 의지한다면 우리의 믿음과 고백은 매우 객관적이고 절대적일 수 있다.

| 결 론 |

우리는 하나님이 누구신지를 알아가야 하는 자들이다. 그런데 하늘만 쳐다보고 있을 수 없다. 땅에 있는 성경을 보아야 한다. 하나님께서 이 땅에 남겨 두신 하나님의 말씀을 통해서 하늘에 계신 하나님을 알 수 있다.

"나는 성경을 보지 않는다. 그러나 하나님을 알고 싶다." 이런 궤변을 늘어놓아서는 안 된다. 성경을 통하지 않고는 하나님을 알 수 없다. 우리가 믿는 하나님은 오직 성경에 계시된 하나님이다. 벨기에 신앙고백서가 정리해 놓은 내용 역시 하나님의 계시인 성경이 말하는 바를 정리한 것이다. 그러므로 우리는 신앙고백서의 도움을 받아 성경으로 돌아가야 할 것이다.

제3조

하나님의 말씀

The Word of God

우리는 이 하나님의 말씀이 사람의 충동(impulse)에 의한 것이 아니라 사도 베드로가 (베드로후서 1:21에서) 말한 바대로 성령님의 감동을 받은 (moved) 사람들이 하나님으로부터 받아 말한 것이라고 고백합니다. 이에 따라, 우리와 우리의 구원을 위한 그분의 특별한 돌보심(special care) 안에서 하나님께서 당신의 종들 곧 사도들과 선지자들에게 명령하셔서 당신의 계시된 말씀(revealed Word)을 기록하도록 맡기셨으며,[1] 그분은 친히 자기 자신의 손가락으로 율법의 두 돌판을 기록하셨습니다.[2] 그러므로 우리는 이 기록들을 거룩하고 신성한 성경(holy and divine Scriptures)이라고 부릅니다.[3]

1) 출 34:27; 시 102:18; 계 1:11,19 2) 출 31:18 3) 딤후 3:16

정경

The Canonical Books

우리는 성경(the Holy Scriptures)이 두 부분으로 구성되어 있으니 곧 구약과 신약으로, 이 책들은 정경이며, 이 사실에 대하여 어떠한 이의도 있을 수 없음을 믿습니다. 이 책들은 하나님의 교회에서 다음과 같은 이름으로 수록되어 있습니다.

구약의 책들: 모세오경, 즉 창세기, 출애굽기, 레위기, 민수기, 신명기와 여호수아, 사사기, 룻기, 사무엘상하, 열왕기상하, 역대기상하, 에스라, 느헤미야, 에스더서와 욥기, 시편, 잠언, 전도서, 아가서, 이사야, 예레미야, 애가, 에스겔, 다니엘, 호세아, 요엘, 아모스, 오바댜, 요나, 미가, 나훔, 하박국, 스바냐, 학개, 스가랴, 말라기.

신약의 책들: 4복음서들, 즉 마태복음, 마가복음, 누가복음, 요한복음; 사도행전; 사도 바울의 13개 서신들 즉, 로마서, 고린도전후서, 갈라디아서, 에베소서, 빌립보서, 골로새서, 데살로니가전후서, 디모데전후서, 디도서, 빌레몬서; 히브리서; 나머지 7개의 서신들 즉, 야고보서, 베드로전후서, 요한1,2,3서, 유다서, 사도 요한의 계시록.

성경의 권위

The Authority of Holy Scripture

우리는 이 모든 책들, 그리고 오직 이 책들만을 우리의 믿음을 구성하고(regulation) 기초하고(foundation) 확증하는(confirmation) 거룩한 정경(holy and canonical)으로[1] 받아들입니다.[2] 우리는 이 책들에 포함된 모든 것들에 대하여 어떠한 의심 없이 믿습니다. 교회가 받아들이고 승인했기(receives and approves) 때문이 아니라, 특별히 성령님께서 우리의 마음(heart) 속에서 그 책들이 하나님으로부터 온 것임을 증거하고 있기 때문이며,[3] 그 안에 담겨진 내용들이 그 자체로 증거를 포함하고 있기 때문입니다. 그렇기에 심지어 눈먼 자(the blind)라 할지라도 그 책들 안에 예언된 모든 것들이 성취되고 있음을 알 수 있습니다.[4]

1) 딤후 3:16-17 2) 살전 2:13 3) 고전 12:3; 요일 4:6; 5:7 4) 신 18:21-22; 왕상 22:28; 렘 28:9; 겔 33:33

정경과 외경의 차이점

The Difference Between the Canonical and Apocryphal Books

우리는 외경들(the apocryphal) 즉, 에스드라 3, 4서와 토비트, 유딧서, 지혜
서, 집회서, 바룩서, 에스더서의 부록, 아사랴의 기도, 불구덩이 속의 세
소년 찬미서, 수산나, 벨과 용, 므낫세의 기도, 마카베오상하를 이 거룩한
책들과 구별합니다(distinguish). 교회는 이 외경들이 정경과 일치하는 한
에서만 읽을 수 있고 교훈을 얻을 수 있습니다. 그러나 외경들은 믿음이
나 기독교에 대한 어떤 요점들을 확증하는 증거를 삼는 데 있어서 어떠
한 능력이나 권위를 갖지 못할 뿐 아니라, 더욱이 거룩한 책들의 권위를
실추시키는 데(detract) 사용될 수 없습니다.

제3, 4, 5, 6조

하나님의 말씀, 정경, 성경의 권위, 정경과 외경의 차이점

- **본문:** 디모데후서 3:16; 베드로후서 1:20-21
- **관련신조:** 웨스트민스터 신앙고백서 제1장; 웨스트민스터 대요리문답
  제3-6문답; 웨스트민스터 소요리문답 제2-3문답; 하이델
  베르크 요리문답 제19, 98문답; 도르트 신조 첫째 교리 3항,
  둘째 교리 5항, 셋째 넷째 교리 8, 17항, 다섯째 교리 14항

| 서 론 |

벨기에 신앙고백서 제2조는 하나님께서 자기 자신을 알리시는 두 가지 방법에 대해 고백한다. 두 가지 중에 가장 중요한 것은 하나님의 말씀인 성경이다. 사람은 하나님의 말씀을 통해서 비로소 하나님에 대해서 알 수 있다. 성경이야말로 하나님께서 자기 자신을 우리에게 알려 주시는 최고의 방법이다. 성경은 특별계시의 책이며 하나님을 아는 지식의 유일한 인식 원리다.

이처럼 우리가 하나님의 말씀을 통해서 하나님을 알 수 있다고 한다면, 그 말씀이 과연 도대체 무엇이기에 그렇게 믿을 만한지 그 권위를 분명히 알아야 한다. 만약 성경 그 자체에 권위가 없다면 우리의 믿음과 고백은 사상누각(砂上樓閣)이 될 것이다. 그래서 제2조에 이어서 중요한 것은 '성경의 신적 권위'에 대한 내용이다. 이것이 전제된 다음에야 비로소 우리가 말할 수 있는 것이 "성경은 도대체 무엇을 말하는가?"이다.

그래서 이번에는 벨기에 신앙고백서의 흐름을 따라 다음의 두 가지를 생각

해보려고 한다. 첫째, 성경의 신적 권위, 둘째, 성경의 범위.

| 본 론 |

I. 성경의 신적 권위(제3조)

성경의 권위 = 하나님의 말씀

먼저, 성경의 신적 권위다. 성경은 권위가 있다. 성경은 절대적인 권위를 갖고 있다. 성경에 권위가 있는 이유는 성경은 사람의 기록이 아니라 하나님의 말씀이기 때문이다. 만일 성경이 단순히 사람들의 기록이라면 권위가 없다. 제7조의 중간 부분에서 말하는 것처럼 "우리는 제 아무리 거룩한 사람의 기록이라 할지라도, 인간이 쓴 모든 저작에 대하여 신성한 말씀(the divine Scriptures)과 동등한 가치(value)를 가진 것으로 여기지 말아야 합니다." 그러나 하나님의 말씀이라면 하나님의 권위 때문에 말씀에도 권위가 부여된다.

이처럼 성경이 가치 있고 권위 있으려면, 우리의 모든 믿음과 지식의 근원이요 최종적인 근거가 되려면, 성경이 사람의 글이 아니라 하나님의 말씀이라는 사실이 명확해야 한다. 그래서 제3조는 처음부터 다음과 같이 고백한다. "우리는 이 하나님의 말씀이 사람의 충동(impulse)에 의한 것이 아니라 사도 베드로가 (베드로후서 1:21에서) 말한 바대로 성령님의 감동을 받은(moved) 사람들이 하나님으로부터 받아 말한 것이라고 고백합니다."

벨기에 신앙고백서의 이 고백은 사람의 말이 아니라, 성경의 가르침을 그대로 복창한 것이다. 벨기에 신앙고백서가 복창하고 있는 성경은 다음과 같다.

성경본문의 증거(1) – 베드로후서 1:21

벨기에 신앙고백서 제3조의 본문이 언급하고 있는 베드로후서 1:21은 "예언은 언제든지 사람의 뜻으로 낸 것이 아니요 오직 성령의 감동하심을 받은 사람들이 하나님께 받아 말한 것임이라."라고 말씀한다. 여기에서의 예언은 앞을 내다본다는 의미의 예언(豫言)이 아니라 성경의 가르침을 뜻한다. 그런데 성경의 가르침은 사람의 뜻에 의해서 만들어진 것이 아니라 오직 성령님의 감동하심을 통해서 나온 것이라는 점을 말씀하고 있다.

그래서 우리는 종종 성경의 1차 저자를 삼위 하나님 가운데 성령님이라고 말한다. 성령님의 감동에 기초하여 성경이 기록되었기 때문이다. 이러한 증거는 성경 곳곳에서 찾아볼 수 있는데, 예컨대 히브리서 3:7에 보면 구약의 시편 95편을 인용하면서 "성령이 이르신 바와 같이"라고 말하면서 인용한다. 사람이 쓴 글에 대해서 "성령님께서 하신 것이다."라고 말하고 있다. 이어지는 히브리서 3:15에 보면 똑같은 시편 95편의 한 부분을 인용하면서는 "성경에 일렀으되"라고 말하며, 히브리서 4:7에서도 동일한 인용을 가지고는 "다윗의 글에"라고 말하고 있으니 곧 성령님이 성경의 저자임을 우리에게 잘 보여 주고 있다.

이외에도 마가복음 12:36 이하에 보면 다윗이 쓴 시편 110편을 인용하면서 "다윗이 성령에 감동하여 친히 말하되"라고 기록한다. 이 역시 다윗이라고 하는 사람이 쓴 것이지만, 그것은 성령의 감동으로 된 것임을 우리에게 분명하게 말하고 있다.

성경본문의 증거(2) – 디모데후서 3:16

벨기에 신앙고백서 제3조의 근거구절인 디모데후서 3:16은 "모든 성경은 하나님의 감동으로 된 것으로…"라고 말씀한다. 이것은 베드로후서 1:21에 나온 것처럼 성경의 기록이 '하나님의 감동'에 의해서 된 것임을 밝히고 있다. '감동'이라는 표현을 어떤 감정이나 느낌을 뜻하는 것으로 오해하기 쉽지만, 이 말의 원래 뜻은 개역개정 난외주에 설명되어 있듯이 '영감'이라는 뜻이다. 이 말도 글을 쓰는 작가가 어떤 소재가 떠오르는 그런 영감을 말하는 것은 아니다. 그렇다면 영감(inspiration)이란 무슨 뜻일까?

헬라어 원어에 보면 데오 프뉴스토스라고 되어 있는데, "하나님"이라는 뜻의 '데오스'와 "숨쉰다"는 뜻의 '프네오'의 합성어다. 그래서 '영감'이란 간단하게 말하면 "하나님께서 숨쉰다"이며, 하나님께서 사람을 만드실 때에 그 코에 생기를 불어넣으시는 것처럼, 성령님께서 성경이 작성되게 하시기 위해서 당신이 친히 역사하셨다는 의미다. 그래서 NIV는 이 감동이라는 말을 "All Scripture is God-breathed"라고 번역함으로써 하나님께서 성경에 생기를 불어넣으신 것이라고 말하고 있다. 이러한 표현은 성경 전체에서 오직 두 번, 하나님께서 사람을 창조하실 때와 성경을 기록하실 때에만 하신 방법이다.

인간 저자

그렇다면 성경을 하나님께서 자신의 손으로 직접 쓰셨는가? 일부 그렇게 하신 것도 물론 있다. 벨기에 신앙고백서 제3조의 근거구절인 출애굽기 31:18과 다니엘 5:25처럼 직접 기록하신 것도 있다. 하지만 거의 대부분은 출애굽기 34:27과 요한계시록 1:19에서 인용하고 있는 것처럼 사람을 통해서 하셨다.

그런데 어떻게 사람이 쓴 것을 하나님이 썼다고 말할 수 있는가? 우리는 사도 바울이 썼다고 알고 있는 로마서를 직접 기록한 사람이 누구냐를 통해서 이 사실에 대한 힌트를 얻을 수 있다. 우리는 로마서를 바울이 쓴 것으로 안다. 그러나 로마서 16:22에 보면 '더디오'라는 사람이 이 편지를 기록하였다고 언급한다. 그런데 왜 우리는 사도 바울이 썼다고 말할까? 그것은 더디오가 대서(代書)했기 때문이다. 개역개정에는 나타나 있지 않지만 개역한글에는 "이 편지를 대서(代書)하는 나 더디오"라고 되어 있어서, 더디오가 썼지만, 실제로 그 내용을 불러 준 사람은 바울임을 분명히 하고 있다. 마찬가지로 성경은 사람들에 의해 기록되었지만 베드로후서 1:21의 표현처럼 하나님의 감동으로 하나님께로부터 받아서 말한 것이므로 성경의 진정한 저자는 하나님이다.

그렇다면 성경의 기록에 직접적으로 참여한 사람들은 누구인가? 이어지는 고백을 보자. "이에 따라, 우리와 우리의 구원을 위한 그분의 특별한 돌보심(special care) 안에서 하나님께서 당신의 종들 곧 사도들과 선지자들에게 명령하셔서 당신의 계시된 말씀(revealed Word)을 기록하도록 맡기셨으며." 그렇다. 하나님께서 특별히 간섭하셔서 그들을 택하시고 그들의 기록과정에 함께 하셨다. 그들은 하나님이 사용하신 도구에 불과하다. 요컨대, 성경의 권위는 하나님의 말씀이라는 점에 있으니 제3조의 제목은 '하나님의 말씀'이다.

Ⅱ. 성경의 범위

정경(正經, cannon) – 제4조에 대한 설명

이제 생각해볼 것은 "어떤 책이 하나님의 말씀인가?" 하는 것이다. "어느 책이 하나님의 감동으로 쓰인 것인가?" 이렇게 질문하면, 상당수의 사람들은 "성경 책을 펴보면 그 이름이 다 있는데 굳이 이런 질문이 왜 필요한지, 신앙고백서에서 어느 책이 성경인지를 왜 굳이 일일이 열거하고 있는지" 이상하게 여길 것이다. 오늘날을 사는 그리스도인들은 매우 잘 편집된 성경책을 소유하고 있어서 이러한 의문을 거의 갖지 않을 것이다.

하지만 어느 책이 성경이냐 하는 문제는 교회 역사에서 오랜 논쟁거리였다. 종교개혁 시대만 하더라도 66권 이외의 것을 성경으로 보거나, 66권 중 일부를 성경이 아니라고 보는 생각이 있었다. 우리가 매우 존경하는 루터의 경우에도 '야고보서'를 가리켜 지푸라기 서신이라고 하였고, '아가서'를 성경이 아니라고 보았다.

그래서 제4조의 전문(全文)은 '정경의 범위'에 대해서 분명하게 고백한다.[35] 성경은 두 부분으로 구성되어 있으니 구약과 신약이다. 구약은 창세기부터 말라기까지 모두 39권, 신약은 마태복음부터 요한계시록까지 모두 27권, 그렇게 총 66권이다. 이외에는 더 이상 성경이 추가될 수도 없고, 66권 중에서 뺄 수도 없다. 이것을 정경(cannon)이라고 부른다. 이단을 구분하는 가장 대표적인 방법이 66권 중에서 빼느냐 덧붙이냐 하는 것이다.

---

35) 신조에 정경의 구체적인 목록이 열거되기 시작한 것은 프랑스 신앙고백서가 처음이다. 그 이후 벨기에 신앙고백서와 웨스트민스터 신앙고백서가 정경의 목록을 구체적으로 열거하고 있다.

외경(外經, apocrypha) – 제6조에 대한 설명

정경의 범위를 분명히 하는 것이 중요한 이유는 오늘날에도 여전히 66권의 정경 외에 다른 것을 성경에 포함시키는 사람들이 있기 때문이다. 대표적인 이들이 로마 가톨릭이다. 그들에게는 성경이 66권이 아니다. 그들은 정경 이외의 것을 성경에 포함시킨다. 우리는 그것들을 정경 이외의 것이라고 해서 외경(外經)이라고 부른다.

외경(外經)이란 벨기에 신앙고백서 제6조에서 언급하는 것처럼 382년 로마 주교회의의 결정을 따라 제2의 정경(deuterocanonical)으로 받아들여 왔다. 그래서 에스드라 3, 4서와 토비트, 유딧서, 지혜서, 집회서, 바룩서, 에스더서의 부록, 아사랴의 기도, 불구덩이 속의 세 소년 찬미서, 수산나, 벨과 용, 므낫세의 기도, 마카베오상하 등이 포함되어 있었다. 그중에서 수산나, 벨과 용은 다니엘서 13, 14장에 포함되어 있고, 1546년 트렌트 공의회라고 하는 로마 가톨릭의 종교회의를 통해서 에스드라 3, 4서와 므낫세의 기도는 제외되었다.[36] 그래서 현재의 로마 가톨릭의 성경에는 토비트, 유딧서, 지혜서, 집회서, 바룩서, 마카베오상하, 그리고 다니엘서에 수산나, 벨과 용이 포함되어 있다. 신약은 크게 상관이 없으나 구약에서는 우리가 말하는 정경 이외의 것을 포함하고 있다. 구약이 총 46권이다. 그래서 총 66권이 아니라 73권이다.

이에 대해 로마 가톨릭은 주장하기를 원래 성경이 73권이었는데, 루터가 73권 중에서 7권을 빼버려서 66권이 되었고 그렇게 함으로써 성경이 변질되었다고 말한다. 그리고 외경(外經)이라는 단어보다는 '제2의 정경'(deuterocanonical)이라는 단어를 사용하고 있다. 그들은 이 책들을 '정경에 첨가된 것들'이라고 본다.[37]

사실, 로마 가톨릭교회 역시 성경의 중요성을 강조한다. 그런데 문제는 그들은 성경이 아닌 것도 성경으로 생각한다. 나아가 외경을 존귀하게 여길 뿐

---

36) Wayne Grudem, *Systematic Theology: An Introduction to Biblical Doctrine*(Grand Rapids: Zondervan, 1994), 노진준 옮김, 『조직신학 (상)』(서울: 은성, 1997), 70.

37) Grudem, 『조직신학 (상)』, p.70, n.18.

만 아니라 구전(oral tradition)도 매우 중요하게 여기고, 교황이 교황의 자리에서 공식적으로 선언한 것들도 중요시한다. 로마 가톨릭교회는 성경을 존중하지만 66권에만 한정하지 않고, 하나님의 말씀의 범위를 넓혀 가려는 잘못된 태도를 갖고 있다. 그래서 우리는 로마 가톨릭교회가 이런 입장을 포기하지 않는 한 로마 가톨릭교회를 성경적이며 정경적인 보편의 교회에 속해 있다고 보기 어렵다.

반면, 벨기에 신앙고백서를 작성한 드 브레와 그를 따르는 이들은 그동안 로마 가톨릭의 잘못된 가르침을 받아 왔으나, 그 가르침이 잘못된 것임을 깨닫고 66권의 정경만을 하나님의 말씀이라고 믿고 고백한다.[38]

위경(僞經, pseudoepigrapha)

벨기에 신앙고백서에서는 언급하고 있지 않지만, '위경(僞經)'이라는 것이 있다. 이 표현은 불교에서도 사용되는데, 위경은 '거짓 위'(僞)를 써서 거짓 된 책이라는 뜻이다.

위경은 외경과 달리 의도적으로 성경을 위장한 책이다. 다시 말하면, 외경은 그것을 쓴 사람들이 정경에 포함되기 위한 목적이 없었다. 그러나 위경은 다른 저자가 있음에도 불구하고 유다복음, 도마복음, 베드로복음, 요한행전처럼 성경 속 위인들의 이름을 사용하여서 성경의 권위가 있는 것처럼 하려고 했던 책들이다.

요약적 결론

외경과 위경은 그 어떤 권위도 없다(웨스트민스터 신앙고백서 1장 3절). 이에 대해 벨기에 신앙고백서 제6조의 뒷부분은 다음과 같이 고백한다. "교회는 이 외경들이 정경과 일치하는 한에서만 읽을 수 있고 교훈을 얻을 수 있습니다. 그러나 외경들은 믿음이나 기독교에 대한 어떤 요점들을 확증하는 증거를 삼는 데

---

38) 벨기에 신앙고백서 제3, 6조는 프랑스 신앙고백서에는 없다. Nicolaas H. Gootjes, *The Belgic Confession: Its History and Sources*(Grand Rapids: Baker, 2007), 66.

있어서 어떠한 능력이나 권위를 갖지 못할 뿐 아니라, 더욱이 거룩한 책들의 권위를 실추시키는 데(detract) 사용될 수 없습니다."

성경의 범위와 관련하여 벨기에 신앙고백서 제5조의 다음과 같은 선언을 따른다. "우리는 이 모든 책들, 그리고 오직 이 책들만을 우리의 믿음을 구성하고(regulation) 기초하고(foundation) 확증하는(confirmation) 거룩한 정경(holy and canonical)으로 받아들입니다." 여기에서 말하는 '이 모든 책들, 그리고 오직 이 책들'은 제4조에서 언급하고 있는 정경이다.

Ⅲ. 정경을 정하는 기준

정경(正經), 외경(外經), 위경(僞經)을 나누는 기준은 무엇일까? 정경의 범위는 어떻게 정할 수 있을까? 단순히 역사적으로만 보면 구약의 39권에 대해서는 A.D. 90년 얌미아(Jamnia) 회의에서 결정하였고, 신약의 27권에 대해서는 A.D. 397년 카르타고 공회에서 결정되었다. 그러나 문제는 그것이 아니다. 벨기에 신앙고백서 제5조는 말하기를 "우리는 이 책들에 포함된 모든 것들에 대하여 어떠한 의심 없이 믿습니다. 교회가 받아들이고 승인했기(receives and approves) 때문이 아니라, 특별히 성령님께서 우리의 마음(heart) 속에서 그 책들이 하나님으로부터 온 것임을 증거하고 있기 때문이며, 그 안에 담겨진 내용들이 그 자체로 증거를 포함하고 있기 때문입니다."라고 잘 설명해 주고 있다.

정경의 범위는 교회의 회의가 정하는 것이 아니다. 교회는 성경을 성경으로 인정할 수 있고 또 해야 하지만, 그 어떤 의미에서도 성경을 성경으로 만들 수 있는 것은 아니다. 정경성은 학자들의 판단도, 교회의 결정도, 사도들의 권위도 아니다. 그렇다면 무엇일까? 성경의 진리는 성경 자체의 빛으로 스스로가 신적임을 입증한다. 이것을 가리켜 성경의 내적 증거라고 하고, 한자어로는 자증(自證)이라고 한다.

예컨대, 신약의 경우 사도가 썼다고 해서 다 정경인 것은 아니다. 사도들이 구전으로 많은 것들을 가르쳤지만 그것들이 모두 기록되어 보존된 것은 아니다(살후 2:15). 오직 그 자체의 신적 권위를 가진 것만이 성경이다. 구약도 마찬가지다. 정경성은 그 저자가 누구이냐보다는 정경 그 자체에 있다. 즉 성경의 저자가 성령이심이 곧 정경성의 가장 중요한 근거다(웨스트민스터 신앙고백서 1장 5절).

| 결 론 |

제4조는 "이 책들은 정경이며, 이 사실에 대하여 어떠한 이의도 있을 수 없음을 믿습니다."라고 말하고 있다. 우리는 이 고백을 잊지 말아야 할 것이다.

제7조
성경의 충족성
The Sufficiency of Holy Scripture

우리는 성경이 하나님의 뜻을 충분히 담고 있으며, 인간이 구원받기 위해 믿어야 할 모든 것을 충분히 가르치고 있다는 것을 믿습니다.[1] 하나님께서 우리에게 요구하시는 예배의 전체 방식(the whole manner of worship)이 성경 안에 충분히 기록되어 있습니다. 그러므로 우리가 지금 성경에서 가르침을 받는 것 외에 다른 것을 가르치는 것은 심지어 사도라 할지라도 그 누구도 불법입니다(unlawful).[2] 그렇습니다. 사도 바울이 말한 바대로, "혹 하늘로부터 온 천사라도" 불법입니다(갈 1:8). 왜냐하면, 하나님의 말씀에 무엇을 더하거나 빼는 것이 금지되어 있으므로 인해서(신 12:32),[3] 성경의 교리는 모든 면에서 가장 완전하고 완벽한 것임이 분명하게 드러나기 때문입니다.[4] 우리는 제아무리 거룩한 사람의 기록이라 할지라도, 인간이 쓴 모든 저작에 대하여 신성한 말씀(the divine Scriptures)과 동등한 가치(value)를 가진 것으로 여기지 말아야 합니다. 관습(custom)이나, 위대한 다수의 견해(the great multitude)나, 고대의 유풍(antiquity), 시대와 사람의 계승(succession), 공의회(councils)나, 법령 혹은 규칙(decrees or statutes) 등에 대해서도 하나님의 진리와 동등한 가치로 여겨서는 안 됩니다. 왜냐하면 진리는 무엇보다도 우선하며,[5] 모든 사람들은 다 스스로 속이는 자(liars)이고, 입김(breath)보다 가볍기 때문입니다(시 62:9). 그러므로 우리는 사도 요한이 "오직 영들이 하나님께 속하였나 시험하라"(요일 4:1) 하고, 또한 "누구든지 이 교훈을 가지지 않고 너희에게 나아가거든 그를 집에 들이지도 말고 인사도 말라"(요이 1:10)고 우리에게 가르쳐 준 바대로, 이 절대무오한 규범(infallible rule)에 어긋나는 것이라면 무엇이든지 우리의 온 마음을 다하여 배격(reject)해야 합니다.[6]

1) 딤후 3:16–17; 벧전 1:10–12 2) 고전 15:2; 딤전 1:3 3) 신 4:2; 잠 30:6; 행 26:22; 고전 4:6; 계 22:18–19 4) 시 19:7; 요 15:15; 행 18:28; 20:27; 롬 15:4 5) 막 7:7–9; 행 4:19; 골 2:8; 요일 2:19 6) 신 4:5–6; 사 8:20; 고전 3:11; 엡 4:4–6; 살후 2:2; 딤후 3:14–15

성경의 충족성

- **본문:** 베드로후서 1:16-19; 요한계시록 22:18-19
- **관련신조:** 웨스트민스터 신앙고백서 제1장; 웨스트민스터 대요리문답
  제3-6문답; 웨스트민스터 소요리문답 제2-3문답; 하이델
  베르크 요리문답 제19, 98문답; 도르트 신조 첫째 교리 3항,
  둘째 교리 5항, 셋째 넷째 교리 8, 17항, 다섯째 교리 14항

| 서 론 |

우리는 성경이 하나님의 말씀이라는 사실을 믿고 고백한다. 성경은 사람의 충동에 의해 기록된 것이 아니라 성령 하나님의 감동을 받은 사람들이 하나님으로부터 받아 말한 것이다. 그래서 한 글자 한 글자, 한 문장 한 문장이 의미 있다. 모든 말씀들이 하나님께서 친히 호흡을 불어넣어 주신 것이다. 이렇게 기록된 성경은 구약 39권과 신약 27권 모두 66권이다. 창세기부터 요한계시록까지가 성경이다. 이 사실을 믿고 고백한다.

이번에 배우게 될 내용은 '성경의 충족성'이다. 성경이 우리의 신앙과 생활, 그리고 구원에 있어서 얼마나 충분한 것인지에 대해서 다루게 된다.

| 본 론 |

Ⅰ. 성경의 충족성

성경의 충족성

성경은 충분하다. 다음의 두 가지 면에서 그렇다.

첫째, 하나님의 뜻을 충분히 담고 있다는 점에서 성경은 충분하다. 이 사실은 제2조를 배울 때 언급했다. 성경만으로 우리가 알아야 할 만큼의 하나님의 뜻을 다 알 수 있다. 성경을 읽었으나 우리가 하나님의 뜻을 알지 못하였다라고 핑계할 수 없다.

둘째, 구원받기 위해 믿어야 할 모든 것을 가르치고 있다는 점에서 성경은 충분하다. 성경에는 하나님에 대하여, 우리를 향한 하나님의 계획과 뜻, 우리가 사는 세상에 대하여, 인간에 대하여, 구원의 방법, 영생의 지식, 하나님의 영광, 생명과 죽음, 현세와 영원 등 모든 것이 충분히 기록되어 있다. 다른 추가적인 것이 더 필요하지 않다.

그래서 제7조는 그 첫 문장에서 "우리는 성경이 하나님의 뜻을 충분히 담고 있으며, 인간이 구원받기 위해 믿어야 할 모든 것을 충분히 가르치고 있다는 것을 믿습니다."라고 고백한다.

충분성의 정도

충분성이란 어느 정도의 충분성일까? 이 세상에 모든 책이 다 사라지고 오직 성경만이 남아 있다 하더라도 우리는 성경만으로 하나님에 대해서 알 수 있고, 성경을 통해서 구원의 진리를 발견할 수 있다. 그런 정도의 충분성을 말한다.

거꾸로 말하면, 성경이 사라진다면 우리는 하나님에 관한 지식과 구원에 이르는 지식을 가질 수가 없다. 그렇기에 이 세상이 끝날 때까지 성경이 사라질 가능성은 없다.

성경적 증거

성경의 충분성에 대한 좋은 증거는 역시 성경 안에 있으니 이 강해의 본문이다. 베드로후서 1:16 이하에 보면 베드로가 자신의 경험담을 이야기한다. 16절 마지막에 "우리는 그의 크신 위엄을 친히 본 자라."라고 한다. 언제, 어디서, 어떤 위엄을 보았을까? 이어지는 17-18절 말씀을 통해서 잘 알 수 있는데, 특히 18절에 보면 "이 소리는 우리가 그와 함께 거룩한 산에 있을 때에 하늘로부터 난 것을 들은 것이라."라고 말한다. 무엇을 이야기하는 것일까? 마태복음 17장에 있는 변화산 사건 때에 베드로와 요한이 예수님과 함께 있을 때에 모세와 엘리야가 나타나서 예수님의 영광스러운 모습을 증거하는 장면을 보았던 것을 말하고 있다. 베드로는 예수님의 영광스러운 모습을 친히 눈으로 목격했다. 그곳에서 하늘에서 들리는 음성을 직접 들었다.

얼핏 보면 베드로는 자신의 무용담(武勇談)을 자랑하는 것 같다. 하지만 자세히 보면 그렇지 않다. 이어지는 19절에 "또 우리에게는 더 확실한 예언이 있어 어두운 데를 비추는 등불과 같으니…"라고 말하는데, 자기가 눈으로 직접 본 것보다도 더 확실한 것이 있다는 말이다. 비록 베드로가 대단한 경험을 하였지만, 그것보다도 훨씬 대단한 일이 있다. 그것이 무엇인가? 20절에서부터 말하고자 하는 성경이다.

베드로는 자신이 경험한 종교적 체험보다도 성경을 강조한다. 자신의 눈으로 직접 보았던 예수님의 영광, 자신의 귀로 직접 들었던 하나님의 음성, 그것을 강조하지 않는다. 오히려 성경만이 하나님을 아는 가장 확실한 방법이라는 사실, 성경의 충족성을 증거한다. 그래서 말하기를 "(19)또 우리에게는 더 확실한 예언이 있어…"라고 말한다. 이처럼 성경의 충족성을 성경이 증거한다.

예배에 대한 가르침에 있어서 성경의 충족성

또 한 가지, 놓치지 말아야 할 부분이 있다. 제7조에는 특이한 부분을 추가로 언급하고 있으니, "하나님께서 우리에게 요구하시는 예배의 전체 방식(the whole manner of worship)이 성경 안에 충분히 기록되어 있습니다."라고 덧붙이고 있다. 성경에는 우리가 하나님께 어떻게 예배해야 하는지에 대해서 담고 있다

는 말이다. 이 점은 개혁주의 신학을 말하고 있는 벨기에 신앙고백서의 독특한
진술이다.[39] 벨기에 신앙고백서는 성경의 충족성을 '예배의 방식'과 관련지어
생각한다.

이 표현이 왜 붙었는지를 개혁주의(칼빈주의)와 루터주의의 예배에 대한 차
이점을 통해서 생각해볼 수 있다. 중세 시대에 로마 가톨릭은 예배에 있어서
성경에서 명령한 것 외에 교회가 자의적으로 무언가를 더하거나 빼는 것에 대
해 자유롭다고 믿었다. 그래서 중세 시대의 예배는 정말 혼잡한 예배였다. 아
무것이든 사람들이 원하는 대로 예배의 방식을 정하다 보니 혼란스러웠다. 이
에 대해서 루터주의는 성경이 금하지 않는다면 그것은 무엇이든 해도 된다
(*Quod non vetat, pemittit*)는 입장이었다. 이러한 입장을 가리켜서 '허용적 원리 혹
은 규범적 원리 혹은 표준 원리'(normative principle)라고 한다. 이 원리에 의하면
성경에서 명백하게 금지하지 않은 것은 무엇이든 예배에 허용할 수 있다. 예컨
대, 성경에서 댄스나 드라마의 사용을 명확하게 금지하지 않았으니 얼마든지
예배에 사용해서 하나님을 찬양하거나 설교의 보조수단으로 사용할 수 있다.

개혁주의는 달랐다. 하나님께서 말씀에서 명령하신 방식으로 예배해야만
하며, 어떤 것도 더하거나 빼서는 안 된다고 주장했다. 이것을 가리켜 '규정적
원리'(regulative principle)라고 한다.[40] 루터보다 좀 더 성경에 충실하려고 했던 칼
뱅의 가르침에 따른 것이다. 칼뱅은 율법에 규정된 적합한 예배가 있다고 하면
서, 하나님께서는 당신의 백성들이 일정한 규범을 따라 자신을 예배하시기를
원하신다고 말한다.[41] 예배를 비롯한 모든 문제에 대해서 "나는 성경에서 도출
된, 따라서 전적으로 신적인 하나님의 권위에 근거한 제도들만을 시인할 뿐이
다"라고 했다.[42] 하나님의 말씀에 근거하지 않은 관습은 신앙을 촉진하지 않고

---

39) 웨스트민스터 신앙고백서 1장 6, 8절에도 이와 같은 내용이 기록되어 있다.

40) 손재익, 『십계명, 언약의 10가지 말씀: 웨스트민스터 신앙고백서 및 대소요리문답, 하이델베르
크 요리문답, 벨기에 신앙고백서로 보는 십계명』(서울: 디다스코, 2016), 114-116을 참고하라.

41) *Institutes*, Ⅰ. ii. 2; *Institutes*, Ⅰ. xii. 3.

42) *Institutes*, Ⅳ. x. 30.

오히려 퇴색시킨다고 강조한다. 그런 예배는 참된 예배가 아니라 부패하고 오염된 예배며, 허구적이고 미신적인 것이라고 말한다. 예배에 있어 이렇게 엄격해야 하는 이유에 대해 "타락한 인간 속에 남아 있는 종교성의 씨앗은 인간을 참다운 하나님께 인도하기보다는 자기 욕구에 따라 하나님을 만들었기 때문"이며, "인간은 모두가 어머니의 뱃속에서부터 우상 만들기 전문가로 준비되어 태어나기 때문"이라고 주장했다.

이러한 칼뱅의 영향을 받아 개혁주의 교회는 하나님께서 성경에서 가르치신 것만을 중심으로 하나님을 경배하려고 노력해 왔다. 개혁교회는 "예배의 방식과 요소들에 있어서 하나님 말씀의 공인이 있어야만 한다."는 원칙에 늘 충실해 왔다.

이에 따라 벨기에 신앙고백서는 제32조에서도 다음과 같이 고백한다. "우리의 유일한 주인이신 그리스도께서 명령하신 것에서 벗어나지 않는지(not deviate from)를 항상 살펴야 함을 믿습니다. 그러므로 우리는 하나님께 드리는 예배에 도입되어 어떤 방식으로든 양심을 억압하고(bind) 강요하는(compel) 인간적인 모든 고안물들(inventions)이나 규범들(laws)을 배격합니다(reject). 우리는 조화와 일치를 보존하고 증진시키며, 하나님께 순종하도록 모든 것을 지키게 하는 적법한 것만을 받아들입니다."

벨기에 신앙고백서 제32조는 예배에 대한 성경의 충족성을 강조하고 있고,[43] 제7조는 성경의 충족성을 강조하면서 그 예로 예배를 언급한다.

II. 성경의 충족성에 반대되는 태도

성경의 가르침이 완벽하다는 사실은 반대로 성경이 말한 것 외에 다른 것을 가

---

43) 예배에 대한 성경의 충족성은 하이델베르크 요리문답서 제96문답, 웨스트민스터 신앙고백서 제1장 제6,8절, 제20장 제2절, 제21장 제1절, 웨스트민스터 대요리문답 제108-110문답, 웨스트민스터 소요리문답 제51문답에서도 볼 수 있다.

르치는 것, 가르침을 받는 것이 옳지 않다는 사실로 이어진다. 그리고 성경이 말하지 않는 것은 배격해야 한다는 사실로 이어진다. 그래서 벨기에 신앙고백서 제7조의 이어지는 문장은 이렇게 고백한다. "그러므로 우리가 지금 성경에서 가르침을 받는 것 외에 다른 것을 가르치는 것은 심지어 사도라 할지라도 그 누구도 불법입니다(unlawful)."

이 말을 오해하면 안 된다. 이 말은 성경 이외의 다른 책은 절대로 보면 안 된다는 말이 아니다. 이 말의 의미는 우리의 믿음과 삶의 최종적인 권위가 성경에 있다는 의미다. 이런 점에서 "오직 성경"이라는 말의 의미를 오해하면 안 된다. "오직 성경"이라는 말은 성경 외에는 보면 안 된다는 말이 아니라, 최종적인 권위가 오직 성경에 있다는 주장이다.

그러므로 교황의 가르침이든, 그 어떤 사람의 가르침이든, 그 어떤 종교회의의 결정이든 절대적 표본이 될 수 없다. 오직 하나님의 거룩하고 신적인 말씀인 성경만이 최종적인 권위가 될 수 있다.

이 사실을 우리 믿음의 선배들은 아주 중요하게 여겼다. 특별히 웨스트민스터 신앙고백서를 작성한 자들은 장기간의 회의를 통해서 신앙고백서의 내용을 토론하고 작성하는 가운데 늘 서약하였는데, 그 내용은 이렇다. "나는 전능하신 하나님 앞에서 분명하게 서약하고 맹세하노니, 나는 내가 대표로 참석한 이 총회에서 교리적인 문제에 관한 한 오직 하나님의 말씀에 가장 일치되는 교리만을 주장하겠으나, 권징에 관한 문제에 대해서는 가장 하나님께 영광이 되고 교회의 평화와 유익에 도움이 된다고 믿어지는 것을 주장할 것이다."

로마 가톨릭의 입장

로마 가톨릭은 성경 이외에 교황의 말과 권위를 중요하게 여긴다. 종교회의의 결정을 절대시한다. 이들에 의하면 교회가 성경보다 우위를 가진다. 전통의 필요성을 말하고, 성경의 절대적 필요성을 부인한다. 성경과 전통이 모두 중요하지만 그것들이 신앙의 참된 원천이요 규칙이 되는 것은 교회의 가르침이라고 주장한다. 심지어 그들은 교회가 있는 한, 성경이 없어도 된다고 말하기도 한다. 예를 들어, 교황이 "마리아가 무죄하다."라고 말하면 그것은 그 교회의 믿

음이 되어 버린다. 교황의 말에 따라 마리아의 무흠설을 믿기 시작한다.[44] 교황
이 "연옥이 성경적이다."라고 하면 그 순간부터 연옥은 성경적이다. 그런데 "
아니다"라고 하면 그때부터는 아니다. 그래서 2008년 이후에는 로마 가톨릭
이 더 이상 연옥 교리를 믿지 않는다. 그 이유는 2005년에 취임한 교황 베네딕
트 16세(Pope Benedict XVI)는 자신이 교황이 되기 전부터 연옥 교리를 반대해 온
사람이었기 때문이다.[45] 그가 교황에서 물러난 이후인 지금은 어떠한지도 살
펴봐야 할 일이다.

　　로마 가톨릭 교회는 성경에는 불분명한 부분이 있으므로, 교회가 성경의 해
석자라고 말한다. 그래서 드 브레가 살던 시대에 로마 가톨릭 교회는 성도들이
성경을 갖고 다니는 것을 금지했다. 불명확한 성경을 성도들이 잘못 이해할 수
있기 때문이라고 보는 것이다. 대신 성도들은 사제들을 통해서 성경에 대해서
들어야만 한다고 가르쳤다.[46] 성경은 교회에 의존해야 한다고 가르친 것이다.

　　이렇게 하는 것은 성경의 충족성을 믿지 않는다는 반증이다. 성경 외에 다른
권위를 세우고, 성경을 해석하는 것으로써 성경이 아닌 다른 것을 말한다는 점
에서 성경은 불충분한 것이 되어 버린다.

---

44) 로마 가톨릭 신학은 언제나 마리아의 역할을 강조해 왔다. 4세기 이후 이 교리가 확립되면서,
특히 1850년 이래로 대부분 로마 가톨릭교회의 공식적 입장이 되었다. 마리아에 대해 이와 같
이 공식적인 가르침이 쇄도하게 된 것은 1854년에 마리아의 무염 시태설(無染始胎說, Immaculate
Conception)을 선포하면서부터였다. 예수 그리스도가 원죄 없이 나신 것처럼 마리아도 죄 없이 출
생한 것으로 믿어야 할 의무가 부과되었다. 이것의 잠정적인 결말은 1950년에 마리아 육체 승천
설을 선언한 것이다. 예수 그리스도가 하늘로 올리우신 것같이 마리아가 죽지 않고 승천했음을
믿어야 할 의무가 부과되었다. 제2차 바티칸 공의회(1961-1965)에서는 이렇게 발전되어 온 마리
아 숭배론에 별달리 새로운 조항을 덧붙이지 않았다.

45) 교황 베네딕트 16세는 제265대 교황(재위: 2005년 4월 19일-2013년 2월 28일)이다. 본명은 요제프 알로
이지우스 라칭거(Joseph Alois Ratzinger)다. 그는 연옥 개념 자체는 중요하지만, 실제로 연옥은 없다고
본다. Nicholas Thomas Wright, *Surprised by Hope*(London: SPCK, 2007), 양혜원 옮김, 『마침내 드러
난 하나님 나라』(서울: IVP, 2009), 263-264.

46) Clarence Bouwman, *Notes on the Belgic Confession*(Armadale: The League of the Free Reformed Women's Bible
Study Societies, 1997), 손정원 옮김, 『벨직신앙고백해설』(부산: 도서출판 신언, 2007), 93.

개혁교회의 입장

개혁주의 교회는 그렇지 않다. 개혁주의 교회에서는 지도자라는 것이 없다. 누군가가 기독교를 대표할 수 없다. 그리고 총회나 노회의 결정을 절대시하지 않는다. 그것도 틀릴 수 있다고 믿는다.

그래서 벨기에 신앙고백서 제7조는 "우리는 제아무리 거룩한 사람의 기록이라 할지라도, 인간이 쓴 모든 저작에 대하여 신성한 말씀(the divine Scriptures)과 동등한 가치(value)를 가진 것으로 여기지 말아야 합니다. 관습(custom)이나, 위대한 다수의 견해(the great multitude)나, 고대의 유풍(antiquity), 시대와 사람의 계승(succession), 공의회(councils)나, 법령 혹은 규칙(decrees or statutes) 등에 대해서도 하나님의 진리와 동등한 가치로 여겨서는 안 됩니다."라고 분명하게 선언한다.

벨기에 신앙고백서를 받아들이는 네덜란드 개혁교회(31조파)[47]는 교회법 제31조에서 "만약 어떤 이가 불평하기를 그가 소회(a minor assembly)의 결정으로 부당한 취급을 받았다고 하면, 그는 대회(a major assembly)에 호소할 권리를 가져야만 하며, 그때 다수에 의해 지지되는 것은 무엇이건 잘 확립되고 구속력 있는 것으로 간주되어야 한다. 단, 그 결정은 하나님의 말씀과 충돌하거나 (교회법이 총회에 의해 바뀌지 않는 한) 그 교회법의 조항들과 충돌하는 것으로 드러나서는 안 된다."고 명시한다.

웨스트민스터 신앙고백서 제31장도 이 사실을 잘 다루고 있으니, "사도시대 이후부터 모든 공의회나 협의회는 총회이든 지방회이든 간에 오류를 범할 수 있었고 실제로 많은 회의들이 오류를 범하였다. 그러므로 회의는 믿음과 생활의 법칙으로 삼지 말고, 믿음과 생활의 보조 수단으로 사용하여야 한다."(웨스트민스터 신앙고백서 31장 4절)라고 고백하며,[48] "확정된 결의 사항과 판결이 하나

---

47) 이 교단의 정식명칭은 Gereformeerde Kerken in Nederland(vrijgemaakt)이며, 영어명칭은 Reformed Churches in the Netherlands(Liberated)이다.

48) 로마 가톨릭교회는 종교회의는 성령의 직접적인 지배를 받으며 따라서 오류를 범할 수 없다고 말한다. *Institutes*, IV, viii, 10. 교회 회의에 오류가 있을 수 있다는 주장에 대해 *Institutes*, IV, ix 를 참조하라.

님의 말씀에 일치하는 경우 성도들은 그에 순종해야 한다."(웨스트민스터 신앙고백서 31장 3절)라고 고백한다.

벨기에 신앙고백서뿐 아니라 웨스트민스터 신앙고백서를 비롯한 수많은 고백서들이 '성경의 권위'를 강조하는 것은 개신교 신앙의 핵심이 성경보다 우위에 있는 어떤 권위도 인정하지 않는 것에 있기 때문이다. 이것을 가장 잘 표현해 주는 말이 '오직 성경'(Sola Scriptura)이다.

이처럼 성경만이 최고의 권위이므로 그 누구라도 성경에 어긋나는 주장을 한다면 우리는 그것을 받아들여서는 안 된다. 그런 점에서 우리는 늘 성경, 신앙고백, 신학, 교회사라는 순서로 우리의 믿는 바를 검증할 필요가 있다.

실천적인 의미 – 참된 정통

여기에서 우리는 기억해야 할 것이 있다. 말로는 66권의 정경을 말하고, 66권의 성경에 대한 충족성을 말하지만 실제로는 그렇지 못할 수가 있다. 그것은 실질적으로 성경의 가르침을 따르지 않는 것이다. 이것을 가리켜서 죽은 정통주의(dead orthodoxy)라고 하는데, 참된 정통주의자들이 항상 경계해 온 것이다.

참된 정통주의자들은 성경이 하나님의 뜻을 충분히 담고 있다는 점에서 충분하며, 인간이 구원받기 위해 믿어야 할 모든 것을 가르치고 있다는 점에서 충분하다는 사실을 말로만 하지 않는다. 그것을 분명히 믿기 때문에 무엇보다 먼저 하나님의 말씀인 성경을 바르게 해석하는 일에 힘쓴다. 성경을 깊이 연구하여 그것을 통해서 하나님의 뜻을 알아내려고 한다(요 17:20; 요일 1:3). 우리의 구원과 삶에 필요한 길을 발견하려고 한다. 성경을 성경으로 해석하는 원리에 충실하기 위해서 구약과 신약 전체의 구속사적 흐름을 인정하며 성경을 읽는다. 동시에 잘못된 해석을 배제하는 일에 항상 애쓴다.

또한 참된 정통주의자들은 그렇게 바르게 해석된 해석에 자신을 철저히 매고 하나님과 성령님께 순종하려고 한다. 하나님이 우리에게 요구하시는 삶을 살려고 애를 쓴다. 이것이 성경의 충족성을 믿는 사람의 바른 태도다.

종교적 체험을 강조하는 자들

무엇보다도 참된 정통주의자들은 성경 이외의 신비로운 것에 대해 경계하는 태도를 가진다. 특별히 우리는 오늘날 종교적 체험을 중요하게 여기는 자들을 조심해야 한다. "나는 천국을 보았노라, 나는 지옥에 가보았노라, 어느 날 하늘에서 내게 음성이 들렸었노라."라고 말하는 자들을 주의해야 한다. 이런 자들은 자신의 거룩함을 드러내는 것 같지만 실상은 전혀 그렇지 않다. 오히려 성경의 충족성을 무시하는 태도다.

우리는 성경을 사랑해야 한다. 성경에 최종적인 권위가 있다는 사실을 기억해야 한다. 성경만이 완벽하다. 그래서 요한계시록 22:18-19은 이렇게 말씀한다. "(18)내가 이 두루마리의 예언의 말씀을 듣는 모든 사람에게 증언하노니 만일 누구든지 이것들 외에 더하면 하나님이 이 두루마리에 기록된 재앙들을 그에게 더하실 것이요 (19)만일 누구든지 이 두루마리의 예언의 말씀에서 제하여 버리면 하나님이 이 두루마리에 기록된 생명나무와 및 거룩한 성에 참여함을 제하여 버리시리라."

사도 베드로는 이 세상에 그 어떤 사람들이 말하는 신비로운 체험보다도 더 직접적인 체험을 한 사람이었다. 그러나 그가 뭐라고 말하였는가? "우리에게는 더 확실한 예언이 있어"라고 말하였다(벧후 1:19).

| 결 론 |

66권만이 하나님의 말씀이다. 그 말씀을 통해서만 하나님과 그분의 뜻을 알수 있다. 그러므로 우리는 성경을 통해 하나님과 하나님의 뜻을 배우기 위해 노력해야 하며, 참으로 성경을 사랑해야 한다. 성경의 절대적인 권위를 믿고, 성경이 말하는 데까지 가고, 성경이 멈추라는 데서 멈출 수 있는 그러한 신앙을 가져야 한다.

하나님은 본질상 한 분이시나, 세 위격으로 구별되신다

God is One in Essence, yet Distinguished in Three Persons

우리는 이 진리와 이 하나님의 말씀에 따라 오직 한 분 하나님을 믿으니,[1] 그분은 본질상 한 분(one single essence)이시며, 세 위격(three persons)이시고, 그분의 비공유적 속성(incommunicable properties)에 의해 실제로(really), 참으로(truly), 영원히(eternally) 구별되는(distinct) 성부(the Father), 성자(the Son), 성령(the Holy Spirit)이십니다.[2] 성부는 눈에 보이는 것과 보이지 않는 모든 것의 원인(cause)이시며, 기원(orgin)이시며, 시작(beginning)이십니다.[3] 성자는 말씀(the Word)이시고, 지혜이시며, 성부의 형상(image of the Father)이십니다.[4] 성령은 성부와 성자로부터 나오는(proceeds from) 영원한 능력(power)과 권능(might)이십니다.[5] 그럼에도 불구하고 하나님은 이 구별에 의하여 셋으로 나누이지(divided) 않으시는데, 왜냐하면 성경이 우리에게 성부, 성자, 성령이 각각 그 인격을 가진 존재로서, 각자의 구별된 특성으로(distinguished by Their properties) 구분되어짐에도 불구하고 이 세 위격이 오직 한 분 하나님임을 가르치기 때문입니다.

그러므로 성부는 성자가 아니시며, 성자는 성부가 아니시며, 마찬가지로 성령도 성부가 아니고 성자가 아님은 분명합니다. 그럼에도 불구하고 이렇게 구별된 세 위격들은 나누이지 않고, 섞이지 않습니다(not divided, nor intermixed). 왜냐하면 성부는 우리의 살(flesh)과 피(blood)를 취하지 않으셨고 성령도 그러하시나, 오직 성자만이 취하셨기 때문입니다. 성부는 그의 아들 없이,[6] 또는 그의 성령 없이 계신 적이 없습니다. 왜냐하면 이 셋은 본질상 동일한 한 분(in one and the same essence)이시며 영원히 동등(equal)하시기 때문입니다. 또한 이 세 위격들은 모두 진리(truth)와 능력(power)과 선함(goodness)과 긍휼(mercy)에 있어서 처음도 아니요 나중도 아니며 한 분이기 때문입니다.

1) 고전 8:4–6 2) 마 3:16–17; 28:19 3) 엡 3:14–15 4) 잠 8:22–31; 요 1:14; 5:17–26; 고전 1:24; 골 1:15–20; 히 1:3; 계 19:13 5) 요 15:26 6) 미 5:2; 요 1:1–2

이 교리의 성경적 증거
Scripture Proof of This Doctrine

우리는 이 모든 것을 성경의 증거로부터,[1] 그리고 삼위 각각의 사역으로 부터, 특별히 우리가 우리 자신 안에서 깨닫게 되는 삼위의 사역으로부 터 압니다. 우리로 하여금 이 삼위일체 교리를 믿도록 인도해 주는 성경 의 증거들은 구약성경 곳곳에 기록되어 있습니다. 그 증거구절 모두를 일일이 열거할 필요는 없고, 몇몇 구절들(discretion)만 신중하게 선택하여 언급하면 충분합니다.

창세기에서 하나님은 말씀하시기를 "우리가 우리의 형상을 따라 우리 의 모양대로 사람을 만들고…하나님이 자기 형상 곧 하나님의 형상대 로 사람을 창조하시되, 남자와 여자를 창조하시고"(창 1:26-27)라고 하셨 습니다. 또한 "보라, 이 사람이 우리 중 하나와 같이 되었다."(창 3:22)라고 하셨습니다. 하나님이 하신 말씀 가운데 "우리가 우리의 형상을 따라 사 람을 만들자."라는 부분은 하나보다는 더 많은 신적 위격(divine persons)이 있다는 것을 나타냅니다. 그리고 하나님이 말씀하실 때에, "하나님이 창 조하셨느니라."라는 부분에서는 하나님이 한 분 하나님임을 나타냅니 다. 하나님께서 얼마나 많은 위격(persons)을 가지셨는지에 대해서 말씀 하시지 않은 것은 사실입니다만, 구약에서는 다소 분명치 않던 것이 신 약에 와서는 매우 명백해졌습니다. 우리 주님께서 요단강에서 세례를 받 으실 때에, "이는 내 사랑하는 아들이요."(마 3:17)라는 성부의 음성이 들 렸고, 성자께서는 물 가운데 계셨으며, 성령님께서는 비둘기의 모양으로 하늘에서 성자 위에 내려오셨습니다.[2] 그리스도께서는 모든 신자들의 세례의식에 대해서도 이 형태(formula)로 제정하셨는데, "너희는 모든 민 족에게 아버지와 아들과 성령의 이름으로 세례를 주라."(마 28:19)라고 하셨습니다. 누가복음에 의하면 천사 가브리엘은 우리 주님의 어머니인 마리아에게 말하기를 "성령이 네게 임하시고 지극히 높이신 이의 능력이 너를 덮으시리니 이러므로 나실 바 거룩한 자는 하나님의 아들이라 일컫으리라."(눅 1:35)라고 했습니다. 마찬가지로 "주 예수 그리스도의 은혜와 하나님의 사랑과 성령의 교통하심이 너희 무리와 함께 있을지어다."(고후 13:13)라고 하셨습니다. 이 모든 증거구절에서 우리는 하나의 신적 본질 안에(in one only divine essence) 세 개의 위격(three persons)을 가지신 것을 분명히 배울 수 있습니다.

비록 이 교리는 인간의 이해를 한참 뛰어넘는(surpasses) 것이지만, 그럼에도 불구하고 우리는 이 세상에서 하나님의 말씀에 근거하여 이 교리를 믿습니다. 그리고 우리는 이 교리의 완전한 지식과 열매를 장차 하늘에서 누리게(enjoy) 될 것을 기대합니다.

나아가, 우리는 우리를 향한 이 삼위의 독특한 직분(offices)과 사역(works)에 주목해야(observe) 합니다. 성부는 그 능력에 따라 우리의 창조주로, 성자는 그의 피로 말미암아 우리의 구원자와 구속주로, 성령께서는 그의 내주하심으로 인하여 우리의 성화주(Sanctifier)로 불리우십니다. 이 삼위일체 교리는 사도시대 이후로부터 오늘에 이르기까지 유대주의, 이슬람, 거짓 그리스도인들과 이단들 즉, 마르키온, 마니(mani), 프락세아스, 사벨리우스, 사모사타의 바울, 아리우스와 같이 정통 교부들에 의해 정식으로 정죄받았던 사람들에 대항하여 참된 교회 안에서 항상 유지되고 보존되어 왔습니다. 그러므로 우리는 이 교리에 관한 세 신경인 사도신경, 니케아 신경, 아타나시우스 신경을 기꺼이 받아들입니다. 또한 이 신조들에 일치하는 것으로서 고대교부들이 동의한 신조들도 받아들입니다.

1) 요 14:16; 15:26; 행 2:32–33; 롬 8:9; 갈 4:6; 딛 3:4–6; 벧전 1:2; 요일 4:13–14; 5:1–12; 유 20–21; 계 1:4–5 2) 마 3:16

일체삼위 하나님

- **본문:** 마태복음 3:16-17; 고린도전서 8:4-6
- **관련신조:** 웨스트민스터 신앙고백서 제2장; 웨스트민스터 대요리문답 제9-10문답; 웨스트민스터 소요리문답 제6문답; 하이델베르크 요리문답 제24-25문답

Ⅰ. 제8조

도입 질문 – 하나님은 몇 분인가?

벨기에 신앙고백서 제1조는 분명하게 말한다. "유일하신 한 분 하나님만이 계시다." 하나님은 한 분이시다. 이 사실에 대한 성경의 가르침은 많다. 신명기 6:4는 분명하게 선언하기를 "우리 하나님 여호와는 오직 유일한 여호와이시니"라고 했다. 이사야 45:5에서도 "나는 여호와라 나 외에 다른 이가 없나니 나밖에 신이 없느니라."라고 말씀한다. 이외에도 이 사실은 구약의 수많은 선지자들이 가르쳐준다. 무엇보다도 하나님께서 친히 가르쳐주셨으니, 십계명의 제일 첫 계명을 통해 말씀하시기를 "너는 나 외에 다른 신을 네게 두지 말라."라고 하심으로써 오직 한 분 여호와만이 계시다는 사실을 가르쳐주셨다.

그런데 우리는 하나님을 섬길 뿐만 아니라 예수님을 섬긴다. 성령님을 섬긴다. 한 분만 섬기라고 했는데, 세 분을 섬기는 것같이 보인다. 그런데 우리는 세 분을 섬기는 것이 아니다. 하나님은 오직 한 분이시다. 하나님, 예수님, 성령님이지만 한 분이시다. 그리고 하나님도 하나님이시오, 예수님도 하나님이시며, 성령님도 하나님이시다. 참으로 이해하기 어려운 내용이다. 그래서 이 사실에

대하여 벨기에 신앙고백서 제8조는 다음과 같이 고백한다. "그분은 본질상 한 분(one single essence)이시며, 세 위격(three persons)이시고…그럼에도 불구하고 하나님은 이 구별에 의하여 셋으로 나누이지(divided) 않으시는데, 왜냐하면 성경이 우리에게 성부, 성자, 성령이 각각 그 인격을 가진 존재로서, 각자의 구별된 특성으로(distinguished by Their properties) 구분되어짐에도 불구하고 이 세 위격이 오직 한 분 하나님임을 가르치기 때문입니다."

구별되는 세 위격

매우 어려운 이야기다. 참으로 이해하기 어려운 말이다. 하나님은 분명히 한 분이라고 말하면서 세 개의 위격(位格)이 존재한다고 말한다. 여기에서 위격이라는 말은 영어로 person이다. 라틴어 *persona*에서 온 말이다. 의지와 이성을 갖춘 독립된 인격체라는 의미다. 그렇다면 각각이 인격이다. 그러므로 세 분이어야 한다. 각각 독립된 인격이 세 개라고 한다면 분명 세 분이어야 한다. 그러나 성경은 분명 한 분이라고 말한다. 그에 따라 우리의 고백도 한 분이라고 말한다. 성부 하나님을 한 분이라고 말한다. 성자 예수님을 한 분이라고 말한다. 성령 하나님을 한 분이라고 말한다. 그런데 삼위 하나님을 한 분이라고 말한다. 성부는 3분의 1분이라고 말하지 않는다. 성자, 성령을 가리켜 3분의 1분이라고 말하지 않는다. 각각 한 분인데, 합쳐도 한 분이다.

이렇게 "하나님은 한 분이시면서 또한 비공유적 속성에 의해 실제로(really), 참으로(truly), 영원히(eternally) 구별되는(distinct) 3개의 위격"을 갖고 계신다. 이 사실을 벨기에 신앙고백서 제8조는 가장 첫 문장에서 다음과 같이 선언한다. "우리는 이 진리와 이 하나님의 말씀에 따라 오직 한 분 하나님을 믿으니, 그분은 본질상 한 분(one single essence)이시며, 세 위격(three persons)이시고, 그분의 비공유적 속성(incommunicable properties)에 의해 실제로(really), 참으로(truly), 영원히(eternally) 구별되는(distinct) 성부(the Father), 성자(the Son), 성령(the Holy Spirit)이십니다."

나아가 "성부는 성자가 아니시며, 성자는 성부가 아니시며, 마찬가지로 성령도 성부가 아니고 성자가 아님은 분명합니다."라고 고백한다. 그렇다면 분명히 세 분이어야 맞다. 하지만 여전히 한 분임을 고백한다.

왜 그럴까? 벨기에 신앙고백서는 다음과 같이 고백한다. "그럼에도 불구하고 하나님은 이 구별에 의하여 셋으로 나누이지(divided) 않으시는데, 왜냐하면 성경이 우리에게 성부, 성자, 성령이 각각 그 인격을 가진 존재로서, 각자의 구별된 특성으로(distinguished by Their properties) 구분되어짐에도 불구하고 이 세 위격이 오직 한 분 하나님임을 가르치기 때문입니다."

이성을 초월한 고백

참으로 이해하기 어렵다. 더 이상 설명할 수 없다. 우리의 이성으로는 한계에 부딪힐 수밖에 없다. 이 교리는 인간의 이성으로 쉽게 이해하기 어려운 신비적인 교리이다. 그래서 어떤 사람은 "이렇게 어려운 것을 우리가 알아야 하느냐?" 하고 생각할 수 있다. 그래서인지 기독교의 가장 핵심적 교리임에도 불구하고 여전히 논의의 대상이며, 인간의 이성으로 이해하기 어려운 면을 갖고 있는 교리라고 할 수 있다.

이러한 긴장관계에 대하여 아우구스티누스는 "삼위일체를 부정하려는 사람은 구원을 잃을 위험에 처하지만, 삼위일체를 이해하려는 사람은 지성을 잃을 위험에 처한다."라고 표현한 바 있다. 청교도 신학자 토마스 왓슨은 "우리의 좁은 사고 능력으로는 호두껍질에 모든 바닷물을 담지 못하듯이 단일신(Unity) 안의 삼위일체(Trinity)를 이해할 수 없다."고 하였다.[49] 그렇다. 우리의 언어의 한계와 시공간의 한계로 인해서 우리보다 더 크신 존재인 하나님을 완전하게 이해할 수 없고, 설명할 수 없다.[50]

하지만 기독교 신앙의 핵심이 삼위일체 하나님을 믿는 것이고, 모든 기독교 교리에 대한 신앙은 삼위일체론에 있다(*fides omnium Christianorum in Trinitate*

---

49) Thomas Watson, *A Body of Divinity*(Edinburgh: The Banner of Truth Trust, 1965), 이훈영 옮김, 『신학의 체계』(서울: 크리스챤다이제스트, 1996), 198. 왓슨은 Unity(단일성)와 Trinity(삼위일체)라는 단어의 '-nity' 의 공통되는 발음을 강조하여 대조시키고 있다.

50) 황희상, 『특강 소요리문답(상)』(안산: 흑곰북스, 2011), 85.

consistit). 삼위일체는 논리적으로 이해하기 어렵지만 분명히 우리의 고백이요 하나님의 존재 방식이다.

이 고백이 반대하는 사상

이렇게 설명이 어려운 주제이기 때문에 삼위일체에 관해서는 무엇이 맞는지(right)를 중심으로가 아니라 무엇이 틀렸는지(wrong)를 중심으로 설명할 수밖에 없다. 역사적으로 믿음의 선배들과 교회는 삼위일체의 신비를 설명하려고 노력하기보다는 그에 대한 잘못된 오류를 막는 방식으로 이 교리를 체계화하려고 했다.

이러한 사실을 벨기에 신앙고백서 제9조 마지막 부분은 "이 삼위일체 교리는 사도시대 이후로부터 오늘에 이르기까지 유대주의, 이슬람, 거짓 그리스도인들과 이단들 즉, 마르키온, 마니(mani), 프락세아스, 사벨리우스, 사모사타의 바울, 아리우스와 같이 정통 교부들에 의해 정식으로 정죄받았던 사람들에 대항하여 참된 교회 안에서 항상 유지되고 보존되어 왔습니다."라고 설명한다.

역사적으로 삼위일체에 대한 잘못된 견해는 다음과 같이 크게 네 가지로 나눌 수 있다.

첫째, 단일신론(單一神論, Monarchianism)이다. 이 견해는 "하나님은 한 분일 뿐이다."라는 생각이다. 이러한 견해는 유대인과 이슬람의 생각이다. 이슬람의 경전인 꾸란의 제4장 171절에는 "성경의 백성들아, 너희들의 믿음에 열광하지 말라. 하나님에 대해 진리 외에는 말하지 말라. 마리아의 아들 예수, 메시아는 하나님(알라)의 예언자(사도)이니 그분께서 마리아에게 그분의 말씀과 그분의 영혼을 보내셨다. 그러니 하나님(알라)과 그분의 예언자들(사도들)을 믿고, 삼위일체(Trinity)는 말하지 말라. 너희가 그친다면 너희에게 유익하리라. 하나님(알라)은 오직 한 분 하나님이시다."라고 되어 있다. 5장 17절에는 "하나님이 마리아의 아들 예수라 말하는 그들에게 저주가 있으리라."라고, 5장 19절에는 "하나님 그분은 마리아의 아들 메시아입니다 라고 말하는 자들은 불신자들이니…"라고, 5장 73절에는 "하나님이 셋 중의 하나라 말하는 그들은 분명 불신자라 하나님 한 분 외에는 신이 없거늘"이라고 말한다. 하나님의 유일무이한 절대성을 강조하는 그들은, 하나님은 한 분이시지만 세 인격이 일체를 이루고 계신다는 삼위일체의 개념을 강하게 거부한다. 삼위일체에 대한 고백을 다신교(多神敎)의 개념으로 해석하고, 신성모독으로 본다.

둘째, 삼신론(三神論, Tri-theism)이다. 이 견해는 하나님이 세 분이라는 생각이다. 성부, 성자, 성령이 각각의 신으로 세 분의 신이 있다는 것이다. 존 아스쿠나게스(John Ascunages), 6세기에 아리스토텔레스에 대한 주석을 썼던 존 필로포누스(John Philoponus), 중세기의 극단적 유명론자였던 로첼리누스(Roscelinus)와 극단적 실재론자였던 길버트 데 라 포레(Gilbert de la Porree) 같은 이들이 이러한 주장을 한다. 이들은 각각 소이송(Soissons) 공의회(1092)와 라임(Reims) 공의회(1148)에서 정죄되었다.

셋째, 양태론(樣態論, Modalism)이다. '양태(樣態)'라는 말은 문자 그대로 하나님께서 다른 형태를 취하신다는 뜻인데, 이 견해는 성부, 성자, 성령이란 한 하나님께서 각각 다른 시기에 자신을 드러내신 세 가지 양태(three modes of manifestation)에 불과하다고 본다. 다시 말해서 지상의 아버지가 처해 있는 곳에 따라 여러 가지 역할을 떠맡아 일인다역(一人多役)을 하는 것과 비교할 수 있다고 본다. 예를 들어 어떤 사람이 집에서는 아버지로서 '아빠'라 불리고, 학교에서는 '선생님'으로, 교회에서는 '장로'로 불린다. 직장에서는 회사원으로, 자녀들에게는 아버지로, 아내에게는 남편으로 불린다. 하나님도 이와 같다는 것이다. 세 가지 역할을 하는 한 분 하나님이시라는 것이다. 하나님께서 구약 시대에는 아버지였으며, 신약 시대에는 아들이셨으며, 오순절 이후에는 성령님이셨다는 것이다. '양태' 즉 나타나는 형태만 다를 뿐 사실은 하나로 본다. 그래서 한 분이 때로는 아버지이기도 하고, 때로는 아들이기도 하고, 때로는 영이기도 한 것이다. 삼위일체에 대한 이해가 약한 한국교회에는 양태론의 오류에 빠지는 이들이 많은데, 이러한 생각은 이단적이며[51] 우리의 구원을 제대로 설명해 줄 수 없다. 벨기에 신앙고백서 제9조에서 언급하는 프락세아스(Praxeas), 사벨리우스(Sabellius), 노에투스(Noetus) 그리고 18세기의 스웨덴 보리

---

51) 이승구, 『사도신경』(서울: SFC, 2004), 22.

(Swedenborg) 같은 사람이 이런 주장을 한다.

넷째, 양자론(Adoption)이다. 이 견해는 그리스도의 신성, 즉 그리스도께서 하나님이시라는 사실을 부인한다. 나사렛 예수는 요셉과 마리아라는 지상의 부모를 둔 평범한 사람에 지나지 않는다고 본다. 나사렛 예수가 다른 사람들과 다른 것이 있다면 그것은 예수가 가진 경건한 성격에 있는데, 하나님에 대한 넘치는 사랑과 하나님을 영화롭게 하고자 하는 마음, 그분의 뜻에 순종하고자 하는 큰 열심에 있다고 주장한다. 그래서 하나님께서 당신을 향한 예수의 큰사랑을 주목하셨기 때문에, 그의 신을 예수 위에 부으심으로 응답하셨고, 이것으로 예수를 거룩한 사람으로 만들어서 자기를 위해 그를 아들로 삼았다는 것이다. 우리에게 잘 알려진 양자론자는 벨기에 신앙고백서 제9조에서 언급하고 있는 사모사타의 바울(Paul of Samosata),[52] 그리고 아리우스(Arius, 250-336)다. 이 중에서 아리우스는 매우 잘 알려져 있기 때문에 양자론을 가리켜서 '아리우스 주의'라고도 한다. 아리우스는 니케아 신경이 나오게 된 배경이 되기도 했는데, 그는 예수님께서 존재하시지 않았던 때가 있었다고 한다. "성자는 어느 한 순간에 성부에 의해 창조되었고, 성부만 존재했던 시점이 있었다."라고 주장한다. 우리 시대에 활동하고 있는 여호와의 증인(Jehovah's Witness)이 대표적인 양자론자다.[53]

잘못된 고백에서 나온 바른 고백적 표현

우리는 네 개의 잘못된 견해에 반대하면서, 벨기에 신앙고백서 제8조의 고백을 따라 다음과 같이 고백한다. "성부는 성자가 아니시며, 성자는 성부가 아니시며, 마찬가지로 성령도 성부가 아니고 성자가 아님은 분명합니다. 그럼에

---

52) 아리우스는 안디옥 교회 감독인 사모사타의 바울에게 사상적 영향을 많이 받았는데 사모사타 바울은 예수가 원래 메시아로 태어난 것이 아니고 예수에게 있는 로고스가 강하게 작용하여 메시아가 되었다고 하였다. 또한 예수는 하나님의 양자(養子)가 되어 신성을 부여받았다고 하였다. 사모사타 바울의 이러한 주장은 안디옥 교회에 의해 정죄되었다(A.D. 269년).

53) Clarence Bouwman, *Notes on the Belgic Confession*(Armadale: The League of the Free Reformed Women's Bible Study Societies, 1997), 손정원 옮김, 『벨직신앙고백해설』(부산: 도서출판 신언, 2007), 108.

도 불구하고 이렇게 구별된 세 위격들은 나누이지 않고, 섞이지 않습니다(not divided, nor intermixed). 이 셋은 본질상 동일한 한 분(in one and the same essence)이시며 영원히 동등(equal)하시기 때문입니다. 또한 이 세 위격들은 모두 진리(truth)와 능력(power)과 선함(goodness)과 긍휼(mercy)에 있어서 처음도 아니요 나중도 아니며 한 분이기 때문입니다."

교회사 속의 삼위일체

삼위일체에 대한 이단들의 출현은 삼위일체 교리를 군건하게 하는 데 큰 도움이 되었다. 삼위일체의 논의들의 대부분은 이미 고대 교회에서 상당 부분 정리되었는데, 이 논의들은 칼뱅이 그대로 큰 여과 없이 사용할 만큼 우수하였으며, 오늘날의 삼위일체 논의에도 상당한 기여를 하였다. 그래서 벨기에 신앙고백서 제9조의 가장 마지막 부분은 이렇게 고백한다. "참된 교회 안에서 항상 유지되고 보존되어 왔습니다. 그러므로 우리는 이 교리에 관한 세 신경인 사도신경, 니케아 신경, 아타나시우스 신경을 기꺼이 받아들입니다. 또한 이 신조들에 일치하는 것으로서 고대교부들이 동의한 신조들도 받아들입니다."

Ⅱ. 제9조

삼위일체 교리의 성경적 증거

삼위일체 교리를 믿는 이유는 기독교 초기부터 이미 고백되어 오던 것이기 때문이기도 하지만, 그보다 더 중요한 이유가 있다. 성경의 가르침이기 때문이다. 또한 삼위 각각의 사역, 특별히 우리가 우리 자신 안에서 깨닫게 되는 삼위의 사역으로부터 알기 때문이다. 이 사실을 제9조의 첫 문장에서 말해 주고 있다. "우리는 이 모든 것을 성경의 증거로부터, 그리고 삼위 각각의 사역으로부터, 특별히 우리가 우리 자신 안에서 깨닫게 되는 삼위의 사역으로부터 압니다."

무엇보다도 성경이 가르쳐주고 있다는 사실이 중요하다. 그렇다면 그 성경적 근거는 어떻게 될까? 벨기에 신앙고백서 제9조는 구약과 신약에서 각각 성경의 증거를 말한다. 먼저 구약에서는 창세기 1:26-27을 인용한다. "(26)하나님이 이르시되 우리의 형상을 따라 우리의 모양대로 우리가 사람을 만들고 그들로 바다의 물고기와 하늘의 새와 가축과 온 땅과 땅에 기는 모든 것을 다스리게 하자 하시고 (27)하나님이 자기 형상 곧 하나님의 형상대로 사람을 창조하시되 남자와 여자를 창조하시고." 그리고 창세기 3:22을 인용한다. 여기에서 '우리'라는 표현은 하나님께 하나 이상의 신격이 있다는 것을 보여준다. 그런데 구약은 그 이상 구체적인 것에 대해서는 언급하지 않는다.

어떤 사람들은 구약성경에 삼위일체론이 완전하게 다 나타나 있다고 말한다. 반면에 소지니주의자들과 알미니우스주의자들은 삼위일체론이 구약에서 전혀 발견되지 않는다고 말한다. 그러나 이 두 주장 모두 틀렸다. 구약성경은 하나님의 삼위일체에 관해서 구체적으로 말하지 않고 단지 몇 가지 암시만을 하고 있을 뿐이다. 그 완전한 내용은 신약을 통해서 분명하게 드러난다.

그래서 벨기에 신앙고백서는 신약으로 와서 마태복음 3:17을 인용한다. 이제 더 분명해진다. 예수님께서 세례를 받으실 때에 성령 하나님께서 비둘기처럼 임하신다. 하늘에서 성부의 음성이 들린다. 이를 통해 하나님께 세 개의 위격이 있다는 사실이 드러난다. 이외에도 마태복음 28:19에서, 고린도후서 13:13에서 분명히 드러난다. 그래서 벨기에 신앙고백서 제9조는 다음과 같이 고백한다. "하나님께서 얼마나 많은 위격(persons)을 가지셨는지에 대해서 말씀하시지 않은 것은 사실입니다만, 구약에서는 다소 분명치 않던 것이 신약에 와서는 매우 명백해졌습니다."

벨기에 신앙고백서에서는 언급하고 있지 않지만 이 강해의 본문인 고린도전서 8:4-6에도 삼위일체에 대한 암시가 담겨 있다. "(4)그러므로 우상의 제물을 먹는 일에 대하여는 우리가 우상은 세상에 아무것도 아니며 또한 하나님은 한 분밖에 없는 줄 아노라 (5)비록 하늘에나 땅에나 신이라 불리는 자가 있어 많은 신과 많은 주가 있으나 (6)그러나 우리에게는 한 하나님 곧 아버지가 계시니 만물이 그에게서 났고 우리도 그를 위하여 있고 또한 한 주 예수 그리스도께서 계시니 만물이 그로 말미암고 우리도 그로 말미암아 있느니라." 이 구절은 하나님은 한 분이라고 말하면서 이어지는 6절에서는 하나님, 예수님에게 각각 하나님의 칭호를 돌린다.

삼위의 관계성에 대한 성경의 암시

비록 신약성경이 명시적으로 삼위일체를 말하진 않지만, 성부와 성자의 관계, 성자와 성령의 관계를 통해서 삼위일체를 말한다.

여기에서 우리는 오해하지 말아야 한다. 한 분 하나님께서 세 개의 구별된 위격으로 존재하신다는 사실은 비록 신약성경을 통해서, 보다 정확하게는 성령님의 강림을 통해서 분명하게 드러났지만, 그 존재의 시작은 영원부터 있어 왔다.

Ⅲ. 그 밖의 문제들

용어의 문제

일반적으로 이 교리를 '삼위일체'라고 부른다. 삼위일체(三位一體)라는 말을 영어로는 Trinity라고 한다. 3을 뜻하는 Tri와 하나를 뜻하는 unity가 합쳐져서 생겨난 말이다. 영어의 의미를 그대로 번역하면 '삼위일체'다.

이 강해의 제목을 보면 '삼위일체'가 아닌 '일체삼위'다. 왜 그렇게 했을까? 그 이유는 벨기에 신앙고백서의 진술을 그대로 따른 것이다. 벨기에 신앙고백서 제8조의 제목은 "하나님은 본질상 한 분이시나, 세 위격으로 구별되신다." 이다. 일체삼위라고 표현하는 것이 순서상 바람직하다.

여기에서 잠시 삼위일체라는 표현에 대해서 살펴볼 필요가 있다. 엄밀히 말해 이 표현은 오해의 여지가 있다. 마치 삼위가 모여서 일체를 구성한다고 생각할 수 있다.[54] 이러한 오해를 줄이기 위해 '일체삼위'라고 표현했다. 하나의

---

54) 삼위일체라는 번역어에서 체(體)라는 한자어를 '몸'으로 이해할 때에 그렇게 생각할 수가 있다. 그러나 체(體)라는 한자어는 여기에서 그런 의미로 쓰인 것은 아닌 듯하다. '체(體)'는 '몸'의 의미가 아닌 '본질'(essence)이라는 의미로 쓰였다. 삼위가 동일한 본질을 구성한다는 의미로 쓰인 것이다. 원래 '체'(體)라는 말은 '몸', '바탕', '모양', '자체', '나눔', '형성함', '친함', '행함' 등의 다양

본질이시나 세 개의 위격으로 구별되시는 분이라는 말을 설명하기에 좋은 표현이다. 물론 '일체삼위'도 하나님을 온전히 설명할 수 없다. 다만, 이런 표현을 사용하는 이유는 하나님은 세 위격이 모여서 한 분이 되는 것이 아니기 때문이다. 하나님은 분명히 한 분이시다. 그런데 그 한 분이 세 개의 위격으로 존재하신다. 세 개의 위격이 한 분으로 존재한다는 말과 같은 것 같지만 약간의 차이가 있다. 이것을 잘 드러내기 위해 이런 용어를 사용해 보았다.[55] 이 사실을 기억하면서 우리는 많은 사람들이 사용하는 '삼위일체'라는 표현을 기억해야 한다.

삼위일체라는 말을 사용하더라도 일체 속의 삼위와 삼위인 일체라는 의식을 가지고 그런 말을 사용해야 한다. 이 세상의 그 어떤 용어도 하나님에 관해서 제대로 설명할 수 없다는 사실을 인정하면서도 삼위일체라는 표현이 지니는 한계를 생각해보았으면 한다.

신비로운 영역으로서의 삼위일체

벨기에 신앙고백서는 우리의 믿음의 선배들이 표현한 것처럼 삼위일체에 대해 분명하게 증명하려는 태도로만 일관하지 않는다. 일부분은 신비의 영역으로 남겨둔다. 그래서 제9조의 뒷부분에서는 "비록 이 교리는 인간의 이해를 한참 뛰어넘는(surpasses) 것이지만, 그럼에도 불구하고 우리는 이 세상에서 하나님의 말씀에 근거하여 이 교리를 믿습니다. 그리고 우리는 이 교리의 완전한 지식과 열매를 장차 하늘에서 누리게(enjoy) 될 것을 기대합니다."라고 고백한다.

왜 그런가? 앞서도 언급했듯이 하나님의 존재방식인 삼위일체는 우리의 이성으로 완전히 이해하기 어려운 것이기 때문이다. 이해할 수 없는 것, 그러나 이해할 수 없는 한계 가운데서 겸손하게 가르쳐주신 만큼 이해하는 것이다. 그

한 의미를 갖고 있다. 삼위일체에서의 '체'(體)는 nature나 essence라는 단어를 번역한 것이고, '바탕'이나 '자체'라는 의미를 담으려고 했을 것으로 보인다.

55) 교회 역사에서 삼위일체에 관한 논의도 '일체'(동일본질)에 관한 논의에서부터 시작해서(니케아 공의회) 위격에 대한 논의로 이어졌음을 생각해보면 그 의미를 더욱 잘 이해할 수 있다.

렇게밖에 할 수 없다. 우리의 이해를 초월한다는 점에서 신비 그 자체다. 오히려 우리는 이렇게 이해될 수 없는 교리를 통해서 하나님께 마땅한 경외심을 돌려드리게 된다.

삼위일체는 논리적인 이해의 문제가 아니라 믿음의 문제다. 나아가 송영의 문제다. 우리는 우리의 이성으로 이해하지 못함에도 불구하고, 믿음으로 이 문제를 받아들이면서 하나님이 가장 뛰어난 분이심을 찬송하는 것이다. 이 교리를 받아들이는 것 자체가 곧 찬송이다.

요약적 결론

삼위일체에 관한 중요한 내용을 다시 정리해보자. 하나님은 한 분이시다. 그런데 한 분 하나님은 세 개의 구별된 위격으로 존재하신다. 그 위격을 가리켜 성부, 성자, 성령이라고 부른다. 각각의 위격은 하나의 구별된 인격이시다. 그러나 이 구별된 위격은 동일한 본질이시다. 그래서 각각의 위격은 모두가 동등하다. 영광도 위엄도 동등하시다. 이 세 개의 위격은 섞이지 않고(not confusion), 변화하지 않고(not change), 나누어지지 않고(not division), 서로 분리되지 않는다(not separation). 성부도 하나님이시고, 성자도 하나님이시고, 성령도 하나님이시다. 그러나 성부는 성자가 아니고, 성자는 성령이 아니며, 성령은 성부가 아니다. 그러므로 세 분 하나님이 아니라 한 분 하나님이 계실 뿐이다.

삼위일체 교리의 실제성

삼위일체 교리를 아는 것이 어떤 점에서 우리에게 실질적 유익을 줄까? 어떤 사람은 삼위일체는 단순히 교리일 뿐, 우리의 신앙과 삶에 아무런 유익이 되지 않는다고 생각한다. 단지 이단인지 아닌지를 구분하는 기준 정도로만 생각한다.

하지만 삼위일체 교리는 우리의 신앙과 실제 생활에 있어서 가장 큰 영향을 미치는 교리다. 삼위일체 교리는 우리가 하나님을 어떤 분으로 이해하고 있는가만 아니라 우리의 일상생활 전체를 주장하고 다스린다. 삼위일체는 우리에게 하나님의 구원사역(the economy of salvation)을 이해하는 데 큰 도움을 줄 뿐만

아니라, 인간의 존재와 인식 등에 있어서 다음과 같은 참조점(reference)들을 허락해 준다.[56]

첫째, 우리의 구원을 이해하는 데 도움을 준다. 삼위일체를 믿지 않는다면 우리의 구원도 믿을 수가 없다. 예컨대, 예수님의 십자가 사건을 이해하려면 삼위일체를 알아야 한다. 성부 하나님은 죽으실 수 없다. 그런데 하나님께서 죽으셨으니 그것은 하나님께서 하나의 신격에 여러 위격이 있다는 사실 때문에 가능하다.

둘째, 우리의 신앙과 예배를 이해하는 데 도움을 준다. 성부는 구원을 계획하시고, 성자는 구원을 성취하시며, 성령은 죄인들로 하여금 그것을 믿고 영접하게 하신다. 성부는 우리를 위하시는 하나님(God for Us)으로, 성자는 우리와 함께 하시는 하나님(God with Us)으로, 성령은 우리 안에 계시는 하나님(God in Us)으로 일하신다. 이 사실을 이해할 때에 우리의 신앙과 예배가 활력을 얻을 수 있다.

셋째, 가정, 사회, 국가의 해결점을 제시해 준다.[57] 이 강해에서 다루지는 못했지만 삼위일체의 핵심은 관계다. 성부, 성자, 성령님의 관계를 설명하기 위한 표현이 삼위일체다. 살아계신 하나님은 고독하거나 고립된 하나님이 아니다. 왜냐하면 영원히 삼위로 존재하시기 때문에 관계이며, 공동체다. 하나님은 영원 전부터 공동체 안에서 공동체 그 자체로, 교제 안에서 교제 그 자체로, 관계 안에서 관계 그 자체로 존재하여 오셨다. 영원부터 삼위(三位) 하나님은 일체(一體)로 존재하심으로써 운동(활동)을 하셨다.

하나님의 이러한 존재방식은 오늘날 가정과 사회와 국가와 교회의 중요한 문제들에 대해 해결점을 제시해 준다는 면에 있어서 실제적이다. 삼위 하나님

---

56) 칼뱅은 기독교 강요에서 하나님을 아는 것은 곧 나를 아는 것으로 이어진다고 하였다. 이는 하나님의 존재방식에 대한 이해는 우리의 존재를 이해하는 중요한 참조가 된다는 것을 의미한다. *Institutes*, I. ii. 1.

57) Grudem은 삼위일체에 대한 실생활의 적용을 결혼과 교회에 연결시킨다. Wayne Grudem, *Systematic Theology: An Introduction to Biblical Doctrine*(Grand Rapids: Zondervan, 1994), 노진준 옮김, 『조직신학(상)』(서울: 은성, 1997), 368-369.

의 관계성, 그것은 가정에서, 사회에서, 국가에서, 교회에서 어떤 관계를 맺어야 하는지 잘 보여준다. 하나님의 공동체성이 가정, 사회, 국가, 교회에서 드러나야 한다. 특별히 삼위 하나님께서 '하나'라는 사실이 단순히 물리적으로 서로 붙어서 하나가 되어 있는 그런 의미가 아니라는 점을 기억해야 한다. 오히려 하나라는 말에는 서로가 완전한 사랑으로 사랑하시어 완전히 서로를 기뻐하시는 관계라고 이해할 수 있다. 삼위 하나님은 모든 일을 함께 하시고 서로를 향하여 완전한 일체를 이루는 끊임없는 사역과 사랑의 교제를 계속하신다. 삼위 하나님은 일체로 계셔서 그냥 가만히 계시는 것이 아니라 그 안의 운동성과 생명으로 인하여서 삼위가 함께 사랑으로 일체를 이루고 계신다(요 17:21-26). 이러한 존재방식은 우리에게 중요한 의미를 준다. 부부가 사랑해야 한다. 생명의 교제를 나누어야 한다. 교회 속에서 우리의 삶은 하나님과 우리의 지체들과의 관계가 중심이 되어야 한다. 우리의 삶이 교회의 한 지체로서 온전한 연합을 이 땅에서 드러내도록 하는 것이 삼위일체를 믿는 자들이 나타내야 할 태도다.

그리고 삼위께서는 일체 안에 일정한 질서가 있어서 그 질서는 역사 가운데 계시되어 각 위는 일체 내에 발견되는 질서대로 역사 가운데 나타나신다. 그러므로 가정과 사회, 국가와 교회에도 질서가 있어야 한다. 동등하신 삼위께서 질서를 갖고 계신 것처럼 부부가 동등하지만 남편과 아내 간의 질서가 있어야 한다. 교회 안에 모든 성도가 동등하지만 직분 속에서 질서가 있어야 한다.

| 결 론 |

삼위일체론은 기독교 신앙의 핵심이다. 이것을 믿지 않으면 신앙의 근본 토대를 잃어버릴 수 있다. 예를 들어 보자. 예수님을 십자가에 못 박은 사람들. 그 사람들의 가장 큰 죄가 무엇이겠는가? 삼위일체에 대한 무지(無知)다. 예수님이 끊임없이 자기 자신을 하나님이라고 하셨다. 하나님의 아들이라고 하셨다.

하지만 사람들은 믿지 못했다. 받아들이지 못했다. 그들은 스스로 하나님을 믿는다고 생각하는 자들이었다. 그러나 그들에 있어서 하나님은 일체가 삼위로 존재하시는 하나님이 아니었다. 단일신론이었다. 그 결과 그들은 예수님을 죽였다. 하나님이신 예수님을 죽였다. 그들은 하나님을 믿는다고 말하였지만 사실상 하나님을 죽인 꼴이 되어 버렸다.

잘못된 교리는 엄청난 결과를 낳는다. 오늘날 이 시대에 삼위일체 교리가 분명히 가르쳐지지 않음으로 인해서 당하는 수고와 고난이 많다. 교회에 이단이 득실거리고, 신자들에게서 구원에 대한 이해가 부족하고, 교회 안에서 삼위일체 하나님의 존재방식에 근거를 둔 성도 간의 교제가 사라지고 있다. 그러므로 이 교리는 주님 다시 오실 때까지 증거되어야 한다.

삼위일체 교리. 이 교리를 믿지 않는 자, 이 교리를 고백하지 않는 자. 그 사람은 믿음도 구원도 없는 자다.

예수 그리스도는 참되고 영원한 하나님이시다

Jesus Christ is True and Eternal God

우리는 예수 그리스도께서 그분의 신성(divine nature)에 따라 하나님의 독생하신(the only-begotten) 아들이시요,[1] 영원부터 나셨으며(begotten from eternity), 만들어지지 않으셨을 뿐 아니라 창조되지도 않으셨고(왜냐하면 그럴 경우 그는 피조물이 되시기 때문입니다), 성부와 동일한 본질(essence)이시고, 동등하게 영원하시며, 하나님의 영광을 반영하시고, 그 본성(nature)의 참된 속성(the very stamp)을 나타내시며(bear)(히 1:3), 모든 것에 있어서 성부와 동등하신 분이심을 믿습니다.[2] 그분께서 하나님의 아들이심은, 우리의 본성(즉 인성)을 취하실 때부터가 아니라 영원부터[3] 그러하셨습니다. 이는 우리가 다음 각 성경의 증거들을 비교해볼 때 그것들이 우리에게 가르쳐주는 것으로, 모세가 말하기를 하나님께서 세상을 창조하셨고,[4] 사도 요한이 말하기를 하나님이라고 부르는 그 말씀에 의해서 만물이 만들어졌으며,[5] 히브리서에 이르기를 하나님께서 그분의 아들로 말미암아 이 세상을 지으셨으며,[6] 또한 사도 바울은 하나님께서 예수 그리스도를 통하여 이 세상을 창조하셨다고 합니다.[7] 그러므로 하나님, 말씀, 아들, 예수 그리스도로 불리시는 그분은 만물이 그분으로 말미암아 창조되었을 그때에 계셨다는 사실이 반드시 따라와야 합니다. 따라서 그분은 말씀하시기를, "진실로 진실로 너희에게 이르노니 아브라함이 나기 전부터 내가 있느니라."(요 8:58)고 하셨고, 그가 기도하시기를 "아버지여 창세전에 내가 아버지와 함께 가졌던 영화로써 지금도 아버지와 함께 나를 영화롭게 하옵소서."(요 17:5)라고 하셨습니다. 그러므로 그분은 참되고(true), 영원한 하나님(eternal God)이시며, 전능자이시고, 우리가 간구하고(invoke) 예배하고 섬길 분이십니다.

1) 마 17:5; 요 1:14,18; 3:16; 14:1-14; 20:17,31; 롬 1:4; 갈 4:4; 히 1:2   2) 요 5:18,23; 10:30; 14:9; 20:28; 롬 9:5; 빌 2:6; 골 1:15; 딛 2:13   3) 요 8:58; 17:5; 히 13:8   4) 창 1:1   5) 요 1:1-3   6) 히 1:2   7) 고전 8:6; 골 1:16

제10조
예수 그리스도 참되고 영원한 하나님이시다

- **본문**: 요한복음 14:10-11; 골로새서 1:15-19
- **관련신조**: 웨스트민스터 신앙고백서 제8장; 웨스트민스터 대요리문답
  제11, 36-40문답; 웨스트민스터 소요리문답 제21-22문답;
  하이델베르크 요리문답 제15-18, 33-35문답; 도르트 신조
  둘째 교리 4항

| 서 론 |

예수님은 하나님이시다. 예수님은 참되고 영원한 하나님이시다. 참된 신성을 가지신 하나님이시다. 예수님은 이 사실을 끊임없이 증거하셨다. 그의 생애 전부를 통해서 자신이 하나님이라는 사실을 끊임없이 가르치셨고, 나타내셨다. 예수님의 생애를 기록한 복음서는 이 사실을 잘 기록하고 있다. 그러나 예수님 당시의 많은 사람들은 이 진리를 믿지 못했다. "성전을 헐고 사흘에 짓는 자여 네가 만일 하나님의 아들이어든 자기를 구원하고 십자가에서 내려오라."(마 27:40)라고 외칠 뿐이었다. 그렇다면 사람들은 왜 이 진리를 믿지 못했을까?

첫째, 예수님께서 이 세상에 오셨을 때 그 모습은 완전한 사람이었기 때문이다. 예수님이라고 해서 다른 사람과 구별된 모습을 하고 계신 것이 아니었다. 예수님은 그냥 평범한 사람의 모습을 하고 계셨다. 이마에 "이분은 하나님의 아들"이라는 표시가 있는 것도 아니었다. 예수님은 당시의 많은 사람들과 동일한 외모를 가지신 분이었다. 수많은 사람들 중에서 어떤 특징이 없으면 그 사람을 잡아낼 수 없듯이 그 정도로 예수님은 평범한 사람, 평범한 목수의 아

들의 모습을 하고 계셨다. 그렇기 때문에 사람들은 예수님 스스로 하나님이라고 할 때 아무도 믿지 않았다.

둘째, 사람들에게 있어서 하나님은 한 분일 뿐이었기 때문이다. 예수님 당시의 사람들에게 있어서 하나님은 사람이 아니라 하나님이요, 하나님은 한 분이시기에 사람의 본성을 갖고 계신 하나님을 도무지 받아들일 수 없었다. '사람의 본성을 갖고 계신 분이 하나님이라면, 자기들이 알고 있는 하나님은 어떻게 되는 것인가?' 하고 생각했던 것이다. 그들에게 하나님은 삼위로 존재하시는 일체의 하나님이 아니었다. 한 분이시지만 세 개의 독립된 인격체로 존재하시는 분이 아니었다. 하나님은 그저 하나님일 뿐이었다. 그래서 그들은 믿지 못했다.

예수님은 분명히 하나님이시다. 참되고 영원한 하나님이시다. 성자는 성부가 아니시지만, 성자는 분명히 하나님이시다. 예수님이 그렇게 증거하셨고, 그에 따라 사도들이 그렇게 가르쳤으며, 사도시대의 사람들이 그렇게 믿었다. 교회 역사상 우리의 믿음의 선배들이 그렇게 믿어 왔고, 지금도 우리는 그렇게 믿는다. 고백한다.

신약성경에서 끊임없이 제기되는 문제는 예수님이 하나님이시라는 사실에 대한 반대다. 신약성경이 끊임없이 증명하는 것은 예수님이 하나님이라는 사실이다. 우리에게는 너무나 당연하게 받아들여지는 "예수님이 곧 하나님이시다."라는 사실이 당시에는 쉽게 받아들여지지 않았다. 예수님 당시뿐만 아니라 교회시대에도 예수님이 하나님이시라는 사실을 믿지 못하는 자들이 많았다.

우리는 전혀 그렇지 않다. 우리는 아무런 저항 없이, 호기심 없이 그냥 그대로 받아들인다. 우리가 쉽게 받아들이는 이유가 무엇일까? 교회를 통해서 그리고 설교자를 통해서 예수님이 하나님이시라는 것을 많이 들었기 때문이요, 그렇게 많이 들었던 이유는 그것이야말로 성경의 핵심이요, 복음의 핵심이요, 교리의 근본이기 때문이다.

이 강해에서 배우게 되는 제10조는 그러한 교리의 정리다. 역사상 존재해 왔던 예수님의 신성을 부인하는 수많은 사람들의 생각에 반대하여, 예수님께서 친히 증거하셨고, 성경이 말하고 있는바, 예수님이 곧 하나님이시라는 사실을 벨기에 신앙고백서 제10조에서 고백한다.

예수님은 과연 하나님이신가? 하나님이시라면 어떤 측면에서 그러한가? 우리는 그것을 어떻게 정리하여 고백하는가? 이 사실을 부인하는 자들은 누구인가? 그들의 구원은 어떻게 되는가?

| 본 론 |

I. 하나님이신 예수님

예수님은 하나님이다

먼저 왜 예수님이 하나님이실까? 성경에서 출발해보자.

첫째, 성경에서 예수님을 가리켜 '하나님'(The God)이라고 말하는 구절들이 있기 때문이다. 예수님이 하나님이시라는 가장 강력한 증거다.[58] 대표적인 구절 몇 개를 살펴보자. 요한복음 1:18 "본래 하나님을 본 사람이 없으되 아버지 품속에 있는 독생하신 하나님이 나타내셨느니라." 로마서 9:5 "조상들도 그들의 것이요 육신으로 하면 그리스도가 그들에게서 나셨으니 그는 만물 위에 계셔서 세세에 찬양을 받으실 하나님이시니라 아멘." 요한일서 5:20 "또 아는 것은 하나님의 아들이 이르러 우리에게 지각을 주사 우리로 참된 자를 알게 하신 것과 또한 우리가 참된 자 곧 그의 아들 예수 그리스도 안에 있는 것이니 그는 참 하나님이시요 영생이시라." 이 구절들은 모두 예수님을 가리켜 하나님이라고 말한다. 다음으로, 조금은 애매한 구절을 의도적으로 하나 보자. 베드로후서 1:1 "예수 그리스도의 종이며 사도인 시몬 베드로는 우리 하나님과 구주 예수 그리스도의 의를 힘입어 동일하게 보배로운 믿음을 우리와 함께 받은 자들

---

58) 예수님을 하나님이라고 부른 신약성경구절들을 가장 철저하게 주해한 책으로 Murray, J. Harris, *Jesus as God*(Grand Rapids: Baker, 1992)을 보라.

에게 편지하노니"(Simon Peter, a servant and apostle of Jesus Christ, To those who through the righteousness of our God and Savior Jesus Christ have received a faith as precious as ours)이다. 한글 성경은 "우리 하나님과 구주 예수 그리스도의 의"라고 해서 하나님과 예수님, 두 개의 위격을 말하고 있는 것처럼 보이지만, 바르게 번역하면 "우리 하나님, 곧 구주 예수 그리스도의 의"다. 왜냐하면 이어지는 11절에 보면 "이같이 하면 우리 주 곧 구주 예수 그리스도의 영원한 나라에 들어감을 넉넉히 너희에게 주시리라."(and you will receive a rich welcome into the eternal kingdom of our Lord and Savior Jesus Christ.)라고 했는데, 두 구절 모두 영어성경을 비교해보면 'and'로 구분되어 있기 때문이다. 즉 이 본문에서 베드로는 예수님이 하나님이시라는 사실을 강조한다. 그런데 번역하는 분들이 이 사실을 잘 알지 못하고 두 위격을 구분해 놓고 있다. 이 사실은 디도서 2:13을 통해서도 확인할 수 있는데 바울은 "복스러운 소망과 우리의 크신 하나님 구주 예수 그리스도의 영광이 나타나심을 기다리게 하셨으니"라고 말함으로써 예수님을 하나님으로 말씀한다. 뿐만 아니라 요한복음 20:28에서 도마가 부활하신 예수님을 향하여서 "도마가 대답하여 이르되 나의 주님이시요 나의 하나님이시니이다."라고 말한 것 역시 그 증거다. 만일 예수께서 하나님이 아니시라면, '하나님,' '참 하나님,' '전능하신 하나님,' '크신 하나님'이라고 부르는 것은 명백한 오류요 심각한 거짓말이다. 그러나 성경은 예수께서 참 하나님이심을 확실히 증거한다.

둘째, 예수님께는 벨기에 신앙고백서 제1조에서 언급하고 있는 하나님의 속성들(Divine attributes)이 있기 때문이다. 예수님은 무소부재하시다. 마태복음 18:20에서 "두세 사람이 내 이름으로 모인 곳에는 나도 그들 중에 있느니라."라고 말씀하셨다. 지금 여기에도 계시고, 다른 곳에도 계신다. 예수님이 사람이시기만 하다면 불가능하다. 마태복음 28:20에서도 "볼지어다 내가 세상 끝 날까지 너희와 항상 함께 있으리라 하시니라."라고 하셨다. 이것 역시 예수님이 하나님이시라는 증거다. 또한 예수님은 전지하신 지식을 가지셨다(마 9:4; 17:27; 요 1:48; 2:24, 25; 4:16-18; 6:64; 16:30; 21:17). 요한복음 1:48에서 "나다나엘이 이르되 어떻게 나를 아시나이까 예수께서 대답하여 이르시되 빌립이 너를 부르기 전에 네가 무화과나무 아래에 있을 때에 보았노라."라고 하셨다. 요한복음 4장에서는 사마리아 여인의 남편이 몇 명인지까지 아셨다. 요한복음 4:16-18에 보면 "(16)이르시되 가서 네 남편을 불러 오라 (17)여자가 대답하여 이르되 나는 남편이 없나이다 예수께서 이르시되 네가 남편이 없다 하는 말이 옳도다 (18)너에게 남편 다섯이 있었고 지금 있는 자도 네 남편이 아니니 네 말이 참되도다."라고 하셨다.

셋째, 예수님이 하신 사역이 곧 그가 하나님이시라는 사실을 드러내기 때문이다. 예수님은 이 땅 위에서 많은 이적들을 행하셨다. 그래서 예수님은 많은 병자들을 고쳐 주셨고(나병, 중풍병, 열병, 혈루병 등에 걸린 자들, 시각장애인, 청각장애인, 지체장애인 등) 죽은 자들을 살리셨고(나인성 과부의 외아들, 회당장 야이로의 외동딸, 나사로) 바다의 풍랑을 잔잔케 하셨다(마 8:26-27).[59] 그런데 이 일들 모두 다 하나님께서만 하실 수 있는 일들이었다(요 10:37-38).

이외에도 예수님께서 하나님이시라는 성경의 증거는 셀 수 없을 정도로 많다.

벨기에 신앙고백서의 고백

이러한 성경의 가르침을 따라 벨기에 신앙고백서 제10조는 이렇게 고백한다. "우리는 예수 그리스도께서 그분의 신성(divine nature)에 따라 하나님의 독생하신(the only-begotten) 아들이시요, 영원부터 나셨으며(begotten from eternity), 만들어지지 않으셨을 뿐 아니라 창조되지도 않으셨고(왜냐하면 그럴 경우 그는 피조물이 되시기 때문입니다), 성부와 동일한 본질(essence)이시고, 동등하게 영원하시며, 하나님의 영광을 반영하시고, 그 본성(nature)의 참된 속성(the very stamp)을 나타내시며(bear)(히 1:3), 모든 것에 있어서 성부와 동등하신 분이심을 믿습니다."

---

59) 예수님께서 갈릴리 바다의 폭풍을 잠잠케 하신 후에 제자들은 "이 선지자를 통해 역사하시는 성령의 능력의 위대함이여"라고 말하지 않고, "이 어떠한 사람이기에 바람과 바다도 순종하는고"(마 8:27)라고 했다. 바람과 파도는 예수님의 권세에 복종하였는데 이는 예수님의 권세가 바다를 다스리시고 파도를 잠잠케 할 능력을 가진 하나님의 권세일 경우에만 가능했던 일이다(시 65:7; 89:9; 107:29).

Ⅱ. 참되고 영원한 하나님이신 예수님

에비온파의 주장

이렇게 분명한 사실임에도 불구하고 예수님의 하나님 되심을 부인하는 사람들이 있다. 예수님께서 이 땅에 계시던 때뿐 아니라, 예수님이 이미 부활하시고 승천하셔서 자신의 하나님 되심을 분명히 드러내신 이후에도 그렇게 말하는 사람들이 있다. 이렇게 믿었던 사람들이 역사상 많이 있었는데, 교회 시대에도 그러한 사람들이 있었으니 에비온파(Ebionite)에 속한 사람들이다. 이 사람들은 예수님이 구약에서 예언된 메시아임을 인정하면서도 그는 철저한 사람이라고 주장한다. 이들에 따르면 예수님은 원래 하나님이 아니고 나사렛에산 모범적인 인간인데 유대교의 율법을 매우 잘 지키므로 하나님께서 그를 택하셔서 성령으로 충만케 하심으로 하나님의 아들로 입양하셨다는 것이다. 사람 예수의 성령 충만한 삶이 사람인 그를 메시아가 되게 하였다는 것이다.

시릴과 유티케스의 주장

시릴(Cyril of Alexandria)과 유티케스(Eutyches, 378-454)는 예수는 신성과 인성이 혼합되어 이루어진 새로운 본성, 곧 하나의 본성을 소유했다고 주장했다. 그들은 그리스도 안에 있는 인성과 신성은 온전한 인성과 신성이 아니라고 주장했다. 참 하나님이요 동시에 참 사람이신 예수님이 아니라, 예수님은 반신반인의 본성이 하나의 본성을 이루고 있는 분이라고 주장했다.

참된 하나님

이러한 주장은 예수님이 하나님이라는 인식보다는 예수님이 사람이라는 인식을 강하게 가졌기 때문에 생긴 주장이다. 그래서 예수님을 참 하나님으로 여기기보다는 사람이면서 약간은 하나님 같은 분으로 표현하려고 한다.

그러나 우리는 이러한 주장에 반대하여 예수님을 참 하나님으로 인정한다. 예수님은 반쪽짜리 하나님이 아니다. 참 하나님이시다. 예수님은 하나님보다 열등하신 분이 아니시다. 예수님은 하나님과 동등하시다. 예수님은 그저 잠재적인 하나님이거나 하나님께서 독특하게 역사하시는 그런 사람이 아니라 하나님의 모든 속성을 소유한 참되고 온전한 하나님이시다.

벨기에 신앙고백서 제10조의 제목에 "참되고"라는 수식어가 붙은 것은 참되지 않다고 말하는 사람들이 있었기 때문이다. 에비온파, 시릴, 유티케스와 같은 사람들 때문이다. 그러나 우리는 예수님을 참 하나님으로 고백한다.

아리우스의 주장

아리우스(Arius, 250-336)는 "그리스도가 참 하나님이 아니다."라고 말하면서, "예수님이 존재하지 않았던 때가 있었다."고 주장한다. 그는 골로새서 1:15에 "그는 보이지 아니하는 하나님의 형상이시요 모든 피조물보다 먼저 나신이시니."라는 말씀과 고린도전서 15:23의 "각각 자기 차례대로 되리니 먼저는 첫 열매인 그리스도요 다음에는 그가 강림하실 때에 그리스도에게 속한 자요."라는 말씀에 근거하여 예수는 모든 피조물보다 먼저 있었고, 모든 피조물보다 우월하지만, 영원한 분은 아니라고 주장하였다. 다시 말해 아리우스는 "예수님이 영원 전부터 계신 것이 아니라, 하나님이 창조하신 첫 창조물이다."라고 주장했다.

우리는 그의 주장에 반대하여 예수님은 영원하신 하나님이심을 고백한다. 왜 그럴까?

영원한 하나님

요한복음 1:1에서 사도 요한이 말하기를 "태초에 말씀이 계시니라 이 말씀이 하나님과 함께 계셨으니 이 말씀은 곧 하나님이시니라."라고 했다. 여기에서의 '말씀'은 헬라어로 '로고스'인데 예수님을 가리키는 표현이다. 또한 요한복음 17:5에서 예수님께서 말씀하시기를 "아버지여 창세전에 내가 아버지와 함께 가졌던 영화로써 지금도 아버지와 함께 나를 영화롭게 하옵소서."라고 하셨다. 예수님은 성부 하나님이 영원하신 것처럼 영원하신 분이시다. 이러한 예수님의 속성을 가리켜 '선재(先在)하신 그리스도'라고 표현한다. 예수님은 성육신하시기 전부터 계신 하나님이라는 의미다. 그래서 요한복음 8:57에서 "네가 아직 오십 세도 못 되었는데 아브라함을 보았느냐."라는 유대인들의 질문에 대해서 예수님께서는 "진실로 진실로 너희에게 이르노니 아브라함이 나기 전부터 내가 있느니라."(58절)라고 대답하셨다.

무엇보다도 예수님이 영원하신 이유는 그가 창조의 사역에 관여하신 분이기 때문이다. 우리는 사도신경을 따라 창조의 주 사역을 성부 하나님께 돌리지만, 이때 우리가 절대로 간과해서는 안 되는 것은 성자 예수님도 곧 창조에 관여하셨다는 사실이다. 이 사실은 벨기에 신앙고백서가 4, 5, 6, 7번의 인용 구절에서 말씀하고 있는 창세기 1:1; 요한복음 1:1-3; 히브리서 1:2; 골로새서 1:16-17에서 말씀한다. 특히 요한복음 1:3은 "만물이 그로 말미암아 지은 바되었으니 지은 것이 하나도 그가 없이는 된 것이 없느니라."라고 말씀한다. 골로새서 1:16-17에서도 "(16)만물이 그에게서 창조되되 하늘과 땅에서 보이는 것들과 보이지 않는 것들과 혹은 왕권들이나 주권들이나 통치자들이나 권세들이나 만물이 다 그로 말미암고 그를 위하여 창조되었고 (17)또한 그가 만물보다 먼저 계시고 만물이 그 안에 함께 섰느니라."라고 말씀한다.

이처럼 예수님은 영원하신 하나님이시다. 영원부터 영원까지 하나님이시다. 어느 시점부터 하나님이신 것이 아니다. 하나님이 아니셨던 분이 하나님이셨다가, 잠시 하나님이 아니셨다가 다시 하나님이셨다가 하지 않는다. 예수님은 영원부터 영원까지 하나님이시다.

그래서 벨기에 신앙고백서 제10조는 이렇게 고백한다. "그분께서 하나님의 아들이심은, 우리의 본성(즉 인성)을 취하실 때부터가 아니라 영원부터 그러하셨습니다." 그리고 벨기에 신앙고백서 제10조의 제목조차도 "예수 그리스도는 참되고 영원한 하나님이시다."라고 강조한다. 이렇게 하나님이라는 말에 대하여 '영원한'이라고 수식하고 있는 이유는 어떤 사람들은 예수님께서 하나님이셨던 때가 있고 그렇지 않은 때가 있다고 말하기 때문이다. 아리우스와 같은 사람들의 주장을 반박하기 위해서 고백하고 있는 주장이다. 그러나 예수님은 영원부터 영원까지 하나님이시다.

니케아 신경의 고백

벨기에 신앙고백의 이러한 표현은 이미 A.D. 325년에 작성된 니케아 신경에 잘 나타나 있다. 니케아 신경은 아리우스의 주장에 반대하여 다음과 같이 고백한다.

> ....
>
> 우리는 또한 한 분 주님
> 예수 그리스도를 믿습니다.
> 그분은 하나님의 독생하신 아들이시고
> 만세(萬世) 전에 성부에게서 나신 분이며,
> 하나님에게서 나신 하나님,
> 빛에서 나신 빛,
> 참 하나님에게서 나신 참 하나님이십니다.
> 그분은 나셨으나 창조되지 않으셨고
> 성부와 동일 본질이시며,
> 그분으로 말미암아
> 만물이 창조되었습니다.
>
> ....

Ⅲ. 그 밖의 것들

삼위일체와 연결되는 이 고백

"하나님의 아들이신 예수 그리스도, 그런데 그분이 하나님이시다." 이 사실을 어떻게 이해할 수 있을까? 제8, 9조에서 고백한 삼위일체 하나님에 대한 믿음을 통해 가능하다. 그 믿음은 우리로 하여금 예수님은 하나님이시요, 하나님의 아들이심을 확신케 한다.

이 강해의 본문인 요한복음 14:10-11을 보자. "(10)내가 아버지 안에 거하고 아버지는 내 안에 계신 것을 네가 믿지 아니하느냐 내가 너희에게 이르는 말은 스스로 하는 것이 아니라 아버지께서 내 안에 계셔서 그의 일을 하시는 것이라 (11)내가 아버지 안에 거하고 아버지께서 내 안에 계심을 믿으라 그렇지 못하겠거든 행하는 그 일로 말미암아 나를 믿으라." 이 말씀에 따르면 예수님은 하나님 안에서 일하고 하나님께서도 예수님 안에서 당신의 일을 하신다. 이런 방식을 통해 성부와 성자가 일체를 이루신다. 서로 구별되는 위격으로 한 분의 하나님이시지만, 각각이 하시는 일에서 한 분은 다른 한 분의 일을 하신다. 그 하시는 일 속에서 서로 온전히 하나가 되셨다.

이런 사실을 통해서 우리는 삼위일체를 알고, 예수님이 하나님이시라는 사실을 안다. 이처럼 예수님이 하나님이라는 사실은 삼위일체와 연결된다. 그래서 프랑스 신앙고백서는 삼위일체에 대해서만 말하지만, 벨기에 신앙고백서는 더 구체적으로 예수님도 하나님이시라는 것을 증명한다.[60] 두 사실이 연결되어 있기 때문이다.

십자가에서 드러난 예수님의 신성

사람이신 예수님이 곧 하나님이시라는 사실, 그가 또한 하나님의 아들이시라는 사실은 그분의 십자가 사건을 통해서 가장 잘 드러났다.

예수님께서 만약 하나님이시기만 하다면 예수님은 십자가에서 고통 당하실 수 없다. 죽임 당하실 수 없다. 왜냐하면 제1조에서 배웠듯이 하나님의 속성은 변하지 않으시고, 전능하시기 때문이다. 그러한 하나님의 속성은 고통 당할 수도 죽임 당할 수도 없다. 그러나 예수님은 십자가에서 고난당하셨으니 예수님이 하나님이시지만 또한 성부와 구별되는 위격을 가진 분이시기 때문이다. 그래서 십자가 위에서 고통 당하시고 죽임 당하신 예수님의 본성은 그분의 인성이다. 그분의 인성이 죽으셨고, 그분의 신성은 죽지 않으셨다.

예수님이 만약 사람이시기만 하면 예수님은 십자가에서 고통 당하시고 죽임 당하실 수 있으셨지만 우리를 위한 구원자가 되실 수는 없으셨을 것이다.

---

60) Nicolaas H. Gootjes, *The Belgic Confession: Its History and Sources*(Grand Rapids: Baker, 2007), 66.

예수님은 부활하실 수 없으셨을 것이다.

이처럼 십자가는 예수님의 두 본성을 설명해 준다. 참 하나님이시요, 참 사람이시라는 것을.

또한 십자가는 예수님의 위격을 설명해 준다. 위격상 예수님은 하나님의 아들이시다. 이 사실이 십자가 위에서 "엘리 엘리 라마 사박다니"(나의 하나님 나의 하나님 어찌하여 나를 버리시나이까?)라는 외침 속에서 잘 드러났다. "나의 하나님"이라는 표현은 성부 하나님과의 관계 속에서 드러난 표현이었다. 특히 이 표현은 성부와 성자의 관계가 끊어지는 것과 같은 고통을 드러내는 표현이었다. 성부 하나님과 성자의 관계 속에서 성부를 찾는 표현이었다.

오늘날에 있어서

만일 예수님이 하나님이심을 부정한다면 그 사람에게는 구원이 없다. 하나님이신 예수님이 나를 위해서 십자가에서 죽으셨다는 사실을 믿지 않고, 그저 어떤 한 사람이 나의 죄를 짊어지고 대신 죽었다는 사실을 믿는다면 그 사람에게는 구원이 없다.

그럼에도 불구하고 오늘날 이 시대에 여전히 예수님이 하나님이시라는 사실은 위협을 당한다. 예수님이 사람이라는 것을 믿지 않는 사람은 없으나, 예수님이 하나님이심을 부인하려고 하는 자들은 끊임없이 나타난다. 대표적인 이단으로는 '여호와의 증인'이 있다. '여호와의 증인'은 예수님이 하나님이 아니라고 주장한다.

우리가 잘 아는 슈바이처 박사(Albert Schweitzer, 1875-1965). 그는 의사와 선교사로 알려져 있다. 그는 음악가, 철학자, 선교사요, 신학자이자 루터교 목사이기도 했다. 특별히 오르간 연주자이기도 했던 그는 독일의 작곡가이자 음악의 아버지인 바흐를 연구했으며, 20세기 초의 오르간 개선 운동(Orgelbewegung)에 영향을 끼치기도 했다. 또한 '생명에 대한 경외'라는 그의 고유한 철학이 인류의 형제애를 발전시키는 데 기여한 공로로 1952년 노벨 평화상을 수상하기도 했다. 그런 슈바이처는 아주 대표적인 자유주의 신학자이기도 하다. 루터교 목사인 루이 슈바이처 목사의 큰아들로 태어났으나 그는 예수님을 가리켜 하나님이 아니라고 말했다. 그에게 있어 예수님은 그저 종말론적인 예언자이자 모든 기독교인들이 삶으로써 따라야 할 실천적 선구자일 뿐이다. 그가 쓴 『역사적 예수 탐구』라는 책은 기독교 신학계에 아직까지도 늘 등장하는 책이다. 슈바이처가 이해한 예수님은 하나님 나라의 도래를 기대했으나 자신의 기대대로 되지 않자 스스로 고난을 불러왔으며, 자신의 제자들에게 나를 따르라고 명령하는 분에 불과하다.

이러한 자들의 믿음은 구원을 얻는 믿음이 아니다.

| 결 론 |

"예수님이 하나님이시다." 이것은 우리의 믿음이요 고백이다. "그리스도가 하나님이시다."라고 하는 것은 성경이 끊임없이 가르치는 바다. 사도 베드로나 바울은 지속적으로 예수님께서 하나님이심을 증거하였다.

그러므로 만약 예수님이 완전한 하나님이 아니시라면 우리에게는 구원이 없고 궁극적으로 기독교란 존재하지 않는다(요일 2:23; 요이 9). 그러므로 우리는 벨기에 신앙고백서 제10조의 제일 마지막 문장처럼 이렇게 고백해야 한다. "그러므로 그분은 참되고(true), 영원한 하나님(eternal God)이시며, 전능자이시고, 우리가 간구하고(invoke) 예배하고 섬길 분이십니다."

성령님은 참되고 영원한 하나님이시다

The Holy Spirit is True and Eternal God

우리는 또한 성령님께서 영원부터 성부와 성자로부터 나오신다는 것
(proceeds from)을 믿고 고백합니다. 그분은 만들어지지도, 창조되지도, 태
어나신 것도 아니라(neither made, created, nor begotten), 다만 성부와 성자로
부터 나오신다고(proceed from both) 말할 수 있을 뿐입니다.[1] 성령님께서
는 순서(order)에 있어서 삼위일체 가운데 제3위이시고, 본질(essence)과 위
엄(majesty)과 영광(glory)에 있어서 성부, 성자와 동일하시고 하나이십니
다. 따라서 성경이 우리에게 가르치는 바대로 성령님께서는 참되고 영원
한 하나님이십니다.[2]

1) 요 14:15-26; 15:26; 롬 8:9 2) 창 1:2; 마 28:19; 행 5:3-4; 고전 2:10; 3:16;
6:11; 요일 5:7

성령님은 참되고 영원한 하나님이시다

- **본문:** 요한복음 14:16-20
- **관련신조:** 웨스트민스터 신앙고백서 제2장 제3절; 웨스트민스터 대요
  리문답 제11문답; 하이델베르크 요리문답 제53문답

| 서 론 |

오해받는 성령의 위격

삼위일체를 믿는다는 것은 하나님께서 세 개의 독립된 위격으로 존재하신다는 것을 믿는 것이다. 그와 동시에 독립된 세 개의 위격이신 성부도 하나님이요 성자도 하나님이요 성령도 하나님이라는 것을 믿는 것이다. 그러므로 우리는 성부를 하나님으로 믿는 것처럼 성자와 성령에 대해서도 동일하게 생각해야 한다.

　이렇게 삼위일체 하나님을 고백하지만, 역사상 소외 당하는 분이 있으니 "성령님"이다. 성부를 하나님으로, 성자를 하나님으로 믿고 고백하고 실질적으로 그렇게 여기지만, 성령님에 대해서는 하나님으로 믿기를 꺼려하고, 성부와 성자보다 못한 분으로 생각하기도 한다. 성령님에 대한 강조가 오히려 지나쳐서 잘못된 방향으로 이어지기도 한다. 20세기 초반 오순절주의(Pentecostalism)의 등장은 성령님에 대한 관심을 불러일으켰다. 2000년 교회 역사상 20세기만큼이나 성령에 대해 깊은 관심을 보인 적은 없었다.[61] 그러나 그

---

61) Sinclair B. Ferguson, *The Holy Spirit*(Leicester: IVP, 1996), 김재성 옮김, 『성령』(서울: IVP, 1999), 13.

들은 성령님의 독특한 사역만을 중요하게 생각함으로써 성령님의 위치를 약화시켜 버렸다. 성령님은 그저 기적이나 베풀고 우리에게 은사를 주시는 분 정도로만 생각한다. 성령님을 삼위의 한 분으로 여기지 않고, 그저 하나의 능력으로만 오해하게 만들었다.

이처럼 삼위의 한 위격이신 성령님은 종종 소외 당하신다. 오해를 받으신다. 그럼에도 우리는 분명히 기억해야 한다. 성령님은 단순히 성부 하나님께 속한 하나의 능력(charisma)이 아니라 신격을 가지신 인격적 존재로서 삼위 중 제3위이신 하나님이시다.

사도신경에 나타난 성령의 사역

성령님은 이 세상에 오셔서 가장 먼저 교회를 창설하셨다(행 2장). 그리고 예수 그리스도께서 성취하신 구원을 개개인에게 효력 있게 해주셨다. 그렇게 구원받은 성도들이 서로 교제케 해주셨다. 그 성도들을 성화의 길로 인도해 주신다. 영생을 얻게 해주신다. 종말을 바라보게 해주신다.

이 사실은 사도신경에 잘 나타나 있다. 우리는 종종 오해하기를 사도신경에 나오는 "성령님을 믿사오며"라는 구절이 사도신경 전체에서 성령님에 대한 고백의 전부라고 생각을 한다. 그러나 사도신경에서 "성령님을 믿사오며"라는 구절에 뒤이어 나오는 "거룩한 공교회와 성도의 교제와 죄를 사하여 주시는 것, 몸의 부활과 영원한 생명"에 대한 고백은 결국 성령님에 대한 고백이다.[62] 사도신경은 삼위의 사역을 잘 구분하여 설명하고 있으니 "성령을 믿사오며"라는 고백에 뒤이어 나오는 모든 것이 성령님이 하시는 일이다.

삼위 하나님 중 하나의 인격이신 성령

벨기에 신앙고백서는 제8조와 9조에서 삼위일체에 대해서 다룬 뒤 제10조에

---

62) 손재익, 『사도신경, 12문장에 담긴 기독교 신앙: 웨스트민스터 신앙고백서 및 대소요리문답 하이델베르크 요리문답 벨기에 신앙고백서로 보는 사도신경』(서울: 디다스코, 2017), 237; 유해무, 『개혁교의학』(서울: 크리스챤다이제스트, 1998), 392.

서는 제2위이신 예수 그리스도, 제11조에서는 제3위이신 성령님에 대해서 다룬다. 이렇게 함으로써 삼위일체를 완전히 증거한다.

이 강해에서는 제11조를 배운다. 제11조를 통해 성령님에 대해서 어떻게 믿어야 하는지를 다룰 것이다.

| 본 론 |

하나님이신 성령

성경에 보면 성령님을 가리켜서 하나님의 영(롬 8:9; 고전 3:16; 6:11; 엡 4:30), 예수의 영(행 16:7), 그리스도의 영(롬 8:9), 아들의 영(갈 4:6), 진리의 영(요 14:17; 15:26) 등으로 표현한다. 이러한 표현 때문에 성령님을 하나의 독립된 인격체로 보기보다는 하나님께 종속된 분으로 오해할 수 있다. 그러나 성령님은 하나님의 한 부분이 아니다. 성령님 그 자체로 하나님이시다. 성령님은 절대로 성부에게 종속된 분이 아니요, 성부 하나님의 일부가 아니다. 벨기에 신앙고백서 제11조의 제목처럼 성령님은 참되고 영원한 하나님이시다. 성령님은 태초부터 하나님과 함께 계신 삼위의 한 위격(位格)이시다. 왜 그런가?

첫째, 성령님은 성경에서 하나님으로 불리신다. 사도행전 5:3-4 "⑶베드로가 이르되 아나니아야 어찌하여 사탄이 네 마음에 가득하여 네가 성령을 속이고 땅 값 얼마를 감추었느냐 ⑷땅이 그대로 있을 때에는 네 땅이 아니며 판 후에도 네 마음대로 할 수가 없더냐 어찌하여 이 일을 네 마음에 두었느냐 사람에게 거짓말한 것이 아니요 하나님께로다."라는 말씀에 의하면, 헌금을 속인 아나니아를 향하여서 "어떻게 네가 성령을 속였느냐?"라고 말하면서 사람에게 거짓말한 것이 아니라 하나님께 한 것이라고 말함으로써 성령님이 곧 하나님이시라고 직접적으로 말해 주고 있다.

둘째, 성령님은 하나님의 속성인 전지하신 속성을 갖고 계신다. 고린도전서 2:10에서 "오직 하나님이 성령으로 이것을 우리에게 보이셨으니 성령은 모든 것 곧 하나님의 깊은 것까지도 통달하시느니라."라고 말씀한다.

셋째, 성령님은 창조의 사역을 감당하셨다. 창세기 1:2에 "땅이 혼돈하고 공허하며 흑암이 깊음 위에 있고 하나님의 영은 수면 위에 운행하시니라."라고 해서 이 세상이 창조될 때에 이미 성령님이 계셨다고 하는 사실은 그분이 곧 하나님이시라는 증거다.

이러한 성경의 가르침을 따라 벨기에 신앙고백서 제11조는 "그분은 만들어지지도, 창조되지도, 태어나신 것도 아니라(neither made, created, nor begotten), 다만 성부와 성자로부터 나오신다고(proceed from both) 말할 수 있을 뿐입니다."라고 고백한다.

또한 "성령님께서는 순서(order)에 있어서 삼위일체 가운데 제3위이시고, 본질(essence)과 위엄(majesty)과 영광(glory)에 있어서 성부, 성자와 동일하시고 하나이십니다."라고 고백한다.

본질에 있어서

성령님은 그 본질에 있어서 하나님이시다. 성령님은 창조 때에 계셨으니 이것은 곧 하나님처럼 영원하시다는 본질을 갖고 계신다는 사실로 이어진다. 히브리서 9:14에 "하물며 영원하신 성령으로 말미암아 흠 없는 자기를 하나님께 드린 그리스도의 피가 어찌 너희 양심을 죽은 행실에서 깨끗하게 하고 살아 계신 하나님을 섬기게 하지 못하겠느냐."라는 말씀을 통해서 성령님께서 영원하심을 알 수 있다. 또한 모든 것을 아시는 전지하신 본질을 갖고 계시다는 점에서 성령님은 본질상 하나님이시다. 온 세상에 편재(遍在)하시다는 점(시 139:7)에 있어서 하나님의 본질을 갖고 계신다. 성령님은 하나님과 동일한 본질이시다.

위엄과 영광에 있어서

성령님은 그 위엄과 영광에 있어서 하나님이시다. 마태복음 28:19에서는 "그러므로 너희는 가서 모든 민족을 제자로 삼아 아버지와 아들과 성령의 이름으로 세례를 베풀고"라고 함으로써 성령님의 위엄과 영광이 성부, 성자와 동등하다는 사실을 보여 주고 있다. 고린도후서 13:13에도 "주 예수 그리스도의 은혜와 하나님의 사랑과 성령의 교통하심이 너희 무리와 함께 있을지어다."라고

했으니 마찬가지다. 이러한 본문들에서 성부, 성자에게 돌리는 영광을 성령께
도 동일하게 돌리고 있기에 성령님은 그 위엄과 영광에 있어서 하나님이시다.

필리오케 논쟁

벨기에 신앙고백서 제11조는 "성부와 성자로부터 나오신다(proceeds from)."라
는 고백을 두 번 반복한다. 이 표현은 일차적으로는 벨기에 신앙고백서 제11
조에서 인용하고 있는 근거구절에 따른 것이다. 요한복음 14:16 "내가 아버지
께 구하겠으니 그가 또 다른 보혜사를 너희에게 주사 영원토록 너희와 함께 있
게 하리니", 요한복음 14:26 "보혜사 곧 아버지께서 내 이름으로 보내실 성령
그가 너희에게 모든 것을 가르치시고 내가 너희에게 말한 모든 것을 생각나
게 하리라", 요한복음 15:26 "내가 아버지께로부터 너희에게 보낼 보혜사 곧
아버지께로부터 나오시는 진리의 성령이 오실 때에 그가 나를 증언하실 것이
요."라는 말씀이다. 그 외 사도행전 2:33 "하나님이 오른손으로 예수를 높이시
매 그가 약속하신 성령을 아버지께 받아서 너희가 보고 듣는 이것을 부어 주셨
느니라."는 말씀도 이 표현을 지지한다. 성령님을 가리켜 하나님의 영(롬 8:9; 고
전 3:16; 6:11; 엡 4:30)이라고만 말하지 않고, 예수의 영(행 16:7), 그리스도의 영(롬
8:9), 아들의 영(갈 4:6)이라고 말한 점에서도 성령께서 성부와 성자로부터 나오
셨다는 근거가 된다.

이렇게 "성령님께서 성부와 성자로부터(Filioque) 나오신다(proceeds from)."는
표현은 성경에 근거를 둔 표현이면서 또한 동시에 역사적인 맥락에 근거한
표현이다. 기독교회가 1054년에 동방교회와 서방교회로 나뉘게 된 계기가
된 '필리오케(Filioque) 논쟁'과 연관된다. 두 교회가 나뉘게 된 이 논쟁은 '아
들로부터'라는 뜻을 가진 라틴어 '필리오케'(filioque)라는 말을 통해서 엿볼
수 있는데, 성령님께서 성부로부터만 나오시느냐 아니면 성부와 성자로부
터 나오시느냐 하는 논쟁이다. 동방교회(러시아 정교회, 그리스 정교회)는 성령님
이 성부로부터 '성자를 통하여 나오신다'(processio per Filium)라고 고백하고, 서
방교회(로마 가톨릭, 개신교)는 성령님께서 성부와 성자로부터 나오신다고 고
백한다. 이 두 차이로 인하여서 1054년에 두 교회가 갈라졌다. 그중에서 우

리는 "성령님께서 성부와 성자로부터(*Filioque*) 나오신다(proceeds from)."라고 믿는 서방교회의 전통을 따른다. 벨기에 신앙고백서는 그 전통 위에서 이 고백을 다룬다.

우리는 성경의 가르침과 서방교회의 전통을 따라 성령님은 성자 예수님으로부터도 보냄을 받은 분이라는 사실을 믿는다. 이렇게 성부와 성자로부터 나오셨다고 해서 '이중발출'(二重發出, double procession)이라고 한다. 이에 따라 우리는 벨기에 신앙고백서 제11조의 고백대로 "우리는 또한 성령님께서 영원부터 성부와 성자로부터 나오신다는 것(proceeds from)을 믿고 고백합니다."라고 하며, 이 고백은 웨스트민스터 신앙고백서 제2장 제3절에서도 볼 수 있다.

성령님의 '나오심'(發出, *spiratio,* proceed)에 대한 교리는 사람의 이성과 언어로 설명하기가 쉽지 않다. 성경은 그 사실만 말씀할 뿐, 그 의미를 설명해 주지 않기 때문이다. 그래서 우리는 그저 성경에서 말하는 대로 표현할 뿐 그 이상의 다른 방법이 없다. 그러면서도 우리는 성경의 기록에서 성부가 성령을 낳으셨다고 말하거나 성자가 낳으셨다고 말하지 않았다는 사실을 기억하며, 성령님께서는 성부로부터만 나오신 것이 아니라, 성경의 표현을 따라 성령님께서 영원부터 성부와 성자로부터 나오신다는 것(proceeds from)을 믿어야 한다.

이 믿음이 중요한 이유는 '필리오케'에 대한 고백을 부정할 경우 불건전한 신비주의의 오류에 빠질 수가 있기 때문이다. 성령님께서 성부와 성자로부터 나오셨다고 믿지 않고 오직 성부로부터만 나오셨다고 믿는 신앙은 성령님의 역사를 성자 예수님과 분리시키게 되며, 성령님께서 예수 그리스도께서 이루신 구속사역을 우리에게 적용케 하시는 분이라는 사실을 등한히 하게 만든다. 성령님은 예수님과 상관없이 일하시는 분으로 오해될 수 있다. 이러한 사실을 일찍이 네덜란드 개혁신학자 아브라함 카이퍼(Abraham Kuyper, 1837-1920)가 잘 지적했다.[63]

---

63) Edwin H. Palmer, *The Holy Spirit*, 최낙재 역, 『성령』(서울: 개혁주의 신행협회, 1993), 14; Berkhof, 『조직신학 (상)』, 15.

성령님의 위격에 대해서 반드시 기억해야 할 것은 성부, 성자, 성령이 동등하시다는 사실이다. 또한 동등하신 삼위께서 일정한 관계와 순서가 있으시니 성부와 성자는 제1위와 제2위로서 아버지와 아들의 관계로 영원 전에 아버지가 아들을 낳으신(begotten, 요 1:18; 행 13:33; 히 1:5) 관계요, 성령님은 제3위로 성부와 성자로부터 나오신(발출하신) 분(proceed, 요 15:26)이라는 사실을 기억해야 한다. 그래서 벨기에 신앙고백서는 "성령님께서는 순서(order)에 있어서 삼위일체 가운데 제3위이시고, 본질(essence)과 위엄(majesty)과 영광(glory)에 있어서 성부, 성자와 동일하시고 하나이십니다."라고 말하고 있으니, 이것이 우리의 고백이다.

그렇다면, 그 하나님이신 성령님께서는 어떻게 우리에게 나타나셨고, 우리를 위해 무슨 사역을 감당하셨는가?

성령 강림

성령님께서는 우리에게 어떻게 나타나셨는가? 제2위이신 예수님께서는 사람의 본성을 취하심으로 이 세상에 오셨다. 이를 '성육신'(incarnation)이라고 한다. 제3위이신 성령님께서는 사도행전 2장에 기록된 '오순절 성령 강림 사건'을 통해서 이 세상에 임하셨다.

성령님께서는 이 세상에 오셔서 개개인에게 임하셨다. 또한 우리 모두에게 임하셨다. 이것은 일차적으로는 예수님께서 부활하신 지 50일 째 되는 오순절에 이루어졌다. 이차적으로 우리 개개인에게 있어서는 우리가 예수 그리스도를 믿을 때에 성령님께서 우리 안에 내주하셨다(고전 12:3).

성령 사역

이렇게 강림하신 성령님께서 하시는 사역은 무엇인가? 먼저 이 세상에 교회를 세우셨다. 이 사실은 사도신경의 고백에 잘 나타나 있다. "성령을 믿사오며, 거룩한 공교회와…." 성령님에 대한 고백과 함께 연결되는 것이 교회에 대한 고백이다. 사도행전 2장에서 성령님께서 강림하시는 일을 통해 이 세상에 교회가 세워졌다. 가장 중요한 사역이다.

성령님께서는 교회를 세우신 사역에 기초하여 우리로 하여금 죄를 깨닫게 하시고, 그로써 우리를 하나님께로 인도하시며, 우리 안에 계셔서 죄를 이길 힘을 주시며, 성경을 깨닫도록 우리의 마음을 조명하여 주시고 우리에게 향하신 하나님의 뜻이 무엇인지 인도하신다.

성령님은 우리를 그리스도와 연합케 하심으로써 당신께서 성부, 성자와 연합하신 것처럼 우리도 그렇게 만드시는 분이다. 성령님은 나와 그리스도를 연결할 뿐 아니라 나와 다른 성도들을 연결하신다.

그 외에도 성령님께서 하시는 사역은 많다. 예수님은 33년의 일생을 사시는 동안 3년 동안 공생애를 사시고 3일 동안 십자가 사역을 감당하셨으나, 성령님은 오순절 이후 삼위 하나님의 모든 사역을 감당하시는 분이다. 그러므로 오순절 이후의 하나님의 사역은 모두 성령님의 사역이며, 성령님을 떠나서는 역사가 설명될 수 없다.

성령의 삼위일체적 사역

무엇보다도 성령님은 우리로 하여금 삼위일체에 대해서 더욱 확신하게 만든다. 왜냐하면 성령님이 아니면 우리는 예수님을 믿을 수도 없고, 하나님께로 나아갈 수도 없기 때문이다.

이 사실은 성령님의 사역이 곧 삼위일체적 사역이었다는 점에서 더욱 그러하다. 성령님이 아니면 성부 하나님은 이 세상을 창조하실 수 없었다(창 1:2). 성령님이 아니면 예수님은 이 세상에 태어나실 수도 없었다(마 1:18, 20; 눅 1:35). 십자가에 죽으실 수도(히 9:14), 부활하실 수도 없었다(롬 1:4). 성령님이 아니면 교회도 없고, 우리의 신앙도 없다. 성령님이 아니면 우리는 예수님을 믿을 수 없다(요 15:26; 고전 15:3). 이처럼 성령님 덕분에 비로소 삼위가 완전하다. 성령님 덕분에 우리는 삼위 하나님의 구원사역을 몸소 체험한다.

삼위 하나님의 사역은 서로 나누어지지 않는다. 삼위가 하시는 일에서 삼위 하나님을 서로 대치시킬 수 없다. "삼위일체의 밖으로의 사역은 나뉘어지지 않는다."(*opera ad extra sunt indivisa*)라는 교부들의 유명한 모토처럼. 우리는 성령님의 사역을 통해 삼위 하나님을 더욱 깊이 체험한다. 성부와 성자로부터 나오신 성령님이 우리로 하여금 성부, 성자에게로 인도하시니 삼위일체가 성령님을 통해 분명해진다. 이런 점에서 우리는 '필리오케'(Filioque)를 따를 수밖에 없다.

성령을 분리시키는 사람들

앞서 오순절주의자들은 성령님에 대한 전통적인 견해에서 멀어졌다고 했다. 그 이유는 성령님을 삼위에서 분리시켜 버렸기 때문이다. 오순절에 임하신 성령님의 특성은 구속을 완성하시고 승천하신 그리스도께서 함께하시는 영이라는 점이다. 우리는 성령 받는 것과 그리스도를 영접하는 것을 분리시키면 안 된다. 고린도전서 12:3에서는 "그러므로 내가 너희에게 알리노니 하나님의 영으로 말하는 자는 누구든지 예수를 저주할 자라 하지 아니하고 또 성령으로 아니하고는 누구든지 예수를 주시라 할 수 없느니라."라고 말씀했다.

오순절주의자들은 예수 믿는 사람들도 성령세례를 다시 받아야 한다고 주장한다. 그들은 예수님을 믿어도 아직 성령님을 받지 못한 사람이 있을 수 있다고 말한다. 성령님을 받아야만 더 큰 능력을 행할 수 있다고 말한다. 이렇게 말함으로써 삼위 하나님을 나누어 버린다. 성령님을 성자로부터 떨어뜨려 놓는다. 그들은 성자로부터 나오신 성령님을 성자와 분리시킨다. 그렇기에 필리오케를 믿지 않는 자들이 신비주의로 빠질 수 있다는 지적처럼 오순절주의자들은 신비주의로 빠져 버리기 쉽다.

성령님은 영원부터 성부와 성자로부터 나오셔서, 그 성자를 믿게 하시고, 그 성부에게 나아가게 만드시는 분이시다. 우리는 누구든지 성령님이 아니고는 예수님을 주라고 말할 수 없다. 성령님이 없다면 예수님을 믿을 수 없다. 예수님을 믿으면서 성령님이 없을 수 없다. 성령님이 내주하고 계신 신자와 그렇지 않은 신자로 구분할 수 있는 것이 아니다. 이처럼 우리의 구원은 매우 삼위일체적이다.

성령의 임재를 체험하는 삶

우리는 성령님의 임재를 온전히 느끼며, 그분이 곧 하나님이시라는 점을 알고 그리스도께 나아가야 한다. 그 그리스도로 말미암아 성부 하나님께 나아가야 한다. 그렇게 함으로써 우리는 삼위 하나님의 임재를 온전히 체험하는 삶을 살아야 한다. 우리가 성령 안에 있을 때 우리는 자동적으로 성부, 성자와도 함께한다.

우리는 성부, 성자, 성령의 이름으로 세례를 받은 자들이다(마 28:19). 이 세례가 우리의 삶에 효력을 발휘하게 해야 한다. 이를 위해서 우리 안에 계신 하나님이신 성령님의 임재를 체험하며 살아야 한다. 그분은 여전히 우리 안에서 우리의 죄를 깨닫게 해주시고, 우리를 그리스도께로 인도하신다. 우리로 하여금 더욱 그리스도를 닮게 하신다. 우리로 하여금 하나님께 나아가게 하신다. 우리를 삼위일체의 진리로 인도하신다.

| 결 론 |

벨기에 신앙고백서 제11조의 고백대로 성령님은 하나님이시다. 그분은 참되고 영원하신 하나님이시다. 이 성령님을 따라 살아야 한다. 성령님께서 하시는 일 중에 가장 중요한 것은 그리스도께서 성취하신 구속사역을 우리에게 적용케 하시는 것이다. 성령님의 가장 중요한 임무는 사람으로 하여금 죄와 죄의 결과인 비참함에 대하여 생각나게 하는 것이다. 여러분에게 참으로 성령님이 계시면 주님을 믿는 믿음이 있을 것이다. 자신의 죄를 깨닫게 될 것이다. 이것이야 말로 성령님께서 여러분과 함께하신다는 가장 강력한 증거다. 그 증거가 가득하기를 바란다.

모든 것, 특히 천사의 창조

The Creation of all Things, Especially the Angels

우리는 성부께서 말씀, 곧 그분의 아들을 통하여 하늘과 땅, 그리고 모든 피조물들을 무(無)로부터 창조하셨고(creatio ex nihilo), 그것들이 보시기에 좋았으며,[1] 그분께서 모든 피조물에게 그 존재(being)와 모양(shape), 형태(form)를 주셨으며, 각각의 사역(task)과 기능(function)을 부여하심으로 그 창조자를 섬기도록 하셨음을 믿습니다. 우리는 성부께서 또한 자신의 영원한 섭리(eternal providence)와 무한한 능력(infinite power)에 따라 모든 천지 만물을 계속해서 유지하시고(sustain) 통치하심(govern)으로 인간을 섬기도록 하셨으며, 마침내는 인간으로 하여금 그의 하나님을 섬기도록 하셨음을 믿습니다.

하나님께서는 또한 천사들을 선하게 창조하셔서 자신의 사자(使者, messengers)로 삼으시고, 당신의 택함 받은 백성들을 섬기게 하셨습니다.[2] 그 천사들 중 일부는 하나님이 창조하신 높은 지위(exalted position)에서 타락하여(fall) 영원한 파멸(perdition)로 떨어졌으나,[3] 나머지 천사들은 하나님의 은혜로 그들이 원래 가졌던 처음 지위를 계속해서 확고하게 유지하고 있습니다. 마귀(devils)와 악한 영들(evil spirits)은 이렇게 타락하여(depraved) 하나님과 선한 모든 것들의 원수(enemies)가 되었습니다.[4] 그들은 온갖 힘(might)을 다하여 교회와 모든 성도들을 황폐화시키고(ruin), 그들의 악한 궤계(wicked devices)로 모든 것을 파멸시키기(destroy) 위해서 마치 살인자처럼 잠복하여 기다립니다.[5] 그러므로 그들은 자신들의 사악함 때문에 영원한 저주(damnation)를 선고받아 날마다 무서운 고통(horrible torments)을 기다리며 지냅니다.[6]

그러므로 우리는 영들이나 천사들의 존재를 부정하는 사두개인들의 오류(error)나,[7] 마귀는 피조된 것이 아니라 그 자체에 기원이 있으며, 부패함(corrupted) 없이 그 본성상(their own nature) 악하다고 말하는 마니교의 오류를 혐오하며(detest) 배격합니다(reject).

---

1) 창 1:1; 2:3; 사 40:26; 렘 32:17; 골 1:15-16; 딤전 4:3; 히 11:3; 계 4:11 2) 시 103:20-21; 마 4:11; 히 1:14 3) 요 8:44; 벧후 2:4; 유 6 4) 창 3:1-5; 벧전 5:8 5) 엡 6:12; 계 12:4,13-17; 20:7-9 6) 마 8:29; 25:41; 계 20:10 7) 행 23:8

모든 것, 특히 천사의 창조

- **본문:** 창세기 1:1-31; 히브리서 1:14
- **관련신조:** 웨스트민스터 신앙고백서 제4장; 웨스트민스터 대요리문답
  제13-17문답; 웨스트민스터 소요리문답 제9문답; 하이델베
  르크 요리문답 제6, 26문답

| 서 론 |

벨기에 신앙고백서 제8조에서부터 제11조까지에서는 일체 하나님과 삼위인 성부, 성자, 성령에 대해서 각각 고백했다. 우리는 삼위일체 하나님을 우리의 믿음의 대상, 고백의 대상, 예배의 대상으로 섬긴다. 삼위 중 어느 한 분을 제외해서도 안 되고, 삼위 중 어느 한 분을 일체에서 분리시켜서도 안 된다. 삼위와 일체, 하나의 고백이어야 한다.

이 고백은 벨기에 신앙고백서를 통해서뿐만 아니라 사도신경을 통해서도 날마다 고백하는 바다. 이 세상에 사도신경을 믿는 모든 사람들이 믿는 내용이다. 매주 사도신경으로 예배의 자리에 나아갈 때마다 삼위 하나님을 믿는다는 사실과 그분께 경배 드린다는 사실을 기억해야 한다. 사도신경을 읊조릴 때마다 우리의 믿음은 삼위일체 하나님께 있음을 기억하자.[64]

이제 제12조에서부터는 각각의 삼위께서 하신 중점적인 사역을 중심으로 말한다. 우리는 삼위 하나님에 대해서 말할 때에 하나님의 위격, 하나님의 사

---

64) 손재익, 『사도신경, 12문장에 담긴 기독교 신앙』, 34-46.

역으로 나눌 수 있다. 성부의 위격과 그 사역, 성자의 위격과 그 사역, 성령의 위격과 그 사역이다. 그중에 성부 하나님은 그 위격상 아버지이시다. 성부(聖父, God Father)이시다. 그 사역에 있어서는 여러 가지가 있겠지만 가장 대표적인 것이 창조의 사역이다. 물론 창조는 성자(요 1:3; 히 1:2; 골 1:16; 계 3:14), 성령(창 1:2; 시 104:30; 욥 33:4)이 함께 하셨다.[65] 하지만 우리는 성부 하나님의 대표적인 사역으로 창조를 언급한다. 그렇다면 우리는 성부의 창조에 대하여 어떻게 고백하는가?

| 본 론 |

Ⅰ. 창조와 그 원리와 목적

창조주 하나님

성경은 가장 처음 나오는 창세기 1:1에서 선언한다. "태초에 하나님이 천지를 창조하시니라." 우리는 이 말씀에 근거하여 하나님이 창조의 주체임을 믿는다. 성부 하나님이 창조의 주체다. 그리고 '천지' 즉 하나님 외의 모든 것, 하늘과 땅과 그 안에 있는 모든 것들, 즉 온 우주의 모든 것을 창조하셨음을 믿는다. 제12조의 제목처럼 "모든 것"(all Things)이 창조의 대상이다. 이렇게 우리는 창조의 주체, 창조의 대상에 대해서 고백한다. 하나님, 그리고 이 세상의 모든 것. 그래서 벨기에 신앙고백서는 제12조의 가장 첫 문장에서 다음과 같이 고백한다. "우리는 성부께서 말씀, 곧 그분의 아들을 통하여 하늘과 땅, 그리고 모든 피조물들을 무(無)로부터 창조하셨고(creatio ex nihilo)." 이것이 우리의 고백이다. 창조에 대한 성경구절은 창세기 1장 외에도 벨기에 신앙고백서에서 언급

---

65) 이러한 것을 가리켜 '삼위일체적 창조행위'(trinitarian work of creation)라고 말한다. 삼위가 하시는 일에서 삼위 하나님을 서로 대치시킬 수 없다.

하는 근거구절들인 이사야 40:26; 예레미야 32:17; 골로새서 1:16; 히브리서 11:3이 있다.

창조를 믿는 것이 중요하지만 그것으로 모든 것이 해결되는 것은 아니다. 왜 냐하면 창조를 믿는 종교는 기독교 외에도 아주 많기 때문이다. 기독교 이단들 도 모두가 창조를 믿는다. 로마 가톨릭, 유대교, 이슬람교도 창조를 믿는다. 신 천지, 안상홍 증인회 등도 창조를 믿는다. 심지어 '증산도'도 창조를 믿는다. 그러므로 우리가 창조를 '어떻게' 믿느냐가 중요하다.

창조의 원리

그래서 반드시 따라와야 할 것이 있으니 창조의 원리다. 성부 하나님의 창조에 는 네 가지 원리가 있다.

첫째, 하나님은 말씀으로 창조하셨다(creatio per verbum Dei). 벨기에 신앙고백 서 제12조의 첫 문장은 "우리는 성부께서 말씀, 곧 그분의 아들을 통하여 하늘 과 땅, 그리고 모든 피조물들을 무(無)로부터 창조하셨고(creatio ex nihilo),"라고 고백한다. 창세기 1:3부터 6, 9, 11, 14, 20, 24, 26, 29절을 보면 "하나님이 이르 시되"라고 되어 있다. 시편 33:6에 "여호와의 말씀으로 하늘이 지음이 되었으 며 그 만상을 그의 입 기운으로 이루었도다", 시편 33:9에 "그가 말씀하시매 이 루어졌으며 명령하시매 견고히 섰도다."라고 말씀한다. 이처럼 하나님은 '말 씀'을 매개로 창조를 하셨다.

이러한 첫 번째 원리는 우리로 하여금 창조를 믿는 것은 하나님의 말씀의 전 능성을 믿는 것임을 가르쳐 준다. 다시 말해 그저 말씀만으로도 이 세상과 세 상에 있는 것들을 다 만드실 수 있는 하나님의 전능성을(시 33:6, 9) 믿어야 함을 말하는 것이다.[66]

둘째, 무(無)로부터의 창조(creatio ex nihilo)[67]의 원리다. 이러한 원리에 대해 벨

---

66) 이승구, 『기독교세계관이란 무엇인가?』 (서울: SFC, 2004), 109.

67) 이러한 표현은 고대로부터 이어져 내려오는 것이다. 그런데, 이러한 말 자체는 문자적으로 성경 에 나오지 않고 외경인 마카비하 7장 28절에 "얘야, 내 부탁을 들어다오. 하늘과 땅을 바라보아

기에 신앙고백서 제12조는 "모든 피조물들을 무(無)로부터 창조하셨고(creatio ex nihilo)"라고 고백한다. 하나님의 창조는 아무것도 없는 상태에서 오직 하나님의 말씀으로만 창조한 것을 말한다. 다시 말해 어떤 소재를 가지고 창조하신 것이 아니다. 죽은 자를 살리시며 없는 것을 있는 것으로 부르시는 하나님의 능력이(롬 4:17) 무로부터의 창조를 가능케 하였다. 그러므로 하나님이 창조하실 때는 아무것도 없었고 오직 하나님만 계셨다. 무(無)라고 하는 개념조차도 없었다. 홀로 계셔도 부족한 것이 없는 스스로 충족하신 분만이 계셨을 뿐이다.

이 두 번째 원리는 성경의 구절에서 직접적으로 말하고 있는 것은 아니다. 그럼에도 불구하고 우리는 이렇게 고백한다. 왜 그럴까? 그것은 만약 우리가 무로부터의 창조를 부인할 때에 자연스럽게 따라오게 될 논리 때문에 그렇다. 예컨대, 무로부터의 창조가 아니라 하나님이 어떤 재료를 가지고 창조하셨다고 믿는다면 어떻게 될까? 그렇게 해도 우리의 창조 신앙은 제대로 된 것일까? 그렇지 않다. 무로부터의 창조를 부인하면 하나님처럼 영원히 존재하는 어떤 것이 있었다는 말이 된다. 그리고 이것은 하나님의 독립성, 주권, 그리고 무엇보다도 오직 하나님만이 경배를 받으시기에 합당하다는 생각에 대한 도전이 된다. 하나님 외에도 하나님처럼 자존한 어떤 존재가 있다는 것이 되어 버려서 하나님의 하나님 되심이 파괴된다. 그러므로 이 두 번째 원리를 믿는 것은 너무나 중요하다.

셋째, 선한 창조다. 하나님께서 창조하신 것들은 처음에는 선했다. 하나님은 악을 창조하신 일이 없다. 선하신 하나님에게서는 선만이 나올 뿐이다. 악은 그분과 상관없다. 그래서 벨기에 신앙고백서 제12조는 창세기 1:4, 10, 12, 18, 21, 25, 31에 근거하여 "그것들이 보시기에 좋았으며"라고 말한다. 이때 '좋다'는 히브리어로 '토브'인데 '선하다'는 뜻을 갖고 있다. 디모데전서

라. 그리고 그 안에 있는 모든 것을 살펴라. 하느님께서 무엇인가를 가지고 이 모든 것을 만들었다고 생각하지 말아라. 인류가 생겨난 것도 마찬가지다."라고 언급된다. 그럼에도 불구하고 창세기 1:1의 언급을 통해서 만물의 존재 근원이 오직 하나님께 있음을 확인할 수 있으므로 "무로부터의 창조"는 성경적이다.

4:4에서도 "하나님께서 지으신 모든 것이 선하매 감사함으로 받으면 버릴 것이 없나니"라고 말씀한다. 그러므로 하나님의 창조는 선한 창조다. 우리는 하나님께서 악을 창조하셨다고 생각해서는 안 된다. 그리고 영은 선하고 육과 물질은 악하다는 이원론(영지주의, 플라톤주의) 역시도 비성경적이다. 하나님이 지으신 모든 것은 원래는 선한 것이었다.

넷째, 자유로운 창조다. 이 부분은 벨기에 신앙고백서에는 나와 있지 않지만 중요한 내용이다. 하나님의 창조는 자유로운 창조였다. 다시 말하면 하나님께서 누군가의 외압에 의해 창조하신 것이 아니라 하나님의 자유로운 뜻을 따라 하셨다는 것이다. 하나님은 이 세상을 창조하지 않으셔도 되었다. 창조를 하지 않으셨어도 하나님이시다. 오직 하나님의 자유로운 뜻에 따라 창조하셨다.

현대의 자유주의 신학자들 중에는 "하나님은 반드시 창조하셔야만 한다."[68]고 했는데, 이 말은 틀린 말이다. 창조는 우연이 아니지만, 그렇다고 필연적인 것도 아니다. 창조할 수밖에 없어서 창조한 것이 아니다. 하나님은 창조하실 수도 있고, 안 하실 수도 있는 분이다. 그렇다고 해도 하나님은 하나님이시다. 칼 바르트는 이런 말을 했다. "하나님은 이 세상을 창조하실 수도 있고, 안 하실 수도 있다. 그러나 나는 이 세상을 창조하지도 않는 하나님을 참을 수 없다."[69] 이 말 역시도 맞는 것 같지만 맞는 말이 아니다. 이 말의 앞부분은 맞지만 뒷부분은 틀린 말이다. 창조가 하나님을 하나님 되게 하는 것은 아니다. 하나님은 창조라는 사역에 매인 분이 아니다. 삼위 하나님은 각각 자기의 사역에 매여 있지 않으시다. 다만, 본질과 삼위의 관계에만 매여 있는 분이시다. 그러므로 하나님의 창조 사역은 전적으로 하나님의 자유로운 행위였다(계 4:11). 우리는 창조를 믿을 때에 이렇게 믿어야 한다. 그래야만 성경이 말하는 대로 창

---

68) 이러한 주장을 하는 이유는 "살아 계신 하나님은 동시에 일하시는 하나님이시다."라는 생각에서 비롯된 것이다.

69) *Barth's Table Talk*. 바르트는 이 말을 몰트만(Moltmann), 브룬너(Brunner) 등의 "하나님은 반드시 창조하셔야만 한다."라는 말에 대한 반발로 하였는데, 몰트만, 브룬너 등의 문제점을 지적하는 것은 좋았지만, "그러나 나는 이 세상을 창조하지도 않는 하나님을 참을 수 없다."라는 말을 통해서 자신 스스로도 문제를 드러내었다.

조를 믿는 것이다. 특히 기독교회는 무로부터의 창조와 자유로운 창조를 초창기부터 아주 강조해 왔다.

하나님의 영광을 위한 창조

하나님의 자유로운 창조라면, 다시 말해 하나님이 창조를 하지 않으셔도 되는 분이었다고 한다면, 왜 창조를 하셨을까? 그 목적은 무엇일까? 어떤 사람은 말하기를 하나님께서 홀로 계신 것이 외로웠기 때문이라고 한다. 그러나 우리는 삼위일체 교리를 통해서 이 사실을 부인한다. 영원 전부터 계신 하나님은 하나님 이외에 그 어떠한 것도 존재하지 않았으나 삼위로 존재하심으로써 외로우실 수가 없었다.[70] 하나님은 창조하지 않으셔도 되었다.

그럼에도 불구하고 하나님이 창조를 하신 이유는 "하나님 자신의 영광을 위해서"다. 창조의 목적은 사람을 위해서가 아니요, 오직 하나님의 영광을 위해서다. 사람도, 만물도 하나님의 영광을 위해 지어졌다(사 43:7; 시 19:1-2). 그런데 이 말도 조심해서 해야 한다. 하나님의 영광을 보태기 위해서가 아니라 하나님께서 자신의 영광을 나타내시기 위함이다. 하나님의 영광을 보태기 위해서라고 한다면 그것은 하나님의 자유로운 창조와 반대된다. 창조하시기 전의 하나님과 창조 이후의 하나님이 다르게 되어 버린다. 그러므로 우리는 하나님께서 자신의 영광을 나타내시려고 창조하셨다고 생각해야 한다. 완전 충족하신 하나님께서는 피조물들을 통해 영광을 받기를 원하셨을 뿐 아니라, 또한 자신의 영광을 온 우주에 나타내기를 원하셨다. 그래서 깊은 바다의 물고기나 우리가 이름도 알지 못하는 약초까지도 모두가 하나님의 영광을 드러내는 수단이 된다.

이러한 부분에 대하여 벨기에 신앙고백서는 "그분께서 모든 피조물에게 그 존재(being)와 모양(shape), 형태(form)를 주셨으며, 각각의 사역(task)과 기능(function)을 부여하심으로 그 창조자를 섬기도록 하셨음을 믿습니다. 우리

---

70) Clarence Bouwman, *Notes on the Belgic Confession*(Armadale: The League of the Free Reformed Women's Bible Study Societies, 1997), 손정원 옮김, 『벨직신앙고백해설』(부산: 도서출판 신언, 2007), 172f.

는 성부께서 또한 자신의 영원한 섭리(eternal providence)와 무한한 능력(infinite power)에 따라 모든 천지만물을 계속해서 유지하시고(sustain) 통치하심(govern)으로 인간을 섬기도록 하셨으며, 마침내는 인간으로 하여금 그의 하나님을 섬기도록 하셨음을 믿습니다."라고 고백한다.

이에 대해 많은 성경 근거들이 있다. 이사야 43:7 "내 이름으로 불려지는 모든 자 곧 내가 내 영광을 위하여 창조한 자를 오게 하라 그를 내가 지었고 그를 내가 만들었느니라." 이사야 43:21 "이 백성은 내가 나를 위하여 지었나니 나를 찬송하게 하려 함이니라." 이사야 60:21 "네 백성이 다 의롭게 되어 영원히 땅을 차지하리니 그들은 내가 심은 가지요 내가 손으로 만든 것으로서 나의 영광을 나타낼 것인즉."

Ⅱ. 특히 천사의 창조

천사를 다루는 역사적 이유

벨기에 신앙고백서가 하나님의 창조를 다루면서 중요하게 다루는 것은 천사의 창조이다. 웨스트민스터 신앙고백서의 창조에 관하여 부분에서는 천사에 대해서 자세히 다루지 않는다. 그러나 벨기에 신앙고백서는 천사에 관해 자세히 다룬다. 제목에까지 "특히"(Especially)라는 표현이 덧붙고 있다.

그렇다면, 왜 특히 천사의 창조에 대해서 다룰까? 여러 가지 이유가 있겠지만, 역사적인 이유를 생각해보아야 한다. 벨기에 신앙고백서가 작성되던 당시 로마 가톨릭교회는 중세의 영향 아래에 잘못된 사상들이 많이 있었다. 그중에 하나가 천사숭배다. 많은 사람이 천사를 숭배하였다. 로마 가톨릭 교회와 동방 정교회에서는 대천사 미카엘, 가브리엘, 라파엘이 숭배의 대상으로 특별한 주목을 받는다. 또한, 당시에는 성경이 말하는 것 이외에 소모적인 신학 논쟁을 하는 경우들이 많이 있었다. 그 대표적인 것이 천사에 관한 논쟁이었다. 천사의 공간성에 대한 공론을 즐기면서 "바늘 위에 천사가 몇 명이 앉을 수 있을

까?" 하는 논쟁들이 있었다.[71]

　이러한 시대적 상황 속에서 벨기에 신앙고백서는 천사에 관해 다루고 있다.[72] 이렇게 천사에 관해 다루면서 첫째, 천사가 숭배의 대상이 아니라는 것을 강조하고, 둘째, 천사에 대한 우리의 생각은 오직 성경이 말하고자 하는 범위까지만이어야 한다는 사실을 말하려고 애를 쓴 것이다. 그러면 이 두 가지를 함께 생각해보자.

천사의 창조

하나님은 눈에 보이는 물질세계뿐만 아니라 보이지 않는 것을 창조하셨으니 대표적으로 천사를 창조하셨다. 이때 천사는 선하게 창조하셨다. 하나님은 악하게 창조하지 않으셨다. 하나님의 모든 창조는 선하다. 하나님은 악의 조성자가 아니시다. 그것은 눈에 보이지 않는 영역에 대해서도 마찬가지다. 그리고 하나님은 그 천사를 통해서 당신의 백성들을 섬기게 하셨다. 그래서 벨기에 신앙고백서 제12조는 다음과 같이 고백한다. "하나님께서는 또한 천사들을 선하게 창조하셔서 자신의 사자(使者, messengers)로 삼으시고, 당신의 택함받은 백성들을 섬기게 하셨습니다."

　천사는 언제 창조되었을까? 우리는 언제 창조되었는지 정확하게 알 수 없다. 정확하게는 알 수 없으나 창세기 1:1이 천사 창조를 포함할 것으로 본다. 왜냐하면 천사도 피조물에 불과하므로(시 148:2, 5), 창세기 1:1 이전에 천사가 창조되었다고 말할 수 없다. 그렇게 되면 천사는 피조물이 아닌 숭배의 대상이 된다. 그러니 창세기 1:1 이후라고 보아야 하는데, 욥기 38:4-7에 보면 둘째 날 창조사역을 수행하는 동안 천사들[73]이 기쁨의 증인들로 참여하는 모습을 볼 수 있기 때문에 창세기 1:1이 천사 창조를 포함할 것이라고 본다. 하나님께

---

71) 그러나 이러한 논쟁은 성경에 근거한 것도 아니요, 그다지 중요하지도 않은 것이었다.

72) 칼뱅 역시 '기독교 강요' 1권 14장 3-12절에서 천사에 대해서 다루고 있다.

73) 욥기 38:7에서 '하나님의 아들들'이라고 표현한 것이 '천사들'이다. Bouwman, 『벨직신앙고백 해설』, 180.

서 땅을 창조하실 때 천사들은 이미 하나님 주위에서 찬양하고 있었던 것이다.

매우 분명한 것은 천사는 창조의 결과물이라는 것이다. 이렇게 천사의 창조를 다루는 것은 자연적으로 천사숭배가 잘못되었다는 것을 잘 증명해 준다. 천사도 역시 하나님의 피조물에 불과하므로 절대로 숭배의 대상이 될 수 없다.

천사의 직무

하나님이 창조하신 천사는 무슨 일을 할까? 첫째, 하나님께 경배하며 찬송하는 일을 한다. 이사야 6:3 "서로 불러 이르되 거룩하다 거룩하다 거룩하다 만군의 여호와여 그의 영광이 온 땅에 충만하도다 하더라." 둘째, 하나님의 뜻을 수행하는 일을 한다. 시편 103:20-21 "(20)능력이 있어 여호와의 말씀을 행하며 그의 말씀의 소리를 듣는 여호와의 천사들이여 여호와를 송축하라 (21)그에게 수종들며 그의 뜻을 행하는 모든 천군이여 여호와를 송축하라." 셋째, 하나님의 계시를 전달하며 하나님의 심판을 집행한다. 스가랴서에는 여러 번 '내게 말하는 천사'라는 표현이 나온다(슥 1:9, 13, 19; 2:3; 4:1, 4-5; 5:5, 10; 6:4). 또한 하나님께서는 소돔과 고모라를 멸망시키기 위해 천사들을 보내셨다. 창세기 19:1 "두 천사가 소돔에 이르니." 창세기 19:13 "여호와께서 우리로 이곳을 멸하려 보내셨나니." 넷째, 성도들을 섬기는 일을 한다. 히브리서 1:14에 "모든 천사들은 섬기는 영으로서 구원 받을 상속자들을 위하여 섬기라고 보내심이 아니냐."라고 말씀한다. 시편 91:11 "그가 너를 위하여 그의 천사들을 명령하사 네 모든 길에서 너를 지키게 하심이라."라고 말씀한다. 특히 벨기에 신앙고백서는 천사의 여러 가지 직무 중에 "당신의 **택함 받은** 백성들을 섬기게 하셨습니다."라고 하면서 이 부분을 강조한다. 이 사실은 천사숭배가 얼마나 잘못되었는지를 잘 보여 준다. 천사는 숭배의 대상이 될 수 없다. 오히려 천사는 사람보다 못한 존재다. 사람을 섬기기 위해서 창조된 피조물이다. 사람이 천사를 섬기는 것이 아니다. 사람은 오직 하나님께 경배한다. 오히려 천사가 사람을 섬긴다. 천사는 히브리서 1:14의 말씀처럼 섬기는 영이다.

천사의 타락

하나님께서는 이렇게 천사를 선하게 창조하셨으나 우리는 천사 중 일부는 선하고, 일부는 악하다는 것을 보게 된다. 그 악한 천사를 마귀 혹은 사탄이라고도 부른다. 그렇다면 왜 악한 천사인 마귀가 존재하는 것일까? 그것은 천사가 타락했기 때문이다. 벨기에 신앙고백서는 이 사실에 대해서 다음과 같이 말한다. "그 천사들 중 일부는 하나님이 창조하신 높은 지위(exalted position)에서 타락하여(fall) 영원한 파멸(perdition)로 떨어졌으나, 나머지 천사들은 하나님의 은혜로 그들이 원래 가졌던 처음 지위를 계속해서 확고하게 유지하고 있습니다. 마귀(devils)와 악한 영들(evil spirits)은 이렇게 타락하여(depraved) 하나님과 선한 모든 것들의 원수(enemies)가 되었습니다. 그들은 온갖 힘(might)을 다하여 교회와 모든 성도들을 황폐화시키고(ruin), 그들의 악한 궤계(wicked devices)로 모든 것을 파멸시키기(destroy) 위해서 마치 살인자처럼 잠복하여 기다립니다. 그러므로 그들은 자신들의 사악함 때문에 영원한 저주(damnation)를 선고받아 날마다 무서운 고통(horrible torments)을 기다리며 지냅니다."

그렇다면 언제 이 일이 일어났는가? 성경에는 천사들의 타락의 시기와 그 성격에 대해 기록이 전혀 없다. 다만 베드로후서 2:4 "하나님이 범죄한 천사들을 용서하지 아니하시고 지옥에 던져 어두운 구덩이에 두어 심판 때까지 지키게 하셨으며", 유다서 1:6 "또 자기 지위를 지키지 아니하고 자기 처소를 떠난 천사들을 큰 날의 심판까지 영원한 결박으로 흑암에 가두셨으며"라는 말씀을 통해서, 사람의 타락 이전에 있었음을 알 수 있다. 그리고 요한일서 3:8 "죄를 짓는 자마다 마귀에게 속하나니 마귀는 처음부터 범죄함이니라."를 통해서 인류 역사의 초기에 있었음을 알 수 있다. 그러므로 마귀는 인류의 역사 초기에 범죄하였고 그 후 오래지 않아서 아담과 하와를 범죄케 하는 데 성공하였을 것이라 짐작된다. 그러나 천사들의 타락이 천지창조의 6일이 끝나기 전의 어느 때라고 볼 수는 없다. 그 이유는 천사의 세계를 포함하여 천지 만물이 6일 동안에 창조되었다고 보며, 창조된 세계는 모두 선하였기 때문이다(창 2:1; 1:31). 이런 것을 볼 때 정확하게는 말할 수 없지만, 마귀의 기원은 창세기 1:31과 창세기 3:1의 사이에 발생했다고 보는 것이 좋다.

그렇다면 천사는 어떻게 타락하였는가? 천사들의 타락은 비록 하나님의 뜻 안에서 된 일이지만, 하나님께 직접적 원인이나 책임을 돌릴 수는 없다. 왜 냐하면 하나님은 모든 피조세계를 선하게 창조하셨을 뿐만 아니라, 악의 창조자가 되실 수 없기 때문이다. 천사가 타락하게 된 계기에 대해서는 디모데전서 3:6, "교만하여져서 마귀를 정죄하는 그 정죄에 빠질까 함이요", 유다서 1:6 "자기 지위를 지키지 아니하고 자기 처소를 떠난 천사들"이라는 말씀을 통해 사탄의 교만에 의해 하나님께서 정하신 자기 위치를 버린 것으로 추측할 수 있다.

지금까지 살펴본 내용뿐만 아니라 천사와 관련하여 우리는 다음의 두 가지 태도를 분명히 해야 한다. 첫째, 우리는 천사에 관하여 오직 성경이 말하는 범위까지만 생각해야 한다. 우리의 추측과 상상력을 동원하여 천사에 관해 말하거나, 로마 가톨릭처럼 꿈이나 환상에서 본 것을 근거로 천사에 관해서 말하지 말아야 한다. 둘째, 천사의 타락은 분명 타락한 천사 자체에게 있는 것이지 절대로 하나님께 있는 것이 아니다.

천사와 영의 존재를 부정하는 사람들

우리는 이와 같이 고백하지만, 그렇지 않은 사람들이 있다. 먼저 천사의 존재 자체를 부정하는 사람들이 있다. 사두개인들이다. 그들은 육체를 무시하는 경향이 있다. 그래서 부활이 없다고 말하는 자들이다. 사도행전 23:8 "이는 사두개인은 부활도 없고 천사도 없고 영도 없다 하고 바리새인은 다 있다 함이라." 이들은 영들이나 천사들의 존재 자체를 부정한다. 그러나 분명 우리는 천사의 창조를 믿는다. 천사는 하나님의 피조물이다.

다음으로, 마귀는 피조물인 천사의 타락에 기원을 둔 것이 아니라 마귀는 그 자체로 존재한 것이며, 마귀는 타락으로 생겨난 것이 아니라 그 자체로 악한 존재로 원래부터 있었다고 주장하는 사람들이 있다. 마니교다. 이들은 창조되지 않은 귀신들은 하나님 곁에 있는 신들이라고 주장한다.[74] 또한 마귀들

---

74) Bouwman, 『벨직신앙고백해설』, 186.

은 "부패함(corrupted) 없이 그 본성상(their own nature) 악하다."라고 말한다. 그러나 이러한 주장은 마귀를 하나님과 같은 위치에 놓으려고 함으로써 마귀도 숭배의 대상이 될 수 있는 여지를 만든다.

그러나 우리는 이러한 견해에 반대한다. 천사는 분명히 존재한다. 현대에 들어와서 천사의 존재에 대한 관심이 사라졌지만,[75] 천사들의 존재를 결코 의심할 수 없다. 그런데 이 천사는 분명 피조된 것이다. 그 자체로 생겨난 것이 아니다. 사단은 하나님과 같은 수준의 신이 아니다. 사단은 피조물일 뿐이다. 그리고 원래가 악한 것은 아니다. 하나님은 천사를 선하게 지었으나 천사가 타락하였다.

| 결 론 |

우리는 이 고백에서 두 가지를 기억한다. 첫째, 하나님 이외의 모든 것은 피조물이다. 눈에 보이는 것과 눈에 보이지 않는 모든 것 중에 오직 하나님만이 스스로 계신 분이요, 그 외의 모든 것은 창조된 것이다. 이 사실은 우리로 하여금 오직 경배를 받으실 분은 하나님 한 분 외에 그 어떤 것도 될 수 없다는 것을 말해 준다. 십계명 중 제2계명에서 "위로 하늘에 있는 것이나 아래로 땅에 있는 것이나 땅 아래 물속에 있는 것"이라고 표현한 모든 것들은 절대로 우리의 경배의 대상이 될 수 없다. 오직 삼위 하나님만이 경배의 대상이시다.

둘째, 하나님이 지으신 모든 것이 선하다. 하나님은 악을 만들지 않으셨다. 하나님은 죄를 창조하신 분이 아니다. 하나님은 오직 선 그 자체이시다. 이 세상에 악이 들어온 절대적 책임은 하나님께 없다.

이 두 가지 사실이 제12조의 고백에서 뚜렷하게 드러나야 한다. 우리는 선하신 하나님만을 높일 뿐이다.

---

75) Bultmann과 같은 자유주의자들의 주장 때문이다. 그는 초자연적인 세계의 실존을 강력히 부인하고, 그것들은 모두 고대의 신화라 하여, 성경에 대한 비신화화를 주장하였다.

하나님의 섭리

The Providence of God

우리는 이 선하신 하나님께서 만물을 창조하신 이후에 만물을 유기하시거나(abandon) 운명(fortune) 혹은 우연(chance)에 맡기지 않으시고,[1] 당신의 거룩한 뜻에 따라 다스리시고 통치하심으로(rules and governs) 이 세상에는 그분의 지시(direction) 없이 아무것도 일어날 수 없음을 믿습니다.[2] 그러나 하나님은 저질러지는 죄의 조성자(the Author of the sins)도 아니시고, 그 죄들에 대한 책임을 지셔야 하는 것도 아닙니다.[3] 왜냐하면 그분의 능력과 선하심은 너무나 크고 헤아릴 수 없어서 심지어 마귀나 악한 사람들이 부당하게 행할 때에도 하나님께서는 가장 뛰어나고 공정한 방식(just manner)으로 당신의 사역을 정하시고(ordains) 행하시기(executes) 때문입니다.[4] 그리고 인간의 이해를 초월하는 그분의 일하심(His actions)에 대해서는 우리의 능력에 허용된 범위를 넘어서는 호기심으로 질문을 가져서는 안 됩니다. 오히려 최대의 겸손(humility)과 경외심(reverence)으로 우리에게 감춰진 하나님의 의로우신 판단을 찬양하고(adore),[5] 우리는 스스로 그리스도의 학생(pupils of Christ)임에 만족하여, 이러한 한계를 넘지 않고 그분의 말씀 안에서 우리에게 가르치시는 것만을 배워야 할 것입니다.[6]

이 교리는 우리에게 말할 수 없는 위로(consolation)를 주는데, 그 이유는 어떠한 일도 우리에게 우연히 일어나지 않고, 오직 우리의 은혜로우신 하늘 아버지의 지시(direction)에 따라 일어나는 것임을 배우기 때문입니다. 하나님은 아버지의 돌보심으로 우리를 감찰하시고(watches), 모든 피조물들을 그 능력 아래 붙드셔서 우리의 머리카락 하나라도 (그가 다 세신 바 되었기 때문에), 참새 한 마리라도 우리 아버지의 뜻(will)이 없이는 땅에 떨어질 수 없습니다(마 10:29-30). 우리가 이것을 신뢰하는 것은 그분께서 마귀와 모든 원수들을 제압하심으로 하나님의 허락(permission)과 뜻(will) 없이는 그것들이 우리를 해할 수(hurt) 없음을 알기 때문입니다.[7]

그러므로 우리는 하나님께서 만물에 아무 상관하지 않으시며 다만 우연에 맡겨두셨다고 말하는 에피쿠로스학파의 가증스런 오류(the damnable error of the Epicureans)를 배격합니다.

1) 요 5:17; 히 1:3   2) 시 115:3; 잠 16:1,9,33; 21:1; 엡 1:11–12; 약 4:13–15   3) 약 1:13; 요일 2:16   4) 욥 1:21; 사 10:5; 45:7; 암 3:6; 행 2:23; 4:27–28   5) 왕상 22:19–23; 롬 1:28; 살후 2:11   6) 신 29:29; 고전 4:6   7) 창 45:8; 50:20; 삼하 16:10; 롬 8:28,38–39

하나님의 섭리

- **본문:** 요한복음 5:17; 히브리서 1:3
- **관련신조:** 웨스트민스터 신앙고백서 제5장; 웨스트민스터 대요리문답
  제18-20문답; 웨스트민스터 소요리문답 제11문답; 하이델
  베르크 요리문답 제26-28문답

| 서 론 | 섭리 교리의 필요성

창조 신앙을 넘어서 섭리 신앙으로

우리는 하나님께서 천지를 창조하셨다는 사실을 믿는다. 창조를 믿는 것은 기독교 신앙에 있어서 중요하다. 그런데 창조를 믿는 것으로 끝나서는 안 된다. 더 나아가야 한다. 창조의 주체가 삼위일체 하나님이라는 사실이 강조되어야 한다. 왜냐하면 유대인들도 무슬림들도 천지 창조를 믿기 때문이다. 불신자들 중에서도 비록 삼위 하나님의 존재는 믿지 못하지만, 어떤 절대자의 창조를 믿는 경우가 있기 때문이다. 그들과 우리가 천지 창조를 믿는다는 점에서는 같은 신앙을 갖고 있는 것처럼 보인다. 그러나 우리는 삼위 하나님이 창조의 주체라는 것을 믿는다는 점이 다르다. 이런 점에서 창조 자체도 중요하지만 그 주체가 누구인지를 꼭 생각해야 한다. 또한 창조론이 모든 것을 해결해 주는 것도 아니라는 점을 알아야 한다. 창조는 우리 믿음의 전부가 아니라 한 부분일 뿐이다.

또 하나, 우리가 창조를 믿는 일에 있어서 창조, 그 자체로 그치지 않고 한 걸음 더 나아가야 할 것이 있다. '섭리'(攝理, *providentia*)다. 섭리를 믿지 않으면 창

조를 믿는다고 해도 참된 기독교 신앙이 아니다. 다시 말해 창조 사실과 창조의 주체가 누구인지를 믿는 것만으로는 하나님을 바르게 믿고 있다고 할 수 없다. 섭리 신앙으로까지 이어져야 비로소 완전한 창조 신앙이 된다. 왜 그럴까? 도대체 섭리를 믿는다는 것이 무슨 의미이기에 그럴까?

섭리 교리에 반대되는 주장

섭리 교리를 믿지 않는 사람들이 어떻게 주장하는지를 생각해봄으로써 섭리를 믿는다는 것이 무슨 의미가 있는지를 분명하게 알 수 있다.

섭리를 믿지 않는 사람들은 분명 신의 존재는 믿는다. 하나님을 믿거나 아니면 어떤 신적 존재가 창조를 했을 것이라는 것을 믿는다. 그러나 그중에 어떤 사람들은 하나님께서 이 세상을 너무나 완벽하게 만들었기 때문에 더 이상 돌아볼 필요가 없고 또한 돌아보지도 않으신다고 주장한다. 또 다른 어떤 사람들은 하나님께서 이 세상을 지으신 뒤에는 이 세상의 모든 일이 행운이나 우연에 의해 일어난다고 말한다. 즉 역사 배후에 아무런 존재나 원리도 없고 단지 우연들의 집합에 의해 역사가 일어난다고 한다. 이런 주장을 이신론(理神論, deism, 혹은 자연신론)이라고 한다. 이러한 생각이 섭리를 믿지 않는 생각이다.

| 본 론 |

I. 섭리와 그 요소

섭리란 무엇인가?

이러한 생각에 반대하여 기독교는 섭리를 믿는다. 즉 하나님께서 세계를 창조만 하시고 그 이후에는 방치하시는 것이 아니라, 그래서 우연에 의해서 이 세상의 일이 일어난다고 믿는 것이 아니라, 세계를 창조하신 그 하나님께서 계속 유지하고 보존하며 통치한다는 섭리(providence)를 믿는다.

섭리란 하나님의 전능하고 언제 어디나 미치는 능력으로, 하나님께서 창조하신 것들에 대해 여전히 보존하시고 다스리시는 일이다. 하나님께서 자신이 창조하신 것들에 대해 여전히 그 주권을 행사하시는 것이다. 하나님께서 당신의 지혜를 따라 창조하신 세계를 질서 있게 다스리시는 일이다. 우연이나 행운에 맡기시는 것이 아니라 하나님의 법칙에 따라 움직이게 하시는 일이다. 그래서 섭리를 때로는 '창조의 연속' 또는 '계속적 창조'(continuous creation)라고도 부른다.

하나님은 말씀으로 세계를 창조하셨을 뿐 아니라, 계속적으로 "그의 능력의 말씀으로 만물을 붙드시며"(히 1:3), "만물이 그 안에 함께 서 있고"(골 1:17), 하나님이 친히 피조 세계를 "보존"하신다(느 9:6; 벧후 3:7). 세계는 스스로 유지되고 계속되는 것이 아니라, 하나님이 "그 신과 기운을 거두면" 그 순간 모든 생명과 존재는 멸절에 이르게 된다(욥 34:14-15).

그래서 벨기에 신앙고백서 제13조의 제일 첫 문장은 다음과 같이 믿는다고 고백한다. "우리는 이 선하신 하나님께서 만물을 창조하신 이후에 만물을 유기하시거나(abandon) 운명(fortune) 혹은 우연(chance)에 맡기지 않으시고, 당신의 거룩한 뜻에 따라 다스리시고 통치하심으로(rules and governs) 이 세상에는 그분의 지시(direction) 없이 아무것도 일어날 수 없음을 믿습니다."

이 고백에 나타난 것처럼, 이 세상의 일들은 절대로 우연이나 운명에 따라 일어나지 않는다. 하나님의 섭리에 따라 일어난다. 우연이나 운명에 따라 일어난다고 생각하는 이신론이나, 하나님은 창조만 하실 뿐 그 이후의 어떤 일에도 관여하지 않으신다는 생각은 잘못된 것이다.

섭리를 믿지 못하는 이유

왜 사람들은 섭리를 믿지 못할까? 성경의 하나님을 믿는다고 하는 사람들에게서조차도 이런 생각을 가지는 경우가 있는 이유는 무엇 때문일까? 하나님께서 모든 것을 창조하신 제7일에 안식하셨다는 사실에 대한 오해 때문이다. 하나님이 자신이 하던 일을 완성하시고 안식하셨다고 하니, 이제 더 이상 하나님은 일하지 않으신다고 생각하는 것이다. 그냥 자연의 질서에 따라서 알아서 움직인다고 생각하는 것이다. 그러나 예수님께서는 이러한 오해의 잘못을 가르처주신다. 이 강해의 본문이면서 벨기에 신앙고백서 제13조의 근거구절 1번에 있는 요한복음 5:17에 보면 안식일에 사람을 고친 일을 하신 예수님을 향하여 비난하는 유대인들에게 말씀하시기를 "내 아버지께서 이제까지 일하시니 나도 일한다."라고 말씀하셨다. 예수님께서는 창조 후에 모든 것이 완벽하게 지어졌으므로 아버지 하나님께서는 완전히 쉬시고 계신다고 말씀하지 않으셨다. 그와는 정반대로 세상을 창조하신 창조주 하나님께서는 그때뿐 아니라 지금도 일하고 계신다고 말씀하신다. 이것은 하나님께서 창조하시고 그 창조세계를 그냥 버려둔 채로 계신다고 생각하는 오류를 고치고 있는 부분이다.

이러한 하나님의 섭리에 대해서는 벨기에 신앙고백서 제13조의 근거구절에 해당하는 야고보서 4:13-15에도 잘 나타나 있다. "(13)들으라 너희 중에 말하기를 오늘이나 내일이나 우리가 어떤 도시에 가서 거기서 일 년을 머물며 장사하여 이익을 보리라 하는 자들아 (14)내일 일을 너희가 알지 못하는도다 너희 생명이 무엇이냐 너희는 잠깐 보이다가 없어지는 안개니라 (15)너희가 도리어 말하기를 주의 뜻이면 우리가 살기도 하고 이것이나 저것을 하리라 할 것이거늘"이라고 말씀한다. 성도들이 세우는 모든 계획들까지도 하나님의 간섭하심이 아니고서는 무의미한 것임을 이 본문에서 말씀한다.

섭리의 요소

이처럼 하나님은 섭리의 하나님이시다. 이러한 하나님의 섭리에는 크게 세 가지 요소가 있다. 첫째, 보존과 유지, 둘째, 통치, 셋째, 협력이다.[76]

보존과 유지

첫째, 보존(preservation)과 유지다. 보존(혹은 유지)이란 하나님께서 자신의 피조물을 자연법칙에 따라 알아서 움직이도록 내버려두시는 것이 아니라 적극적

---

76) 섭리의 세 요소는 결코 분리되지 않는다. 보존에 통치의 요소가 있고, 통치에 협력의 요소가 있고, 협력에 보존의 요소가 있다. Louis Berkhof, *Systematic Theology*(Grand Rapids: Eerdmans, 1941), 권수경, 이상원 역, 『조직신학(상)』(서울: 크리스챤다이제스트, 2000), 374; Herman Bavinck, *Gereformeerde Dogmatiek,* II, 40, [304].

으로 계속적으로 붙드시고 계시는 방식이다. 창조의 하나님께서는 그분의 영원하신 경륜과 섭리로 그것들을 붙드시고 다스리시고 계신다(히 1:3; 느 9:5-6; 단 4:25; 엡 1:11).

이 사실은 성경에서 잘 말씀한다. 먼저, 이 강해의 본문이면서 벨기에 신앙고백서의 근거구절 1번에 있는 히브리서 1:3 "이는 하나님의 영광의 광채시요 그 본체의 형상이시라 그의 능력의 말씀으로 만물을 붙드시며 죄를 정결하게 하는 일을 하시고 높은 곳에 계신 지극히 크신 이의 우편에 앉으셨느니라."에서 "그의 능력의 말씀으로 만물을 붙드시며"라는 말 속에 보존과 유지에 대한 내용이 담겨져 있다. 그 외에도 느헤미야 9:6에 "오직 주는 여호와시라 하늘과 하늘들의 하늘과 일월성신과 땅과 땅 위의 만물과 바다와 그 가운데 모든 것을 지으시고 다 보존하시오니 모든 천군이 주께 경배하나이다."라고 하면서 '보존'을 강조한다.

이러한 보존과 유지를 가장 잘 설명해 주는 표현이 있다. "이제까지 그런 적은 한 번도 없었지만, 만약 하나님이 단 1초라도 그 능력을 나타내지 않으신다면 이 세상의 모든 질서는 무너져 무(無)로 돌아가 버릴 것이다." 만일에 한 순간이라도 하나님께서 창조하신 피조물을 붙드시는 일을 하지 않으신다면, 이 피조계는 결코 단 한순간이라도 계속해서 존재할 수 없다(마 10:29-31).[77] 첫째 날 빛을 창조하신 하나님이 그 이후에 섭리하지 않으신다면 빛은 즉시 사라져 버린다. 우리를 만드신 하나님께서 계속해서 우리의 호흡을 유지하지 않으시면 그 순간 우리는 죽음에 이르게 된다(시 104:29-30).[78] 이렇게 하나님은 당신의 피조물을 유지, 보존하신다.

통치

둘째, 통치(government)다. 통치란 하나님께서 왕 혹은 주가 되셔서 그의 주권과

---

77) 이승구, 『사도신경』(서울: SFC, 2004), 40-41.

78) Clarence Bouwman, *Notes on the Belgic Confession*(Armadale: The League of the Free Reformed Women's Bible Study Societies, 1997), 손정원 옮김, 『벨직신앙고백해설』(부산: 도서출판 신언, 2007), 189.

통치권을 나타내시는 방식이다(시 103:19). 하나님께서는 자연 만물을 통치하신다. 이 세상의 가장 하찮은 일들,[79] 우연으로 보이는 일들, 사람들의 모든 행실들은 모두 다 하나님의 다스림 아래 있다. 하나님은 이스라엘의 왕이시면서(사 33:22), 또한 온 세상의 왕이시다(시 10:16; 29:10; 47:9; 99:1; 슥 14:9; 딤전 6:15). 그분의 다스림에서 벗어날 수 있는 것은 아무것도 없다.[80] 시편 103:19은 "여호와께서 그의 보좌를 하늘에 세우시고 그의 왕권으로 만유를 다스리시도다."라고 증거한다. 마태복음 10:29은 "참새 두 마리가 한 앗사리온에 팔리지 않느냐 그러나 너희 아버지께서 허락하지 아니하시면 그 하나도 땅에 떨어지지 아니하리라."라고 하는데 이것은 지극히 작은 일, 즉 하찮은 일까지도 하나님의 통치 속에 있음을 증거한다.

섭리에 대해 유의해야 할 주장

이처럼 우리는 하나님께서 친히 이 세상의 모든 일에 관여하신다는 사실을 믿는다. 그런데, 이러한 믿음에 대해 종종 오해하는 경우가 있다. "이 세상의 모든 일에 대해서 하나님께서 직접적으로 책임지셔야 하며, 다른 존재들은 다 그의 조종에 의해서 놀아나는 꼭두각시와 같다."고 생각하는 것이다. 그리고 이러한 생각과 더불어서 이 세상에 죄가 들어오게 된 것도 하나님께서 직접적으로 책임지셔야 한다고 생각하는 것이다.

그러나 이것은 섭리에 대한 오해에서 비롯된 것이다. 하나님의 섭리는 이 세상에서 일어나는 원인과 결과의 연관관계를 무시하고 일어나는 것이 아니며, 또한 강요와 억압을 부여하여 피조물들의 작용과 의지에 직접적으로 영향을 미치는 것도 아니다.[81] 섭리는 인간의 자유를 부정하는 개념이 아니다. 인간의 자발적 노력과 하나님의 섭리는 서로 모순되는 것이 아니다.

---

79) 아리스토텔레스, 키케로 등은 "신들은 큰 일은 돌보지만, 작은 일들은 무시한다."(*Magna Dii curant, parva negligunt*)라고 했다.

80) Berkhof, 『조직신학』, 384.

81) 이승구, 『사도신경』, 45.

우리는 하나님의 주권적 섭리를 믿지만, 또한 동시에 열심히 일해야 한다. 우리는 주 하나님을 믿는 동시에 현실 생활에 충실해야 한다. 신자는 기도하며 일하고, 일하며 기도해야 한다. 이렇게 하는 것이 하나님의 섭리를 바르게 아는 자의 태도다.

그렇기에, 옆에 있는 사람을 때린 뒤에 "이거 내가 때린 거 아니야. 하나님이 하신 거야. 그러니까 나한테는 아무런 책임이 없어."라고 할 수 없다. 자신이 자기의 인생에 실패해 놓고서는 "그래, 이 모든 것은 하나님이 다 하신 일이야."라고 무책임하게 말할 수 있는 것은 아니다.

섭리 신앙은 모든 것을 하나님께 떠넘기는 신앙이 아니라, 모든 것을 하나님께 맡기고 하나님께 영광을 돌리는 신앙이다. 그러므로 우리에게 필요한 것은 하나님께서 모든 일에 있어서 선하게 인도하실 것이라는 믿음으로 나의 모든 삶을 하나님께 맡기며, 나에게 일어난 모든 일에 하나님께 영광을 돌리는 것이 필요하다. 나아가 초연한 자세로 모든 것을 받아들이며, 모든 일에 기도와 간구로 하나님께 아뢰는 믿음으로 살아가야 한다(빌 4:7).[82]

죄가 이 세상에 들어온 것에 대해서도 마찬가지이다. 대표적인 예로 우리는 아담과 하와의 첫 범죄를 생각해볼 수 있을 것이다. 넓은 범위에서 그 일이 일어난 것은 하나님의 주권과 섭리 속에서 일어난 것이다. 왜냐하면 하나님께서 아예 그 일 자체를 막으셨다면 그 일은 일어나지 않았을 것이기 때문이다. 그러나 "하나님께서 선악을 알게 하는 나무의 열매를 만드시지 않았더라면, 하나님께서 그 열매를 만드셨더라도 먹지 말라고 하지 않으셨다면, 하나님께서 먹지 말라고 했더라도 하나님께서 아예 그곳 근처에도 못 가게 하셨다면, 그곳에 갈 수 있게 하셨다 하더라도 뱀을 만나지 못하게 하셨더라면, 뱀을 만나게 되었더라도 그 열매를 먹으려는 순간 하와의 입이 안 벌어지게 하셨더라면." 이런 식으로 모든 것을 하나님께 떠맡기는 식으로 하나님의 섭리를 이해해서는 안 된다. 넓은 범위에서 분명히 하나님의 뜻 속에서 이루어진 일이지만, 그 일은 분명히 인간의 의지에 의해서 일어난 인간에게 책임이 있는 일이다.

---

82) 이승구, 『사도신경』, 30.

그래서 벨기에 신앙고백서 제13조의 두 번째 문장에서는 "그러나 하나님은 저질러지는 죄의 조성자(the Author of the sins)도 아니시고, 그 죄들에 대한 책임을 지셔야 하는 것도 아닙니다. 왜냐하면 그분의 능력과 선하심은 너무나 크고 헤아릴 수 없어서 심지어 마귀나 악한 사람들이 부당하게 행할 때에도 하나님께서는 가장 뛰어나고 공정한 방식(just manner)으로 당신의 사역을 정하시고 (ordains) 행하시기(executes) 때문입니다."라고 고백한다. 이렇게 함으로써 모든 책임을 하나님께 돌리려고 하는 사람들의 주장을 반대한다. 하나님께서는 인간이 죄를 짓도록 조장하시는 죄의 장본인이 아니시며, 따라서 그들의 잘못으로 저질러진 죄에 대한 책임자도 아니다.

이에 대한 성경의 가르침을 우리는 많이 찾아볼 수 있다. 근거구절 3번째 항목에 해당하는 야고보서 1:13에 "사람이 시험을 받을 때에 내가 하나님께 시험을 받는다 하지 말지니 하나님은 악에게 시험을 받지도 아니하시고 친히 아무도 시험하지 아니하시느니라."라고 말씀하고 있고, 요한일서 2:16에서는 "이는 세상에 있는 모든 것이 육신의 정욕과 안목의 정욕과 이생의 자랑이니 다 아버지께로 좇아 온 것이 아니요 세상으로 좇아 온 것이라."라고 말씀한다. 우리는 이러한 성경구절에 근거하여 벨기에 신앙고백서와 같이 고백한다.

섭리의 방식

하나님은 어떠한 방식으로 이 세상에 대한 섭리를 나타내실까? 벨기에 신앙고백서 제13조에서 말하는 것을 보자. "그리고 인간의 이해를 초월하는 그분의 일하심(His actions)에 대해서는 우리의 능력에 허용된 범위를 넘어서는 호기심으로 질문을 가져서는 안 됩니다. 오히려 최대의 겸손(humility)과 경외심 (reverence)으로 우리에게 감춰진 하나님의 의로우신 판단을 찬양하고(adore), 우리는 스스로 그리스도의 학생(pupils of Christ)임에 만족하여, 이러한 한계를 넘지 않고 그분의 말씀 안에서 우리에게 가르치시는 것만을 배워야 할 것입니다."라고 말한다. 애매한 표현처럼 보이지만, 우리는 이렇게 겸손하게 대답해야 한다. 사람의 언어와 이성으로 섭리를 정확하게 설명하기란 어려운 일이다.

그럼에도 불구하고 좀 더 구체적으로 생각해보면 하나님께서는 일반적으로 필연적 법칙들과 인간들의 자유까지도 사용하여 섭리하신다. 다시 말하면 첫째, 하나님께서는 자연법칙과 자연적 수단들을 사용하여 섭리하신다. 물론 때로는 기적을 베풀기도 하시지만 그것은 매우 예외적인 경우이고, 성경이 기록되기 전에 표적으로 행하신 일이요, 오히려 하나님은 자연의 법칙(laws of nature)을 따라 일하신다.[83] 둘째, 하나님께서는 사람들의 자유로운 계획과 소원과 행동을 사용하여 섭리하신다. 다시 말해 하나님의 주권이 있지만, 인간의 책임이 있다. 이에 대해서 빌립보서 2:12-13에서 "(12)두렵고 떨림으로 너희 구원을 이루라 (13)너희 안에서 행하시는 이는 하나님이시니 자기의 기쁘신 뜻을 위하여 너희에게 소원을 두고 행하게 하시나니"라고 말한다.

섭리의 한 요소인 협력

이렇게 하나님은 이 세상의 원인과 결과의 관계를 사용하셔서 섭리하신다. 이것을 가리켜서 보존과 유지, 통치와 함께 또 다른 섭리의 요소로 '협력'(cooperation) 혹은 '동시발생'(concurrence)이라고 한다.[84]

협력이란 하나님이 인간에게 자유를 부여하고 인간의 자유로운 선택과 협동하여 자기의 뜻을 이루어나가는 하나님의 지혜와 능력을 말한다. 하나님이 인간을 존중하여 동반자로서 협동하기 때문에, 이것을 '하나님의 동반'(divine accompanying)이라고 표현하기도 한다. 비록 어떤 경우에는 인간과 협력하지 않고 또는 인간의 선택과 반대하여 독자적으로 실행하지만, 대개의 경우는 인간의 자유로운 선택과 행동과 조화롭게 협동하여 섭리하신다. 이러한 협동 때문에 기독교의 섭리론은 운명론(fatalism)과 구별되며, 인간에게 순종과 책임을 요구한다.

---

83) Bouwman, 『벨직신앙고백해설』, 194.

84) 하이델베르크 요리문답은 보존과 통치만을 언급하고 협력을 언급하지 않는다. 하지만 이것은 협력의 요소를 배제하였다는 것을 의미하는 것이 아니라, 단지 그것을 하나님이 세계를 보존하고 다스리는 양식을 지시하는 다른 두 요소들에 포함하고 있는 것으로 간주하기 때문이다. Louis Berkhof, *Systematic Theology*(Grand Rapids: Eerdmans, 1941), 권수경, 이상원 역, 『조직신학(상)』(서울: 크리스찬다이제스트, 2000), 374.

따라서 그리스도인은 운명론자와 같이 자기의 잘못으로 발생한 결과를 하나님이나 운수에 떠맡기는 무책임한 행동을 하지 말고 자기가 행한 모든 일에 전적인 책임을 져야 한다. 어떤 동일한 사건에 대해서, 우리는 그것이 전적으로 하나님의 행위이며 동시에 전적으로 인간의 행위라고 말할 수 있다. 그것이 모순인 것 같지만, 사실은 두 차원에서 발생하기 때문에 서로 충돌하지 않는다.

섭리 교리를 반대하는 자들

앞서 서론에서도 보았고, 벨기에 신앙고백서 제13조의 제일 첫 문장에서도 보았듯이, 세상에 대한 하나님의 유기나, 어떤 일의 발생에 있어서의 우연에 대해서 우리는 믿지 않으니, 제일 마지막 문장은 다음과 같이 고백한다. "그러므로 우리는 하나님께서 만물에 아무 상관하지 않으시며 다만 우연에 맡겨두셨다고 말하는 에피쿠로스학파의 가증스런 오류(the damnable error of the Epicureans)를 배격합니다."

에피쿠로스학파(Epicurean School)는 헬레니즘 시대에 스토아학파와 양대 학파를 이루는 학파다(행 17:17-18). 그들은 쾌락주의자다. 그들은 육체의 본능, 감각이 진리의 척도라고 주장하는 학파로 이성이 진리의 척도가 아니고 사람의 감각, 본능이 진리의 척도라고 주장하기 때문에 인생의 궁극적 목적은 쾌락의 추구라고 주장했다. 그런데 이들은 또한 신들의 존재는 믿지만, 그 신들이 인간의 삶에 관여하는 것에는 반대하는 자들로서 이신론자들의 조상 격에 해당한다.

이처럼 섭리를 부인하는 자들이 초기에도 있었고, 오늘날에도 여전히 존재한다. 그러나 우리는 성경의 가르침을 따라 섭리를 믿는다.

III. 섭리를 믿는 믿음의 유익과 태도

이 믿음이 주는 유익

이렇게 섭리를 믿는 믿음이 우리에게 무슨 유익을 줄까? 벨기에 신앙고백서에서는 이 교리는 "우리에게 말할 수 없는 위로를 준다."라고 고백한다. 어떤 위로를 줄까? 어떠한 역경에서도 인내하고 형통할 때에 감사하며, 또한 장래 일에 대해서도 우리의 신실하신 하나님 아버지를 굳게 신뢰하여 어떠한 피조물이라도 우리를 하나님의 사랑에서 끊을 수 없으리라 확신케 한다는 측면에서 위로를 준다.

이에 대해서 벨기에 신앙고백서 제13조의 마지막 근거구절인 로마서 8:38-39에서 바울 사도는 분명히 말한다. "(38)내가 확신하노니 사망이나 생명이나 천사들이나 권세자들이나 현재 일이나 장래 일이나 능력이나 (39)높음이나 깊음이나 다른 아무 피조물이라도 우리를 우리 주 그리스도 예수 안에 있는 하나님의 사랑에서 끊을 수 없으리라." 이 세상을 섭리하시는 하나님께서 우리를 향해 베푸시는 그 사랑에 대하여서 이 세상의 어떤 것도 막을 수 없다는 믿음으로 말미암아 우리는 이 세상에서 승리할 수 있으니 섭리 신앙이 주는 유익이다.

또한, 선하신 하나님이시니 선하게 섭리하실 것이라는 믿음이 주는 유익이 있다. 제13조의 가장 첫 문장에서 "이 선하신 하나님이"라고 섭리의 주체를 분명히 말한다. 여기에 섭리를 믿는 유익이 잘 나타나 있다. 이 세상을 선하게 창조하신 하나님은 선하신 분이다. 그 선하신 하나님이 이 세상을 섭리하시니, 비록 이 세상에 죄가 들어왔으나 우리의 삶에 선한 인도자가 되어 주실 것이라는 믿음이 섭리 신앙에 담겨 있는 것이다. 이 사실이 앞서 보았던 구절과 함께 벨기에 신앙고백서 제13조의 마지막 근거구절인 로마서 8:28에 가장 잘 나타나 있다. "우리가 알거니와 하나님을 사랑하는 자 곧 그의 뜻대로 부르심을 입은 자들에게는 모든 것이 합력하여 선을 이루느니라." 선하신 하나님으로부터 선한 창조가 온 것처럼 선하신 하나님으로부터 선한 섭리가 나타나게 될 것이다. 비록 세상은 악하여져 가고, 이 세상의 여러 가지 자연환경의 변화들이 나타나지만, 모든 피조물이 완전히 하나님의 손 안에 있으므로 그의 뜻을 거슬러 일어나거나 되는 일은 하나도 없으니, 우리를 향한 하나님의 선하심이 멈추지 않을 것이다.

벨기에 신앙고백서는 이에 대해서 다음과 같이 말한다. "이 교리는 우리에게 말할 수 없는 위로(consolation)를 주는데, 그 이유는 어떠한 일도 우리에게 우연히 일어나지 않고, 오직 우리의 은혜로우신 하늘 아버지의 지시(direction)에 따라 일어나는 것임을 배우기 때문입니다. 하나님은 아버지의 돌보심으로 우리를 감찰하시고(watches), 모든 피조물들을 그 능력 아래 붙드셔서 우리의 머리카락 하나라도 (그가 다 세신 바 되었기 때문에), 참새 한 마리라도 우리 아버지의 뜻(will)이 없이는 땅에 떨어질 수 없습니다(마 10:29-30). 우리가 이것을 신뢰하는 것은 그분께서 마귀와 모든 원수들을 제압하심으로 하나님의 허락(permission)과 뜻(will) 없이는 그것들이 우리를 해할 수(hurt) 없음을 알기 때문입니다."

이 믿음을 믿는 자의 삶의 태도

이렇게 섭리를 믿는 우리는 이 세상에서 어떠한 삶의 태도를 가져야 할까?

첫째, 우리는 하나님에 대한 경외심을 가져야 한다. 인간의 이성과 상상을 초월하여 행하시는 하나님의 섭리하심 앞에서 하나님의 전능하심과 지극히 선하심에 대하여 찬양을 드릴 수밖에 없다. 하나님의 능력과 그 지혜의 무한함을 유한한 인간의 지혜와 지식으로는 다 이해할 수 없다. 다만, 우리는 벨기에 신앙고백서가 말하는 것처럼, "인간의 이해를 초월하는 그분의 일하심(His actions)에 대해서는…최대의 겸손(humility)과 경외심(reverence)으로…하나님을 찬양해야 할 것"이다.

둘째, 이 세상에서 책임 있게, 그리고 성령님의 인도하심을 기꺼이 따르면서 살아야 한다. 그리스도인이 가질 수 있는 잘못된 생각의 하나는 하나님의 주권과 섭리가 절대적인 것이므로 인간의 도덕적 자유와 책임이 있을 수 없다는 생각이다. 이러한 생각은 하나님의 주권에 대한 오해에서 비롯된 것이다. 하나님께서 모든 것을 주관하시므로 우리는 아무것도 하지 않고 그저 기도만 하고 있으면 된다는 생각, 하나님의 주권이 절대적인 것이므로 우리가 그저 하나님의 뜻을 따른다는 생각만 가지고 살면 하나님의 뜻이 모든 것을 다 잘 이루게 되어 있다는 생각을 버려야 한다. 이러한 생각은 섭리를 믿는 신자의 삶의 태도가 아니다.

이러한 삶의 태도를 가장 잘 보여 준 사람을 성경에서 볼 수 있으니, 요셉이다. 그는 하나님의 주권을 철저히 맡긴 사람이면서 또한 동시에 인간의 책임을 무시하지 않았다. 그리고 자신의 모든 삶이 곧 하나님께서 하신 일이라는 사실을 잊지 않았다. 그리하여 그는 창세기 45:7-8에서 자기의 형들에게 말하기를 "(7)하나님이 큰 구원으로 당신들의 생명을 보존하고 당신들의 후손을 세상에 두시려고 나를 당신들보다 먼저 보내셨나니 (8)그런즉 나를 이리로 보낸 이는 당신들이 아니요 하나님이시라 하나님이 나를 바로에게 아버지로 삼으시고 그 온 집의 주로 삼으시며 애굽 온 땅의 통치자로 삼으셨나이다."라고 말하였고, 창세기 50:20에서는 "당신들은 나를 해하려 하였으나 하나님은 그것을 선으로 바꾸사 오늘과 같이 많은 백성의 생명을 구원하게 하시려 하셨나니"라고 고백하였다. 한편으로는 자기 형들이 자기를 학대하여 팔아넘긴 것을 말하면서도 그 가운데 하나님의 손길이 있었음을 분명히 고백하였다. 그래서 벨기에 신앙고백서는 섭리 신앙이 주는 유익을 보여 주는 근거구절로서 요셉의 고백을 포함시키고 있다.

이처럼 우리는 섭리 교리를 통하여 큰 위안을 얻게 된다. 우리에게 일어나는 좋은 일뿐만 아니라 어렵고 힘든 일이라도 우연에 의하여 일어난 것이 아니고, 오직 하나님의 선하신 의지와 계획에 의하여 일어난 것임을 알기에 더욱 하나님의 주권과 섭리를 알게 되며 감사하고 결국 영광을 돌리게 된다.

벨기에 신앙고백서 작성자들의 섭리 신앙이 미친 영향

마지막으로 특별히 우리는 이 고백을 처음 작성한 자들에게 있어서 이 섭리 신앙이라고 하는 것이 어떠한 영향을 미쳤는지를 생각해볼 필요가 있다.[85] 앞선 강해를 통해서 배운 것처럼 이 신앙고백을 작성한 사람들은 환란과 핍박 가운데 있었던 자들이다. 그러나 그들은 섭리 신앙에 확고하게 서 있었던 자들이었다.

그래서 그들은 세상적인 방법으로 저항하거나 혁명을 도모하기보다는 바른

---

85) Bouwman, 『벨직신앙고백해설』, 188.

신앙의 원리를 세우며 신학적 원리를 정립하면서 신앙과 신학을 유지하려고 노력하였다. 즉 무력이나 폭력으로 저항하는 것이 아니라, 하나님의 참된 진리인 말씀의 순수성을 지키고 드러내기 위해서 신앙을 파괴하는 것에 강력하게 저항하고자 했으며, 그 저항하는 방식으로 신앙고백을 표명하고 드러내었다. 다시 말해 성도들이 이 땅에서 핍박과 고난을 당할 때 이 땅의 방식대로 대응하는 것이 아니라 하나님의 말씀을 드러내고 그대로 살아가는 것이 하나님의 방법이라는 것을 잘 알았던 것이다. 이것을 가능케 해준 것이 "하나님의 섭리하심"에 대한 바른 신앙고백이었다.

이런 점에서 우리는 이 고백 속에 담겨 있는 문장들을 진실하게 대할 필요가 있다. 벨기에 신앙고백서는 신앙의 자유로 인하여 핍박 당하는 상황 하에서 참된 개혁신앙을 고백하는 성도들의 땀과 노력이 담긴 것이기 때문이다.

| 결 론 |

창조만 믿고 섭리를 믿지 않는 것은 하나님을 심각하게 오해하는 것이다. 그러므로 우리는 사도신경에서 "전능하신 아버지 하나님, 천지의 창조주를 믿습니다."라는 고백을 할 때에 섭리에 대한 고백도 함께 담아서 드려야 한다는 사실을 잊지 말아야 한다. 하나님께서는 창조의 능력과 동일하신 능력으로 여전히 이 세상과 역사의 과정에 관여하고 계신다.

하나님은 우리와 멀리 계신 분이 아니라 가까이 계신 분이고, 하나님은 우리에게 모든 것을 맡기시고 자기는 팔짱을 끼고 계신 분이 아니다. 우리와 늘 함께하시고, 우리와 늘 함께 일하시는 분이다.

제14조

사람의 창조와 타락, 그리고 사람이 참으로 선한 일을 행할 수 없음

The Creation and Fall of Man and his Incapability of Doing What is Truly Good

우리는 하나님께서 땅(ground)의 흙(dust)으로 사람을 창조하셨으며[1] 당신의 형상(image)과 모양(likeness), 선(good)과 의(righteous)와 거룩(holy)에 따라 사람을 만드시고 조성하셨음(formed)을 믿습니다.[2] 사람의 뜻(will)은 모든 면에 있어서 하나님의 뜻(will)과 일치할 수 있었습니다. 그러나 사람은 높은 지위(high position)에 있을 때에, 그런 지위를 바르게 인식하지도(appreciate) 않았고 자신의 탁월함(excellency)을 가치 있게 여기지도 않았습니다. 그는 마귀의 말에 귀를 기울임으로써 고의적으로(willfully) 죄를 범하였고 결과적으로 사망과 저주에 이르게 되었습니다.[3] 왜냐하면 그는 사람이 받은 생명의 계명을 어겼기 때문입니다. 그리하여 자신의 죄로 인하여 자신의 참된 생명이신 하나님으로부터 끊어졌으며, 전체 본성(whole nature)이 부패하게 되었습니다. 이 모든 것으로 인하여 사람은 육적이고 영적인 죽음(physical and spiritual)에 대해 자기 스스로에게 책임이 있습니다(liable).[4]

또 사람은 모든 면에 있어서 악하고(wicked) 완악하고(perverse) 부패해져서(corrupt), 자신이 이전에 하나님께로부터 부여받은 모든 탁월한 은사들(excellent gifts)을 상실하고,[5] 다만 몇 가지 작은 흔적(traces)을 가지고 있을 뿐이지만, 그 흔적들은 사람이 변명할 수 없을 정도로(inexcusable) 충분합니다.[6] 왜냐하면 성경이 우리에게 가르치는바, "빛이 어두움에 비치되 어두움이 깨닫지 못하더라."(요 1:5)라는 말씀으로 사도 요한이 인간(mankind)을 어두움이라고 부른 것처럼, 우리 안에 있는 모든 빛은 변하여 어두움이 되었기 때문입니다.[7]

그러므로 우리는 사람의 자유의지(the free will of man)와 관련하여 이 가르
침과 반대되는 모든 것을 배격(reject)합니다. 왜냐하면 사람은 죄의 노예
(slave)일 뿐이며(요 8:34), 하늘에서 주신 바가 아니면 아무것도 받을 수 없
기 때문입니다(요 3:27). 그리스도께서 "나를 보내신 아버지께서 이끌지
아니하시면 아무도 내게 올 수 없으니"(요 6:44)라고 하셨는데, 누가 자기
스스로 어떤 선을 행할 수 있다고 자랑(boast)하겠습니까? "육신의 생각
은 하나님과 원수가 되나니"(롬 8:7)라는 사실을 아는데, 누가 감히 자기
자신의 뜻을 찬양(glory)하겠습니까? "육에 속한 사람은 하나님의 성령
의 일을 받지 아니 하나니"(고전 2:14)라는 말씀이 있는데 누가 자기의 지
식을 말할 수 있겠습니까? 요컨대 "우리가 무슨 일이든지 우리에게서 난
것같이 생각하여 스스로 만족할 것이 아니니 우리의 만족은 오직 하나님
으로부터 나느니라."(고후 3:5)는 말씀을 알고서야 누가 감히 무엇인가를
주장하겠습니까? 그러므로 사도가 말한 바, "너희 안에서 행하시는 이는
하나님이시니 자기의 기쁘신 뜻을 위하여 너희로 소원을 두고 행하게 하
시나니"(빌 2:13)라는 것은 당연히 분명하고도 확실하게 지켜져야 합니
다. 왜냐하면 예수님께서 "나를 떠나서는 너희가 아무것도 할 수 없음이
라."(요 15:5)라고 우리에게 가르치신 것처럼, 그리스도께서 주심이 없이
는 하나님의 의지(will)나 이해(understanding)에 순종(conformable)할 수 없
기 때문입니다.

1) 창 2:7; 3:19; 전 12:7   2) 창 1:26–27; 엡 4:24; 골 3:10   3) 창 3:16–19; 롬 5:12
4) 창 2:17; 엡 2:1; 4:18   5) 시 94:11; 롬 3:10; 8:6   6) 롬 1:20–21   7) 엡 5:8

제14조

사람의 창조와 타락, 그리고 사람이 참으로 선한 일을 행할 수 없음

- **본문:** 창세기 2:7; 3:16-24
- **관련신조:** 웨스트민스터 신앙고백서 제6, 9장; 웨스트민스터 대요리문
  답 제20-29문답; 웨스트민스터 소요리문답 제10, 12-15문
  답; 하이델베르크 요리문답 제3, 6문답; 도르트신조 첫째 교
  리 1항, 둘째 교리 1항, 셋째 넷째 교리 1-5항

|서 론|

성부 하나님의 가장 대표적인 사역은 창조다. 하나님은 눈에 보이는 것과 보이지 않는 이 세상의 모든 것을 창조하셨다. 하나님께서는 가장 마지막으로 '사람'을 창조하셨다. 이 일을 통해서 삼위 하나님만이 존재하던 세상에 삼위 하나님과 자연만물, 그리고 사람의 관계가 형성되었다.

하나님께서 창조하신 모든 것들이 다 중요하지만, 그중에서 특별히 사람의 창조는 중요하다. 하나님의 관심이 무엇보다도 '사람'을 향한다. 그 이유는 크게 두 가지 때문이다.

첫째, 하나님께서는 이 세상을 창조하심에 있어서 6일에 걸쳐서 하셨는데 가장 마지막 날에 비로소 사람을 창조하셨다. 하나님은 이 세상을 창조하심에 있어서 아주 질서 있고도 분명한 계획에 따라 하셨다. 그래서 하루하루 차근차근 진행해 나가셨다. 하루에 모든 것을 다 창조하실 수도 있으셨지만 그렇게 하지 않으시고 순서대로 질서 있게 하셨고 맨 마지막 날에 사람을 창조하셨으니, 이러한 창조의 순서를 통해서도 중요한 사실을 우리에게 '계시'해 주셨다.

이런 질문이 생길 수 있다. "순서가 제일 마지막이라고 해서 가장 중요하다고 말할 수 있는 것은 아니지 않느냐?" 하는 것이다. 그렇다. 제일 마지막이 아니라 제일 처음 창조한 것이 더 중요한 것일 수도 있다. 그런데 하나님이 창조해 나가신 순서들의 흐름을 보면 맨 마지막이 중요하다는 것을 알 수 있다. 하나님은 맨 마지막에 사람을 창조하시기에 앞서 이 세상이 사람이 살 수 있을 만한 상태로 만드신 뒤에 비로소 사람을 창조하셨기 때문이다. 사람에게 필요한 빛을 창조하셨고, 사람이 살 수 있는 육지를 허락하셨고, 육지에 물을 허락하셨으며, 풀과 채소와 열매 맺는 나무를 허락하셨으니(창 1:11) 그것들은 사람들의 먹거리가 되게 하시기 위해서 창조하신 것이었다(창 1:29).

이렇게 하나님은 다른 모든 피조물을 사람보다 먼저 창조하심으로써 사람이 살 만한 조건, 즉 삶의 터전을 마련하셨고 그 후에 비로소 사람을 창조하셨다. 그렇기 때문에 사람을 가리켜서 "하나님의 창조의 면류관"(the crown of God's handiwork)이라고 한다.

둘째, 하나님께서는 사람을 창조하실 때에는 다른 피조물들과 다른 방식으로 창조하셨다. 사람의 창조에는 다른 피조물들과 구별되는 여러 가지 중요한 특징이 있다. 그중에서도 특별히 특징적인 것을 몇 가지 살펴보면, 1) 하나님의 창조 의지의 표현이 나온다. 창세기 1:26에 보면 하나님은 사람을 창조하실 자신의 의지를 미리 표현하신다. 다른 피조물들을 창조하실 때는 그냥 창조하셨다. 빛을 창조하실 때에 "내가 빛을 만들겠노라."라고 말씀하신 뒤에 "빛이 있으라."라고 하신 것이 아니었다. "내가 땅의 짐승을 만들겠다."라고 말씀하신 뒤에 "땅의 짐승을 종류대로 내라."라고 명령하신 것이 아니었다. 그런데 사람은 다르다. 26절에서 사람을 창조하시고자 하시는 하나님의 자기 의지를 천명하신다. 그러고 나서 27절에서 그 의지와 말씀에 따라 사람을 창조하신다. 2) 하나님의 직접적인 사역에 의해 창조하셨다(창 1:27). 하나님의 피조물들 중에 식물과 동물의 창조를 보시면, 창세기 1:11에 "땅은 풀과 씨 맺는 채소와 각기 종류대로 씨가진 열매 맺는 나무를 내라."라고 말씀하고, 창세기 1:20에 "물들은 생물을 번성하게 하라 땅 위 하늘의 궁창에는 새가 날으라."라고 하며, 창세기 1:24에 "땅은 생물을 그 종류대로 내되 가축과 기는 것과 땅의 짐승을 종류대로 내라."라고 한다. 그런데 창세기 1:27은 "하나님이 자기 형상 곧 하나님의 형상대로 사람을 창조하시되 남자와 여자를 창조하시고"라고 말한다. 앞의 표현들에는 간접적인 느낌의 뉘앙스들이 있지만, 사람의 창조는 그렇지 않다. 사람의 창조에 대해 하나님께서 특별한 관심을 갖고 계신 것이다. 3) 남자와 여자로 창조하셨다(창 1:27). 창세기 1:27을 보면 "…남자와 여자를 창조하시고"라고 되어 있다. 하나님은 분명 식물도 암수로, 동물도 암수로 창조하셨다. 그런데 유독 사람의 창조에 대해서만 "남자와 여자"라고 언급한다. 4) 하나님의 형상과 모양을 따라 창조하셨다(창 1:26). 다른 피조물들은 "각기 종류대로" 혹은 "그 종류대로"(after its kinds or to its kind) 창조하셨다(창 1:11, 12, 21, 24, 25). 그런데 오직 사람에 대해서만 "하나님의 형상을 따라(in God's image) 하나님의 모양대로(after God's likeness) 창조하셨다"(창 1:26)는 표현이 사용되었다.

이에 따라 벨기에 신앙고백서 제14조는 하나님의 창조물 중 최종 작품이며, 하나님의 역사의 중요한 역할을 하는 사람에 대해서 다루고 있다. 크게 세 가지 내용을 담고 있다. 첫째, 하나님은 처음 사람을 만드실 때에 어떤 상태로 창조하셨는가? 둘째, 그 사람은 무슨 일을 저질렀는가? 셋째, 그 결과 사람은 어떤 상태에 있게 되었는가?

| 본 론 |

Ⅰ. 사람의 창조

사람 창조의 재료

하나님은 사람을 창조하실 때에 무엇을 재료로 삼으셨는가? 이 강해의 본문이면서 벨기에 신앙고백서 제14조의 첫 근거구절인 창세기 2:7에서는 말하기를 "여호와 하나님이 땅의 흙으로 사람을 지으시고 생기를 그 코에 불어넣으시니 사람이 생령이 되니라."라고 한다(참조. 창 3:19; 고전 15:47). 이 성경구절에 근거해서 벨기에 신앙고백서는 가장 첫 문장에서 말하기를 "하나님께서 땅(ground)의 흙(dust)으로 사람을 창조하셨으며"라고 한다. 즉, 땅의 흙이 사람을 창조하신 재료다.

이런 질문이 생긴다. 제12조에서 고백하고 있는 무로부터의 창조의 원리에 어긋나는 것 아닌가? 그렇다고 해서 무로부터의 창조가 부인되는 것은 아니다. 왜냐하면 그 물질들은 이미 하나님께서 창조하신 것 중 일부이기 때문이다. 만약 처음 창조부터 하나님께서 어떤 물질을 사용하셨다면 그것은 무로부터의 창조를 부인하는 것이 될 것이다. 하지만 하나님은 자신이 지으신 땅의 흙을 통해 사람을 지으셨으니 이것은 무로부터의 창조에 어긋나는 것은 아니다.

그렇다면, 왜 하나님은 사람을 만드실 때에 땅의 흙으로 만드셨을까? 그 이유를 정확하게 다 알 수는 없으나, 땅이라는 말의 히브리어 '아다마'와 사람이라는 말의 히브리어 '아담'이 일종의 언어유희(word-play)관계에 있다는 사실을 통해서, 사람과 땅의 관계를 강조하기 위함이라는 사실을 추측할 수 있다. 하나님은 하늘에 속한 분이요, 사람은 땅에 속한 자임을 깨닫게 해주시기 위함이라는 것이다.

사람의 구성 – 몸과 영혼

창세기 2:7에 보면 이렇게 땅의 흙으로 몸을 만드신 하나님께서는 그 코에 생기를 불어넣으셨다. 그러고 나니 비로소 사람이 생령(生靈, a living soul)이 되었다. '생령'이라는 말은 개역개정판 난외주에도 나와 있듯이 '살아 있는 존재'(a living being) 혹은 '생명체'라는 뜻이다.[86] 땅의 흙으로 몸만 지으셨을 때에는 아직 생명이 없었으나, 그 코에 생기를 불어넣으심으로 비로소 생명이 된 것이다. 이러한 창조의 과정을 통해 우리는 사람의 두 가지 중요한 요소를 말할 수 있다. 사람은 몸과 영혼으로 구성된 존재다.

---

86) 창세기 1:21, 24, 30에서는 '네페쉬 하야'가 동물에 적용되었다.

어떤 이들은 사람은 몸(body), 혼(soul), 영(spirit)으로 이루어진 존재라고 해서 삼분설(Trichotomy)을 주장하기도 하지만,[87] 하나님은 분명 흙으로 된 몸에 생기를 불어넣으심으로써 사람을 창조하셨으니(창 2:7), 사람은 몸과 영혼으로 구성된 존재다.

이때 우리가 유의해야 할 것은 몸과 영혼을 결합시켰다기보다는 흙으로 지으신 전인(全人)에 생기(생명의 호흡)를 불어넣으신 것이다. 그래서 생령이 되었다. 이에 따라 사람을 가리켜서 '영육 통일체'(psycho-somatic unity)라고 표현한다. 몸(육체)과 영혼이라고 하는 독립된 두 요소(two different elements)로 구성된 이원적 존재(duality)가 아닌 몸과 영혼이 하나의 통일체(as a unity)로 존재한다. 그렇기에 삼분설만 아니라 이분설도 바른 생각이 아니다.

창조의 모델 - 하나님의 형상과 모양

이렇게 하나님께서 몸과 영혼의 통일체로 된 사람을 만드실 때에 어떤 모델이 있었으니, 그것은 곧 하나님 자신이셨다. 그래서 창세기 1:26에서 "하나님이 이르시되 우리의 형상을 따라 우리의 모양대로 우리가 사람을 만들고"라고 하셨고, 27절에서는 "하나님이 자기 형상 곧 하나님의 형상대로 사람을 창조하시되"라고 하셨다.

이때 '하나님의 형상과 모양'이라는 말은 무슨 뜻일까? 일단, 형상이나 모양은 서로 다른 말이 아니다. 종교개혁 이전에 살았던 이레니우스, 알렉산드리아의 클레멘트, 오리겐 등의 교부들과 로마 가톨릭 교회는 형상과 모양을 구

---

87) 헬라 철학, 특히 플라톤의 인간 본성에 대한 삼분론적 이해의 영향을 받은 기독교 역사 초기의 헬라 및 알렉산드리아 교부들이 주로 이러한 주장을 했다. 최초의 주장자 중 하나인 이레네우스(Irenaeus of Lyon, 140-202)는 불신자는 몸과 혼을 가지고 있고, 신자는 성령으로 새롭게 창조된 영을 가지고 있다고 했다. 정확히 동일한 형태는 아니지만 알렉산드리아의 클레멘트(Clement of Alexandria), 오리겐(Origen), 닛사의 그레고리(Gregory of Nyssa)가 이런 입장을 취했다. 그러나 이러한 주장은 아폴리나리우스(Apollinarius, 319-390)의 기독론 논쟁으로 인하여 불신을 받은 이후 교회 역사 속에서 거의 사라졌다. 그런데 19세기에 들어서면서 프란츠 델리취(Franz Delitzsch)에 의해 다시 제기되었다. 그 밖에 루스(Roos), 올스하우젠(Olshausen), 베크(J. T. Beck), 아우베를렌(Auberlen), 윌러(G. F. Oehler), 허드(J. B. Heard) 등과 같은 독일 및 영국의 신학자들이 여러 가지 형태로 삼분설을 부활시켰다.

분하였다. 서로 다른 전치사가 사용되었다는 이유였다.[88] 그러나 종교개혁자들은 이 생각이 잘못되었음을 잘 지적해 주었으니, '형상'(image, imago)과 '모양'(likeness, similitudo)를 지나치게 구분하는 것은 옳지 않다.[89] 그 이유는 다음과 같다. ① 창세기 1:26을 보면 형상과 모양이라는 두 개의 단어가 사용되지만, 창세기 1:27에는 "형상대로"만 나온다. 이것은 형상과 모양이 다르지 않다는 것을 보여 줍니다. 만약 형상과 모양이 다르다면 창세기 1:27에서도 창세기 1:26과 동일하게 "하나님의 형상을 따라 하나님의 모양대로"라고 했어야 할 것이다. ② 창세기 5:1을 보면 "…하나님이 사람을 창조하실 때에 하나님의 모양대로 지으시되"라고 되어 있다. 창세기 1:27에는 "형상대로"라는 말만 나와 있는데, 창세기 5:1은 "모양대로"라는 말만 나와 있으니, 이렇게 표현했다는 것은 형상과 모양이 의미가 다르지 않다는 것을 보여 준다. ③ 창세기 5:3을 보면 "…자기의 모양 곧 자기의 형상…"이라고 되어 있어서 모양이 곧 형상이라는 사실을 우리에게 가르쳐 주고 있다. 이처럼 "하나님의 형상과 모양대로"라는 말은 "하나님의 형상대로"라는 말로 줄일 수 있다. "형상을 따라, 모양대로"라는 말은 일종의 병행법적인 표현(Hebrew parallelism)일 뿐, 동일한 내용을 말한다.

그렇다면, 사람이 하나님의 형상대로 창조되었다는 것은 무슨 뜻일까? 이 말은 하나님이 원형(archetype)이시고 사람은 하나님의 반영(reflection)이라는 뜻이다. 즉 사람은 하나님을 반영하는 존재로 창조되었다는 뜻이다. 사람이 하나님의 형상으로 창조되었다는 것은 사람이 하나님을 반영해야 한다는 사람의 존재 이유와 사명도 의미한다. 그리고 하나님의 대리 통치자(vice-regent)라는

---

88) 성경 원어에는 '형상'과 '모양' 사이에 접속사가 없다. 그런데 70인경과 벌게이트역은 이 두 표현 사이에 접속사인 '그리고'를 삽입하였다. 이렇게 함으로써 마치 두 개의 표현구가 서로 다른 것을 가리키는 듯한 인상을 주게 된 것이다. Anthony A. Hoekema, *Created in God's Image*(Grand Rapids: Eerdmans, 1986), 류호준 역, 『개혁주의 인간론』(서울: CLC, 1990), 26.

89) 웨스트민스터 소요리문답 제10문답은 "하나님은 사람을 남자와 여자로 창조하시되, 자기 형상대로 지식과 의와 거룩함이 있게 하사 피조물을 다스리게 하셨습니다."라고 고백한다.

의미다. 사람은 창조와 더불어 창조된 세계 내에서 보이지 아니하는 하나님을 대신한 가시적인 대표자다.

사람이 하나님을 반영한다고 했는데 과연 하나님의 어떤 점들을 반영할까? 여러 가지가 있지만, 무엇보다도 하나님의 도덕적인 면들을 반영한다. "지식과 의와 거룩"이라고 하는 하나님의 속성들이 사람에게 반영되어 있다. 골로새서 3:10을 보면 "새 사람을 입었으니 이는 자기를 창조하신 이의 형상을 따라 지식에까지 새롭게 하심을 입은 자니라."라고 해서 '지식'이 곧 하나님의 형상을 따라 온 것임을 말씀한다. 에베소서 4:24을 보면 "하나님을 따라 의와 진리의 거룩함으로 지으심을 받은 새 사람을 입으라."라고 해서 '의와 거룩'이 곧 하나님을 따라 온 것임을 말씀한다. 사람은 이렇게 하나님에게 있는 "지식, 의, 거룩"을 반영한 존재로 창조되었다. 그래서 사람은 하나님 앞에서 도덕적으로 책임을 질 수 있는 피조물이며, 옳고 그름에 대한 내적 감각도 가지고 있고, 하나님 앞에서 거룩하고 의로운 행동을 할 수 있는 존재로 창조되었다.

그래서 벨기에 신앙고백서 제14조는 이렇게 말씀한다. "우리는 하나님께서 땅(ground)의 흙(dust)으로 사람을 창조하셨으며 당신의 형상(image)과 모양(likeness), 선(good)과 의(righteous)와 거룩(holy)에 따라 사람을 만드시고 조성하셨음(formed)을 믿습니다. 사람의 뜻(will)은 모든 면에 있어서 하나님의 뜻(will)과 일치할 수 있었습니다."

하나님의 형상과 모양대로 창조되었으므로 하나님이 갖고 계신 선과 의와 거룩을 갖고 있는 것이요, 결국 하나님의 대리 통치자(vice-regent)로서 창조된 것이고, 이러한 존재였기에 원래 처음 상태의 사람은 그 뜻이 하나님의 뜻과 일치하는 자의 모습이었다.

II. 사람의 타락

그러나 문제는 사람이 타락(墮落, Fall)했다는 것이다. 높은 상태에 있던 사람이 낮은 상태로 떨어졌다. 창세기 3장에 그 과정과 내용이 잘 나타나 있다. 하나님께서 사람에게 명령하시기를 선악을 알게 하는 나무의 열매를 먹지 말라고 하셨다. 그러면서 그것을 먹으면 "반드시 죽을 것이다."(You will surely die)라고 말씀하셨다. 이러한 것을 통해서 볼 때에 사람의 원래 상태는 죽을 수 없는 상태(*posse non mori*)에 있었다는 것을 분명히 알 수 있다. 그러나 사람은 타락한 천사인 사탄이 뱀의 모습으로 나타나서 그들을 유혹할 때에 그 꾐에 빠져 버렸다(계 12:9; 20:2). 즉 타락하게 되었다.

벨기에 신앙고백서 제14조는 이러한 사건에 대해서 "그러나 사람은 높은 지위(high position)에 있을 때에, 그런 지위를 바르게 인식하지도(appreciate) 않았고 자신의 탁월함(excellency)을 가치 있게 여기지도 않았습니다. 그는 마귀의 말에 귀를 기울임으로써 고의적으로(willfully) 죄를 범하였고 결과적으로 사망과 저주에 이르게 되었습니다. 왜냐하면 그는 사람이 받은 생명의 계명을 어겼기 때문입니다."라고 말한다.

이것을 통해서 볼 때에 사람은 원래 높은 위치에 있었다는 것을 분명히 알 수 있다. 그러나 타락으로 말미암아 그 지위에서 떨어져 버렸다. 그래서 타락(墮落)이라는 말을 영어로 fall이라고 한다. 떨어졌다는 것이다.

Ⅲ. 타락의 결과

아담과 하와에게 나타난 결과

이렇게 높은 지위에서 떨어진, 즉 타락의 결과가 어떠한가? 크게 세 가지로 생각할 수 있다. ① 수치심 ② 책임전가 ③ 두려움.

(1) 수치심(羞恥心)

타락의 결과 그 첫 번째는 '수치심'이다.

창세기 2:25는 "아담과 그의 아내 두 사람이 벌거벗었으나 부끄러워하지 아니하니라."라고 말씀한다. 그런데 창세기 3:7은 "이에 그들의 눈이 밝아져 자기들이 벗은 줄을 알고 무화과나무 잎을 엮어 치마로 삼았더라."라고 말씀한다. 두 사람이 벗고 있는 상황은 2:25과 3:7이 같다. 그러나 2:25에서는 벗었어도 아무렇지 않았는데, 3:7에서는 벗었다는 사실을 수치스럽게 생각하기 시작한다.

2:25과 3:7 사이에 어떤 일이 있었는가? '타락'(墮落, Falll)이다. 타락의 결과 자신이 벗었다는 사실을 깨닫게 된다. 타락으로 말미암은 죄의식의 가장 즉각적인 반응이 수치를 깨닫게 된 것이었다.

그런데 여기에서 한 가지 염두에 둘 내용이 있는데, 7절에서 "자기들이 벗은 줄을 알고"라는 말은 단순히 벗었다는 사실을 인지했느냐 아니냐의 문제가 아니라는 것이다. 다시 말하면, 창세기 2:25에서 아담과 여자는 자신들이 벗었다는 사실 자체를 몰랐던 것은 아니다. 그때에도 그들은 자신들이 벗었다는 사실을 인지할 만한 지식이 있었다. 타락 이전에도 그들은 자신들의 벌거벗음을 알고 있었다. 다만 타락 이후에 그 벗었다는 사실 자체를 부끄러운 것으로 생각하기 시작했다는 것이다. 육체적 의미의 눈이 밝아진 것이 아니라, 부정적인 차원에서 영적, 도덕적인 눈이 밝아져서 다른 사람과의 관계에서 수치심을 느끼게 된 것이다. 벌거벗었다는 사실에 대한 '다른 인식'을 갖게 된 것이다. 그래서 무화과나무 잎을 엮어 치마로 삼았다.

사람과 사람 사이의 가장 친밀한 관계는 '부부'다. 하나님께서 그렇게 창조하셨다. 창세기 2:21-22을 보면 하나님은 사람에 대해서만 아주 독특한 방식을 사용하셔서 창조하셨다. 아담을 깊이 잠들게 하신 뒤에 그의 갈빗대 하나를 취하시고, 아담에게서 취하신 그 갈빗대로 여자를 만드셨다. 여자의 기원은 남자의 갈빗대다. 남편과 아내의 관계는 이런 관계이기에 서로 수치스러울 것이 없다. 서로의 모습에 부끄러워할 필요가 없다. 그러나 타락의 결과 수치를 깨닫게 되었다. 이제 사람과 사람 사이의 수치스러움이 생겼다. 사람과 사람 사이에 벽이 생겼다. 사실 서로가 서로에게 잘못한 것은 없다. 여자가 남자에게 잘못을 하지 않았고, 남자가 여자에게 잘못하지 않았다. 그들의 잘못의 핵심은 하나님께로 향한 것이었다. 그럼에도 불구하고 그들은 서로에 대해서 수치심을 느끼기 시작했다.

(2) 책임전가(責任轉嫁)

타락의 결과 두 번째, 책임전가다.

11절을 보면 하나님께서 아담에게 물으신다. "누가 너의 벗었음을 네게 알렸느냐? 내가 네게 먹지 말라 명한 그 나무 열매를 네가 먹었느냐?" 이 질문에 대해서 12절에서 아담이 대답하기를 "하나님이 주셔서 나와 함께 있게 하신 여자 그가 그 나무 열매를 내게 주므로 내가 먹었나이다."라고 말한다.

11절의 질문은 두 가지다. ① 누가 너의 벗었음을 네게 알렸느냐? ② 내가 네게 먹지 말라 명한 그 나무 열매를 네가 먹었느냐? 그런데 지금 아담은 질문과 다른 대답을 한다. "네, 제가 먹었습니다."라고 대답해야 하는데 그 대답은 하지 않는다. 하나님의 질문이 "누가 너로 하여금 내가 먹지 말라고 명한 나무 열매를 먹게 했느냐?"가 아님에도 불구하고 아담은 자기 마음대로 질문을 바꾸어 대답한다.

게다가 아담은 지금 여자를 핑계대고 있다. "하나님이 주셔서 나와 함께 있게 하신 여자 그가 그 나무 열매를 내게 주므로 내가 먹었나이다."라고.

이 대답을 들으신 하나님이 13절에서 여자에게 묻는다. "네가 어찌하여 이렇게 하였느냐?" 이 질문을 들은 여자는 이렇게 대답한다. "뱀이 나를 꾀므로 내가 먹었나이다." 12절에서 아담은 "네, 제가 먹었습니다."라고 하지 않고 자기가 먹게 된 계기를 여자에게 핑계 대었다. 그런데 지금 여자 역시 자신이 행한 일에 대한 책임을 뱀에게 돌린다.

이 두 사람의 공통적인 특징은 책임전가다. 아담은 여자에게, 여자는 뱀에게 자신의 책임을 전가시킨다. 어떤 이유에서든 먹은 것은 자기임에도 불구하고 자기는 그냥 먹었을 뿐 모든 책임은 다른 이에게 있다고 말한다.

여기에서 중요하게 볼 부분이 있다. 아담이 책임전가하고 있는 대상이 누구인가? 하는 것이다. 12절을 보자. 아담이 뭐라고 말하는가? "하나님이 주셔서 나와 함께 있게 하신 여자 그가 그 나무 열매를 내게 주므로 내가 먹었나이다." 얼핏 보면 아담은 '여자'에게 책임을 전가시키고 있는 것처럼 보인다. 그런데 자세히 보면 '여자'뿐만 아니라 '하나님'에게 전가시키고 있다. "하나님이 주셔서 나와 함께 있게 하신 여자 그가"라고 말한다. 창세기 2:18에서 하나님께서 돕는 배필로 허락하신 여자 때문에 자신이 죄를 지었다고 말한다. 하나님께서 그 여자만 주지 않으셨다면 자신은 그런 죄를 짓지 않았을 사람처럼 말한다. 모든 책임을 하나님께 돌린다. 하나님은 아담에게 최고의 선물을 주셨는데, 아담은 자신의 죄의 책임을 그 선물에게 돌릴 뿐만 아니라 그 선물을 주신 하나님께 돌리고 있다.

결국 아담은 이 사건에서 뱀의 역할은 빼 버리고, 자신의 책임은 축소시키거나 외면하며, 반면에 여자의 책임은 부각시키고 하나님의 역할을 끌어들임으로 하나님과 사람의 왜곡된 관계를 드러낸다.

(3) 두려움

타락의 결과 세 번째로, 두려움이다.

창세기 3:8에 보면 "…동산에 거니시는 여호와 하나님의 소리를 듣고 아담과 그의 아내가 여호와 하나님의 낯을 피하여 동산 나무 사이에 숨은지라."라고 말씀한다. 이렇게 하나님을 숨어 버리자 9절에서 하나님이 아담을 부르신다. "네가 어디 있느냐?" 이 말을 들은 아담은 10절에서 이렇게 대답한다. "내가 동산에서 하나님의 소리를 듣고 내가 벗었으므로 두려워하여 숨었나이다."라고.

7절에서 아담과 여자는 '자기들의 벗은 것'이 부끄러워 무화과나무 잎으로 가렸다면, 8절에서 아담과 여자는 '하나님'이 두려워서 나무로 자기들을 가렸다.

여기에서 특별히 주목할 것은 아담과 여자가 두려워한 대상이 무엇인가 하는 것이다. 무엇에 대한 두려움인가? 뱀을 두려워하게 된 것인가? 아니면 선악을 알게 하는 나무의 열매를 두려워하게 되었는가? 그렇지 않다. 과연 무엇을 두려워하게 되었는가? '하나님에 대한 두려움'이다.

게다가 8절에 나오는 "여호와 하나님의 소리"[90]라는 표현의 수식어를 자세히 보면 이 소리는 하나님의 목소리나 말씀하시는 소리를 말하는 것이 아니다. 그냥 "동산에 거니시는" 소리다. 아담과 그의 아내는 이 소리만으로도 하나님을 피해 버렸다. 이렇게까지 된 것은 7절에서 보인 수치심과는 비교할 수 없는 두려움과 죄책감에서 비롯된 것이다.

이 세상의 모든 생명체는 자신을 이 세상에 있게 해준 존재에 대해서는 친근한 것이 일반적이다. 어린아이에게 가장 친근한 사람은 부모다. 동물도 그 새끼는 어미를 가장 친근하게 여긴다. 그렇다면 첫 사람도 자신을 창조하신 하나님에 대해 사실상 친근해야 한다. 창세기 1:27에서 말씀하는 것처럼 남자와 여자는 하나님이 자기 형상 곧 하나님의 형상대로 창조하신 존재다. 그렇다면 그어떤 피조물보다도 하나님과 친밀해야 할 존재다. 하지만, 그들은 오히려 하나님을 피하였다. 하나님의 얼굴을 피하여 나무 사이에 숨었다. 어둠이 두렵거나, 사탄이 두렵거나, 죄가 두려워야 하는데, 오히려 하나님을 두려워한다. 타락한 죄인은 하나님을 두려워한다. 가장 가깝게 여겨야 할 분을 가장 두려워하는 존재로 삼아 버렸다.

① 수치심 ② 책임전가 ③ 두려움. 이 모든 것들은 창조 때에 하나님께서 세우신 질서가 파괴된 것이다. 하나님이 처음 창조하셨을 때에는 없었던 것들이다.

먼저, 수치심(羞恥心)이다. 원래 하나님은 사람으로 하여금 벗었어도 전혀 수치스럽지 않도록 창조하셨다. 그 누가 벌거벗었든지 간에 상관없다. 신경 쓸필요가 없다. 하나님이 그렇게 창조하셨다. 그러나 타락의 결과 서로 수치스럽게 되었다. 무화과나무의 잎이든 무엇이든지 간에 가려야만 했다. 서로에게 자신의 몸조차도 보여 줄 수 없게 되었다. 남편과 아내는 하나 됨을 상실했고, 벗었음에 대한 자기의식과 상대방에 대한 거리감 때문에 상대방으로부터 자신을 숨겨야 했다.

---

90) 개역한글성경에는 "하나님의 음성"이라고 되어 있어서 정확한 의미를 잘 드러내지 못한다.

둘째, 책임전가(責任轉嫁)다. 원래 하나님은 서로 돕도록 창조하셨다. 창세기 2:18에서 "…내가 그를 위하여 돕는 배필을 지으리라…"라고 말씀하셨다. 그렇기 때문에 서로 도와야 하는 관계지 서로 책임을 미루는 관계가 아니다. 하나님은 그렇게 창조하셨다. 하지만, 타락의 결과 서로 책임을 미루게 되었다.

셋째, 두려움이다. 원래 하나님과 사람은 교제의 관계이다. 동산에서 사람은 하나님의 임재를 깊이 체험하며 하나님의 그 아름다운 본성을 누리면서 살도록 창조되었다. 창세기 3:8에 "…동산에 거니시는 여호와 하나님의 소리를 듣고…"라는 말에 '거니시는'이라는 단어가 히브리어로 '미트할렉'인데, 이것은 분사형(hithpael)으로서 반복적이고 습관적인 행동을 나타내니 곧 '임재'를 의미한다. 항상 거니시니 곧 임재인 것이다. 그래서 사람이 타락하기 전에 하나님과 사람은 동산에서 늘 교제하던 관계였다. 그러나 이제 그 교제가 두려움이 되어 버렸다. 이제 하나님과의 관계가 끊어져 버렸다. 하나님의 음성이나 말씀은커녕 하나님의 거니시는 소리조차 두려워하게 되었다.

온 인류에게 미친 타락의 결과(1) – 죽음

이렇게 타락의 결과로 나타난 것을 두 가지로 정리해서 말하면 다음과 같다.

첫째, 참된 생명이신 하나님과의 관계가 끊어졌다. 즉 죽음에 이르게 되었다. 하나님이 첫 사람에게 말씀하시기를 "반드시 죽으리라."(You will surely die)라고 하셨다(창 2:17). 그런데, 그것이 실제로 이루어졌다. 이렇게 말하면, 어떤 사람은 이런 생각을 할 수 있다. "아담과 하와가 죽었다는 말이 창세기 3장에 어디 나옵니까?" 물론 틀린 말이 아니다. 창세기 3장을 보면 남자와 여자는 죽지 않는다. 창세기 4장에서도 남자와 여자는 죽지 않는다. 창세기 5:5에서 비로소 죽는데, 그 나이가 "930세"다. 죽는다고 했는데 죽기는커녕 오히려 장수했다. 하지만, 그들은 분명 죽었다. 23-24절을 보자. "(23)여호와 하나님이 에덴동산에서 그를 내보내어 그의 근원이 된 땅을 갈게 하시니라 (24)이같이 하나님이 그 사람을 쫓아내시고…." 여기에서 사람을 동산에서 쫓아내신 것이 곧 그들에게 있어서 죽음이다. 왜냐하면, 하나님과의 관계가 끊어졌기 때문이다.

여기에서 우리는 '죽음'이 과연 무엇인지 생각해야 한다. '죽음'이라고 하면 흔히 '육체적인 죽음'만을 생각하기가 쉽다. 하지만, '성경이 말씀하는 죽음'이란, 육체적인 것만을 의미하지 않는다. 숨이 붙어 있다고 해서 다 살아 있는 것이 아니다. 참된 생명이신 하나님과의 단절이 곧 죽음이다. 호흡이 붙어 있어도 하나님과 단절된 인생은 죽은 존재다. 성경이 말하는 근본적인 죽음은 존재의 소멸이 아니라 생명의 근원으로부터의 분리를 뜻한다. 죽음이란 영혼이 하나님으로부터 분리되는 것이요, 영적인 비참함 속에 자신을 드러내는 것이며, 마침내는 영원한 죽음에 이르러 끝나는 것이다. 죽음이란 단순히 심장과 호흡이 멈추는 육신의 죽음만을 말하는 것이 아니라 사람이 죄로 말미암아 겪게 된 모든 불행한 결과를 말한다. 우리 영혼이 하나님으로부터 끊어지는 가장 본질적인 영적 죽음에서 시작하여, 육신이 영혼으로부터 분리되어 썩어 부패하는 육적 죽음이나 태어나서 죽기까지 살아가는 우리의 삶 속에서 스며 있는 모든 죄와 심판의 흔적 등 이 모든 것이 죽음의 일부다. 이런 점에서 아담과 하와는 분명 죽었다. 하나님과의 관계가 끊어짐으로 참 생명에서 멀어진 것이다.

원래 사람은 죽을 수 없는 상태(*posse non mori*)에 있었다. 그러나 이제 죽지 않을 수 없는 상태(*non posse non mori*)로 떨어졌다. 타락의 결과다.

이러한 타락의 결과에 대해서 벨기에 신앙고백서 제14조는 말하기를 "그리하여 자신의 죄로 인하여 자신의 참된 생명이신 하나님으로부터 끊어졌으며"라고 고백한다.

온 인류에게 미친 타락의 결과(2) – 전적 부패

둘째, 사람은 전체 본성이 부패하게 되었다. 타락 이전에 사람은 "죄를 안 지을 수 있는 능력"(*posse non peccare*)과 "죄를 지을 수 있는 능력"(*posse peccare*)을 함께 갖고 있었다. 하나님이 부여하신 자유의지가 그렇게 할 수 있도록 하였다. 그러나, 타락의 과정을 통해 "죄를 지을 수 있는 능력"을 잘못 사용하므로 "죄를 안 지을 수 있는 능력"(*posse non peccare*)을 상실하게 되었다.[91] 그래서 이제 모든 사람은 "죄를 지을 수 있는 능력"(*posse peccare*)만을 가진 완전히 부패한 자가 되

---

91) 펠라기우스와의 논쟁에서 아우구스티누스가 사용한 표현이다.

었다.

이러한 상태를 가리켜서 인간의 전적 부패(Total depravity)라고 말한다. 그래서 로마서 3:10-12은 이렇게 말씀한다. "(10)기록된바 의인은 없나니 하나도 없으며 (11)깨닫는 자도 없고 하나님을 찾는 자도 없고 (12)다 치우쳐 함께 무익하게 되고 선을 행하는 자는 없나니 하나도 없도다." 모든 사람이 범죄하였다. 각 사람의 모든 면이 부패하게 되었다. 사람은 철저히 부패하여 비참한 존재가 되었다.

이러한 타락의 결과에 대해서 벨기에 신앙고백서 제14조는 "전체 본성(whole nature)이 부패하게 되었습니다. 이 모든 것으로 인하여 사람은 육적이고 영적인 죽음(physical and spiritual)에 대해 자기 스스로에게 책임이 있습니다(liable). 또 사람은 모든 면에 있어서 악하고(wicked) 완악하고(perverse) 부패해져서(corrupt), 자신이 이전에 하나님께로부터 부여받은 모든 탁월한 은사들(excellent gifts)을 상실하고, 다만 몇 가지 작은 흔적(traces)을 가지고 있을 뿐이지만, 그 흔적들은 사람이 변명할 수 없을 정도로(inexcusable) 충분합니다. 왜냐하면 성경이 우리에게 가르치는바, "빛이 어두움에 비취되 어두움이 깨닫지 못하더라."(요 1:5)라는 말씀으로 사도 요한이 인간(mankind)을 어두움이라고 부른 것처럼, 우리 안에 있는 모든 빛은 변하여 어둠이 되었기 때문입니다."라고 고백한다.

이와 같이 사람의 현재 상태는 "죽지 않을 수 없는 상태"(non posse non mori)에 있고, "죄를 지을 수 있는 능력"(posse peccare)만을 가진 자가 되었다. 이러한 타락의 상태를 가리켜서 루터는 『노예의지론』(The Bondage of the Will)이라는 책을 통해서 인간의 전적인 부패에 대해서 이렇게 말했다. "사람은 죄의 노예이다." 그래서 벨기에 신앙고백서 제14조에는 "왜냐하면 사람은 죄의 노예(slave)일 뿐이며(요 8:34)"라는 말이 포함되어 있다.

| 결 론 |

지금까지 사람의 처음 상태, 타락의 과정, 타락으로 인한 결과를 살펴보았다. 우리는 우리 자신을 이러한 구도로 보아야 한다. 하나님의 창조, 우리의 타락, 그 타락의 결과로 인한 죄의 비참함. 이것은 하이델베르크 요리문답 제2문답에도 잘 나타나 있다. 그리고 이렇게 볼 때에 우리는 비로소 "창조-타락-구속"이라고 하는 바람직한 기독교 세계관을 가질 수가 있다. 죄 없는 상태, 죽음 없는 상태로 지어진 하나님의 형상과 모양이었던 사람. 그러나 타락으로 인하여 죄로 가득한 상태, 죽을 수밖에 없는 상태가 되었다. 이제 이러한 사람에게 필요한 것은 오직 하나님의 은혜다.

사람이라는 존재는 철저히 하나님과의 관계성 속에서만 생각해야 한다. 하나님은 그 자체로 자존적이시기에 하나님은 하나님으로만 설명이 가능하다. 그러나 사람은 전적으로 하나님과의 관계 속에서 생각해야 하는 의존적인 존재다. 사람은 하나님 앞에 선 존재(*homo coram Deo*)다.

오늘날 철학과 세계관은 사람을 하나님과 떼어놓고 생각한다. 하나님보다는 오히려 물질과 과학, 사람 그 자체와 연결 지어 생각한다. 그러나 사람은 하나님 앞에 있다. 사람은 단지 하나님 앞에서 선한 존재냐 그렇지 않느냐 하는 문제에 놓여 있을 뿐이다. 이러한 사람들인 우리에게 필요한 것은 오직 하나님의 은혜다.

제15조
원죄
Original Sin

우리는 아담의 불순종으로 인한 원죄(original Sin)가 인류(human race) 전체에 퍼져(spread throughout) 있음을 믿습니다.[1] 원죄는 인간 본성 전체의 부패(corruption)이며[2] 심지어 모태에 있는 유아들에게까지도 미치는 유전적인(hereditary) 악입니다.[3] 근원(root)으로서의 원죄는 인간 안에 있는 모든 종류의 죄를 생산합니다. 그러므로 원죄는 하나님이 보시기에 매우 악하며(vile) 혐오스러워서(abominable) 인류를 정죄(condemn)하기에 충분합니다.[4] 원죄는 없어지지(abolished) 않으며 심지어 세례로도 근절할(eradicated) 수 없습니다. 왜냐하면 죄는 마치 물이 샘에서 솟구쳐 나오는 것처럼 이 무서운 근원(woeful source)으로부터 지속적으로 흘러나오기 때문입니다.[5] 그러나 이 모든 것에도 불구하고 원죄는 하나님의 자녀들에게는 전가되어(imputed) 정죄에 이르도록 하지 않고, 하나님의 은혜와 자비로 용서함을 받습니다.[6] 이 사실은 신자들이 죄 가운데서 평온하게 지내도 된다는 뜻이 아니라, 이 부패에 대한 인식(the awareness of this corruption)이 신자들로 하여금 이 죽을 몸에서부터 구원받기를 탄식하면서(groan) 간절히(eagerly) 기다리게 만든다는 뜻입니다.

이런 점에서 우리는 이 죄가 다만 모방의 문제(a matter of imitation)일 뿐이라고 말하는 펠라기우스파의 오류를 배격합니다.

1) 롬 5:12–14, 19 2) 롬 3:10 3) 욥 14:4; 시 51:5; 요 3:6 4) 엡 2:3 5) 롬 7:18–19
6) 엡 2:4–5

원죄 1

- **본문:** 로마서 5:12, 17-19; 7:18-19
- **관련신조:** 웨스트민스터 신앙고백서 제6장; 웨스트민스터 대요리문답 제
  22-26문답; 웨스트민스터 소요리문답 제16-18문답; 하이델
  베르크 요리문답 제5, 7-10문답; 도르트 신조 셋째 교리 2항

| 서 론 |

하나님께서 사람을 창조하실 때 하나님의 형상을 따라 하셨다. 그렇기에 처음 사람의 상태는 죽을 수 없는 존재요, 죄가 전혀 없는 무죄한 상태였다. 이 상태가 지금 현재 우리의 상태라면 얼마나 좋을까? 그러나 그렇지 않다. 죄가 전혀 없는 상태로 지어진 사람은 타락하여서 죄에 빠지게 되었다. 그러므로 타락한 이후의 삶을 살고 있는 우리들은 사람의 첫 상태를 타락 이전의 상태에서 출발하지 않는다. 오히려 타락한 죄인으로서의 사람에서 출발해야 한다.

그럼에도 불구하고 이렇게 물을 수가 있다. "첫 사람 아담이 타락한 것, 그것이 우리와 무슨 상관이 있습니까?" "그렇다면 그의 타락이 어떻게 우리에게 영향을 미치게 되었습니까?" 이에 대한 답이 원죄 교리다.

사람의 죄는 크게 두 가지로 구분할 수 있다(웨스트민스터 소요리문답 제18문답). 하나는 자범죄(*peccatum actuale*, actual sin)다. 이 세상을 살아가면서 사람들이 스스로 범하는 죄다. 또 다른 하나는 원죄(*peccatum originale*, orisinal sin)다. 이 죄는 첫 사람 아담으로부터 우리가 전가 받은 죄다. 벨기에 신앙고백서 제15조는 원죄에 대해 고백한다.

| 본 론 |

1. 원죄의 증거

아담 이후의 모든 사람은 죄인이다. 원죄 때문이다. '원죄'(original sin)란 아담의 범죄로 인해 모든 사람이 갖고 태어나는 죄책과 부패성을 말한다. 원죄란 인류의 시조 아담의 범죄로 인한 원의(原義, Original righteousness)의 손상과 그로 인해 확산된 죄를 말한다. 이 세상의 모든 사람은 이러한 상태와 조건 안에서 태어난다. 이 죄를 원죄(原罪)라고 부르는 이유는 (1) 인류의 원초적인 뿌리로부터 파생되는 것이기 때문이요 (2) 태어날 때부터 인간의 생명 안에 현존하는 것으로서, 인간이 모방한 결과가 아니기 때문이며 (3) 인간의 삶을 오염시키는 모든 자범죄(all the actual sins)의 내적 뿌리(the inward root)가 되기 때문이다.

이렇게 우리 모두는 원죄의 영향 아래 있다. 그렇다면 우리가 원죄 아래에 있다는 것을 어떻게 알 수 있을까?

1) 경험적 증거

첫 번째, 경험적 증거다. 우리는 우리 자신의 모습을 통해서 우리가 원죄를 갖고 있다는 사실을 알 수 있다. 아주 어릴 때부터 사람에게서 죄의 모습이 나타난다. 어린아이들을 그냥 보고 있으면 귀엽고 천사 같아 보이지만 자세히 보면 그들에게서 악한 인간의 본성을 쉽게 발견할 수 있다. 우리는 우리 삶의 경험을 통하여 우리에게 아담으로부터 이어져 온 죄가 있다는 사실을 알 수 있다.

2) 성경적 증거

두 번째, 성경적 증거다. 시편 51:5에서 다윗은 "내가 죄악 중에서 출생하였음이여 어머니가 죄 중에서 나를 잉태하였나이다."라고 말씀한다. 이것은 한편으로 경험적 증거이면서 한편으로 성경적 증거다. 다윗은 자신의 죄를 경험한 뒤에 고백한다. "내가 죄악 중에서 출생하였다." 그는 자신의 죄가 얼마나 뿌리 깊은 것이었는지를 경험적으로 깨달았다. 이런 점에서 다윗의 이 고백은 경험적이다. 또한 이 고백은 계시적이다. 왜냐하면 다윗은 성령님의 영감을 받아 이 말씀을 했고, 기록하였기 때문이다.

이외에도 성경의 증거는 많다. 벨기에 신앙고백서 제15조의 근거구절인 로마서 5:12에서 "그러므로 한 사람으로 말미암아 죄가 세상에 들어오고 죄로 말미암아 사망이 들어왔나니 이와 같이 모든 사람이 죄를 지었으므로 사망이 모든 사람에게 이르렀느니라."라고 말씀한다. 로마서 3:10-11에서 "(10)기록된바 의인은 없나니 하나도 없으며 (11)깨닫는 자도 없고 하나님을 찾는 자도 없고"라고 말씀하며, 로마서 7:18-19에서 "(18)내 속 곧 내 육신에 선한 것이 거하지 아니하는 줄을 아노니 원함은 내게 있으나 선을 행하는 것은 없노라 (19)내가 원하는바 선은 행하지 아니하고 도리어 원하지 아니하는바 악을 행하는도다."라고 말씀한다. 이러한 성경의 가르침은 우리가 원죄 아래에 있다는 것을 잘 보여 준다.

2. 원죄가 퍼진 범위 – 인류 전체에 퍼진 원죄

이 원죄는 누구에게 미쳤는가? 원죄는 인류 전체에 퍼져 있다. 벨기에 신앙고백서 제15조는 "우리는 아담의 불순종으로 인한 원죄(original Sin)가 인류(human race) 전체에 퍼져(spread throughout) 있음을 믿습니다."라고 고백한다.

창세기 3:9에서 여자와 아담이 선악을 알게 하는 나무의 열매를 먹었을 때 하나님은 "여자야~! 네가 어디 있느냐?"라고 하지 않으셨다. 오히려 "아담아~! 네가 어디 있느냐?"라고 물으셨다. 이렇게 하나님이 '아담'을 부르셨다는 사실은 아담이 인간을 대표하며, 그의 죄가 인류 전체에 전가되는 신학적인 이유의 근거가 된다.

이렇게 한 사람의 죄는 인류 전체에게 영향을 미쳤다. 그래서 로마서 5:12는 "그러므로 한 사람으로 말미암아 죄가 세상에 들어오고 죄로 말미암아 사망이 들어왔나니 이와 같이 모든 사람이 죄를 지었으므로 사망이 모든 사람에게 이르렀느니라."라고 말씀하고, 로마서 5:19는 "한 사람이 순종하지 아니함으로 많은 사람이 죄인 된 것같이"라고 말씀한다.

이처럼 한 사람의 타락(호 6:7)은 전 인류에게 영향을 미쳤다(롬 5:12-20). 아담 안에서 모든 사람이 죽었다(고전 15:22). 이로써 죄는 보편적인 것이 되었다.

3. 누구라도 예외 없이 – 유아에게까지 미친 원죄

어느 정도로 보편적인 것인가? 이 원죄의 영향은 그 누구에게도 예외가 없으니 심지어 모태에 있는 유아들에게까지도 미친다. 벨기에 신앙고백서 제 15조는 말하기를 "심지어 모태에 있는 유아들에게까지도 미치는 유전적인 (hereditary) 악입니다."라고 한다.

이렇게 죄의 보편성은 어린아이, 유아에게도 예외가 없다. 이렇게 말하면 이러한 의문이 생길 수 있다. "태어나지도 않은 아이가 무슨 죄가 있습니까?"라고 말이다. 이런 질문에 대해서 우리는 이렇게 되물을 수 있다. "그렇다면 대여섯 살 정도 된 사람에게는 원죄가 무슨 책임이 있습니까? 스무 살 넘은 사람에게 원죄가 있는 것은 그 사람의 책임입니까?"라고 말이다.

원죄가 왜 모든 인류에게 영향을 미쳐야만 했는가의 문제에 있어서는 이해하기 어렵다. 하지만 우리는 성경의 가르침을 그대로 받아들여야 한다. 모든 사람들이 원죄의 영향 아래에 있으며, 유아도 예외가 될 수 없다.

어떤 사람들은 성경에서 '책임질 나이'(age of accountability)에 관해 가르치고 있어서 그 나이에 이르지 않은 아이들은 죄에 대한 책임도 없고, 하나님 앞에서 죄인으로 간주되지도 않는다고 주장한다.[92] 그러나 태어나기 전에도 아이들은 하나님 앞에서 죄인이며, 죄악 된 성품은 죄를 짓게 만들 뿐만 아니라 하나님께서 그들을 죄인으로 보게 만든다(시 51:5). 우리는 우리가 태어나기 전부터 죄성을 가지고 있었다고 한 성경말씀 시편 51:5에서 말씀하는바 "내가 죄악 중에서 출생하였음이여 어머니가 죄 중에서 나를 잉태하였나이다."와 시편 58:3에서 말씀하는 "악인은 모태에서부터 멀어졌음이여 나면서부터 곁길로 나아가 거짓을 말하는도다."를 그대로 받아들여야 한다.

---

92) Millard Erickson, *Christian Theology*(Grand Rapids: Baker, 1985), 639.

4. 원죄가 퍼진 정도 – 인간 본성 전체에 미치는 원죄

원죄는 우리의 삶에 어느 정도 영향을 미치고 있을까? 아담이 범한 죄가 미친 영향처럼 인간 본성 전체에 미친다. 그래서 벨기에 신앙고백서 제15조는 "원죄는 인간 본성 전체의 부패(corruption)이며"라고 고백한다. 이에 대해서 도르트 신조는 '인간의 전적 부패'(Total depravity)라고 표현하였다.

죄는 모든 곳에 퍼진다. 죄는 사람의 전 존재에 영향을 미쳤다. 사람의 사고와 말, 행동에까지 스며들었다. 사람의 본성의 모든 부분 곧 영혼과 육체의 모든 기능과 능력에까지 미쳤다. 지성, 감정, 소원, 마음, 목표, 동기, 육체 등 인간 존재의 모든 부분이 죄의 영향을 받았다. 인간은 전적으로 부패한 존재다.

5. 원죄의 결과 – 모든 죄의 근원인 원죄

원죄가 사람에게 퍼져 있는 결과는 어떠한가? 원죄는 죄의 근원(根源)이 되었다. 영어 표현처럼 뿌리(root)가 되었다. 원죄는 모든 죄의 근원이다. 인간의 모든 죄를 생산한다.

그래서 벨기에 신앙고백서 제15조는 말하기를 "근원(root)으로서의 원죄는 인간 안에 있는 모든 종류의 죄를 생산합니다. 그러므로 원죄는 하나님이 보시기에 매우 악하며(vile) 혐오스러워서(abominable) 인류를 정죄(condemn)하기에 충분합니다."라고 고백한다.

타락한 이후부터 사람은 죄를 짓기 때문에 죄인이기보다는 죄인이기에 죄를 짓는 존재가 되었다. 이것이 성경이 말하는 바다. 로마서 5:12는 "그러므로 한 사람으로 말미암아 죄가 세상에 들어오고 죄로 말미암아 사망이 들어왔나니 이와 같이 모든 사람이 죄를 지었으므로 사망이 모든 사람에게 이르렀느니라."라고 한다.

6. 원죄 교리를 반대하는 자들

1) 펠라기우스주의자들

성경에 믿음의 뿌리를 두고 있는 신자들은 원죄를 고백하지만, 그렇지 않은 사람들 중에는 원죄를 부인하는 사람들이 있었으니, 벨기에 신앙고백서 제 15조는 맨 마지막 부분에서 "이런 점에서 우리는 이 죄가 다만 모방의 문제(a matter of imitation)일 뿐이라고 말하는 펠라기우스파의 오류를 배격합니다."라고 고백함으로써 그 대표적인 사람으로 펠라기우스에 속한 사람들을 언급한다.

그렇다면 펠라기우스와 그에 속한 사람들은 어떤 주장을 하고 있는지를 살펴보자. 그들의 주장을 요약하면 다음과 같다.

① 아담은 본래 선하지도 악하지도 않은 도덕적 중립 상태로 창조되었다. ② 아담의 타락 후에도, 모든 사람은 선을 행할 수 있는 본성적 능력, 즉 자유의지를 부여받았다. 그래서 오늘날 인간도 도덕적으로 중립 상태에서 태어난다. ③ 원죄(原罪)나 부패성의 유전(遺傳) 같은 것은 없다. 아담으로부터의 죄책의 전가도, 오염의 어떠한 전가도 있지 않다. ④ 아담의 죄와 그 후손들의 죄 사이에는 아무런 필연적 연관성이 없다. ⑤ 죄는 인간이 그 가운데 태어나게 되는 어떠한 상태가 아니다. 단지 죄의 행위가 있을 뿐이요, 이러한 행위들은 항상 개인적인 성격을 띤다. 죄는 사람의 의지의 개별적 행동이며, '죄악 된' 성질이나 습관이라는 것은 없고, 사람은 자기가 할 수 있는 것에만 책임을 진다. ⑥ 오늘날 인간들은 절대적인 자유의지를 갖고 있으며, 그들이 원하는 대로 선도 악도 행할 수 있다. ⑦ 사람이 잘못된 일을 행할 때에도 그의 본성은 어떠한 영향도 받지 아니하며 후에 가서도 그가 잘못을 저지르기 전에 그러했듯이 옳은 일을 행할 수 있는 능력이 그대로 있다. 심지어 사람이 하고자 마음만 먹으면 죄를 짓지 않고 하나님의 명령을 지킬 수가 있다. ⑧ 그러므로 만일 어떤 아이가 죄를 보지 않았다면, 그 아이는 죄 없이도 평생 자랄 수 있다. ⑨ 어린아이는 죄 없이 출생하므로 유아세례는 죄 씻음과는 상관이 없고 단지 유아를 하나님께 드리는 표일 뿐이다. ⑩ 육체적 죽음은 죄의 형벌이 아니고 자연적 현상이다.[93]

이처럼 펠라기우스는 원죄 교리를 부인한다. 펠라기우스는 죄의 보편성을

---

93) Anthony A. Hoekema, *Created in God's Image*(Grand Rapids: Eerdmans, 1986), 류호준 역, 『개혁주의 인간론』(서울: CLC, 1990), 259; Louis Berkhof, *Systematic Theology*(Grand Rapids: Eerdmans, 1941), 권수경, 이상원 역, 『조직신학(상)』(서울: 크리스챤다이제스트, 2000), 455, 458.

원죄가 아닌 '모방'으로 설명한다. 아담은 그의 후손들에게 나쁜 모범을 보였고, 인류 전체는 나쁜 예를 모방하려는 경향이 있다는 것이다. 이것이 죄가 한 세대로부터 또 다른 세대로, 한 사람으로부터 또 다른 사람으로 전가되는 방법이라고 한다.

이러한 사상은 종교개혁 시대에 소시너스에 의해, 근현대에는 자유주의 신학에 의해 주장되었다. 그러나 이러한 사상은 명백히 비성경적이요 이단적이다. 펠라기우스주의는 418년 5월 1일, 카르타고 공의회(Council of Carthage)에서 이단으로 정죄되었다.

2) 로마 가톨릭

펠라기우스주의와는 다르지만 원죄 교리를 이상하게 만드는 이들이 또 있으니, 로마 가톨릭이다. 로마 가톨릭은 단 한 사람에게만큼은 원죄가 없다고 주장한다. 예수님의 어머니인 '마리아'다. 로마 가톨릭은 '마리아 무흠설'을 믿는다. 마리아 무흠설에는 여러 종류가 있다. 마리아의 '무죄 잉태설', '평생 무죄설', '평생 처녀설', '승천설', '하늘의 여왕', '마리아 보호설', '마리아 성현 숭배' 등이다. 그중에 '무죄 잉태설', 즉 마리아의 원죄 없는 잉태설(Conception without Original Sin)을 주장한다. 예수님께 원죄가 없었으니, 마리아도 원죄가 없었어야 한다는 주장이다. 그러나 이러한 주장은 매우 잘못되었다. 예수님이 원죄가 없는 것은 성령으로 잉태되셨기 때문에 가능한 것이지 마리아의 역할이 중요한 것이 아니다. 이 주장은 토마스 아퀴나스(Thomas Aquinas, 1225-1274)에게서부터 시작된 것인데, 그 이후 1854년 12월 8일 교황 비오 9세는 온 세계의 모든 감독들과 상의한 후에 '마리아의 원죄 없는 잉태설'을 선포하였다.[94] 가톨릭교회 교리서(*Catechism of the Catholic Church*) 제491, 492, 493, 508, 966조에 잘 나타나 있다.

이것으로 끝나지 않는다. 그들은 마리아의 평생 무죄설(No any personal sin)을 믿는다. 즉, 마리아는 원죄가 없을 뿐 아니라, 그의 평생에 범죄하지 않았다는

---

94) 조영엽, 『가톨릭 교회 교리서 비평』(서울: CLC, 2010), 38.

교리이다. 가톨릭 교회 교리서(*Catechism of the Catholic Church*) 제411, 493, 508조와 제2차 바티칸 공의회 교회헌장 제56조에 잘 나타나 있다.

7. 죄를 제대로 설명하는 참된 방법

우리는 성경의 가르침을 따라 원죄 교리를 믿는다. 성경이 우리의 절대적인 기준이다. 우리의 이성을 따라 이것은 옳고, 저것은 그르다고 말할 수 없다. 성경이 말하는 대로 고백할 뿐이다.

원죄 교리를 논리적으로 설명하는 것은 쉬운 일이 아니다. 아담의 죄가 인류 전체에게 어떠한 방식으로 전가되었는지를 설명하기란 쉽지 않다. 사실 죄가 인류에게 어떻게 들어왔나에 대한 설명은 성경이 말하고 있지 않으며, 결코 설명될 수 없는 하나의 신비다. 성경 전체는 우리에게 죄와 그 비참함에 대해 말씀하지만, 그 관심사는 그 기원을 설명하려는 것이 아니라 우리로 하여금 그것을 극복하도록 돕는 것일 뿐이다. 그래서 아우구스티누스는 "죄를 설명하려는 것은 어두움을 보려는 것과 같고 침묵을 들으려는 것과 같다."라고 말했다. 죄는 논리적으로 설명할 수 있는 것이 아니라 다만 정직하게 고백해야 할 뿐이다.

8. 원죄의 해결방법

우리에게 원죄가 있다는 사실은 성경을 통해서 분명하게 받아들여야 한다. 그러고 나서 해야 하는 것은 "이 원죄를 어떻게 해결할 수 있는가?"이다. 그런데 아쉽게도 이 원죄는 그 무엇으로도 없앨 수 없다.

그래서 벨기에 신앙고백서 제15조는 "원죄는 없어지지(abolished) 않으며 심지어 세례로도 근절할(eradicated) 수 없습니다. 왜냐하면 죄는 마치 물이 샘에서 솟구쳐 나오는 것처럼 이 무서운 근원(woeful source)으로부터 지속적으로 흘러나오기 때문입니다."라고 고백한다. 그런데 여기에서 끝난다면 참으로 비참할 것이다. 그렇기에 벨기에 신앙고백서는 거기에서 멈추지 않고 계속해서 이렇게 말한다. "그러나 이 모든 것에도 불구하고 원죄는 하나님의 자녀들에게는 전가되어(imputed) 정죄에 이르도록 하지 않고, 하나님의 은혜와 자비로 용서함을 받습니다."

우리에게 있는 원죄는 너무나 무서운 뿌리이기 때문에 그것으로부터 죄는 끊임없이 흘러나온다. 그래서 없앨 수가 없다. 벨기에 신앙고백서 제15조에서 언급하고 있는 '세례'는 성령세례를 말하는데,[95] 그것조차도 원죄를 없앨 수 없다. 다만 우리에게 필요한 것은 하나님의 은혜와 자비다. 그리스도 안에 있는 하나님의 은혜다. 우리를 위한 하나님의 은혜가 있으니, 하나님의 용서하심이 있으니 그것을 통해서 원죄를 해결받을 수 있을 뿐이다.

9. 원죄로 인하여 성도가 가져야 할 태도

이 사실을 아는 우리는 어떤 삶을 살아야 하는가? 벨기에 신앙고백서는 이어서 이렇게 고백한다. "이 사실은 신자들이 죄 가운데서 평온하게 지내도 된다는 뜻이 아니라, 이 부패에 대한 인식(the awareness of this corruption)이 신자들로 하여금 이 죽을 몸에서부터 구원받기를 탄식하면서(groan) 간절히(eagerly) 기다리게 만든다는 뜻입니다."

그렇다. 우리는 무엇보다도 우리에게 원죄가 있다는 사실을 깨닫고, 우리를 구원하실 분 예수 그리스도의 은혜만이 필요하다는 사실을 기억해야 한다.

| 결 론 |

이 세상의 모든 사람은 원죄를 갖고 태어난다. 어린아이마저도 악한 본성을 갖고 있다. 이 세상의 그 누구도 원죄로부터 자유로울 수 있는 사람은 없다. 회심한 이후의 바울도 로마서 7:18-19에서 이렇게 고백했다. "(18)내 속 곧 내 육신에 선한 것이 거하지 아니하는 줄을 아노니 원함은 내게 있으나 선을 행하는 것은 없노라 (19)내가 원하는바 선은 행하지 아니하고 도리어 원하지 아니하는바 악을 행하는도다."

---

95) Clarence Bouwman, *Notes on the Belgic Confession*(Armadale: The League of the Free Reformed Women's Bible Study Societies, 1997), 손정원 옮김, 『벨직신앙고백해설』(부산: 도서출판 신언, 2007), p.232, n.1.

이렇게 우리 모두에게 원죄가 있다고 하는 사실, 그리하여 끊임없이 범죄하는 존재라고 하는 사실. 이것은 우리로 하여금 하나님의 구원이 필요하다는 것으로 이어진다. 죄를 아는 자, 그에게는 구원자가 의미 있다. 이 세상에 모든 사람은 하나님의 구원이 필요한 자들이다. 그렇지 않으면, 영원한 죄의 결과 속에 있어야 할 자들이다. 그러나 이 사실을 진정으로 아는 자에게 하나님의 은혜와 자비가 있다. 죄는 인정하고 고백되어야 한다. 그러한 자에게 죄 용서함이 있다. 그렇지 않은 자에게는 죄의 형벌만 있을 뿐이다.

원죄 2 : 근원으로서의 원죄와 그 해결책인 하나님의 은혜

- **본문:** 창세기 4:1-10, 25-26
- **참고본문:** 로마서 5:12-19
- **관련신조:** 웨스트민스터 신앙고백서 제6장; 웨스트민스터 대요리문답 제
  22-26문답; 웨스트민스터 소요리문답 제16-18문답; 하이델
  베르크 요리문답 제5, 7-10문답; 도르트 신조 셋째 교리 2항

| 서 론 |

죄는 인간을 지배하는 무서운 것이다. 벨기에 신앙고백서 제15조가 고백하는 대로 죄는 "아담의 불순종으로부터 비롯해서 인류 전체에 퍼져 있다." 그리하여 아담 이후, 이 세상의 모든 사람은 죄의 영향 아래에 있다. 모두가 죄의 지배를 받는다. 벨기에 신앙고백서 제15조가 고백하는 대로 죄는 "뿌리가 되어서 인간 안에 있는 모든 종류의 죄를 생산한다." 그러므로 그 누구도 이 원죄로부터 자유로울 수 없다. 죄의 지배, 그 무서운 영향력 아래 있다.

그러나 이 무서운 죄의 지배도 해결할 수 있는 한 가지 방법이 있다. 하나님의 은혜. 죄와 은혜, 두 가지는 항상 공존하지만 죄가 아무리 강력하다 해도 은혜를 지배하지 못한다. 반대로 은혜는 그 어떠한 죄마저도 굴복하게 만든다.

죄와 은혜, 이것은 쉽게 설명하기가 어렵다. 특별히 원죄, 아담이 처음 지은 죄가 우리에게 어떻게 이어져 왔는지 말하기가 쉽지 않다. 그래서 아우구스티누스는 "죄를 설명하려는 것은 어두움을 보려는 것과 같고 침묵을 들으려는 것과 같다."라고 말했다. 이러한 가르침에 따라 우리는 죄를 논리적으로 설명

해 내려고 하기보다는 오히려 정직하게 고백해야 할 뿐이다.

그럼에도 불구하고, 우리는 우리의 원죄에 대해서 알고 싶다. 아담의 첫 죄악이 우리를 어떻게 지배하고 있는지. 그 죄를 해결하는 방법은 무엇인지.

이 강해의 본문, 즉 아담이 낳은 첫 자녀들의 이야기를 통해서 이 문제를 해결해보자. 아담의 불순종으로 인한 원죄는 과연 어떻게 우리에게 퍼져 있는가?

| 본 론 |

I. 근원으로서의 원죄

가인을 낳은 하와의 고백

본문 가장 처음 구절에서는 이렇게 말씀한다. "아담이 그의 아내 하와와 동침하매 하와가 임신하여 가인을 낳고 이르되 내가 여호와로 말미암아 득남하였다 하니라."(창 4:1) 아담과 하와가 그 아이를 낳고 말하기를 "내가 여호와로 말미암아 득남하였다."라고 고백한다. 그리고 "내가 낳았다."라는 뜻으로 '가인'이라고 이름을 짓는다. 이 말을 직역하면 "나는 여호와와 함께 남자를 낳았습니다."라는 말이다.

하와의 이 말은 무슨 뜻일까? 왜 하와는 가인을 낳고 나서 "내가 아담으로 말미암아 남자아이를 낳았습니다."라고 하지 않고, "내가 여호와로 말미암아 득남하였다."라고 말하고 있을까?

여자의 후손에 대한 약속에 비춰본 하와의 고백

하와의 이 말이 가지는 의미를 제대로 이해하기 위해서는 앞에 나오는 사건을 자세히 생각해보아야 한다. 창세기 3장의 사건을 생각해보면, 그 주요 내용은 아담과 하와가 선악을 알게 하는 나무의 열매를 따 먹음으로써 범죄하는 장면이 나온다. 인류 최초의 범죄였다. 그들은 이 범죄에 대하여 각각 뱀에게 여자에게, 궁극적으로는 하나님께 그 책임을 돌렸지만, 실제로 그 범죄의 책임은 자기 자신들에게 있는 것이었다.

이렇게 아담과 하와가 죄를 지었을 때 하나님께서는 그들에게 저주를 내리셨다. 그중에서 하와에게는 창세기 3:16에서 "내가 네게 임신하는 고통을 크게 더하리니 네가 수고하고 자식을 낳을 것이며 너는 남편을 원하고 남편은 너를 다스릴 것이니라."라고 저주를 내리셨다. 하나님은 저주뿐만 아니라 복도 주셨는데 그것은 '여자의 후손'에 대한 언급이다. 창세기 3:15에 "내가 너로 여자와 원수가 되게 하고 네 후손도 여자의 후손과 원수가 되게 하리니 여자의 후손은 네 머리를 상하게 할 것이요 너는 그의 발꿈치를 상하게 할 것이니라."라는 말씀이 그것이다. 이 복의 약속에 있어서 핵심은 여자의 후손을 보내 주시겠다는 것이다. 여자의 후손은 후에 뱀의 머리를 상하게 할 자다. 여자가 선악을 알게 하는 나무의 열매를 먹은 것은 본질적으로는 자기 자신의 죄이지만, 뱀의 유혹에 의해 시작되었다. 그런데 하나님은 여자의 후손이 뱀의 머리를 상하게 할 것이라고 뱀에게 약속하셨다. "머리를 상하게 한다."는 말은 '결정적인 승리'라는 의미다.

이렇게 저주와 복을 함께 받은 아담과 하와, 그들이 이제 에덴동산에서 쫓겨나면서 기대할 수 있는 것은 아무것도 없다. 오직 하나님의 약속만이 그들이 붙잡을 만한 유일한 소망이다. 이 약속에 기대를 걸고, 그들은 자녀를 낳았다. 그렇게 처음 낳은 아이, 그 아이를 보면서 고백한다. "내가 여호와로 말미암아 득남하였다."

이 고백은 단순한 고백이 아니다. "내가 낳은 아들 이 가인은 하나님으로 말미암아 온 아들이다."라고 생각한 것이다. 이 고백에는 가인에 대한 부모의 기대가 담겨 있다. 그 아이의 이름을 '가인'이라고 짓는 일을 통해서 자신들이 낳은 첫아이를 통해 여자의 후손이 나오고, 그로 말미암아 하나님의 약속이 성취될 것이라는 확신이 있었다. 하와는 가인을 통해서 사탄과 그의 후손을 멸망시키고 자신들에게 생명이 회복될 것이라는 믿음을 가졌다. 사실 이러한 확신은 이미 갖고 있던 것이었다. 창세기 3:20에서 아담이 그의 아내의 이름을 '생명'이라는 뜻의 '하와'로 고쳐 줄 때부터 있었던 것이었다. 이러한 기대로 인해 가인을 향하여 "내가 여호와로 말미암아 득남하였다."라고 하였고, 가인이야 말로 여호와께서 약속하신 그 여자의 후손 또는 그 여자의 후손으로 이어 줄 아들로 기대했던 것임이 이 한마디에 담겨 있었다.

이렇게 자신만만한 기대를 가진 그들, "여자의 후손을 주신다고 했는데, 벌써 주셨구나, 아~! 이 아들을 통해서 우리가 구원을 얻을 수 있겠구나?" 하는 일종의 확신을 갖고 외쳤던 그들은 이제 또 다른 아들을 낳는다. '아벨'이다.

아담의 기대를 꺾게 만드는 원죄

이렇게 낳은 두 자녀가 자랐다. 창세기 4:3 말씀처럼 세월이 지났다. 그런데 어느 날 뜻하지 않은 끔찍한 일이 벌어진다. 최초의 살인 사건이다. 8절에 "그들이 들에 있을 때에 가인이 그의 아우 아벨을 쳐죽이니라." 이게 어찌된 일인가? 자신이 낳은 두 아들 가운데 한 아들이 다른 아들을 죽여 버렸다. 끔찍한 사건이 일어났다.

왜 이런 일이 일어났을까? 도대체 왜 아들이 아들을 죽였을까? 그것은 죄의 결과였다. 그들이 에덴동산에서 지었던 죄의 결과가 이런 식으로 차츰차츰 나타나기 시작하고 있었다. 하나님의 명령을 가벼이 여기고, 그냥 "그까짓 열매 하나 먹는 게 뭐 그리 큰일이겠는가?" 하고 먹은 그 사건은 그 자리에서 끝난 것이 아니고 또 다른 결과를 낳게 되었다. "죄가 죄를 낳고." 이 사건을 통해 죄가 얼마나 비참한 것인지를 아담과 하와는 또다시 보게 되었다. 보다 실제적으로 경험하게 되었다. 아담과 하와가 쫓겨난 사건 뒤에 갑자기 가인과 아벨의 이야기가 소개되는 이유는 아담의 타락이 가져온 죄의 심각한 부패성을 보여 주려는 데 있다. 가인이 아벨을 죽인 이 사건은, 아담 안에서 초래된 죄가 어떻게 인간을 확실하게 지배하는 권세로 작용하는가 하는 사실을 보여 주는 것이다. 죄는 하나의 관념이나 이론에 불과한 것이 아니라 사람의 인격을 지배하는 힘이요, 무서운 권세다.

아담과 하와는 비로소 자신의 죄가 얼마나 비참한 것이었던지를 깨닫게 되었다. 단순히 형제 간의 싸움을 본 것이 아니다. 단순한 살인사건을 본 것이 아니다. 가인이 아벨을 죽인 것은 단순히 동생을 죽인 것이 아니라 하나님에 대한 대적이다. 왜냐하면 가인은 아벨이 싫어서 죽였다기보다는 아벨의 제사는 받으시면서 자신의 제사는 받지 않으시는 하나님에 대한 분노의 표현이었기 때문이다.

이 사건을 통해서 첫 범죄의 주인공이었던 아담과 하와는 죄가 얼마나 심각하게 자신들의 삶을 지배해 가고 있는지를 보았다. 아담과 하와는 그들의 사랑하는 자녀들의 행동을 통하여서 인간의 전적 부패(Total Depravity)를 보게 되었다. 자신들이 얼마나 비참한 존재인지를 깨달을 수밖에 없는 사건을 보게 되었다. 자기들로 하여금 선악을 알게 하는 나무의 열매를 따 먹는 유혹으로 인도하였던 그 사탄이, 이제는 가인을 유혹하여서 하나님의 언약을 상속하게 될 아벨을 살해하는 장면을 아담 부부가 보았다. 한 번 들어온 죄가 얼마나 온 인류를 비참하게 만드는지를 보았다. 죄에 대하여서 가볍게 생각했던 아담과 하와는 이제 그 아들들의 큰 사건을 통해서 죄가 얼마나 비참한지를 똑똑히 보았다. 자기가 낳은 아들이 또 다른 아들을 살인하는 그 모습을 통해서 "아, 우리가 하나님 앞에 큰 죄를 지었구나." 하고 생각할 수밖에 없었다. 죄의 심각성, 죄의 부패성을 보게 되었다.

게다가 이번 범죄의 주체는 다름 아닌 가인이었다. 살인자는 그들이 '여자의 후손'이라고 생각했던 가인이었다. 아담과 하와의 생각과는 전혀 달리 가인이 '하나님의 약속의 자녀'이기는커녕 오히려 '살인자'라는 사실은 아담과 하와의 원죄가 어떻게 인간 세계에 영향을 미치는지를 잘 보여 준다. 죄의 영향력이 얼마나 큰지를 보여 준다.

죄의 비참함과 심각함

이처럼 아담의 불순종으로 인한 원죄는 인류 역사 전체에 미치게 된다. 그래서 원죄에 대한 고백을 다루고 있는 로마서 5:12은 "그러므로 한 사람으로 말미암아 죄가 세상에 들어오고 죄로 말미암아 사망이 들어왔나니 이와 같이 모든 사람이 죄를 지었으므로 사망이 모든 사람에게 이르렀느니라."고 말씀한다.

이처럼 죄는 매우 비참하고 무섭다. 아담을 통해서 세상에 들어온 죄는 지금도 우리에게 강력한 영향을 미치고 있다. 우리의 인격을 지배한다. 우리의 죄를 한번 보라. 얼마나 심각한지. 우리의 삶을 돌아보자. 죄가 얼마나 심각한가?

벨기에 신앙고백서 제15조는 분명하게 말한다. "우리는 아담의 불순종으로 인한 원죄(original Sin)가 인류(human race) 전체에 퍼져(spread throughout) 있음을 믿습니다. 원죄는 인간 본성 전체의 부패(corruption)이며…근원(root)으로서의 원죄는 인간 안에 있는 모든 종류의 죄를 생산합니다."

죄는 아담 이후 모든 사람에게 뿌리 깊게 영향을 미치고 있다. 원죄는 우리의 육체와 영혼의 모든 기능과 모든 부분을 더럽게 만들었다. 죄가 우리를 강력하게 지배한다. 죄로 인하여 삶과 생각과 모든 것이 더러워졌다. 거룩한 욕망으로 가득 차 있어야 할 우리가 죄와 거짓의 욕망으로 충만해져 있다. 우리로 하여금 날마다 거짓과 죄의 욕망으로 인도하는 것이 우리 안에 있는 죄성이다.

아담의 범죄는 가인에게 그리고 우리에게까지 영향을 미친다. 죄는 이토록 비참하다. 죄에 대하여서 심각하게 생각해야 한다. 죄에 대한 민감성을 잃지 말아야 한다. 인간은 모태에서부터 이미 죄인이기 때문에 죄를 지을 수밖에 없는 존재다. 우리가 죄를 지어서 죄인이 되기도 하지만, 죄를 지어서 죄인이라기보다는 이미 죄인이기에 죄를 범할 수밖에 없는 존재다. 그것을 깨닫고 늘 우리는 경계해야 하며 성령의 도우심을 기다려야 한다. 모든 사람은 죄인이다. 죄의 지배를 받고 있다. 죄가 우리 안에 들어와 우리를 지배하며 우리를 깊은 유혹으로 인도한다.

그러나, 우리에게는 소망이 있다. 벨기에 신앙고백서는 다음과 같이 고백한다. "그러나 이 모든 것에도 불구하고 원죄는 하나님의 자녀들에게는 전가되어(imputed) 정죄에 이르도록 하지 않고, 하나님의 은혜와 자비로 용서함을 받습니다." 그렇다면 그 하나님의 은혜와 자비는 어떠한 방식으로 나타나는가? 원죄를 해결하는 방법인 하나님의 은혜란 무엇인가?

Ⅱ. 하나님의 은혜를 통한 원죄의 해결

셋의 탄생

아담과 하와는 가인이 여자의 후손일 것이라고 생각했지만, 사실 '아벨'이었다. 그런데 가인이 그 아벨을 죽여 버림으로써 아벨을 통해서 오게 될 여자의 후손의 계보가 끊겼다. 하나님께서 아벨을 통해서 여자의 후손을 보내 주실 것인데, 이제 아벨이 죽어서 그 계보가 끊어졌다.

조선시대에 아주 심각한 죄, 특별히 왕의 권위에 도전하는 역적행위를 한 사람에게 내리는 벌이 무엇인가? "삼족을 멸하라"는 벌이다. 아버지측, 어머니측, 그리고 아내측 사람을 다 죽이라는 벌로서 아주 무서운 벌이다. 이 벌이 무서운 이유는 그것이 가져다주는 결과가 씨를 말려 버리기 때문이다. 한 사람이 잘못한 것 때문에 아예 그 씨를 말려 버리기에 매우 무서운 벌이다. 그런데 이와 비슷한 일을 가인이 해 버렸다. 아벨을 죽임으로써 여자의 후손의 씨가 말라버렸다.

그런데, 과연 가인이 아벨을 죽였다고 해서 모든 것이 끝나 버렸을까? 아니다. 하나님이 그렇게 호락호락하신 분이 절대로 아니다. 창세기 4:25-26을 보자. 먼저 25절에 하나님이 이제 아벨을 대신하여 새로운 아들을 주셨는데 그 아들의 이름이 '셋'이다. 그런데 그들이 셋을 낳고는 이렇게 말한다. "이는 하나님이 내게 가인이 죽인 아벨 대신에 다른 씨를 주셨다 함이며."

계속되는 하나님의 은혜

이 본문을 통해서 우리는 하나님의 역사가 끝난 것이 아니라 계속되고 있다는 것을 알 수 있다. 가인의 범죄와 아벨의 죽음으로 "이제 더 이상 우리에게는 여자의 후손에 대한 기대는 없다."라고 생각할 수밖에 없던 그들에게 하나님께서는 은혜 주시는 일을 멈추지 않으시고 계속해서 은혜의 역사를 이루어 가신다. 아담 부부로 말미암아 "아벨 대신에 다른 씨를 주셨다."라고 말할 수 있게 하셨다.

그뿐이 아니다. 하나님의 은혜는 계속 진행된다. 26절에 "셋도 아들을 낳고 그의 이름을 에노스라 하였으며 그때에 사람들이 비로소 여호와의 이름을 불렀더라."라고 말한다. 참고로, "여호와의 이름을 불렀더라."라는 말은 "예배드렸다"는 말의 숙어다(창 4:26; 12:8; 13:4, 18; 21:33; 26:25; 행 1:24; 2:21; 7:59; 9:13; 22:16; 고전 1:2; 딤후 2:2). 하나님께서는 아벨을 대신하여 셋을 주실 뿐만 아니라 그 대를 계속해서 이어가게 하셨고 그들로 말미암아 예배를 받으시기까지 하신 것이다.

끊긴 줄만 알았던 여자의 후손에 대한 약속. 그러나 그것은 끊어지지 않았다. 하나님께서 주신 다른 씨를 통해 그 약속은 계속해서 성취되어 가고 있었고 계속해서 이어져 갔다. 하나님의 은혜는 계속되어서 결국은 셋을 통한 약속 계승으로 이어졌으며, 그 약속은 하나님이 정하신 때에 예수 그리스도를 통해서 이루어졌다. 누가복음 3장의 예수님의 족보 중 누가복음 3:38에 보면 "그 이상은 에노스요 그 이상은 셋이요 그 이상은 아담이요 그 이상은 하나님이시니라."라고 말한다. 하나님께서 셋과 에노스의 후손으로 참된 여자의 후손인 예수 그리스도를 보내심으로 자기가 약속하신 구원의 역사를 이루어 가신 것이다. 여자의 후손에 대한 약속은 이처럼 끊어지지 않았다. 오히려 인간의 노력이 아닌 하나님의 절대적 은혜를 통해서 가능했다.

여자의 후손은 아담과 하와의 죄로 인하여 비참해진 인간을 죄의 굴레에서 벗어나게 만들었다. 아담 부부의 죄가 가인에게 미쳤던 그 비참함은 여자의 후손을 통해서 극복되었다. 이에 대하여 로마서 5:19은 이렇게 말한다. "한 사람의 순종치 아니함으로 많은 사람이 죄인된 것같이 한 사람의 순종하심으로 많은 사람이 의인이 되리라." 아담과 하와가 불순종한 것으로 인해 이 세상에 죄가 들어왔는데 마지막 아담인 예수 그리스도를 통해서 많은 사람이 의인이 되는 놀라운 역사가 일어났다.

원죄를 해결하는 하나님의 은혜

죄는 너무나 비참하다. 아담과 하와의 죄의 결과는 그 첫 열매인 가인의 사건을 통해 그 무게가 얼마나 무거운 것인지를 보여 주었다. 이처럼 우리에게 있는 원죄는 너무나 무서운 뿌리이기 때문에 그것으로부터 죄는 끊임없이 흘러나온다. 없앨 수가 없다.

그러나 죄의 첫 열매를 뒤엎는 부활의 첫 열매이신 분의 역사 또한 우리는 보았다. 죄를 뒤덮은 그 무게보다 은혜의 무게가 더 크게 우리를 지배하였다. 우리를 죄의 끊임없는 족쇄에서 해결해 주실 은혜의 구속주가 오심으로. 로마서 5:17은 이렇게 말씀한다. "한 사람의 범죄를 인하여 사망이 그 한 사람으로 말미암아 왕노릇 하였은즉 더욱 은혜와 의의 선물을 넘치게 받는 자들이 한 분 예수 그리스도로 말미암아 생명 안에서 왕노릇 하리로다."

이러한 성경의 가르침을 따라 벨기에 신앙고백서는 제15조에서 "그러나 이 모든 것에도 불구하고 원죄는 하나님의 자녀들에게는 전가되어(imputed) 정죄에 이르도록 하지 않고, 하나님의 은혜와 자비로 용서함을 받습니다."라고 말한다.

Ⅲ. 원죄 교리에 대한 우리의 태도

가인이 아닌 아벨, 그리고 셋

아담과 하와가 자신의 첫아이인 가인을 낳고는 "내가 여호와로 말미암아 득남하였다."라고 했다. 이 말에는 가인이 '여자의 후손'일 것이라는 아담 부부의 기대가 담겨 있었다. 그러나 그들의 기대는 완전히 무너졌다. 오히려 여자의 후손은 가인이 아니라 아벨이었다. 그들이 여자의 후손이라고 생각했던 가인은 정작 진짜 여자의 후손인 아벨을 죽이는 일을 했다. 아벨을 통해서 여자의 후손이 오게 될 것인데, 가인은 그를 죽였다.

그리고 하나님은 아벨을 대신하여 셋을 주셨고, 아담 부부로 하여금 "이는 하나님이 내게 가인이 죽인 아벨 대신에 다른 씨를 주셨다 함이며"(창 3:26)라고 고백할 수 있게 해주셨다.

그렇다면 왜 하나님은 이렇게 하셨을까? 하나님께서는 이 사건을 통해서 '여자의 후손'은 정말로 오직 하나님의 절대적인 주권을 통해서만 가능한 것이라는 사실을 그들로 하여금 깨닫게 해주셨다. 죄로 인하여서 교만해지고 완악해지고, 아직도 그 죄의 심각함에 대해서 깨닫지 못하고 있을 아담과 하와로 하여금 하나님의 은혜는 오직 하나님께만 달려 있는 절대적인 것이라는 사실을 보여 주심으로써 인간을 더더욱 낮추셨다. 하나님께서는 인간을 한없이 낮추어 버리셨다. 그리고는 그들로 하여금 하나님께로부터만 올 수 있는 은혜를 기다리도록 만드셨다.

분명히 하나님께서는 여자의 후손을 보내실 것이다. 왜냐하면 하나님은 약속에 신실하신 분이기 때문이다. 만약 하나님이 그 약속을 지키지 않으신다면 그분은 하나님이 아니다. 하나님은 분명히 보내신다. 그런데 그것은 인간의 노력을 통해서가 아니다. 오직 하늘로부터 내려오는 절대주권적인 은혜를 통해서만 가능하다. 하나님에게만 속한 것이기 때문에 은혜다. 만약 우리의 열심으로 가능하다면 그것은 은혜가 아니라 대가다. 이 사실을 하나님께서는 이 사건을 통해서 보여 주고 계신다. 가인이 여자의 후손일 것이라는 그들의 교만한 기대를 꺾으심으로써 "너희들이 아무리 노력해봤자 소용없다."라고 이 사건을 통해서 보여 주셨다. 하나님께서는 "말씀"으로도 하시는 분이지만 "한 사건"을 통해서도 말씀하시는 분이시다. 하나님의 계시는 말씀과 역사라는 방편을 통해서 나타난다.

그래서 원죄 교리에 대한 성도의 태도에 대해서 벨기에 신앙고백서는 이렇게 말한다. "이 사실은 신자들이 죄 가운데서 평온하게 지내도 된다는 뜻이 아니라, 이 부패에 대한 인식(the awareness of this corruption)이 신자들로 하여금 이 죽을 몸에서부터 구원받기를 탄식하면서(groan) 간절히(eagerly) 기다리게 만든다는 뜻입니다."

하나님으로부터 오는 은혜가 필요함

하나님의 모든 은혜는 우리에게 거저 주어지는 선물이다. 하나님의 은혜는 오직 하나님께 달려 있다. 우리의 노력으로 이루어지는 것이 아니다. 물론 우리의 순종과 믿음으로 말미암아 주어지기도 하지만 그것이 은혜를 위해 우리가 치른 희생이라고 할 수 없다. 믿음과 순종이 하나님께서 우리에게 은혜를 주시는 통로이기는 하지만 원천은 아니다. 은혜의 원천은 오직 하나님의 사랑으부터 말미암는 예수 그리스도의 은혜에 있다. 은혜는 예수 그리스도께서 우리의 죄를 대신하여 십자가에서 죽으신 희생적인 대속의 공로를 기초로 주어지는 것이다. 우리의 노력은 죄의 노력에 불과하다. 우리에게 무슨 선한 것이 있는가? 우리가 아무리 열심히 한다고 무엇이 이루어지는가? 오히려 하나님께 의지함으로써 겸손한 삶을 살아가야 할 것이다. 자기 자신의 무능함을 인정하고 철저히 자신을 낮추어야 한다. 죄인이 신뢰할 수 있는 것은 오직 하나님의 사랑하는 전능과 전능하신 사랑뿐이다. 죄인이 소망할 수 있는 것은 오직 전능하신 은혜 안에 있는 것들이다.

창세기 4장과 성경 전체의 교훈

창세기 4장은 창세기 3장에서 시작된 죄가 얼마나 비참한 것인지, 그 죄가 인류 전체에게 어떤 영향을 미치는지, 창세기 3장에서 시작된 하나님의 은혜가 어떻게 우리에게 임하게 되는지, 그것을 분명하게 보여 준다.

그리고 그 이후의 모든 성경은 우리 모두가 죄인이라는 사실, 그 죄에서 구원하실 분은 오직 우리 하나님과 어린양이신 예수 그리스도에게 있다고 하는 사실을 끊임없이 가르친다. 창세기에서부터 요한계시록에 이르기까지 죄와 구원은 성경의 가장 중요한 주제다.

| 결 론 |

아담과 하와로 말미암은 죄는 온 인류 전체에 퍼져 있다. 이것이 우리의 고백이다. 이 고백처럼 아담의 죄는 우리에게 여전히 남아 있다. 그 결과물은 우리로 하여금 죄에 빠지게 만든다. 죄는 우리 본성 전체에 미치고 있고, 마치 물이 샘에서 솟구쳐 나오는 것처럼 지속적으로 흘러나온다.

우리는 이 사실을 믿고, 더 이상 가인에게 있는 사망이 아니라 셋의 후손으로 오신 그리스도에게 있는 생명을 좇아 살아야 한다. 우리로 하여금 생명이 왕노릇 하게 하시는 그 진리를 좇아 살아야 한다. 우리 영혼에서 늘 흘러나오는 더러운 죄를 씻어 주시고 용서해 주시는 은혜의 필요를 깨닫고 살아야 한다. 그리스도 안에 있는 은혜와 용서를 위하여 날마다 무릎으로 살아가야 한다. 우리가 신뢰할 수 있는 것은 은혜를 베푸실 절대자, 그리고 그가 베푸실 절대적 은혜 이외에 아무것도 없다. 죄인이기에 어쩔 수 없는 존재가 아니라 죄인이기에 더더욱 구원이 필요한 존재다.

하나님의 선택

Divine Election

우리는 아담의 모든 후손들이 첫 사람의 범죄(transgression)로 말미암아 멸망(perdition)과 파멸(ruin)에 빠졌을 때(plunged),[1] 하나님께서는 친히 자기 자신을 자비롭고(merciful) 공의로우신(just) 분으로 나타내셨음을 믿습니다. 자비로우심(merciful)이란 하나님께서 영원하시고 변치 않으시는 경륜(counsel) 가운데[2] 당신의 순수한 선하심(pure goodness)에 따라 예수 그리스도 우리 주 안에서[3] 선택하신[4] 자들을, 그들의 행위(works)를 고려하지 않으시고[5] 멸망(perdition)으로부터 구출하시고(rescuing) 구원하심(saving)에 있습니다. 공의로우심(just)이란 그 밖의 다른 사람들을 그 스스로 빠져든(plunged) 타락(fall)과 멸망(perdition)에 버려두심(leaving)에 있습니다.[6]

1) 롬 3:12 2) 요 6:37, 44; 10:29; 17:2,9,12; 18:9 3) 요 15:16, 19; 롬 8:29; 엡 1:4-5 4) 삼상 12:22; 시 65:4; 행 13:48; 롬 9:16; 11:5; 딛 1:1 5) 말 1:2-3; 롬 9:11-13; 딤후 1:9; 딛 3:4-5 6) 롬 9:19-22; 벧전 2:8

하나님의 선택

- **본문:** 에베소서 1:3-6; 로마서 8:29-30; 9:13-22
- **관련신조:** 웨스트민스터 신앙고백서 제3장; 웨스트민스터 대요리문답
  제12-14, 60문답; 웨스트민스터 소요리문답 제7-8, 20문답;
  하이델베르크 요리문답 제54문답; 도르트 신조 첫째 교리.

| 서론 | 사람의 타락으로 나타난 하나님의 두 가지 속성

최초의 사람이 타락했다. 사람은 자신의 높은 위치에서 떨어졌고(벨기에 신앙고백서 제14조), 아담 이후의 모든 사람이 죄 안에 있다(벨기에 신앙고백서 제15조). 그에 대한 자연스러운 결과는 무엇인가? 죽음이다. "반드시 죽으리라."(창 2:17)는 하나님의 약속대로 이루어진다. 실제로 최초의 범죄에 대하여 하나님은 형벌을 가하셨다. 아담과 하와는 하나님과의 교제에서 단절되었다.

하나님은 꼭 그렇게 하셔야 했는가? 하나님께서 본래 갖고 계신 공의로운 속성 때문이다. 하나님의 공의는 그들의 죄를 간과하실 수 없다. 하나님의 공의는 자신이 하셨던 "반드시 죽으리라."는 약속을 취소시킬 수 없었다. 그러므로 아담 안에 있는 모든 사람은 멸망과 파멸에 빠지고 말았다. 이제 죄의 비참함이 이 세상의 모든 사람을 괴롭힌다. 이런 상태를 인간의 전적 부패 혹은 전적 타락이라고 부른다. 이런 상태의 특성은 이제 하나님께 나아갈 능력이 없다는 것이다(벨기에 신앙고백서 제15조).

이렇게 하나님께 나아갈 능력을 잃어버린 아담과 하와에게 하나님은 은혜 베푸는 것도 잊지 않으셨다. 하나님이 직접 찾아가셨다. 아담과 하와를 가죽옷

으로 입히셨고, 여자의 후손에 대한 약속을 주셨다. 하나님의 공의 이면에 있는 하나님의 자비[96] 또한 나타났다.

이렇게 타락 이후, 하나님의 자비와 공의가 나타났다. 이 사실을 벨기에 신앙고백서 제16조는 이렇게 고백한다. "우리는 아담의 모든 후손들이 첫 사람의 범죄(transgression)로 말미암아 멸망(perdition)과 파멸(ruin)에 빠졌을 때(plunged), 하나님께서는 친히 자기 자신을 자비롭고(merciful) 공의로우신(just) 분으로 나타내셨음을 믿습니다."

하나님의 자비와 공의, 이 두 가지 속성은 하나님의 사역으로 나타났다. 아담과 하와를 심판하시고, 또한 아담과 하와에게 은혜를 베푸시는 것으로 나타났다. 이제 아담과 하와 이후의 사람들에게 하나님의 자비하심과 공의로우심은 하나님의 선택과 유기로 나타난다. 벨기에 신앙고백서 제16조가 이러한 내용을 기록한다.

| 본 론 |

선택

먼저, 벨기에 신앙고백서 제16조의 첫 문장을 보자. "자비로우심(merciful)이란 하나님께서 영원하시고 변치 않으시는 경륜(counsel) 가운데 당신의 순수한 선하심(pure goodness)에 따라 예수 그리스도 우리 주 안에서 선택하신 자들을,

---

96) 왜 벨기에 신앙고백서는 공의와 반대되는 말로 '사랑'이라는 표현을 쓰기보다는 '자비'라는 표현을 썼을까? 정확한 이유는 확인하지 못했으나, 아마도 수평적으로 이해되기 쉬운 '사랑'(caritas) 보다는 위에서 아래로 흐르는 일방적 사랑, 즉 하나님의 수직적 사랑을 더 잘 표현한다고 볼 수 있는 '자비'(mercy, misericordia)라는 단어를 사용한 것으로 보인다. 그리고 이후에 다루게 될 제20 조에서도 사용되는 '자비'가 예수 그리스도의 속죄 사역과 관련해서 연결될 것이므로(제21조), 쌍방적 사랑을 전제하는 caritas라는 단어보다 '수직적 사랑'을 나타내는 '자비'와 연결 짓는 것이 더 바람직하기 때문에 이 단어를 사용한 것으로 보인다. 참고로, 자비를 뜻하는 영어 mercy의 대응어인 라틴어 misericordia는 신학용어에서 타락한 피조물에 대한 하나님의 긍휼을 의미한다. Richard A. Muller, *Dictionary of Latin and Greek Theological Terms: Drawn Principally from Protestant Scholastic Theology*(Grand Rapids: Baker, 1985), 194.

그들의 행위(works)를 고려하지 않으시고 멸망(perdition)으로부터 구출하시고 (rescuing) 구원하심(saving)에 있습니다."

하나님의 자비로운 속성은 하나님의 선택으로 이어진다. 하나님의 자비하심이 죄 가운데 있는 자들을 그냥 두지 않으신다. 자비가 하나님의 구원을 향한 선택으로 나타난다.

하나님께서는 인류 중에서 생명에 이르도록 예정된 자들을 세상의 기초가 놓이기 전에 그의 영원하시며 불변하신 목적과 그의 은밀한 계획과 기쁘신 뜻에 따라 값없는 은혜와 사랑으로 영원한 영광에 이르도록 그리스도 안에서 선택하셨다.

선택에 대한 성경적 증거

이 사실이 이 강해의 본문인 에베소서 1:3-6에 잘 나타나 있다. "(3)찬송하리로다 하나님 곧 우리 주 예수 그리스도의 아버지께서 그리스도 안에서 하늘에 속한 모든 신령한 복을 우리에게 주시되 (4)곧 창세전에 그리스도 안에서 **우리를 택하사** 우리로 사랑 안에서 그 앞에 거룩하고 흠이 없게 하시려고 (5)**그 기쁘신 뜻대로 우리를 예정하사** 예수 그리스도로 말미암아 자기의 아들들이 되게 하셨으니 (6)이는 그가 사랑하시는 자 안에서 우리에게 거저 주시는바 그의 은혜의 영광을 찬송하게 하려는 것이라." 이 구절은 하나님이 우리를 선택하셨다는 것을 가장 잘 설명해 주는 본문이다. 4절에 보면 하나님이 우리를 그리스도 안에서 창세전에 택하셨다. 5절에 의하면 예정하심의 근거는 하나님의 기쁘신 뜻이다. 6절에서는 선택하심의 이유가 하나님의 은혜의 영광을 찬송하게 하시기 위함이라고 가르쳐 준다.

다른 본문인 로마서 8:29-30에도 이 사실이 잘 나타나 있다. "(29)하나님이 미리 아신 자들을 또한 그 아들의 형상을 본받게 하기 위하여 **미리 정하셨으니** 이는 그로 많은 형제 중에서 맏아들이 되게 하려 하심이니라 (30)또 **미리 정하**신 그들을 또한 부르시고 부르신 그들을 또한 의롭다 하시고 의롭다 하신 그들을 또한 영화롭게 하셨느니라."

이 구절들을 통해서 볼 수 있듯이 하나님은 인간들 속에 있는 어떤 공로를 보지 않으시고 당신의 주권적인 선하신 기뻐하심을 따라 당신의 백성을 영원한 구원으로 선택하셨으니, 이것을 '선택'(Election)이라고 말한다.

유기(reprobation)

하나님께서 일부 사람들을 선택하셨는데, 반대로 그렇게 선택하지 않은 자에 대해서는 하나님이 어떻게 하시는가? 벨기에 신앙고백서 제16조의 마지막 문장을 보면, "공의로우심(just)이란 그 밖의 다른 사람들을 그 스스로 빠져든(plunged) 타락(fall)과 멸망(perdition)에 버려두심(leaving)에 있습니다."라고 말한다. '버려두심'이라는 말이 영어로 leaving이다. 즉 그냥 두신다는 것이다. 선택하지 않은 사람에 대해서는 그냥 두심으로써 그들이 원래 받아야 할 멸망에 남겨두시는 것이다. 죄의 결과를 그대로 받게 하시는 것이다. 이렇게 '그냥 두신다'라고 해서 선택과 반대되는 말로 '유기'(遺棄, reprobation)라고 한다.

하나님께서 선택하셨음을 믿는다면, 반대로 하나님이 유기하셨음도 너무나 분명한 사실이다. 선택은 논리적으로 유기를 포함할 수밖에 없다. 하나님께서 어떤 이들을 선택하셨으니 또한 하나님께서 나머지 사람들을 버려두신 것이다.

유기에 대한 성경적 증거

이에 대한 성경의 증거는 많다. 대표적으로, 출애굽기는 반복하여 하나님께서 바로의 마음을 강퍅케 하셨다고 증거한다(출 4:21; 7:3; 9:12; 10:27; 11:10). 그 외에도 신명기 2:30 "헤스본 왕 시혼이 우리가 통과하기를 허락하지 아니하였으니 이는 네 하나님 여호와께서 그를 네 손에 넘기시려고 그의 성품을 완강하게 하셨고 그의 마음을 완고하게 하셨음이 오늘날과 같으니라." 여호수아 11:20 "그들의 마음이 완악하여 이스라엘을 대적하여 싸우러 온 것은 여호와께서 그리하게 하신 것이라 그들을 진멸하여 바치게 하여 은혜를 입지 못하게 하시고 여호와께서 모세에게 명령하신 대로 그들을 멸하려 하심이었더라." 사무엘상 2:25 "사람이 사람에게 범죄하면 하나님이 심판하시려니와 만일 사람이 여호와께 범죄하면 누가 그를 위하여 간구하겠느냐 하되 그들이 자기 아버지의 말을 듣지 아니하였으니 이는 여호와께서 그들을 죽이기로 뜻하셨음이

더라." 잠언 16:4 "여호와께서 온갖 것을 그 쓰임에 적당하게 지으셨나니 악인도 악한 날에 적당하게 하셨느니라." 이사야 6:9-10 "(9)여호와께서 이르시되가서 이 백성에게 이르기를 너희가 듣기는 들어도 깨닫지 못할 것이요 보기는보아도 알지 못하리라 하여 (10)이 백성의 마음을 둔하게 하며 그들의 귀가 막히고 그들의 눈이 감기게 하라 염려하건대 그들이 눈으로 보고 귀로 듣고 마음으로 깨닫고 다시 돌아와 고침을 받을까 하노라 하시기로"와 같은 말씀은 유기에 대한 분명한 증거다. 특별히 이 말씀은 신약성경에서 여섯 번이나 인용되었다(마 13:13-14; 막 4:12; 눅 8:10; 요 12:40; 행 28:26-27; 롬 11:8).

이외에도 마태복음 13:11 "대답하여 이르시되 천국의 비밀을 아는 것이 너희에게는 허락되었으나 그들에게는 아니되었나니." 요한복음 17:9 "내가 그들을 위하여 비옵나니 내가 비옵는 것은 세상을 위함이 아니요 내게 주신 자들을 위함이니이다 그들은 아버지의 것이로소이다." 로마서 9:22 "만일 하나님이 그의 진노를 보이시고 그의 능력을 알게 하고자 하사 **멸하기로 준비된** 진노의 그릇을 오래 참으심으로 관용하시고." 데살로니가후서 2:11-12 "(11)이러므로 하나님이 미혹의 역사를 그들에게 보내사 거짓 것을 믿게 하심은 (12)진리를 믿지 않고 불의를 좋아하는 모든 자들로 하여금 심판을 받게 하려 하심이라." 베드로전서 2:8 "또한 부딪치는 돌과 걸려 넘어지게 하는 바위가 되었다하였느니라 그들이 말씀을 순종하지 아니하므로 넘어지나니 이는 그들을 이렇게 정하신 것이라." 유다서 1:4 "이는 가만히 들어온 사람 몇이 있음이라 그들은 옛적부터 이 판결을 받기로 미리 기록된 자니 경건하지 아니하여 우리 하나님의 은혜를 도리어 방탕한 것으로 바꾸고 홀로 하나이신 주재 곧 우리 주예수 그리스도를 부인하는 자니라." 등의 말씀이 증거한다.

이중 예정의 확실성

하나님께서 일부는 선택하셨고 일부는 유기하셨기에 이중예정(Double Predestination, *duplex Dei praescientia*)이라고 한다(웨스트민스터 신앙고백서 제3장 제3절). 선택도 미리 정하셨고, 유기도 미리 정하셨다.

어떤 사람들은 하나님께서 선택은 하셨지만, 유기는 하지 않으셨다고 주장하는데,[97] 이는 매우 잘못된 생각이다. 왜냐하면 그렇게 되어 버리면 하나님이 선택한 자에 대해서만 관여하시고, 나머지 사람에 대해서는 무관심하신 분으로 되셔서 우리가 섭리 교리에서 배운 "만물에 아무 상관하지 않으시며 다만 우연에 맡겨두셨다고 말하는 에피쿠로스 학파의 가증스런 오류를 배격합니다."라는 고백에 반대되기 때문이다. 하나님이 어떤 사람들을 유기하셨다고 할 때 그들에 대해 무관심하시다는 개념으로 생각하면 안 된다. 선택하지 않았기 때문에 내버려두심이지 그들에게는 아무런 관심도, 관여도 하지 않으신다고 생각하면 안 된다.

하나님은 일부의 사람들을 선택하셨고, 나머지 사람들을 유기하셨다. 이것은 오직 하나님의 속성, 즉 그의 자비하심과 공의로우심에서 비롯된 것이다. 이렇게 그의 두 가지 서로 다른 속성을 통해서 이루어진 사역을 통하여 자기 자신을 온 세상에 나타내시는 하나님을 우리가 믿는다.

선택과 유기의 조건

하나님께서 어떤 사람을 선택하시고 어떤 사람을 유기하실 때에 '조건'에 따라 하실까? 그렇지 않다. 우리는 이미 그 답을 생각해보았다. 무슨 말일까? 하나님의 선택, 그것은 하나님의 자비하심이 원천이다. 하나님의 유기, 그것은 하나님의 공의로우심이 원천이다. 전적으로 하나님의 속성에서 비롯된다.

다르게 말하면 하나님이 일부 사람을 선택하시거나 유기하시는 것은 그 사람의 신앙이나 선행, 혹은 그들이 끝까지 견딜 것이라는 것에 대한 미리 아심

---

97) 특별히 이렇게 생각하는 이유는 하나님의 심판을 고려하지 않으려 하기 때문에 생기는 일이다. 그래서 이런 사람들은 유기의 두 가지 요소인 간과(preterition)와 정죄(condemnation) 중에서 간과만을 이야기하는 경우가 있다. 그러나 하나님은 그들을 간과(preterition)하시지만 또한 동시에 그들을 정죄(condemnation)하신다. 즉 선택되지 않은 자들에 대한 심판도 하나님이 하시는 일이다. 어떤 개혁파 학자들(멜니, 디)은 유기의 작정에서 '정죄'를 빼려고 한다. 그러나 유기의 작정으로부터 '정죄'를 배제하거나 그것을 다른 작정으로 간주하는 것은 타당성이 없는 것으로 보인다. 유기의 적극적 측면이 성경에서 선택의 반대로 명백히 가르쳐지고 있기 때문에, 그것을 순전히 소극적인 어떤 것으로 간주할 수 없다(롬 9:21-22; 유 4). 벨기에 신앙고백서는 '간과'만을 언급하지만, 도르트 신조는 '정죄'도 똑같이 언급한다(도르트 신조 첫째 교리 6,15-16항). '정죄'는 종종 '선고'(precondemnation)라고도 한다. Louis Berkhof, *Systematic Theology*(Grand Rapids: Eerdmans, 1941), 권수경, 이상원 역, 『조직신학(상)』(서울: 크리스챤다이제스트, 2000), 319.

에 따라 하신 것이 아니다. 선택은 결코 예견된 신앙이나 인간의 선행에 의존적이지 않으며, 신앙과 선행의 창시자이신 하나님의 주권적 선하신 기뻐하심에 전적으로 의존한다(롬 9:10-16; 행 13:48; 딤후 1:9; 벧전 1:2). 그래서 벨기에 신앙고백서 제16조는 이렇게 고백한다. "자비로우심(merciful)이란 하나님께서 영원하시고 변치 않으시는 경륜(counsel) 가운데 당신의 순수한 선하심(pure goodness)에 따라 예수 그리스도 우리 주 안에서 선택하신 자들을, 그들의 행위(works)를 고려하지 않으시고 멸망(perdition)으로부터 구출하시고(rescuing) 구원하심(saving)에 있습니다." 이런 면에서 우리는 예지예정, 즉 미리 아심에 근거하여 선택했다는 사실을 믿지 않는다(웨스트민스터 신앙고백서 제3장 제2절; 도르트 신조 첫째 교리 9항).

조건적 선택과 그 문제점

그럼에도 불구하고 어떤 사람들은 이렇게 말할 수 있다. 하나님이 조건을 보고 선택하는 것이 아니냐? 이렇게 말하는 사람들의 생각을 정리하면 다음과 같다.

> 하나님께서 선택을 하신 것은 우리에 관해 미리 모든 것을 아시고 하신 것이다. 즉 선택에 관한 결정을 하실 때 하나님께서는 우리에 관한 예지(prescience)를 사용하신 것이다. 그래서 하나님께서는 누가 믿음을 갖게 되는지 미리 아신다. 이 선(先)지식에 근거해서 하나님께서 어떤 사람들을 선택하신다. 즉 하나님께서는 그들이 믿음을 갖게 될 것임을 아시기 때문에 택하신다는 것이다. 사람들이 특정한 조건에 맞을 때 하나님께서는 구원을 위해 그들을 선택하신다. 이 주장의 근거가 되는 구절은 로마서 8:29-30이다. 이 본문에 따르면 하나님의 예지가 예정보다 선행하는 것처럼 보인다.[98]

---

98) R. C. Sproul, *Grace Unknown: The Heart of Reformed Theology*(Grand Rapids: Baker, 1997), 노진준 옮김, 『개혁주의 은혜론』(서울: CLC, 1999), 156-157.

이와 같은 생각은 '조건적 선택'이다. 이러한 주장은 매우 잘못되었다. 왜냐하면 만일 선택이 사람들의 회개나 믿음에 대한 하나님의 미리 아심, 즉 예지(豫知)에 근거한 것이라면 하나님께서 사람을 택하신 것이 아니고 사람이 하나님을 택한 것이라고 말해야 할 것이기 때문이다(웨스트민스터 신앙고백서 제3장 제2,5절). 우리에게 있는 믿음이 곧 선택의 조건이 되어 버림으로써, 하나님의 선택하심이 하나님의 자기결정에 의한 것이 아니라 우리에게 있다는 것이 되어 버린다. 하나님은 그저 우리의 믿음에 의해 어쩔 수 없이 하신 것에 불과한 존재가 되어 버린다.[99] 하나님은 단지 우리의 믿음에 대하여 확인만 하신 꼴이 되어 버린다. 이렇게 말하면 하나님보다 우리가 더 높은 사람이 된다. 이러한 주장은 알미니우스를 비롯한 비개혁주의자들의 주장이다.

게다가 그들이 근거구절로 로마서 8:29-30을 제시하는 것은 이 본문에 대한 잘못된 해석에 근거한다. 그들은 "(29)하나님이 미리 아신 자들을 또한 그 아들의 형상을 본받게 하기 위하여 미리 정하셨으니 이는 그로 많은 형제 중에서 맏아들이 되게 하려 하심이니라 (30)또 미리 정하신 그들을 또한 부르시고 부르신 그들을 또한 의롭다 하시고 의롭다 하신 그들을 또한 영화롭게 하셨느니라."는 말씀에서 29절의 '미리 아신 자들'이라는 말을 택자에 대한 믿음을 미리 아셨다는 의미로 해석하는데, 여기에서 '미리 아신 자들'이라는 의미는 미리 택하셨으므로 그 사람을 안다는 의미다. 하나님이 택하셨으니 그 사람을 안다는 의미지, 그 사람이 앞으로 어떤 삶을 살게 될 것인지를 안다는 의미가 아니다. 게다가 성경에서 '안다'는 말은 '사랑한다'는 뜻을 강하게 갖고 있다. 여기에서의 '미리 안다'는 것은 선택한다는 의미를 갖는다.

무조건적 선택의 성경적 증거

무조건적 선택을 반대하는 사람들은 로마서 8:29-30만을 언급하지만, 성경에는 무수히 많은 구절들에서 선택이 무조건적이었다는 것을 잘 말해 준다. 무엇

---

99) Clarence Bouwman, *Notes on the Belgic Confession*(Armadale: The League of the Free Reformed Women's Bible Study Societies, 1997), 손정원 옮김, 『벨직신앙고백해설』(부산: 도서출판 신언, 2007), 244.

보다도 이스라엘 백성들의 선택을 통해서 분명히 드러난다. 이스라엘을 선택(신 4:37; 7:6-8; 10:15 호 13:5)하신 하나님은 이스라엘을 선택할 때에 어떤 조건을 보지 않으셨다. 신명기 7:6-8에 "(6)너는 여호와 네 하나님의 성민이라 네 하나님 여호와께서 지상 만민 중에서 너를 자기 기업의 백성으로 택하셨나니 (7)여호와께서 너희를 기뻐하시고 너희를 택하심은 너희가 다른 민족보다 수효가 많기 때문이 아니니라 너희는 오히려 모든 민족 중에 가장 적으니라 (8)여호와께서 다만 너희를 사랑하심으로 말미암아, 또는 너희의 조상들에게 하신 맹세를 지키려 하심으로 말미암아 자기의 권능의 손으로 너희를 인도하여 내시되 너희를 그 종 되었던 집에서 애굽 왕 바로의 손에서 속량하셨나니"라고 말씀한다.

하나님의 선택은 주권적이며, 무조건적이다. 그 밖에 다른 성경의 근거들을 보자. 로마서 9:11 "그 자식들이 아직 나지도 아니하고 무슨 선이나 악을 행하지 아니한 때에 택하심을 따라 되는 하나님의 뜻이 행위로 말미암지 않고 오직 부르시는 이로 말미암아 서게 하려 하사." 로마서 9:15-16 "(15)모세에게 이르시되 내가 긍휼히 여길 자를 긍휼히 여기고 불쌍히 여길 자를 불쌍히 여기리라 하셨으니 (16)그런즉 원하는 자로 말미암음도 아니요 달음박질하는 자로 말미암음도 아니요 오직 긍휼히 여기시는 하나님으로 말미암음이니라." 로마서 9:18 "그런즉 하나님께서 하고자 하시는 자를 긍휼히 여기시고 하고자 하시는 자를 완악하게 하시느니라." 에베소서 1:5 "그 기쁘신 뜻대로 우리를 예정하사." 에베소서 1:11 "모든 일을 그의 뜻의 결정대로 일하시는 이의 계획을 따라 우리가 예정을 입어 그 안에서 기업이 되었으니." 디모데후서 1:9 "하나님이 우리를 구원하사 거룩하신 소명으로 부르심은 우리의 행위대로 하심이 아니요 오직 자기의 뜻과 영원 전부터 그리스도 예수 안에서 우리에게 주신 은혜대로 하심이라."

이렇게 하나님은 어떤 자들을 구원의 대상으로 선택하실 때에 어떠한 조건을 보지 않으신다. 그 사람의 믿음이나 행위를 먼저 보지 않으신다. 그저 하나님의 주권적인 은혜를 따라 선택하신다.

무조건적 선택의 당위성

성경은 분명 무조건적 선택을 가르친다. 선택의 근거는 철저히 선하시고 기뻐하시는 하나님의 뜻이다(에베소서 1:3-5; 웨스트민스터 신앙고백서 제3장 제5절). 그렇다면, 조건적 선택이 아니라 무조건 선택을 믿는 것이 왜 중요할까?

만약 우리의 선택이 우리에게 있는 어떤 것에 근거한다면 구원은 하나님의 은혜가 아니라 우리의 권리가 되어 버린다. 내가 잘했으니 하나님이 나를 구원해 주신다면, 나의 구원은 나의 권리가 되어 버린다. 구원이 단지 내가 받을 권리가 있기에 얻는 것이라면 그것은 절대로 은혜가 아니다. 은혜란 하나님께서 꼭 주셔야만 하는 것이 아니라 아무 조건 없이 주어지는 선물이다.

게다가 무조건 선택이어야만 하나님이 우리보다 높은 분이 될 수 있다. 하나님은 우리에 의해 좌지우지되는 분이 아니라 하나님의 자유로우신 뜻에 따라 선택하시는 분으로 우리 위에 계신 분이 된다. 하나님이 창조라는 사역에 매여 있지 않으시고 자유로운 창조를 하신 것과 같다. 창조하시는 일이 자유로우셨듯이, 우리를 선택하시는 일도 자유로우시다. 우리를 선택하지 않으셔도 어차피 우리는 우리 죄에 따라 책임을 져야 하는데, 하나님은 전적으로 자유롭게 선택하신 것이다.

앞서 벨기에 신앙고백서의 고백에서 보았듯이 하나님이 우리를 선택하신 것은 하나님의 자비하심이라고 하는 자기 속성에 따른 것이다. 이 세상의 그 어떠한 것으로부터도 자유로우신 하나님은 오직 자기의 속성 안에서만 매여 계시니 그 속성에 따라 선택하신 것이다. 하나님의 선하신 뜻에 따른 것이다.

이 사실은 우리로 하여금 겸손하게 만든다. 만약 하나님께서 우리의 선행을 미리 아시고 그것에 근거해서 선택하신 것이라면, 우리는 절대로 겸손할 수 없다. 내가 잘나서 구원받은 것이니, 나의 선행이 구원받게 만든 것이니, 구원은 하나님에게서 오는 것이 아니라 나에게서 비롯된 것이 되어 버리고 내가 자랑할 것은 하나님이 아니라 나의 의로움이 되어 버린다. 그렇게 될 때에 우리에게 겸손함은 사라지고 교만함만이 남게 될 것이다. 그런데, 우리의 구원은 나의 행함과 선행에서가 아니라 하나님의 자비하심과 하나님의 기뻐하신 뜻에 비롯된 것이니 우리는 겸손할 수밖에 없다.

하나님은 불의하신가?

지금까지의 내용이 성경이 가르치는 바다. 우리가 선택 교리를 믿는 이유는 이것이 논리적이기 때문이 아니라, 성경이 말하기 때문이다. 그럼에도 불구하고 우리는 성경이 말하는 것만으로 부족함을 느끼는 것이 사실이다. "성경 그대로 믿으면 되지."라고 말하면서도 우리 속에 강한 의심이 생긴다. 어떤 의심인가? "하나님은 불의하신 것이 아닌가? 하나님이 선택하기도 하시고 유기하기도 하시다니, 차라리 다 선택하시면 그것이 참으로 하나님이 의로우신 것이 아닌가?" 하고 말이다.

이에 대하여 로마서 9:13 이하에서 잘 말씀한다. 13절에 "기록된바 내가 야곱은 사랑하고 에서는 미워하였다 하심과 같으니라."라고 말씀하면서, 이어지는 14절에 "그런즉 우리가 무슨 말을 하리요 하나님께 불의가 있느냐 그럴 수 없느니라."라고 마치 우리의 생각을 예상이나 하듯이 자문자답의 형식으로 말한다. "하나님은 불의하냐? 아니다. 그럴 수 없다."라고 말이다.

특별히 20-21절에서는 우리가 질문하고자 하는 그 의도를 제대로 생각하면서 말씀한다. "(20)이 사람아 네가 누구이기에 감히 하나님께 반문하느냐 지음을 받은 물건이 지은 자에게 어찌 나를 이같이 만들었느냐 말하겠느냐 (21)토기장이가 진흙 한 덩이로 하나는 귀히 쓸 그릇을, 하나는 천히 쓸 그릇을 만들 권한이 없느냐."

이 구절에서 강조하는 것은 하나님의 주권이다. 이 세상을 창조하신 이가 타락 이후에 어떤 사람을 다시금 자신의 재창조의 대상으로 삼으신 것 역시 당연히 하나님의 주권에 속한 것이다. 하나님은 하나님이요, 사람은 피조물에 불과하다. 그러므로 우리는 하나님께서 나를 선택하시고, 다른 사람을 선택하지 않은 사실에 대해서 불평할 수 없다. 선택의 근거는 하나님께 있다. 하나님은 자신의 선하신 뜻에 따라 선택하셨으므로 절대로 불의할 수 없다.

타락 이후 모든 사람들은 죄인이며 하나님의 복을 상실했기 때문에 모두가 다 하나님의 처벌을 받는다 해도 아무도 할 말이 없다. 그 누구도 선택되지 않았다고 해서 하나님을 원망할 수 없다. 죄인은 하나님의 선택이라는 복을 요구할 아무런 권리나 주장도 할 수 없다. 그러므로 우리는 하나님이 어떤 이들은 선택하시고 다른 이들은 간과하시는 일에 대해 하나님이 설명하시도록 요청할 만한 아무런 권리도 없을 뿐 아니라, 그가 어떤 사람은 구원하지 않으셨다 하더라도 그가 완전히 의로우시다는 점을 인정해야 한다(마 20:14-15; 롬 9:14-15).[100] 타락한 인간은 마치 토기장이 앞에서 진흙에 의해 만들어지는 그릇에 불과하다.

선택 교리에 대한 오해(1)

선택과 유기의 교리에 대해서 오해하지 말아야 할 것이다. 한때 장로교의 예정론에 대해 오해한 젊은 신자들 사이에 자살이 유행했다고 한다. "어차피 나의 구원이 예정되어 있으니 죽어도 천국 갈 건데, 지금 죽자. 죽어서 지옥 가면 지옥 가기로 예정된 것이고 천국 가면 천국 가기로 예정된 것이니 그냥 자살하면 되지."라고 말이다. 그러나 이것은 예정에 대한 철저한 오해다. 우리가 선택을 믿는 것은 그러한 숙명론을 믿는 것이 아니다.

선택 교리와 하나님께 영광

예정 교리의 핵심은 숙명론이 아니라 사람의 구원이 궁극적으로 사람 자신에게서 나왔느냐 아니면 하나님께로부터 나왔느냐 라는 근본적 문제에 있다. 하나님께서 참으로 그의 기쁘신 뜻 가운데 어떤 이들을 영생에 이르도록 선택하셨는가? 하나님께서 참으로 사람을 구원하시는가? 구원의 능력이 참으로 하나님께 있는가? 이 질문에 대해서 성경에 근거하여 '확실하게 그렇다'고 대답하게 하는 것이 선택 교리다.

　이러한 예정의 진리는 구원받은 성도들에게 큰 유익을 준다. 이 진리는 구원받은 성도로 하여금 하나님의 긍휼을 찬송하게 하고 하나님의 공의 앞에 두려움을 가지게 하며 참된 겸손과 흔들리지 않는 위로를 준다. 우리의 구원은 우리의 변덕스럽고 변화무쌍한 결심에 근거하지 않고 하나님의 영원하신 불변적 예정에 근거한다. 예정은 하나님의 전적인 은혜다. 하나님의 예정을 믿는

---

100) Berkhof, 『조직신학(상)』, 318.

자들은 또한 하나님의 뜻에 순종하여 의롭고 선한 삶을 위해 부지런하고 성실히 힘써야 한다.

그래서 에베소서 1:3은 예정에 관해 말하면서 "찬송하리로다."라는 말로 시작한다. 그리고 마지막 6절에서는 "이는 그가 사랑하시는 자 안에서 우리에게 거저 주시는바 그의 은혜의 영광을 찬송하게 하려는 것이라."라고 마침으로써 예정에 관한 진정한 의미를 말해 주고 있다. 이 교리를 통해 우리의 구원이 하나님께 달려 있다고 하는 위로를 얻으며 오직 하나님께 영광을 돌려야 한다.

선택 교리에 대한 오해(2)

또 어떤 사람은 선택 교리는 전도를 할 필요가 없게 만든다고 말한다. 하지만 그렇지 않다. 선택 교리는 더욱 전도하게 만든다. 그 이유는 선택이 우리에게 있는 것이 아니라 하나님께 있는 것이요, 그 선택은 우리에게는 비밀로 알려져 있기 때문이다. 또한 선택을 유효하게 하는 것은 전파되는 복음을 통해서 가능하기 때문이다. 오히려 선택 교리는 전도할 때에 단순히 하나님의 자비만을 말하지 않고, 혹은 하나님의 공의만을 말하지 않고 하나님의 자비와 공의를 함께 말하게 만든다.

선택 교리에서 누려야 할 위로

이 교리는 우리에게 위로를 준다. 그런데 이 위로라는 것은 우리가 숙명론에 따라 살라는 위로가 아니다. 오히려 우리의 구원이 늘 변하는 우리 자신에 근거한 것이 아니라, 절대로 변하지 않으시는 하나님의 속성에 근거한 것이라는 점에 있다.

만일 구원이 나에게 달려 있다면 늘 불안할 것이다. "내가 과연 구원받을 것인가?"라고 말이다. 그러나 철저히 하나님 안에 있는 근거에 따라 우리가 선택되었으니, 우리의 선택은 그 어떤 것에 의해서도 변할 수가 없다. 그래서 자동적으로 우리는 구원의 확신을 가질 수 있다. 내가 비록 연약하여도 나는 비록 부족하여도 하나님의 크신 사랑이 우리를 구원케 할 것이다. 만약 나의 믿음에 따라 나를 향한 하나님의 사랑이 좌우된다면 하나님의 사랑은 커졌다가 작아졌다가 심지어 생겼다가 사라졌다가 할 것이다. 그러나 하나님의 사랑의 크기 때문에 하나님께서 우리를 사랑하시니 그 사랑은 무한하다.

그래서 사도 바울은 로마서 8:33 이하에서 이렇게 말씀한다. 33절 "누가 능히 하나님께서 택하신 자들을 고발하리요 의롭다 하신 이는 하나님이시니," 35절 "누가 우리를 그리스도의 사랑에서 끊으리요 환난이나 곤고나 박해나 기근이나 적신이나 위험이나 칼이랴," 38-39절 "(38)내가 확신하노니 사망이나 생명이나 천사들이나 권세자들이나 현재 일이나 장래 일이나 능력이나 (39) 높음이나 깊음이나 다른 어떤 피조물이라도 우리를 우리 주 그리스도 예수 안에 있는 하나님의 사랑에서 끊을 수 없으리라."

| 결 론 |

하나님의 자비하심으로 말미암은 하나님의 선택. 그것은 결국 이 세상에 예수 그리스도를 보내게 하였다. 이어서 다룰 벨기에 신앙고백서 제17조가 그것을 다루고 있다. 예수님께서는 자기 백성을 구원하실 것이다. 하나님의 선택 밖에 있는 자는 심판하실 것이다.

타락한 사람의 회복

The Rescue of Fallen Man

우리는 사람이 스스로 육체적이고 영적인 죽음에 빠져 완전히 비참하게 (miserable) 되었을 때, 은혜로우신 우리 하나님께서 당신의 놀라운 지혜와 선하심으로 사람이 당신 앞에서 두려워 떨며 도망칠 때에 그를 찾으신 다는 것을 믿습니다.[1] 하나님께서는 자기 아들을 주사, 여자에게서 나게 하시고(갈 4:4), 뱀의 머리를 상하게 하실 것(bruise)(창 3:15)에 대한 약속으로 사람을 위로하시고, 복을 주셨습니다.[2]

1) 창 3:9 2) 창 22:18; 사 7:14; 요 1:14; 5:46; 7:42; 행 13:32–33; 롬 1:2–3; 갈 3:16

타락한 사람의 회복

- **본문:** 창세기 3:15; 갈라디아서 4:4-5
- **관련신조:** 웨스트민스터 신앙고백서 제7장; 웨스트민스터 대요리문답
  제30-36문답; 웨스트민스터 소요리문답 제20-21문답

|서 론 | 죄로 인해 비참해진 사람

벨기에 신앙고백서 제14조에 보면 하나님께서는 처음 사람을 창조하실 때에 "당신의 형상(image)과 모양(likeness), 선(good)과 의(righteous)와 거룩(holy)에 따라" 하셨다. 그래서 "사람은 높은 지위(high position)에 있"었다. 그러나 사람은 "그런 지위를 바르게 인식하지도(appreciate) 않았고 자신의 탁월함(excellency)을 가치 있게 여기지도 않았습니다. 그는 마귀의 말에 귀를 기울임으로써 고의적으로(willfully) 죄를 범하였고 결과적으로 사망과 저주에 이르게 되었습니다."

그 결과 사람은 "자신의 죄로 인하여 자신의 참된 생명이신 하나님으로부터 끊어졌으며, 전체 본성(whole nature)이 부패하게 되었"다. 또한 "죄의 노예(slave)일 뿐"이다. 게다가 벨기에 신앙고백서 제15조의 고백대로 "아담의 불순종으로 인한 원죄(original Sin)가 인류(human race) 전체에 퍼져(spread throughout) 있"다. "심지어 모태에 있는 유아들에게까지도" 그 영향을 미쳤다. 이러한 인류 전체의 상태를 가리켜서 "비참하다"라고 표현한다.

| 본 론 |

I. 벨기에 신앙고백서 제17조의 의미

비참함 가운데 찾아오시는 하나님

그렇다면 사람은 비참하기만 한가? 이러한 인류에게는 아무런 소망이 없는가? 그렇지 않다. 감사하게도 하나님께서는 인류를 비참한 상태에만 내버려 두지 않으셨다. 하나님께서는 인류에게 구원의 길을 열어 주셨다. 그래서 벨기에 신앙고백서 제17조는 이렇게 고백한다. "우리는 사람이 스스로 육체적이고 영적인 죽음에 빠져 완전히 비참하게(miserable) 되었을 때, 은혜로우신 우리 하나님께서 당신의 놀라운 지혜와 선하심으로 사람이 당신 앞에서 두려워 떨며 도망칠 때에 그를 찾으신다는 것을 믿습니다."

은혜로우신 하나님, 지혜와 선하심으로 가득하신 하나님께서는 타락한 사람을 찾아오신다. 사람 스스로가 하나님을 찾을 수 없으니, 하나님께서 친히 찾아오신다.

타락한 사람과 그에게 찾아오시는 하나님

이러한 찾아오시는 하나님의 모습은 처음 타락 때부터 나타났다. 에덴동산에서 범죄하여 두려워서 무화과나무 잎으로 자신의 몸을 가리고 숨어 있는 아담과 하와에게 하나님이 찾아가셨다. 창세기 3:9에서 "여호와 하나님이 아담을 부르시며 그에게 이르시되 네가 어디 있느냐."라고 말씀하셨다. 죄인을 외면하지 않으시고 찾아오시는 하나님을 보여 준다. 그래서 벨기에 신앙고백서의 첫 근거구절은 창세기 3:9를 인용한다. 처음 아담에게 찾아가신 하나님께서 지금도 계속해서 우리를 찾아오신다는 것이다. 이것이 우리의 믿음이요 고백이다.

여자의 후손에 대한 약속

이렇게 하나님이 찾아오셔서 하신 것이 무엇이었는가? 여자의 후손을 보내어 주시리라는 약속을 주신다. 이 강해의 본문 말씀인 창세기 3:15에 보면 "내가 너로 여자와 원수가 되게 하고 네 후손도 여자의 후손과 원수가 되게 하리니 여자의 후손은 네 머리를 상하게 할 것이요 너는 그의 발꿈치를 상하게 할 것이니라."라고 하나님께서 약속하신다.

여기에 보면 '여자의 후손'에 대한 약속이 나오는데, 말 그대로 '여자의 몸에서 나오게 될 자손'을 말한다. 이 여자의 후손이 누구인지에 대해서 그 말을 처음 들었던 뱀과 아담과 여자는 정확하게 알기 어려웠을 것이다. 하지만 우리는 계시가 완성된 이후의 시대를 살고 있기 때문에 그 여자의 후손이 누구인지 안다. 누구인가? 이 여자의 후손은 궁극적으로 '예수 그리스도'를 가리킨다. 누가복음 3:23-38에 보면 예수님의 족보가 나오는데 거기에 보면 예수님이 아담의 후손(눅 3:38), 곧 여자의 후손임을 보여 준다. 갈라디아서 3:16과 3:19을 보면 '자손'이 언급되는데 예수 그리스도를 가리킨다. 갈라디아서 4:4에 보면 "때가 차매 하나님이 그 아들을 보내사 여자에게서 나게 하시고…"라고 말씀하는데, 예수님이 여자의 후손이라는 암시가 있다.

이 약속은 예수 그리스도에 대한 최초의 약속이다. 다른 말로 '원시복음'(*protevangelium*)이라고 한다. 장차 오실 여자의 후손이 뱀의 후손을 멸망시킬 것에 대한 약속이 뱀과 여자에게 주어졌다. 복음에 대한 내용이 처음으로 약속되었다. 범죄하여 소망 없는 사람에게, 타락으로 말미암아 하나님께 스스로 나아올 능력을 잃어버린 사람에게 하나님께서 친히 찾아오셔서 소망과 약속을 주신다.

창세기 3:6에서 선악을 알게 하는 나무의 열매를 먹은 여자, 그 여자의 후손을 하나님께서 보내어 주실 것인데, 궁극적으로 메시아이신 예수 그리스도를 말한다. 여자의 후손이 뱀의 머리를 상하게 할 것이다.

이 약속은 언제 비로소 성취되는가? 벨기에 신앙고백서 제17조의 본문에 갈라디아서 4:4라고 언급되어 있듯이 여자에게서 나실 때,[101] 즉 마리아의 몸에서 나실 때, 다시 말해 다음 강해에서 다룰 벨기에 신앙고백서 제18조에 나와 있듯이 예수님께서 이 세상에 오셨을 때에 비로소 완전하게 성취가 된다. 그래서 벨기에 신앙고백서 제17조의 두 번째 문장은 이렇게 말한다. "하나님께서는 자기 아들을 주사, 여자에게서 나게 하시고(갈 4:4), 뱀의 머리를 상하게 하실 것(bruise)(창 3:15)에 대한 약속으로 사람을 위로하시고, 복을 주셨습니다."

성경 전체를 통해 성취되는 여자의 후손에 대한 약속

창세기 3:15에 나타난 여자의 후손을 보내어 주실 것이라는 약속, 그것은 마침내 예수님께서 오실 때까지 창세기 3장 이후부터 계속 나타난다. 여자의 후손이 누구인가에 대한 관심과 그에 대한 기대가 창세기와 구약성경 전체의 핵심을 이룬다. 창세기 3장 이후에 나오는 모든 내용은 여자의 후손을 보내고자 하시는 하나님의 열심을 기록한다. 창세기부터 이후의 모든 성경 계시의 역사는 여자의 후손에 대한 내용으로 가득 차 있다.

Ⅱ. 언약이라는 관점에서 다시 보기

지금까지의 내용을 '언약'의 관점에서 생각해볼 필요가 있다. 이 강해의 본문이면서 벨기에 신앙고백서 제17조에서 중요하게 언급하는 창세기 3:15을 가리켜서 '원시복음'(protevangelium)이라고 하지만, 또한 '은혜언약'(Covenant of Grace, Foedus Gratiae)에 관한 중요한 본문으로도 본다.

개혁주의 신학은 성경 전체에 흐르는 중요한 사상을 '언약'이라는 관점에서 설명하였으니, 우리도 벨기에 신앙고백서 제17조를 언약의 관점에서 다시 볼 필요가 있다.

---

101) 갈라디아서 4:4 "때가 차매 하나님이 그 아들을 보내사 여자에게서 나게 하시고 율법 아래에 나게 하신 것은"

언약관계

태초에 하나님이 천지만물을 창조하셨고 또한 사람을 창조하셨다. 그렇기에 하나님과 사람은 창조주와 피조물의 관계다. 이 두 관계는 감히 대등할 수 없는 관계요, 서로 연관될 수 없는 관계다. 그렇기에 피조물에 불과한 사람은 하나님을 창조주로 마땅히 여기고 섬겨야 한다.

그럼에도 불구하고 하나님은 친히 낮아지셔서 사람과 관계하기를 기뻐하셨다. 이렇게 해서 하나님과 사람 사이에 관계가 생겨났으니, 이러한 관계를 '언약'(言約, covenant)이라고 한다.

행위언약을 맺으신 하나님

하나님께서 친히 낮아지셔서 사람과 맺으신 첫 언약을 '행위언약'(Foedus Operum, Covenant of Works)이라고 한다.[102] 그 내용은 창세기 2:15-17에 나와 있다.

---

102) 교회 역사상 '행위언약'에 대한 다양한 표현들이 있었다. 아우구스티누스는 '타락 전 언약'(prelapsarian covenant)이라고 표현했다. 하이델베르크 요리문답의 작성자 중 한 명인 자카리우스 우르시누스(Zacharias Ursinus, 1534-1583)는 '자연언약'(Foedus naturae)이라고 불렀고, 우르시누스와 함께 하이델베르크 요리문답의 작성에 관여한 캐스퍼 올레비아누스(Caspar Olevianus, 1536-1587)는 '창조언약'(foedus creationis, covenant of creation)이라고 불렀다. 청교도 목사인 존 다우네임(John Downame, 1571-1652)이라는 분은 '생명언약'이라고 불렀다. 안상혁, 『언약신학 쟁점으로 읽는다: 인물과 주제로 읽는 언약신학 입문』(수원: 영음사, 2014), 40. 20세기 대표적인 개혁주의 신학자인 '존 머레이'(John Murray)는 '행위언약' 역시 '은혜'에 기초한 언약이므로 '은혜언약'이라고 부르거나 'the Adamic Administration'(아담에 대한 경륜 or 아담 통치방안 or 아담에 대한 언약시행)이라는 표현을 사용해야 한다고 주장했다. John Murray, "the Adamic Administration," in *Collected Writings of John Murray*, vol 2. (Edinburgh: The Banner of Truth Trust, 1977), 49-50, 박문재 역, 『조직신학 II』(서울: 크리스챤다이제스트, 1991), 60-61. 존 머레이의 위와 같은 주장에 대해 메레디스 클라인(Meredith G. Kline)은 강하게 반대하였고, 존 머레이와 메레디스 클라인의 논쟁은 매우 유명하다. 전정구 박사는 존 머레이와 메레디스 클라인 사이에 벌어진 언약신학 논쟁을 자신의 박사학위논문에서 다루었다. Jeong Koo Jeon, *Covenant Theology: John Murray's and Meredith G. Kline's Response to the Historical Development of Federal Theology in Reformed Thought*(New York & Oxford: University Press of America, 1999). 유해무는 웨스트민스터 신앙고백서가 행위언약과 은혜언약으로 양분하고 있음을 지적하며 모든 언약은 은혜언약임을 주장한다(유해무, 『개혁교의학』(서울: 크리스챤다이제스트, 1997), 238-239; 유해무, 『헌법해설: 웨스트민스터 신앙고백서/대소교리문답서』(서울: 고신총회, 2015), 114-115). 대표적인 언약신학자인 팔머 로벗슨은 행위언약과 은혜언약이라는 용어 사용의 적절성에 대해서도 지적하면서 동시에 행위 언약 역시 '은혜'의 요소가 있음을 말하면서 그 한계를 지적한다. O. Palmer Robertson, *The Christ of the Covenants*(Grand Rapids: Baker, 1980), 김의원 역, 『계약신학과 그리스도』(서울: CLC, 1983, 1995⁶), 63-65; Berkhof는 '행위의 언약'이라는 명칭이 가장 적절하다고 본다. Louis Berkhof, *Systematic*

행위언약에 대해 설명하면, 하나님은 사람을 창조하셨을 때에 하나님의 형상대로 창조하셨다(창 1:26-27). 이때 하나님의 형상(Image of God)이란 지식(knowledge)과 의(righteousness)와 거룩함(holiness)을 소유한 존재라는 의미다(골 3:10; 엡 4:24). 이러한 하나님의 형상을 소유한 사람은 그 자체로 완전한 상태였다.

하지만 이때 말하는 '완전한 상태'라는 것은 '절대적인 완전'을 의미하는 것은 아니었다. '상대적 완전성'(relative perfection)을 가진 상태였다. 처음 창조된 사람이 불완전한 존재는 아니었지만, 그렇다고 그것이 더 이상 올라갈 수 없을 정도의 완전한 상태는 아니었다. 이미 높은 상태이지만, 훨씬 더 높은 상태로 갈 수 있는 여지가 있는 존재였다.[103]

이러한 상태에서 하나님은 사람과 언약을 맺으셨으니 '행위언약'이다. 행위언약의 내용은 창세기 2:16-17에 나와 있는 대로 "(16)…동산 각종 나무의 열매는 네가 임의로 먹되 (17)선악을 알게 하는 나무의 열매는 먹지 말라…"는 것이었다. 이 언약에는 형벌이 있었는데 17절 하반부에 나와 있는 대로 "…네가 먹는 날에는 반드시 죽으리라…"라는 것이었다. 반대로 만약 이 언약을 잘 지키면 사람에게는 영원한 생명이 약속되어 있었다. 먹으면 '죽음'이지만 먹지 않고 순종하면 '영원한 생명'이 약속되어 있었다. 하나님이 처음 창조하신 상대적 완전성의 상태보다 더 높은 상태로 나아갈 수 있는 약속이 보장되어 있었다. 이렇게 아담과 전 인류는 하나님과의 관계에서 행위언약이라는 것으로 묶여져 있었다.

정리하면, 행위언약 아래에 있는 사람은 하나님의 형상으로 창조되었지만 아직은 더 완전한 상태에 이를 수 있는 존재였고, 그래서 하나님은 행위언약을

Theology(Grand Rapids: Eerdmans, 1941), 권수경, 이상원 역, 『조직신학(상)』(서울: 크리스챤다이제스트, 2000), 422. 그러나 웨스트민스터 신앙고백서가 행위언약과 은혜언약을 구분한 것은 행위언약이 갖고 있는 '은혜언약적'인 요소를 몰라서가 아니다. 웨스트민스터 신앙고백서는 행위언약으로는 아담의 타락으로 인하여 생명을 얻을 수 없다는 것을 강조하기 위해서 그러한 구분을 하는 것이다. 이 사실은 웨스트민스터 신앙고백서 제7장의 제3절에서 잘 표현되어 있다.

103) 이 점에서 개혁파 신학은 루터파 신학과 큰 차이를 보인다. 루터파 신학에서 하나님의 형상으로의 창조는 최고 이상적 인간의 실현이다. 그 이상은 아담 안에서 완전히 성취되었고, 그보다 더 높은 상태란 불가능하다. 아담은 아무것도 될 필요가 없었고, 단지 자기 자신으로 머무르기만 하면 되었다. Herman Bavinck, *Gereformeerde Dogmatiek*(Kampen, 1901), Ⅱ, [297]

통해서 생명을 약속해 주셨다. 그렇기에 만약 그 언약을 잘 지켰다면 한 차원 더 높은 곳으로 갈 여지가 있었으니 영생이다.

행위언약을 깨뜨림

그러나 창세기 3:6에서 사람은 사탄의 간계와 유혹을 받아 행위언약을 깨뜨려 버린다. 하나님께서 먹지 말라고 하신 선악을 알게 하는 나무의 열매를 먹었다. 이 범죄로 말미암아 하나님께서 사람에게 주신 하나님의 형상(원의)을 잃어 버린다. 그리고 사망에 이르게 되었고, 육체와 영혼의 모든 부분과 모든 기능이 더러워졌다.

아담은 단순히 한 개인이 아니다. '아담'이라는 말은 히브리어로 '사람'이라는 뜻이다. 그렇기에 첫 사람 아담은 단순히 한 개인으로 존재하는 것이 아니라, 모든 인류를 대표하는 존재였다. 장차 이 세상에 있게 될 모든 사람을 대표하는 사람이 곧 아담이다.

이 아담이 선악을 알게 하는 나무의 열매를 먹었으니 그것은 곧 인류 전체가 하나님과의 언약을 파기(破棄)해 버린 것이다. 그래서 아담의 후손인 우리 모두도 그 첫 범죄의 죄책(Original guilt)과 오염(Original pollution)을 이어받게 되었다.

이 사실을 로마서 5:12이 잘 설명해 주고 있다. "그러므로 한 사람으로 말미암아 죄가 세상에 들어오고 죄로 말미암아 사망이 들어왔나니 이와 같이 모든 사람이 죄를 지었으므로 사망이 모든 사람에게 이르렀느니라."

타락 이후의 상태

그렇다면 지금도 우리는 행위언약 아래에 있는 것일까? 그렇다. 여전히 우리는 행위언약 아래에 있다.[104] 만약 우리가 완전히 순종한다면 영원한 생명에 이를 수 있다.

그런데 문제가 있다. 언약 그 자체는 유효하지만, 우리는 그 언약을 지킬 수

---

104) 이 문제에 대해서는 알미니우스주의자들과 개혁주의자들 사이에 뚜렷한 견해 차이가 있다. 알미니안주의자들은 아담이 타락할 당시 폐기되었다고 본다. Berkhof, 『조직신학(상)』, 429.

가 없다. 하나님 편에서는 여전히 사람이 열심히 살고 하나님의 율법에 온전히 순종하면 영원한 생명을 주신다는 약속이 유효하지만, 사람 편에서는 이제 그러한 완전한 순종이라는 것을 수행하는 것이 불가능하다. 왜냐하면 죄의 오염(Original pollution)으로 말미암아 전적 타락(Total depravity)과 전적 무능력(Total inability)의 상태가 되었기 때문이다. 그래서 더 이상 우리의 힘으로 율법을 완전히 순종할 수 없다. 우리의 힘으로 하나님께서 요구하시는 언약의 기준에 다다를 수가 없게 되었다. 이제 남은 것은 그저 행위언약을 파기한 대가(代價)로 치러야 할 영원한 형벌뿐이다. "반드시 죽으리라."라고 약속하신 하나님의 형벌만이 사람에게 남았다. 그렇다면, 이제 하나님과 사람의 관계는 끝이 났을까? 아니다.

은혜언약을 맺으신 하나님

이러한 사실을 잘 아시는 하나님께서 사람과 다시금 언약을 맺으신다. 다시 말하면, 사람이 행위언약을 통해 제공된 축복을 받을 수 없게 되었을 때, 타락으로 말미암아 죄의 노예가 되어 더 이상 율법의 엄중한 요구와 영생의 기회를 충족시킬 만한 능력을 모두 빼앗기고 말았을 때, 하나님께서는 사람이 구원받을 수 있는 또 다른 수단을 제공해야 할 필요성을 느끼셨다. 그래서 하나님께서는 사람과 다시 언약을 맺으셨으니 곧 은혜언약(Foedus Gratiae, Covenant of Grace)이다. 이것이 하나님께서 사람과 맺은 두 번째 언약이다.

이 강해의 본문에 그 하나님께서 은혜언약을 맺으신 것의 시작이 나온다. 창세기 3:15을 보면 하나님께서 뱀에게 다음과 같이 선언하신다. "내가 너로 여자와 원수가 되게 하고 네 후손도 여자의 후손과 원수가 되게 하리니 여자의 후손은 네 머리를 상하게 할 것이요 너는 그의 발꿈치를 상하게 할 것이니라."

은혜언약의 내용

그렇다면 은혜언약의 내용은 무엇인가? 은혜언약이란 하나님의 율법에 완전한 순종을 할 수 없는 상태가 되어 버린 우리들을 위해서 하나님께서 친히 그리스도를 약속하신 것을 말한다. 그리고 그리스도에 대한 언약 안에서 우리로 하여금 생명과 구원을 값없이 주실 것을 약속하셨다.

이때 하나님은 이에 대해 중요한 조건을 허락하셨으니 곧 '그리스도를 믿는 믿음'이다. 그런데 이 믿음도 하나님의 선물이다. 그렇기에 은혜언약은 행위언약과 마찬가지로 하나님께서 허락하신 은혜다. 언약의 주체는 '하나님'이다. 행위언약을 파기한 것은 우리이지만, 하나님이 다시 우리와 언약을 맺으셨다. 이것은 은혜다.

이때 우리가 한 가지 기억할 것이 있다. 하나님은 행위언약을 폐기하신 것이 아니다. 은혜언약을 통해서 행위언약을 완성시키려고 하셨다. 사람의 순종으로 더 이상 하나님의 언약을 지킬 수 없게 된 것에 대해서 하나님은 그 사람의 순종을 대신할 또 다른 사람을 보내기로 약속하셨으니 예수 그리스도시다.

계속되는 은혜언약

이 은혜언약은 하나님의 약속으로서 성경에 지속적으로 나타나고 있다(웨스트민스터 신앙고백서 7장 4절). 이제 이후로 은혜언약은 점차적으로 발전해 나간다. 창세기 3:15에 언급된 은혜언약이 하나의 '씨'라면, 이제는 그 씨가 점점 커져간다. 그것이 창세기 3:15 이후에 나타나는 하나님의 역사다.

이러한 하나님의 계획을 파악한 아담은 창세기 3:20에서 이렇게 행동한다. "아담이 그의 아내의 이름을 하와라 불렀으니 그는 모든 산 자의 어머니가 됨이더라." 아담은 비록 행위언약을 파기한 당사자였으나 하나님의 은혜언약을 바르게 이해하여 하나님께서 장차 자기의 아내를 통해서 여자의 후손을 보내주실 것을 믿었고, 그래서 아내의 이름을 '여자'에서 '생명'이라는 뜻을 갖고 있는 '하와'로 바꾸어 준다. 자기의 아내가 범죄자에서 모든 산 자의 어머니가 될 것임을 믿고 확신하였다. 이처럼 아담은 이름을 바꾸는 행위 속에서 하나님의 언약에 대한 자신의 이해와 믿음을 나타내었다.

창세기 3:15에서 은혜언약을 표현하신 하나님은 이후에 노아와 더불어 당신의 언약을 세웠고(창 6:19), 아브람에게 당신의 언약을 주셨다(창 17:2, 7). 모세와 언약을 세우셨고, 다윗과 언약을 세우셨으며, 예수 그리스도 안에서 새 언약을 맺으셨다(렘 31:31-34). 노아언약, 아브라함언약, 모세언약, 다윗언약, 새 언약은 배경과 내용 면에서 다르지만, 모두 다 은혜언약의 발전을 보여 주고 있다. 그리고 그 지속적인 내용 속에 예수 그리스도에 대한 내용이 담겨 있다 (웨스트민스터 신앙고백서 제7장 제4절). 노아에게 명령하신 홍수에 관한 명령 속에, 노아에게 주신 무지개 언약 속에 그리스도의 사역이 있다. 아브라함에게 언약하신 할례 속에, 이삭에 대한 약속 속에, 이삭을 바치라는 명령 속에 그리스도가 있다(웨스트민스터 신앙고백서 제7장 제4절). 시내 산에서 맺으신 언약 속에 그리스도의 성찬이 있다. 다윗과 맺으신 언약 속에 영원한 하나님 나라의 중보자이신 예수 그리스도가 있다. 이렇게 은혜언약이 약속되어 있는 것을 가리켜서 '구약'이라고 부르고(웨스트민스터 신앙고백서 제7장 제5절), 그 언약이 성취된 내용을 담고 있는 것을 '신약'이라고 부른다(웨스트민스터 신앙고백서 제7장 제6절).

III. 벨기에 신앙고백서 제17조로 다시 돌아와서

회복될 하나님의 형상

이러한 하나님의 은혜와 언약으로 말미암아 타락한 사람은 회복된다. 죄로 말미암아 잃어버린 하나님의 형상은 하나님의 은혜와 언약으로 말미암아 타락 이전의 상태로 회복된다. 그래서 벨기에 신앙고백서 제17조의 제목이 "타락한 사람의 회복"(The Rescue of Fallen Man)이다.

첫 사람 아담은 분명 하나님의 형상과 모양을 따라 지은 바 된 자였다. 그러나 이 형상은 타락(fall)으로 말미암아 '왜곡된 형상'(deformed image)이 되었다. 이것이 모든 사람의 현재 상태다. 타락으로 인하여 사람은 '자기 형상과 모양'을 따라 출산하게 된다(창 5:3). 그러나 사라진 '하나님의 형상', 왜곡된 형상은 은혜언약의 중보자이시며 '보이지 않는 하나님의 형상'(골 1:15; 히 1:3)이신 예수 그리스도로 말미암아 '개혁된 형상'(reformed image)으로 회복된다.

이러한 일을 이루게 하는 것이 하나님의 은혜언약이다. 예수 그리스도로 말미암아 삼위 하나님과 언약을 맺어서 타락 이전의 상태로 돌아간다(히 7:25; 8:6). 이렇게 참된 하나님의 형상이신 예수 그리스도로 말미암는 은혜언약을

통해 다시 하나님과 언약을 맺어야만 참된 사람이 될 수 있다.[105]

하나님의 속성에서 비롯되는 은혜언약

하나님은 비참한 죄인들을 찾으신다. 그들을 부르신다. 이러한 일은 도대체 무엇 때문에 일어날까? 이러한 일이 일어나는 동기와 기원이 어디에 있을까? 우리의 잘남에 있을까? 우리가 은혜받을 만한 조건을 갖추고 있기 때문일까? 그렇지 않다. 그렇다면 은혜언약은 무엇에서 비롯되는 것인가? 하나님의 속성이다.

벨기에 신앙고백서 제17조의 첫 문장을 다시 보자. "우리는 사람이 스스로 육체적이고 영적인 죽음에 빠져 완전히 비참하게(miserable) 되었을 때, 은혜로 우신 우리 하나님께서 당신의 놀라운 지혜와 선하심으로 사람이 당신 앞에서 두려워 떨며 도망칠 때에 그를 찾으신다는 것을 믿습니다." 여기에서 우리의 죄와 비참에 대해 말한 뒤에 무엇이라고 말하는가? "은혜로우신 우리 하나님께서 당신의 놀라운 지혜와 선하심으로"라고 말한다. 하나님이 우리를 찾으시는데 그 동기와 기원은 하나님의 속성이다.[106] 하나님의 은혜로우심과 하나님의 놀라운 지혜와 선하심이다. 이것이 하나님께서 우리를 찾아오시는 근거다. 마치 하나님이 우리를 선택하신 근거가 그의 자비하심에 있듯이, 하나님이 우리를 찾아오시는 근거는 그의 은혜와 지혜와 선하심에 있다.

벨기에 신앙고백서 제17조가 궁극적으로 말하고자 하는 바

이 사실을 통해서 우리는 결국 "성경은 하나님이 누구신지를 보여 주고 있습니다."라고 말할 수 있다. 성경이 말하는 것은 언약의 하나님이다. 내용인즉 하나님은 영원히 삼위(three persons)로 존재하시는데 그 존재 방식은 곧 언약이며, 삼위일체로 언약을 맺고 계신 하나님이 우리와 언약을 맺으시고, 그 언약을 통

---

105) Robertson, 『계약신학과 그리스도』, 33-34.

106) Clarence Bouwman, *Notes on the Belgic Confession*(Armadale: The League of the Free Reformed Women's Bible Study Societies, 1997), 손정원 옮김, 『벨직신앙고백해설』(부산: 도서출판 신언, 2007), 254.

하여서 당신의 사랑과 긍휼을 나타내시는 하나님의 속성을 말한다. 우리는 성경에서 그 하나님을 보아야 할 것이다.

벨기에 신앙고백서 제17조가 말하는 것은 제1조에서 가졌던 질문과 마찬가지로 "하나님이 누구시냐?" 하는 것이다.[107] 벨기에 신앙고백서 제16조 역시 마찬가지다. 벨기에 신앙고백서 37개 조항의 모든 내용이 그것이다. 그래서 제1조는 하나님에 대해서 말한다. 제2조부터 제37조까지의 모든 내용도 하나님에 관한 것이다.

| 결 론 |

사람이 타락하였을 때, 하나님의 은혜와 자비와 선하심은 사람에게 나타나기 시작하였다. 그래서 우리는 벨기에 신앙고백서 제17조의 마지막에 나와 있는 대로 복을 얻을 수 있다. 위로를 얻을 수 있다. 이 위로는 벨기에 신앙고백서 제18조에 등장하는 성육신 하신 하나님의 아들 예수 그리스도에게 있다. 은혜 언약의 중보자이신 예수 그리스도시다.

---

107) Bouwman, 『벨직신앙고백해설』, 255.

하나님의 아들의 성육신

The Incarnation of the Son of God

그러므로 우리는 하나님께서 당신의 거룩한 선지자들의 입을 통하여 조상들에게 하신 그 약속을 성취(fulfill)하시기 위하여,[1] 당신께서 정하신 때에,[2] 당신의 독생하시고 영원한 아들을 세상에 보내셨으니, 그 아들은 종의 형체(the form of a servant)를 취하사 사람과 같은 모양(the likeness of men)으로 태어나셨음을 고백합니다(빌 2:7). 그분은 진실로 모든 연약함(all its infirmities)을 가진 참된 사람의 본성(real human nature)을 취하셨으되,[3] 죄는 없으십니다.[4] 왜냐하면 그분은 사람의 행위(the act of a man)에 의한 것이 아닌 성령의 능력으로 말미암아 복된 동정녀 마리아의 모태에서 잉태되셨기 때문입니다.[5] 그분은 인성을 입으심에 있어서 육체(body)에 대해서만 아니라 참된 사람의 영혼(true human soul)에 대해서도 인성을 취하심으로써, 참된 사람(real man)이 되셨습니다. 왜냐하면 사람이 육체를 잃었을 뿐만 아니라 영혼도 잃었기 때문에 둘 다 구원하시기 위해서 둘 다를 취하셔야만 했기 때문입니다.

그러므로, 그리스도께서 그분의 어머니로부터 사람의 육체를 취하셨다는 사실을 부인하는 재세례파 이단에 반대하여, 우리는 그리스도께서 자녀들의 혈육(flesh and blood)에 함께 속하셨음을 고백합니다(히 2:14). 그리스도께서는 다윗의 허리에서 나신 자요(a fruit of the loins of David)(행 2:30), 육신(flesh)으로는 다윗의 자손으로 나신 자며(born of the seed of David)(롬 1:3), 동정녀 마리아의 태의 열매요(눅 1:42), 여인에게서 나셨고(갈 4:4), 다윗의 가지시며(렘 33:15), 이새의 줄기에서 나신 싹이시요(사 11:1), 유다로 좇아 나셨고(히 7:14), 육신으로는 유대인의 자손이시며(롬 9:5), 성자께서는 아브라함의 후손들과 연관되시므로 아브라함의 씨입니다.[6] 그러므로 그분은 모든 면에 있어서 형제들과 같이 되셨으나 죄는 없으십니다 (히 2:16-17; 4:15).

이와 같이 그분은 진실로 우리의 임마누엘(*Immanuel*) 곧 "하나님이 우리와 함께 계심"(God with us)이십니다(마 1:23).

1) 창 26:4; 삼하 7:12–16; 시 132:11; 눅 1:55; 행 13:23   2) 갈 4:4   3) 딤전 2:5; 3:16; 히 2:14 4) 고후 5:21; 히 7:26; 벧전 2:22   5) 마 1:18; 눅 1:35   6) 갈 3:16

제18조

하나님의 아들의 성육신

- **본문:** 갈라디아서 4:4; 마태복음 1:18-23
- **관련신조:** 웨스트민스터 신앙고백서 제8장; 웨스트민스터 대요리문답
  제37문답; 웨스트민스터 소요리문답 제22문답; 하이델베르
  크 요리문답 제35-36문답

| 서 론 |

사람이 타락한 후 하나님께서는 은혜언약을 맺으셨다. 그 내용은 창세기 3:15 "내가 너로 여자와 원수가 되게 하고 네 후손도 여자의 후손과 원수가 되게 하리니 여자의 후손은 네 머리를 상하게 할 것이요 너는 그의 발꿈치를 상하게 할 것이니라."이다. 이 약속은 이후에도 계속해서 반복되었다. 하나님께서 여자의 후손을 보내 주실 것이 예언되었으니 이사야 7:14에서 "그러므로 주께서 친히 징조를 너희에게 주실 것이라 보라 처녀가 잉태하여 아들을 낳을 것이요 그의 이름을 임마누엘이라 하리라."라고 하셨고, 이사야 11:1-2에서 "⑴이새의 줄기에서 한 싹이 나며 그 뿌리에서 한 가지가 나서 결실할 것이요 ⑵그의 위에 여호와의 영 곧 지혜와 총명의 영이요 모략과 재능의 영이요 지식과 여호와를 경외하는 영이 강림하시리니"라고 하셨다. 구약의 수많은 선지자들을 통하여 은혜언약의 중보자이신 여자의 후손의 탄생이 예언되었고 그 결과 마침내 하나님의 독생하신 아들 예수 그리스도께서 이 땅에 오셨다.

벨기에 신앙고백서 제18조는 하나님의 언약을 따라 사람의 본성을 입고 오신 하나님의 아들의 성육신을 다룬다.

| 본 론 |

구약, 은혜언약의 역사

하나님께서는 자신이 계획하시고 목적하신 일을 반드시 이루시는 분이시다. 그 어떠한 방해가 있다 하더라도 하나님의 작정은 반드시 이루어진다. 만약 그렇지 않다면 하나님은 더 이상 하나님이 아니다. 하나님께서 자신의 약속을 지키지 않으신다면, 스스로 모순을 가진 분이 되어 버리므로 그 순간 하나님 되심을 잃어버릴 수 있다. 그래서 하나님의 계획은 언제나 확실히 유효하며 인간의 행위로 인해 좌절될 수 없다.

하나님의 이러한 속성은 은혜언약의 성취를 통해서 분명하게 드러난다. 타락한 아담에게 찾아오신 하나님, 그리고 원시복음(창 3:15)으로 약속을 주신 하나님은 계속해서 사람을 찾아오신다. 아담에게 맺으신 은혜언약을 이루기 위한 하나님의 열심은 절대로 멈추지 않는다. 그 어떠한 방해에도 좌절되지 않는다.

구약 역사는 이런 내용을 담고 있다. 은혜언약을 맺으신 하나님께서 그것을 어떻게 성취해 나가시는가를 기록한 것이 구약 역사다. 은혜언약의 성취를 저지하려는 사탄과 그것을 이루고자 하시는 하나님의 열심이 끊임없이 대립을 이룬다. 구약 역사는 단순한 역사가 아니라 구속사(救贖史, redemptive history)다. 구원을 이루기 위해 하나님께서 일하시는 역사다. 이러한 구속 역사는 마침내 성취되었다. 예수 그리스도를 통해서.

이 사실을 벨기에 신앙고백서 제18조의 첫 문장은 다음과 같이 고백한다. "그러므로 우리는 하나님께서 당신의 거룩한 선지자들의 입을 통하여 조상들에게 하신 그 약속을 성취(fulfill)하시기 위하여, 당신께서 정하신 때에, 당신의 독생하시고 영원한 아들을 세상에 보내셨으니."

구약 역사를 보면 여자의 후손을 보내고자 하시는 하나님의 역사를 방해하려는 것들이 많았다. 모세 시대에 애굽의 바로는 두 살 이하의 모든 남자아이를 죽이라고 함으로써 이 일을 방해하려고 했다. 출애굽 당시 가나안 입성을 좌절시키려고 하는 수많은 시도들은 하나님의 역사를 방해하는 것들이었다. 그 외에도 구약의 여러 가지 사건은 하마터면 하나님의 계획과 목적이 중단될 것처럼 보이는 일들이었다. 그러나 하나님의 열심은 그 무엇도 막을 수 없었다. 그 결과 예수님께서 이 세상에 오셨다.

이 강해의 본문 앞에 나오는 마태복음 1장의 족보는 그것을 요약적으로 우리에게 보여 준다. 사람 이름만 열거되어 있는 것처럼 보이지만, 그 사람들과 관련된 수많은 사건들은 여자의 후손이신 예수 그리스도가 이 세상에 오기 위한 역사의 한 과정이었다. 그리고 그 과정의 최종결과로 예수 그리스도가 오셨음을 마태복음 1:18에서부터 말한다.

사람의 몸으로

예수님은 어떠한 모습으로 이 세상에 오셨는가? 벨기에 신앙고백서 제18조의 이어지는 구절에는 "그 아들은 종의 형체(the form of a servant)를 취하사 사람과 같은 모양(the likeness of men)으로 태어나셨음을 고백합니다(빌 2:7)."라고 말한다.

예수님은 사람과 같은 모양으로 오셨다. 우리와 똑같은 모양이시다. 아담도 성인으로 태어났건만 예수님은 아기로 태어나셨다. 아담은 열 달 동안 뱃속에 있어 보지 못하였지만, 예수님은 아담과 하와를 제외한 모든 사람이 그랬던 것처럼 열 달 동안 어머니 뱃속에 있으셨다. 예수님은 그렇게 이 세상에 오셨다. 신성을 가지신 예수님께서 인성도 취하셨다고 해서 '성육신'(incarnation)이라고 한다.

성육신에 대해 오해하지 말아야 할 것은, 예수님은 하나님의 아들이신 신성이 전혀 손상됨 없이 또한 동시에 사람이 되셨다는 사실이다. 하나님의 아들이 본래의 자신이기를 멈추고 신적 정체성을 인간적 정체성을 대치한 것이 아니다. 참 하나님이신 예수님께서 또한 동시에 참 사람이 되셨다.

죄는 없으심

성육신 하신 예수님은 우리와 모든 면에서 하나가 되셨다. 우리와 똑같은 육신을 가지셨다(눅 2:7, 40, 52; 24:39). 그렇기 때문에 때로는 목마르기도 하셨고(요 4:6 19:28), 주리기도 하셨으며(마 4:2), 피곤하기도 하셨다. 배고프시니 식사도 하셨고, 식사를 하셨으니 대변과 소변을 보셨다. 몸이 있으니 피도 흘리시고 몸이 아프시기도 하셨으며, 우리와 똑같은 감정을 가지셨기에 불쌍히 여기시고 긍휼히 여기셨다(요 12:27; 13:21). 울기도 하셨고(요 11:35), 다양한 감정을 나타내셨다(마 8:10; 요 11:35; 히 5:7). 그 정도로 예수님의 인성은 우리와 같았다.

단 한 가지 면에서 구별되는 것이 있었으니 죄가 없으셨다. 히브리서 4:15 "우리에게 있는 대제사장은 우리의 연약함을 동정하지 못하실 이가 아니요 모든 일에 우리와 똑같이 시험을 받으신 이로되 죄는 없으시니라." 히브리서 7:26 "이러한 대제사장은 우리에게 합당하니 거룩하고 악이 없고 더러움이 없고 죄인에게서 떠나 계시고 하늘보다 높이 되신 이라." 베드로전서 2:22 "그는 죄를 범하지 아니하시고 그 입에 거짓도 없으시며" 등 성경 곳곳에서 예수님의 죄 없으심(sinlessness)에 대해서 말씀한다. 벨기에 신앙고백서 제18조는 이러한 말씀에 근거하여 이렇게 고백한다. "그분은 진실로 모든 연약함(all its infirmities)을 가진 참된 사람의 본성(real human nature)을 취하셨으되, 죄는 없으십니다."

무죄를 위한 독특한 탄생

"우리와 똑같은 사람인데, 죄는 없으시다?" 이것이 어떻게 가능한가? 아담의 후손이요, 다윗의 자손이시지만 죄는 없으신 예수님. 이것이 가능하기 위해서 예수님은 사람과 똑같이 태어나셨지만, 조금은 다르게 태어나셨으니 그것은 성령으로 잉태되셔서 동정녀 마리아의 몸에서 나신 것이다.

이 사실을 사도신경도 고백한다. "그분은 성령으로 잉태되셔서 동정녀 마리아에게서 나셨고." 벨기에 신앙고백서 제18조는 사도신경의 고백을 따라 이렇게 고백한다. "왜냐하면 그분은 사람의 행위(the act of a man)에 의한 것이 아닌 성령의 능력으로 말미암아 복된 동정녀 마리아의 모태에서 잉태되셨기 때문입니다."

성령 잉태와 동정녀 탄생, 이 두 가지는 매우 중요한 것으로 어느 것 하나를 분리시킬 수 없다. 예수님은 육체에 있어서는 여자의 몸을 통해서 나심으로 우리와 똑같이 되셨다. 그리고 성령님을 통해서 나심으로 죄 없는 사람으로 이 세상에 오실 수 있었다. 이렇게 예수님은 사람이 되셨다. 그래서 벨기에 신앙고백서 제18조는 "그분은 인성을 입으심에 있어서 육체(body)에 대해서만 아니라 참된 사람의 영혼(true human soul)에 대해서도 인성을 취하심으로써, 참된 사람(real man)이 되셨습니다."라고 고백한다.

여기에서 우리는 분명하게 알아야 한다. 동정녀 탄생이 예수님을 무죄하게 만든 것이 아니다. 예수님을 무죄하게 만든 것은 성령 잉태이지 동정녀 탄생이 아니다. 왜냐하면 '처녀'라고 해서 죄가 없는 것은 아니기 때문이다. 만약 예수님께서 성령으로 잉태되어 처녀가 아닌 여자에게서 나셨다고 해서 예수님에게 죄가 생기는 것은 아니다. 예수님에게 죄가 없으셨던 것은 전적으로 성령으로 잉태되셨기 때문이다. 이 사실이 벨기에 신앙고백서 제18조에서 "왜냐하면 사람이 육체를 잃었을 뿐만 아니라 영혼도 잃었기 때문에 둘 다 구원하시기 위해서 둘 다를 취하셔야만 했기 때문입니다."라는 표현 속에 잘 나타나 있다.

성령 잉태와 동정녀 마리아의 몸에서 나신 것을 구분하면서, 성령의 역할은 그리스도의 잉태를 가능케 하는 실행적 원인(efficent cause)이었고(눅 1:35), 마리아의 역할은 그리스도께서 사람이 되시기 위한 몸의 실체(살과 피 등)를 제공하는 질료적 원인(material cause)이었음을 기억해야 한다.

로마 가톨릭의 마리아관

그런데 로마 가톨릭은 마리아의 역할을 지나치게 강조해 왔다. 로마 가톨릭은 마리아를 가리켜 '하느님의 어머니'라고 해서 '성모'(聖母)라고 부르고 있으니, 한국 천주교회의 사도신경은 "성령으로 인하여 동정 마리아께 잉태되어 나시고"라고 번역하였다. 얼핏 보면 개신교의 사도신경과 비슷한 것 같지만 자세히 보면 다르다.[108] 개신교는 "성령으로 잉태되셔서 동정녀 마리아에게서 나시고"라고 해서 성령이 중요하고 마리아는 덜 중요하다. 성령이 능력이요 마리아는 도구적인 느낌이다. 그러나 로마 가톨릭의 사도신경은 성령보다 마리아가 더 강조되는 느낌을 준다. 게다가 그들은 이 구절을 읽을 때에는 고개를

---

108) 손재익, 『사도신경, 12문장에 담긴 기독교 신앙』, 144-146.

깊이 숙인다.[109] 마리아에 대한 외경심 때문이다.

　로마 가톨릭의 이러한 생각은 마리아에 대한 지나친 관심을 통해 나온 것으로 동정녀 탄생을 아주 강조한 결과다. 로마 가톨릭 교회는 마리아 자신이 죄로부터 자유로웠다고 말함으로써 예수님의 무죄성은 마리아에서 비롯되었다고 말하는데,[110] 성경은 그렇게 가르친 적이 없다. 그러므로 우리는 동정녀 탄생에 있어서 동정녀였던 마리아에게 의미를 부여하기보다는 절대로 아이를 가질 수 없는 동정녀의 몸에 잉태케 하신 성령의 능력을 강조해야 한다.

죄 없는 사람으로 오셔야 한 이유

성령 잉태와 동정녀 탄생을 통해 죄 없는 사람으로 오신 예수님. 그렇다면, 왜 예수님은 죄 없는 사람으로 오셔야 했을까? 벨기에 신앙고백서 제18조는 "**왜냐하면 사람이 육체를 잃었을 뿐만 아니라 영혼도 잃었기 때문에 둘 다 구원하시기 위해서 둘 다를 취하셔야만 했기 때문입니다.**"라고 고백한다.

　첫 사람 아담이 어떻게 지음 받았다고 했는가? 몸과 영혼으로 지음 받았다. 사람은 몸과 영혼이 하나로 이루어진 영육 통일체다. 그 몸과 영혼이 하나님의 형상과 모양대로 지음 받았다. 죄가 없었다. 그런데 타락을 통해 몸과 영혼이 타락했다. 영혼만이 아니라 육체만이 아니라 몸과 영혼이 함께 타락했다. 그러니, 우리의 몸과 영혼을 구원하시기 위해서 육체와 영혼에 있어서 죄가 없는 분으로 오신 것이다.

우리의 고백

지금까지의 내용을 정리해보면, 벨기에 신앙고백서 제18조를 통해서 우리가 고백하는 바는 다음과 같다. ① 예수님이 하나님의 약속에 따라 이 세상에 오셨다는 것 ② 그 약속은 구약성경에서 지속적으로 계속되었다는 것 ③ 그러한 약속에 따라 여자의 몸에서 오셨다는 것 ④ 예수님은 우리와 똑같으신데 단 한

---

109) 한국 천주교 주교회의, 『가톨릭 기도서』(서울: 한국천주교중앙협의회, 1997), 11-12.

110) 조영엽, 『가톨릭 교회 교리서 비평』(서울: CLC, 2010), 35.

가지 죄가 없으시다는 것 ⑤ 성령으로 잉태되사 동정녀 마리아에게서 나셨다는 것 ⑥ 이렇게 오신 이유는 우리의 몸과 영혼을 구원하시기 위하심이라는 것이다. 이것이 우리의 고백이다.

여자로부터 취한 육체를 부인하는 재세례파

그러나 시대마다 이러한 사실을 부인하는 자들이 늘 있었으니, 벨기에 신앙고백서 제18조의 두 번째 단락에서는 이런 이야기가 나온다. "그리스도께서 그분의 어머니로부터 사람의 육체를 취하셨다는 사실을 부인하는 재세례파 이단에 반대하여, 우리는 그리스도께서 자녀들의 혈육(flesh and blood)에 함께 속하셨음을 고백합니다(히 2:14)."

비록 교회 역사를 잘 몰라도 이 구절을 통해서 교회 역사 속에 예수님의 탄생과 관련하여 여러 가지 잘못된 생각들이 있었다는 것을 알 수 있다. 우리와 똑같이 성경을 읽음에도 불구하고 전혀 잘못된 생각을 가진 자들 중 하나가 재세례파다.

재세례파는 예수님께서 마리아에게서 나셨다는 역사적 사실 자체를 부정하지는 않았다. 하지만, 그들은 예수님이 단지 마리아의 몸만 빌리셨지, 마리아를 통해서 인간의 본성을 취한 것은 아니라고 주장한다. 마리아를 단순한 '출생 경로'로만 본 것이다. 이렇게 말하는 이유는 예수님은 참 하나님이시지만, 참 사람이라는 것은 부인하기 때문이다.[111]

그러나 예수님은 분명히 마리아의 자궁에서 자라셨고, 마리아는 예수님을 10개월 동안 뱃속에 품고 있었으며, 출산이라는 과정을 통해서 태어나셨다. 그러므로 벨기에 신앙고백서를 믿는 우리들은 재세례파의 주장에 동의하지 않는다. 성경이 말하는 대로 예수님은 사람을 구원하시기 위해 여자의 몸을 통해 사람의 본성을 취하셨으니 하나님이면서 또한 동시에 사람이셨다. 이것은 절대로 부인할 수 없는 일이다.

---

111) Clarence Bouwman, *Notes on the Belgic Confession*(Armadale: The League of the Free Reformed Women's Bible Study Societies, 1997), 손정원 옮김, 『벨직신앙고백해설』(부산: 도서출판 신언, 2007), 265.

사람으로 오신 예수님

예수님은 분명히 사람으로 오셨다. 그 사람 됨은 다른 곳에서 취하신 것이 아니다. 여자를 통해서 취하신 것이다. 재세례파와 달리 우리는 예수님께서 그분의 어머니로부터 사람의 육체를 취하셨다는 사실을 믿는다.

예수님의 죄 없으심, 그것은 성령 잉태로 말미암았고, 예수님의 사람 되심, 그것은 마리아의 몸에서 나신 것이다.

성경의 증거들

예수님께서 육체로는 사람의 몸을 입고 오셨고, 죄가 없으시다는 것은 성경이 지속적으로 증거하는 것이다. 이 사실은 벨기에 신앙고백서가 증언하는 대로 여러 성경 본문이 있지만, 그중에서도 사도행전 2:29-30 "⑵형제들아 내가 조상 다윗에 대하여 담대히 말할 수 있노니 다윗이 죽어 장사되어 그 묘가 오늘까지 우리 중에 있도다 ⒇그는 선지자라 하나님이 이미 맹세하사 그 자손 중에서 한 사람을 그 위에 앉게 하리라 하심을 알고." 로마서 1:3-4 "⑶그의 아들에 관하여 말하면 육신으로는 다윗의 혈통에서 나셨고 ⑷성결의 영으로는 죽은 자들 가운데서 부활하사 능력으로 하나님의 아들로 선포되셨으니 곧 우리 주 예수 그리스도시니라." 갈라디아서 4:4 "때가 차매 하나님이 그 아들을 보내사 여자에게서 나게 하시고 율법 아래에 나게 하신 것은." 이사야 11:1 "이새의 줄기에서 한 싹이 나며 그 뿌리에서 한 가지가 나서 결실할 것이요." 히브리서 7:14 "우리 주께서는 유다로부터 나신 것이 분명하도다. 이 지파에는 모세가 제사장들에 관하여 말한 것이 하나도 없고." 로마서 9:5 "조상들도 그들의 것이요 육신으로 하면 그리스도가 그들에게서 나셨으니 그는 만물 위에 계셔서 세세에 찬양을 받으실 하나님이시니라. 아멘." 등의 말씀이 잘 보여 주고 있다.

| 결 론 |

하나님이신 예수님께서 완전한 사람이 되셨다. 그분은 영원토록 사람이시다.

동시에 참 하나님이시다. 이것은 창세기 3:15에서 주셨던 약속의 성취다. 성육신, 그것은 은혜언약의 한 결과다. 사람이 파기한 언약을 사람의 자리에 오셔서 회복하심으로 성취하신 하나님의 열심이다.

벨기에 신앙고백서 제18조는 이 사실을 특별히 강조한다. "그러므로 우리는 하나님께서 당신의 거룩한 선지자들의 입을 통하여 조상들에게 하신 그 약속을 성취(fulfill)하시기 위하여, 당신께서 정하신 때에, 당신의 독생하시고 영원한 아들을 세상에 보내셨으니"라고. 이렇게 성육신은 이미 예언된 것이다(창 3:15; 사 7:14; 9:6; 11:1 등).

이 강해의 본문 마태복음 1:22-23은 그것을 너무나 잘 보여 준다. 마태는 예수님의 탄생 소식을 기록하면서 "이 모든 일이 된 것은 주께서 선지자로 하신 말씀을 이루려 하심이니"라고 운을 뗀 뒤에 이사야 7:14의 예언을 그대로 인용한다. "보라 처녀가 잉태하여 아들을 낳을 것이요 그의 이름을 임마누엘이라 하리라."

기독교의 핵심은 구원이 사람 편에서 하나님께로 나아가는 데 있는 것이 아니라 하나님께서 사람에게 오심에 있다. 기독교 신앙의 핵심은 하나님께서 사람에게 오신다는 것이다.

하나님이신 예수님께서 오셨다. 하나님의 본성으로만 오지 않으시고 사람의 본성으로도 오셨다.[112] 사람이 타락했을 때에 하나님은 분명 약속하셨다. "여자의 후손을 보내겠다." 그 약속이 성취되었다. 예수님께서 정말로 여자의 후손으로 오셨다. 하와의 후손 마리아의 몸에서 나셨다. 그러므로 우리는 오늘도 이렇게 고백한다. "그분은 성령으로 잉태되셔서 동정녀 마리아에게서 나셨고" 이렇게 "그분은 진실로 우리의 임마누엘(Immanuel) 곧 하나님이 우리와 함께 계심(God with us)이십니다(마 1:23)."

---

112) Bouwman, 『벨직신앙고백해설』, 163.

그리스도의 한 위격 안에 있는 두 본성
The Two Natures in the One Person of Christ

우리는 이 잉태(conception)로 말미암아 하나님의 아들의 위격(the person of the Son of God)이 인성(the human nature)과 분리되지 않고(inseparably) 연합되어(united) 있으며 연결되어서(joined),[1] 하나님의 두 아들이 있는 것도 아니고, 두 위격이 있는 것도 아니며, 오직 두 본성이 하나의 위격(one single person) 안에 연합되어 있음을 믿습니다. 각각의 본성은 그 자체의 구별된 속성(distinct properties)을 갖고 있습니다. 즉 그분의 신성(divine nature)은 항상 창조되지 아니하며, 시작한 날도 없고 생명의 끝도 없이(히 7:3), 하늘과 땅에 충만하십니다.[2] 그분의 인성(human nature)은 그 자체의 속성을 상실하지 않으시는데, 시작된 날이 있고 창조되었으며 유한하시고 참된 육체의 모든 속성들을 다 갖고 계십니다.[3] 비록 그분의 부활로 인하여 당신의 인성에 불멸성(immortality)을 부여받으셨을지라도, 그분은 인성의 실체(reality)를 바꾸지 않으셨습니다.[4] 왜냐하면 우리의 구원과 부활이 또한 그분의 몸의 실체에 달려 있기 때문입니다.[5]

그러나 이 두 본성은 하나의 위격에 밀접하게 연합되어 있어서 두 본성은 그분의 죽음에 의해서도 분리되지 않습니다. 그러므로 그분께서 죽으실 때 당신의 아버지의 손에 의탁하신 것은 그분의 육체로부터 떠난(departed) 참된 사람의 영(a real human spirit)이었습니다.[6] 한편 그분의 신성은 항상 그분의 인성과 연합되어 있었으며, 심지어 무덤에 계시는 동안에도 그분의 신성은 인성과 연합되어 있었습니다.[7] 그리고 비록 신성 그 자체가 잠시 동안 드러나지(manifest) 않았을 뿐, 그분이 어린아이일 때에도 그분 안에 신성이 있었던 것처럼 신성은 그분 안에 언제나 남아 있었습니다. 그러므로 위와 같은 이유에서 우리는 그분이 참된 하나님(true God)이시며 동시에 참된 사람(true man)이심을 고백합니다. 곧 참된 하나님으로서 그분은 당신의 능력으로 사망을 정복하셨으며, 참된 사람으로서 그분은 당신의 육체의 연약함(infirmity)에 따라 우리를 위하여 죽으셨습니다.

1) 요 1:14; 10:30; 롬 9:5; 빌 2:6–7 2) 마 28:20 3) 딤전 2:5 4) 마 26:11; 눅 24:39; 요 20:25; 행 1:3,11; 3:21; 히 2:9 5) 고전 15:21; 빌 3:21 6) 마 27:50 7) 롬 1:4

제19조

그리스도 한 위격 안에 있는 두 본성

• **본문:** 갈라디아서 4:4; 빌립보서 2:6-8
• **관련신조:** 웨스트민스터 신앙고백서 제8장; 웨스트민스터 대요리문답
　　　　　　제38-40문답; 웨스트민스터 소요리문답 제21문답; 하이델
　　　　　　베르크 요리문답 제47-48문답

| 서 론 |

삼위일체 하나님의 제2위에 해당하시는 성자 하나님은 참 하나님이시면서 또한 동시에 참 사람이시다. 하나의 인격 안에 두 개의 구별되는 본성이 있다. 어떻게 하나의 인격 안에 두 개의 본성이 존재할 수 있는가? 하나의 인격에는 하나의 본성만 있을 수 있지 않은가?

벨기에 신앙고백서 제19조는 이 신비를 다룬다. 예수 그리스도라는 하나의 위격 안에 있는 두 개의 구별되는 본성이 있음을 고백한다.

| 본 론 |

하나님이 사람이 되시다

예수님에 대해 벨기에 신앙고백서 제10조는 하나님이시라고 말한다. 예수님은 참되고 영원한 하나님이시다. 그런데 제18조는 하나님이신 예수님이 인성을 취하셨다고 가르친다. 그렇다면 예수님은 참 하나님이시면서 또한 동시에

참 사람이시다.

예수님은 원래 신성만을 갖고 계신 분이셨다. 그런데 동정녀 탄생을 통해서 인성도 함께 갖게 되셨다(갈 4:4; 웨스트민스터 대요리문답 제37문; 웨스트민스터 소요리 문답 제22문). "하나님이 사람이 되셨다." 빌립보서 2:7은 말한다. "오히려 자기를 비워 종의 형체를 가지사 사람들과 같이 되셨고." 그렇다고 "이제 더 이상 하나님은 아니시고 사람이기만 하신 것은 아니다." 예수님은 "하나님이면서 또한 동시에 사람이 되셨다."

반신반인(半神半人)이 아니다

참 하나님이시면서 또한 동시에 참 사람. 인간의 상식과 이성으로 쉽게 받아들이기 어려운 문제다. 차라리 반신반인(半神半人)이라면 쉽게 이해할 수 있다. 왜냐하면 그러한 개념은 인간사에서 많이 있었기 때문이다. 예컨대, 반인반수(半人半獸)가 있다. 여러 가지 신화나 동화 등에 등장한다. 스핑크스. 바로 반인반수다. 인어공주 역시 그와 유사하다. 반신반인의 경우도 그리스 로마 신화에 종종 등장한다. 그리스 신화에 나오는 무사의 하나로 희극을 맡고 있는 여신인 탈리아(Thalia)는 제우스와 므네모시네 사이에서 태어난 딸로 반신반인이다.

반신반인은 이해하기 쉽지만, 참 하나님이요 동시에 참 사람은 도무지 이해하기 쉽지 않다. 그래서인지 기독교 세계에서도 콘스탄티노플의 수도사 유티케스(Eutyches, 378-454)는 반신반인을 주장했다. 그는 예수님의 두 본성에 대하여 찬 물을 뜨거운 물과 섞었을 때에 얻게 되는 결과, 즉 차지도 뜨겁지도 않은 그 중간 상태의 어떤 것이 되는 열평형 상태와 비교하였다.[113] 예수님 안에서 신성과 인성은 인성이 신성의 특성들을 취하고, 신성이 인성의 특성들을 취하는 그런 방식으로 결합된다고 했다.

우리가 믿는 예수님은 반신반인이 아니다. 참 하나님이시면서 동시에 참 사람이시다. 신비로운 일이지만 분명히 그렇다. 그래서 벨기에 신앙고백서 제19

---

113) Clarence Bouwman, *Notes on the Belgic Confession*(Armadale: The League of the Free Reformed Women's Bible Study Societies, 1997), 손정원 옮김, 『벨직신앙고백해설』(부산: 도서출판 신언, 2007), 269.

조의 첫 문장은 우리가 무엇을 믿는지를 매우 분명하게 선언한다. "우리는 이 잉태(conception)로 말미암아 하나님의 아들의 위격(the person of the Son of God)이 인성(the human nature)과 분리되지 않고(inseparably) 연합되어(united) 있으며 연결되어서(joined), 하나님의 두 아들이 있는 것도 아니고, 두 위격이 있는 것도 아니며, 오직 두 본성이 하나의 위격(one single person) 안에 연합되어 있음을 믿습니다." 유티케스(Eutyches, 378-454)와 같은 잘못된 이론을 주장하는 사람들에 대응하여서 예수님은 하나의 위격에 두 개의 본성이 결합된 분이라고 고백한다.

이 고백은 반신반인을 주장하는 이단들에 대해 무엇이 진리인지를 분명하게 선언한다. 예수님은 하나님이기만 한 것도 아니고 사람이기만 한 것도 아니고, 하나님이면서 동시에 사람이시다. 하나님께서 사람이 되셨다고 할 때 하나님의 하나님 되심을 포기하고 그렇게 되셨다고 생각하면 안 된다. 하나님이심을 유지하면서 또한 동시에 사람이심을 유지하셨다. 이것을 설명하기 위한 방식이 제19조의 고백이다.

하나의 본성에 두 개의 위격

예수님의 단일 인격(Divine Person) 안에 신성(Divine Nature)과 인성(Human Nature)이 결합되어 있다는 것은 이해하기 어려운 신비다. 한 사람에게 하나의 본성만이 있을 뿐 두 가지 이상의 본성이란 존재할 수 없기 때문이다. 그래서 이에 대한 반대되는 견해가 나타나는 것은 어쩌면 당연하다.

두 본성과 관련한 이단들

교회 역사에는 유티케스 외에도 여러 가지 이단들이 있었다.

첫째, 가현(假現)설(Docetism)이다. 이 견해에 의하면 예수님은 참된 사람이 되신 것이 아니라 사람의 형태만 띠고 오셨다. 참으로 육신을 입으신 것이 아니라, 육신은 신성이 일시적으로 나타나는 현상이었다. 가현설의 최초의 형태는 영지주의(Gnosticism)다. 그들은 예수 그리스도께서 육체로 이 세상에 오셨다는 것을 부인했다. 이들의 가르침은 성경적이지 않다.

둘째, 아폴리나리우스(Apollinarius, 319-390)의 주장이다. 그는 예수님이 하나님이라는 사실만을 강조하다가 오히려 예수님의 인성을 오해하였다. 그는 말하기를 "예수의 영혼은 신적이지만 예수의 육체는 인적이다. 그리스도는 사람의 몸을 갖고 계셨지만 사람의 정신이나 영은 갖지 않으셨고 그리스도의 정신과 마음은 하나님의 아들로서의 신성에서 비롯되었다."고 했다. 아폴리나리우스는 예수님의 온전한 인성을 나누었다(divide). 그에게 있어서 예수님은 영적으로만 하나님이시요 육적으로는 사람이다.

셋째, 네스토리우스(Nestorius, 386-451)의 주장이다. 그는 아폴리나리우스의 오류를 지적하면서 예수가 완전한 인간의 인격체를 입었다고 볼 때에만 완전한 인간 됨을 설명할 수 있다는 점을 역설했다. 예수님이 육체적으로만 인간이라면 어떻게 예수님이 참 인간이 되셨다고 볼 수 있겠냐고 반론을 제기하였다. 그러나 그는 그리스도의 완전한 인성을 지나치게 강조하다가 인성과 신성을 각각 가지고 있는 두 개의 위격으로 나누어 버렸다. 그는 예수님은 두 개의 분리된 인격 즉 하나님(Divine Person)과 사람(Human Person)으로 구성되어 있다고 했다.

두 본성의 관계

이런 잘못된 견해에 대해서 벨기에 신앙고백서 제19조는 이렇게 고백한다. "하나님의 두 아들이 있는 것도 아니고, 두 위격이 있는 것도 아니며, 오직 두 본성이 하나의 위격(one single person) 안에 연합되어 있음을 믿습니다. 각각의 본성은 그 자체의 구별된 속성(distinct properties)을 갖고 있습니다. 즉 그분의 신성(divine nature)은 항상 창조되지 아니하며, 시작한 날도 없고 생명의 끝도 없이(히 7:3), 하늘과 땅에 충만하십니다. 그분의 인성(human nature)은 그 자체의 속성을 상실하지 않으시는데, 시작된 날이 있고 창조되었으며 유한하시고 참된 육체의 모든 속성들을 다 갖고 계십니다."

예수님은 두 개의 인격(Divine Person & Human Person)을 가지신 두 분으로 존재하는 분이 아니라 오직 하나의 위격(Divine Person)을 가진 한 분이시다. 그 한 분(Divine Person) 안에 신성(Divine Nature)과 인성(Human Nature)이라는 두 개의 본성이 있다. 이때 예수님의 신성과 인성은 서로 섞이지 않는다. 각각이 고유한 속성이다.

칼케돈 신경의 정리

이러한 가르침은 네스토리우스, 유티케스의 주장에 대한 논란을 해결하기 위해 451년 10월 8일부터 11월 1일까지 콘스탄티노플(현재의 이스탄불) 근처의 칼케돈에서 열린 회의를 통해서 이미 정해졌다. 정해진 내용을 '칼케돈 신경'이라고 하는데 그 내용의 일부는 다음과 같다.

> 예수님의 두 본성은 서로 섞이지 않으시며(without confusion) 변화하지 않으시며(without change) 분리되지 않으시며(without division) 나누이지 않으시니(without separation) 이 연합(the union)으로 인하여 양성의 구별(distinction)은 결코 제거되지 아니하며(no way annulled), 오히려 각 본성의 특성(the characteristics of each nature)이 그대로 보존되어 있어 한 위격(person)과 한 본질(subsistence)에 있어서 결합되어 있습니다. 그리하여 두 위격(two persons)으로 분할되거나(parted) 나누이거나(separated) 하지 않으며 한 분이시요, 동일하신 아들, 독생하신 하나님의 말씀, 주 예수 그리스도이십니다.

> without confusion(혼합이 없는) - 단성론(시릴)(혼합)에 대응하여
> without change(변화가 없는) - 단성론(유티케스)에 대응하여
> without division(분리됨이 없는) - 네스토리우스(인성 절단)에 대응하여
> without separation(나누임이 없는) - 아폴리네리우스(구분)에 대응하여

벨기에 신앙고백서 제19조의 내용은 칼케돈 신경을 반복한 것이다.

루터의 인성에 대한 견해와 공재설

벨기에 신앙고백서 제19조의 내용은 기본적으로 종교개혁이라고 하는 특별한 정황, 즉 벨기에 신앙고백서가 작성되던 당시와 직접적인 연관은 없지만, 딱 하나 연관 있는 것이 있다. 그것은 루터의 견해다.

많은 면에 있어서 존경할 만한 루터지만, 그래서 상당 부분 성경의 가르침과

일치했지만, 이 부분에 있어서는 오류를 갖고 있었다. 그는 유티케스가 가르친 입장을 상당 부분 취했다. 루터는 예수님의 신성이 인성에 침투하여 신성의 특성들이 인성으로 확장되어 모든 곳에 현존하는 것이 신성의 특성들이라고 가르쳤다.[114] 루터는, 예수님의 인성은 편재(遍在)하심의 신적 특성을 싣고 있다고 한다. 즉, 예수님의 몸은 모든 곳에 계신다고 한다.[115]

예수님의 인성에 대한 루터의 이해는 성찬에도 영향을 미친다. 루터는 성찬을 먹고 마실 때 빵과 포도주는 아무런 변화가 없으나 빵과 포도주 안에(in), 그것들과 함께(with), 그 아래(under), 몸과 피를 포함하는 그리스도의 전인격이 신비스럽고 기적적인 방법으로 임재한다고 주장한다.[116] 그리스도의 육체적인 몸과 피가 성찬 시에 장소적으로 임재(local presence)한다고 본다. 루터의 이러한 주장을 '공재(共在)설'(consubstantiation, 문자적으로 with the substance)이라고 한다.

우리는 이렇게 믿지 않는다. 예수님의 신성은 온 세상에 편재할 수 있지만, 예수님의 인성은 그럴 수 없다. 예수님은 신성으로 온 세상에 우리와 함께하실 수 있지만, 예수님의 인성은 하나님 아버지 보좌 오른편에 앉아 계신다. 두 본성은 분명히 구별된다. 우리는 성찬을 행할 때에 빵과 포도주에 예수님의 몸의 실체가 임한다고 말하지 않는다.

루터가 가지고 있는 예수님의 인성에 관한 교리와 성찬에 관한 잘못된 생각은 벨기에 신앙고백서의 작성자인 귀도 드 브레에게 있어서 중요했기 때문

---

114) Bouwman, 『벨직신앙고백해설』, 270.

115) 하이델베르크 요리문답 제47,48문답은 이 '편재성'(Ubiquity)문제를 잘 다루고 있는데 루터파의 이러한 견해의 오류를 염두에 두고 있다. 하이델베르크 요리문답에는 주님의 부활에 대한 부분(Q45)보다 그의 승천에 관한 부분(Q46-49)을 더 많이 다루고 있다. 이는 종교개혁 당시의 루터파와 칼빈파의 예수님의 위격과 관련한 논쟁의 영향이라고 할 수 있다. Fred H. Klooster, *A Might Comfort: The Christian Faith according to the Heidelberg Catechism*(Grand Rapids: CRC Publications, 1990), 이승구 역, 『하나님의 강력한 위로: 하이델베르크 요리문답에 나타난 기독교 신앙』(서울: 토라, 2004 개정역), 102. 이와 관련해 자세한 역사적 배경에 대해서는 다음을 참조하라. Fred H. Klooster, *Our Only Comfort: A Comprehensive Commentary on the Heidelberg Catechism*, vol 1, (Grand Rapids: CRC Publications, 2001), 592-595.

116) 웨스트민스터 신앙고백서 29장 7절과 웨스트민스터 대요리문답 170문답은 루터의 이러한 주장을 의식하면서 "안에 함께, 혹은 아래에(in, with, or under) 임하지 않는다."라는 표현을 사용한다.

에 벨기에 신앙고백서 제19조는 "각각의 본성은 그 자체의 구별된 속성(distinct properties)을 갖고 있습니다. 즉 그분의 신성(divine nature)은 항상 창조되지 아니하며, 시작한 날도 없고 생명의 끝도 없이(히 7:3), 하늘과 땅에 충만하십니다. 그분의 인성(human nature)은 그 자체의 속성을 상실하지 않으시는데, 시작된 날이 있고 창조되었으며 유한하시고 참된 육체의 모든 속성들을 다 갖고 계십니다."라는 말씀을 강조한다.

부활 이후 현재까지의 예수님

하나님이신 예수님은 이 세상에 오실 때에 인성을 취하셨다. 그렇다면 부활하신 이후, 또한 승천하신 이후의 예수님은 어떤가? 이제 인성은 없어지지 않았을까? 이 세상에 오시기 위해서만 인성이 필요하신 거라서 이 세상에서만 인성을 갖고 계셨고, 이제 부활하셔서 하늘로 올라가셨으니 인성은 없고 신성만 있는 것은 아닐까? 그렇지 않다. 예수님께서 신성과 인성을 갖고 계시다는 사실 그 자체는 부활 이후에도 여전히 동일하다.

이 사실은 부활하신 예수님과 제자들이 나눈 대화에 보면 분명하게 드러난다. 누가복음 24:38-43 "(38)예수께서 이르시되 어찌하여 두려워하며 어찌하여 마음에 의심이 일어나느냐 (39)내 손과 발을 보고 나인 줄 알라 또 나를 만져 보라 영은 살과 뼈가 없으되 너희 보는 바와 같이 나는 있느니라. (40)이 말씀을 하시고 손과 발을 보이시나 (41)그들이 너무 기쁘므로 아직도 믿지 못하고 놀랍게 여길 때에 이르시되 여기 무슨 먹을 것이 있느냐 하시니 (42)이에 구운 생선 한 토막을 드리니 (43)받으사 그 앞에서 잡수시더라."라고 했다. 예수님은 영은 살과 뼈가 없지만 부활하신 자신에게는 있다고 하시면서 손과 발을 보여 주셨다. 심지어 먹기까지 하셨으니, 부활하신 예수님의 몸은 인성을 그대로 갖고 계셨다. 요한복음 20:24-28을 보면 "(24)열두 제자 중의 하나로서 디두모라 불리는 도마는 예수께서 오셨을 때에 함께 있지 아니한지라 (25)다른 제자들이 그에게 이르되 우리가 주를 보았노라 하니 도마가 이르되 내가 그의 손의 못 자국을 보며 내 손가락을 그 못 자국에 넣으며 내 손을 그 옆구리에 넣어 보지 않고는 믿지 아니하겠노라 하니라 (26)여드레를 지나서 제자들이 다시 집

안에 있을 때에 도마도 함께 있고 문들이 닫혔는데 예수께서 오사 가운데 서서 이르시되 너희에게 평강이 있을지어다. 하시고 (27)도마에게 이르시되 네 손가락을 이리 내밀어 내 손을 보고 네 손을 내밀어 내 옆구리에 넣어 보라 그리하여 믿음 없는 자가 되지 말고 믿는 자가 되라 (28)도마가 대답하여 이르되 나의 주님이시요 나의 하나님이시니이다."라는 말씀이 나온다. 예수님의 부활을 도무지 믿지 못하는 도마에게 예수님은 자신의 손과 옆구리를 보여 주셨으니, 부활하신 예수님은 부활 이전과 마찬가지의 인성을 가지셨다. 그리고 그 몸을 입고 그대로 승천하셨다. 그래서 예수님은 지금 현재 하나님 아버지 보좌 오른편에 앉아 계시는데, 신성과 인성을 그대로 가진 채로 그렇게 하고 계신다. 다만, 예수님은 부활을 통해서 불멸성을 가지셨다. 부활의 몸을 입고 계신다.[117]

예수님께서 이 세상에 오시기 위해서만 인성을 취하셨다고 생각하면 안 된다. 예수님이 인성을 취하신 것은 이 세상의 땅을 밟고 사시기 위해 요구되었던 것뿐만 아니라 우리의 구원의 결과가 무엇인지를 보여 주시기 위함도 있다는 것을 기억해야 한다. 우리 몸의 부활, 그것은 예수 그리스도의 부활하신 인성을 통해서 바라볼 수 있다. 우리는 영혼만 구원 얻을 것이 아니라 몸도 구원 얻을 것이요, 그 몸은 예수님의 부활하신 몸과 같이 영원히 죽지 않는 불멸의 몸이 될 것이다.

그래서 벨기에 신앙고백서는 다음과 같이 길게 언급한다. "비록 그분의 부활로 인하여 당신의 인성에 불멸성(immortality)을 부여받으셨을지라도, 그분은 인성의 실체(reality)를 바꾸지 않으셨습니다. 왜냐하면 우리의 구원과 부활이 또한 그분의 몸의 실체에 달려 있기 때문입니다. 그러나 이 두 본성은 하나의 위격에 밀접하게 연합되어 있어서 두 본성은 그분의 죽음에 의해서도 분리되지 않습니다. 그러므로 그분께서 죽으실 때 당신의 아버지의 손에 의탁하신 것은 그분의 육체로부터 떠난(departed) 참된 사람의 영(a real human spirit)이었습니

---

117) 예수님의 부활하신 몸이 어떠한지에 대해서는 다음을 참고하라. J. A. Schep, *The nature of the resurrection body: a study fo the biblical data*(Grand Rapids: Eerdmans, 1964), 김종태 옮김, 『부활체의 본질』(서울: CLC, 1991), 161-217.

다. 한편 그분의 신성은 항상 그분의 인성과 연합되어 있었으며, 심지어 무덤에 계시는 동안에도 그분의 신성은 인성과 연합되어 있었습니다. 그리고 비록 신성 그 자체가 잠시 동안 드러나지(manifest) 않았을 뿐, 그분이 어린아이일 때에도 그분 안에 신성이 있었던 것처럼 신성은 그분 안에 언제나 남아 있었습니다."

예수님은 원래는 하나님이시기만 하셨다. 그런데 지금으로부터 약 2000년 전, 성육신 하심으로 하나님이시면서 또한 동시에 사람이 되셨다. 그리고 그 이후로 지금까지 영원토록 예수님은 참 하나님이요 참 사람이시다.

| 결론 | 성육신으로 두 본성을 하나의 위격에 결합시키심

한 인격 안에 무한과 유한, 창조되지 않은 것과 피조물을 결합시킴으로써, 완전한 신성을 가지신 하나님이면서 또한 동시에 총체적인 사람의 본성 안에서의 사람이 되셨다. 이것은 커다란 신비다. 예수 그리스도는 제1조에서 설명하는 하나님의 속성들을 그대로 간직하신 채, 사람의 속성도 함께 갖고 계신다. 이와 같이 예수님이 하나의 위격 속에 두 개의 본성을 가지셨다는 것은 인간 이성을 초월하는 신비요 비밀이다.

그렇기에 이것을 믿지 않는 자들이 많다. 조금씩 조금씩 왜곡시키려는 자들이 있다. "어떻게 하나의 위격에 두 개의 본성이 있을 수 있느냐?" 하는 생각 때문이다. 절대로 불가능하다는 생각 때문이다. 그러나 우리는 예수님을 잉태한 마리아에게 나타나 천사가 하신 말씀을 기억해야 할 것이다. "주께는 능치 못할 일이 없느니라"(눅 1:37). 마찬가지로 벨기에 신앙고백서 제19조에 관한 불신자와 이단자들의 질문, 즉 "어떻게 한 위격 안에 두 본성이 있을 수 있는가?"라는 질문에 대한 우리의 대답은 다음과 같다. "주께는 능치 못할 일이 없느니라."

그리스도 안에 있는 하나님의 공의와 자비

The Justice and Mercy of God in Christ

우리는 완전히 자비로우시고(merciful) 공의로우신(just) 하나님께서 그분의 아들을 보내셔서, 불순종을 범한 본성을 취하게(assume) 하시고[1] 그 본성을 만족케 하시어(satisfaction), 그의 가장 지독한 고통과 죽음을 통해 죄에 대한 형벌을 담당케 하셨음을 믿습니다.[2] 그러므로 하나님께서는 그분의 아들에게 우리의 허물(iniquity)을 담당케 하심으로써 그분의 공의를 나타내셨으며,[3] 죄를 범하여 멸망(damnation) 받은 우리에게 당신의 선하심과 자비하심을 쏟아부어 주셨습니다. 하나님께서는 가장 완전한 사랑으로 당신의 아들을 우리를 위하여 죽도록 내어 주셨고, 그분을 통하여 우리가 불멸(immortality)과 영원한 생명을 얻을 수 있도록 우리를 의롭다 칭해 주시기(justification) 위하여 그분을 다시 살리셨습니다.[4]

1) 롬 8:3 2) 히 2:14 3) 롬 3:25–26; 8:32 4) 롬 4:25

제20조

그리스도 안에 있는 하나님의 공의와 자비

- **본문:** 로마서 5:8
- **관련신조:** 웨스트민스터 신앙고백서 제8장; 하이델베르크 요리문답 제 11문답; 도르트 신조 둘째 교리 1, 2항

| 서 론 | 공의와 자비의 하나님

벨기에 신앙고백서의 가장 첫 조항에서 하나님의 속성에 대해서 다뤘다. 하나님은 눈에 보이지 않는 영적 존재이시기에 그분을 알고 이해하고 경험하는 것은 그분의 속성을 통해서 가능하다. 그래서 하나님의 속성을 아는 것은 매우 중요하다. 하나님은 영원하시고, 불가해하시고, 변하지 않으시고, 무한하시며, 전능하시고, 지혜로우시고, 공의로우시고, 선하신 분이다. 이외에도 하나님에게는 다양한 속성들이 있다.

이렇게 다양한 속성 중에서 제16조 "하나님의 선택"에 대해서 다룬 이후에 계속해서 강조되는 하나님의 두 가지 속성이 있다. 제20조의 제목에 있는 것처럼 하나님의 공의(Justice)와 하나님의 자비(Mercy)다. 이 두 가지 속성은 서로 모순되는 것처럼 보이지만, 전혀 그렇지 않다. 오히려 그리스도 안에서 잘 조화된다.

이 두 가지 속성은 제16조에서 보았듯이 창세전에 예정을 하실 때부터 이미 나타내셨다. 그의 자비는 몇몇 사람에 대한 선택으로, 공의는 몇몇 사람에 대한 유기로 나타났다. 하나님의 공의 때문에 죄에 대하여 심판하셔야 했고 하나님은 그들에 대해서 영원한 멸망의 길로 버려두셨다. 하나님의 자비 때문에 죄가운데 있는 자들을 구원하셔야 했고 그들을 위한 선택을 하셨다.

이 두 가지 속성은 계속해서 나타났으니 제17조에서 보았듯이 구약 시대에는 하나님의 은혜 언약 속에 잘 나타난다. 하나님은 당신의 자비에 따라 은혜 언약을 성취하기 위해 애쓰셨다. 끊임없이 여자의 후손을 보내어 주시려고 당신의 역사를 멈추지 않으셨다. 시시때때로 자신의 택한 백성들을 보호하시고 인도하셨다. 하나님은 때때로 당신의 공의에 따라 불의에 대하여 심판하기도 하셨다. 그리하여 이스라엘에 대하여서는 하나님의 사랑으로 말미암은 구원으로 나타났고, 이방 국가에 대해서는 하나님의 공의로 말미암은 심판으로 나타났다. 또한 하나님의 자비의 대상이었던 이스라엘에게 있어서, 하나님은 당신의 공의로 말미암아 때로는 그들에게 어려운 일을 당하게 하시기도 하였고, 그와 동시에 하나님은 당신의 자비로 말미암아 그들이 영원히 멸망되지 않게 해주시기도 했다.

이처럼 하나님의 공의와 자비와 같은 속성은 당신의 사역 속에서 계속해서 드러났고, 구약의 백성들에게 있어서 하나님은 그러한 사역을 통해서 경험할 수 있는 분이었다. 다시 말하면, 하나님이 누구신지에 대한 것은 하나님의 속성을 통해서 알 수 있는 것인데, 자기를 나타내기를 원하시는 하나님은 자신의 속성을 '사역'을 통해서 드러내셨고, 하나님의 백성들은 하나님이 어떠한 분인지를 하나님이 하시는 일을 통해서 경험함으로써 친히 하나님을 체험한 것이다.

| 본 론 |

그리스도 안에 있는 하나님의 공의와 자비

이렇게 하나님의 선택으로 나타났던 하나님의 공의와 자비, 구약의 역사를 통해 드러났던 하나님의 공의와 자비가 가장 분명하게 잘 드러난 때가 있다. '그리스도의 사역'을 통한 것이다. 이전에 나타난 공의와 자비보다 더욱 풍성한 형태로 그리스도의 사역 속에 나타났다. 즉, 예수님께서 공생애를 통해 하셨던 사역과 예수님의 사역의 최고 정점에 해당하는 십자가 사역에 하나님의 공의와 자비가 잘 드러나 있다. 제20조의 제목처럼 그리스도 안에 하나님의 공의와 자비가 있다.

이 사실은 이미 제18조의 맨 마지막 문장에 잘 드러난다. "이와 같이 그분은 진실로 우리의 임마누엘(Immanuel) 곧 "하나님이 우리와 함께 계심"(God with us)이십니다(마 1:23)." 예수님의 또 다른 이름인 '임마누엘'이라는 이름은 예수님께서 하실 일을 잘 보여 주고 있다. 곧, 예수님은 이 세상에 하나님을 보여 주시기 위해 오셨다.

그리스도께서 자신의 생애 전체와 십자가에서 행하신 일들은 하나님의 속성인 하나님의 공의와 자비(요 3:16; 롬 3:25-26; 5:8)를 우리에게 보여 준다. 그래서 벨기에 신앙고백서 제20조는 첫 문장에서는 이렇게 고백한다. "우리는 완전히 자비로우시고(merciful) 공의로우신(just) 하나님께서 그분의 아들을 보내셔서, 불순종을 범한 본성을 취하게(assume) 하시고 그 본성을 만족케 하시어 (satisfaction), 그의 가장 지독한 고통과 죽음을 통해 죄에 대한 형벌을 담당케 하셨음을 믿습니다."

하나님의 주도로 말미암은 구원(1)

이 첫 문장을 자세히 보면 모든 것의 주도권이 하나님께 있다. 우리가 하나님께 나아가는 것이 아니라 하나님께서 우리에게 오신다. 우리를 구원하시기 위한 일이 우리 편에서 이루어지지 않고 전적으로 하나님으로부터 시작되었다. 그것은 궁극적으로 자기 자신을 우리에게 나타내고자 하시는 하나님의 뜻이었다.

하나님의 자비로우심과 공의로우심에 근거하여 하나님은 독생하신 아들을 세상에 보내셨고, 그 아들 예수님께서는 하나님의 공의와 자비를 나타내셨다. 이 사실은 요한복음 3:16 "하나님이 세상을 이처럼 사랑하사 독생자를 주셨으니 이는 그를 믿는 자마다 멸망하지 않고 영생을 얻게 하려 하심이라."에 잘 나타나 있다. 그리고 벨기에 신앙고백서는 제16조에서부터 계속해서 이 사실을

강조한다.[118]

이렇게 하나님의 주도로 말미암은 구원과 하나님의 공의와 자비는 그리스도의 사역에 있어서 핵심이라고 할 수 있는 십자가에서 가장 잘 드러났다. 그렇다면 십자가에서 어떻게 드러났을까?

십자가에 나타난 하나님의 공의

공의는 예수님께서 십자가 위에서 죽으셨다는 사실을 통해서 드러났다. 벨기에 신앙고백서 제20조 첫 문장의 중간부분부터 보면 "그 본성을 만족케 하시어(satisfaction), 그의 가장 지독한 고통과 죽음을 통해 죄에 대한 형벌을 담당케 하셨음을 믿습니다. 그러므로 하나님께서는 그분의 아들에게 우리의 허물(iniquity)을 담당케 하심으로써 그분의 공의를 나타내셨으며"라는 고백이 나온다. 이것이 십자가 사건에 담긴 하나님의 공의다.

우리는 종종 "왜 예수님은 꼭 죽음을 통해서 우리를 구원하셔야 했습니까?"라는 의문을 갖는다. 이에 대한 대답은 "하나님의 공의를 만족시키셔야 했기 때문"이다. 예수님은 십자가에서 하나님의 공의라는 속성을 만족시키셨다. 하나님의 공의가 없었다면 굳이 예수님은 십자가에 달리시는 방식으로 우리를 구원하실 필요가 없었을 것이다. 그냥 "내가 너희들의 죄를 다 용서해 줄게."라고만 말씀하시면 되었을 것이다. 그러나 그렇게 하지 않으셨다. 왜냐하면 하나님의 공의는 그것을 용납할 수 없었기 때문이다.

하나님의 공의는 죄에 대한 형벌을 요구한다. 우리는 우리의 죄에 대한 대가를 치러야만 했다. 하나님의 공의로우신 속성은 절대로 죄를 묵과하실 수 없고 반드시 처벌해야만 하는 속성이다. 우리는 하나님의 공의에 합당한 처벌을 받아야만 했다. 가장 지독한 고통과 죽음을 당해야만 했다. 그렇게 함으로써 그 하나님의 공의라고 하는 속성을 만족시켜 드려야 할 필요가 있었다. 그런데 그 요구를 예수님께서 대신 감당하셨다. 가장 지독한 고통과 죽음을 통해 죄에 대

---

118) 벨기에 신앙고백서의 제16조에서부터 제26조까지 지속적으로 하나님의 주도적인 구원에 대해서 강조한다.

한 형벌을 받으셨으니, 그가 담당하신 형벌로 말미암아 하나님의 공의가 만족되었다.

이처럼 십자가 사건은 하나님의 공의로우심 때문에 생겨났다. 십자가 사건을 통해 우리는 하나님께서 공의로우신 분이라는 사실을 알 수 있다. 예수님께서 우리의 죄를 대신하여서 친히 형벌을 담당하셨다는 사실로 인해 우리는 우리를 향해 내리시는 하나님의 공의를 깨닫게 된다. 하나님께서 죄를 얼마나 미워하시는 분이신지, 공의로우신 하나님 앞에서 죄에 대한 대가가 무엇인지를 십자가 사건에서 보게 된다. 십자가에서 우리는 예수님의 고난과 죽음을 보지만 더 나아가 하나님의 공의를 본다.

십자가에 나타난 하나님의 자비

자비는 십자가 사역에서 어떻게 나타났는가? 벨기에 신앙고백서 제20조는 이렇게 고백한다. "죄를 범하여 멸망(damnation) 받은 우리에게 당신의 선하심과 자비하심을 쏟아부어 주셨습니다. 하나님께서는 가장 완전한 사랑으로 당신의 아들을 우리를 위하여 죽도록 내어 주셨고, 그분을 통하여 우리가 불멸(immortality)과 영원한 생명을 얻을 수 있도록 우리를 의롭다 칭해 주시기 (justification) 위하여 그분을 다시 살리셨습니다." 우리가 당해야 할 허물을 예수님께서 대신 당하심으로 죄 때문에 받아야 할 멸망에서 벗어나게 된 것이 십자가를 통해 드러난 하나님의 자비다.

하나님께서는 공의로우심으로 인해 당신의 진노를 쏟아부으셔야 한다. 그 진노는 우리가 받아야 한다. 그런데 그것을 우리가 받는 것이 아니라, 예수님께서 대신 받으셨다. 아무 죄 없으신 예수님께서 죄 많은 우리를 대신하여 그 벌을 받으셨다. 이것을 대리적 속죄(Vicarious Atonement or Vicarious satisfaction, *satisfactio vicaria*)라고 한다.

예수님이 우리를 대신하여 벌을 받으시니 곧 하나님의 자비로 말미암는다. 만약 하나님의 자비가 없고 하나님의 공의만 있었다면, 십자가에서 받아야 할 모든 형벌은 우리가 받아야 할 것이다. 그러나 하나님의 자비가 있었기에, 하나님은 그 자비를 우리에게 나타내셔야 했기에 십자가 그 사랑을 통해서 우리에게 하나님의 자비를 나타내셨다.

이에 대해서 이 강해의 본문인 로마서 5:8이 "우리가 아직 죄인 되었을 때에 그리스도께서 우리를 위하여 죽으심으로 하나님께서 우리에 대한 자기의 사랑을 확증하셨느니라."고 말씀할 뿐만 아니라 고린도후서 5:14 "한 사람이 모든 사람을 대신하여 죽었은즉 모든 사람이 죽은 것이라." 요한일서 4:9, 10 "(9) 하나님의 사랑이 우리에게 이렇게 나타난바 되었으니 하나님이 자기의 독생자를 세상에 보내심은 저로 말미암아 우리를 살리려 하심이니라 (10)사랑은 여기 있으니 우리가 하나님을 사랑한 것이 아니요 오직 하나님이 우리를 사랑하사 우리 죄를 위하여 화목제로 그 아들을 보내셨음이니라."라는 말씀에서 가르친다.

공의와 자비 모두 중요함

공의와 자비, 둘 중에서 무엇이 중요할까? 둘 다 중요하다. 하나님은 공의로우시기 때문에 하나님의 진노가 쏟아부어져야 하고, 하나님은 자비로우시기 때문에 하나님의 진노가 모든 죄인들에게 쏟아부어지지 않고 죄인들을 대신하여 그리스도께 쏟아부어진다.[119] 그 어느 것 하나 외면될 수 없다.

만약 하나님의 자비가 없었다면 우리를 구원하려고 하지도 않으셨을 것이고, 만약 하나님의 공의가 없었다면 그리스도의 십자가는 없었을 것이다. 십자가는 하나님의 공의와 자비가 한꺼번에 담겨져 있는 곳이다. 십자가에 하나님의 공의가 있고, 하나님의 자비가 있다.

하나님의 주도로 말미암은 구원(2)

구원은 전적으로 하나님이 주도권을 갖고 계신다. 하나님은 우리를 구원하기로 작정하셨다. 그렇게 하시기로 하신 뒤에는 자신의 공의와 자비(엡 2:4-5; 딛 3:5)라는 속성과 그 외에 당신의 완벽한 지혜(고전 1:24, 30; 2:7; 엡 3:10), 의(시 51:14;

---

119) Clarence Bouwman, *Notes on the Belgic Confession*(Armadale: The League of the Free Reformed Women's Bible Study Societies, 1997), 손정원 옮김, 『벨직신앙고백해설』(부산: 도서출판 신언, 2007), 275.

71:15-16), 거룩함(출 15:11; 사 49:7; 벧전 1:15-16), 주권적인 아가페적 사랑(요 3:16; 15:13; 롬 5:8; 엡 5:2; 요일 4:9-10)과 조화를 이루어 십자가 사건을 허락하셨다. 십자가 사건은 하나님의 공의와 자비가 조화를 이룰 뿐만 아니라, 그분의 지혜에 근거한 최고의 방식이다.

하나님 주도적인 구원은 벨기에 신앙고백서가 제16조에서부터 지속적으로 강조해 오던 것이다. 제16조의 첫 문장에 보면 우리가 범죄했을 때에, 하나님께서 친히 자기 자신을 자비롭고 공의로우신 분으로 나타내셨다고 말한다. 제17조 역시 우리가 죄의 비참함 가운데 있을 때에 은혜로우신 하나님께서 친히 우리를 찾아오셨다고 말한다. 제18조 역시 하나님께서 예수 그리스도를 친히 보내어 주신 것을 말한다. 이제 제20조에서는 하나님의 공의와 자비를 통하여 우리를 위한 구원이 십자가 사건을 통해서 드러났다는 것을 분명하게 선언한다. 이처럼 우리의 구원은 하나님의 찾아오심에서 비롯된다. 하나님의 자기 주도적인 뜻에서 비롯된다. 하나님의 선하신 뜻과 사랑에서 비롯된다.

삼위일체 하나님의 구원

특별히 하나님의 자비와 공의라는 속성을 통해서 우리의 구원이 예정되었고, 때가 차매 하나님이 보내신 예수 그리스도를 통해 그 자비와 공의라는 속성이 우리에게 임하였다는 사실을 통해서 삼위일체 하나님의 놀라운 구원을 보게 된다.

벨기에 신앙고백서는 제8, 9조에서 삼위일체 하나님에 대해 고백했다. 이것은 하나님의 존재 자체에 대한 것뿐 아니라 우리의 구원이 삼위일체와 관련이 있다는 것을 암시한다. 그래서 제16조에서는 성부 하나님의 공의와 자비가 우리에 대한 구원의 선택과 관련해서 나타났음을 보여 주었다. 이제 제20조에서는 그 성부의 공의와 자비가 성자 예수님을 통해 나타남을 고백한다. 이는 우리의 구원을 계획하신 성부 하나님, 그리고 그 계획을 성취하신 성자 예수님에 대해 고백하는 것이다.

| 결론 | 그리스도 안에 있는 하나님의 공의와 자비

하나님의 공의와 자비라는 속성은 예수님의 사역을 통해서 가장 잘 드러난다. 특히 십자가 사건을 통해서 가장 잘 드러난다. 우리를 향해서 자기 자신을 보여 주기를 원하시는 하나님은 예수 그리스도의 삶과 십자가 사역을 통해 우리에게 하나님이 누구신지를 보여 주셨다.

예수님께서 이 세상에 오신 것은 이러한 것들을 위함이다. 하나님이신 예수님께서 이 세상에 오신 것은 하나님의 공의와 자비를 우리에게 증거하시기 위함이다. 하나님은 당신의 독생하신 아들을 보내심으로 하나님의 공의와 자비를 우리에게 나타내셨다.

예수님 안에서 하나님을 보자. 예수님 속에서 하나님의 공의와 자비를 보자. 십자가에 달리신 그리스도는 하나님을 아는 최고의 방법이다. 그리스도의 십자가 속에 있는 하나님의 거룩하심과 진노를 통해 하나님의 공의로우심을 바라보자. 그리스도의 십자가 속에 있는 우리를 위해 대신하시는 예수 그리스도를 보면서 하나님의 자비하심을 바라보자. 가장 악한 죄라도 말끔히 씻어 주시는 보혈의 은혜를 바라보자. 가장 악한 죄라도 덮어 버리시는 하나님의 사랑을 보자. 우리의 모든 죄를 완전하게, 값없이, 그리고 영원히 사하시는 하나님의 사랑이 십자가에 있다.

우리의 대제사장이신 그리스도의 속죄

The Satisfaction of Christ our High Priest

우리는 예수 그리스도께서 멜기세덱의 반차(order)를 따라 오신 영원한 대제사장이 되리라고 맹세로 확정 받으셨음(confirmed)을 믿습니다.[1] 그리스도께서는 우리의 위치에서(in our place) 당신 자신을 당신의 아버지 앞에 내어 주시고(presented), 당신의 완전한 속죄(satisfaction)로 하나님의 진노를 가라앉히시고(appeasing),[2] 십자가의 나무 위에서 당신 자신을 드리셨고(offering), 그곳에서 그분은 우리의 죄를 제거하시기 위해서(purge away) 보배로운 피를 흘리셨습니다.[3] 이는 선지자들이 예언한(foretold) 바와 같습니다.[4] 선지자들은 다음과 같이 기록합니다. "그가 징계를 받음으로 우리가 흠 없이 되었고, 그가 채찍에 맞음으로 우리가 나음을 입었도다.[5] 그는 도수장으로 끌려가는 어린 양과 같았도다. 그는 범죄자 중 하나로 헤아림을 입었음이라(사 53:5, 7, 12)."[6] 그리고 비록 본디오 빌라도가 처음에는 그분을 무죄하다고(innocent) 선언했을지라도, 본디오 빌라도에 의해서(by Pontius Pilate) 범죄자로(as a criminal) 정죄 받으셨습니다.[7] 그분은 취하지 아니한 것도 물어 주게 되었습니다(시 69:4). 그분은 불의한 자를 대신하여 의인으로서 죽으셨습니다(died as the righteous)(벧전 3:18).[8] 그분은 몸(body)과 영혼(soul)이 고난 당하셨고,[9] 우리의 죄로 말미암아 무서운 심판(the horrible punishment)을 느끼셔야 했고, 그분의 땀은 땅에 떨어지는 핏방울같이 되었습니다(눅 22:44). 마지막으로, 그분은 외치시기를 "나의 하나님, 나의 하나님 어찌하여 나를 버리시나이까?"(마 27:46)라고 하셨습니다. 그분은 이 모든 것을 우리의 죄를 사하기 위해서 견디셨습니다(endured).

그러므로 우리가 바울과 함께 예수 그리스도와 그분의 십자가에 못 박히신 것 외에는 아무것도 알지 못한다(고전 2:2)고 말하는 것은 옳은 일입니다. 우리는 우리 주 예수 그리스도를 아는 지식이 가장 고상함을 인하여 모든 것을 해로 여깁니다(빌 3:8). 우리는 그분의 상함(wounds)으로 위로를 발견하고, 신자를 언제나 완전케 하는 단번에 드려진 이 한 번의 속죄 제사(히 10:14) 외에 하나님과 화해할 다른 방편(any other means of reconciliation with God)을 찾거나 만들려고 할 필요가 없습니다(have no need to seek or invent).[10] 이것이 또한 하나님의 천사가 그분을 "예수"라고 부른 이유이기도 합니다. 왜냐하면 "그분이 자기 백성을 저희 죄에서 구원할 자"이시기 때문입니다(마 1:21).[11]

1) 시 110:4; 히 7:15–17   2) 롬 4:25; 5:8–9; 8:32; 갈 3:13; 골 2:14; 히 2:9,17; 9:11–15   3) 행 2:23; 빌 2:8; 딤전 1:15; 히 9:22; 벧전 1:18–19; 요일 1:7; 계 7:14   4) 눅 24:25–27; 롬 3:21; 고전 15:3 5) 벧전 2:24 6) 막 15:28 7) 요 18:38 8) 롬 5:6   9) 시 22:15 10) 히 7:26–28; 9:24–28 11) 눅 1:31; 행 4:12

우리의 대제사장이신 그리스도의 속죄[120]

- **본문:** 베드로전서 2:24
- **관련신조:** 웨스트민스터 신앙고백서 제8장; 웨스트민스터 대요리문답
제43-45문답; 웨스트민스터 소요리문답 제23-26문답; 하
이델베르크 요리문답 제31문답

| 서 론 | 예수님의 사역의 세 가지 측면

벨기에 신앙고백서 제20조는 성부 하나님의 공의와 자비라는 속성이 성자 예
수 그리스도의 사역을 통해서 가장 잘 드러남을 고백한다. 예수님께서 이 세상
에 사람의 몸을 입고 오셔서 하신 모든 일들은 하나님이 누구신지를 보여 주고
자 함이었다. 그러므로 우리는 그리스도의 사역을 통해서 하나님을 보아야 한
다. 오직 예수님만이 하나님을 아는 유일한 방법이다.

이 사실에 대해서는 사도 요한도 요한복음 1:18에서 말하기를 "본래 하나
님을 본 사람이 없으되 아버지 품속에 있는 독생하신 하나님이 나타내셨느니
라."라고 했다. "주여 아버지를 우리에게 보여 주옵소서 그리하면 족하겠나이

---

120) 영어 번역의 제목은 "The Satisfaction of Christ our High Priest"이다. 여기에서 사용된
satisfaction이라는 단어는 흔히 '만족'으로 번역된다. 그런데 이 용어는 '대속을 통한 만족'의
의미이므로 문맥에 따라 '속죄'나 '대속'으로 이해하고 번역해도 별 문제는 없다. 제21조의 제
목에 나오는 satisfaction은 제21조의 전체 내용에 비춰볼 때, '속죄'(atonement)라고 번역하는 것
이 더 합당하게 보인다. 이를 이해하려면 특히 16-17세기에는 '속죄'(atonement)라는 말이 사용
되지 않았고, 그 대신 '만족'(satisfaction)이라는 말을 사용했다는 것을 기억할 필요가 있다. 그래
서 필자는 제목에서 '속죄'로 번역하였고, 제21조의 본문에 나오는 문장에 "당신의 완전한 속
죄(satisfaction)로 하나님의 진노를 가라앉히시고"라고 번역하였다. 한편, 제20조의 본문에 나오
는 문장 중에 "그 본성을 만족케 하시어(satisfaction)"라고 번역한 곳도 있음을 참조하라.

다."(요 14:8)라고 말한 빌립에 대해서 예수님은 "빌립아 내가 이렇게 오래 너희와 함께 있으되 네가 나를 알지 못하느냐 나를 본 자는 아버지를 보았거늘 어찌하여 아버지를 보이라 하느냐."(요 14:9)라고 말씀하셨다. 이처럼 예수님께서하신 일과 예수님의 말씀 속에 하나님이 드러나 있다.

그렇다면, 그리스도의 사역이란 어떤 것일까? 여러 가지가 있을 수 있겠지만, 그것은 특별히 '그리스도'라는 말에 잘 요약되어 있다. 그리스도는 성자 하나님의 직분과 관련된 표현으로서 왕, 선지자, 제사장이라는 직분적 사역을 의미한다. 이 사실은 하이델베르크 요리문답 제31문답에 있는 사도신경의 해석에도 잘 나타나 있다.

Q 하이델베르크 요리문답

31문: 그분을 왜 그리스도, 곧 기름 부음을 받은 자(anointed)라 부릅니까?

답: 왜냐하면 그분은 성부 하나님으로부터 임명을 받고 성령으로 기름 부음을 받으셨기 때문입니다.[1] 그분은 우리의 큰 선지자(chief prophet)와 선생(teacher)으로서 우리의 구원(deliverance)을 위한 하나님의 감추인 경영(counsel)과 뜻(will)을 온전히 계시하시고,[2] 우리의 유일한 대제사장(only high priest)으로서 그의 몸을 단번에 제물(sacrifice)로 드려 우리를 구속(救贖)하셨고(set us free),[3] 성부 앞에서 우리를 위해 항상 간구하시며(plead our cause),[4] 또한 우리의 영원한 왕(eternal king)으로서 그의 말씀과 성령으로 우리를 다스리시고, 우리를 위해 획득하신 구원을 누리도록 우리를 보호하고 보존하십니다.[5]

1) 시 45:7; 사 61:1; 눅 3:21-22; 4:18; 행 10:38; 히 1:9 2) 신 18:15; 사 55:4; 마 11:27; 요 1:18; 15:15; 행 3:22; 엡 1:9-10; 골 1:26-27 3) 시 110:4; 히 7:21; 9:12,14,28; 10:12,14 4) 롬 8:34; 히 7:25; 9:24; 요일 2:1 5) 시 2:6; 슥 9:9; 마 21:5; 28:18; 눅 1:33; 요 10:28; 계 12:10-11

왕으로서 예수님은 말씀과 성령으로 우리를 다스리신다. 하나님 보좌 우편에 앉으심으로 지금도 이 세상과 교회를 통치하신다. 선지자로서 예수님은 우리를 말씀으로 가르치시고, 하나님이 원하시는 길로 인도하신다. 제사장으로서 예수님은 우리를 구속하셨으며, 지금도 하나님 오른편에서 우리를 위하여 항상 간구하신다.

| 본 론 |

제사장으로서의 그리스도

벨기에 신앙고백서 제21조는 세 가지 직분 중에서 제사장으로서의 그리스도에 대해 소개한다.

복음서에서 예수님은 자기 자신을 가리켜 왕과 선지자로 자주 표현하셨다. 그런데 히브리서 7장에 보면 예수님은 또한 멜기세덱의 반차를 따라 오신 대제사장이셨다. 대표적으로 벨기에 신앙고백서 제21조의 첫 번째 인용구절 중에 하나인 히브리서 7:15-17에 보면, "(15)멜기세덱과 같은 별다른 한 제사장이 일어난 것을 보니 더욱 분명하도다 (16)그는 육신에 속한 한 계명의 법을 따르지 아니하고 오직 불멸의 생명의 능력을 따라 되었으니 (17)증언하기를 네가 영원히 멜기세덱의 반차를 따르는 제사장이라 하였도다."라고 말씀한다. 이에 근거해서 벨기에 신앙고백서의 첫 문장은 이렇게 고백한다. "우리는 예수 그리스도께서 멜기세덱의 반차(order)를 따라 오신 영원한 대제사장이 되리라고 맹세로 확정 받으셨음(confirmed)을 믿습니다."

대제사장으로서의 하신 속죄사역

제사장으로서 예수님은 어떤 일을 하셨을까? 제21조의 두 번째 문장을 보자. "그리스도께서는 우리의 위치에서(in our place) 당신 자신을 당신의 아버지 앞에 내어 주시고(presented), 당신의 완전한 속죄(satisfaction)로 하나님의 진노를 가라앉히시고(appeasing), 십자가의 나무 위에서 당신 자신을 드리셨고(offering),

그곳에서 그분은 우리의 죄를 제거하시기 위해서(purge away) 보배로운 피를 흘리셨습니다."라고 고백한다.

대제사장으로서 예수님은 크게 두 가지 일을 하시는데, 하나는 이 세상에 오셔서 하셨던 일이요, 또 다른 하나는 하늘에서 지금 현재 행하시는 일이다. 이 둘 중에서 후자는 제26조에서 다루고, 전자는 제21조에서 다루고 있으니, 대제사장으로서 예수님께서 하신 중요한 사역 중에 십자가에서의 속죄사역을 다룬다. 제사장으로서 하신 예수님의 사역은 우리의 죄를 속해 주신 일이다. 두 번째 문장이 말씀하는 것처럼 우리를 위해 당신의 몸과 영혼을 십자가를 통하여 하나님 앞에 바치셨고, 그곳에서 보혈을 흘려 주심으로 우리의 모든 죄를 속해 주셨다.

십자가 사역(1) – 우리 편에서 하나님을 향해

이제 이 두 번째 문장을 조금씩 나누어서 생각해보자. 먼저, "그리스도께서는 우리의 위치에서(in our place) 당신 자신을 당신의 아버지 앞에 내어 주시고(presented)"라는 문장이다.

구약의 제사장이 하는 일은 인간 편에서 하나님을 향하여 대속의 일을 하는 것이었다. 대제사장이 이스라엘 백성들의 죄를 들고 성막 안으로 들어간다. 그곳에서 하나님을 향해 대속의 일을 했다.

마찬가지로 예수님은 우리의 대제사장으로서 우리의 위치에서(in our place) 하나님께 제사를 드린다. 하나님이신 예수님이 하나님 편이 아니라 우리 편에 서신다. 우리와 동일한 위치에 서신다. 친히 제사장이 되어 주셨다. 그리하여 하나님께 나아가셨다. 이때 구약의 제사장과 달리 자신을 하나님 앞에 드린다. 구약의 제사장은 대속의 제물을 들고 들어갔지만 신약의 대제사장이신 예수님은 친히 자기가 어린 양이 되셨다. 십자가 사건은 구약의 제사제도를 재현한 사건이며, 거꾸로 말하면 구약의 제사제도는 장차 있을 십자가 사건을 예표한 사건이었다. 이렇게 예수님께서 우리의 입장이 되어 주신다. 우리를 대신하신다. 벨기에 신앙고백서 제21조의 표현처럼 "그리스도께서는 우리의 위치에서(in our place) 당신 자신을 당신의 아버지 앞에 내어 주십니다(presented)." 이것을

'대리적 속죄'(Vicarious Atonement or Vicarious satisfaction, *satisfactio vicaria*)라고 한다. 하나님의 공의에 대한 처벌을 우리가 직접 받는 것이 아니라 예수님께서 대신 받으시는 것이다.

십자가 사역(2) – 유화(宥和, propitiation)[121]

다음 부분은 "당신의 완전한 속죄(satisfaction)로 하나님의 진노를 가라앉히시고(appeasing)"[122]라고 고백한다.

'하나님의 진노를 가라앉힌다'는 말을 '유화'(宥和, propitiation)라고 한다. '유화'란 "진노를 가라앉힌다, 누그러뜨린다"는 뜻이다. 예수 그리스도께서는 십자가의 죽으심으로 우리의 죄에 대한 하나님의 진노를 가라앉히셨다.

벨기에 신앙고백서 제20조의 고백처럼, 하나님의 공의는 우리의 죄에 대해 진노로 대응하실 수밖에 없다. 하나님께서 나쁜 분이시기 때문이 아니다. 하나님의 속성에 충실한 하나님의 태도다. 예수님께서는 당신이 하신 속죄 사역을 통해서 그 진노를 가라앉히셨다. 예수님께서 경험하신 모든 삶과 고난과 죽음은 죄에 대한 하나님의 진노를 진정시키는 일이었다. 십자가 위에서 "아버지 저들을 사하여 주옵소서. 자기들이 하는 것을 알지 못함이니이다."(눅 23:34)라고 외치신 것은 "하나님 제가 그 벌을 다 받았으니 이제 참으십시오. 그 진노를 진정하십시오."라고 호소하시는 것과 같다. 이렇게 그리스도께서 우리를 대신하여 율법의 저주를 담당하심으로써 우리의 죄가 사해졌다. 그리스도께서 우리가 초래한 모든 죄에 대해 형벌을 받으셨다. 그리하여 하나님의 공의 때문에 우리가 받아야 할 벌을 다 받으셨다. 더 이상 우리에게 요구되는 벌은 없다. 그리스도께서 우리의 부채를 갚으셨고, 거기에 수반되는 짐으로부터 우리를 해방시키셨다.

---

121) propitiation은 주로 '화목'이라고 번역하기도 하지만, 또 다른 부분인 '화해'(reconciliation)라는 표현과 구별되지 않을 뿐 아니라, "진노를 가라앉힌다."는 의미를 제대로 드러내지 못하므로 유화(宥和)라는 표현을 많이 쓴다.

122) 이 부분에서 필자는 '만족'이라는 표현보다는 '속죄'라는 표현이 더 합당하다고 여겨져서 '속죄'라고 번역하였다.

십자가 사역(3) – 희생제사(Sacrifice)

다음 부분은 "십자가의 나무 위에서 당신 자신을 드리셨고(offering)"라고 고백한다.

이것을 '희생제사'(Sacrifice)라고 한다. 성경은 예수 그리스도의 죽음을 '제사'라고 표현하는데, 특히 히브리서가 가장 강조한다. 히브리서 10:12 "오직 그리스도는 죄를 위하여 한 영원한 제사를 드리시고 하나님 우편에 앉으사."

구약의 대제사장은 어린 양을 들고 들어가서 어린 양을 희생제물로 바치지만, 예수님은 자기 자신이 희생제물이 되셨다. 구약의 제사는 불완전하였다. 그래서 제사장들은 항상 서서 매일 같은 제사를 드렸다(히 10:1,11). 서서 드렸다는 것은 불완전하다는 의미다. 매일 같은 제사를 드렸다는 것 역시 불완전하다는 의미다.

하지만 예수님은 오직 하나의 영원한 제사를 드리셨다. 제사를 마치신 뒤에 하나님 오른편에 앉으셨다. 그러므로 예수님의 제사는 완전하다. 이 완전한 제사는 우리를 위한 희생제사였다. 자기 자신을 희생하심으로 우리를 위한 제사를 드리신 것이다. 이것은 구약의 제사장과 구별되는 신약의 제사장이신 예수님만이 하신 일이다.

속죄의 수단(1) – 보혈

다음 부분은 "그곳에서 그분은 우리의 죄를 제거하시기 위해서(purge away) 보배로운 피를 흘리셨습니다."라고 고백한다. 우리의 죄를 해결해 주는 중요한 수단은 '피'였다. 레위기 17:11은 "육체의 생명은 피에 있음이라 내가 이 피를 너희에게 주어 제단에 뿌려 너희의 생명을 위하여 속죄하게 하였나니 생명이 피에 있으므로 피가 죄를 속하느니라."라고 해서 피가 우리의 죄를 해결하는 중요한 수단이 됨을 강조한다.

예수님께서는 십자가 위에서 피를 흘리셨다. 그 피는 우리의 죄를 제거하기 때문에 다른 피와 다르다고 해서 '보배로운 피'라고 하고, 줄여서 '보혈'(寶血)이라고 한다. 그래서 벨기에 신앙고백서 제21조의 세 번째 인용구절 중 하나인 베드로전서 1:18-19는 "(18)너희가 알거니와 너희 조상이 물려 준 헛된 행실에서 대속함을 받은 것은 은이나 금같이 없어질 것으로 된 것이 아니요 (19) 오직 흠 없고 점 없는 어린 양 같은 그리스도의 보배로운 피로 된 것이니라."고 말씀한다. 예수님이 십자가 위에서 흘린 피는 보배로운 피, 즉 보혈(寶血)로서 그 피 덕분에 우리의 죄가 제거되었다.

이렇게 그리스도의 보혈로 우리의 양심이 깨끗케 되고(히 9:14), 기도와 예배로 하나님께 담대히 나아가게 하며(히 10:19), 아직 남아 있는 죄로부터 점차적으로 씻음을 받고(요일 1:7; 참조. 계 1:5b), 삶의 죄악 된 방식에서 구출될 수 있다(벧전 1:18-19).[123]

속죄의 수단(2) – 예수님이 당하신 형벌

예수님이 우리의 죄를 해결해 주신 것은 꼭 죽으심만을 통해서가 아니다. 그분의 고난도 포함한다. 그래서 이렇게 고백한다. "그분은 몸(body)과 영혼(soul)이 고난 당하셨고, 우리의 죄로 말미암아 무서운 심판(the horrible punishment)을 느끼셔야 했고, 그분의 땀은 땅에 떨어지는 핏방울같이 되었습니다(눅 22:44). 마지막으로, 그분은 외치시기를 "나의 하나님, 나의 하나님 어찌하여 나를 버리시나이까?"(마 27:46)라고 하셨습니다. 그분은 이 모든 것을 우리의 죄를 사하기 위해서 견디셨습니다(endured)."

예수님은 당신의 삶 전체를 통해서 우리를 구원해 주셨다. 우리를 위한 속죄를 베풀어 주셨다. 예수님께서는 친히 우리를 대신하여 고난과 죽음을 감당하셨고 그렇게 함으로써 우리의 죄를 해결해 주시기 위한 완전한 속죄를 이루셨다.

구약의 예언과 성취

우리를 위한 예수님의 속죄 사역은 이미 구약에 예언되어 있었다. 제17조에서 보았듯이 창세기 3:15의 원시복음(protevangelium)에는 예수님께서 이 세상에 오실 것이 예언되었고, 그 이후에 나오는 구약의 수많은 본문들은 예수님께

---

123) Wayne Grudem, *Systematic Theology: An Introduction to Biblical Doctrine*(Grand Rapids: Zondervan, 1994), 노진준 옮김, 『조직신학(중)』(서울: 은성, 1997), 107.

서 우리의 죄를 해결해 주실 것에 대한 예언으로 가득 차 있다. 그 대표적인 예언이 이사야 53장이다. 특별히 5절에 보면 "그가 찔림은 우리의 허물 때문이요 그가 상함은 우리의 죄악 때문이라 그가 징계를 받음으로 우리는 평화를 누리고 그가 채찍에 맞으므로 우리는 나음을 받았도다."라고 말씀하고 있으니 이것은 곧 그 예언이다. 그리고 이 강해의 본문이면서 제21조의 다섯 번째 인용구절인 베드로전서 2:24은 이사야 53:5을 포함한 구약의 여러 가지 예언을 종합하여 말하기를 "친히 나무에 달려 그 몸으로 우리 죄를 담당하셨으니 이는 우리로 죄에 대하여 죽고 의에 대하여 살게 하심이라 그가 채찍에 맞음으로 너희는 나음을 얻었나니"라고 잘 말해 주고 있다.

이에 따라 벨기에 신앙고백서도 다음과 같이 고백한다. "이는 선지자들이 예언한(foretold) 바와 같습니다. 선지자들은 다음과 같이 기록합니다. "그가 징계를 받음으로 우리가 흠 없이 되었고, 그가 채찍에 맞음으로 우리가 나음을 입었도다. 그는 도수장으로 끌려가는 어린 양과 같았도다. 그는 범죄자 중 하나로 헤아림을 입었음이라(사 53:5,7,12)." 그리고 비록 본디오 빌라도가 처음에는 그분을 무죄하다고(innocent) 선언했을지라도, 본디오 빌라도에 의해서(by Pontius Pilate) 범죄자로(as a criminal) 정죄 받으셨습니다. 그분은 취하지 아니한 것도 물어 주게 되었습니다(시 69:4). 그분은 불의한 자를 대신하여 의인으로서 죽으셨습니다(died as the righteous)(벧전 3:18)."

예수님의 죽으심은 이미 오래전부터 하나님의 계획 아래 있던 것이고, 하나님의 때가 되어 오셔서 우리를 위한 화목제물이 되어 주셨다. 예수님은 친히 나무에 달려 그 몸으로 우리의 죄를 담당하셨다. 이러한 속죄 사역을 통해 이제 우리 모두는 나음을 얻게 되었다.

속죄의 유일성

이렇게 우리를 구원하시기 위한 성부 하나님의 지혜에 따라 예수 그리스도께서 십자가와 그의 삶 전체를 통해서 이루신 일은 매우 완전하다. 이미 구약을 통해 예언된 하나님의 지혜다.

이 속죄 사역만큼 확실한 것이 없다. 우리의 죄를 부분적으로가 아니라 완전히 해결해 주기에 충분하다. 우리를 의롭다 함에 있어서 부분적으로가 아니라 완전히 의롭다 하기에 충분하다. 십자가는 최고의 은혜와 최고의 지혜요 최고의 공의와 자비다. 그래서 벨기에 신앙고백서 제21조는 마지막 단락에서 속죄의 유일성에 대하여 다음과 같이 고백한다.

"그러므로 우리가 바울과 함께 예수 그리스도와 그분의 십자가에 못 박히신 것 외에는 아무것도 알지 못한다(고전 2:2)고 말하는 것은 옳은 일입니다. 우리는 우리 주 예수 그리스도를 아는 지식이 가장 고상함을 인하여 모든 것을 해로 여깁니다(빌 3:8). 우리는 그분의 상함(wounds)으로 위로를 발견하고, 신자를 언제나 완전케 하는 단번에 드려진 이 한 번의 속죄 제사(히 10:14) 외에 하나님과 화해할 다른 방편(any other means of reconciliation with God)을 찾거나 만들려고 할 필요가 없습니다(have no need to seek or invent)."

율법을 잘 알았던 사도 바울이, 구약의 제사제도를 제대로 이해한 히브리서 기자가 십자가 사건을 최고로 표현한 것은 십자가를 통한 속죄의 유일함을 알았기 때문이다.

속죄의 완전성을 부인하는 로마 가톨릭

그리스도의 속죄가 유일하다는 말은 다른 말로 하면 완전하다는 말이다. 이보다 더 완벽한 것은 없다는 말이다. 그러나 이 사실을 부인하는 이들이 있으니 '로마 가톨릭'이다. 그들은 직접적으로는 그렇게 말하지 않는다. 그들은 분명 십자가 사역은 완전하다고 말한다. 그러나 그들이 드리는 미사는 그들의 말과 그들의 믿음이 다르다는 것을 잘 보여 준다. 로마 가톨릭의 미사(mass)는 '제사'라는 뜻을 갖고 있다. 그들의 미사는 사실상 예수 그리스도를 다시 십자가에 못 박는 행위다. 이는 완전한 제사로서의 십자가 사역을 부인하는 것이다.

우리는 그렇게 믿지 않는다. 그리스도는 단 한 번 제사를 드렸다(히 10:10, 12, 14). 그것은 다시는 반복되지 않을 것이라는 점을 잘 보여준다. 그래서 히브리서 기자는 한 번 혹은 단 한 번이라는 표현을 자주 사용했다(히 9:12, 26, 28; 10:10, 12, 14).

이러한 우리의 믿음과 달리 미사라는 독특한 방식으로 예수님에 대해 다시금 못 박는 일을 자행하는 로마 가톨릭의 가르침 때문에 종교개혁 이후로 지금까지 많은 개신교인들은 양심상 로마 가톨릭의 미사에 참석할 수 없다는 확신을 가졌다. 왜냐하면 그와 같은 미사에 참석한다는 것은 미사를 드릴 때마다 그리스도의 희생이 반복된다는 로마 가톨릭의 입장을 인정하는 것처럼 보이기 때문이다.[124]

우리는 미사(mass)가 아니라, 단 한 번 드리신 유일한 예수님의 희생제사를 기억하며 매 주일 예배에 참석한다. 이 예배는 2,000여 년 전에 오직 하나의 영원한 제사를 드리신 예수님 덕분에 앞으로도 영원토록 드릴 예배다.

완전하고 유일한 속죄

그리스도의 속죄 사역은 완전하다. 그리스도의 속죄의 죽음은 유일하고도 완전히 충분하다. 더 이상 그 어떤 다른 속죄의 제사가 필요치 않을 정도로 완전하다. 다른 어떤 것이 덧붙여질 필요가 없을 정도로 완전하다. 우리를 구원할 수 있는 다른 길이 없다. 십자가에서 죽으신 하나님의 아들 예수 그리스도의 피만이 우리를 구원할 수 있다.

그리스도의 속죄가 완전하다는 사실은 더 이상 우리가 지불해야 할 죄의 값이 남아 있지 않다는 확신을 준다. 죗값은 그리스도께서 완전히 다 지불하셨으며 우리에게는 더 이상 심판이나 정죄에 대한 두려움이 남아 있을 이유가 없다.

만일 그리스도께서 우리의 죗값을 온전히 다 지불하지 않으셨더라면 아직까지도 우리에게 정죄함이 남아 있었을 것이다. 예수님은 매번, 자주 십자가에 달리셔야 할 것이다. 그러나 그가 죗값을 다 지불하셨기에 로마서 8:1은 "그러므로 이제 그리스도 예수 안에 있는 자에게는 결코 정죄함이 없나니"라고 하였다.

우리를 위한 속죄

벨기에 신앙고백서 제21조에 대한 설명을 마무리하면서 이 내용 중에 잊지 말

---

124) Grudem, 『조직신학(중)』, 107.

아야 할 중요한 표현을 기억해 두어야 하겠다. 두 번째 문장의 앞부분에 나오는 "우리의 위치에서"라는 말과 두 번째 문장의 마지막 부분에 나오는 "우리의 죄를 제거하시기 위해서"라는 말이다.

왜 이 표현을 잊지 말아야 할까? 예수님의 속죄 사역은 우리의 죄를 위해서 이루어진 것이라는 점을 기억해야 하기 때문이다. 예수 그리스도는 우리의 위치에서 우리의 죄를 제거하기 위해서 자기 자신을 드리셨다. 예수님은 우리의 자리에 서셨다. 그 자리는 진노와 형벌의 자리다. 예수님은 우리가 서야 할 진노와 형벌의 자리에 우리 대신 서심으로 우리를 평화, 사랑, 생명의 자리로 옮기셨다. 이것이 그리스도의 속죄 사역의 핵심이다.

| 결 론 |

예수 그리스도께서는 우리를 위하여 친히 대제사장이 되셨다. 예수 그리스도께서는 우리를 위하여 친히 어린양이 되셨다. 예수 그리스도께서는 우리를 위하여 친히 죄의 짐을 짊어지셨다. 예수 그리스도께서는 우리를 위하여 친히 화목제물이 되셨다.

이렇게 예수님은 하나님의 선택하신 백성들을 위한 모든 죄를 해결해 주셨다. 그러므로 우리는 벨기에 신앙고백서의 맨 마지막 문장을 고백하면서 마치고자 한다. "이것이 또한 하나님의 천사가 그분을 "예수"라고 부른 이유이기도 합니다. 왜냐하면 "그분이 자기 백성을 저희 죄에서 구원할 자"이시기 때문입니다(마 1:21)."

그리스도를 믿는 믿음을 통한 우리의 칭의

Our Justification Through Faith in Christ

우리는 성령님께서 우리로 하여금 이 위대한 신비에 대한 참된 지식을 얻게(obtain) 하기 위해서 우리 마음속에 참된 믿음(a true faith)을 일으켜 주셨음(kindles)을 믿습니다.[1] 이 믿음은 예수 그리스도를 그분의 모든 공로(merits)와 함께 받아들이고(embraces), 그분을 우리 자신의 소유(own)로 만들고, 그분 외에(besides Him) 다른 어떤 것도 구하지(seek) 않는 것입니다.[2] 왜냐하면 우리가 우리의 구원을 위하여 필요로 하는 모든 것이 예수 그리스도 안에 없거나 아니면 모든 것이 그리스도 안에 있어서, 믿음을 통하여(through faith) 예수 그리스도를 소유한 사람은 완전한 구원을 가져야만 한다는 것이 반드시 따라와야 하기(must necessarily follow) 때문입니다.[3] 그러므로 그리스도만으로 충분하지 않고 그분 외에(besides Him) 다른 무엇이 필요하다고 주장하는 것은 엄청난 불경죄(a terrible blasphemy)입니다. 왜냐하면 그렇게 결론을 내리면 그리스도께서는 단지 반쪽짜리 구주(only half a Savior)에 불과할 것이기 때문입니다.

그러므로 우리는 바울과 함께 사람이 의롭다 하심을 얻는 것은 율법의 행위에 있지 않고 오직 믿음으로 되느니라(we are justified by faith alone, or by faith apart from works of law)(롬 3:28)고 분명하게 말합니다.[4] 동시에 엄격히 말하자면 믿음 그 자체가 우리를 의롭게 해준다는 뜻은 아닙니다.[5] 왜냐하면 믿음은 우리가 그리스도를 우리의 의로 받아들이는 데(embrace) 사용된 수단일 뿐(only the instrument)이기 때문입니다. 즉 그리스도께서는 당신의 모든 공로(merits)로 당신께서 우리를 위하여 그리고 우리를 대신하여 행하신 많은 거룩한 사역들(works)을 우리에게 전가하셨습니다

(imputes).[6] 그러므로 예수 그리스도께서는 우리의 의(our righteousness)이고, 믿음은 우리가 그분의 모든 혜택들(benefits) 안에서 그분과 교제하게 하는 수단(instrument)입니다. 이 혜택들이 우리의 것이 될 때에, 그것들은 우리의 죄를 면해 주기(acquit)에 충분하고도 남음이 있습니다.

1) 요 16:14; 고전 2:12; 엡 1:17-18   2) 요 14:6; 행 4:12; 갈 2:21   3) 시 32:1; 마 1:21; 눅 1:77; 행 13:38-39; 롬 8:1   4) 롬 3:19-4:8; 10:4-11; 갈 2:16; 빌 3:9; 딛 3:5   5) 고전 4:7   6) 렘 23:6; 마 20:28; 롬 8:33; 고전 1:30-31; 고후 5:21; 요일 4:10

그리스도를 믿는 믿음을 통한 우리의 칭의[125]

- **본문:** 로마서 3:19-31
- **관련신조:** 웨스트민스터 신앙고백서 제11, 14장; 웨스트민스터 대요리
  문답 제69-73문답; 웨스트민스터 소요리문답 제33, 85-86
  문답; 하이델베르크 요리문답 제20-23, 59-61문답; 도르
  트 신조 둘째 교리 7항, 셋째 넷째 교리 14항

| 서 론|

타락한 죄인과 그리스도의 속죄

우리는 타락한 죄인들이다. 아무런 소망이 없는 죄인이다. 왜냐하면 하나님의
공의로우심으로 인하여 우리 모두는 하나님의 진노 아래에 있기 때문이다. 우
리는 하나님으로부터 정죄를 받아 마땅하며 하나님의 심판을 받기에 충분한
존재들이다. 우리는 스스로 의로워질 수 없고 우리의 어떤 행동으로도 의로워
질 수 없다. 이 사실은 아무리 강조해도 지나침이 없다.[126]

하지만 제20조와 제21조에서 배웠듯이 우리를 향하여 진노하게 만드시는

---

125) 칭의는 그리스도의 대속적 사역에 기초를 두고 있고, 칭의에는 하나님의 공의와 자비가 함께
나타난다. 이런 점에서 벨기에 신앙고백서가 제20조에서 하나님의 공의와 지비를 다루고, 제
21조에서 그리스도의 속죄를 다룬 뒤에 제22조에서 칭의를 다루고 있다는 것은 매우 논리적인
전개를 따르고 있음을 잘 보여 준다.

126) 개혁파 신앙고백들은 한결같이 "믿음으로 의롭게 된다."는 사실을 말하기에 앞서 죄의 심각
성을 먼저 고백한다. 이것이 전제되지 않으면 믿음으로 말미암는 구원을 말할 수 없기 때문이
다. 유해무, "믿음에 대한 개혁 신조들의 고백," 『오직 믿음으로: 루터의 믿음과 신학』(서울: 성약,
2011), 84.

하나님의 공의는 예수 그리스도의 속죄 사역으로 말미암아 만족되었다. 그리스도께서 이 세상에서 행하신 율법적 순종과 고난 당하심, 그리고 십자가에서 죽으심으로 말미암아 하나님의 진노는 가라앉았고, 우리의 죄는 제거되었으며, 그 결과 하나님의 본성 중 공의로움은 만족되었고, 예수님은 우리를 위한 하나님의 의(righteousness of God)를 획득하셨다.

그렇다면 이제 '누구든지' 구원받을 수 있는가? '누구든지' 하나님 앞에서 의롭다고 인정을 받을 수 있는가? 그렇지 않다. 예수님께서 획득하신 '하나님의 의'가 나의 것, 우리의 것이 되어야 한다. 그때 비로소 하나님 앞에서 의롭다 인정을 받을 수 있다. 좀 더 이해하기 쉽게 말하면, 예수님께서 하신 일은 그 자체로 '역사적 사실'이다. '객관적인 사건'이다. 그것이 '나와 관련된 일'이 되어야 한다. '나의 주관적 사건'이 되어야 한다. 그렇지 않고는 구원받을 수 없다. 그리스도의 의가 '나의 의'가 될 때 그때 비로소 우리는 비록 의로워질 수는 없으나 '의롭다 칭함을 얻을 수' 있으니 이것을 가리켜 '칭의'(稱義, justification)라고 한다(참조. 『나는 하나님 앞에서 의로울 수 있을까?』, 손재익, 좋은씨앗, 2019). 이 강해의 본문 중 로마서 3:24는 이것을 "의롭다 하심을 얻은 자 되었다"라고 표현한다.

의롭다 칭함을 얻는 방법에 대한 오해의 역사

우리가 어떻게 하여야 그리스도께서 획득하신 '하나님의 의'가 '나의 의'가 될 수 있을까? 어떻게 하여야 하나님께 의롭다고 인정받을 수 있을까?

과거에 어떤 사람들은 사람이 의로워지려면 열심히 수행(修行)을 해야 한다고 가르쳤다. 사람이 구원을 얻으려면 돈으로 면벌부(Indulgentia, Indulgences)[127]를 사서 교회에 바쳐야 한다고 가르치던 때가 있었다. 그래서 루터는 회심하기 이전에 무릎을 꿇고 기도하며, 딱딱한 바닥에서 잠을 자고, 금식하면서 로마에 있는 성베드로 교회의 계단을 손과 무릎으로 오름으로써 하나님과의 관계를

---

127) 흔히 면죄부(免罪符)라고 부르는 것은 라틴어로 인둘겐티아(Indulgentia)인데 '은혜' 또는 '관대한 용서'라는 뜻으로, 죄를 없이한다는 증서가 아니라 '연옥에서 치러야 할 벌을 면제해 주는 증서'이므로 '면벌부'(免罰符)라고 번역하는 것이 바람직하다.

위한 노력을 했다. 또한 수도원 생활, 경건 훈련, 고해성사, 미사, 고행, 선행 등을 했다. 그렇게 해야만 의롭게 될 것이라고 생각했기 때문이다.

의롭다 칭함을 얻는 방법 – 믿음

하나님께서는 은혜를 베푸셔서 루터와 같은 당신의 신실한 종을 통해 진리를 회복시켜 주셨다. 그 진리가 무엇인가? "예수 그리스도를 믿는 믿음을 통해서 의롭다 칭함을 받는다." 하는 것이다.

루터는 이 사실을 성경에서 발견했다. 시편과 로마서를 포함한 성경이 이것을 분명하게 말씀한다. 그런데 한때 말씀이 어두움 속에 있던 시대에 이 진리가 감춰졌었다. 성경이 말씀하는 대로가 아니라 다른 방식을 중요하게 여기던 때가 있었다. 하지만 종교개혁의 시대에 이 진리는 회복되었다.

벨기에 신앙고백서 제22조의 배경과 그 핵심

벨기에 신앙고백서는 그 종교개혁 당시에 기록되었다. "우리가 어떻게 하나님 앞에서 의로울 수 있을까?"라는 질문에 대해 치열하게 고민하고, 이 진리를 변증하기 위해서 부단히 애쓰던 시대에 기록된 것이 벨기에 신앙고백서다. 그래서 벨기에 신앙고백서는 다른 무엇보다도 이 진리를 분명하게 강조한다. 제22조에서부터 제24조까지 이 진리를 고백한다.[128] 이신칭의(以信稱義, justification by faith alone), "오직 믿음으로 의롭다 칭함을 얻는다."는 것을 중요한 진리로 고백한다.

우리는 이 진리에 대해 성경 말씀과 벨기에 신앙고백서 제22조의 내용을 중심으로 좀 더 구체적으로 생각해보려고 한다.

---

128) 얼핏 보면 벨기에 신앙고백서 제24조는 '칭의'를 다루는 것이 아니라 '성화와 선행'을 다루는 것 같다. 그러나 24조의 본문을 자세히 보면, 24조가 다루고자 하는 핵심은 '믿음으로 말미암는 구원'이 '선행'을 가져다주지 못한다는 것에 대한 오해를 바로잡는 것에 있고, 신자의 성화와 선행은 의롭게 하는 믿음에 근거하는 사랑으로 역사하는 믿음에 있음을 강조하는 것에 있다.

| 본 론 |

Ⅰ. 성경 본문 설명

성경 곳곳(창 15:6; 시 32:1-2; 렘 23:6; 합 2:4; 슥 3:1-5; 눅 18:9-14; 롬 1:17; 3:21-31; 4:1-25; 5:1-2; 10:4-6; 고후 5:18-21; 갈 2:16; 3:6, 11; 3:24; 빌 3:9; 히 10:38)에 이 주제와 관련된 내용이 있지만, 이 강해의 본문(롬 3:19-31)은 이 진리를 가장 잘 요약적으로 보여준다.

죄인 된 인간 – 칭의의 배경

로마서 3:19-20에는 우리가 하나님 앞에서 아무도 의롭다 하심을 얻을 수 없다는 사실을 말씀한다. 20절 "율법의 행위로 그의 앞에 의롭다 하심을 얻을 육체가 없나니." 19절 이전에도 보면 9절 이하에 계속해서 우리의 죄인 됨을 말하며, 특히 23절은 "모든 사람이 죄를 범하였으매 하나님의 영광에 이르지 못하더니"라고 아주 잘 말씀한다.

이 사실을 통해서 우리는 자연 상태에서의 사람은 절대로 스스로의 힘으로 의로워질 수 없고, 의롭다고 인정받을 수도 없음을 기억해야 한다. 개인적인 자질이나 공로는 아무런 근거가 될 수 없다(시 14:3; 130:3; 143:2; 롬 3:10; 빌 3:4-5).

그리스도 안에 있는 하나님의 의 – 칭의의 근거

죄인 된 인간의 상태에 대해 설명한 바울은 21-26절에서 비참한 인간의 문제에 대한 하나님의 은혜로운 해결책을 설명한다. 칭의(稱義)다. 의로워질 수 없는 우리들을 위한 좋은 방법을 하나님께서 마련하셨으니, 내가 의로워지는 것이 아니라 그 대신에 의롭다고 여김을 받는다. 의롭지는 않으나 의롭다고 간주된다.

21-22절에서 '하나님의 의'를 말한다. 계속해서 21절에서 "율법 외에 하나님의 한 의가 나타났으니"라고 말하며, 22절에서 "모든 믿는 자에게 미치는 하

나님의 의니"라고 말씀한다. 여기에서 말하는 '하나님의 의'는 우리를 의롭다고 간주하게 만드는 의다. 우리를 의롭다고 여겨 주시려면 의가 필요한데, 그 의는 예수 그리스도 안에 있다. 이렇게 예수님께서 마련해 주신 '하나님의 의' 덕분에 우리는 의롭다고 인정받을 수가 있다.

예수님은 어떻게 '하나님의 의'가 되셨을까? 제20조와 제21조에서 고백하듯이 예수님께서는 그의 삶과 십자가 사건을 통해 하나님의 공의를 만족케 하셨다. 이를 통해 하나님의 의가 되셨다. 예수님은 당신의 속죄 사역을 통해서 우리가 의롭다 칭함을 받을 만한 근거를 마련하셨다. 그래서 24절은 "그리스도 예수 안에 있는 속량으로 말미암아 하나님의 은혜로 값없이 의롭다 하심을 얻은 자 되었느니라."라고 말씀한다.

로마서 3:24의 '속량'은 다르게 표현하면 '구속'(redemption)으로서, '죄인을 다시 사서 그에게 속전의 지불을 통하여 자유를 주는 것'을 뜻한다.[129] 예수님은 우리의 죄에 대한 빚을 갚아 주셨다. 예수님께서 십자가 위에서 죽으실 때에 하신 말씀을 통해서도 알 수 있다. 예수님께서는 가상칠언 중 여섯 번째에 해당하는 말씀으로 "다 이루었다"(요 19:30)라고 하셨다. 그 말의 원어가 '테텔레스타이'인데, 그 뜻에는 '완성했다, 마쳤다'(complete, finish)와 함께 '갚았다'(pay)가 있다. 예수님은 십자가 사건을 통하여 우리를 구원하시기 위한 모든 값을 지불해 주셨다. 모든 근거를 마련해 주셨다.

계속해서 이어지는 25-26절도 "(25)이 예수를 하나님이 그의 피로써 믿음으로 말미암는 화목제물로 세우셨으니 이는 하나님께서 길이 참으시는 중에 전에 지은 죄를 간과하심으로 자기의 의로우심을 나타내려 하심이니 (26)곧 이때에 자기의 의로우심을 나타내사 자기도 의로우시며 또한 예수 믿는 자를 의롭다 하려 하심이라."라고 해서 예수 그리스도의 속죄 사건은 하나님의 의를

---

129) 구속이라는 영어 단어 redemption은 '도로 사다, 다시 사들이다'라는 뜻의 라틴어 *redimere*에서 유래했다.

이루시기 위한 것임을 설명한다.[130]

그리스도께서 얻으신 '하나님의 의'를 달리 표현하면, "하나님으로부터 온 의"(a righteousness from God)라고 할 수 있는데,[131] 하나님께서 예수 그리스도에게 주신 것이다. '하나님의 의'는 처음부터 끝까지 인간이 전혀 개입되지 않은, 전적으로 하나님 자신의 의다.

칭의의 수단 – 믿음

그렇다면 이제 예수님에게 있는 '하나님의 의'가 나의 것, 우리의 것이 되어야 할 텐데 과연 어떻게 해야 할까? 나는 아무것도 하지 않았지만 마치 내가 한 것처럼, 그래서 나에게 의가 있는 것처럼 여겨지려면 어떻게 해야 할까? 로마서 3:19-31에서 계속해서 반복하여 강조하는 표현이 있다.

> 22절 "곧 예수 그리스도를 믿음으로 말미암아 모든 믿는 자에게 미치는 하나님의 의니 차별이 없느니라."
> 27절 "그런즉 자랑할 데가 어디냐 있을 수가 없느니라 무슨 법으로냐 행위로냐 아니라 오직 믿음의 법으로니라."
> 28절 "그러므로 사람이 의롭다 하심을 얻는 것은 율법의 행위에 있지 않고 믿음으로 되는 줄 우리가 인정하노라."
> 30절 "할례자도 믿음으로 말미암아 또한 무할례자도 믿음으로 말미암아 의롭다 하실 하나님은 한 분이시니라."
> 31절 "그런즉 우리가 믿음으로 말미암아 율법을 파기하느냐 그럴 수 없느니라 도리어 율법을 굳게 세우느니라."

---

130) 이신칭의는 그리스도의 십자가 사건과 불가분의 관계이다. 그러므로 벨기에 신앙고백서 제22조는 제21조와 매우 깊이 연결된다.

131) NIV는 "하나님으로부터 온 의"(a righteousness from God)라고 번역함으로써 22절에서 말하는바 "예수 그리스도를 믿음으로 말미암아 획득된 의"라는 의미를 제대로 살리고 있다.

이 구절들은 '믿음'이 그것을 가능케 한다고 말씀한다.[132] 하나님의 의가 '나의 의'가 되어서 하나님으로부터 의롭다 인정함을 받는 방법은 다름 아닌 '믿음'이다.

본문과 교리

이러한 성경의 가르침에 근거해서 우리가 의로워지는 것은 다른 방법으로가 아니라 예수 그리스도를 믿는 믿음을 통해 의롭다 칭함을 얻는다고 믿는다. 그래서 벨기에 신앙고백서 제22조는 그 제목에서 "그리스도를 믿는 믿음을 통한 우리의 칭의"를 다루고 있음을 밝힌다.

Ⅱ. 벨기에 신앙고백서 본문 설명

칭의의 수단으로서의 '믿음'

벨기에 신앙고백서 제22조는 '믿음'으로 의롭다 칭함을 받게 됨을 강조한다. 로마서 3:28에서도 말씀하듯이, "우리가 의롭다 하심을 얻는 것은 율법의 행위에서가 아니고, 오직 예수 그리스도를 믿는 믿음을 통해서다." 그래서 벨기에 신앙고백서 제22조는 두 번째 단락을 시작하면서 "그러므로 우리는 바울과 함께 사람이 의롭다 하심을 얻는 것은 율법의 행위에 있지 않고 오직 믿음으로 되느니라(we are justified by faith alone, or by faith apart from works of law)(롬 3:28)라고 분명하게 말합니다."라고 로마서 3:28을 직접 언급한다. 이렇게 제22조는 믿음을 강조한다. 그렇다면 과연 하나님의 의로움이신 예수 그리스도를 나의 의로움이 되게 만드는 믿음이란 무엇일까?

---

132) 여기에서 28절의 헬라어 '피스테이'는 단순한 여격으로서 믿음의 필수성과 중요성을 언급하는 것이요, 22,25,31절의 헬라어 '디아 피스테오스'는 믿음이 칭의의 수단임을 보여 준다. 전치사 '디아'가 속격과 함께 쓰이면 이는 이 본문의 22,25절 뿐 아니라 고린도후서 5:10; 갈라디아서 3:19; 베드로후서 1:3 같은 말씀에서도 수단 내지 방편을 뜻할 때가 많다.

성령이 불러일으켜 주시는 믿음

벨기에 신앙고백서 제22조의 첫 문장을 보자. "우리는 성령님께서 우리로 하여금 이 위대한 신비에 대한 참된 지식을 얻게(obtain) 하기 위해서 우리 마음속에 참된 믿음(a true faith)을 일으켜 주셨음(kindles)을 믿습니다."

이 문장을 이해하기 위해 간략히 설명하면, 예수님께서 그의 삶과 십자가 사건을 통해서 만족케 하신 하나님의 공의와 자비. 그것은 우리 모두를 구원에 이르게 하기에 충분하다. 예수님의 속죄 사역만을 놓고 보면 누구든지 구원에 이를 수 있다. 분명 그것만으로 충분하다. 더 이상 다른 무엇이 필요치 않다.

그러나 모든 사람이 구원에 이르지 않는다. 예수님의 사역이 나의 것이 되어야 한다. 우리의 것이 되어야 한다. 그때에 비로소 구원에 이를 수 있다. 그것이 어떻게 가능할까? 22조가 말하는 그리스도를 믿는 믿음을 통해 가능하다.

이 믿음을 우리에게 주시는 것이 성령님의 사역이다. 이 세상을 창조하시고 섭리하신 성부 하나님께서 우리의 구원에 대한 예정을 하셨다면, 그 구원을 이루시기 위해서 성자 하나님이신 예수님은 십자가 사역을 통해 속죄의 완성을 이루셨다. 이제 그 구원이 우리에게 효력 있게 하기 위해서 성령님이 역사하신다. 이렇게 구원은 매우 삼위일체적이다.

그렇다면 그 성령님이 하시는 일이 무엇인가? 성령님은 먼저 예수 그리스도 안에 있는 참된 지식을 얻게 하기 위해서 우리의 마음속에서 믿음을 일으켜 주신다. 하나님의 의가 되시는 예수 그리스도가 나의 것이 되게 하시기 위해 역사한다. 그래야 우리가 구원 얻을 수 있기 때문이다. 벨기에 신앙고백서 제22조는 이것을 우리에게 말한다.

무엇에 대한 믿음인가?

성령님께서 우리에게 일으켜 주시는 믿음이란 무엇일까? 우리가 믿음으로 구원을 얻는다고 하는데 그 믿음은 무엇일까? 많은 사람들이 "믿음으로 구원받는다."라고 할 때의 믿음을 신비로운 무엇으로 오해한다.[133] "당신은 믿습니

---

133) Clarence Bouwman, *Notes on the Belgic Confession*(Armadale: The League of the Free Reformed Women's

까?"라고 하면, "예. 믿습니다."라고 대답한다. "그런데 무엇을 믿습니까?"라고 질문하면 "그냥 믿는 것이지, '무엇'이 뭐 그리 중요합니까?"라고 대답한다. 이것은 "믿음으로 구원 얻는다."라는 말에 대한 철저한 오해를 보여 준다. 이러한 오해에 근거해서 한국교회에서 임종 시 복음을 전할 때에 "예수님 믿으면 지금 죽어도 구원을 얻습니다. 그러니까 예수님 믿으세요."라고 하고, 그에 대해서 죽음을 앞둔 불신자가 "예, 믿겠습니다."라고 말하면, 그것이 곧 구원 받은 것이라고 생각하는 경우가 많다. '예수 그리스도가 누구신지'에 대해 전하기보다 '예수 그리스도를 믿으면 구원 얻는다는 사실'만을 전하는 것은 믿음에 대한 오해다.

믿음에는 기본적으로 구체적인 지식이 필요하다. 이때의 '지식'은 어떤 학문적 지식을 말하는 것이 아니다. 인격적 지식(personal knowledge)이다. 다르게 말하면 '맹목적(盲目的) 믿음'이 아닌 '명시적(明示的) 믿음'이다.

로마 가톨릭은 우리와 다르게 가르친다. 그들은 분명하게 어떤 것을 아는 믿음 즉 '명시적(明示的)적 믿음'(explicit faith)도 우리를 구원에 이르게 하지만, 그것과 함께 '맹목적 믿음'(implicit faith), 즉 이해가 없는 믿음, 단지 교회가 가르치는 것을 믿으려는 태도만 갖고 있는 것도 믿음이라고 가르쳤다.

그러나 성경은 참된 믿음은 확실한 지식을 동반한다는 것을 분명히 가르치기 때문에, '맹목적 믿음'(implicit faith)이란 것은 잘못된 개념이다. 지식 없는 믿음은 참 믿음이 아니다.

믿음에 요구되는 요소에는 세 가지가 있다. 지식(*cognitio*),[134] 동의(*assensus*),[135]

Bible Study Societies, 1997), 손정원 옮김, 『벨직신앙고백해설』(부산: 도서출판 신언, 2007), 294.

134) 사람이 하나님께서 말씀하신 모든 것, 특히 하나님께서 사람의 타락과 예수 그리스도 안에 있는 구속에 대해 말씀하신 모든 것이 진리라고 받아들이는, 진리에 대한 긍정적 인식을 의미한다.

135) 그리스도의 구원을 사람의 영혼에 적용할 수 있다는 동의 혹은 확신. 사람이 그리스도를 믿음으로 영접할 때, 그는 진리와 믿음의 대상의 실재를 깊이 확신하고, 이것이 자신의 생활에서 주요한 욕구들을 충족시키는 것을 깨닫고, 믿음에 열렬한 관심을 자각한다. 이것이 동의다.

신뢰(*fiducia*).[136] 이 세 가지가 한데 어우러져야 비로소 믿음이다. 분명한 지식으로서의 믿음(faith as clear knowledge), 군건한 확신으로서의 믿음(faith as solid assurance), 전적인 신뢰로서의 믿음(faith as complete trust)이 모두 갖춰진 것이야 말로 참된 믿음이다. 구원을 위해 필요한 믿음은 단순한 동의(*assensus*)가 아니라 지식(*cognitio*)과 신뢰(*fiducia*)를 포함한다(하이델베르크 요리문답 제21문답; 웨스트민스터 대요리문답 제72문답).

종교개혁의 후예들은 이러한 믿음을 다른 것들과 구별하기 위해서 '구원에 이르는 믿음'(saving faith)이라고 표현했다. '구원에 이르는 믿음'은 어떤 대상에 대한 믿음인데, 우리의 믿음의 대상은 예수 그리스도를 믿는 믿음이요, 그 믿음은 그분이 하신 일, 그분이 하신 일로 말미암는 효력을 믿는 것을 말한다. 다시 말하면 예수님이 하신 일만 믿는다고 해서 그것이 믿음은 아니다. 그리스도의 죽음과 부활이라는 사실을 믿는다고 해서 믿음이 될 수가 없다. 왜냐하면 사탄도 그것을 믿기 때문이다(약 3:19). 그래서 지식만이 믿음은 아니다. 구원을 위해 필요한 믿음에는 그분이 하신 일(historical fact)에 대한 지식적 믿음과 함께 그것이 우리에게 가져다줄 효력(this effect)을 믿는 것이 필요하다.

그래서 벨기에 신앙고백서 제22조의 두 번째와 세 번째 문장은 "이 믿음은 예수 그리스도를 그분의 모든 공로(merits)와 함께 받아들이고(embraces), 그분을 우리 자신의 소유(own)로 만들고, 그분 외에(besides Him) 다른 어떤 것도 구하지(seek) 않는 것입니다. 왜냐하면 우리가 우리의 구원을 위하여 필요로 하는 모든 것이 예수 그리스도 안에 없거나 아니면 모든 것이 그리스도 안에 있어서, 믿음을 통하여(through faith) 예수 그리스도를 소유한 사람은 완전한 구원을 가져야만 한다는 것이 반드시 따라와야 하기(must necessarily follow) 때문입니다."라고 고백한다. 비록 표현은 조금 다르지만, 믿음이라는 것은 그리스도 안에 있는 것을 '받아들이는 것' '나의 것으로 만드는 것' '그분만을 구하는 것'이

---

136) 그리스도에 대한 개인적 헌신과 적용을 영생에 대한 유일한 소망으로 반응하는 것. 그리스도를 구세주와 주님으로서 인격적으로 신뢰하는 것을 의미하며, 허물 많고 타락된 영혼이 그리스도에게 복속하고, 그리스도를 용서와 영적인 생활의 근원으로 받아들이는 것을 포함한다.

라고 표현한다.

수단으로서의 믿음

또 한 가지, 믿음에 대해서 오해하지 말아야 할 것이 있다. 그것은 '믿음으로'라는 말을 '믿음 덕분에'라고 오해하는 것이다. 이것은 "믿음으로 의롭게 된다."는 말 가운데 '믿음으로'라는 말의 의미를 혼동하는 것이다. '믿음으로'라는 부분의 한글표현이 가지는 특성은 더욱 우리로 하여금 오해하게 만든다. 마치 '믿음'이 우리를 의롭게 하는 직접적인 효력(효력 있게 하는 원인)을 가진 것으로 오해하는 것이다. 그러나 '믿음으로'라는 말은 영어로 표현하면 'by faith', 즉 '믿음을 수단으로'이다. 믿음은 하나의 수단이다. 직접적인 원인이 아닌 도구적 원인(instrumental cause)이다.

그래서 제22조의 제목은 더욱 분명하게 '믿음을 통해서'(through Faith)라고 말한다. 믿음은 '통로'라는 것이다. 그리고 본문에 나오는 고백을 보면 "동시에 엄격히 말하자면 믿음 그 자체가 우리를 의롭게 해준다는 뜻은 아닙니다. 왜냐하면 믿음은 우리가 그리스도를 우리의 의로 받아들이는 데(embrace) 사용된 수단일 뿐(only the instrument)이기 때문입니다."라고 한다. 하나님이 우리를 의롭다 하시는 이유는 '믿음에 근거한 칭의'(justification based upon faith)가 아니라 '믿음을 통한 칭의'(justification by faith)다.[137]

이처럼 믿음 자체가 의롭게 해주는 근원이 아니다. 믿음은 도구요 수단일 뿐이다(롬 3:24; 엡 2:5). 중요한 것은 '그리스도'다. 즉 '믿음 때문에 의롭게 되는 것'(propter fidem)이 아니라 '그리스도 때문에 의롭게 되는 것'(propter Chirstum)이다.

이 사실을 다음의 문장이 분명히 선언한다. "그러므로 예수 그리스도께서는 우리의 의(our righteousness)이고, 믿음은 우리가 그분의 모든 혜택들(benefits) 안에서 그분과 교제하게 하는 수단(instrument)입니다."

---

137) 유해무, "믿음에 대한 개혁 신조들의 고백," 96.

수단으로서 믿음의 기능

믿음은 어떤 식으로 '수단'이 될까? 벨기에 신앙고백서 제22조는 "즉 그리스도께서는 당신의 모든 공로(merits)로 당신께서 우리를 위하여 그리고 우리를 대신하여 행하신 많은 거룩한 사역들(works)을 우리에게 전가하셨습니다(imputes)."라고 고백하는데, 믿음은 그리스도의 의를 우리에게 전가(轉嫁, imputation)하는 일을 통해서 수단이 된다. '전가'란 옮긴다, 떠넘긴다는 뜻이다. 그리스도께서 우리의 의로움이신데, 그 의로움이 우리의 의로움이 되기 위해서는 '전가'된다. 옮겨진다. 우리가 의로움을 갖고 있는 것도 아니고, 우리가 의로움을 위해서 무슨 일을 한 것도 아닌데 이제 우리의 것이 된다. 마치 우리가 한 것처럼 간주된다. '전가'는 자동적으로 이루어지는 것이 아니라 '믿음'을 통해서 이루어진다. 이렇게 성령님께서 주시는 믿음으로 말미암아 우리의 죄는 사라지고, 그리스도의 의로움이 우리의 것이 된다.

| 결 론 |

마지막 문장을 읽어보자. "이 혜택들이 우리의 것이 될 때에, 그것들은 우리의 죄를 면해 주기(acquit)에 충분하고도 남음이 있습니다." 사람이 어떻게 하나님 앞에서 완전히 의로워질 수 있는가? 사람은 그 노력으로는 전혀 할 수 없다. 오직 믿음으로 예수 그리스도의 의를 나의 것으로 받아들일 때에 가능하다. 이렇게 얻는 칭의는 우리의 죄를 면해 주기에 충분하고도 남음이 있다.

하나님 앞에서 우리의 의

Our Righteousness Before God

우리는 우리의 행복(blessedness)이 예수 그리스도로 말미암아 주어지는 우리 죄의 용서에 있고(lies in), 다윗과 바울이 우리에게 가르치는 바와 같이, 하나님 앞에서 우리의 의(our righteousness)도 그 죄의 용서에 있음을 믿습니다.[1] 다윗과 바울은 일한 것이 없이(apart from works) 하나님께 의로 여기심을 받는(reckons) 사람의 행복에 대해 선포합니다(pronounce)(롬 4:6; 시 32:1). 사도는 또한 우리가 그리스도 예수 안에 있는 구속(redemption)으로 말미암아 하나님의 은혜로 값없이 의롭다 하심을 얻었다(are justified by His grace as a gift)고 말합니다(롬 3:24).[2]

그러므로 우리는 항상 이 확고한 근거(firm foundation)를 붙들어야 합니다. 우리는 하나님께 모든 영광을 돌려야 하고,[3] 하나님 앞에서 스스로 겸손해야 하고, 우리가 어떤 존재인지를 스스로 깨달아야 합니다. 우리는 자신을 위하여 어떤 것 혹은 우리의 공로(merits)를 주장하지 않고,[4] 오직 십자가에 못 박히신 예수 그리스도의 순종(obedience)만을 신뢰하고 의지해야 합니다(rely and rest on).[5] 그리스도의 순종은 우리가 그리스도를 믿을 때에 우리의 것이 됩니다.[6]

이 진리는 우리의 모든 허물(iniquities)을 덮어 주고, 우리를 하나님께 가까이 가도록 확신을 주며, 우리의 양심을 두려움(fear)과 공포(terror)와 불안(dread)에서 벗어나게(freeing) 하기에 충분하므로, 우리로 하여금 두려워 떨면서 숨으려 했고 무화과 나뭇잎으로 자기 자신을 덮으려 했던 우리의 첫 조상 아담의 본보기를 따르지 않게 합니다.[7] 정말로 우리가 조금이라도 우리 자신이나 혹은 다른 어떤 피조물들을 의지하면서 하나님 앞에 나타난다면, 우리에게 화가 있을진저! 우리는 소멸될 것입니다(be consumed).[8] 그러므로 모든 사람들은 다윗과 함께 "오 여호와여, 주의 종에게 심판을 행치 마소서. 주의 목전에는 의로운 인생이 하나도 없나이다."라고 말해야 할 것입니다(시 143:2).

1) 요일 2:1   2) 고후 5:18–19; 엡 2:8; 딤전 2:6   3) 시 115:1; 계 7:10–12   4) 고전 4:4; 약 2:10   5) 행 4:12; 히 10:20   6) 롬 4:23–25   7) 창 3:7; 슥 3:11; 히 4:16; 요일 4:17–19   8) 눅 16:15; 빌 3:4–9

하나님 앞에서 우리의 의

- **본문:** 로마서 3:24
- **참고본문:** 로마서 4:6
- **관련신조:** 웨스트민스터 신앙고백서 제11, 18장; 웨스트민스터 대요리문
  답 제69–73문답; 웨스트민스터 소요리문답 제33문답; 하이델
  베르크 요리문답 제1, 37–38문답; 도르트 신조 둘째 교리 3항

죄 아래에 있으나 소망이 있는 인간

이 세상의 모든 사람은 죄인이다. 자연인 상태에서 우리 모두는 하나님 앞에
서 죄인이다. 욥은 "인생이 어찌 하나님 앞에 의로우랴."(욥 9:2)라고 말했다. 루
터는 "죄인 된 인간이 어떻게 거룩하신 하나님 앞에서(coram Deo) 설 수 있는
가?"라는 질문으로 일평생 씨름했다. 이러한 인간의 상태를 가리켜 '비참하
다'(misery)라고 한다(하이델베르크 요리문답 제3문답). 죄와 그 죄로 인한 죄책(guilt)
과 죄의 오염(pollution)은 우리를 비참한 존재로 만들었다.

이것으로 끝이 아니다. 우리가 비록 죄로 말미암아 비참한 자들이지만, 우리
에게 소망이 있다. 우리 주 예수 그리스도다. 그분이 우리에게 주시는 죄 사함
의 은혜에 우리의 소망이 있다. 그리스도 안에 있는 하나님의 의로 말미암아
우리를 의롭다 칭해 주시는 죄 사함이 곧 우리의 소망이다.

벨기에 신앙고백서 제23조는 그 첫 부분에서 다음과 같이 선언한다. "우리
는 우리의 행복(blessedness)이 예수 그리스도로 말미암아 주어지는 우리 죄의
용서에 있고(lies in), 다윗과 바울이 우리에게 가르치는 바와 같이, 하나님 앞에
서 우리의 의(our righteousness)도 그 죄의 용서에 있음을 믿습니다."

칭의를 믿는 자들, 믿음으로 말미암아 예수 그리스도의 의를 받아들이는 자

들에게는 죄의 용서함이 있고 그로 말미암아 소망이 있다. 성경에 이 진리가 밝히 드러나 있기에, "죄인 된 인간이 어떻게 거룩하신 하나님 앞에서(coram Deo) 설 수 있는가?"라고 자문(自問)하였던 루터는 시편과 로마서에서 칭의 교리를 깨달았다. 벨기에 신앙고백서는 이러한 사실에 따라 시편과 로마서의 저자인 "다윗과 바울"을 첫 문장과 두 번째 문장에서 각각 한 번씩 언급한다.

값없는 은혜, 값없는 구원

이렇게 우리가 하나님으로부터 죄 용서함을 받고, 그로 말미암아 하나님 앞에서 의롭다 함을 얻음에 있어서 우리가 한 일이 있는가? 전혀 없다. 우리는 아무런 공로가 없다. 우리가 믿음을 통해서 예수 그리스도의 의를 전가 받았지만, 그 믿음조차도 하나님의 선물로 주어진 것(엡 2:8)이므로 우리가 한 것은 아무것도 없다. 그래서 이어지는 문장에서는 이렇게 고백한다. "다윗과 바울은 일한 것이 없이(apart from works) 하나님께 의로 여기심을 받는(reckons) 사람의 행복에 대해 선포합니다(pronounce)(롬 4:6; 시 32:1). 사도는 또한 우리가 그리스도 예수 안에 있는 구속(redemption)으로 말미암아 하나님의 은혜로 값없이 의롭다 하심을 얻었다(are justified by His grace as a gift)고 말합니다(롬 3:24)."

우리가 받은 구원, 우리를 의롭다 칭해 주시는 칭의 교리의 중요한 가치는 값없이 오직 하나님의 은혜로 주어졌다는 것이다(롬 3:24, 웨스트민스터 신앙고백서 제11장 제1절). 즉 '오직 은혜'(Sola Gratia)이다.

왜 그런가? 하나님께서 우리를 의롭다고 칭해 주시는 이유는 우리 안에 있는 것이 아니라, 우리 바깥에 있기 때문이다. 만약 하나님이 우리를 의롭다고 인정해 주시는 이유와 근거가 우리 안에 있다면 은혜가 아니라 권리일 것이다. "하나님 저는 하나님 앞에서 의로울 만한 충분한 이유가 있습니다. 그러니까 하나님은 당연히 저를 의롭다고 해주셔야 됩니다."라고 말하게 될 것이다. 하지만, 우리 안에는 하나님께서 의롭다고 인정하실 만한 아무것도 없고, 그 대신 예수 그리스도의 의가 나의 의가 되어서 그 의로움으로 말미암아 의롭다 칭해 주시니 전적으로 하나님의 은혜요, 값없이 되는 것이다.

이에 대해서 고린도전서 1:30은 "너희는 하나님으로부터 나서 그리스도 예수 안에 있고 예수는 하나님으로부터 나와서 우리에게 지혜와 의로움과 거룩함과 구원함이 되셨으니"라고 말씀한다. 예수님께서 우리의 의로움과 거룩함과 구원함이시다. 예수님의 의로움과 거룩함과 구원함은 하나님으로부터 나왔다. 하나님께서 예수님께 그의 속죄로 말미암아 의로움을 주신 것이다. 그리고 우리는 하나님으로부터 나서 예수 안에 있다고 말한다. 그러니 우리에게는 아무런 의로움이 없다. 우리의 칭의의 유일한 근거는 그리스도요, 우리를 의롭다 인정해 주시는 것은 아무 일한 것이 없이 오직 하나님의 은혜로 된 것이다.

우리 자신만으로는 하나님 앞에서 죄인이다. 우리는 아무것도 일한 것이 없다. 그리스도께서 우리를 대신하여 '하나님의 의'가 되어 주셨고, 이제 우리는 그 덕분에 하나님 앞에서 의롭다 인정을 받게 되었다. 칭의는 우리의 노력으로 말미암는 결과가 아니라 하나님의 선물이다. 그리스도와 그리스도가 행하신 모든 것의 결과다. 우리로서는 받을 자격이 전혀 없지만, 값없는 은혜로 말미암아 값없이 구원을 얻게 되었다.

믿음으로 의롭다 칭함을 받은 우리들에게는 아무런 공로가 없다. 우리의 믿음조차도 공로가 아니다. 믿음으로 말미암아 하나님의 의이신 예수 그리스도께 이르렀기 때문에 구원을 얻는 것이지, 우리의 믿음이 우리의 구원을 결정하는 것은 아니다. 내 믿음의 크기가 아니라 예수 그리스도의 의의 크기가 우리의 구원을 결정한다. 이런 점에서 우리의 구원은 값없이 주어지는 은혜다.[138] 다시 말해 "우리가 하나님 앞에서 의롭게 되는 것은 오직 믿음으로 만이다."라고 말할 때 이 믿음을 어떻게 이해하느냐에 따라 믿음조차도 행위처럼 이해되는 경우가 있다. 그러나 우리는 이것을 유의해야 한다. 믿음조차도 우리의 공로가 될 수 없다.

이 사실이 이 강해의 본문이면서 벨기에 신앙고백서 제23조가 본문 속에서 인용하는 로마서 3:24에 잘 나타나 있다. "그리스도 예수 안에 있는 속량으로

---

138) 벨기에 신앙고백서는 제22조에서 다루고 있는 '오직 믿음'조차도 오해될 소지가 있음을 분명히 인식하고, '믿음'은 '수단'에 불과한 것으로서 구원은 오직 '은혜'라는 사실을 강조한다. 이처럼 '오직 믿음'(Sola Fide)은 '오직 은혜'(Sola Gratia)과 함께 이해될 때 바르게 취급될 수 있다.

말미암아 하나님의 은혜로 값없이 의롭다 하심을 얻은 자 되었느니라."

이렇게 "오직 믿음으로 의롭다 칭함을 받는다."는 사실은 자연스럽게 "오직 은혜로 구원 얻는다."로 이어진다. 그래서 종교개혁자들은 '오직 믿음'(Sola Fide)과 함께 '오직 은혜'(Sola Gratia)를 말했다. 우리의 구원은 오직 은혜로 이루어진 사건이다.

값없는 구원을 믿는 자의 태도

값없이, 아무 한 일 없이 '오직 은혜'로만 얻게 된 구원에 대해서 설명한 벨기에 신앙고백서는 이어지는 구절에서 구원 얻은 자에게 필요한 것, 즉 그 태도에 대해서 말한다. 그 이유는 우리의 구원이 값없는 은혜로 되었다는 사실을 아는 것과 함께 그에 합당한 태도로 살아가는 것이 중요하기 때문이다.

그렇다면 값없이 주어진 은혜를 믿는 자들이 어떤 태도를 가져야 할까? 다음과 같이 고백한다.

"그러므로 우리는 항상 이 확고한 근거(firm foundation)를 붙들어야 합니다. 우리는 하나님께 모든 영광을 돌려야 하고, 하나님 앞에서 스스로 겸손해야 하고, 우리가 어떤 존재인지를 스스로 깨달아야 합니다. 우리는 자신을 위하여 어떤 것 혹은 우리의 공로(merits)를 주장하지 않고, 오직 십자가에 못 박히신 예수 그리스도의 순종(obedience)만을 신뢰하고 의지해야 합니다(rely and rest on). 그리스도의 순종은 우리가 그리스도를 믿을 때에 우리의 것이 됩니다."

위 내용을 정리하면 아래의 여섯 가지로 표현할 수 있다.

첫째, 이 확고한 근거를 붙들어야 한다.

둘째, 하나님께 모든 영광을 돌려드려야 한다.

셋째, 하나님 앞에서 겸손해야 한다.

넷째, 우리가 어떤 존재인지를 깨달아야 한다.

다섯째, 우리의 공로를 주장하지 않아야 한다.

여섯째, 오직 그리스도의 순종만을 신뢰하고 의지해야 한다.

첫째, 이 확고한 근거를 붙들어야 한다. 여기서 말하는 '확고한 근거'란 예수 그리스도를 말한다. 우리가 의롭다 칭함을 얻게 된 근거이신 예수 그리스도를 분명하게 믿어야 한다. 우리의 공로는 오직 예수 그리스도만이다. 그리스도의 의만이 구원의 유일한 공로다. 이것이 가장 우선된다.

그다음 넷째, 다섯째, 여섯째에서 말한 대로 우리가 어떤 존재인지를 분명히 깨닫고 우리의 공로를 주장하지 않고 오직 그리스도의 순종만을 신뢰하고 의지해야 한다. 우리가 어떤 존재인지를 분명히 안다면 우리의 공로를 의지할 수 없다. 만약 그렇지 못하고 우리의 공로를 의지할 때 우리는 구원과 전혀 상관이 없다. 행위가 아니라 믿음으로 의롭다 함을 받는다(롬 3:27, 28)고 말씀하셨기에 우리는 오직 그리스도의 순종만을 신뢰하고 의지해야 한다. 오직 그리스도 안에 있는 은혜로 구원 얻어야 함을 확실히 붙잡아야 한다.

마지막으로는 둘째에서 말한 대로 구원이 나로 말미암은 것이 아니니 하나님께 모든 영광이 있음을 기억해야 한다. "하나님~! 저의 힘과 노력으로 된 것은 아무것도 없습니다. 나의 일한 것이 없이 오직 은혜로 구원받았습니다. 그렇기에 모든 것이 하나님께 영광입니다."라고 고백해야 한다.

이렇게 보면, 이 안에 종교개혁자들이 말한 오직 믿음(Sola Fide), 오직 은혜(Sola Gratia), 오직 그리스도(Solus Christus), 오직 하나님께 영광(Soli Deo Gloria)이 모두 포함되어 있음을 발견할 수 있다. 우리는 오직 그리스도를 믿는 믿음으로 말미암아 오직 은혜로 구원받으니 오직 하나님께 영광을 돌린다. 게다가 이 사실을 우리는 성경을 통해서 깨달으니 또한 오직 성경(Sola Scriptura)이다.[139]

칭의 교리의 유익

이렇게 벨기에 신앙고백서는 종교개혁의 정신과 함께 칭의 교리를 강조한다. 그리고 이제 이 고백이 우리에게 주는 유익이 무엇인지에 대해서 다음과 같이 고백한다. "이 진리는 우리의 모든 허물(iniquities)을 덮어 주고, 우리를 하나님께 가까이 가도록 확신을 주며, 우리의 양심을 두려움(fear)과 공포(terror)와 불

---

139) 유해무, "오직 믿음으로-루터가 이해한 '믿음'," 『오직 믿음으로: 루터의 믿음과 신학』(서울: 성약, 2011), 78.

안(dread)에서 벗어나게(freeing) 하기에 충분하므로, 우리로 하여금 두려워 떨면서 숨으려 했고 무화과 나뭇잎으로 자기 자신을 덮으려 했던 우리의 첫 조상 아담의 본보기를 따르지 않게 합니다."

벨기에 신앙고백서는 칭의 교리의 유익을 세 가지로 정리해서 고백한다.

첫째, 우리의 모든 허물을 덮어 준다.

둘째, 하나님께 가까이 가도록 확신을 준다.

셋째, 우리의 양심을 두려움과 공포와 불안에서 벗어나게 해준다. 그래서 우리는 더 이상 아담처럼 하나님 앞에서 두려워할 필요가 없다. 숨을 필요도 없다.

첫째, 우리의 모든 허물을 덮어 준다. 하나님의 의롭다 하심으로 말미암아 우리에게 생겨나는 유익은 우리의 죄와 허물이 용서받는다는 것이다. 이때 하나님은 우리의 허물을 덮어 버리신다. 즉 죄가 없어지는 것이 아니다. 우리가 죄인이라고 하는 사실 자체가 사라져 버리는 것이 아니다. 그 대신 덮어 주신다. 가려 주신다. 분명 우리는 죄인이요 죄를 범하였고 그 죄에 대한 책임이 있지만, 하나님은 당신의 은혜와 사랑으로 덮어 주신다.

순서를 바꿔서 둘째, 우리의 허물을 덮어 주시니 우리는 죄책과 죄의 결과로부터도 자유로워진다. 죄는 우리에게 두려움과 공포와 불안을 안겨 주었다. 그래서 첫 사람 아담은 하나님 앞에서 숨어 버렸다. 하지만 죄와 허물을 덮어 주시니 이제는 더 이상 불안과 공포가 없다. 하나님 앞에서 숨을 이유가 사라졌다. 이 사실에 대해서 로마서 6:18은 "죄로부터 해방되어 의에게 종이 되었느니라."고 말씀한다. 로마서 8:1-2은 "(1)이제 그리스도 예수 안에 있는 자에게는 결코 정죄함이 없나니 (2)이는 그리스도 예수 안에 있는 생명의 성령의 법이 죄와 사망의 법에서 너를 해방하였음이라."라고 말씀한다. 이제 의롭다 하심을 얻은 우리는 다시 정죄함이 없다. 죄와 사망에서 해방되었다. 옛 죄를 반복해서 고백할 필요가 없다. 하나님은 의롭다 하신 신자들에 대하여 더 이상 죄를 묻지 않으시고(고후 5:19) 의로 옷 입은 자들로 간주하신다(고전 1:30; 빌 3:9). 새 언약으로 말미암은 그리스도의 속죄로 인한 칭의는 더 이상 죄와 죄책에 대해 묻지 않는다. 죄에 대해 더 이상의 어떤 조치도 취할 필요가 없다. 의롭게 된 자들에게는 죄가 완전히 도말되어서 하나님은 그들의 죄를 더 이상 기억하시지도 않으신다.

셋째, 그 결과 우리로 하여금 하나님께 가까이 가도록 확신을 준다. 의롭다 함을 받기 이전의 죄인은 하나님 앞에 설 수 없는 자들이었다. 첫 범죄 직후 아담과 하와의 모습은 이 사실을 가장 잘 보여 준다. 아담과 하와를 부르시는 하나님 앞에서 그들이 보인 첫 번째 행동은 숨었던 것이다. 그러나, 의롭다 칭해 주시는 결과 이제 더 이상 하나님을 피할 필요가 없다. 화평케 하시는 분이신 그리스도의 속죄 사역으로 인해 의롭다 함을 입은 자들은 화평의 새로운 관계 속에서 그분께 가까이 나아간다. 한때 하나님의 원수였던(롬 5:10; 8:7; 골 1:21) 우리는 이제 하나님의 친구가 되었다.

칭의를 믿지 않는 로마 가톨릭의 불안한 구원

이 세 가지 유익을 한 마디로 말하면 '구원의 확신'(Assurance of Faith)이다. 칭의를 믿는 자에게는 구원의 확신이 있다. 반대로 칭의를 믿지 않으면 구원의 확신이 있을 수 없다.

이 사실은 칭의 교리를 믿지 않는 로마 가톨릭의 가르침을 생각해보면 잘 알 수 있다. 칭의 교리는 행함을 통해 혹은 다른 방식을 통해 구원 얻으려던 로마 가톨릭의 가르침에 반대하여 나온 것이다. 그렇게 잘못된 칭의론을 믿는 로마 가톨릭 교회는 이 땅에 있는 어떤 사람도 구원의 확신을 가질 수 없다고 가르친다. 우리가 구원을 받을지 아닐지 그 결과는 마지막 순간까지 의심 속에 있을 수밖에 없다고 말한다. 그 이유는 칭의를 믿지 않기 때문이다. 심지어 그들은 칭의를 잃어버릴 수도 있다고 한다. 칭의의 은혜를 한 번 받았다 하더라도 믿음을 상실케 할 정도의 불신이나, 어떤 도덕적인 죄를 지을 경우에 칭의는 상실될 수 있다고 말한다(트렌트 신조 15장).

이렇게 로마 가톨릭 교회는 칭의를 확신하지 못하고, 그로 인하여 칭의가 주는 유익을 누리지 못하니 결국 구원의 확신이 없으므로 인하여 늘 불안할 수밖에 없다. 칭의를 믿지 못하니 그들은 다른 것으로 구원의 방법을 찾으려고 한다. 그러나 그렇게 해도 결국 구원의 확신은 없다.

칭의를 믿기 이전의 루터가 그런 사람이었다. 그에게는 구원에 대한 확신이 없었다. 루터는 당시 로마 가톨릭이 가르치기를 "사람이 최선을 다해야 구원을 얻는다고 하는데, 그렇다면 사람이 최선을 다했는지 어떻게 확신할 수 있느냐?" 하는 문제로 고민했다. 칭의를 믿지 않는다면 루터가 고민한 대로 과연 도대체 어느 정도의 선행이 우리를 의롭게 해줄지, 도무지 확신할 수 없다. 그러나 칭의를 믿게 된 결과 우리는 구원의 확신을 가진다. 이렇게 칭의 교리의 가장 큰 유익은 우리로 하여금 구원에 대한 확신을 가지고 담대하게 이 세상에서 살아갈 수 있도록 만든다는 것에 있다.

칭의를 믿는 성도의 자세

이렇게 우리는 칭의 교리에 대한 확신과 그것이 가져다주는 유익에 대해서 분명히 믿어야 한다. 그리고 이제 마지막으로 우리에게 필요한 것을 벨기에 신앙고백서 제23조가 말씀한다. "정말로 우리가 조금이라도 우리 자신이나 혹은 다른 어떤 피조물들을 의지하면서 하나님 앞에 나타난다면, 우리에게 화가 있을진저! 우리는 소멸될 것입니다(be consumed). 그러므로 모든 사람들은 다윗과 함께 "오 여호와여, 주의 종에게 심판을 행치 마소서. 주의 목전에는 의로운 인생이 하나도 없나이다."라고 말해야 할 것입니다(시 143:2)."

우리는 의롭다 칭해 주신 것에 대한 분명한 확신을 갖고 살아야 한다. 오직 그리스도를 믿는 믿음을 통한 칭의 만이 구원의 유일한 방법이라는 사실을 믿어야 한다. 그렇지 않고 다른 어떤 것을 의지하거나, 다른 방식이 있다고 말하는 것은 우리에게 화가 될 뿐임을 기억해야 한다.

하나님 앞에서 범죄하였던 다윗이 그것을 분명하게 가르쳤다. 그리고 율법으로는 그 어떤 사람보다도 의로웠던 바울이 그것을 분명히 가르쳤다. "우리는 오직 믿음으로 말미암아 하나님의 은혜로 구원을 얻었노라."

우리의 성화와 선행
Our Sanctification and Good Works

우리는 하나님의 말씀을 들음(hearing)과 성령님의 역사하심(the operation of the Holy Spirit)으로 말미암아,[1] 사람 안에 생기는 이 참된 믿음(this true faith)이 그 사람을 중생하게 하여 새 사람으로 만든다는 것을 믿습니다.[2] 이 참된 믿음은 그 사람으로 하여금 새로운 삶을 살게 하며 죄의 노예 됨 (the slavery of sin)에서 자유롭게 해줍니다.[3] 그러므로 이 의롭게 하는 믿음 (this justifying faith)이 그 사람으로 하여금 선하고 거룩한 삶을 사는 데 무관심하게(indifferent) 만든다는 것은 옳지 않습니다.[4] 오히려 의롭게 하는 믿음이 없이는 그 누구도 하나님에 대한 사랑에서 나오는 것은 아무것도 할 수 없고,[5] 다만 자기 사랑이나 정죄 받는 것에 대한 두려움에서 어떤 일을 할 뿐입니다. 그러므로 거룩한 믿음이 사람 안에서 작용하지 않는 것은 있을 수 없는 일입니다. 왜냐하면 우리가 헛된 믿음(an empty faith)에 대해 말하지 않고 성경이 사랑으로써 역사하는 믿음(faith working through love)(갈 5:6)이라 일컫는 것에 대해 말하기 때문입니다. 이 믿음은 하나님 께서 당신의 말씀에서 명령하신 행위들을 자신에게 적용시키도록 사람을 권유하는(induce) 것입니다. 믿음의 선한 뿌리로부터 나온 이 행위들은 하나님 보시기에 선하고 받으실 만한 것입니다. 왜냐하면 이 행위들은 모두 하나님의 은혜에 의해서 거룩하게(sanctified) 되었기 때문입니다. 그럼에도 불구하고, 그 행위들은 우리의 칭의에 이바지하지(count) 않습니다. 왜냐하면 심지어 우리가 어떤 선도 행하기 전에, 그리스도를 믿는 믿음을 통하여 우리는 의롭게 되기 때문입니다.[6] 그렇지 않으면 나무 그 자체가 선하지 않고서 그 나무의 열매가 선할 수 없는 것 이상으로 그 행위들이 선한 것일 수 없습니다.[7]

그러므로 우리는 선을 행하지만, 공로(merit)로 삼기 위해서 행하지 않습니다. 우리가 무엇을 공로로 내세울 수 있겠습니까? 우리가 행하는 선행에 대해 하나님께서 우리에게 빚지고 있다기보다 차라리 우리가 하나님께 빚지고 있습니다.[8] 왜냐하면 우리 안에서 자기의 기쁘신 뜻을 위하여 우리로 소원을 두고 행하게 하시는 분은 바로 하나님이시기 때문입니다 (빌 2:13). 다음과 같이 기록된 말씀에 유의합시다. "이와 같이 너희도 명령받은 것을 다 행한 후에 이르기를, '우리는 무익한 종이라. 우리의 하여야 할 일을 한 것뿐이라' 할지니라"(눅 17:10). 동시에 우리는 하나님께서 선행을 보상하신다는 사실을 부정하지 않습니다.[9] 그러나 하나님께서 당신의 선물들을 주시는 것은 당신의 은혜에 의한 것입니다. 또한 우리가 선을 행할지라도, 우리는 그 선행에 우리의 구원의 근거(base)를 두지 않아야 합니다. 우리는 우리의 육체(flesh)로 더럽혀지지 않고 마땅히 형벌을 받지 않는 단 하나의 행위도 할 수 없습니다.[10] 설령 우리가 한 가지 선행을 보여 줄 수 있다 하더라도, 한 가지 죄에 대한 기억만으로도 하나님께서 그 선행을 거절하시기에 충분합니다.[11] 따라서 우리가 우리 구주의 고난(passion)과 죽음의 공로(the merit of the death)에 의지하지 않는다면, 우리는 항상 의심에 가득 차서 어떤 확신도 갖지 못한 채 방황하게 될 것이고, 우리의 가련한 양심(poor consciences)은 끊임없이 괴로워할 것입니다.[12]

1) 행 16:14; 롬 10:17; 고전 12:3   2) 겔 36:26–27; 요 1:12–13; 3:5; 엡 2:4–6; 딛 3:5; 벧전 1:23   3) 요 5:24; 8:36; 롬 6:4–6; 요일 3:9   4) 갈 5:22; 딛 2:12   5) 요 15:5; 롬 14:23; 딤전 1:5; 히 11:4,6   6) 롬 4:5   7) 마 7:17   8) 고전 1:30–31; 4:7; 엡 2:10   9) 롬 2:6–7; 고전 3:14; 요이 8; 계 2:23   10) 롬 7:21   11) 약 2:10   12) 합 2:4; 마 11:28; 롬 10:11

제24조

우리의 성화와 선행

- **본문:** 디도서 3:4-8
- **관련신조:** 웨스트민스터 신앙고백서 제10, 13, 16장; 웨스트민스터 대
요리문답 제58-60, 67-68, 75, 77-78, 155문답; 웨스트민
스터 소요리문답 제30-32, 35, 89-90문답; 하이델베르크
요리문답 제32, 43, 62-65, 76, 86, 91, 115, 122, 124문
답; 도르트 신조 첫째 교리 13항, 다섯째 교리 12, 13항

| 서 론 |

죄인은 어떻게 구원받을 수 있을까? 우리는 "예수 그리스도를 믿는 믿음으로
구원받는다."라고 믿고 고백한다. 우리는 '믿음'을 통해 예수 그리스도께서 획
득하신 하나님의 의를 전가 받아 구원에 이른다. 이 믿음은 성경이 가르치는
바요, 역사적인 교회에서 가르쳐 온 진리다.

그런데 이 진리에 대해 사람들이 흔히 갖는 오해가 있다. "믿음으로 구원받는
다면 사람들이 나태하거나 악한 삶을 살게 되지 않을까?"라는 오해다. "사람의
선한 행실로 구원받는 것이 아니니 선한 행실을 하려고 하지 않고 제 멋대로 살
려고 하지 않을까?" 하는 의구심을 가지게 된다. 그러면서 '믿음으로 말미암는
구원'에 관한 교리를 폄하하려고 한다. "이신칭의 교리는 사람을 나태하게 만
들기 때문에 좋지 않다."라고 말한다. 심지어 "믿음만으로 구원받는 것이 아니
라 선행도 있어야 한다."라고 주장하기도 한다.

벨기에 신앙고백서 제24조는 이 문제를 다룬다. 구원에 있어서 믿음과 행함
중 무엇이 근본인지, 우리를 구원 얻게 해주는 믿음이란 무엇으로 이어지게 만

드는지, 믿음과 선행은 어떤 관계를 갖고 있는지, 왜 우리는 선행을 하게 되며 해야 하는 이유는 무엇인지 등을 다룬다.

| 본 론 |

구원의 서정 속에서 믿음의 위치

벨기에 신앙고백서 제24조의 첫 문장은 "우리는 하나님의 말씀을 들음(hearing)과 성령님의 역사하심(the operation of the Holy Spirit)으로 말미암아, 사람 안에 생기는 이 참된 믿음(this true faith)이 그 사람을 중생하게 하여 새 사람으로 만든다는 것을 믿습니다."라고 고백한다.

이 문장은 구원의 단계(서정)에 대해서 말한다. "하나님의 말씀을 들음(hearing)과 성령의 역사하심(the operation of the Holy Spirit)으로 말미암아"라는 문장은 우리를 구원하시기 위한 하나님의 부르심에 해당한다. 개혁주의 구원론은 이것을 '효력 있는 부르심'(effectual calling)이라고 한다. 우리의 구원을 예정하신 하나님께서 이제 실질적으로 우리를 구원하시기 위해 말씀과 성령으로 부르신다. 우리의 구원을 실질적으로 효력 있게 하시는 분은 성령님이신데, 그 성령님은 항상 "말씀을 통하여(per verbum) 말씀과 함께(cum verbo)" 역사하시기에 말씀과 성령으로 우리를 부르신다(웨스트민스터 소요리문답 제89문답; 하이델베르크 요리문답 제65문답).[140] 이러한 효력 있는 부르심은 믿음을 불러일으킨다. 그래서 이어지는 문장은 "사람 안에 생기는 이 참된 믿음(this true faith)"이라고 고백한다. 믿음은 하나님의 효력 있는 부르심을 통해서 생겨나는데, 그 수단은 말씀과 성령에서 비롯된다. 이런 점에서 제23조에서 말하는 것처럼, 믿음조차도 우리의 공로가 될 수 없고 오직 하나님의 선물, 좀 더 엄밀히 말하면 성령님께

---

140) 루터파는 '말씀을 통해서'(per verbum)만을 강조하였다. 그러나 그런 강조는 성령님의 사역을 말씀 안에 가두는 인상을 줄 수 있기 때문에 개혁신학자들은 성령님의 주체되심을 의식하면서, 성령님이 말씀을 사용하셔서(with the word) 우리 안에서 역사하신다는 것을 표현하기를 "말씀을 가지고" 혹은 "말씀과 함께"(cum verbo) 역사하신다고 표현하였다.

서 주시는 선물이다.

그다음 문장은 "그 사람을 중생하게 하여 새 사람으로 만든다는 것을 믿습니다."라고 고백한다. 이 고백은 효력 있는 부르심으로 말미암아 생겨난 믿음을 통해서 '중생'(重生)이 일어나고 그 중생을 통해서 새로운 사람이 됨을 고백한다. 참고로, 여기에서의 '중생'은 현대의 구원론에서 말하는 중생보다는 좀 더 포괄적인 개념으로서 '중생-회심-칭의' 모두를 일컫는다.[141] 그리스도인의 새로운 삶 전체를 가리킨다.

참된 믿음—선행의 기초

그다음 문장에서도 이렇게 생겨난 우리의 믿음이 무슨 역할을 하는지를 두 가지로 고백한다. "이 참된 믿음은 그 사람으로 하여금 새로운 삶을 살게 하며 죄의 노예 됨(the slavery of sin)에서 자유롭게 해줍니다." 이 문장은 우리의 믿음이 하는 중요한 역할을 강조한다. '믿음'이란 ① 우리로 하여금 새로운 삶을 살게 만들고, ② 죄의 노예 됨에서 자유롭게 해준다.

여기에서 주목할 점은 벨기에 신앙고백서가 '참된 믿음'이라고 표현하였고, 이 참된 믿음이 새로운 삶을 살게 해준다고 언급한 점이다. 벨기에 신앙고백서는 이러한 표현을 통해 '거짓 믿음'과 '참된 믿음'을 구분한다. 새로운 삶을 살게 하는 믿음이야 말로 참된 믿음임을 강조한다.

믿음은 제22조와 제23조에서 고백하는 것처럼 일차적으로 우리를 의롭다 칭해 주는 것이다. 우리의 구원의 방편이 된다. 그런데 믿음은 우리를 의롭다 칭해 주는 것으로 끝나지 않는다. 그 믿음은 결국 우리를 죄의 노예에서 해방

---

141) 초기 개혁신학에 있어서 중생이라는 단어는 오늘날 우리가 사용하는 의미보다 훨씬 넓은 의미로 사용되었다. 예컨대, 칼뱅은 중생을 우리가 전적으로 새롭게 되는 것—돌이킴과 성화를 포함하여—을 묘사하는 것이라고 하였다(*Institutes*, III. iii). 벨기에 신앙고백서 역시 중생을 그리스도인의 새로운 삶 전체를 가리키는 것으로 이해한다. 대부분의 17세기 신학자들 역시 중생을 돌이킴(conversion)과 동일시하였다. 그러나 최근에 들어와서 개혁주의 신학자들은 좁은 의미의 중생과 넓은 의미의 중생을 구별할 필요를 느끼게 되었다. 다시 말해서 성령에 의해 새로운 생명이 심겨지는 것과 돌이킴을 통하여 새 생명이 처음으로 나타나게 되는 것과의 구별이다. Anthony A. Hoekema, *Saved by Grace*(Grand Rapids: Eerdmans, 1988), 류호준 역, 『개혁주의 구원론』(서울: CLC, 1990), 156-157.

시켜 주고 그로 말미암아 새로운 삶을 살게 해준다. 즉, 믿음은 선행으로 이어지게 되어 있다. 그렇지 않은 믿음은 '거짓 믿음'이다.

디도서 3:4-8에 나타난 믿음과 선행

이 강해의 본문에도 이 사실이 잘 나타나 있다. 디도서 3:5는 "우리를 구원하시되 우리가 행한바 의로운 행위로 말미암지 아니하고 오직 그의 긍휼하심을 따라 중생의 씻음과 성령의 새롭게 하심으로 하셨나니"라고 해서, 우리의 구원이 "우리의 행한바 의로운 행위로 말미암지 아니하고"라고 말씀한다. 그러면서 그 대신 우리의 믿음에 근거하여 "중생의 씻음과 성령의 새롭게 하심으로"된 것이라고 말씀한다. 디도서 3:7은 "우리로 그의 은혜를 힘입어 의롭다 하심을 얻어…"라고 말씀한다. 이처럼 우리의 구원은 행위에 근거한 것이 아니라 믿음을 통하여 은혜로 주어진 것이다.

그런데 여기에서 그치지 않는다. 디도서 3:8은 "이 말이 미쁘도다…"[142]라고 말한 뒤에 이어서 "…이는 하나님을 믿는 자들로 하여금 조심하여 선한 일을 힘쓰게 하려 함이라 이것은 아름다우며 사람들에게 유익하니라."고 말씀한다.

디도서 3:5, 7에서 우리의 구원이 의로운 행위로 말미암은 것이 아니라 오직 하나님의 은혜로 된 것임을 강조한 바울은 디도서 3:8에서는 믿음을 주신 하나님께서는 그 믿는 자들에게 선한 일을 힘쓰게 만들어 주신다고 말한다.

이처럼 참된 믿음이란 선한 삶을 살게 만들어 준다. 우리의 구원은 오직 믿음으로 말미암아 오직 은혜로 주어지는 것인데, 그 믿음은 우리를 의롭다 칭해 주는 것으로 끝나지 않고 나아가 우리에게 새로운 삶을 살게 해주는 근원이 된다. 그렇기에 우리가 선한 일을 하는 것은 구원의 근거가 되기 때문이 아니라 구원의 필연적인 결과와 열매로서 나타나는 것이다. 이것이 믿음과 선행의 관계다.

---

142) "이 말이 미쁘도다."(딤전 1:15; 3:1; 4:9; 딤후 2:11)라는 구절은 목회서신에서만 나오는 독특한 표현으로 바울의 진술에 대한 전적인 신뢰를 표현하는 방식이다. 바울은 엄숙한 선언을 하고자 할 때 이 표현을 사용한다.

믿음에 대한 오해

그럼에도 불구하고 많은 사람들이 오해를 한다. 벨기에 신앙고백서 제24조의 3번째 문장은 그 오해에 대해서 이렇게 말한다. "그러므로 이 의롭게 하는 믿음(this justifying faith)이 그 사람으로 하여금 선하고 거룩한 삶을 사는 데 무관심하게(indifferent) 만든다는 것은 옳지 않습니다."[143]

사람들은 쉽게 오해하기를 믿음은 우리를 의롭게 하는 데 중요한 방편이 되긴 하겠지만, 선하고 거룩한 삶을 사는 데 무관심하게 만든다는 점에서 문제가 있다고 생각한다. 실제로, 종교개혁 당시 오직 믿음으로 구원받는다는 사실을 강조하다보니 사람들이 그런 비판을 하였다. 그 비판의 내용은 벨기에 신앙고백서가 설명하듯이, 오직 믿음으로 구원받는다면 사람들은 그 사실 때문에 율법을 소홀하게 생각하게 되거나 선행을 하지 않아도 된다고 생각하여 결과적으로 신자의 삶이 오히려 방종에 빠질 수 있다는 것이었다. 이미 믿음으로 의롭게 되었으니 선행은 있으면 좋지만 없어도 된다는 생각을 하게 된다는 것이었다.

심지어 어떤 이들은 종교개혁자들의 이신칭의 교리 자체에 큰 문제가 있다고 말한다. 종교개혁자들이 행위의 필수성을 강조하는 성경구절에 대하여 이해가 부족하거나 잘못되었다고 생각한다. 성도들로 하여금 선행을 올바로 힘쓰도록 하기 위해서는 종교개혁을 넘어서 성경으로 돌아가야 한다고 말한다. 종교개혁자들의 주장은 재고해야 된다고 주장한다.

그러나 이것은 오해다. 종교개혁자들은 그렇지 않다는 것을 분명히 변증하였다. '오직 믿음으로 구원받는다고 할 때'의 '믿음'을 오해해서는 안 된다고 분명히 했다.

성경과 종교개혁자들은 오직 믿음이 단지 구원을 얻기 위한 수단만이라고 생각하지 않았다. 믿음은 우리를 구원에 이르게만 하는 것이 아니라, 선하고 거룩한 삶을 살도록 해준다. 그렇지 않은 믿음은 참된 믿음이 아니다. 우리를 구원하게 만드는 믿음은 항상 행위를 일으키는 믿음이다. 즉 '살아 역사하는

---

143) 하이델베르크 요리문답 제64문답도 이와 동일한 내용을 다루고 있다.

믿음'이다. 이 믿음을 가리켜 '사랑으로써 역사하는 믿음'이라고도 표현한다(갈 5:6).

그래서 벨기에 신앙고백서는 이렇게 고백한다. "오히려 의롭게 하는 믿음이 없이는 그 누구도 하나님에 대한 사랑에서 나오는 것은 아무것도 할 수 없고, 다만 자기 사랑이나 정죄 받는 것에 대한 두려움에서 어떤 일을 할 뿐입니다. 그러므로 거룩한 믿음이 사람 안에서 작용하지 않는 것은 있을 수 없는 일입니다. 왜냐하면 우리가 헛된 믿음(an empty faith)에 대해 말하지 않고 성경이 사랑으로써 역사하는 믿음(faith working through love)(갈 5:6)이라 일컫는 것에 대해 말하기 때문입니다."

'믿음'이란 두 가지 측면에서 이해해야 한다. 첫째, 벨기에 신앙고백서 제22조와 제23조에서 강조하는 것처럼 하나님 앞에서 우리를 의롭다 칭함을 받게 하는 방편이다. 둘째, 벨기에 신앙고백서 제24조에서 강조하는 것처럼 우리를 의롭게 하는 '구원 얻는 믿음'은 '구원'과만 관련이 있는 것이 아니라 나아가 우리의 '선행'과도 연관되니 '사랑으로써 역사하는 믿음'이다.

믿음에 대한 바른 이해

벨기에 신앙고백서 제24조는 '믿음'에 대해서 다음과 같이 바르게 정의한다. "이 믿음은 하나님께서 당신의 말씀에서 명령하신 행위들을 자신에게 적용시키도록 사람을 권유하는(induce) 것입니다. 믿음의 선한 뿌리로부터 나온 이 행위들은 하나님 보시기에 선하고 받으실 만한 것입니다. 왜냐하면 이 행위들은 모두 하나님의 은혜에 의해서 거룩하게(sanctified) 되었기 때문입니다."

이처럼 믿음은 하나님께서 우리로 하여금 당신의 말씀에서 명령하신 것들을 행하게 하는 것이기도 하다. 믿음은 열매가 없을 수 없다. 참된 믿음은 빈 믿음(empty faith)이 아니라 사랑으로 역사하는 믿음이다. 참된 믿음은 성화와 선행으로 이어지게 되어 있다. 믿음은 의롭다 칭하게 해줄 뿐만 아니라, 그렇게 의롭다 칭함을 받은 자들로 하여금 선행을 하게 만드는 씨앗이 된다.

만약 믿음이라고 불리는 어떤 것이 있는데 그것이 행위를 수반하지 않는다면, 그것은 헛된 믿음(an empty faith) 혹은 죽은 믿음이며 그것은 실제로 전혀 믿음이 아니다. 이렇게 우리는 벨기에 신앙고백서 제24조가 가르쳐준 것처럼 "이 의롭게 하는 믿음(this justifying faith)이 그 사람으로 하여금 선하고 거룩한 삶을 사는데 무관심하게(indifferent) 만든다는 것은 옳지 않습니다."라는 것을 기억해야 한다.

믿음으로 말미암는 선행은 공로가 될 수 없음

그러나 우리는 여기에서 조심해야 한다. 그럼에도 불구하고 우리가 구원 얻는 것은 믿음으로이지, 믿음으로 인하여 생겨나는 선행 때문은 아니라는 점이다. 만약 우리의 구원을 그렇게 이해하면 '오직 은혜'로 구원 얻는다는 사실이 왜 곡된다.

그래서 벨기에 신앙고백서는 이어서 이렇게 고백한다. "그럼에도 불구하고, 그 행위들은 우리의 칭의에 이바지하지(count) 않습니다. 왜냐하면 심지어 우리가 어떤 선도 행하기 전에, 그리스도를 믿는 믿음을 통하여 우리는 의롭게 되기 때문입니다. 그렇지 않으면 나무 그 자체가 선하지 않고서 그 나무의 열매가 선할 수 없는 것 이상으로 그 행위들이 선한 것일 수 없습니다."

벨기에 신앙고백서는 믿음과 구원, 믿음과 선행의 긴장관계를 잘 설명한다. "우리는 믿음으로 말미암아 구원에 이르고, 그 믿음은 구원에 이를 뿐만 아니라 우리로 하여금 선행을 하게 한다. 그런데 그 선행은 우리의 구원의 근거는 아니다."

왜 이 사실이 중요할까? 우리는 이렇게 믿지만, 로마 가톨릭은 이렇게 믿지 않기 때문이다. 로마 가톨릭은 선행을 공로로 여겼다. 로마 가톨릭은 선행이 구원과 영광에 합당한 공로를 세운다고 믿는다. 더 나아가 신자들은 자신의 구원에 필요한 공덕 그 이상을 행할 수 있으니 그것을 가리켜 잉여적 공로(surplus merits)라고 하며 이것을 축적해서 다른 사람들에게까지 혜택을 줄 수도 있다고 가르친다.

하지만 우리는 그렇게 믿지 않는다. 그래서 벨기에 신앙고백서는 선행이 칭의에 이바지할 수 없음을 강조한다. 신자의 선행은 어떠한 공로도 될 수 없다. 그 이유는 신자의 행위는 언제나 불완전하고 죄로 얼룩져 있기 때문이다. 또한 신자가 아무리 선행을 하더라도 그 선행은 우리에게서 나온 것이 아니라 우리 안에 역사하시는 믿음의 능력으로 말미암는 것이요, 우리 안에 계신 성령님으로부터 나오는 것이기 때문이다(웨스트민스터 신앙고백서 제16장 제3, 5절; 하이델베르크 요리문답 제62문답).

선행을 공로로 생각하는 세 가지 이유

그럼에도 불구하고 사람들은 선행을 공로로 생각한다. 왜 그럴까? 세 가지로 생각해볼 수 있다.

첫째, 인간의 본성에 대한 이해의 부족과 인간의 능력에 대한 한계를 인정하지 않기 때문이다. 우리는 앞서 제14조를 통해서 인간이 어떠한 존재인지를 배웠다. 인간의 본성 전체가 타락하였음을 배웠다. 이 타락은 인간이 구원받기 어려울 정도의 타락이다. 로마서 3:23에서는 이에 대해서 "모든 사람이 죄를 범하였으매 하나님의 영광에 이르지 못하더니"라고 말씀했다. 그러므로 인간의 행위로는 절대로 구원에 이를 수 없다. 그러나 이 사실에 대한 확고한 신념이 없다보니 선행을 공로로 생각하는 것이다. 인간도 뭔가를 할 수 있지 않는가 생각하는 것이다. 하지만 그렇지 않다. 선행은 절대로 공로가 될 수 없다(웨스트민스터 신앙고백서 제16장 제4, 5절).

둘째, 선행을 잘못 정의하기 때문이다. 많은 그리스도인이 선행을 불신자들과 다르지 않은 관점에서 정의한다. 선행을 문자 그대로 단지 착한 행실로 이해한다. 그러나 성경이 가르치는 선행은 그렇지 않다. 사람이 행하는 모든 착한 행실이 다 선행은 아니다. 사람이 행하는 착한 행실 중에도 선행이 아닌 것들이 많다. 왜냐하면 죄인인 인간은 아무리 선을 행한다 하더라도 그것은 선일 수 없기 때문이다. 악한 나무가 악한 열매를 내듯 죄인에게서는 죄밖에 나올 것이 없다. 로마서 14:23은 "…믿음을 따라 하지 아니하는 것은 다 죄니라."라고 말씀한다. 히브리서 11:6도 "믿음이 없이는 하나님을 기쁘시게 하지 못하나니…"라고 말씀한다. 그렇기에 비록 우리가 볼 때 선행인 것처럼 보여도 실제로는 선행이 아닐 수 있다. 그래서 웨스트민스터 신앙고백서의 16장 1절은 선행을 정의하기를 "선행이란 오직 하나님께서 자기의 거룩하신 말씀에서 명령하신 것들만 가리킨다. 따라서 성경 말씀의 근거 없이 인간들의 맹목적인 열심에 의하여 선행이 이루어질 수 없으며, 선한 동기를 구실로 인간들에 의해 고안된 행위들은 선행이 아니다."라고 한다.

셋째, 값없는 은혜에 대한 불신 때문이다. 우리는 값없이 구원받았다는 사실을 잘 안다. 앞서 우리가 배웠던 제22조와 제23조에서 분명히 선언한다. 그럼에도 불구하고 계속해서 우리 마음에 이에 대한 불신이 생긴다. 그럼에도 불구하고 우리가 무슨 일이든 해야 하지 않겠는가 하고 생각한다. 값없는 은혜를 값싼 은혜로 바꾸려고 한다. 믿음으로는 무언가 부족하지 않는가 생각한다. 믿음 위에 무엇을 더해야만 진정한 구원이 있을 것이라고 생각한다. 오직 그리스도를 믿는 믿음으로 말미암아 의롭게 된다는 사실을 말하면서도 정작 그에 대한 애매한 확신을 갖는다.

위와 같은 오해 때문에 선행을 공로로 생각한다. 그러나 우리의 구원은 분명 '오직 은혜'로 이루어진 사건이다. 우리의 구원에 선행을 추가할 수 없다.

선행을 해야 하는 이유

선행은 우리가 구원받는 근거나 이유가 되지 않는다. 그렇다면, 구원받는 것도 아닌데 무엇 하려고 선행을 할까? 이런 질문을 하는 것이 당연할 것임을 예상하고, 벨기에 신앙고백서는 다음과 같이 고백한다. "그러므로 우리는 선을 행하지만, 공로(merit)로 삼기 위해서 행하지 않습니다. 우리가 무엇을 공로로 내세울 수 있겠습니까? 우리가 행하는 선행에 대해 하나님께서 우리에게 빚지고 있다기보다 차라리 우리가 하나님께 빚지고 있습니다. 왜냐하면 우리 안에서 자기의 기쁘신 뜻을 위하여 우리로 소원을 두고 행하게 하시는 분은 바로 하나님이시기 때문입니다(빌 2:13). 다음과 같이 기록된 말씀에 유의합시다. "이와 같이 너희도 명령받은 것을 다 행한 후에 이르기를, '우리는 무익한 종이라. 우리의 하여야 할 일을 한 것뿐이라' 할지니라"(눅 17:10). 동시에 우리는 하나님께서 선행을 보상하신다는 사실을 부정하지 않습니다. 그러나 하나님께서 당신의 선물들을 주시는 것은 당신의 은혜에 의한 것입니다. 또한 우리가 선을 행할지라도, 우리는 그 선행에 우리의 구원의 근거(base)를 두지 않아야 합니다. 우리는 우리의 육체(flesh)로 더럽혀지지 않고 마땅히 형벌을 받지 않는 단 하나의 행위도 할 수 없습니다. 설령 우리가 한 가지 선행을 보여 줄 수 있다 하더라도, 한 가지 죄에 대한 기억만으로도 하나님께서 그 선행을 거절하시기에 충분합니다. 따라서 우리가 우리 구주의 고난(passion)과 죽음의 공로(the merit of the death)에 의지하지 않는다면, 우리는 항상 의심에 가득 차서 어떤 확신도 갖지 못한 채 방황하게 될 것이고, 우리의 가련한 양심(poor consciences)은 끊임없이 괴로워할 것입니다."

위 고백의 내용을 따라 우리는 두 가지 사실을 기억해야 한다.

첫째, 우리가 선행을 하는 이유는 공로(merit)로 삼기 위해서가 아니다. 우리가 선행을 행해야 하는 것은 분명하지만, 그것이 공로가 된다고 여겨서도 안되고 그것을 했으니 하나님께서 당연히 우리에게 무언가를 갚아 주셔야 한다는 마음을 가져서도 안 된다. 그 이유는 벨기에 신앙고백서가 빌립보서 2:13을 근거로 들면서 말하듯이 우리가 선행을 하는 것은 우리가 하는 것이 아니라 우리에게 믿음을 주시고, 우리 안에서 자기의 기쁘신 뜻을 위하여 행하게 하시는 하나님으로 말미암아 하는 것이기 때문이다.

둘째, 비록 선행이 공로는 아니지만, 그럼에도 불구하고 우리는 선행을 행해야 한다. 우리가 선행을 하는 것은 구원을 위해서가 아니라 하나님의 자녀로서 마땅히 하는 것이다. 이 강해의 본문인 디도서 3:8에 이 사실이 잘 나타나 있다. "하나님을 믿는 자들로 하여금 조심하여 선한 일을 힘쓰게 하려 함이라 이것은 아름다우며 사람들에게 유익하니라." 하나님은 우리로 하여금 선행을 하게 하신다. 우리에게 믿음을 주신 하나님은 그 열매로 선행을 하게 하신다. 우리는 비록 선행을 할 힘이 없지만 우리 안에 헛된 믿음이 아닌 참된 믿음이 심겨졌다면, 그 믿음은 당연히 살아 역사하는 믿음이요, 사랑으로써 역사하는 믿음이기에 우리로 하여금 선한 일을 힘쓰게 만들고 그로 인하여 다른 사람들에게 유익을 주게 되어 있다.

정리

우리는 분명 믿음으로 말미암아 하나님의 은혜로 구원받았다. 그런데 이렇게 우리를 구원하게 만든 방편인 믿음은 의롭게 하는 믿음일 뿐 아니라 우리를 거룩하게 만드는 믿음이다. 사랑으로써 역사하는 믿음이다. 그러므로 우리는 구원받은 사실에만 만족해서는 안 된다. 그 결과 자연스럽게 나타나는 선행을 해야 한다.

믿음으로 말미암아 구원을 받은 우리는 이미 의롭다 함을 받았기 때문에, 이웃의 필요와 유익을 위하여 살아가야 한다. 우리 자신에 대하여는 믿음의 부요함으로 자족할 줄 알아야 하며, 동시에 우리는 사랑으로 이웃을 섬길 수 있어야 한다. 참되고 진정한 믿음이 있는 곳에는 참되고 진정한 사랑도 있다.[144]

그러나 이때 우리의 선행이 하나님 앞에서 공로가 되기 위해서가 아니라는 점도 잊지 말아야 한다. 우리는 구원받기 위해서 선행을 하는 것이 아니라 구원받았기 때문에 선행을 할 수 있고 또한 해야 한다. 우리를 구원케 한 믿음이 죽은 믿음이 아니라 정말로 살아서 역사하는 믿음, 사랑으로써 역사하는 믿음이라면 말이다. "하나님~! 제가 이 정도 했으니 하나님이 저를 의롭게 여겨 주셔야죠."라고 해서는 안 된다. 오히려 "하나님~! 저는 한 것이 없습니다. 오직 그리스도께서 나를 위한 의로움이 되어 주셨습니다. 다만 내가 한 것이라고는 그 믿음에 이끌리어 하나님께서 원하시는 일을 한 것뿐입니다."라고 고백해야 한다.

믿음은 행위가 아니지만, 모든 행위의 근원이요 생명이다. 열매 없는 믿음은 믿음이 아니다. 참된 믿음은 '빈 믿음'이 아니라 '사랑으로 역사하는 믿음'이다. 참된 믿음은 항상 행위를 일으키며 사랑으로 구체화된다. 믿음은 행위를 배제하지 않는다.

| 결 론 |

벨기에 신앙고백서 제24조는 다음의 일곱 가지로 요약할 수 있다. 첫째, 우리

---

144) 손재익, 『십계명, 언약의 10가지 말씀』, 394.

를 구원하시는 하나님의 방법은 오직 믿음이다. 둘째, 이 믿음으로 얻는 구원은 우리에게는 아무런 공로가 없다. 오직 그리스도의 의를 보시고 주시는 오직 은혜로운 사건이기 때문이다. 셋째, 믿음은 결코 거룩한 삶에 대해 무관심으로 이어지지 않는다. 믿음으로 말미암아 의롭게 된 사람은 그것으로 만족하고 끝나지 않는다. 선하고 거룩한 삶을 살려고 한다. 넷째, 그 이유는 참된 믿음이란 '사랑으로써 역사하는 믿음'이기 때문이다. 그렇지 않은 믿음은 죽은 믿음이다. 믿음의 선한 뿌리에서는 자연스럽게 선한 행위가 나오기 마련이다. 다섯째, 믿음으로 말미암아 하는 선행은 결코 칭의에 이바지하지 않는다. 선행은 우리를 구원해 주는 근거가 전혀 되지 못한다. 여섯째, 비록 선행이 우리 구원의 이유와 근거는 되지 않더라도 우리는 선행을 해야 한다. 왜냐하면 믿음은 선행을 낳기 때문이다. 선행이 없는 믿음은 죽은 믿음이다. 일곱째, 우리의 선행은 오직 믿음에 근거한 것이어야 하는데, 아무리 위대한 선행이라 하더라도 믿음에 근거하지 않은 선행은 인간의 헛된 노력일 뿐이다.

마지막으로 믿음과 선행이라는 주제에 대해서 많은 사람들이 가지는 질문과 그 답을 살펴보겠다. 질문은 "믿음은 있는데 선행은 없는 사람은 어떻게 보아야 하느냐?" 하는 것이다. 이에 대해 우리는 "믿음으로 구원 얻는 것이 아니라 선행으로 구원 얻는다."라고 대답하는 것이 아니라, "그 믿음은 참된 믿음이 아니다."라고, 즉 "사랑으로써 역사하는 믿음이 아니라면 그 믿음이 잘못된 것이라고 보아야 한다."라고 대답해야 한다. 이것이 성경과 벨기에 신앙고백서 제24조가 우리에게 가르쳐 주는 바다.

그리스도, 율법의 완성

Christ, the Fulfillment of the Law

우리는 율법의 의식들(ceremonies)과 상징들(symbols)이 그리스도의 오심과 함께 끝났고(ceased with), 그 모든 그림자들이 성취되었으므로(have been fulfilled),[1] 그리스도인들 가운데서는 그 율법을 사용하는 것이 폐지되어야 함을(ought to be abolished) 믿습니다. 그렇지만, 율법의 진리(truth)와 본질(substance)은 율법을 성취하신 그리스도 안에서 우리를 위하여 여전히 남아 있습니다.[2]

동시에 우리는 복음의 교리로 우리를 견고하게 하고, 하나님의 뜻과 영광에 따라 모든 영예 가운데서 우리의 삶을 살아가기 위해서 율법과 선지자로부터 취해진 증거들(the testimonies)을 여전히 사용합니다.[3]

1) 마 27:51; 롬 10:4; 히 9:9-10   2) 마 5:17; 갈 3:24; 골 2:17   3) 롬 13:8-10; 15:4; 벧후 1:19; 3:2

- **본문:** 로마서 10:4
- **참고본문:** 로마서 6:14
- **관련신조:** 웨스트민스터 신앙고백서 제19장; 웨스트민스터 대요리문답
  제91–102, 122문답; 웨스트민스터 소요리문답 제39–44문
  답; 하이델베르크 요리문답 제3, 92, 114–115문답; 도르트
  신조 셋째 넷째 교리 5항

| 서 론 |

우리가 구원받는 방법은 '믿음으로'다. 다른 것이 함께 필요하지 않다. 믿음이
면 충분하다. 그래서 우리는 '믿음으로'라는 말 앞에 '오직'이라는 부사를 붙
여 '오직 믿음'이라고 말한다. 그렇다면, 흔히 '믿음'과 반대되는 말로 이해되
는 '율법의 준수'는 우리에게 어떤 의미를 가지는가? 구원받은 우리에게 율법
을 지킬 이유는 더 이상 없는가? 우리에게 있어서 율법의 준수는 전혀 필요 없
고 믿음만 있으면 되는 것일까? 그런 의미에서 '오직' 믿음이라고 하는 것일까?

어떤 사람은 구원받은 자들에게 있어서 율법은 더 이상 필요 없다고 말한다.
어떤 면에서 맞는 것처럼 보인다. 분명 우리는 구원받기 위해서 율법을 준수하
지는 않는다. 믿음이야 말로 구원의 유일한 수단이다. 하지만 만약 그렇다면
우리는 왜 구약의 수많은 율법을 오늘날에도 여전히 읽을까? 그리고 왜 오늘

---

145) 이 주제는 *Institutes* II, vii에서 잘 다루고 있다.

날의 교회는 신약만을 설교하지 않고 구약도 함께 설교할까? 율법이 더 이상 필요 없으니 초대교회의 이단이었던 마르키온(Marcion, 약 85-160년)처럼 우리도 구약은 이제 더 이상 필요 없는 성경이라고 생각해도 되는가?

벨기에 신앙고백서 제25조는 이러한 사실을 다루고 있다. "믿음으로 말미암아 구원받은 자들에게 있어서 율법은 전혀 필요가 없느냐? 아니면 율법은 여전히 의미가 있느냐?" 하는 문제다.

| 본 론 |

I. 그리스도 안에서 완성된 율법

그리스도 안에서 폐지된 율법

먼저 우리는 "율법이 우리에게 어떤 의미를 가지는가?"를 생각해보아야 한다. 율법에 대한 우리의 기본적인 자세는 벨기에 신앙고백서 제25조의 첫 문장에 잘 나타나 있다. "우리는 율법의 의식들(ceremonies)과 상징들(symbols)이 그리스도의 오심과 함께 끝났고(ceased with), 그 모든 그림자들이 성취되었으므로(have been fulfilled), 그리스도인들 가운데서는 그 율법을 사용하는 것이 폐지되어야 함을(ought to be abolished) 믿습니다."

첫 문장이 말하듯이 구약에 나오는 율법들은 의식이요 상징으로서 장차 오실 예수 그리스도를 예표하는 것들이었다. 그래서 그것들이 예표하던 대상이신 예수 그리스도께서 이 세상에 오심으로 그 상징들을 성취하신 뒤에는 구약의 율법의 내용들은 폐지되었다. 벨기에 신앙고백서 제25조는 율법에 대하여 이렇게 고백하고 우리 역시 이 사실을 믿는다.

예컨대, 구약시대의 할례는 신약시대 예수 그리스도를 통해 제정케 될 세례를 예표하는 것이었다. 그래서 지금 우리는 할례가 그리스도의 오심과 함께 끝났음을 믿는다. 구약시대의 제물이나 유월절 양의 경우는 신약시대에 우리를 위하여 희생제물이 되실 예수 그리스도를 상징하는 것이었다(고전 5:7). 그러므로 지금 우리는 유월절 양과 같은 동물을 통해서 제사를 지낼 필요가 없다. 그리스도의 오심을 통해서 그 의미는 끝이 났다. 그 외에도 구약시대의 성막과 같은 여러 가지 모형들, 그리고 구약시대의 제사나 절기와 같은 규례들은 장차 오실 그리스도에 대한 예표로서 그리스도가 오신 이후에는 끝이 났다(웨스트민스터 신앙고백서 제7장 제5절). 구약의 여러 가지 의식과 상징들은 그림자였고, 그것의 실체는 예수 그리스도이시다. 이처럼 우리의 믿음의 대상인 그리스도께서 구약의 율법적 의식들, 상징들의 원형이셨는데, 이제 그리스도가 그 모든 것들을 이루셨으니 이제 우리는 구약의 것들을 바라보는 것이 아니라 신약의 그리스도를 믿음으로 바라본다.

이 강해의 본문인 로마서 10:4은 이 사실을 아주 잘 보여 주고 있다. "그리스도는 모든 믿는 자에게 의를 이루기 위하여 율법의 마침이 되시니라." 예수 그리스도께서 오심으로 율법은 더 이상 지켜야 할 필요가 없게 되었고 폐지되었다.

율법의 폐지가 강조된 역사적 이유

벨기에 신앙고백서 제25조가 율법이 폐지되었다는 사실을 강조하는 역사적인 이유가 있다. 그것은 로마 가톨릭의 율법에 대한 오해 때문이었다. 귀도 드 브레의 시대에 로마 가톨릭 교회는 비록 구약에서 규정된 정결례들이 더 이상 요구되지 않을지라도 우리는 여전히 구약 율법을 지켜야 할 필요가 있다고 말했다. 예수님을 믿음과 동시에 우리의 죄의 문제가 해결되었지만 그것으로 충분하지 못하고, 날마다의 죄의 용서는 날마다 그리스도를 희생제사로 드림을 통하여서만 획득될 수 있다고 말했다. 따라서 로마 가톨릭은 미사를 행할 때마다 사제들이 그리스도를 하나님께 희생제사로 드리는 의식을 행했다. 인간의 구원을 위하여 구약의 율법을 여전히 지켜야 한다고 믿었고 그렇게 했던 것이다.

이러한 잘못된 생각 때문에, '귀도 드 브레'는 십자가에서 그리스도의 사역이 완성되어 구약 율법의 제사들과 의식들이 성취되었음을 분명히 알아야 할 필요가 있다고 보았다. 그래서 드 브레는 제25조를 통해서 구약의 율법적 상징들이 그리스도의 사역을 통해서 완성되었다는 사실을 강조한다. 이제 더 이상 구약의 의식과 상징은 그대로 지킬 필요가 없다.

정리

율법과 구약의 의식들은 구원이신 그리스도에게로 인도하기 위해 주어진 상징들이었다. 율법은 구약 백성들로 하여금 율법의 완성자(롬 10:4)이신 예수 그리스도께서 오시길 바라보도록 주어졌다. 그렇기에 그리스도가 오셔서 율법을 다 성취하신 이후를 사는 우리들에게 있어서 구원이란 그리스도를 믿는 것이지 율법의 순종이 아니다. 그리스도의 십자가 이후에 율법은 더 이상 구원의 방편이 아니다.

그러므로 우리는 더 이상 할례를 행한다든지, 어린 양을 잡아서 희생제사로 드린다든지, 유월절이나 맥추절을 지킨다든지, 성전을 건축한다든지 하는 일을 할 필요가 없다. 그 모든 것들은 장차 오실 그리스도를 위한 상징으로서, 그리스도께서 오실 때까지만 유효했던 것이다. 만약 오늘날에도 여전히 구약의 의식과 상징을 그대로 행한다면 그리스도의 오심과 사역을 무효로 만드는 일이 된다는 점을 기억해야 한다. 이런 점에서 우리는 율법주의자가 되어서는 안 된다.

그리스도께서는 구약의 모든 상징들과 의식들을 성취하시기 위해서 이 세상에 오셨고 율법을 순종하셨으며 십자가에 죽으시고 부활하셨다. 그러므로 주님의 십자가와 부활을 믿는 우리들은 율법을 구약시대와 같은 의미로 여겨서는 안 된다.

Ⅱ. 도덕법적 의미는 남아 있는 율법

여전히 남아 있는 율법의 본질

그렇다면 마르키온이 그러했듯이 구약성경이 필요가 없을까? 율법이 폐지되었으니 필요 없는 것일까? 이러한 오해가 있을 것을 잘 아는 벨기에 신앙고백서는 다음과 같은 말을 이어서 덧붙이고 있다. "그렇지만, 율법의 진리(truth)와 본질(substance)은 율법을 성취하신 그리스도 안에서 우리를 위하여 여전히 남아 있습니다."

벨기에 신앙고백서가 예상하는 오해는 율법이 폐지되었으니 율법의 진리와 본질도 필요가 없다고 생각하는 것이다. 실제로 이러한 오해가 역사 속에서 있었다. 종교개혁 당시 율법이 폐지되었다고 말하니까 반대로 극단적으로 말하는 사람들이 있었다. 재세례파들(Anabaptists)이다. 당시 로마 가톨릭은 율법의 의식들이 여전히 미사에서 실행되어야 한다고 주장한 반면에, 재세례파들은 그리스도께서 율법의 의식들을 성취하심으로써 쓸모없게 하셨으니 신약 시대에는 더 이상 아무런 역할도 하지 않게 되었다고 주장했다.

그러나 이것은 벨기에 신앙고백서가 염려하는 것처럼 오해다. 오늘날에도 재세례파뿐만 아니라 많은 기독교인들이 오해를 한다. 신자가 되고 난 후에는 더 이상 율법에 따라서 할 것이 아무것도 없다고 생각한다. 이것은 율법의 '폐지'라는 말을 '폐기'라는 의미로 이해하기 때문이다. 하지만 구약 율법의 폐지는 '끝'(end)보다는 '완성' 혹은 '성취'(fulfill)라는 의미로 보아야 한다.

그래서 벨기에 신앙고백서는 이렇게 말한다. "그 모든 그림자들이 성취되었으므로(have been fulfilled)"라고. 끝났다기보다는 완성되었다는 것이다. 이 사실은 벨기에 신앙고백서 제25조가 근거로 삼고 있는 구절이기도 한 마태복음 5:17에서 예수님께서 하신 말씀에 잘 나타나 있다. "내가 율법이나 선지자를 폐하러 온 줄로 생각하지 말라 폐하러 온 것이 아니요 완전하게 하려 함이라." 이 말씀에서 보듯이 예수님의 오심으로 인해 율법은 폐지되었다기보다는 완전하게 되었다. 이 강해의 본문인 로마서 10:4에서도 사도 바울은 "그리스도는 모든 믿는 자에게 의를 이루기 위하여 율법의 마침이 되시니라."라고 말씀한다. 여기에서 '마침'은 헬라어 원어로는 '텔로스'로서 끝이라는 의미가 아니라 '결론, 목적, 완성'이라는 의미를 가지고 있다. 이렇게 그리스도로 말미암아 율법이 폐지되었으니 그것은 곧 폐기라기보다는 그리스도께서 율법을 완성하신 것으로 보아야 한다.

재세례파의 오해는 율법의 폐지를 '완성'이라는 의미에서 보지 못했기 때문에 생기는 오해다. 만약 폐기라면 율법의 진리와 본질도 의미가 없게 되었겠지만, 폐기가 아닌 '완성'이므로 율법의 진리와 본질은 여전히 의미가 있다.

율법이 폐지되었다고 할 때의 의미

분명히 신자들은 율법에서 해방되었다. 우리는 분명 율법이 그리스도 안에서 폐지되었다는 사실을 믿는다. 이 강해의 또 다른 본문 로마서 6:14에서 "너희가 법 아래에 있지 아니하고 은혜 아래에 있음이라."라고 말하듯이, 이제 더 이상 구원을 위한 노력의 방편으로써 율법을 지킬 필요가 없어졌다는 의미에서 신자들은 참으로 율법으로부터 해방되었다.

율법은 우리를 구원할 수 없다. 율법은 더 이상 영원한 생명을 위한 길이 아니다. 영원한 생명을 획득하기 위해서, 우리는 오직 그리스도를 믿어야 한다. 하지만, 율법 자체가 아예 쓸모없게 되었다는 것이 아니다. 율법은 여전히 우리에게 유용하다. 왜 그런가? 벨기에 신앙고백서가 말하는 대로 그 진리와 본질은 여전히 남아 있기 때문이다.

율법의 진리와 본질

그렇다면, 그 진리와 본질은 무엇인가?[146] 율법의 진리와 본질이란 율법이 갖고 있는 고유의 기능을 말하는데, 크게 세 가지로 분류할 수 있다. (1) 죄를 억제하는 기능 (2) 죄를 깨닫게 하는 기능 (3) 삶의 표준과 법칙을 제시하는 기능이다. 이를 가리켜 '율법의 세 가지 용도'(usus legis triplex)라고 한다.[147]

첫째, 율법은 죄를 억제한다. 율법이 있기 때문에 더 많은 죄가 일어나지 않는다. 율법은 거듭난 자뿐 아니라 거듭나지 않은 사람에게도 유익을 주니, 그들로 하여금 죄를 억제케 하는 기능을 한다. 법이 있다고 해서 죄가 발생하지 않는 것은 아니지만, 법이 있음으로 해서 죄가 덜 발생할 수 있다. 이런 점에서 율법은 죄를 억제하는 기능을 한다.

이 기능은 디모데전서 1:9-10 "(9)알 것은 이것이니 율법은 옳은 사람을 위

---

146) 손재익, 『십계명, 언약의 10가지 말씀』, 52-59.

147) 이러한 분류는 멜란히톤, 루터, 칼뱅과 같은 종교개혁자들을 통해 이루어진 것이다.

하여 세운 것이 아니요 오직 불법한 자와 복종하지 아니하는 자와 경건하지 아니한 자와 죄인과 거룩하지 아니한 자와 망령된 자와 아버지를 죽이는 자와 어머니를 죽이는 자와 살인하는 자며 (10)음행하는 자와 남색하는 자와 인신매매를 하는 자와 거짓말하는 자와 거짓 맹세하는 자와 기타 바른 교훈을 거스르는 자를 위함이니"에 근거한다.

율법의 이 기능은 신자뿐만 아니라 불신자와 세상에도 영향을 끼친다. 하나님은 율법의 이러한 기능을 통해 온 세상이 질서와 조화를 따라 평온할 수 있게 하셨다. 정부, 사회, 법제도 등과 같은 일반은총의 영역이 이에 해당한다.

율법의 이러한 기능을 정치적 용도(usus politicus legis) 또는 시민적 용도(usus civilis legis)라고 한다.[148]

둘째, 율법은 죄와 비참함을 깨닫게 한다(하이델베르크 요리문답 제3문답; 웨스트민스터 대요리문답 제95문답). 율법이 있기 때문에 죄인이 자신의 죄를 알게 되고, 그 죄의 비참함을 알게 된다.

이 기능은 로마서 5:13 "죄가 율법 있기 전에도 세상에 있었으나 율법이 없었을 때에는 죄를 죄로 여기지 아니하였느니라." 로마서 7:7 "그런즉 우리가 무슨 말을 하리요 율법이 죄냐 그럴 수 없느니라 율법으로 말미암지 않고는 내가 죄를 알지 못하였으니 곧 율법이 탐내지 말라 하지 아니하였더라면 내가 탐심을 알지 못하였으리라." 로마서 7:9 "전에 율법을 깨닫지 못했을 때에는 내가 살았더니 계명이 이르매 죄는 살아나고 나는 죽었도다."에 근거한다.

그런데 만약 율법이 죄를 깨닫게 하는 것으로 끝난다면 비참할 것이다. 사람에게 죄책감만 가득 안겨 주는 부정적인 것에 불과할 것이다. 다행스럽게도 율법의 이러한 기능은 우리의 죄와 비참함을 깨닫게 하는 것만으로 끝내지 않고, 사람이 율법을 다 지킬 수 없고 스스로 구원에 이를 수 없으므로 구원이 필요함을 확신하도록 만들어 준다. 율법 자체에 구원의 능력이 있는 것은 아니지만 구원의 필요성을 알려 주는 것이다. 율법은 죄와 비참함을 인식하게 하고 그로

---

148) 멜란히톤과 루터는 율법의 이러한 기능을 제1용도라고 보는 반면, 칼뱅은 제2용도로 보며 *Institutes*, II. vii. 10-11에서 이 부분을 다루고 있다.

인하여 죄인의 상태를 깨달음으로 그 죄를 해결할 수 있는 유일한 분이신 그리스도(구원자)의 필요성을 깨닫게 한다(웨스트민스터 대요리문답 제95-96문답). 죄인이 스스로 구원받을 수 있는 것이 아니라 구원해 줄 다른 분이 필요하다는 사실로 안내해 준다. 그리고 그분의 은혜를 구하며 그분에게 나아가도록 해준다. 율법은 지킬 수 없다는 것을 알게 해서 율법의 완성자(롬 10:4)이신 예수 그리스도께서 오시길 바라도록 하기 위해 주어졌다.[149] 율법의 이러한 기능은 갈라디아서 3:24 "이같이 율법이 우리를 그리스도께로 인도하는 초등교사(몽학선생; 개역한글)가 되어 우리로 하여금 믿음으로 말미암아 의롭다 함을 얻게 하려 함이라."에서 가르쳐 주고 있다.

율법의 이 기능은 이미 거듭난 자뿐만 아니라 아직 거듭나지 않은 자에게 유용한 것으로, 이미 거듭난 자에게는 자신의 죄를 끊임없이 인식하도록 하며 자신의 죄를 구원하신 예수 그리스도에게 영원토록 의지하게 만든다. 아직 거듭나지 않은 자에게는 자신의 죄를 깨닫고 그리스도께로 향하게 만든다.

율법의 이러한 기능을 신학적 용도(usus theologicus legis)라고 한다.[150]

셋째, 율법은 삶의 표준과 법칙을 제시한다(웨스트민스터 대요리문답 제97문답). 율법은 삶의 규범(regula vivendi)이 된다. 율법이 있기 때문에 어떻게 살아야 할지 방향을 설정할 수 있다. 이 기능은 주로 거듭난 신자에게 적용되는 기능으로 신자가 어떻게 살아야 할지, 신자가 어떤 길을 걸어가야 할지를 보여 준다. 율법의 이러한 기능은 신자의 성화와 관련 있다.

이 기능은 시편 19:8 "여호와의 교훈은 정직하여 마음을 기쁘게 하고 여호와의 계명은 순결하여 눈을 밝게 하시도다." 시편 119:47-48 "(47)내가 사랑하는 주의 계명들을 스스로 즐거워하며 (48)또 내가 사랑하는 주의 계명들을 향하여 내 손을 들고 주의 율례들을 작은 소리로 읊조리리이다." 시편 119:97-98 "(97)내가 주의 법을 어찌 그리 사랑하는지요 내가 그것을 종일 작은 소리로 읊

---

149) *Institutes*, II. vii. 1-2.

150) 멜란히톤과 루터는 율법의 이러한 기능을 제2용도라고 보는 반면, 칼뱅은 제1용도로 보며 *Institutes*, II. vii. 6-9에서 이 부분을 다루고 있다.

조리나이다 (98)주의 계명들이 항상 나와 함께 하므로 그것들이 나를 원수보다 지혜롭게 하나이다." 시편 119:104-105 "(104)주의 법도들로 말미암아 내가 명철하게 되었으므로 모든 거짓 행위를 미워하나이다 (105)주의 말씀은 내발에 등이요 내 길에 빛이니이다." 요한일서 5:3 "하나님을 사랑하는 것은 이것이니 우리가 그의 계명들을 지키는 것이라 그의 계명들은 무거운 것이 아니로다."(참조. 신 30:11-14)에 근거한다.

율법의 이 기능은 거듭난 신자에게 유용한 것으로, 율법을 이러한 기능으로 지키게 되는 동기는 '감사'다. "우리가 사랑함은 그가 먼저 우리를 사랑하셨음이라."(요일 4:19)라는 말씀처럼, 구원받은 자들이 하나님의 율법을 따라 살아가는 이유와 원리는 하나님께로부터 받은 구원에 대한 감사와 사랑이다. 율법의 제3용도에 따르면 구원받기 위해서가 아니라 이미 구원받은 자로서 율법을 지킨다.

율법의 이러한 기능을 규범적 용도(usus normativus legis)라고 한다.[151]

그리스도로 말미암아 완성된 율법

율법이 그리스도 안에서 완성됨으로 말미암아 폐지되었다는 말은 우리가 더이상 하나님의 율법, 하나님의 계명에 순종하지 않아도 된다는 뜻이 아니다. 여전히 율법은 거룩한 삶의 규범이다. 율법은 여전히 우리를 향한 하나님의 뜻이다. 특별히 우리가 어떻게 살아야 할지를 안내해 주는 이정표 역할을 한다. 그러므로 율법은 불필요하지 않다. 율법은 우리의 죄를 깨닫게 하고, 그리스도께로 인도하며, 우리의 삶의 이정표가 된다는 점에서 여전히 유익하다. 이런 의미에서 우리는 여전히 율법 아래 있다. 이제 율법은 우리에게 있어서 로마서 7:10이 말씀하는 것처럼 '생명에 이르게 할 그 법'이 되었다.

율법이 오늘날에도 여전히 유효하다는 것에 대해서 벨기에 신앙고백서 제

---

151) 멜란히톤과 루터, 칼뱅 모두 이 기능을 제3용도(tertius usus legis)라고 보며, 칼뱅은 Institutes, II. vii. 12에서 이 부분을 다루고 있다. 루터와 멜란히톤이 율법의 제2용도(죄를 깨닫게 하는 기능)를 중요하게 여겼다면, 칼뱅은 이 기능을 율법의 기능 중 가장 중요한 용도(praecipuus usus)라고 보았다.

25조는 맨 마지막 문장에서 이렇게 고백한다. "동시에 우리는 복음의 교리로 우리를 견고하게 하고, 하나님의 뜻과 영광에 따라 모든 영예 가운데서 우리의 삶을 살아가기 위해서 율법과 선지자로부터 취해진 증거들(the testimonies)을 여전히 사용합니다."

벨기에 신앙고백서의 이 고백은 율법의 기능 중 삶의 표준과 법칙을 제시하는 기능을 말한다.[152]

은혜와 감사로 지키는 율법

이제 더 이상 우리는 율법 아래 있지 않다. 율법은 그리스도 안에서 완성되었다. 그럼에도 불구하고 신자는 하나님께 감사하는 표현의 방편으로서 하나님의 율법을 지키는 데 관심을 가져야 한다. 이제는 구원을 얻기 위해서가 아니라 이미 구원받았으니 지켜야 한다.

율법은 더 이상 구원의 길이 아니지만 여전히 우리의 삶에 중요한 규범이다. 율법은 언약백성들의 생활규범이요 법칙이다. 이제 우리는 하나님께 감사함으로 율법을 지켜야 한다.

다시 한 번 강조하면, 이제 우리가 율법을 순종하는 이유는 구원을 위한 수단에 있지 않고, 하나님의 은혜(grace)와 감사(gratitude)에 기초한다. 이제 우리가 율법을 준행하는 것은 자원하는 마음으로(cum animi prolubio), 곧 자유스럽고 기쁜 마음으로 하는 것이다(사 1:19). 이제 우리가 율법을 지키는 것은 인자가 풍성하신 하나님께 향한 감사의 표시이니 이것은 곧 복음적 순종이다.

사랑의 법으로서의 율법

지금까지 살펴본 바에 따라 신약 시대에 있어서 율법은 '사랑의 법'이다. 율법의 외형은 폐지되고 그 진리와 본질이 남아 있는 이 시대에 율법은 강제적인 것도 아니요, 구원을 위한 도구도 아닌 사랑으로써 지키는 법이다. 그리스도로 말미암아 율법이 완성된 이후를 사는 우리에게 있어서 율법을 지키는 모든 원

---

152) 율법의 제3용도는 하이델베르크 요리문답 제86, 115문답에도 영향을 주었다.

리는 사랑이다(요 13:34-35). 이제 계명을 지키는 것은 사랑에 의해 이루어진다. 믿음으로 말미암아 이미 구원받은 하나님의 백성들은 하나님을 사랑하는 마음과 자원하는 마음으로 율법을 지킴으로써 하나님을 기쁘시게 한다.

이런 점에서 우리는 더 이상 율법주의에 빠져서는 안 된다. 율법은 더 이상 구원의 도구가 아니다. 율법은 결코 어느 누구를 구원하기 위해서 주어진 것이 아니다. 인류 역사상 하나님의 법을 지켜서 구원을 얻은 사람은 한 사람도 없다(롬 3:20; 갈 2:16, 21; 갈 3:10, 17). 그렇다고 무율법주의에 빠져서는 더더욱 안 된다. 완전히 지킬 수 없으니 아예 지킬 필요가 없다고 말해서는 안 된다. 왜냐하면 율법은 이제 사랑의 법으로서 하나님을 기쁘시게 하는 중요한 도구가 되기 때문이다. 우리는 사랑으로 말미암아 율법을 지킴으로 우리를 구원하신 하나님의 뜻에 따라 순종하는 자의 삶을 최대한 살아내어야 한다. 우리 안에 '하나님의 법에 따라 살려는 소망'이 생겨나야 한다.

| 결 론 |

우리 주 예수 그리스도께서 모든 율법을 다 지키셨다. 예수 그리스도께서 십자가에서 율법의 저주를 지고 죽으심으로(갈 3:13) 율법의 요구가 다 성취되었다(요 19:30). 그리하여 그리스도는 율법의 '완성'이 되시고(롬 10:4; 갈 3:24) 율법의 결정적이고 최종적인 해석자가 되신다(마 5:17).

그러므로 십자가 이후에는 구원의 길로서의 율법의 기능은 종결되었다. 예수 그리스도가 모든 율법을 다 준수하고 성취하여 하나님으로부터 의를 획득하였고, 믿음으로 그 의가 우리에게 전가되었으므로, 지킬 수 없는 율법을 다시 지키려고 율법준수의 노력을 반복할 필요가 전혀 없게 되었다.

그런데 그렇게 끝나지 않는다. 예수님은 우리를 위하여 율법을 완전히 지킴으로 율법을 성취하셨을 뿐만 아니라 그것에 대한 우리의 이해를 완전히 새롭게 해 주셨다(마 5:17-18). 그리스도는 율법에 순종하셨을 뿐 아니라 그 참된 의미와 깊이를 펼치셨다(참조. 마 5:21-22). 율법에 대하여 우리를 위한 또 다른 길

을 주셨으니 곧 사랑과 생명의 법이다. 이제 우리는 사랑과 생명으로 이 법을
지켜 가야 한다.

제26조

그리스도의 중보

Christ's Intercession

우리는 유일하신 중보자(Mediator)이시며[1] 대언자(Advocate)이신 의로우신 예수 그리스도를[2] 통하지 않고는 하나님께로 나아갈(access) 수 없음을 믿습니다. 이 일을 위하여 그리스도께서는 사람이 되시어, 신성과 인성(the divine and human nature)을 함께 가지셨으므로(uniting together), 우리 사람들이 하나님의 위엄(the divine majesty)으로 나아가는 데 방해를 받지 않게 되었습니다.[3] 그런데 성부께서 당신 자신과 우리 사이에 세우신(ordained) 이 중보자께서는 당신의 위대하심으로 우리를 위협하지 않으시는데 우리가 우리의 선택(fancy)에 따라 또 다른 중보자를 찾을 수야 있겠습니까? 하늘과 땅에서 예수 그리스도보다 더 우리를 사랑하는 어떤 피조물도 없습니다.[4] 비록 그리스도께서 하나님의 본체(the form of God)이셨을지라도, 자기를 비워 우리를 위하여 사람의 형체와 종의 형체(the form of man and of a servant)를 취하시고(빌 2:6-7), 모든 면에서 형제들과 같이 되셨습니다(히 2:17). 그러므로 우리가 다른 중보자(intercessor)를 찾는다면, 우리는 심지어 우리가 당신의 원수였을 동안도 우리를 위하여 당신의 생명을 내어 주신 그분보다 우리를 더 사랑하는 분을 찾을 수 있겠습니까?(롬 5:8, 10) 만일 우리가 권세와 능력을 가진 분을 찾는다면, 성부의 오른편에 앉아 계시고[5] 하늘과 땅에서 모든 권세를 가지신 그분 외에 누가 더 있겠습니까?(마 28:18) 또한 하나님의 가장 사랑하시는 아들(God's own well-beloved Son)보다 누가 더 빨리 그 음성을 들을 수 있겠습니까?[6]

그러므로 성인들(the saints)을 영예롭게 하기보다는 차라리 불명예스럽게 하는 습관들(the custom of dishonoring)을 소개하여 그들이 결코 행하지도 않았고 요구하지도 않은 것을 하는 것은 순전히 신뢰의 결핍(pure lack of trust)입니다. 이와 반대로 성인들은 그들의 저서들에서 나타나는 것처럼 그들의 직무(duty)에 따른 그런 영예를 끊임없이 거부했습니다.[7] 여기에서 우리는 우리의 무가치함(unworthiness)을 의지하지 않아야 합니다. 왜냐하면 그것은 우리의 가치(worthiness)에 근거한 것이 아니라 당신의 의가 믿음으로 우리의 것이 되게 하신 예수 그리스도의 탁월하심(excellence)과 가치(worthiness)에 근거하여[8] 우리의 기도를 드리는 문제이기 때문입니다.[9]

그러므로 선한 이유(good reason)로 히브리서 저자는 우리가 이런 어리석은 두려움(foolish fear), 더 정확하게 말하면 불신(distrust)에서 벗어나도록 하기 위해서 우리에게 "예수 그리스도께서 범사에 형제들과 같이 되심이 마땅하도다. 이는 하나님의 일에 자비하고 충성된 대제사장이 되어 백성의 죄를 구속하려 하심이라. 자기가 시험을 받아 고난을 당하셨은즉 시험받는 자들을 능히 도우시느니라."라고 말합니다(히 2:17-18). 또한 히브리서 저자는 우리가 하나님께 나아가도록 더욱더 격려하기(encourage) 위해서, "그러므로 우리에게 큰 대제사장이 있으니 승천하신 자 곧 하나님 아들 예수시라. 우리가 믿는 도리를 굳게 잡을지어다. 우리에게 있는 대제사장은 우리 연약함을 체휼하지 아니하는 자가 아니요 모든 일에 우리와 한결같이 시험을 받은 자로되 죄는 없으시니라."라고 말합니다(히 4:14-15).[10] 동일한 서신에서 "그러므로 형제들아 우리가 예수의 피를 힘입어 성소에 들어갈 담력을 얻었나니…참 마음과 온전한 믿음으로 하나님께 나아가자." 등을 말합니다(히 10:19, 22). 또한 "예수는 영원히 계시므로 그 제사 직분도 갈리지 아니하나니 그러므로 자기를 힘입어 하나님께 나아가는 자들을 온전히 구원하실 수 있으니 이는 그가 항상 살아서 저희를 위하여 간구하심이니라."라고 말합니다(히 7:24-25).[11] 무슨 말이 더 필요합니까? 그리스도께서도 친히 "내가 곧 길이요 진리요 생명이니 나로 말미암지 않고는 아버지께로 올 자가 없느니라."라고 말씀하셨습니다(요 14:6). 우리가 왜 다른 대언자를 찾아야 합니까? 하나님은 당신의 아들을 우리의 대언자로 주시기를 기뻐하셨습니다. 따라서 우리가 그 한 분만 구하지 않고 다른 대언자 때문에 그분을 떠나거나 다른 대언자를 찾지 않아야 합니다. 왜냐하면 하나님께서 우리에게 그분을 주셨을 때, 그분께서 우리가 죄인임을 너무나 잘 알고 계셨기 때문입니다.

결론적으로 우리는 그리스도의 명령에 따라 우리의 유일한 중보자 그리스도를 통하여 하늘의 아버지를 불러야 하는데,[12] 이것은 우리가 주님께서 가르쳐 주신 기도에서 배운 바와 같습니다.[13] 우리는 그리스도의 이름으로 아버지께 간구하는 모든 것을 얻는다고 확신합니다(요 16:23).[14]

1) 딤전 2:5 2) 요일 2:1 3) 엡 3:12 4) 마 11:28; 요 15:13; 엡 3:19; 요일 4:10 5) 히 1:3; 8:1 6) 마 3:17; 요 11:42; 엡 1:6 7) 행 10:26; 14:15 8) 렘 17:5,7; 행 4:12 9) 고전 1:30 10) 요 10:9; 엡 2:18; 히 9:24 11) 롬 8:34 12) 히 13:15 13) 마 6:9-13; 눅 11:2-4 14) 요 14:13

그리스도의 중보

- **본문:** 디모데전서 2:5; 히브리서 7:24-25
- **관련신조:** 웨스트민스터 신앙고백서 제8장; 웨스트민스터 대요리문답
  제43-45문답; 웨스트민스터 소요리문답 제23-26문답; 하
  이델베르크 요리문답 제31문답

| 서론 | 우리의 중보자가 되신 예수님

하나님께서 처음 사람을 창조하셨을 때, 하나님과 사람은 긴밀한 관계를 갖고 있었다. 첫 창조 시에 사람은 지금과 달리 하나님의 직접적인 음성을 들을 수 있었고 하나님의 임재를 직접 체험하였다. 왜냐하면 하나님과 사람 사이에 그 어떠한 장애물도 없었기 때문이다. 그러나 인간에게 들어온 죄는 하나님과 사람 사이를 갈라놓았다. 죄로 말미암아 하나님과 사람 사이의 교제가 파괴되었다(웨스트민스터 소요리문답 제19문답). 죄로 말미암아 하나님과 사람 사이에 큰 간격이 생겼다. 이제 죄인 된 인간에게 있어서 가장 큰 문제점은 '하나님 앞에' 설 수 없다는 것이다. 거룩하신 하나님 앞에서 그 어떠한 죄인도 감히 설 수 없게 되었다. 그래서 루터는 "죄인 된 인간이 어떻게 거룩하신 하나님 앞에서 (*coram Deo*) 설 수 있는가?"라고 고민하였다.

그러나 이 문제는 그리스도 예수로 말미암아 해결되었다. 예수 그리스도의 은혜로 말미암아 구속함을 받아 하나님 앞에서 의롭다 칭함을 얻은 자에게 있어서 이 문제는 모두 해결되었다. 우리의 화평이신 예수님으로 말미암아 하나님과 사람 사이에 막힌 것이 사라졌고 이제 하나님 앞에 담대히 나아갈 수 있게 되었다.

그래서 벨기에 신앙고백서 제23조는 믿음으로 말미암는 구원에 관한 교리인 칭의를 다루면서 이렇게 고백하였다. "이 진리는 우리의 모든 허물 (iniquities)을 덮어 주고, 우리를 하나님께 가까이 가도록 확신을 주며, 우리의 양심을 두려움(fear)과 공포(terror)와 불안(dread)에서 벗어나게(freeing) 하기에 충분하므로, 우리로 하여금 두려워 떨면서 숨으려 했고 무화과 나뭇잎으로 자기 자신을 덮으려 했던 우리의 첫 조상 아담의 본보기를 따르지 않게 합니다."

하나님과 우리의 끊어진 관계를 연결해 주는 역할을 가리켜 '중보'(仲保)라고 한다. 하나님과 사람 사이의 다리 역할을 하는 것을 말한다. 이 일을 하신 분은 예수님이시다. 우리를 구원하신 예수님은 우리의 중보자(仲保者)가 되어 주셔서 누구든지 그리스도의 이름으로 하나님께 나아갈 수 있게 해주셨다.

| 본 론 |

이번에 살피게 되는 벨기에 신앙고백서 제26조는 이 사실을 다루고 있다. 그래서 첫 문장에서 다음과 같이 강조한다. "우리는 유일하신 중보자(Mediator)이시며 대언자(Advocate)이신 의로우신 예수 그리스도를 통하지 않고는 하나님께로 나아갈(access) 수 없음을 믿습니다." 이렇게 예수님은 하나님과 우리 사이를 연결해 주시는 분이시다. 사람이 하나님께 나아갈 수 있는 방법은 오직 예수 그리스도를 통해서다.

중보자가 되신 방법

예수님은 어떤 방법으로 하나님과 우리 사이의 중보자가 되어 주셨을까?

첫째, 하나님이면서 또한 동시에 사람이 되심으로 중보자로서의 조건을 갖추셨다. 중보자가 되기 위해서 가장 먼저 하신 일은 사람의 몸을 입고 오신 것이다. 성육신 하신 일이다(요 1:14). 하나님과 사람 사이의 중보자가 되시려면 하나님이시면서 또한 동시에 사람이셔야 한다. 그래야만 양편의 요구를 모두 들어줄 수 있다. 그런데 이미 하나님이신 예수님에게 필요한 것은 사람이 되시는 것이었다. 우리와 모든 면에서 같은 분이셔야 했다. 그래서 우리와 동일한 육신을 입으신 것이다. 이렇게 하심으로써 우리를 위한 중보자가 되셨다. 그래서 벨기에 신앙고백서 제26조는 다음과 같이 고백한다. "이 일을 위하여 그리스도께서는 사람이 되시어, 신성과 인성(the divine and human nature)을 함께 가지셨으므로(uniting together), 우리 사람들이 하나님의 위엄(the divine majesty)으로 나아가는 데 방해를 받지 않게 되었습니다." 그리고 또 다른 이야기를 한 뒤에 다시 한 번 더 강조하기를 "비록 그리스도께서 하나님의 본체(the form of God)이셨을지라도, 자기를 비워 우리를 위하여 사람의 형체와 종의 형체(the form of man and of a servant)를 취하시고(빌 2:6-7), 모든 면에서 형제들과 같이 되셨습니다(히 2:17)."라고 고백한다.

둘째, 십자가에서 우리를 위한 속죄 사역을 감당하시고 우리를 위한 화목제물이 되심으로 중보자가 되셨다. 구약의 제사장은 하나님과 이스라엘 백성들 사이의 중보자로서의 역할을 했다. 죄 많은 이스라엘 백성들의 죄를 대속하는 사역을 감당하므로 하나님과 사람 사이의 막힌 담인 죄의 문제를 해결했다. 이와 비슷하게 우리 주 예수 그리스도께서는 친히 십자가에서 우리를 위한 속죄의 사역을 감당하시되 무엇보다도 친히 우리를 위한 제물이 되셨으니 예수님은 제사장이요 또한 동시에 희생제물로서 하나님과 사람 사이의 중보자가 되셨다.

셋째, 이렇게 죽으시고 부활하셔서 하늘로 올라가신 뒤에 하나님 보좌 오른편에 앉아서 우리를 위하여 기도하심으로 중보자가 되셨다. 이 땅 위에서 속죄 사역을 감당하심으로 우리의 제사장이 되어 주신 예수님은 하늘로 올라가셔서도 동일하게 제사장으로서의 사역을 감당하시니, 곧 중보자로서의 사역이다.[153] 그래서 이 강해의 본문이면서 벨기에 신앙고백서 제26조의 본문 속에서

---

153) 그리스도의 제사장 사역은 십자가 위에서 자신을 희생제물로 바치신 일에만 국한되지 않는다. 때때로 그리스도는 땅에서는 제사장이셨지만 하늘에서는 왕이라는 서술이 나오는데, 이는 그의 제사장 사역이 이미 끝난 듯한 인상을 준다. 그러나 그것은 전혀 잘못되었다. 그리스도는 지상의 대제사장이었을 뿐 아니라 동시에, 특히 천상의 대제사장이시다. Louis Berkhof, *Systematic Theology*(Grand Rapids: Eerdmans, 1941), 권수경, 이상원 역, 『조직신학(하)』(서울: 크리스챤다이제스트, 2000), 643.

직접 인용하는 히브리서 7:25는 "…이는 그가 항상 살아 계셔서 그들을 위하여 간구하심이라."라고 말씀한다. 예수님은 하나님 보좌 오른편에서 항상 살아 계셔서 우리를 위하여 친히 간구하고 계신다. 이렇게 하심으로 우리의 제사장 예수님은 우리를 위한 중보자가 되어 주셨다.

다른 중보자를 구해서는 안 됨

예수님은 하나님과 사람 사이의 유일한 중보자이시다. 우리에게는 다른 중보자가 없다. 오직 예수님이시다. 하나님이시면서 사람이시고, 우리를 위한 화목제물이 되어 주셨고, 하나님 오른편에서 우리를 위해서 간구하시는 예수님 외에 다른 중보자는 있을 수 없다. 그렇기에 우리에게는 다른 중보자가 더 필요하지 않다. 다른 중보자를 찾아서도 안 된다.

이렇게 예수님만이 우리의 유일한 중보자라는 사실을 벨기에 신앙고백서 제26조는 다음과 같이 강조한다. "그런데 성부께서 당신 자신과 우리 사이에 세우신(ordained) 이 중보자께서는 당신의 위대하심으로 우리를 위협하지 않으시는데 우리가 우리의 선택(fancy)에 따라 또 다른 중보자를 찾을 수야 있겠습니까? 하늘과 땅에서 예수 그리스도보다 더 우리를 사랑하는 어떤 피조물도 없습니다. 비록 그리스도께서 하나님의 본체(the form of God)이셨을지라도, 자기를 비워 우리를 위하여 사람의 형체와 종의 형체(the form of man and of a servant)를 취하시고(빌 2:6-7), 모든 면에서 형제들과 같이 되셨습니다(히 2:17). 그러므로 우리가 다른 중보자(intercessor)를 찾는다면, 우리는 심지어 우리가 당신의 원수였을 동안도 우리를 위하여 당신의 생명을 내어 주신 그분보다 우리를 더 사랑하는 분을 찾을 수 있겠습니까?(롬 5:8, 10) 만일 우리가 권세와 능력을 가진 분을 찾는다면, 성부의 오른편에 앉아 계시고 하늘과 땅에서 모든 권세를 가지신 그분 외에 누가 더 있겠습니까?(마 28:18) 또한 하나님의 가장 사랑하시는 아들(God's own well-beloved Son)보다 누가 더 빨리 그 음성을 들을 수 있겠습니까?"

하늘과 땅에서 예수 그리스도 외에 다른 어떤 분을 중보자로 찾을 수가 없다. 지금도 하나님 오른편에 앉아 계셔서 하늘과 땅의 모든 권세를 소유하고 계신 하나님의 아들 예수 그리스도만이 우리의 유일한 중보자이시다. 이 강해의 본문인 디모데전서 2:5도 이 사실을 강조한다. "하나님은 한 분이시요 또 하나님과 사람 사이에 중보자도 한 분이시니 곧 사람이신 그리스도 예수라."

다른 중보자를 말하는 로마 가톨릭 교회

예수님만이 유일한 중보자이심이 너무나 분명한 사실임에도 불구하고 그렇게 하지 못하고 다른 중보자를 찾는 자들이 있으니 로마 가톨릭이다. 그들은 예수님 이외에 성인들(the Saints)이나 사제들(the priest)을 통해서 하나님께로 나아갈 수 있다고 말한다. 유일하신 중보자가 아니라 여러 중보자를 말한다.

벨기에 신앙고백서가 작성되던 당시에 로마 가톨릭 교회는 그리스도께서 사람의 구원자이시지만 그분은 무서운 분이라고 가르쳤다. 앞서 본 제26조의 일부를 보면 "이 중보자께서는 당신의 위대하심으로 우리를 위협하지 않으시는데"라고 말하는데 이는 로마 가톨릭의 잘못된 오해를 염두에 둔 표현이다. 그리스도를 무서운 분이라고 생각하는 로마 가톨릭은 죄인인 인간들은 기도할 때 감히 그리스도를 통해 하나님께로 나아갈 수 없다고 가르쳤다. 그 대신 마리아나 성인들, 사제들을 통해서만 비로소 하나님께 나아갈 수 있다고 가르쳤다.[154]

이러한 생각은 현재의 로마 가톨릭 교회도 갖고 있다. 그들은 일반 성도들이 하나님께 직접 자신의 죄를 고백하는 것은 불가능하고, 하나님과 사람 사이에 '사제'(신부)가 중보자가 된다고 믿는다. 그래서 '고해성사'(告解聖事, penance)라는 것을 한다.[155] 그들은 예수님을 중보자로 여기지만, '유일한' 중보자로 여기지 않는다. 예수님 외에 또 다른 사람을 덧붙인다.

로마가톨릭의 중보자에 대한 이해는 그들의 기도에도 잘 나타나 있다. '한국 천주교 주교회의'에서 발행한 『가톨릭 기도서』는 가톨릭 교인들이 어떻게

---

154) Clarence Bouwman, *Notes on the Belgic Confession*(Armadale: The League of the Free Reformed Women's Bible Study Societies, 1997), 손정원 옮김, 『벨직신앙고백해설』(부산: 도서출판 신언, 2007), 330-331.

155) 근거로 마태복음 16:19; 요한복음 20:23; 야고보서 5:16을 들고 있다. 1546년 트렌트 공의회에서 성례로 인정되었다. 조영엽, 『가톨릭교회 교리서 비평』(서울: CLC, 2010), 85.

기도해야 하는지를 보여 주는데, 거기에 실린 '고백기도'에는 다음과 같은 내용이 나온다. "전능하신 하느님과 형제들에게 고백하오니 생각과 말과 행위로 죄를 많이 지었으며 자주 의무를 소홀히 하였나이다. 제 탓이요. 제 탓이요. 저의 큰 탓이옵니다. 그러므로 간절히 바라오니 평생 동정이신 성모 마리아와 모든 천사와 성인과 형제들은 저를 위하여 하느님께 빌어 주소서. 전능하신 하느님, 저희에게 자비를 베푸시어 죄를 용서하시고 영원한 생명으로 이끌어 주소서. 아멘."[156] 그들은 예수 그리스도보다는 오히려 성모 마리아와 천사와 성인들을 중보자로 삼는다. 이외에도 『가톨릭 기도서』는 '성모 마리아에게 드리는 기도',[157] '성 요셉에게 바치는 기도',[158] 베드로를 비롯한 여러 성인을 부른 기도,[159] '한국의 순교자들을 위하여 드리는 기도'[160] 등 예수 그리스도 이외의 다른 중보자를 통하여 하나님께 드리는 기도가 많이 수록되어 있다.

다른 중보자를 찾는 행위의 의미

로마 가톨릭은 예수 그리스도 이외의 여러 중보자가 있다고 믿는데, 이러한 믿음을 가지는 것은 어떤 의미가 있을까? 이 강해의 본문인 디모데전서 2:5에서 말씀하는, "하나님과 사람 사이의 중보자가 한 분이라는 것"과 "그 한 분이 하나님이시면서 또한 동시에 사람이신 예수 그리스도"라는 사실을 부인하는 것이 된다. 매우 불경스러운 일이다.

성경이 분명하고도 명백하게 오직 한 분의 중보자를 말함에도 불구하고 로마 가톨릭은 성인들(saints)의 역할을 중요하게 강조한다. 성인들(saints)이 다른 평범한 사람들보다 훨씬 나은 존재라고 믿는다. 그들을 중보자라는 위치로까지 지나치게 높이 평가해 버린다. 그러나 아이러니하게도 로마 가톨릭이 성인

---

156) 한국 천주교 주교회의, 『가톨릭 기도서』(서울: 한국천주교중앙협의회, 1997), 13.

157) 한국 천주교 주교회의, 『가톨릭 기도서』, 11, 19, 36, 42-45.

158) 한국 천주교 주교회의, 『가톨릭 기도서』, 30, 46-48.

159) 한국 천주교 주교회의, 『가톨릭 기도서』, 56-63.

160) 한국 천주교 주교회의, 『가톨릭 기도서』, 33-35, 49-55.

이라고 부르는 그들은 자신들 스스로를 영예로운 자라고 생각한 적이 없다. 그들은 자기들이 중보자의 위치에 있을 만한 사람이라고 생각한 적이 없다. 오히려 자신들에게 아무런 가치가 없다는 것을 인정했던 자들이다. 그럼에도 불구하고 로마 가톨릭은 그 성인들의 생각과 다르게 가르친다.[161]

그래서 벨기에 신앙고백서 제26조는 이렇게 표현한다. "그러므로 성인들(the saints)을 영예롭게 하기보다는 차라리 불명예스럽게 하는 습관들(the custom of dishonoring)을 소개하여 그들이 결코 행하지도 않았고 요구하지도 않은 것을 하는 것은 순전히 신뢰의 결핍(pure lack of trust)입니다. 이와 반대로 성인들은 그들의 저서들에서 나타나는 것처럼 그들의 직무(duty)에 따른 그런 영예를 끊임없이 거부했습니다. 여기에서 우리는 우리의 무가치함(unworthiness)을 의지하지 않아야 합니다. 왜냐하면 그것은 우리의 가치(worthiness)에 근거한 것이 아니라 당신의 의가 믿음으로 우리의 것이 되게 하신 예수 그리스도의 탁월하심(excellence)과 가치(worthiness)에 근거하여 우리의 기도를 드리는 문제이기 때문입니다."

강조에 또 강조를 하는 벨기에 신앙고백서

벨기에 신앙고백서가 작성되던 당시에 예수 그리스도 외에 다른 중보자를 찾는 것은 너무나 흔한 일이었던 것 같다. 그래서 벨기에 신앙고백서는 강조에 또 강조를 한다.

그 강조의 내용을 읽어보자. "그러므로 선한 이유(good reason)로 히브리서 저자는 우리가 이런 어리석은 두려움(foolish fear), 더 정확하게 말하면 불신(distrust)에서 벗어나도록 하기 위해서 우리에게 "예수 그리스도께서 범사에 형제들과 같이 되심이 마땅하도다. 이는 하나님의 일에 자비하고 충성된 대제사장이 되어 백성의 죄를 구속하려 하심이라. 자기가 시험을 받아 고난을 당하셨은즉 시험받는 자들을 능히 도우시느니라."라고 말합니다(히 2:17-18). 또한 히브리서 저자는 우리가 하나님께 나아가도록 더욱더 격려하기(encourage) 위해

---

161) 성자들의 이름으로 기도하는 것을 비판하는 것으로 *Institutes*, III. xx. 21-27을 참고하라.

서, "그러므로 우리에게 큰 대제사장이 있으니 승천하신 자 곧 하나님 아들 예수시라. 우리가 믿는 도리를 굳게 잡을지어다. 우리에게 있는 대제사장은 우리 연약함을 체휼하지 아니하는 자가 아니요 모든 일에 우리와 한결같이 시험을 받은 자로되 죄는 없으시니라."라고 말합니다(히 4:14-15). 동일한 서신에서 "그러므로 형제들아 우리가 예수의 피를 힘입어 성소에 들어갈 담력을 얻었나니…참 마음과 온전한 믿음으로 하나님께 나아가자." 등을 말합니다(히 10:19, 22). 또한 "예수는 영원히 계시므로 그 제사 직분도 갈리지 아니하나니 그러므로 자기를 힘입어 하나님께 나아가는 자들을 온전히 구원하실 수 있으니 이는 그가 항상 살아서 저희를 위하여 간구하심이니라."라고 말합니다(히 7:24-25). 무슨 말이 더 필요합니까? 그리스도께서도 친히 "내가 곧 길이요 진리요 생명이니 나로 말미암지 않고는 아버지께로 올 자가 없느니라."라고 말씀하셨습니다(요 14:6). 우리가 왜 다른 대언자를 찾아야 합니까? 하나님은 당신의 아들을 우리의 대언자로 주시기를 기뻐하셨습니다. 따라서 우리가 그 한 분만 구하지 않고 다른 대언자 때문에 그분을 떠나거나 다른 대언자를 찾지 않아야 합니다. 왜냐하면 하나님께서 우리에게 그분을 주셨을 때, 그분께서 우리가 죄인임을 너무나 잘 알고 계셨기 때문입니다."

정리

위에 언급한 벨기에 신앙고백서의 내용이 고백하는 것처럼 예수님께서는 우리와 똑같은 사람의 모습을 입으심으로 우리의 중보자가 되셨다. 예수님은 우리가 당하는 고난과 시험을 동일하게 받으심으로 우리의 중보자가 되셨다. 예수님은 부활하신 뒤에 하늘로 올라가셔서 하나님 오른편에 앉아 계셔서 우리를 위해 기도하심으로 우리의 중보자가 되어 주셨다. 이렇게 예수님이 우리의 중보자이시니, 우리는 오직 예수 그리스도로 말미암아 하나님께 나아갈 수 있다. 우리는 예수 그리스도라는 한 분 중보자를 통해서 하나님과 직접 교제한다. 예수님 이외에 다른 어떤 존재가 필요하지 않다.

기도할 때마다 언급하는 우리의 중보자

이렇게도 중요한 진리는 우리의 기도 형식에도 잘 반영되어 있다. 그것은 "예수님의 이름으로 기도합니다."라는 기도의 마지막 부분이다. 우리가 왜 이렇게 기도를 할까? 벨기에 신앙고백서 제26조의 마지막 부분이 이것을 잘 말해 주고 있다.[162] "결론적으로 우리는 그리스도의 명령에 따라 우리의 유일한 중보자 그리스도를 통하여 하늘의 아버지를 불러야 하는데, 이것은 우리가 주님께서 가르쳐 주신 기도에서 배운 바와 같습니다. 우리는 그리스도의 이름으로 아버지께 간구하는 모든 것을 얻는다고 확신합니다(요 16:23)."

하나님은 우리의 기도를 들으시되 예수 그리스도의 이름으로 구하는 모든 기도에 응답하신다. 그리스도께서는 우리의 기도를 하늘에서 받으시고 그 보좌 왼편에 계신 하나님 아버지께 중보하신다. 하나님께 우리의 연약함을 말씀드리고, 하나님께 예수님 당신이 하신 십자가의 사역이 우리를 위한 것임을 말씀드리고 계시니 참 중보자시다. 이렇게 예수님이 우리의 중보자시라는 사실은 우리가 기도할 때마다 "예수님의 이름으로 기도합니다."라는 말을 하면서 자연스럽게 드러내고 있다.

다른 중보자는 없다

우리는 다른 대언자를 찾을 필요가 없다. 하나님은 오직 당신의 아들 예수 그리스도만을 우리의 대언자로 주시기를 기뻐하셨다. 십자가 위에서 우리를 위한 제사장이 되시므로 중보의 역할을 감당하신 예수님, 그분은 지금도 여전히 우리의 중보자가 되신다. 하나님 보좌 오른편에서 제사장의 역할을 멈추지 않고 계신다. 그러므로 우리는 오직 예수 그리스도의 이름으로 나아가야 한다. 예수님의 이름으로 기도해야 한다.

부활하신 예수님, 그분은 이 땅에 계시지 아니하시고 하늘로 올라가셨다. 우리 곁을 떠나셨다. 그러나 그것은 우리 곁을 완전히 떠나신 것이 아니었다. 하늘로 올라가심은 우리와의 관계를 끝내시기 위함이 아니라 오히려 우리를 위

---

162) 웨스트민스터 대요리문답 제180-181문답도 이 사실을 잘 설명한다.

하여 더 좋은 사역을 하시기 위함이었으니, 하늘에서 여전히 우리의 제사장이 되어 주시는 것이었다.[163] 그래서 예수님은 하늘에서 지금도 우리의 기도를 들어주실 뿐 아니라, 우리가 중생하고 회심한 이후에도 계속해서 짓는 범죄를 하나님 앞에서 변호해 주고 계신다. 우리를 위한 유일한 중보자는 하늘에 계셔서, 그가 이 땅에 계실 때에 해결해 주신 우리의 죄의 문제를 지금도 해결해 주신다. 요한일서 2:1 "…만일 누가 죄를 범하여도 아버지 앞에서 우리에게 대언자가 있으니 곧 의로우신 예수 그리스도시라." 이렇게 우리의 중보자는 오직 한 분 예수 그리스도뿐이다.

그럼에도 불구하고, 이 땅에 사람 중보자를 용납하고, 그들을 통해서 죄 용서함을 받을 수 있다고 가르치는 로마 가톨릭을 비롯한 모든 이단들의 가르침은 거짓이다.

예수님 이외에 그 어떤 중보자도 없다. 우리는 그 사실을 믿고 예수님의 이름으로 하나님께 직접 기도해야 한다. 다른 누군가에게 찾아가서가 아니라 직접 하나님께 하나님의 필요와 우리의 필요를 간구하자. 언제 어디서든지 드릴 수 있는 기도를 은혜의 방편으로 잘 활용하자.

| 결 론 |

죄로 말미암아 생겨난 하나님과 우리 사이의 간격, 그 간격은 너무나 크고 멀었다. 그러나 우리 주 예수 그리스도께서 우리의 중보자가 되시니 그 간격은 하나도 없이 되었다. 이제 우리는 우리의 유일한 중보자이신 그리스도로 말미암아 누구든지 하나님께 나아갈 수 있다.

히브리서 10:19-20은 다음과 같이 말씀한다. "(19)그러므로 형제들아 우리가 예수의 피를 힘입어 성소에 들어갈 담력을 얻었나니 (20)그 길은 우리를 위하여 휘장 가운데로 열어 놓으신 새로운 살 길이요 휘장은 곧 그의 육체니라."

---

163) Bouwman, 『벨직신앙고백해설』, 334.

하나님은 그리스도 안에 있는 우리들을 기쁘게 받으신다. 하나님은 그리스도의 이름으로 드리는 우리의 기도를 들어주신다.

제27조
보편적 기독교회
The Catholic Christian Church

우리는 하나의(one) 보편적(catholic), 혹은 우주적인(universal) 교회를 믿고 고백합니다.[1] 이 교회는 예수 그리스도의 피로 씻음을 받고, 성령님으로 거룩하게 되며(sanctified) 인침을 받아(sealed),[2] 그리스도 안에서 온전하게 구원받을 것을 바라는[3] 참된 기독 신자들의 거룩한 회중(congregation)이며 모임(assembly)입니다.[4]

이 교회는 세상의 시작부터 있어 왔으며, 세상의 끝 날까지 있을 것입니다. 왜냐하면 그리스도께서는 그의 백성(subjects) 없이는 계실 수 없는 영원한 왕이시기 때문입니다.[5] 교회는 비록 잠시 동안 사람의 눈에는 아주 미미하게 보이고 거의 사라진 것처럼 보일 때도 있지만,[6] 이 거룩한 교회는 온 세상의 격노(fury)에 대항하여 하나님에 의해 보존될 것입니다 (preserved).[7] 그래서, 아합의 폭정 동안에도(during the perilous reign of Ahab) 주께서는 바알에게 무릎 꿇지 않고 절하지 아니한 칠천 명을 자신을 위해 남겨 두셨던 것입니다.[8]

뿐만 아니라, 이 거룩한 교회는 어떤 특정 장소나 혹은 어떤 인물들에게 국한되거나 제한을 받고 있는 것이 아니고(not confined or limited), 온 세상에 걸쳐 퍼져 있고 흩어져 있습니다.[9] 그러면서도 믿음의 능력에 의해서 한 분이시고 동일하신 성령님 안에서 마음(heart)과 뜻(will)으로 연결되고 연합되어 있습니다(joined and united).[10]

1) 창 22:18; 사 49:6; 엡 2:17-19 2) 엡 1:13; 4:30 3) 욜 2:32; 행 2:21 4) 시 111:1; 요 10:14,16; 엡 4:3-6; 히 12:22-23 5) 삼하 7:16; 시 89:36; 110:4; 마 28:18; 눅 1:32 6) 사 1:9; 벧전 3:20; 계 11:7 7) 시 46:5; 마 16:18 8) 왕상 19:18; 롬 11:4 9) 마 23:8; 요 4:21-23; 롬 10:12-13 10) 시 119:63; 행 4:32; 엡 4:4

보편적 기독교회[164]

- **본문:** 고린도전서 1:2
- **관련신조:** 웨스트민스터 신앙고백서 제25장; 웨스트민스터 대요리문답

　　　　　제61-65문답; 하이델베르크 요리문답 제54-55문답

| 서 론|

우리가 매 주일 고백하는 사도신경에 아주 명백하게 드러나 있음에도 불구하고, 거의 대부분의 성도들이 그 의미는커녕 표현 자체를 신중하게 생각하지 않는 것이 있다. "거룩한 공교회"[165]라는 구절이다. 불과 여섯 글자에 불과한 단어이기에 그럴 수 있는지 모르겠지만, 대부분의 사람들이 이 부분에 집중하지 못한다. 매 주일 예배시간을 비롯하여 수많은 교회적 모임에서 암송하지만 정

---

164) 벨기에 신앙고백서는 제27조에서부터 제32조까지 '교회'에 관한 내용을 다루고 있다. 게다가 제33조에서부터 제35조까지에서 다루는 내용이 '교회를 통해 이루어지는 은혜의 방편'이라는 점을 고려하면 총 37개 조항 중에 무려 9개의 조항이 교회에 관한 내용을 다루고 있다고 할 수 있다. 성경에 관한 내용을 제2조에서부터 제7조까지 6개 조항을 사용하고, 하나님에 관한 내용을 제1-2, 8-13조에서 다룸으로써 8개 조항을 사용하며, 구원에 관한 내용을 제16-17, 22-26조에서 다룸으로써 7개 조항을 사용하는 것과 비교해 보면 교회에 대한 고백을 가장 많이 다루고 있다. 이런 점에서 벨기에 신앙고백서는 '교회에 대한 고백'을 아주 강조함을 알 수 있으며, 이는 특히 당시 교회의 상황을 잘 반영해 준다.

165) 언제인지부터 정확하게 알 수는 없지만 한국교회 초기부터 사용되던 사도신경에는 *sanctam ecclesiam catholicam*(라틴원문)과 the holy catholic church(영어번역)에 해당하는 부분을 '거룩한 공회'라고 번역하여 사용해 왔다. 이렇게 100여 년을 사용해 오다가 지난 2004년에 21세기 찬송가 출판과 함께 한국기독교총연합회(한기총)와 한국기독교교회협의회(KNCC)가 공동으로 추진하여 사도신경을 재번역하였는데, '거룩한 공교회'라고 번역했다. 2012년 이후 한국교회의 상당수 교단에서는 새로운 번역을 사용한다. 한국천주교회의 경우 '거룩하고 보편된 교회'라고 번역하였다. 한국 천주교 주교회의, 『가톨릭 기도서』(서울: 한국천주교중앙협의회, 1997), 11-12.

작 그 참 의미에 대해 무관심하다.

그러나 이 짧은 단어 속에 교회에 대한 우리의 고백이 잘 담겨져 있음을 기억해야 한다. 이 짧은 구절에는 교회에 대한 우리의 믿음이 담겨 있다. 초대교회 이후부터 계속해서 믿어 왔던 교회에 대한 이해가 이 표현 속에 담겨 있다. 어떠한 믿음일까? 그것은 우리가 "교회를 믿는다."라는 것이다.

종종 기독교에 대해 잘 모르는 사람이 "나는 교회는 안 믿는다." 혹은 "너는 교회 믿니?"라고 말을 하면, "그런 말은 틀린 말입니다. 교회를 믿는 게 아니라 예수님을 믿는 것입니다."라고 말한다. 이 말은 앞뒤 정황만을 놓고 볼 때는 분명히 맞는 말이지만, 그 말만 떼어서 봤을 때는 완전히 맞는 말이라고 할 수 없다. 왜냐하면 교회도 믿음의 주제 중 하나이기 때문이다. 비록 성부, 성자, 성령을 믿는 것과 동일한 방식으로 교회를 믿는 것은 아니지만, 우리는 분명히 교회를 믿는다. 그래서 우리는 "거룩한 공교회를 믿사오며"라고 고백한다.

벨기에 신앙고백서 제27조는 교회에 대한 믿음, 즉 사도신경에서 말하는 "거룩한 공교회"라는 여섯 글자의 내용을 길게 풀이한다.[166] 어떠한 믿음인지를 함께 살펴보자.

| 본 론 |

교회에 대한 믿음

벨기에 신앙고백서 제27조의 첫 문장은 다음과 같이 고백한다. "우리는 하나의(one) 보편적(catholic), 혹은 우주적인(universal) 교회를 믿고 고백합니다." 이 문장에서 고백하듯이 우리는 교회를 믿고 고백한다. 교회가 하나의 믿음이 대상이다. 사도신경에서도 "거룩한 공교회와 성도의 교제와 죄를 용서받는 것과 몸의 부활과 영생을 믿습니다."라고 하는데, 그 말을 풀어서 말해 보면 "거

---

166) 하이델베르크 요리문답 제54문답 역시 "거룩한 공교회"에 대한 내용을 설명한다. 그러나 벨기에 신앙고백서 제27조와 비교하면 매우 단순하다.

룩한 공교회를 믿는다. 성도의 교제를 믿는다. 죄를 용서받는 것을 믿는다. 몸의 부활을 믿는다. 영생을 믿는다."가 된다. 그중에 "거룩한 공교회"라는 말은 기본적으로 교회를 믿는다는 것이고, 나아가 그 교회가 거룩하다는 것을 믿고, 그 교회가 보편적이라는 것을 믿는다는 의미를 갖고 있다. 이렇게 우리는 분명히 거룩한 공교회를 믿는다. 건전한 성도에게 있어서 교회는 분명한 믿음의 대상이다.

교회란 무엇인가?

그렇다면 교회란 무엇일까? 우리는 교회에 대하여 무엇을 믿어야 할까? 두 번째 문장은 "이 교회는 예수 그리스도의 피로 씻음을 받고, 성령님으로 거룩하게 되며(sanctified) 인침을 받아(sealed), 그리스도 안에서 온전하게 구원받을 것을 바라는 참된 기독 신자들의 거룩한 회중(congregation)이며 모임(assembly)입니다."라고 고백한다.

우리는 교회가 삼위 하나님의 구원사역의 결과로서 나타난 필연적인 공동체라는 사실을 믿어야 한다. 다시 말하면 교회란 그냥 우연히 생겨난 것도 아니고, 사람들의 필요에 의해서 만들어진 것도 아니다. 교회란 구원받은 사람들이 자신들의 신앙증진을 위해, 혹은 교제를 위해, 혹은 또 다른 유익들을 위해 만들어낸 공동체가 아니다. 교회 설립의 주체는 사람이 아니라 삼위일체 하나님이다.

두 번째 문장은 교회가 예수 그리스도의 피로 씻음을 받아서 생겨났고, 성령님으로 거룩하게 되며 인침을 받아 생겨났음을 고백한다. 이것은 제17조에서부터 제24조까지 다룬 내용의 요약이다. 제17조는 성부 하나님께서 예수 그리스도를 보내어 주셨고, 제21조는 그 예수님께서 십자가에서 우리의 죄를 제거하시기 위해 피를 흘리셨고, 제22조와 제23조는 그 피로 말미암아 우리의 죄를 씻어 주심으로 우리의 모든 허물을 덮어 주셨으며, 제24조는 성령님의 역사하심으로 말미암아 거룩한 자들을 불러 주셨음에 대해서 다뤘다. 그 결과 교회가 탄생하게 되었으니 우연히 생겨난 것이 아니며, 예수님을 믿는 사람들의 결정에 의해서 생겨난 것도 아니며, 삼위 하나님의 사역의 결과로 생겨난 것이다. 교회는 삼위 하나님께서 친히 세우신 공동체다. 교회는 하나님의 백성이요(벧전 2:9-10), 그리스도의 몸이며(엡 1:22), 성령님의 전(殿)이다(고전 3:16).

이 강해의 본문인 고린도전서 1:2은 '고린도'라고 하는 지역에 있는 하나님의 '교회'에 대해 말하기를 "그리스도 예수 안에서 거룩하여지고 성도라 부르심을 받은 자들"이라고 말하고 있으니 곧 그리스도 예수와 성령님으로 말미암아 교회가 세워진 것임을 가르쳐 준다.

교회가 예수 그리스도와 성령님에 의해 세워졌다는 사실은 사도행전 2장에 나타난 초대교회의 탄생의 모습 속에도 잘 나타나 있다. 부활하신 예수님은 사도행전 1장에서 하늘로 올라가셨고(행 1:11), 그 예수님은 2장에서 성령님을 이 땅에 보내어 주셨다(행 2:1-13). 그렇게 해서 오신 성령님은 사람들에게 부어지셨는데 어떤 사람들에게 부어지셨는가? 하나님께서 선택하셨고 예수 그리스도께서 당신의 피로 씻으신 자들이다. 그렇게 하나님의 백성들에게 부어졌으니 그 결과 그들은 거룩한 자, 즉 성도라 일컬음을 얻게 되었고 성령님의 부으심으로 인친 바 되었다. 그리하여 그들은 세례를 받아 한 교회를 이루었고(행 2:38-41) 함께 모여서 사도들의 가르침을 받고 교제하며 성찬을 나누고 기도하기에 힘썼으니(행 2:42-47) 바로 첫 교회의 모습이었다. 이후 사도행전의 기록은 철저히 교회 설립의 기록이었다. 성령 강림과 동시에 세워진 예루살렘교회를 비롯하여, 안디옥교회, 빌립보교회(행 16:11-15), 데살로니가교회(행 17:1-9), 고린도교회(행 18:1-17), 에베소교회(행19:1-20) 등의 설립을 사도행전이 보여 주고 있다.

이렇게 해서 생겨난 교회는 벨기에 신앙고백서의 고백처럼 "그리스도 안에서 온전하게 구원받을 것을 바라는 참된 기독 신자들의 거룩한 회중(congregation)이며 모임(assembly)"이다.

이처럼 교회란 성부의 사역, 성자의 사역, 성령의 사역에 의해 구속받은 백성들의 집합이다. 성령님께서 모으시고 확정하시고 보존하시는 것이 교회다.

교회의 속성들

벨기에 신앙고백서가 가르치는 대로 우리는 교회를 믿는다. 그렇다면 우리는 교회에 대해 어떠한 믿음을 갖고 있을까? 총 세 가지로 생각해볼 수 있다.

첫째, 하나의 교회를 믿는다. 둘째, 보편적인 교회를 믿는다. 셋째, 거룩한 교회를 믿는다.

첫째와 둘째는 첫 문장에 나타나 있다. "우리는 하나의(one) 보편적(catholic), 혹은 우주적인(universal) 교회를 믿고 고백합니다." 세 번째는 세 번 언급되는데, 두 번째 문장의 마지막에 보면 "참된 기독 신자들의 거룩한 회중(congregation)이며 모임(assembly)입니다."에 나타나 있고, 두 번째 단락의 중간 부분에 보면 "이 거룩한 교회는 온 세상의 격노(fury)에 대항하여…"에 나타나 있고, 세 번째 단락의 첫 문장에 "이 거룩한 교회는 어떤 특정 장소나…"에 나타나 있다. 이렇게 우리는 세 가지 속성을 믿고 고백한다.

이 세 가지 속성은 니케아 신경에도 나타나 있다. 니케아 신경은 "하나의 거룩하고 보편적이고 사도적인 교회를 믿습니다."라고 교회의 네 가지 속성을 고백한다. 통일성, 거룩성, 보편성, 사도성이다. 사도신경은 두 개의 속성을 고백한다. "거룩한 공교회를 믿습니다."라는 고백에서 거룩성과 보편성을 고백한다.

벨기에 신앙고백서 제27조는 사도신경과 니케아 신경에 나오는 거룩성과 보편성, 그리고 니케아 신경에 나오는 통일성을 언급한다.

교회의 속성(1) – 보편성

순서로는 통일성이 먼저지만, 편의상 '보편성'부터 살펴보자. 교회가 보편적이라는 고백은 사도신경과 벨기에 신앙고백서를 고백하는 모든 교회와 성도들이 믿는 바다.

교회가 '보편적'이라는 말은 무슨 뜻일까? 벨기에 신앙고백서의 표현에 있듯이 catholic과, 우주적이라는 의미의 universal 속에 잘 담겨져 있다. 특히 universal이라는 말 속에 잘 담겨져 있는데, 이것을 벨기에 신앙고백서는 다음과 같이 설명한다. "이 교회는 세상의 시작부터 있어 왔으며, 세상의 끝 날까지 있을 것입니다. 왜냐하면 그리스도께서는 그의 백성(subjects) 없이는 계실 수 없는 영원한 왕이시기 때문입니다. 교회는 비록 잠시 동안 사람의 눈에는 아주 미미하게 보이고 거의 사라진 것처럼 보일 때도 있지만, 이 거룩한 교회는 온 세상의 격노(fury)에 대항하여 하나님에 의해 보존될 것입니다(preserved). 그래서, 아합의 폭정 동안에도(during the perilous reign of Ahab) 주께서는 바알에게 무릎 꿇지 않고 절하지 아니한 칠천 명을 자신을 위해 남겨 두셨던 것입니다."

교회가 보편적이라는 말은 '시간적'으로 태초부터 세상 끝까지 계속해서 있을 것이라는 것을 의미한다. 교회는 언제든지 있어 왔고 있을 것이다(웨스트민스터 신앙고백서 제25장 제1절). 에덴동산에서부터 교회가 있었고 출애굽 시대의 광야에도 교회가 있었으며(행 7:38) 벨기에 신앙고백서가 말하는 것처럼 구약 시대에 아합이 다스리던 때에도 하나님께서 교회를 보존해 주셨고, 바벨론으로 끌려갔던 때에도 구약의 교회는 여전히 있었다. 신약시대에도 예루살렘에 교회가 있었고, 중세시대와 같은 암울한 때에도 교회는 있었고, 일제 강점기와 같은 때에도 교회는 있었고, 오늘날에도 교회는 존재하며 앞으로도 영원히 있을 것이다. 때로는 거의 사라진 것처럼 보일 때도 있지만 하나님의 교회는 세상 끝까지 계속해서 있을 것이다. 이런 점에서 교회는 보편적이다.

나아가 '공간적'으로도 교회는 초월해서 존재한다. 그래서 벨기에 신앙고백서는 이어서 이렇게 고백한다. "뿐만 아니라, 이 거룩한 교회는 어떤 특정 장소나 혹은 어떤 인물들에게 국한되거나 제한을 받고 있는 것이 아니고(not confined or limited), 온 세상에 걸쳐 퍼져 있고 흩어져 있습니다." 구약 시대에는 예외적이었지만, 예루살렘 성전 파괴 이후 교회는 국가적 개념을 넘어서게 되었다. 이제 교회는 말 그대로 우주적이 되었다. 예컨대, 현재 우리가 교회로 존재한다는 것은 온 세계에 흩어져 있는 보편 교회의 한 부분이라는 것이다. 이 강해의 본문 고린도전서 1:2에 보면 바울이 편지를 보내면서 그 수신자들에게 "고린도에 있는 하나님의 교회"라고 하고, 그들을 가리켜 "각처에서 우리의 주를 부르는 모든 자들"이라고 표현하는데 이것은 '고린도'라고 하는 지역에 있는 교회(in Corinth the local manifestation)는 보편적인 교회의 한 지체라는 뜻을 갖고 있다.[167] 이처럼, 교회는 기본적으로 지역교회이지만 이것은 전체교회

---

167) F. W. Grosheide, *Commentary on the First Epistle to the Corinthians*, NICNT(Grand Rapids:

의 한 부분이다. 전체교회는 삼위 하나님의 구원사역, 같은 복음과 성례, 같은 신앙에 의하여 하나로 연결된다. 교회는 보편성을 갖고 있는데, 그 이유는 땅의 이쪽에서부터 저쪽까지 온 세상에 두루 퍼져 있고 하나의 교리를 보편적으로 가르치기 때문이다.

교회의 이러한 보편성은 세 가지 측면에서 유지되어야 한다. 첫째, 교회 안에서 인종, 성별, 지위, 교육정도를 가지고 차별하지 않아야 한다. 만약 그렇게 하지 않는다면 보편성을 부인하는 것이다.[168] 교회에는 어떤 특정한 집단이나 계층만이 존재해서는 안 된다. 교회는 한 민족이나 한 국가 혹은 한 인종만의 것이 될 수 없으며, 어떤 특정한 시간이나 문화에 묶여 있을 수도 없다. 예컨대, 장애인 교회, 의사 교회, 연예인 교회 등과 같은 보편적이지 않는 형태로의 모임은 '교회'라고 할 수 없다. 이렇게 하지 않는 것이 교회의 보편성을 유지하는 한 방법인데, 소극적인 방법이다. 둘째, 선교적 사명을 다함으로써 교회의 보편성을 유지할 수 있다. 교회가 선교를 한다는 것은 시간적으로나 공간적으로 교회의 보편성을 유지해 나가는 것이다. 이것은 적극적인 방법이다. 셋째, 현재 우리의 교회가 태초부터 있어 온 교회의 한 부분이라는 의식과 현재 우리의 교회가 지금 동시대에 존재하는 세계교회의 한 부분이라는 인식을 가지고 늘 말씀에 온전히 붙어 있어서 그 말씀을 하나로 잘 드러내려고 애를 쓰는 것이 교회의 보편성을 유지하는 것인데 이 역시 적극적인 방법이다.

교회의 속성(2) – 통일성

교회의 통일성이란 '하나의'라는 고백에 해당하는 것으로서, 이에 대해 벨기에 신앙고백서 제27조의 제일 마지막 문장은 "그러면서도 믿음의 능력에 의해서 한 분이시고 동일하신 성령님 안에서 마음(heart)과 뜻(will)으로 연결되고 연합되어 있습니다(joined and united)."라고 고백한다.

교회는 하나로 이어져 있다. 에베소서 4:4-6에서 강조하듯이 몸이 하나, 성

Eerdmans, 1953), 22.

168) 이승구, 『사도신경』(서울: SFC, 2004), 303.

령이 하나, 주도 하나, 믿음도 하나, 세례도 하나, 하나님도 하나인 것처럼 교회도 하나다. 특별히 교회는 그리스도의 몸이기에 하나일 수밖에 없다. 머리가 하나이니 몸도 하나다.

교회가 하나라는 것의 의미는 벨기에 신앙고백서에 나타나 있듯이 동일하신 성령 안에서 마음과 뜻으로 연결되고 연합되어 있는 것을 말한다. 다시 말해 교회의 통일성이란 교회에 속한 모든 자들이 공통된 신앙을 가지며, 공통된 사랑의 끈으로 묶여져 있다는 것을 의미한다.

이러한 통일성을 유지하기 위해서 교회는 하나의 신앙고백을 가지고, 함께 예배하며, 함께 한 빵과 한 포도주를 마신다. 그리고 무엇보다도 교회는 그리스도를 본받아 서로 뜻을 같이 하여 한 마음과 한 입으로 그리스도의 아버지 하나님께 영광을 돌려야 한다(롬 15:5-6).

교회의 속성(3) – 거룩성

교회는 거룩하다. 피로 값 주고 사신 교회는 성도(聖徒)의 모임이다(롬 15:25-26; 고전 16:1, 15; 고후 8:4; 롬 1:7; 고전 1:2; 고후 1:1; 엡 1:1; 빌 1:1; 골 1:2). 이는 본문 고린도전서 1:2 "고린도에 있는 하나님의 교회 곧 그리스도 예수 안에서 거룩하여지고 성도라 부르심을 받은 자들과"라는 말씀에 잘 나타나 있다. 직접적으로 "그리스도 예수 안에서 거룩하여지고"라고 했으니 교회는 분명 거룩한 공동체다. 나아가 '성도'(聖徒)[169]라고 했으니 거룩한 무리다. 이러한 거룩한 자들로 이뤄져 있는 교회는 거룩한 속성을 갖는다.

교회는 거룩할 때 비로소 그 의미를 갖는다. 교회가 거룩성을 잃어버릴 때 교회는 사라진다. 그래서 벨기에 신앙고백서 제27조의 중간 부분에서는 "교회는 비록 잠시 동안 사람의 눈에는 아주 미미하게 보이고 거의 사라진 것처럼 보일 때도 있지만, 이 거룩한 교회는 온 세상의 격노(fury)에 대항하여 하나

---

169) 성경에서는 '성도'를 가리켜 항상 복수(複數)로 사용한다(롬 8:27; 12:13; 15:26; 고전 1:2; 6:1,2; 고후 9:1; 13:12; 엡 1:18; 2:19; 3:8,18; 4:12; 5:3; 빌 1:1; 4:22; 골 1:26; 계 8:4; 14:12 등등). 성도(聖徒)라는 한자어의 도(徒)에 이미 복수의 의미가 담겨 있다.

님에 의해 보존될 것입니다(preserved). 그래서, 아합의 폭정 동안에도(during the perilous reign of Ahab) 주께서는 바알에게 무릎 꿇지 않고 절하지 아니한 칠천 명을 자신을 위해 남겨 두셨던 것입니다."라고 고백한다. 이 고백은 교회의 교회 됨이 거룩성에 있다는 것을 잘 보여 준다.[170]

이렇게 우리는 교회를 거룩한 공동체로 유지해야 한다. 그런데 그렇게 하기 위해서는 교회가 거룩하다는 말의 의미를 제대로 이해할 필요가 있다. 교회가 거룩하다는 것은 교회가 세상과 구별되어 하나님께 드려졌다는 의미에서, 그리고 원리상 그리스도 안에서 거룩한 사귐을 목표로 삼고 이루어 간다는 의미다.[171] 나아가 교회가 거룩하다는 것은 ① 사도적 가르침에 충실하여 하나님의 말씀을 잘 받아, 그 진리를 적극 수호하고 변증하며 선포하는 것이며, ② 성령 님으로 말미암아 교회의 각 지체들이 성숙하고 성화를 이루어가는 것이고, ③ 교회의 모든 성원들이 교회의 거룩성을 잘 유지하기 위해 다 같이 격려하고 힘써 나가는 것이다.[172]

이렇게 교회는 거룩하다. 비록 아직 완성된 것은 아니지만 날마다 진보해 나간다. 교회는 매일매일 거룩을 향하여 나가는 공동체다.

벨기에 신앙고백서가 강조하는 보편성

교회의 세 가지 속성 중 벨기에 신앙고백서가 특히 강조하는 속성은 '보편성'이다. 이 보편성을 설명할 때에 catholic이라는 단어를 의도적으로 사용함으로써 더욱 강조한다. 왜 그럴까? 로마 가톨릭 교회를 염두에 두고 있다.

'로마 가톨릭 교회'만큼이나 '보편성'을 강조하는 교회도 없다.[173] 그런데 문제는 그들은 자기들만이 '가톨릭(보편적) 교회'라고 말한다. 다시 말하면, 그들

---

170) 웨스트민스터 신앙고백서는 25장 4절에서 교회의 거룩성을 예배와 관련해서 언급한다.

171) Louis Berkhof, *Systematic Theology*(Grand Rapids: Eerdmans, 1941), 권수경, 이상원 역, 『조직신학(하)』 (서울: 크리스챤다이제스트, 2000), 832.

172) 이승구, 『사도신경』, 302-303.

173) The *Catechism of the Catholic Church*(1994), paragraph 811.

은 자기들만이 유일하고 참된 교회라고 말하면서 '가톨릭'이라는 표현이 자기들에게만 해당한다고 가르친다.

그러나 우리는 그들이 말하는 '가톨릭'은 그 진정한 의미를 잃어버렸다고 생각한다. 그래서 우리는 그들을 '가톨릭'이라고 하지 않다. 오히려 '로마 교회'라고 부른다. 그런데 '로마 교회'라고 하니까 로마에 있는 지역교회라는 오해를 줄 수 있어서 편의상 '로마 가톨릭 교회'라고 부른다. 대신 진정한 '가톨릭'은 이 세상의 보편교회를 가리켜 말한다. 사도적 가르침에 충실하여 하나님의 말씀을 잘 받아, 그 진리를 적극 수호하고 변증하며 선포하는 교회가 진정한 보편 교회요 참 가톨릭 교회다. 벨기에 신앙고백서는 직접적으로 그러한 말을 하지는 않지만 '로마 가톨릭'이 진정한 '가톨릭'이 아니라는 점을 신앙고백 속에서 암시한다.

우리의 교회관

우리는 벨기에 신앙고백서와 마찬가지로 하나의 거룩한 보편교회를 믿는다. 교회의 통일성, 거룩성, 보편성을 믿는다. 이것은 우리의 고백이다. 교회의 속성들은 오늘날의 교회를 특징짓고 영원히 교회를 특징지을 것이다. 이 속성들은 하나님께서 교회에 주신 선물이며, 또한 동시에 교회에 주신 명령이요, 우리로 하여금 교회가 무엇인지를 알게 하는 중요한 기준이다.[174]

그러나 오늘날 많은 성도들에게서 교회에 대한 믿음이 없다. 교회는 그저 다니는 곳에 불과하다. 교회가 신앙의 한 부분이 되지 못한다. 교회는 그저 예배를 드리는 '장소'에 불과하다.

하나의 교회를 믿지 않는다. 교회의 거룩성을 믿지 않는다. 교회의 보편성을 알지 못한다. 그러다 보니 오늘날 교회는 하나 됨이 파괴되고 있다. 보편성이 파괴되고 있다. 하나의 보편적 신앙이 아닌 저마다 자기 나름의 신앙이 생겨나고 있다. 2,000년 교회 역사, 온 세계에 뻗어져 있는 교회의 모습과 하나 되지

---

174) Clarence Bouwman, *Notes on the Belgic Confession*(Armadale: The League of the Free Reformed Women's Bible Study Societies, 1997), 손정원 옮김, 『벨직신앙고백해설』(부산: 도서출판 신언, 2007), 355.

못하고 별종의 교회, 아류의 교회가 생겨나고 있다. 교회는 거룩성을 잃어버려 세상과의 구별을 완전히 하지 못하고 있다.

| 결 론 |

"하나의 거룩하고 보편적인 교회"에 대한 고백이 우리의 고백이 되어야 한다. 복음이 하나이듯 교회도 하나이며, 복음이 거룩하듯 교회도 거룩하며, 복음이 보편적이듯 교회도 보편적이어야 한다. 이 고백이 우리의 교회 현장에서 나타나야 한다. 이 고백이 우리가 교회를 이루어 가는 기준이 되어야 한다. 이러한 교회가 아닌 다른 교회에 속하고 있다면, 이러한 교회가 아닌 다른 교회를 이루어 가고 있다면 그 교회는 하나님이 세우신, 하나님이 원하시는 교회가 아니다. 우리는 오직 하나의 거룩하고 보편적인 교회만이 참 하나님의 교회임을 믿는다.

제28조
교회에 가입해야 할 모든 사람의 의무
Everyone's Duty to Join the Church

우리는 이 거룩한 모임과 회중은 구속받은 자들의 모임이며, 이 모임 밖에는 구원이 없기 때문에[1] 신분이나 지위를 막론하고 누구도 이 모임에서 물러나(withdraw) 혼자 있는 것에 만족해서는(content) 안된다고 믿습니다. 오히려 모든 사람은 교회에 가입하고 교회와 연합해야 할 의무가 있으며[2] 교회의 일치(the unity of the church)를 유지해야 합니다. 그들은 자기 자신을 교회의 가르침(instruction)과 권징(discipline)에 복종시켜야 하고[3] 자신의 목을 예수 그리스도의 멍에(yoke) 아래 숙여야 하며[4] 동일한 몸의 지체로서(as members of the same body) 하나님께서 그들에게 주신 재능(talents)에 따라[5] 형제자매들을 세우기(edification) 위해 봉사해야 합니다.[6]

이것이 좀 더 효과적이기 위해 하나님의 말씀을 따라 그 교회에 속하지 않는 자들에게서 분리하여[7] 하나님이 세우신 곳이면 어디서든지 이 모임에 가입하는 것은[8] 모든 신자의 의무입니다. 설령 지배자들과 왕의 칙령(edicts of princes)이 그 의무에 반대될지라도, 죽음이나 육체적 형벌이 따른다고 할지라도 모든 신자들은 그렇게 해야 합니다.[9]

그러므로 그 교회로부터 떨어져 나오거나 그 교회에 가입하지 않는 자는 모두 하나님의 규례(the ordinance of God)를 거슬러 행하는 것입니다.

1) 마 16:18-19; 행 2:47; 갈 4:26; 엡 5:25-27; 히 2:11-12; 12:23 2) 대하 30:8; 요 17:21; 골 3:15 3) 히 13:17 4) 마 11:28-30 5) 고전 12:7,27; 엡 4:16 6) 엡 4:12 7) 민 16:23-26; 사 52:11-12; 행 2:40; 롬 16:17; 계 18:4 8) 시 122:1; 사 2:3; 히 10:25 9) 행 4:19-20

제28조

교회에 가입해야 할 모든 사람의 의무

- **본문:** 고린도전서 1:2; 16:19; 고린도후서 1:1; 골로새서 4:15; 데살
  로니가전서 1:1
- **관련신조:** 웨스트민스터 신앙고백서 제25장; 웨스트민스터 대요리문답
  제61-65문답; 하이델베르크 요리문답 제54-55문답

| 서 론 |

벨기에 신앙고백서 제27조는 교회가 믿음의 한 부분임을 고백한다. 벨기에 신앙고백서 제27조에서 고백하는 교회는 그리스도와 성령으로 말미암아 구속받아 거룩하게 된 성도들의 모임이다. 교회는 성도들이 자신들의 필요에 따라 스스로 모인 모임이 아니다. 교회는 하나님의 구원 경륜의 한 부분이며, 십자가에서 부활하신 그리스도께서 성령님을 통하여 이 땅에 세우신 공동체다. 교회는 우리에게 종교적 서비스를 제공하는 종교단체나 종교적 욕구를 채우기 위해 방문하는 이용시설이 아니다. 그리스도를 믿는 자 한 사람 한 사람이 모여서 성령 안에서 완전한 구원을 향하여 나아가는 신앙고백 공동체다.

이러한 믿음은 실제 우리의 믿음과 삶 속에서 나타나야 한다. 교회를 믿는다면, 교회가 단순한 모임이 아니라 구원 경륜의 한 부분이라는 사실을 믿는다면, 우리의 신앙생활이 교회를 통해서 분명하게 구현되어야 한다.

벨기에 신앙고백서 제28조는 이 사실을 다루고 있다. 우리가 "하나의 거룩한 보편 교회를 믿습니다."라고 고백하는데, 그 믿음은 어떤 식으로 표현되어야 하는지를 다루고 있다. 이것을 설명하기 위해서 제28조는 "이 거룩한 모임

과 회중은…"이라는 말로 시작된다. 이러한 표현은 제28조의 내용이 독립적인 것이 아니라 제27조에 나오는 고백과 연결됨을 보여 준다. 왜냐하면 제27조에서는 교회를 가리켜 "참된 기독 신자들의 거룩한 회중이며 모임입니다."라고 고백했기 때문이다. 그렇다면 과연 어떻게 하는 것이 "하나의 거룩하고 보편적인 교회"를 믿는 것인지 제28조를 통해서 생각해보자.

| 본 론 |

교회에 가입해야 할 의무

'하나의 거룩한 보편교회'를 믿는다는 것이 가장 기본적으로 나타나는 것은 지역 교회(local church)의 한 지체로 가입하고 그 교회에 온전히 소속되는 것에 있다. 그래서 벨기에 신앙고백서 제28조는 첫 문장에서 이렇게 고백한다. "우리는 이 거룩한 모임과 회중은 구속받은 자들의 모임이며, 이 모임 밖에는 구원이 없기 때문에 신분이나 지위를 막론하고 누구도 이 모임에서 물러나 (withdraw) 혼자 있는 것에 만족해서는(content) 안된다고 믿습니다. 오히려 모든 사람은 교회에 가입하고 교회와 연합해야 할 의무가 있으며 교회의 일치(the unity of the church)를 유지해야 합니다."

이 고백에 의하면 구원받은 사람들이라면 누구든지 교회에 가입해야 할 의무가 있다. 그렇지 않고 지역교회에 가입되어 있지 않는 사람, 교회에 소속되어 있지 않은 사람은 '하나의 거룩한 보편교회'를 믿지 않는 사람이다. "하나의 거룩한 보편교회를 믿습니다."라고 입으로는 고백하면서 정작 하나님의 구원 경륜에 따라 세워진 보편교회의 한 부분으로서의 지역교회에 소속되어 있지 않다면, 십자가에 달리신 그리스도의 사역을 헛되게 하는 것이고 승천하신 예수님께서 약속을 따라 보내신 성령님을 무시하는 일이며 그 믿음은 참된 믿음이라고 할 수 없다. 구원받은 자들은 반드시 지역교회에 속한 일원이 되어야 한다. 모든 신자들은 교회원이다. 모든 신자들은 교회의 지체다. 모든 신자들은 머리 되신 그리스도의 한 몸에 속한 지체여야만 한다.

구원을 지극히 개인적인 것으로 생각하는 이들이 있다. 하지만 구원은 개인적이지 않다. 구원은 공동체적이다. 우리가 구원받았다고 하는 것은 나 혼자서 예수님을 믿고 살라고 그렇게 하신 것이 아니다. 하나님은 우리 개개인을 구원하시되 교회라는 공동체로 부르신다. 그렇게 해서 생겨난 교회란 구원받은 자들의 모임으로서 존재하는데, 구원받은 사람은 반드시 또 다른 구원받은 자들과 연합하기 마련이다. 그냥 홀로 존재할 수 없다. 함께 구원을 누리고, 함께 구원을 이루어 가야 한다. 신약의 서신서들은 항상 개인의 성도에게 무엇을 요구하지 않는다. 반드시 공동체에게 이야기한다. 사도들은 "서로", "함께", "너희"라는 표현으로 권면한다(롬 12:10, 16; 15:5, 7, 14; 고전 12:25; 갈 5:13; 6:2; 엡 4:2; 5:19, 21; 골 3:16; 살전 4:18; 5:11; 히 3:13; 10:24-25; 약 5:16; 벧전 1:22; 4:8-10; 요일 4:7). 사도들은 항상 수신 교회 전체가 함께 무언가를 이루어 갈 것을 요구한다. 그렇기에 구원받은 모든 사람은 혼자서 신앙을 유지해 나가는 것이 아니라 항상 공동체를 이루어 신앙을 유지해 나가야 한다. 이것이 성경의 가르침이다.

구원의 통로로서의 교회

지역교회의 지체로 살아가는 것이 중요한 이유는 벨기에 신앙고백서 제28조가 말하듯 "이 모임 밖에는 구원이 없기 때문에"이다. 이 표현을 거꾸로 말하면 우리의 구원은 이 모임 안에 있다. 즉 우리의 구원은 교회를 통해 이루어진다. 그렇기에 교회를 떠나서는 구원이 없으며, 반드시 교회의 한 지체가 되어야 한다.

하나님께서 사람을 구원하시는 방식은 하나님의 말씀을 통해서다. 그래서 로마서 10:17은 "그러므로 믿음은 들음에서 나며 들음은 그리스도의 말씀으로 말미암았느니라."라고 말씀한다. 하나님께서 말씀선포를 통해 사람을 구원하시는 것을 가리켜 '효력 있는 부르심'이라고 하는데, 효력 있는 부르심의 수단(The Means of effectual calling)이면서 또한 은혜의 수단(The Means of Grace)인 말씀선포(벨기에 신앙고백서 제24조)는 교회에서 이루어지는 것이다. 아주 예외적인 경우가 있을 수 있겠으나, 일반적으로 구원은 교회를 통해서 얻는 것이다. 하나님께서 구원을 숲속에서, 바닷가에서, 길가에서 얻을 수 있게 하지 않으셨다. 오직 그리스도의 말씀이 있는 곳에서 얻을 수 있다. 또한 이미 구원받은 자들도 교회 밖에서 그 구원을 이루어 갈 수 없다. 왜냐하면 우리의 구원은 말씀을 통해서 완성되며, 무엇보다도 교회의 한 지체로 세워져 가는 일을 통해서 할 수 있기 때문이다.

예수님께서 부활하신 뒤에 성령님을 통해서 이 땅 위에 교회를 세우신 이유는 복음전파의 기관으로, 구원의 기관으로 세우신 것이다. 그렇기에 복음과 구원은 이 공식 기관을 통해서 이루어진다. 우리의 구원의 완성도 마찬가지다. 하나님 나라의 그림자라고 하는 교회가 결국 구원의 완성이 될 것이다. 교회는 성령님께서 일하시는 곳이고, 구원이 주어지는 곳이다.[175]

그러므로 구원받은 자들은 반드시 지역교회에 속한 일원이 되어야 한다. 모든 신자들은 교회원이다. 교회의 지체다. 머리 되신 그리스도의 한 몸에 속한 지체여야만 한다. 그래서 벨기에 신앙고백서는 "이 모임 밖에는 구원이 없기 때문에"라고 고백한다.

성경적 가르침 – 지역교회 안의 성도

이 사실은 이 강해의 본문 말씀들이 분명하게 보여 준다. 고린도전서 1:2; 16:19; 고린도후서 1:1; 골로새서 4:15; 데살로니가전서 1:1 등의 구절은 구원받은 자들을 교회와 동일하게 취급한다. 예컨대, 고린도전서 1:2에서는 "고린도에 있는 하나님의 교회 곧 그리스도 예수 안에서 거룩하여지고 성도라 부르심을 받은 자들"이라고 하는데 이 말씀은 이 편지를 받는 사람들 모두가 그리스도로 말미암아 부름을 받아 거룩하여진 성도들인데 그들이 곧 교회라는 말이다. "그리스도로 말미암아 부름 받아 거룩하여진 성도"와 "하나님의 교회"는 동격이다. 두 가지가 분리될 수가 없다.

신약 서신서들에 따르면 교회에 속하지 않은 성도라는 것은 없다. 성도 한 사람 한 사람이 반드시 교회에 속한 자다.

---

175) Clarence Bouwman, *Notes on the Belgic Confession*(Armadale: The League of the Free Reformed Women's Bible Study Societies, 1997), 손정원 옮김, 『벨직신앙고백해설』(부산: 도서출판 신언, 2007), 374-375.

구약에서도 마찬가지다. 태생적으로 이스라엘 사람이냐 아니냐의 문제가
아니라 이스라엘 공동체의 일원인가 아닌가 하는 문제가 중요하다. 이스라엘
공동체에 속한 자들이 곧 하나님의 백성이다. 출애굽하여 가나안에 간 모든 사
람이 이스라엘 공동체의 일원이었다. 그들은 개인적으로 출애굽하지 않았다.
개인적으로 가나안 땅에 가지 않았다. 함께 협력하여서 출애굽과 가나안 입성
을 이루었으니 곧 그들의 구원은 공동체적인 것이었다.

이렇게, 그리스도인은 반드시 교회에 속한 자들이다. 그렇지 않은 자를 그리
스도인이라고 말할 수가 없다.

역사적 가르침 – 교회 밖에는 구원이 없다

지역교회에 속하는 것이 중요하다는 사실은 성경뿐 아니라 교회 역사상 있어
왔던 믿음의 거장들이 남긴 말을 통해서도 알 수 있다. 고대 라틴교부인 키프
리아누스(Cyprianus)는 "교회 밖에는 구원이 없다"(*Salus extra ecclesiam non est*)라
고 하였고,[176] "교회를 어머니로 모시지 않으면 하나님을 아버지로 모실 수 없
다."라는 말을 남겼다.[177] 그리고 이 말은 아우구스티누스와 칼뱅에 의해 다시
반복되었으니, 칼뱅은 기독교 강요에서 키프리아누스의 말을 인용해서 이렇
게 말했다. "하나님이 아버지가 되는 사람에게는 교회가 어머니가 되어야 한
다."[178]

이처럼 지역교회에 속하는 것의 중요성에 대해서는 이미 오래전부터 교회
역사 속에서 강조되어 왔다. 이러한 가르침에 따라 벨기에 신앙고백서 제28
조는 이 사실을 하나의 조항으로 구분하여서 강조한다. 그리고 이보다 약 80
년 뒤에 만들어진 웨스트민스터 신앙고백서 제25장 제2절도 "이 교회 밖에
서는 통상적인 구원의 가능성은 없다"(out of which there is no ordinary possibility of

---

176) 이 견해에 대한 역사적 연구에 대해서는 다음을 참조하라. 심창섭, "*extra ecclesiam nulla salus*
의 역사성,"『신학지남』(서울: 신학지남사, 2005), 통권 285호, 55-75.

177) Cyprian, *On the Unity of the Catholic Church* vi(CSEL 3. I. 214; tr. LCC V. 127 f.)

178) *Institutes*, IV. i. 1.

salvation/ *extra quam quidem ordinarie fieri nequit ut quivis salutem consequatur*)라고 고백
한다.

교회에 속한다는 말에 대한 오해와 바른 이해

여기에서 우리는 교회에 가입되어 있다는 말의 의미를 좀 더 분명히 할 필요가
있다. 왜냐하면 이것을 단순히 교회에 등록한다는 수준으로만 이해할 때 오해
가 있을 수 있기 때문이다. 일반적으로 많은 그리스도인들이 교회에 속해 있다
는 것을 단순히 교회당에 가서 출석하는 정도, 예배드리는 정도, 심지어는 '교
인등록카드'를 작성한 것으로 생각하는 경향이 있다.

그러나 벨기에 신앙고백서 제28조는 이렇게 표현한다. "그들은 자기 자신을
교회의 가르침(instruction)과 권징(discipline)에 복종시켜야 하고 자신의 목을 예
수 그리스도의 멍에(yoke) 아래 숙여야 하며 동일한 몸의 지체로서(as members of
the same body) 하나님께서 그들에게 주신 재능(talents)에 따라 형제자매들을 세
우기(edification) 위해 봉사해야 합니다." 이 문구에서 암시하듯이 교회에 속해
있다고 하는 것은 단순히 교회의 출석을 의미하지 않는다. 예배당에 다녀온 것
을 말하지 않는다. 교회의 행정적인 등록을 의미하지 않는다. 실질적으로 교회
를 세워 나가는 일의 한 부분이 되어야 하는 것이 꼭 필요하다.

교회에 가입한다는 것은 벨기에 신앙고백서가 말하는 대로 교회의 가르침
에 복종하고, 교회에서 선포되는 말씀에 온전히 붙들린 바 되며, 그 말씀에 복
종함에 있어서 함께 공동체를 이루고 있는 성도들과 같이 하는 것을 의미한다.
교회에 가입한다는 것은 특별히 한 몸의 지체이기에 나 혼자서 신앙생활을 잘
하는 개념이 아니라 다른 형제자매들을 함께 세워 주면서 신앙생활을 해나가
는 것을 의미한다.

이 사실은 사도신경에도 잘 나타나 있다. "거룩한 공교회와 성도의 교제"라
는 고백에 나와 있다. 사도신경은 '교회에 대한 고백'에 이어서 '성도가 교제하
는 것'을 하나의 믿음으로 고백한다. 이것은 성도의 교제가 교회에 대한 믿음
의 한 부분이라는 점을 말해 준다. 나 개인이 교회가 아니다. 성도(聖徒)가 교회
다. 그러므로 자연스럽게 교회에 속한다는 것은 교회의 다른 지체들과 연결되

는 것이다. 나아가 함께 교회된 자들과 하나로 묶여 있는 것을 통해서 이루어진다.

여기에서 '교제'라는 말을 오해해서는 안 된다. 교제란 단순히 놀고 즐기는 것을 의미하지 않는다. 혹은 몇몇 사람들끼리 친하게 지내는 것을 뜻하지 않는다. 청년부 모임에서 친교모임을 하는 것, 여전도회나 구역모임에서 야유회를 가는 것이 교제가 아니다. 성도의 교제란 교회에 속한 노인에서부터 어린아이에 이르기까지 하나의 말씀과 하나의 성례로 연결되어 있어서 말씀에 함께 복종하고 한 몸을 이루어 나가는 것이요, 상호 간의 건덕을 세우기 위해 신령한 봉사를 하며 각자의 능력과 필요에 따라 영과 육에 필요한 것을 나누는 관계를 뜻한다(웨스트민스터 신앙고백서 제26장 제2절).

교회에 속해 있다는 것의 또 다른 의미는 교회의 권징에 복종하는 것에 있다. 벨기에 신앙고백서 제28조가 "그들은 자기 자신을 교회의 가르침(instruction)과 권징(discipline)에 복종시켜야 하고"라고 고백하는 것처럼 교회에 속해 있다는 것은 내 마음대로 신앙생활을 한다는 것이 아니다. 교회의 가르침에 근거한 권징과 넓은 의미의 치리에 복종하는 것을 말한다. 즉 교회의 질서를 따르고, 교회의 여러 가지 일들에 순종해야 한다. 그렇게 함으로써 궁극적으로 함께 지체된 자들과 교회를 세워 나가야 한다. 그것이야 말로 진정한 의미에서 교회에 속한 자들이라고 할 수 있다.

자신의 삶을 교회의 한 부분으로 여기고, 교회를 자신의 삶의 전체로 여기는 것이야 말로 진정으로 교회에 속하는 것이며, 유아세례에서부터 죽음에 이르기까지 자신의 모든 삶을 교회의 감독 하에 두는 것이야 말로 교회에 속하는 것이다.

강력한 고백

교회에 가입하는 것이 오늘날 우리들에게는 대수롭지 않은 것처럼 여겨질지 모르지만, 벨기에 신앙고백서를 작성한 사람과 이 고백을 자신의 고백으로 여겼던 모든 교회는 비장한 마음으로 이렇게 고백해 왔다. "이것이 좀 더 효과적이기 위해 하나님의 말씀을 따라 그 교회에 속하지 않는 자들에게서 분리하여 하나님이 세우신 곳이면 어디서든지 이 모임에 가입하는 것은 모든 신자의 의무입니다. 설령 지배자들과 왕의 칙령(edicts of princes)이 그 의무에 반대될지라도, 죽음이나 육체적 형벌이 따른다고 할지라도 모든 신자들은 그렇게 해야 합니다. 그러므로 그 교회로부터 떨어져 나오거나 그 교회에 가입하지 않는 자는 모두 하나님의 규례(the ordinance of God)를 거슬러 행하는 것입니다."

이 문구에서는 죽음이나 육체적 형벌이 있다 하더라도 교회에 가입해야 한다고 말한다. 그리고 그 교회로부터 떨어져 나오거나 가입하지 않는 자는 모두가 하나님의 규례를 거스르는 것이라고 말한다. 교회에 속하는 것이 하나님의 명령이라는 점을 강조한다.[179]

벨기에 신앙고백서 제28조가 생겨나게 된 역사적 배경

벨기에 신앙고백서 제28조의 고백은 중세시대의 잘못된 교회관이 주(主)를 이루던 역사적 배경에서 생겨났다는 점을 생각해야 할 것이다. 중세 로마 교회만큼 "교회 밖에는 구원이 없다."를 강조한 교회도 없다. 그러나 중세 로마 교회는 교회에 소속되어 있기만 하면 된다고 가르쳤고, 그 '소속'이라는 것을 단순히 행정적인 것으로 이해했다. 그래서 당시의 대부분의 사람들은 로마 교회에 소속되어 있었다. 다만 매우 형식적이었다. 그러면서도 더욱 심각했던 것은 그렇게만 해도 충분하다고 생각했던 것이다. 중세 로마 교회의 이러한 교회관은 모든 것을 단지 외적으로만 행하기만 하면 된다는 생각과도 연관된다. 그들은 세례만 받으면 구원받으며, 성찬만 받으면 은혜를 받는다고 보았다. 이러한 그들의 생각을 사효성(事效性, ex opere operato)이라고 한다. 즉 어떤 의식을 하는 것만으로 만족해도 된다는 생각이다.[180]

그러한 정황 속에서 벨기에 신앙고백서 제28조는 제27조에 이어서 교회가

---

179) 이런 점에서 최근에 나타나는 '가나안 신자' 현상은 바람직하지 않다. 제아무리 여러 부득이한 상황이나 교회의 부조리함 때문이라 하더라도 '가나안 신자' 현상은 성경적이지 않다.

180) 믿음에 있어서도 마찬가지였다. 그들은 무엇을 믿는지에 대한 인식이 없어도 교회가 가르치는 것을 믿으려는 태도만 있어도 충분하다는 맹목적인 믿음을 가르쳤다. 이에 대해서는 벨기에 신앙고백서 제22조에 대한 강해를 참고하라.

무엇인지를 좀 더 분명하게 설명하며, 교회에 소속된다고 하는 것의 진정한 의미를 성경적 가르침에 따라 분명히 가르치고 있다.

우리의 교회생활

제28조의 가르침에 비추어볼 때 오늘날 우리와 교회의 모습은 어떠한가? 오늘날 상당수의 그리스도인은 소속된 교회가 없다. 이곳저곳 자기 마음에 드는 교회를 찾아다닌다. 혹여나 소속교회가 있다 하더라도 말 그대로 '출석'의 개념이다. 어떤 장소에 방문하는 개념이다. 마치 극장에서 영화 한 편 보고 오듯이 예배에 참석하는 자들이다. 교회당에는 오지만 교회에 속하지 않은 사람들이다. 교회당에 와서 예배는 드리지만 교회를 세워 나가지 않는다. 동일한 교회에 속해 있으면서도 한 번도 대화조차 하지 않는 사람들이 많이 있다. 심지어 직분자가 누구인지도 모른다. 이렇게 교회를 다니는 것을 가리켜서 교회에 소속되어 있다고 말할 수 없다.

그런데 더 안타까운 것은 제대로 교회에 소속되려고 해도 그러한 교회가 없다는 것이다. 우리의 삶을 완전히 붙들어 매어 주는 교회가 없다. 우리가 어떻게 사는지 교회가 관심이 없다. 우리가 무엇을 믿는지 교회가 관심이 없다. 대형 백화점의 고객관리처럼 관리되고 있는 것이 오늘날의 현실이다. 내가 진정한 믿음과 그에 기초한 신앙고백이 있는지, 내가 그 고백에 따라 살고 있는지 감독해 주지 않는다. 내가 어떻게 살든 상관하지 않는다. 내가 말씀을 따라 제대로 순종하고 있는지, 내가 그리스도의 식탁인 성찬에 온전히 참여하고 있는지를 살피지 않는다. 또한 함께 한 몸을 이루어 가기 위한 성도들도 없다.

이러한 우리와 교회의 현실을 떠나서 분명히 기억할 것은 교회를 떠나서는 구원이 없다. 교회란 그냥 다녀도 되고, 안 다녀도 되는 그런 공동체가 아니다. 그저 예수 믿는 사람들이 자기들의 필요에 의해서 만든 공동체가 아니다. 교회란 하나님의 성령께서 친히 세우신 공동체다. 그리스도를 주라 부르는 자들이 함께 한 분 하나님을 예배하면서 하나의 몸을 이루어 가는 것이 교회다.

| 결 론 |

하나님께서 우리를 구원하시되 각자 말씀을 따라 살게 내버려두셨을 수 있다. 그러나 하나님은 그렇게 하지 않으셨다. 승천하신 그리스도를 뒤이어 성령 하나님을 이 세상에 보내셨고 그 성령님으로 말미암아 교회를 세우셨다. 그리고 그리스도를 주라 부르는 자들을 교회로 불러 모아 주셨다. 이제 우리는 우리의 구원을 개인적으로 이루어가지 않는다. 하나님께서 허락하신 교회라는 공동체를 통해서 이루어 간다. 교회에서 선포되는 말씀을 통해서, 교회를 통해 주시는 성찬을 통해서, 교회의 권징과 치리를 통해서 우리의 구원을 완성해 나간다.[181]

오늘날 교회당에 나가는 사람은 많다. 교회당에서 제공(?)되는 '예배'라는 종교적 서비스를 받는 사람은 많다. 그러나 정말로 교회에 가입하여 그리스도의 몸을 세우는 사람들은 적다. 교회의 권징과 치리를 받는 사람이 적다. 당신은 어떠한가? 교회에 속하여 있는가? 아니면 그 모임 밖으로 물러나 있는가? "교회 밖에는 구원이 없다."

---

181) 이 표현은 다음에 이어지는 제29조를 염두에 둔 것이다.

참 교회와 거짓 교회의 표지
The Marks of the True and the False Church

우리는 오늘날 세상에 있는 모든 분파들이 스스로 교회라는 이름을 내세우고 있기 때문에, 어떤 교회가 참 교회인가를 하나님의 말씀을 따라 진지하고도(diligently) 매우 신중하게(very carefully) 분별해야 함(discern)을 믿습니다.[1] 여기에서 우리는 선한 자들과 섞여 있어서 외형적으로는 교회 안에 있지만 사실은 교회에 속해 있지 않는 위선자들(the hypocrites)에 대해 말하는 것이 아닙니다.[2] 참 교회의 몸(the body)과 교제(the communion)는 자칭 교회라 부르는 모든 분파들로부터 반드시 구별되어야 함을 말하는 것입니다.

참 교회는 다음의 표지들에 의해서 알 수 있습니다. 참 교회는 순수한 복음 설교를 선포합니다.[3] 참 교회는 그리스도께서 제정하신 대로 성례의 순수한 집행(the pure administration)을 계속해서 유지합니다.[4] 참 교회는 죄를 교정하고 징벌하는 교회의 권징을 실행합니다(exercises).[5] 간단히 말해서, 참 교회는 순수한 하나님의 말씀에 따라 스스로를 다스리며[6] 거기에 반대되는 모든 것을 배격하며[7] 예수 그리스도를 교회의 유일한 머리로 생각합니다.[8] 이러한 표지로서 참 교회는 분명하게 알려지기에(be known), 그 누구도 이 교회로부터 분리할 권리를 갖고 있지 않습니다.

이 교회에 속한 자들은 그리스도인의 표지들에 의해서 알 수 있습니다(be recognized). 그들은 예수 그리스도를 유일하신 구주로 믿고[9] 죄를 멀리하고 의를 추구하며,[10] 좌로나 우로 치우침 없이 참되신 하나님과 이웃을 사랑하며[11] 자신들의 육체와 그 행위를 십자가에 못 박습니다(crucify).[12] 비록 그들에게 큰 연약함이 남아 있다고 할지라도, 그들은 전 생애동안 성령님으로 말미암아 그 연약함에 대항하여 싸웁니다.[13] 그들은 끊임없이 예수 그리스도의 피와 고난과 죽음과 순종에 호소하고 (appeal), 그분 안에서 그분을 믿는 믿음을 통하여 죄 사함(forgiveness of their sins)을 얻습니다.[14]

거짓 교회는 하나님의 말씀보다는 교회 자체와 교회의 규례들(ordinances)에 더 많은 권위를 부여합니다. 거짓 교회는 그리스도의 멍에에 자신을 복종시키려 하지 않습니다.[15] 거짓 교회는 그리스도께서 당신의 말씀에서 명령하신 대로 성례를 시행하지 않고, 자기들에게 좋게 생각되는 대로 그 성례들에서 더하기도 하고 빼기도 합니다. 거짓 교회는 예수 그리스도보다는 사람들에게 더 의존합니다. 거짓 교회는 하나님의 말씀에 따라 거룩하게 사는 사람들과 거짓 교회의 죄와 탐욕과 우상숭배를 꾸짖는 (rebuke) 사람들을 핍박합니다(persecutes).[16]

이 두 교회들은 쉽게 알 수 있어서 서로 구별됩니다.

1) 계 2:9 2) 롬 9:6 3) 갈 1:8; 딤전 3:15 4) 행 19:3–5; 고전 11:20–29 5) 마 18:15–17; 고전 5:4–5, 13; 살후 3:6,14; 딛 3:10 6) 요 8:47; 17:20; 행 17:11; 엡 2:20; 골 1:23; 딤전 6:3 7) 살전 5:21; 딤전 6:20; 계 2:6 8) 요 10:14; 엡 5:23; 골 1:18 9) 요 1:12; 요일 4:2 10) 롬 6:2; 빌 3:12 11) 요일 4:19–21 12) 갈 5:24 13) 롬 7:15; 갈 5:17 14) 롬 7:24, 25; 요일 1:7–9 15) 행 4:17–18; 딤후 4:3–4; 요이 9 16) 요 16:2

참 교회와 거짓 교회의 표지[182]

• **본문:** 사도행전 2:42; 요한계시록 2:9

| 서 론 |

종종 교회답지 못한 교회의 모습과 소식을 들을 때가 있다. 성경적이지도 고백적이지도 역사적이지도 심지어는 최소한의 도덕적이지도 않은 교회들의 모습을 심심찮게 보게 된다. 그렇게 나타나는 교회의 행태들을 볼 때 믿지 않는 사람들의 반응은 "교회는 원래 저렇다."라는 것이다. 그러면서 심하게는 '개독교'라는 표현을 쓰기도 한다. 과연 그럴까? 교회란 원래 그런 곳일까? 혹시 그 '교회'라고 불리는 곳이 '교회'가 아닐지도 모른다고는 생각해보지 않았는가?

사람들은 '교회'라는 이름을 스스로 갖고 있는 곳을 단순히 교회라고 생각한다. 그러나 그렇지 않다. '교회'라고 스스로 이름 붙인다고 해서 무조건 교회가 아니다. 교회라는 간판, 교회적인 조직이 있다고 해서 교회가 아니다. 목사, 장로, 집사 등의 직분이 있고, 예배라는 형식이 있다고 해서 다 교회가 아니다. 성경이 말씀하는 교회의 모습을 갖고 있을 때 비로소 교회다.

이런 점에서 참 교회가 있고 거짓 교회가 있음을 기억해야 한다. 물론 거짓 교회는 교회가 아니다. '거짓'이라는 수식어만 있을 뿐 '교회'가 아니다. 다만 스스로 교회라고 내세우니까 '거짓'이라는 수식어를 통해서 '교회'가 아니라는 사실을 강조하는 것이다.

---

182) 벨기에 신앙고백서 제29조는 다른 신조에서는 찾아볼 수 없는 고유성이 있다.

특별히 우리는 이 사실을 오늘날 '교회'라는 명칭을 어떤 단체들에서 사용하는지를 생각해보면 알 수 있다. 모르몬교도 자신들을 '교회'라고 한다. 통일교도 '가정교회'라는 이름으로 활동한다. 박태선의 천부교도 '교회'라는 이름을 붙인다. 신천지라는 이단도 스스로 '교회'라고 말한다. 그러나 정통 신앙의 관점에서 그들을 '교회'라고 부를 수 없음은 너무나 상식이다. 이런 점을 볼 때 '교회'라는 이름을 사용하느냐가 중요한 것이 아니다. 사실 '교회'(教會)라는 한자어 자체가 가르칠 교(教), 모일 회(會)이기 때문에 꼭 기독교회만이 이 용어를 써야 하는 것은 아니다. 어떤 단체든 간에 가르치는 일과 배우는 일이 있으면 충분히 그 용어를 쓸 수 있다. 그래서 '로마 가톨릭 교회'도 '교회'라고 하고, 그 외의 종교적 특성을 갖고 있는 단체라면 누구나 '교회'라는 용어를 쓸 수 있다. 이런 점에서 교회라는 이름이 중요한 것이 아니다.

한자어 표현뿐만 아니다. '교회'에 해당하는 헬라어 '에클레시아' 역시 마찬가지다. 간혹 이 단어가 '밖으로'라는 뜻을 가진 에크와[183] '부르다'라는 뜻을 가진 클레시아가 결합된 것이라고 하면서 '교회'란 '세상에서 바깥으로 불러내었다'라는 뜻을 가진 말이라고 생각하는 경우가 많지만 사실은 그렇지 않다.[184] 이 단어는 '신약교회'가 탄생하기 이전부터 이미 사용되던 말이다. 이 단어는 이미 B.C. 5세기경부터 사용되었는데, 그리스의 민주주의와 관련하여 한 도시의 시민들이 자신들의 이익과 복지를 위한 결정을 하기 위해 모이던 정기적인 회합(會合)이었던 '민회'(民會, popular assembly)가 그리스어로 '에클레시아'다. 민회라는 뜻으로 사용되던 '에클레시아'를 예수님께서 "내가 교회를 세우겠다"(마 16:18)라고 하실 때 사용하셨다. 이렇게 놓고 볼 때 '교회'가 생겨나기 이전에 존재하던 수많은 민회를 '교회'라고 부를 수 없다는 것은 너무나 당연한 일일 것이다.

---

183) 내용상으로는 "부름을 받아 세상과 분리된 자들"을 뜻하지만, 어원적으로 '에크'가 반드시 이 뜻을 지니는 것은 아니다. K.L. Schmidt, in TDNT Ⅲ, 531.

184) Anthony C. Thiselton, *The First Epistle to the Corinthians*, NIGTC(Grand Rapids: Eerdmans, 2000), 75. 이러한 잘못된 해석의 대표적인 인물은 찰스 핫지(Charles Hodge)다. Charles Hodge, *First Epistle to the Corinthians*(London: Banner of Truth, 5th ed. 1958 [1858]), 3.

'교회'를 정의하는 것은 스스로 '교회'라는 간판을 붙이고 있다고 해서 되는 것이 아니다. 성경이 말하는 교회로서의 모습을 갖고 있어야 진정으로 교회다.

벨기에 신앙고백서 제29조는 다음과 같은 내용을 담고 있다. 1) 교회라고 해서 다 교회가 아니라 참 교회가 있고 거짓 교회가 있다. 2) 참 교회와 거짓 교회를 성경의 가르침을 따라 분별해야 한다. 3) 참 교회와 거짓 교회를 구분하는 세 가지 표지가 있으니 말씀, 성례, 권징이다. 4) 참 교회에 속한 자들에게는 복음의 본질이 분명하게 나타난다. 5) 거짓 교회는 이 세 가지 표지를 갖고 있지 못하여 여러 가지 문제들을 갖고 있다.

| 본 론 |

1. 참 교회와 거짓 교회의 존재

교회라고 해서 다 교회가 아니다. 예컨대, 어떤 사람이 건물을 임대해서 '교회'라는 간판을 달고 있다고 해서 그것만으로 '교회'라고 할 수 없다. 그리스도를 믿는 사람들 몇몇이서 모여 있다고 해서 교회라고 할 수도 없다. 어떤 친목단체가 "우리는 교회라는 단체입니다."라고 한다고 해서 교회가 되는 것도 아니다. 성경이 교회에 대하여 분명하게 가르치는 모습을 갖고 있는 공동체여야 교회다.

그러나 안타깝게도 교회라고 부를 수 없는 이들이 스스로 교회라는 이름을 내세우는 경우들이 많다. 그래서 벨기에 신앙고백서 제29조는 이렇게 고백한다. "우리는 오늘날 세상에 있는 모든 분파들이 스스로 교회라는 이름을 내세우고 있기 때문에, 어떤 교회가 참 교회인가를 하나님의 말씀을 따라 진지하고도(diligently) 매우 신중하게(very carefully) 분별해야 함(discern)을 믿습니다."

참 교회가 아닌 거짓 교회가 존재한다는 사실은 성경이 분명하게 가르치고 있다. 이 강해의 본문인 요한계시록 2:9은 "내가 네 환난과 궁핍을 알거니와 실상은 네가 부요한 자니라 자칭 유대인이라 하는 자들의 비방도 알거니와 실상은 유대인이 아니요 사탄의 회당이라."라고 말씀한다. '자칭 유대인이라 하는 자들'이라는 말은 곧 스스로 교회라고 말하는 자들이다. 그들에 대하여 성경은 '실상은 유대인이 아니요 사탄의 회당이라.'라고 한다. 이처럼 참 교회가 아닌 거짓 교회가 분명히 존재한다.

이외에도 성경은 '자칭 선지자'들을 언급한다(신 13:1-3; 마 7:15; 24:11, 24; 벧후 2:1; 요일 4:1). 또한 '다른 복음'을 말하는 자들이 있음을 언급한다(갈 1:6-9; 고후 11:4). '자칭 사도'라고 하는 자들이 있음을 말씀한다(계 2:2). 이러한 사실을 볼 때 '자칭 교회'라고 해서 교회가 아님이 분명하다.

이러한 성경의 가르침에 근거하여 벨기에 신앙고백서 제29조는 참 교회와 거짓 교회의 존재를 말하면서 요한계시록 2:9을 첫 번째 근거구절로 삼고 있다.

참 교회만이 아니라 거짓 교회도 존재한다는 사실은 성경뿐만 아니라 교회역사와 오늘날의 현실에서도 그 증거가 분명하게 나타난다. 교회 역사에 보면 교회가 많이 있었지만 교회답지 못한 교회들이 많이 있었다. 벨기에 신앙고백서가 작성되던 당시에도 교회라는 이름으로 불리는 곳들 중에 교회답지 못한 교회가 있었다. 그래서 벨기에 신앙고백서 제29조는 "참 교회와 거짓 교회의 표지"라는 제목으로 교회에는 참 교회가 있고 그렇지 못한 거짓 교회, 즉 교회라는 이름은 스스로 붙이지만 하나님의 관점에서 교회가 아닌 곳이 있다는 것을 말하고, 그것을 구분하는 '표지'(表識, marks)가 무엇인지를 설명한다.

2. 참 교회와 거짓 교회를 구별해야 할 필요성

참 교회와 거짓 교회가 존재한다는 사실을 아는 것으로 그쳐서는 안 된다. 참 교회와 거짓 교회를 구분해야 한다. 그리고 혹시나 내가 참 교회가 아닌 거짓 교회에 속하여 있지는 않은지를 생각해보아야 한다. 분별해야 한다. 그리고 만약 참 교회가 아니라면 속히 그 교회로부터 벗어나야 한다. 그래서 벨기에 신앙고백서는 이렇게 고백한다. "참 교회의 몸(the body)과 교제(the communion)는 자칭 교회라 부르는 모든 분파들로부터 반드시 구별되어야 함을 말하는 것입니다."

제28조의 고백처럼 우리가 교회에 가입하는 것은 너무나 당연한 의무다. 그러나 '어떤 교회에 가입하느냐?' 하는 것이 중요하다. 참 교회에 가입한 것이 아니라 거짓 교회에 가입해 있다면 제28조에서 말하는 의무를 다하지 않은 것이다. 왜냐하면 만약 거짓 교회에 가입되어 있는 것이라면 우리의 구원과 믿음은 바르게 될 수 없기 때문이다.

예컨대, 중세 시대에 로마 가톨릭 교회에 속한 성도들은 교회에 가입해야 할 의무를 다한 자들이었다. 그러나 그들에게서 바른 구원을 기대할 수 없었다. 왜냐하면 오직 믿음을 통한 구원이 아닌 면벌부를 통한 구원을 가르치는 교회에 있었으니 바른 구원을 기대하기란 어려운 일이었다. 그러한 그들이 로마 가톨릭 교회에 속해 있었던 것이 과연 교회에 가입해야 할 의무를 다 했다고 볼 수 있겠는가? 그렇지 않다.

오늘날도 마찬가지다. 가령 여러분이 복음이 제대로 드러나지 않는 거짓 교회에 속하여 있다고 생각해보자. 교회에서 참된 복음이 선포되지 않고 참된 복음이 구현되지 않는다고 생각해보자. 그렇다면 여러분이 어찌 구원을 이루어갈 수 있겠는가? 어떻게 참된 복음을 배우고 누릴 수 있겠는가?

이러한 이유 때문에 참 교회가 아닌 거짓 교회에 속하여 있다면 속히 그곳으로부터 구별되어야 한다. 교회가 얼마나 중요한지를 생각한다면, 또한 교회라는 이름을 가졌다고 해서 다 교회가 아니라는 사실을 기억한다면 참 교회를 분별하는 것은 너무나 중요하다. 성경에 근거하여, 신앙고백에 근거하여, 교회 역사에 근거하여 부지런히 매우 신중하게 분별해야 한다. 만일 내가 하나님의 말씀으로부터 교회가 무엇인지를 알았고, 하나님의 말씀으로 말미암아 그 교회에 가입해야 하는 의무가 있음을 안다면, 내 주변에 있는 수많은 교회들 가운데서 어느 교회가 정말로 그리스도의 교회인지 분별해야 한다. 그리고 그러한 교회에 소속되어야만 한다.

이때 오해해서는 안 될 것이 있다. 완전한 교회를 찾으라는 말이 아니다. 교회의 불완전함을 전혀 고려하지 말라는 것이 아니다. 또한 교회 안에 섞여 있는 가라지를 분리시키라는 것이 아니다. 벨기에 신앙고백서 제29조가 말하는 것처럼 "여기에서 우리는 선한 자들과 섞여 있어서 외형적으로는 교회 안에 있지만 사실은 교회에 속해 있지 않는 위선자들(the hypocrites)에 대해 말하는 것이 아"니다. 지상의 교회 안에 모든 사람이 완전할 수는 없다. 그 사실을 기억하면서 거짓 교회를 구별해야 한다. 그리고 그 거짓 교회로부터 구별되어야 한다.

3. 참 교회의 표지들

참 교회와 거짓 교회를 어떻게 구별할 수 있을까? 한편으로는 명백하면서도 한편으로는 쉽지 않다. 다행히 우리의 믿음의 선배들이 성경과 역사에 근거하여서 분명한 기준을 제시해 주었다. '교회의 표지'(The Marks of the Church)라고 하는데, 이를 벨기에 신앙고백서 제29조가 잘 정리한다.

"참 교회는 다음의 표지들에 의해서 알 수 있습니다. 참 교회는 순수한 복음 설교를 선포합니다. 참 교회는 그리스도께서 제정하신 대로 성례의 순수한 집행(the pure administration)을 계속해서 유지합니다. 참 교회는 죄를 교정하고 징벌하는 교회의 권징을 실행합니다(exercises). 간단히 말해서, 참 교회는 순수한 하나님의 말씀에 따라 스스로를 다스리며 거기에 반대되는 모든 것을 배격하며 예수 그리스도를 교회의 유일한 머리로 생각합니다."

벨기에 신앙고백서 제29조가 말하는 참 교회의 표지는 세 가지다.[185] 첫째, 순수한 복음 설교를 선포하는 것(The true preaching of the Word), 둘째, 그리스도께서 제정하신 대로 성례를 순수하게 집행하는 것(The right administration of the sacraments), 셋째, 죄를 교정하고 징벌하는 권징을 실행하는 것(The faithful exercise of discipline).[186]

---

185) 참된 교회의 표지를 3개로 언급한다는 점은 벨기에 신앙고백서의 아주 특징적인 부분이다.
186) 개혁주의 신학을 따르는 대한예수교장로회 (고신) 헌법 예배지침 제1장 제1조 (교회)에는 이러

1) 순수한 복음 설교의 선포(*pura doctrina verbi dei*)

첫째, 순수한 복음 설교를 선포하는 것이다. 하나님의 말씀이 선포되느냐 아니냐가 참 교회를 구분하는 기준이다. 그렇다고 설교라는 요소가 있다고 다 되는 것은 아니다. 이 세상의 모든 교회에는 설교라는 요소가 있다. 만약 설교라는 요소가 있다고 해서 참 교회라면 이 세상에 거짓 교회는 거의 없다. 로마 가톨릭, 이단들도 다 설교가 있다. 그래서 단순히 설교라는 요소가 있느냐가 표지가 되는 것이 아니다. 벨기에 신앙고백서가 말하는 설교란 '순수한 복음'을 담고 있는 것이다. 설교라는 '요소'가 중요한 것이 아니라, 과연 무엇을 설교하느냐? 하는 '내용'이 중요하다. 성경이 말씀하는, 즉 성경 말씀의 본래적 뜻을 왜곡시키지 않고 순수하게 설교하느냐? 가 중요하다.

이러한 가르침에 따르면, 성경 말씀의 본의(本意)는 전하지 않고 목사의 개인적인 간증이나 베스트셀러와 신문, 잡지에 나오는 예화로 가득한 설교는 사실상 설교가 아니요, 그러한 설교가 증거되는 곳을 교회라 말할 수 없다. 단순히 '설교'라는 '행위'가 있는 곳이라고 해서 참 교회라고 할 수 없다. '무엇'을 설교하느냐 하는 '내용'이 중요하다. 교회는 하나님께서 성경을 통해서 주신 말씀의 가르침을 따라 나아가는 공동체인데, 순수한 복음 설교가 없다면 곧 그 교회는 교회답지 못한 방향으로 지속적으로 나아가기 때문에 당연히 참 교회가 아니다.

여기에서 말하는 '순수한 복음 설교'는 십자가와 예수 그리스도라는 복음의 기본적 핵심만을 전해야 한다는 뜻이 아니다. 여기에서 말하는 '순수한 복음 설교'는 성경이 말하는 바를 그대로 전하는 것을 뜻한다. 오직 성경(*sola Scriptura*)의 원리에 근거하여 전체 성경(*tota Scriptura*)을 잘 전하는 것을 말한다. 말씀을 맡은 목사가 하나님의 말씀을 바르고도 분명하게, 깊이 그리고 풍성하게 선포하는 것(딤전 4:13; 딤후 4:2), 성경이 가르치는바 사도들이 전수하여 준 사

___

한 교회론을 잘 드러내고 있으니 그 내용을 보면 "교회란 예수 그리스도의 공로로 구원받은 그리스도인들이 모여 하나님 앞에 예배하는 공동체이다. 교회는 예수 그리스도의 몸으로서 성령의 역사로 말미암아 계속적인 하나님의 말씀이 정확하게 선포되어야 하고, 성례를 올바르게 집행하여야 하며 권징을 정당하게 시행함으로 그 정통성이 유지되어야 한다."라고 되어 있다.

도적 복음에 충실한 것을 말한다. 이렇게 우리는 교회에서 하나님의 말씀이 바르게 증거되고 있는지를 통해서 참 교회를 분별해야 한다.

2) 성례의 순수한 시행(recta administraio sacramentorum)

둘째, 성례의 순수한 시행이다. 성례는 두 가지가 있다. 세례와 성찬이다. 이 두 가지 성례가 순수하게 시행되는 곳이 참 교회다. 세례가 있고 성찬이 있다고 해서 참 교회가 아니라 성례를 시행함에 있어서 "그리스도께서 제정하신 대로" 행하는 교회가 참 교회다.

그렇다면 어떻게 하는 것이 "그리스도께서 제정하신 대로" 하는 것일까?

첫째, 세례란 믿음이 없어 죄인의 삶을 살던 교회 밖의 사람이 예수 그리스도를 믿음으로 말미암아 교회 안으로 가입하게 하는 의식이다. 세례란 하나님과 상관없이 살던 사람이 하나님의 자녀가 됨으로 교회 공동체에 가입되는 입문의 표시다. 그러므로 이 의식이 시행되기 위해서는 바른 신앙고백이 요구된다. 아무에게나 세례를 줄 수 없다. 왜냐하면 교회는 제27조에서 고백한 대로 "예수 그리스도의 피로 씻음을 받고, 성령님으로 거룩하게 되며(sanctified) 인침을 받아(sealed), 그리스도 안에서 온전하게 구원받을 것을 바라는 참된 기독 신자들의 거룩한 회중(congregation)이며 모임(assembly)"이기 때문이다. 그런데 과연 그렇게 되고 있는지가 참 교회의 기준이 된다. 이 의식을 아무에게나 행하고 있지는 않은지, 이 의식을 행하기는 하지만 정작 이 의식의 참 의미를 오해하고 있지는 않은지, 세례를 베풀면서 세례의 의미에 대해서는 가르치지 않고 있는지를 통해서 분별되어야 한다. 예컨대, 로마 가톨릭에도 '세례'라는 요소는 있다. 그러나 그들은 "그리스도께서 제정하신 대로" 하지 않는다. 그들은 세례는 그 자체로 역사해서(ex opere operato) 자동적으로 중생으로 이어진다고 믿는다.[187] 그들은 세례를 받으면 원죄와 자범죄, 죄로 인한 형벌도 사함 받으며, 세례를 받으면 구원을 받으며, 천국에 들어간다고 주장한다. 그러나 이

---

187) 그들의 생각은 디도서 3:5에 대한 오해에서 비롯된 것으로 '세례중생설'이라고 한다. 개혁주의 신학은 세례중생설을 부인한다.

렇게 가르치면서 세례를 베푸는 것은 세례가 순수하게 시행되지 않는 것이다. 세례라는 요소는 있으나 참된 세례가 시행되지 않는 것이다.

둘째, 성찬이란 그리스도의 죽음과 부활이 주는 참 의미를 바르게 알고 신앙을 고백하여 세례를 받은 사람들에게 베풀어지는 것으로서, 그리스도의 몸과 피가 우리를 위한 영적 양식이라는 사실을 확인하는 예식이다. 또한 그리스도의 신성이 가지신 능력과 권능이 신자들에게 현재에도 임함을 나타나는 의식이다. 그래서 이 성찬은 아무에게나 베풀 수 없다. 고린도전서 11:27-30에서 가르치고 있는 대로 자기를 스스로 살피고 주의 몸을 분별할 줄 아는 자에게 베풀어져야 한다. 기본적으로 세례를 받은 사람에게 베풀어지는 것으로서, 세례를 제대로 시행한다면 세례 받은 자에게 그냥 베풀면 되겠지만 그렇지 않다면 세례를 받았다 하더라도 그 사람의 세례가 진정으로 의미 있는지를 확인해야 하고, 또한 의미 있는 세례를 받은 사람이라 하더라도 잘 살펴서 행해야 한다. 그러나 이 성찬이 아무에게나 베풀어지고 있지는 않은지, 성찬을 행한다 하더라도 그 의미가 화체설이나 공재설과 같은 잘못된 의미로 시행되는 것이 아니라 바른 의미를 잘 드러내면서 시행하는지, 특별히 성찬이라는 행위는 있으나 정작 교회의 한 몸 됨이라는 그 의미가 분명하게 드러나고 있는지 등을 통해 참 교회를 분별하는 표지가 된다. 다시 말하면, 성찬이라는 행위를 한다고 해서 다 성찬이 아니다. 성찬을 집례하는 목사가 있고, 성찬에 참여하는 회중이 있으며, 성찬을 위한 빵과 포도주가 있고, 그것을 먹고 마시는 일이 있다고 해서 성찬의 시행이 제대로 이루어진다고 할 수 없다. 성찬의 참 의미, 특별히 교회의 한 몸 됨 이라는 그 의미가 분명하게 드러나고 있는지가 중요하다. 성찬에 참여하는 자들이 믿음과 사랑으로 참여하는 일이 있어야 한다.

3) 권징의 집행(*diciplina Ecclesiastica*)

셋째, 권징의 집행이다.[188] '권징'이란 권할 권(勸)과 징계할 징(徵)이 합쳐진

---

188) 벨기에 신앙고백서가 참된 교회의 표지에 권징을 포함시킨 것은 프랑스 신앙고백서와 비교할 때에 가장 특징적인 변화 가운데 하나다. Robert W. Godfrey, "Calvin and Calvinism in the

말이다. 이 말만 가지고 설명하면 성도들의 신앙생활을 권면하고 때로는 징계를 하는 것을 말한다. 벨기에 신앙고백서의 표현대로 죄를 교정하고 징벌하는 것이다. 그런데 권징의 영어에 해당하는 discipline에는 그 외에도 다른 의미가 있다는 것을 보여 준다. 교회 안에서 신자를 양육하고 관리하는 것이라는 의미가 있다. 좀 더 구체적으로 설명하면, 교회가 성도들에게 말씀을 전하는 것으로 끝나지 않고 그것이 성도들의 실제적 삶 속에서 나타나는지를 감독하고 관리하는 것을 말한다.

권징이 교회의 표지인 이유는 성경이 말씀하기 때문이다. 마태복음 18:15-20을 비롯해서 로마서 16:17;[189] 고린도전서 5:2,9-13;[190] 고린도후서 2:5-

---

Netherlands," in *John Calvin: His Influence in the Western World*, Stanford W. Reid. ed., 홍치모, 이훈영 역, "네덜란드의 칼빈과 칼빈주의," 『칼빈이 서양에 끼친 영향』(서울: 크리스챤다이제스트, 1993), 118. 벨기에 신앙고백서가 권징을 교회의 표지에 포함시킨 것은 데오도르 베자의 신앙고백서의 영향을 받은 것으로 보인다. Nicolaas H. Gootjes, *The Belgic Confession: Its History and Sources*(Grand Rapids: Baker, 2007), 86-87.

189) 로마서 16:17 "형제들아 내가 너희를 권하노니 너희가 배운 교훈을 거슬러 분쟁을 일으키거나 거치게 하는 자들을 살피고 그들에게서 떠나라."

190) 고린도전서 5:2, 9-13 "(2)그리하고도 너희가 오히려 교만하여져서 어찌하여 통한히 여기지 아니하고 그 일 행한 자를 너희 중에서 쫓아내지 아니하였느냐…(9)내가 너희에게 쓴 편지에 음행하는 자들을 사귀지 말라 하였거니와 (10)이 말은 이 세상의 음행하는 자들이나 탐하는 자들이나 속여 빼앗는 자들이나 우상 숭배하는 자들을 도무지 사귀지 말라 하는 것이 아니니 만일 그리하려면 너희가 세상 밖으로 나가야 할 것이라 (11)이제 내가 너희에게 쓴 것은 만일 어떤 형제라 일컫는 자가 음행하거나 탐욕을 부리거나 우상 숭배를 하거나 모욕하거나 술 취하거나 속여 빼앗거든 사귀지도 말고 그런 자와는 함께 먹지도 말라 함이라 (12)밖에 있는 사람들을 판단하는 것이야 내게 무슨 상관이 있으리요마는 교회 안에 있는 사람들이야 너희가 판단하지 아니하랴 (13)밖에 있는 사람들은 하나님이 심판하시려니와 이 악한 사람은 너희 중에서 내쫓으라."

11;[191] 데살로니가후서 3:6, 14-15;[192] 디도서 3:10-11[193] 등을 보면 교회가 권 징을 하는 것이 꼭 필요하다는 점을 강조한다.

권징보다 좀 더 넓은 의미인 교회의 치리(治理)는 당회(堂會)가 감당하는데(벨 기에 신앙고백서 제30조: 웨스트민스터 신앙고백서 제30장 제1절), 모든 신자들을 대상으 로 그들의 신앙생활을 감독하고 교훈하는 것을 말한다. 당회는 신자들의 신앙 상태를 점검하여 하나님의 말씀에 따라 격려할 것은 격려하되 책망할 것은 책 망하여 말씀과 일치하는 신앙과 생활이 되도록 이끌어가는 일을 하는데 이것 을 가리켜서 '권징'이라고 한다.

이 권징이 바르게 집행되고 있느냐가 참 교회와 거짓 교회를 구분하는 기 준이 된다. 설교가 선포되고 있지만 정작 그에 대한 확인이 없는 교회는 권징 이 없는 교회로서 참된 교회가 아니다. 교회 안에 심각한 범죄가 있어도 아무 런 제재를 하지 않고 내버려두고 있는 교회는 권징이 없는 교회로서 참된 교회 가 아니다. 예컨대, 성도가 주일을 지키지 않고 예배의 참석을 게을리하고, 교 회의 여러 가지 일에 참여하는 것을 기피하는데도 권면하거나 징계하지 않는 다면 참된 교회가 아니다. 직분자의 아내나 자녀가 정상적인 신앙생활을 하지 않는데도 그냥 내버려둔다면 참된 교회가 아니다. 성도가 불법적인 결혼과 이 혼을 일삼는데도 교회가 아무런 권면과 징계를 하지 않는다면 참된 교회가 아

---

191) 고린도후서 2:5-11 "(5)근심하게 한 자가 있었을지라도 나를 근심하게 한 것이 아니요 어느 정 도 너희 모두를 근심하게 한 것이니 어느 정도라 함은 내가 너무 지나치게 말하지 아니하려 함 이라 (6)이러한 사람은 많은 사람에게서 벌 받는 것이 마땅하도다 (7)그런즉 너희는 차라리 그 를 용서하고 위로할 것이니 그가 너무 많은 근심에 잠길까 두려워하노라 (8)그러므로 너희를 권하노니 사랑을 그들에게 나타내라 (9)너희가 범사에 순종하는지 그 증거를 알고자 하여 내가 이것을 너희에게 썼노라 (10)너희가 무슨 일에든지 누구를 용서하면 나도 그리하고 내가 만일 용서한 일이 있으면 용서한 그것은 너희를 위하여 그리스도 앞에서 한 것이니 (11)이는 우리로 사탄에게 속지 않게 하려 함이라 우리는 그 계책을 알지 못하는 바가 아니로라."

192) 데살로니가후서 3:6, 14-15 "(6)형제들아 우리 주 예수 그리스도의 이름으로 너희를 명하노니 게으르게 행하고 우리에게서 받은 전통대로 행하지 아니하는 모든 형제에게서 떠나라… (14)누 가 이 편지에 한 우리 말을 순종하지 아니하거든 그 사람을 지목하여 사귀지 말고 그로 하여금 부끄럽게 하라 (15)그러나 원수와 같이 생각하지 말고 형제 같이 권면하라."

193) 디도서 3:10-11 "(10)이단에 속한 사람을 한두 번 훈계한 후에 멀리하라 (11)이러한 사람은 네 가 아는 바와 같이 부패하여 스스로 정죄한 자로서 죄를 짓느니라."

니다. 성도가 불법적인 상행위를 하고, 세상에 대하여서 떳떳하지 못한 범죄를 저질렀는데도 불구하고 아무런 권면과 징계를 하지 않는다면 참된 교회가 아니다. 성도가 해서는 안 되는 일을 했는데도 내버려둔다면 참된 교회가 아니다. 성도가 세례 받을 때에 서약했던 대로 행하지 않음에도 불구하고 아무런 관심도 없는 교회라면 참된 교회가 아니다. 성도의 신앙에 대한 책임을 그 개인에게 맡긴다면 참된 교회가 아니다.

말씀의 바른 선포와 성례의 신실한 시행이 제대로 이루어지는 교회라면 권징은 집행될 수밖에 없다. 왜냐하면 교회는 하나님의 말씀이 교인들의 삶 가운데 얼마나 잘 드러나고 있는지를 늘 살펴야 하며, 그렇지 못하여서 큰 범죄에 있는 교인을 찾아서 그에 따라 권면하고 혹은 그 범죄가 심각할 경우에는 징계를 함으로써 하나님의 말씀이 힘을 얻도록 해야 하기 때문이다(참조. 행 5:1-11; 딤전 5:20). 그리고 만약 권징이 이루어지지 않는 교회라면 그 교회는 사실상 말씀의 바른 선포와 성례의 신실한 시행이 제대로 이루어지지 않고 있는 것과 마찬가지다. 교회의 표지인 말씀, 성례, 권징은 서로 유기적으로 잘 연결되어 있어서 그 어느 것 하나도 소홀히 될 수가 없다.

교회의 표지 세 가지 중에서 특별히 우리가 이해하기 어려운 '권징'에 대한 이해를 돕기 위해 국가의 다스림을 생각해 보자. 국가에는 국민이 있고 법이 있다. 국가가 있고 그에 소속되어 있는 국민이 있다. 마치 교회에 교인이 있고 하나님의 말씀이 있는 것과 유사하다. 그런데 국가와 국민의 관계가 어떠한가? 국가는 국민의 삶을 다스린다. 이 다스림(治理)은 출생에서부터 사망에 이르기까지 모든 일에 대한 다스림이다. 출생하면 출생을 국가에 알리고, 비록 가정에서 보호를 받아 자라지만 그에 덧붙여서 필요한 부분이 있다면 국가가 보호를 한다. 양육비를 지원하기도 한다. 나이가 되면 학교에 입학하라는 통보도 한다. 자라면서 국가가 요구하는 교육을 받는다. 나이가 되면 결혼을 한다. 자기 마음대로 결혼을 하는 것이 아니라 국가의 적법한 절차에 따라 결혼을 하고 신고를 한다. 이렇게 국가는 국민에 대한 책임이 있다. 만약 그렇지 않다면 국가가 아니다. 그렇게 자라가는 가운데 국민은 국가에 대한 의무가 있다. 국민은 국가가 요구하는 모든 일에 참여해야 한다. 교육을 받으라고 하면 교육을 받고, 납세를 하라고 하면 납세를 한다. 만약 그렇게 하지 않거나 또는 국가에 있는 법에 저촉되는 범죄를 저지르게 되면 국가는 그 사람에 대한 적절한 조치를 취한다. 때로는 '독촉'도 할 수 있고, 때로는 징계 혹은 처벌을 할 수 있다. 국가마다 그 정도의 차이는 있지만, 국가와 국민의 관계는 넓은 의미의 '정치', 즉 다스림(治理)이라는 관계 아래에 있다. 국민 마음대로 살게 내버려두는 국가는 없으며, 국가의 보호를 받지 않는 국민은 없다.

마찬가지다. 교회란 하나님 나라의 그림자다. 성도는 세상이 아닌 하나님 나라에 속한 자들이다. 그렇다면 교회가 하나님 나라에 속한 백성들을 다스리는 것은 너무나 당연한 이치다. 자기 마음대로 살도록 내버려둔다면 교회가 아니다. 출생하게 되면 적절한 시기에 유아세례를 받게 하고, 교회와 가정에서 하나님의 말씀을 배우도록 하고, 예배 참석과 기타 교회의 공적 모임에 참석하게 하는 것이 교회다. 적절한 나이에 이르게 되면 공적인 신앙고백을 통하여서 교회의 정식 회원이 되도록 관리 감독하는 것이 교회다. 자기 편한 대로 신앙생활 할 수 없다. 혹 그렇게 할 때에 교회는 적절히 조치를 취한다. 권면을 하기도 하고 더 나아가 징계를 하기도 한다. 그렇게 해야 교회다.

국가도 하는 일인데 하물며 교회는 당연한 것이다. 만약 그렇게 하지 않는다면 교회를 성도의 어머니라고 할 수 없고, 교회를 구원의 공식 기관이라고 할 수 없다. 교회를 하나님 나라의 그림자라고 할 수 없다.

굳이 국가의 예를 들지 않아도 구약의 이스라엘을 생각해보면 된다. 구약의 이스라엘은 오늘날의 교회다. 그런데 그 공동체와 그 공동체에 속한 사람들의 관계를 생각해보라. 이스라엘 백성들의 삶은 자기 마음대로, 자기 편한 대로가 아니었다. 하나님의 율법의 말씀에 근거하여 제사장이나 왕에 의해 다스림을 받는 삶이었다. 자기 마음대로 살 수 없었다. 하나님의 말씀을 어길 때에 적절한 조치를 받았다.

그러므로 권징은 분명한 참된 교회의 표지다. 우리는 하나님의 말씀을 따라 교회가 다스려지고 있는지를 통해서 참된 교회를 분별해야 한다.

4. 참 교회에 속한 자들의 표지

이렇게 참 교회를 구분하는 세 가지 표지는 교회의 구성원들의 삶을 통해서도 분명히 드러난다. 참 교회에 속한 자들에게는 복음의 본질이 분명하게 나타난다. 그래서 벨기에 신앙고백서는 이렇게 고백한다. "이 교회에 속한 자들은 그리스도인의 표지들에 의해서 알 수 있습니다(be recognized). 그들은 예수 그리스도를 유일하신 구주로 믿고 죄를 멀리하고 의를 추구하며, 좌로나 우로 치우침 없이 참되신 하나님과 이웃을 사랑하며 자신들의 육체와 그 행위를 십자가에 못 박습니다(crucify). 비록 그들에게 큰 연약함이 남아 있다고 할지라도, 그들은 전 생애동안 성령님으로 말미암아 그 연약함에 대항하여 싸웁니다. 그들은 끊임없이 예수 그리스도의 피와 고난과 죽음과 순종에 호소하고(appeal), 그분 안에서 그분을 믿는 믿음을 통하여 죄 사함(forgiveness of their sins)을 얻습니다."

참 교회에 속하여 바른 말씀을 듣고, 성례에 바르게 참여하며, 권징이 제대로 집행된다면 그 교회에 속한 사람들은 자연스럽게 예수 그리스도를 구주로 믿는 것은 물론이거니와 날마다 죄를 멀리하며 의를 추구하기에 힘쓰고 하나님 사랑과 이웃 사랑에 힘쓰게 된다. 또한 참 성도라고 한다면 그러한 교회를 찾는다. 그러한 교회의 다스림 속에 있으려고 한다.

그래서 사실 참 교회와 참 성도는 상호 연결되어 있다. 참 교회가 있는 곳에 참 성도가 있다. 참 성도가 있는 곳에 참 교회가 있다. 참 성도는 참 교회가 아닌 거짓 교회에 속할 리가 없다. 참 교회에는 참 성도로 가득 차 있을 수밖에 없다. 그러므로 우리는 참 교회를 분별하되 참 성도들이 있느냐를 통해서도 분별해야 한다. 내가 과연 참 성도인가를 참 교회를 통해 드러내어야 한다.

5. 거짓 교회의 표지들

거짓 교회란 어떠한가? 앞서 살펴본 참된 교회의 세 가지 표지에 반대되는 것으로 가득 차 있다면 거짓 교회다. 벨기에 신앙고백서가 고백하는 것처럼, "거짓 교회는 하나님의 말씀보다는 교회 자체와 교회의 규례들(ordinances)에 더 많은 권위를 부여합니다. 거짓 교회는 그리스도의 멍에에 자신을 복종시키려 하지 않습니다. 거짓 교회는 그리스도께서 당신의 말씀에서 명령하신 대로 성례를 시행하지 않고, 자기들에게 좋게 생각되는 대로 그 성례들에서 더하기도 하고 빼기도 합니다. 거짓 교회는 예수 그리스도보다는 사람들에게 더 의존합니다. 거짓 교회는 하나님의 말씀에 따라 거룩하게 사는 사람들과 거짓 교회의 죄와 탐욕과 우상숭배를 꾸짖는(rebuke) 사람들을 핍박합니다(persecutes)."

거짓 교회에는 바른 말씀이 없다. 참된 성경의 가르침보다는 세상적인 이야기나 성경과 상관없는 말들로 가득하다. 거짓 교회는 하나님의 말씀보다는 교회 자체의 규례를 중요시한다. 그것들을 절대화한다. 거짓 교회에서는 세례가 무분별하게 시행되고, 성찬을 올바르게 행하지 않는다. 세례와 성찬을 하기는 하지만 그 의미가 무엇인지를 모른다. 그 의미를 알려고도 하지 않는다. 무엇보다도 그 의미를 교회 속에 드러내고자 하는 자세가 없다. 거짓 교회는 교인들을 하나님의 말씀에 따라 다스리지 않는다. 그저 사람의 기분을 맞추어 준다. 사람들의 욕심을 채워 준다.

이러한 거짓 교회는 사실상 교회가 아니다. '거짓 교회'라는 교회가 있고 '참 교회'라는 교회가 있는 것이 아니다. '거짓 교회'가 자신들을 '교회'라고 생각하니까 편의상 '거짓'이라는 수식을 붙여서 그 교회를 정의하지만 사실은 '교회'가 아니다. '거짓'이라고 붙일 필요가 없이 '교회'라는 이름을 빼 버리면 되는 곳이다.

이러한 거짓 교회에 대하여 이 강해의 본문이면서 벨기에 신앙고백서 제29조의 첫 번째 근거구절인 요한계시록 2:9은 좀 더 강하게 표현하기를 "사탄의 회당이라."라고 말한다. 교회라는 이름은 가졌지만 실상은 사탄의 회당과 같은 수준이라는 것이다.

벨기에 신앙고백서의 탁월한 점 하나

벨기에 신앙고백서 제29조는 다른 신앙고백서나 요리문답에서는 좀처럼 찾아보기 어려운 내용을 담고 있다. 웨스트민스터 신앙고백서만이 제25장 5절에서 거짓 교회가 존재함을 말해 주고 있긴 하지만 어떻게 그것을 분별할 수 있는지에 대해서는 제시해 주지 않는다.

그러나 벨기에 신앙고백서는 참 교회와 거짓 교회를 구분하는 기준이 무엇인지를 정확하게 제시한다. 순수한 복음설교의 선포, 정당한 성례의 시행, 적절한 권징의 집행, 이 세 가지가 참 교회를 구분하는 기준이라는 점을 우리에게 가르쳐 주고 있다. 이는 다른 신앙고백서에서 찾아보기 어려운 것으로 개혁주의 교회론에 큰 영향을 미친 부분이다.

참 교회를 이루어 가고 있는가?

어느 교회에 속해 있는가? 참 교회인가, 거짓 교회인가? 말씀과 성례와 권징이 분명하게 이루어지는 교회인가, 아니면 말씀도 성례도 권징도 제대로 이루어지지 않는 교회인가?

우리는 내가 속한 교회가 참된 교회이냐 아니면 거짓 교회이냐를 내가 어떤 교회를 세워 나가고 있느냐의 관점에서 생각해보아야 할 것이다.

혹시나 거짓 교회를 세워 나가고 있지는 않은가? 참된 교회의 첫 번째 표지는 복음의 바른 선포인데, 설교자가 아무리 바른 설교를 행해도 청중이 바른 설교를 원하지 않는다면 그 교회는 참된 교회가 아닐 수 있다. 하나님의 말씀만이 증거되는 설교보다는 재미있는 이야기나 예화가 전해질 때에 귀가 쫑긋한 것은 교회를 거짓 교회로 만드는 데 큰 도움이 된다. 설교답지 못한 설교를 듣고도 "아~! 오늘 설교는 정말 좋았다."라고 반응한다면 스스로가 거짓 교회를 세워 나가는 것이다. 성경을 제대로 해석하고 바르게 적용케 하는 설교를 듣고도 "아~ 오늘 설교는 정말 지겹다."라고 반응한다면 거짓 교회를 세워 나가는 것이다. 성경과 관련된 이야기를 하나도 언급하지 않았음에도 그저 감동이 있고, 화려한 언어가 있으며, 재미있는 예화가 있다는 것만으로 "오늘의 설교는 정말 은혜로웠다."라고 말한다면 거짓 교회를 세워 나가는 것이다. "목사님~! 잘되는 교회를 보세요. 축복해 주는 설교, 위로해 주는 설교를 해주는 교회들이에요."라고 말한다면 여러분이 속한 교회를 거짓 교회로 만드는 데 큰 도움이 된다. 하나님의 신실하신 말씀에 대하여 가감 없이 그대로 전하는 설교보다는 자기의 입맛에 맞는 설교, 그래서 성경 본문에 대한 설명을 단 한 번도 하지 않더라도 재미있는 예화나 우리의 귀를 긁어 줄 만한 감동적인 이야기가 있는 설교를 가리켜서 '은혜롭다'고 말한다면 거짓 교회를 세워 나가는 것이다.

참된 교회의 두 번째 표지는 성례의 신실한 시행인데, 목사와 장로가 아무리 세례와 성찬을 바르게 시행해도, 회중들이 바르게 참여하지 않는다면 거짓 교회가 될 수 있다. 아무나 세례 받겠다고 찾아와서 세례 달라고 하고, 믿음으로 세례에 참여하지 않으며, 세례가 자신의 삶 전체에서 효력 있도록 하기 위해서 믿음으로 살지 않고(웨스트민스터 대요리문답 제167문답), 성찬에 참여할 때에 자신을 살피지 않고 성찬에 참여하며, 성찬을 받으면서 정작 교회의 한 몸 됨을 이루어 나가는 일에는 전혀 관심이 없다면 거짓 교회를 스스로가 세워 나가는 것이다(웨스트민스터 대요리문답 제174-175문답).

참된 교회의 세 번째 표지는 권징의 정당한 집행인데, 당회가 아무리 권징을 시행한다 해도, 회중들이 권징을 싫어하고, 내 마음대로 살겠다고 하면서 교회가 나의 삶에 간섭하지 말라고 한다면 거짓 교회를 세워 나가는 것이다. 내가 제대로 신앙생활하든 말든, 하나님의 말씀을 어기든 말든 왜 교회가 그것을 감독해야 하냐고 말하는 성도들이 세우는 교회라면 그 교회는 거짓 교회를 열심히 세우고 있는 것에 불과하다. 사탄의 회당을 만들고 있는 것에 불과하다. 거짓 교회가 있었는데, 그 거짓 교회에 내가 속하는 것이기도 하지만, 때로는 나를 비롯한 우리와 함께 교회를 이루고 있는 사람들이 협력하여 거짓 교회를 세워 나가고 있을 수 있다는 것을 잊지 말아야 한다.

| 결 론 |

이 시대에 교회가 없어서 소망이 없을까? 그렇지 않다. 교회는 많다. 다만, 참교회가 적기 때문에 소망이 없다. 교회라 자처하는 모임은 많으나 정말로 성경과 신앙고백이 가르치는 그러한 교회인지를 생각해보아야 한다.

중세 시대가 그러했다. 그 당시에 교회가 없었던 것이 아니다. 단지 참 교회가 없었을 뿐이다. 그 사실을 알았던 벨기에 신앙고백서의 작성자 귀도 드 브레는 참 교회와 거짓 교회를 분별하는 것이 우리의 신앙고백이라는 점을 강조하였다. 이 신앙고백이 작성된 지 450여 년이 지난 오늘날 우리는 이 고백을 우리의 고백으로 여기고 참 교회와 거짓 교회를 분명히 구별해야 한다. 그리고 참 교회를 세워 나가야 한다. 그렇게 세워 나가는 참 교회에만 구원이 있기 때문이다.

교회의 정치

The Government of the Church

우리는 이 참 교회가 우리 주님께서 당신의 말씀에서 가르치신 영적 질서(the Spiritual order)에 따라 다스려져야 함을 믿습니다.[1] 참 교회에는 하나님의 말씀을 설교하고 성례를 집행하는 사역자(ministers) 혹은 목사들(pastors)이 있어야 합니다.[2] 또한 목사들과 함께 교회의 회의(the council of the church)를 구성할[3] 장로들(elders)과[4] 집사들(deacons)도[5] 있어야 합니다. 이러한 방식으로(By these means) 그들은 참 신앙(the true religion)을 다음과 같이 보존합니다. 즉 이들은 참된 교리(doctrine)가 전파되는지를 살피고, 악한 자들을 영적인 방식으로 권징하고 억제하며, 가난한 자와 고통받는 모든 자들이 그들의 필요에 따라 도움을 받고 위로를 얻도록 살핍니다.[6] 사도 바울이 디모데에게 준 규칙에 따라[7] 신실한 자들을 선출하여[8] 이러한 방식으로 모든 것을 적당하게 하고 질서대로 해야 할 것입니다(will be done well and in good order).

1) 행 20:28; 엡 4:11–12; 딤전 3:15; 히 13:20–21 2) 눅 1:2; 10:16; 요 20:23; 롬 10:14; 고전 4:1; 고후 5:19–20; 딤후 4:2 3) 빌 1:1; 딤전 4:14 4) 행 14:23; 딛 1:5 5) 딤전 3:8–10 6) 행 6:1–4; 딛 1:7–9 7) 딤전 3 8) 고전 4:2

교회의 정치[194]

- **본문:** 에베소서 4:7-12; 빌립보서 1:1
- **관련신조:** 웨스트민스터 신앙고백서 제30, 31장; 하이델베르크 요리문
  답 제82-85문답

| 서 론 |

"교회란 무엇인가?" 이 질문에 만약 "교회는 건물입니다."라고 답한다면, 그
교회가 지속되기 위해서는 건물의 관리와 관련된 일만 잘하면 된다. 그래서 그
일을 위해서 건물을 관리하는 사람들이 필요할 것이다. 성도들이 청소를 열심
히 하고, 수리가 필요한 곳이 생기면 수리를 하고, 확장이 필요하면 증축을 하
고, 너무 낡으면 재건축을 하고 하는 식으로 하면 교회가 유지 발전해 갈 것이
다. 이 일을 위해서 성도들이 직접 하거나 아니면 사람을 써서 그렇게 해도 될
것이다.[195]

---

194) 한국의 장로교회들이 공적으로 받아들이고 있는 웨스트민스터 표준문서의 경우 '교회 정치'를
신앙고백과 구분하여 '정치 모범'(The Form of Presbyterial Church Government)에서 다룬다. 이렇게 따
로 다루는 경우는 칼뱅이 만든 '제네바 교회 규정서'(Ordonnances ecclesiastiqes / Ecclesiastical Ordinances of
Geneva, 1541), 존 녹스에 의해 작성된 '제1치리서'(The First Book of Discipline, 1560), 앤드류 멜빌(Andrew
Melville)의 영향으로 만들어진 '제2치리서'(the Second Book of Discipline, 1578) 등이 있다. 벨기에 신앙
고백서의 경우 제네바 신앙고백서, 프랑스 신앙고백서, 스코틀랜드 신앙고백서와 마찬가지로
신앙고백에서 교회 정치를 다룬다.

195) 이러한 예를 도입으로 시작한 것은 오늘날 '교회의 직원'에 대한 잘못된 이해를 갖고 있는 현실
을 비판하기 위한 것이다. 오늘날 많은 교회들은 교회의 직원을 "목사, 장로, 집사"로 이해하기
보다는 "교역자, 관리집사, 사무간사"로 이해하는 경우가 있다. 이는 '교회'가 무엇인지에 대한
오해에 근거한 것이다.

그러나 교회는 '건물'이 아니라 '신앙 고백 공동체'다. 하나님께서 친히 세우신 영적 공동체다. 제27조에서 고백한 것처럼 교회란 "예수 그리스도의 피로 씻음을 받고, 성령님으로 거룩하게 되며(sanctified) 인침을 받아(sealed), 그리스도 안에서 온전하게 구원받을 것을 바라는 참된 기독 신자들의 거룩한 회중(congregation)이며 모임(assembly)"이다. 교회는 건물이 아니라 사람들로 이루어진 공동체적 성격을 갖고 있다. 그렇기에 교회는 질서가 있어야 하고 좀 더 고상하게 표현해서 '정치'(政治)가 있어야 한다. 그래야 교회는 교회답게 지속적으로 유지될 수 있고 발전할 수 있다.

벨기에 신앙고백서 제30조는 교회의 정치에 대해서 다룬다. 다음의 네 가지를 다룬다. 1) 교회에 왜 정치가 필요한지? 2) 그 정치를 감당하기 위해서 세운 사람은 누구인지? 3) 그들이 하는 역할은 각각 무엇이며, 그들의 역할들이 모여서 궁극적으로 무엇을 지향하는지? 4) 그 사람들은 누가 무슨 기준으로 세우는지?

| 본 론 |

교회 정치의 필요성

벨기에 신앙고백서는 첫 문장에서 이렇게 고백한다. "우리는 이 참 교회가 우리 주님께서 당신의 말씀에서 가르치신 영적 질서(the Spiritual order)에 따라 다스려져야 함을 믿습니다."

이 문장은 크게 두 가지를 말씀한다. 첫째, 교회는 다스림(治理)이 있어야 한다. 즉 교회에 정치가 필요하다. 둘째, 교회의 정치는 주님께서 말씀을 통해 가르쳐 주신 영적 질서에 따라 해야 한다.

첫째, 교회에는 다스림(治理) 혹은 정치가 필요하다. 그 이유는 크게 두 가지다. 첫째, 하나님은 질서의 하나님이시기 때문이다(고전 14:40).[196] 우리가 믿는

---

196) 칼뱅은 고린도전서 14:40에 근거하여 교회 헌법의 필요성을 주장하였다. 네덜란드 계열의 개

하나님은 삼위로 존재하시는데 삼위 하나님은 서로 동등하시다. 성부, 성자, 성령이 동등하시다. 그런데 그 삼위에는 질서가 있다. 그래서 성부를 제1위라고 하고, 성령을 제3위라고 한다. 이렇게 질서가 있다고 해서 동등함이 파괴되지 않는다. 동등하면서 동시에 질서가 있으니 삼위일체의 신비다. 교회는 이러한 삼위 하나님의 존재 방식을 구현하는 공동체다. 삼위 하나님께서 질서의 하나님이신 것처럼 교회는 질서가 있어야 한다. 이것이 교회에 정치가 필요한 근본적인 이유다. 교회는 무질서하게 되어서는 안 된다. 틀과 질서를 갖추고 있어야 한다.

교회에 정치가 필요한 두 번째 이유는, 교회는 하나의 몸을 구성하는 여러 지체로 이루어져 있기 때문이다. 교회는 지체의 의미를 띠고 있는 여러 성도들이 함께 모여 그리스도의 한 몸을 이루는 공동체다. 그래서 교회를 '유기적 공동체'라고 말한다. 이렇게 한 몸을 온전히 이루고 유지하기 위해서는 영적 질서가 있어야 한다. 이 영적 질서는 교회의 정치를 통해 이루어진다.

이를 좀 더 이해하기 쉽게, 우리가 일상생활에서 경험하는 동아리나 친목단체를 생각해보자. 그 모임이나 단체를 유지하고 발전시켜 나가기 위해서는 질서가 있다. 서로의 합의에 의한 정관이나 회칙이 있다. 그리고 임원을 뽑거나 조직을 만들어서 그 모임이 제대로 유지되도록 한다. 회원의 가입과 탈퇴가 있고, 회원은 정기적인 모임에 참석해야 하고 그 모임을 위한 노력을 해야 하고 헌신을 해야 한다. 그렇지 않으면 그들에 대한 조치가 있다. 그 외에 여러 가지 질서가 있다. 모든 회원들이 적극적으로 해야 하지만, 특별히 임원이나 조직 등을 세워서 그 모임이 제대로 유지하도록 한다.

이런 점을 생각해볼 때 교회라는 공동체는 어떻겠는가? 너무나 당연히 필요하다. '정치'(government)라고 하니까 매우 큰 개념으로 생각하거나 세상 정치 때문에 부정적으로 생각하기 쉽다. 하지만, 교회의 정치란 그런 부정적 개념이 아니다. 하나님의 교회를 질서 있게 유지 발전시켜 나가기 위한 방식이다.

혁교회들은 그들의 '교회질서'(Book of Order)에 고린도전서 14:40을 맨 앞에 두기도 한다. 황규학, 『교회법이란 무엇인가?』(서울: 에클레시안, 2007), 40.

첫 문장이 고백하는 내용의 두 번째 부분은 교회는 하나님의 말씀에 의한 다스림이 있어야 한다는 것이다. 앞서 살펴본 것처럼 교회에는 정치가 필요하다. 그런데 이 정치란 사람의 뜻에 의한 것이 되어서는 안 된다. 교회의 다스림은 철저히 하나님의 말씀에 의한 것이어야 한다. 왜냐하면 교회는 단순한 모임이 아니라 하나님께서 친히 세우신 공동체이기 때문이다. 또한 교회는 하나님께서 다스리시는 공동체이기 때문이다. 교회의 머리이신 예수 그리스도께서 친히 정치하시는 공동체이기 때문이다. 그러므로 사람들의 뜻에 따라서가 아니라 하나님의 말씀에 따라 해야 한다.

교회 정치를 부정하는 사람들

이것이 성경적임에도 불구하고 우리와 다르게 말하는 사람들이 있다. 2세기에 있었던 몬타누스주의자들, 16세기의 재세례파, 19세기의 퀘이커 교도들(Quakers)이나 넬슨 다비(Darby)를 중심으로 한 다비파(Darbyites) 등의 무교회주의자들은 모든 교회의 정치를 원리상 거부한다. 그들은 모든 외형적인 교회의 형성은 반드시 부패하여서 결국에는 기독교 정신과 반대되는 결과를 초래한다고 본다. 그래서 그들은 외형적인 교회의 형성을 불필요한 것으로 여길 뿐만 아니라 심지어 유형교회를 조직하는 것을 죄악으로 여긴다. 교회의 제도적인 모습이 오히려 성령의 흐름을 단절시킨다고 주장한다. 치리자(治理者)로서의 직분을 중요하게 여기지 않고 교회 질서의 불필요함을 주장한다.

그러나 유기적인 공동체인 교회는 지체간의 유기적인 방식을 통해서 세워지지만 제도적인 질서와 직분도 무시되어서는 안 된다. 성령으로 연합된 신자들이 바르게 한 몸으로 세워지기 위한 성경적 질서가 있다. 교회에 정치가 필요 없다는 생각은 매우 잘못된 생각이다. 종교개혁자 칼뱅은 "교회의 직분제도와 교회정치를 폐지시키려 하거나 불필요한 것이라고 무시하는 사람이 있다면 그 사람은 교회를 파멸시키고 파괴하려는 위험한 자이다."라고까지 했다.

직분을 통해 다스려지는 교회

하나님은 교회에 질서가 있어야 한다는 것을 가르쳐 주셨고, 그 질서는 인간의 경험이나 지혜에 의한 것이 아니라 성경에서 가르쳐 주신 원리와 방법을 따른다.

하나님께서 성경에서 가르쳐 주신 원리와 방법에는 여러 가지가 있지만, 특별히 벨기에 신앙고백서 제30조를 통해서 기억해야 할 것은 '직분을 통한 다스림'이다. 이 말은 교회가 질서를 유지하기 위해서 성도들 각자의 역할도 중요하지만, 특별하게 그 일을 위해 세워진 사람들이 있고 그들의 역할이 중요하다는 것이다. 물론 이때 먼저 전제되어야 할 것은 교회의 머리이신 예수님은 친히 교회를 다스리시는 분이시라는 사실이다(하이델베르크 요리문답 제50문답). 예수님은 친히 말씀과 성령을 통해서 교회를 다스리지만 그 수단으로 직분을 사용하신다(엡 4:7-12; 웨스트민스터 신앙고백서 제30장 제1절).

에베소서 4:7-12의 가르침

이 강해의 본문인 에베소서 4:7-12에서는 이 사실을 잘 보여 주고 있다. 본문 8절에 보면 예수님께서는 십자가의 구원사역을 마치신 후에 하늘로 올라가셨다. 이렇게 됨으로써 높이 되신 그리스도임을 드러내셨다(행 2:33-36). 즉 왕으로 등극하셨다. 그리고 10절에 의하면 이 땅에는 교회를 세우셨다(참조. 엡 1:23). 그런데 이때 예수님은 교회를 위한 '선물'을 주셨다(8절). 그 '선물'에 대해 7절에서는 '각 사람'에게 주셨다고 하고, '선물의 분량대로 은혜'를 주셨다고 말씀한다.

그렇다면 이 '선물'이 무엇일까? 11절에 의하면 '직분'이다.[197] 예수님은 교회를 위하여 선물을 주셨는데 곧 직분이다. 하늘로 올라가심을 통해서 자신이 온 세상과 교회의 왕이심을 드러내신 예수님은 교회를 위하여 선물을 주셨는

---

197) 이 사실은 이미 구약시대에 예언되었다. 민수기 8:19(개역한글)에 보면 "내가 이스라엘 자손 중에서 레위인을 취하여 그들을 아론과 그 아들들에게 선물로 주어서 그들로 회막에서 이스라엘 자손을 대신하여 봉사하게 하며 또 이스라엘 자손을 위하여 속죄하게 하였나니…."라고 말하면서, 제사장의 직분이 곧 선물임을 밝히고 있다. 민수기 18:7(개역한글)에도 "너와 네 아들들은 단과 장 안의 모든 일에 대하여 제사장의 직분을 지켜 섬기라 내가 제사장의 직분을 너희에게 선물로 주었은즉 거기 가까이하는 외인은 죽일찌니라."라고 말하면서, 직분을 주신 것이 곧 선물이라는 점을 밝히고 있다.

데, 그 선물은 8절에서 시편 68:18을 인용하면서 표현하는 것처럼 그리스도께서 사탄과의 전쟁을 통해서 얻은 전리품으로 주신 것이다. 이 전리품으로서 직분을 선물로 주시되, 각 사람의 은사에 따라 다양하게 주셨으니(7, 11절), 이 직분을 통하여 이루고자 하신 뜻은 12절에서 표현하는 것처럼 '그리스도의 몸' 즉 교회를 세우게 하시기 위함이었다.

이 내용을 정리하면 다음과 같다. 교회를 세우신 예수님은 하늘에서 지금도 당신의 교회를 다스리시는데, 하늘로 올라가시기 전에 교회에 선물로서 직분을 주심으로 그 직분을 통해 교회가 다스려질 수 있도록 하셨으니 교회의 정치란 예수님께서 교회에 허락하신 직분을 통해서 이루어진다.

교회의 직분 – 목사, 장로, 집사

그렇다면 예수님이 교회에 주신 직분에는 어떤 것이 있는가? 앞서 읽었던 에베소서 4:11에는 '사도, 선지자, 복음 전하는 자, 목사와 교사'라는 직분이 있다고 말한다. 이중에서 '사도, 선지자, 복음 전하는 자'라는 직분은 사도시대의 교회에 일시적으로 존재했던 직분으로서 '비상 직분'(Extraordinary officers)이라고 한다. 이 직분은 초대교회와 같은 특별한 상황에 임시적으로 있었던 직분으로 지금은 사라진 직분이다.[198]

대신 오늘날에 존재하는 직분에는 '목사, 장로, 집사'가 있다. 그렇다면 왜 이 직분들이 오늘날에 존재하는 직분인가? 이 강해의 본문인 빌립보서 1:1에 근거한다. 사도 바울이 빌립보 교회에 편지하는 중에 **"빌립보에 사는 모든 성도와 또한 감독들과 집사들에게 편지하노니"**라고 말한다. 이 구절에 의하면 교

---

198) *Institutes*, IV, iii, 4, 8; 에베소서 4:7-11을 근거로 거기에 언급되는 직분이 오늘날에도 계속되어야 한다고 주장하는 자들에 대해서 그루뎀(Grudem)은 에베소서 4:11은 과거의 한 사건에 관해서 말하는 것으로 "그가 주셨으니"라는 말이 부정 과거형으로 사용되었기 때문에 그리스도께서 이 직분들을 그 후에도 계속 주실 것인가는 이 구절 자체만으로는 결정할 수 없다고 말한다. Wayne Grudem, *Systematic Theology: An Introduction to Biblical Doctrine*(Grand Rapids: Zondervan, 1994), 노진준 옮김, 『조직신학(하)』(서울: 은성, 1997), p.109, n.9. 클라우니(Clowney)는 "그들의 임무가 완성되고, 하나님의 아들 그리스도의 최종적 계시가 주어졌을 때에 사도들과 선지자들의 부르심도 완결되었다."라고 말한다. Edmund Clowney, *The Church*(Leicester: IVP, 1995), 황영철 역, 『교회』(서울: IVP, 1998), 236.

회에는 감독들과 집사들이 있다. 이중에서 '감독들'은 성경에서 '장로들'이라는 말과 동의어다(행 20:17, 28; 딤전 3:1; 딛 1:5, 7). 그리고 장로들(혹은 감독들)은 두 가지로 나뉘는데 디모데전서 5:17에 의하면 가르치는 장로인 목사와 다스리는 장로인 치리장로가 있다.

그렇기에 교회에는 목사와 장로, 그리고 집사라는 직분이 반드시 있어야 한다. 이렇게 교회에는 세 가지 직분이 항상 존재해야 한다. 그리고 이렇게 교회에 반드시 있어야 하는 직분을 가리켜서 '항존(恒存)직'(permanent ecclesiastical officer)이라고 한다. 어떤 사람들은 '항존'이라는 말을 오해해서 한 번 목사가 되면 평생 목사, 한 번 장로가 되면 평생 장로인 '평생직' 혹은 '종신직'이라는 의미로 오해하는데, '항존'이라는 말은 그런 뜻이 전혀 아니다. '항존직'이라는 말은 교회가 이 세상에 존재하는 한 반드시 있어야 하는 직분이라는 뜻이다. 그러므로 이 직분들은 있어도 되고 없어도 되는 것이 아니라 반드시 있어야 하는 직분이다. 정상적인 교회라면 목사만 있거나 장로만 있거나 해서는 안 된다. 목사, 장로, 집사라는 이 세 가지 직분이 꼭 있어야 한다.[199]

이러한 사실에 기초하여 벨기에 신앙고백서는 이렇게 고백한다. "참 교회에는 하나님의 말씀을 설교하고 성례를 집행하는 사역자(ministers) 혹은 목사들(pastors)이 있어야 합니다. 또한 목사들과 함께 교회의 회의(the council of the church)를 구성할 장로들(elders)과 집사들(deacons)도 있어야 합니다."

이렇게 참 교회에는 세 가지 직분이 있는데, 이 직분은 각각 무슨 일을 위해 세워졌을까?

목사직의 역할

목사는 무슨 일을 위해 필요한 직분일까? 벨기에 신앙고백서 제30조의 앞서

---

199) 기본적으로 교회는 세 가지 직분이 반드시 있어야 한다. 그러나 교회가 설립된 지 얼마 되지 않았거나 교회 규모가 작아서 아직 장로와 집사의 직분을 세우지 못하는 경우는 매우 예외적이다. 하지만 충분히 자격자가 있고 교회의 규모도 어느 정도 되는데도 불구하고 다른 의도로 직분자를 세우지 않는 경우는 문제가 된다. 그렇게 하는 것은 성경의 가르침을 무시하는 것이다. 장로교회와 개혁교회에서는 있을 수 없는 일이다.

본 문장에서는 목사의 역할에 대하여 "하나님의 말씀을 설교하고 성례를 집행하는 사역자"라고 말하고, 또한 장로들과 "함께 교회의 회의를 구성"한다고 말한다. 목사의 역할은 크게 세 가지다. 1) 말씀의 설교 2) 성례의 집행 3) 당회의 구성원.

목사의 가장 중요한 일은 은혜의 방편인 말씀과 성례를 맡은 것이다. 목사는 하나님의 말씀을 낭독하고[200] 설교하는 일(딤전 4:13; 딤후 4:2)을 한다. 목사의 중요한 역할 가운데 하나는 '말씀을 가르치는 일'이다. 그리고 성례를 거행하는 일을 한다. 이 일을 통하여 교회가 하나님의 말씀에 따라 다스려지도록 한다. 교회를 하나님이 원하시는 공동체로 나아가도록 하는 중요한 역할을 한다.

그리고 목사는 장로와 함께 당회를 구성하여 치리권을 행사하는 일(살전 5:12)을 한다.[201] 이외에도 목사는 교인을 교육하고 심방하는 일(딛 2:6; 눅 15:3-6; 행 20:20), 찬송을 가르치는 일,[202] 성도들을 위하여 기도하는 일(롬 1:9)을 한다. 이 모든 일들의 핵심은 하나님의 교회를 말씀의 터 위에 바르게 세우는 것에 있다.

장로직의 역할

장로는 무슨 일을 위해 필요한 직분일까? 벨기에 신앙고백서는 장로의 역할에 대하여 "목사들과 함께 교회의 회의(the council of the church)를 구성할 장로들

---

200) 웨스트민스터 대요리문답 제156문답에서는 "비록 모든 사람이 다 공적으로 회중에게 말씀을 낭독하도록 허락되어 있지는 않지만"이라고 되어 있다. 웨스트민스터 예배모범과 정치모범도 성경낭독을 목사의 중요한 직무로 언급한다. 웨스트민스터 예배모범에 근간을 둔 대한예수교장로회 (고신) 총회 헌법(2011년판)의 예배지침 제4장 제17조 '성경봉독'에서 "…봉독자는 하나님을 대리하는 자신의 입장을 바르게 인식하고 엄숙히 해야 한다. 목사가 성경을 봉독할 때 청중은…"라고 말함으로써 성경낭독의 권한이 목사에게 있음을 말한다. 합동총회 헌법(2005년판) 예배모범 역시 제3장 '예배 때 성경 봉독'의 제1항에서 "예배 때에 성경 봉독은 공식 예배의 한 부분이니 반드시 목사나 그 밖의 허락을 받은 사람이 봉독한다."라고 해서 성경낭독이 목사에게 맡겨진 역할임을 분명히 한다.

201) 가르치는 장로인 목사와 다스리는 장로인 치리장로의 공통적인 임무는 '치리'하는 것이다.

202) 손재익, "목사의 직무 중 찬송을 지도하는 일에 관하여," 『교회의 직분자가 알아야 할 7가지』(서울: 세움북스, 2017), 240-249.

(elders)"이라고 하고, 이어서 "이들은 참된 교리(doctrine)가 전파되는지를 살피고, 악한 자들을 영적인 방식으로 권징하고 억제하며"라고 고백한다. 여기에서 말하는 장로의 역할의 핵심은 교인들을 영적으로 다스리는 일이다.

장로는 사도행전 20:17 이하에 잘 나타나 있는 것처럼 교회와 양떼를 위한 감독자로서의 역할을 감당한다(행 20:28). 그렇다면 어떤 면에서 그렇게 하는가? 교회의 강단에서 참된 하나님의 말씀이 제대로 선포되는지를 감독하는 역할을 한다. 이렇게 함으로써 교회와 양떼들을 거짓 가르침으로부터 보호하는 일(행 20:29; 잠 23:27)을 한다. 그래서 장로는 성경과 교리에 있어서 분명하게 깨어 있어야 한다(행 20:27). 장로는 무엇보다도 교인들의 생활을 살핀다. 어떻게 살피는가? 교인들이 설교대로 신앙생활을 하는지 살핀다. 강단에서 선포된 말씀이 성도들의 삶에 실제적인지를 살핀다. 그리고 권면하고 교훈한다.

이 일을 위해서 장로교회와 개혁교회는 전통적으로 장로가 성도들의 가정을 심방한다.[203] 한국교회에서는 심방을 목사의 역할로 생각하고 집에 찾아가서 예배드려 주는 일로 생각하는 경우가 많이 있지만, 심방이란 장로의 일로서 교회에 속한 교우들의 가정을 찾아가서 그들이 하나님의 말씀대로 살아가고 있는지를 살피는 일이다. 이렇게 장로는 성도들의 영적 형편을 살핌으로써 교회 안에서 참된 교리가 전파되고 있는지를 살핀다. 주일 예배 시간에 강단에서 선포된 말씀이 그저 허공에 울리는 메아리로 그치고 있는지 아니면 성도들의 삶속에서 분명하게 드러나고 있는지를 확인하고, 그렇지 못할 경우에 성도 개개인에게 권면할 뿐만 아니라 목사와 함께 구성하는 교회의 회의인 당회에 알려서 교회가 부족한 면을 잘 채워서 하나님의 말씀의 터 위에 바르게 세워 나갈 수 있도록 해야 한다.

---

203) 심방에 대해서는 성희찬, 손재익 등이 공저한 『교회의 직분자가 알아야 할 7가지』(서울: 세움북스, 2017), 280-316을 보라.

집사직의 역할

집사는 무슨 일을 위해 필요한 직분일까? 벨기에 신앙고백서에는 "가난한 자와 고통 받는 모든 자들이 그들의 필요에 따라 도움을 받고 위로를 얻도록 살핍니다."라고 되어 있다. 교회는 하나님 나라의 그림자다. 그래서 하나님 나라의 가치를 이루어가는 공동체가 되어야 한다. 이 일을 위해서 교회 안에는 어느 누구든 소외 당하는 사람이 있어서는 안 되고(행 6:1), 함께 한 몸을 세워 나가는 이들 가운데에 생계의 어려움으로 인해 고통 받는 자가 생기지 않도록 해야 한다. 그래야 교회다운 면모를 갖출 수 있다.

집사는 교회 안에 경제적으로 가난한 자, 그리고 그것으로 인하여 고통 받는 자가 없는지를 살피고 그들을 위하여 교회의 헌금을 통해 얻어진 재정으로 '구제'하는 일을 하기 위해서 세워진 직분이다.

오늘날 많은 교회들에서는 '집사'의 직분이 그저 '장로'가 되기 위한 하나의 과정이 되어 버렸고, 또는 집사의 '서리직' 남발로 인하여 그 의미가 퇴색되어 있지만,[204] 사실은 거의 대부분의 장로교회의 헌법에서 명시하는 대로 집사직은 "당회의 지도 아래 빈곤한 자를 돌보며 교회의 서무, 회계와 구제에 관한 사무를 담당하는 직분"이다. 집사는 장로의 심방을 통해 확인된 교인들의 형편을 따라, 교회의 재정으로 그들을 구제해야 한다. 이를 위해 교회의 재정은 집사가 관리하는 것이다.

치리회를 통한 교회정치

"참 교회에는 하나님의 말씀을 설교하고 성례를 집행하는 사역자(ministers) 혹은 목사들(pastors)이 있어야 합니다. 또한 목사들과 함께 교회의 회의(the council of the church)를 구성할 장로들(elders)과 집사들(deacons)도 있어야 합니다."라고 고백하는 부분을 살펴보자.

교회의 머리이신 그리스도께서는 세상정치와 구분하여 교회를 다스리는 치

---

204) 흔히 '안수집사'라고 부르는 '집사' 직분자가 있는데도 불구하고 '서리집사'직을 세우는 것은 직분의 과잉 남발이라고 할 수 있다.

리자들을 세우셨다. 교회는 세상과 구분된다. 그래서 정교분리(政敎分離)의 원칙이 있다.[205] 이러한 원리에 따라 세상은 세상의 정치가 다스리며, 교회는 교회의 정치기구인 치리회가 다스린다. 그들은 교회의 직분자인 목사와 장로다. 이에 대해서는 웨스트민스터 신앙고백서 제30장 1절에도 잘 나와 있다.

Q 웨스트민스터 신앙고백서(WCF)

제30장 교회의 권징(勸懲)에 관하여

1. 자기 교회의 왕이요 머리이신 주 예수님께서는 국가 위정자와는 구별하여 교회 직원들(Church officers)의 손에 치리(治理)를 맡기셨다(hath therein appointed a government).[1]

1) 살전 5:12; 사 9:6,7; 마 28:18-20; 행 20:17, 18; 고전 12:28; 딤전 5:17; 히 13:7,17,24

웨스트민스터 신앙고백서에서 '직원'이라고 표현되는 이들은 위의 근거구절로 인용되고 있는 몇 구절에 의하면 목사와 장로다.[206] 교회의 치리는 목사와 장로에게 맡겨졌다. 그래서 목사와 함께 교회의 회의를 구성하는 장로는 치리회(治理會)를 구성한다. 치리회란 교회를 다스리는 기관으로 개체교회에서는 당회(堂會)를 말하고, 좀 더 넓은 개념으로는 노회(老會)와 총회(總會)가 있다.

치리(治理)란 곧 '다스림'인데, 다스림에는 '입법, 행정, 사법'이 모두 포함되

---

205) 장로교 헌법 교회정치원리 제2조 (교회의 자유) 제2항; 대한민국 헌법 제20조 제2항.

206) 데살로니가전서 5:12 "너희 가운데서 수고하고 주 안에서 너희를 다스리며 권하는 자들"에서 "다스리며 권하는 자들"은 '장로와 목사'다. 사도행전 20:17 "바울이 밀레도에서 사람을 에베소로 보내어 교회 장로들을 청하니"에서의 장로는 목사와 장로다. 디모데전서 5:17 "잘 다스리는 장로들은 배나 존경할 자로 알되 말씀과 가르침에 수고하는 이들에게는 더욱 그리할 것이니라."에서 장로는 다스리는 장로와 말씀과 가르침에 수고하는 장로인 목사를 말한다.

어 있다. '입법'(立法)은 기본적으로 하나님께서 하신다. 하나님의 말씀이 법이다. 그런데 그 말씀에 근거하여 어떤 결정을 하는 것도 '입법'이다. 이런 점에서 치리회는 입법의 기능을 하는 의회와 같다. '법'인 하나님의 말씀과 그 법에 근거하여 정한 치리회의 결정에 근거하여 교회의 일을 해나가는 것이 곧 행정(行政)이다. 이런 점에서 치리회는 행정을 하는 행정부와 같다. 예배를 주관하고, 성례를 시행하고, 교인의 이명을 다루고, 공동의회를 소집하고, 직분자를 선택하고 고시하고 임직하며, 각종 헌금의 실시와 재정을 감독하는 일은 행정이다. 또한 이렇게 행정을 해나가는 가운데에 일어나는 여러 가지 일로 인해 사법(司法)을 해야 할 필요가 있는데 치리회는 사법을 맡은 재판부다. 사법의 기능을 갖고 있는 치리회는 교회 안에 일어난 문제를 재판하고 범죄한 증거가 명확할 때 시벌하고, 회개하는 자를 해벌하는 일을 한다. 이를 위해서 범죄자와 증인을 소환하여 심문하는 일을 한다.[207]

치리회의 회원인 목사와 장로는 "우리는 이 참 교회가 우리 주님께서 당신의 말씀에서 가르치신 영적 질서(the Spiritual order)에 따라 다스려져야 함을 믿습니다."라는 고백대로 교회를 바르게 치리하기(다스리기) 위해서 성령님께서 주시는 지혜를 날마다 구해야 한다.

직분의 동등성과 모든 역할의 중요성

앞서 언급한 세 가지 직분(목사, 장로, 집사)에는 높고 낮음이 없다. 성경 어디에도 직분 간에 위계(位階)가 있다는 말은 없다. 모든 직분이 동등(parity)하다.[208] 교

---

207) 칼뱅은 기독교강요에서 당회를 교회재판소(Church Courts)라고 말한다. *Institutes*, Ⅳ. xii. 2. 당회란 교회 안의 정치기구다. 입법, 행정 및 사법을 담당하는 법정이다. Lawrence R. Eyres, *The Elders of the Church*(Phillipsburg: P&R, 1975), 홍치모 역, 『하나님이 세우신 장로』(서울: 총신대학 출판부, 1985), 41, 43, 134. 황규학, 『당회가 살아야 교회가 산다』(서울: 에큐메니칼 연구소, 2005), 15-18; John Murray, *Collected Writings of John Murray*, vol 1. (Edinburgh: The Banner of Truth Trust, 1976-1982), 박문재 역, 『조직신학 Ⅰ』(서울: 크리스챤다이제스트, 1991), 269.

208) 모든 직분은 동등하다. 목사, 장로, 집사 간에 순서가 있지 않다. 단지 직무에 있어서 '구별'이 있을 뿐이다. 디모데전서 3장의 감독과 집사의 자격이 비슷하다는 것을 통해서 이 사실이 분명해 진다. 이러한 동등성 때문에 목회자와 성도들에 대한 이중 기준(double standards)을 가지는 것 역시 바람직하지 않다.

회의 모든 직분은 수평적 위치에 있다. 왜냐하면 모든 직분이 오직 교회의 머리이신 그리스도의 다스림을 받을 뿐이기 때문이다.

또한 어느 직분도 중요하지 않은 것이 없다. 저마다 자신의 역할이 있고, 그 역할 각각이 가지는 의미가 있다. 그래서 벨기에 신앙고백서는 이렇게 말한다. "이러한 방식으로(By these means) 그들은 참 신앙(the true religion)을 다음과 같이 보존합니다." 모든 직분은 결국 에베소서 4:12이 말씀하듯이 그리스도의 몸된 교회를 세우기 위해 존재할 뿐이다.

직분자의 선출 주체

이렇게 교회는 질서가 있어야 하며, 그 질서는 하나님이 세우시는 직분을 통하여 이루어진다. 그렇다면 하나님은 각 직분에 해당하는 직분자를 어떻게 세우시는가? 하나님이 직접 이 세상에 내려오셔서 뽑으실까? 아니면 하나님이 음성으로 가르쳐 주시는가? 그렇지 않다. 벨기에 신앙고백서는 이렇게 고백한다. "사도 바울이 디모데에게 준 규칙에 따라 신실한 자들을 선출하여 이러한 방식으로 모든 것을 적당하게 하고 질서대로 해야 할 것입니다(will be done well and in good order)."

성경에 보면 사도 바울이 디모데에게 준 규칙이 있다. 벨기에 신앙고백서의 근거구절에 있는 것처럼 디모데전서 3장이다. 디모데전서 3:2-7에서는 감독, 즉 목사와 장로는 어떤 사람을 선출해야 하는지 그 자격을 상세하게 가르쳐 주고 있다. 디모데전서 3:8-13에는 집사는 어떤 사람을 선출해야 하는지 그 자격을 상세하게 가르쳐 주고 있다. 이러한 규칙에 따라 신실한 자들을 선출해야 한다.

여기에 보면 놀라운 신비가 있다. 직분자는 하나님이 세우시지만, 그 선출의 주체는 교회의 회중이다. 교회를 질서 있게 세우는 일의 주체를 회중에게 맡겨 주셨다. 하나님이 알아서 하시면 우리가 따라가기만 하게 하는 것이 아니다. 회중을 통하여 교회의 질서를 세워 나가게 하신다. 교회를 하나님께서 세우시고 그리스도께서 다스리시지만, 성도들로 하여금 그리스도의 온전한 몸으로 세워 나가기를 원하신다. 그래서 목사와 장로의 자격을 목사와 장로만 알게 하지 않으셨고, 집사의 자격을 집사만 알게 하지 않으셨다. 성경을 듣고 읽을 수 있는 모든 회중들에게 그 자격을 알게 하심으로 그 선출의 책임이 교회의 회중에게 있음을 가르쳐 주셨다. 이러한 원리를 생각해볼 때 교회 정치의 궁극적 책임은 교회의 회중 전체에게 있다.[209]

| 결 론 |

교회란 가만히 있으면 세워지는 것이 아니다. 하나님은 친히 혹은 천사를 통해서 교회를 세워 나가실 수도 있으시지만 그렇게 하지 않으셨다. 직분자를 세우시고 그들에게 맡기신 일을 통해서 하신다(마 28:19-20; 웨스트민스터 신앙고백서 제30장 제1절). 그런데 그 직분자들을 교회의 회중을 통해서 세우게 하신다. 그러므로 교회의 회중은 성령님께서 주시는 지혜를 발휘하여 신중하게 직분자를 선택해야 하고, 회중에 의해 선출되었고 하나님에 의해 세움을 받은 직분자들은 자신에게 맡겨진 역할에 최선을 다해야 한다. 그렇게 할 때에 비로소 교회가 교회다워질 수 있다.

　이렇게 하지 않는 교회는 참 교회가 아니다. 왜 그런가? 제일 첫 문장에 "우리는 이 참 교회가 우리 주님께서 당신의 말씀에서 가르치신 영적 질서(the Spiritual order)에 따라 다스려져야 함을 믿습니다."라고 고백하기 때문이다. 참교회를 세워 나가는 것에는 참된 교회의 세 가지 표지인 말씀, 성례, 권징뿐아니라 직분과 그 직임도 포함되어 있다는 사실을 기억해야 한다. 제27조의 교회에 관한 고백이 곧 믿음의 문제인 것처럼, 제30조의 교회 정치에 관한 고백도 역시 믿음의 문제다.

　오늘날 우리들의 교회는 과연 참 교회인가? 벨기에 신앙고백서 앞에서 우리는 이 질문을 늘 되뇌어야 한다.

---

209) 직분자를 세우기까지의 과정에 대해서는 손재익, "직분자를 세우기까지의 과정,"『교회의 직분자가 알아야 할 7가지』(서울: 세움북스, 2017), 64-72을 보라.

제31조

교회의 직분자들
The Officers of the Church

우리는 하나님의 말씀의 사역자들과 장로들과 집사들이 하나님의 말씀에 규정된(stipulated) 대로[1] 기도와 선한 질서를 따라 교회의 합법적인 선거(election)를 통하여 선출되어야(chosen) 함을 믿습니다. 그러므로 모든 사람은 부적절한 방법이 개입되지 않도록(not to intrude by improper means) 조심해야 합니다. 오히려 각 사람은 자신을 하나님께서 부르셨다는 확실한 증거(sure testimony)를 가지고, 또한 그 부르심이 주님께로부터 온 것임을 확신하기 위하여 하나님께서 부르시는 때까지 기다려야 합니다.[2] 말씀의 사역자들은 그들이 어떤 지위에 있든지 간에 동등한 권세와 권위를 가지는데, 왜냐하면 그들은 모두가 교회의 유일한 우주적 감독자 (the only universal Bishop)요 유일한 머리이신[3] 예수 그리스도의 종들이기 때문입니다.[4] 하나님의 이 거룩한 규례가 위배되거나(violated) 거부되지(rejected) 않도록 하기 위하여, 우리 모두는 말씀 사역자들과 교회의 장로들을 그들의 사역(work)으로 인하여 특별히 존경해야 하며,[5] 가능한 한 불평(grumbling)이나 다툼(arguing)이 없이 그들과 화평하게 지내야 한다고 선언합니다.

1) 행 1:23-24; 6:2-3 2) 행 13:2; 고전 12:28; 딤전 4:14; 5:22; 히 5:4 3) 마 23:8,10; 엡 1:22; 5:23 4) 고후 5:20; 벧전 5:1-4 5) 살전 5:12-13; 딤전 5:17; 히 13:17

제31조

교회의 직분자들

- **본문:** 사도행전 6:1-6; 14:23
- **관련신조:** 웨스트민스터 신앙고백서 제30장; 하이델베르크 요리문답
  제82-85문답

| 서 론 |

벨기에 신앙고백서 제30조를 요약하면 다음과 같다. 참 교회는 하나님의 말씀에서 가르치신 영적 질서에 따라 다스려져야 한다. 이를 위해서는 세 가지 직분(목사, 장로, 집사)이 필요하다. 직분자는 회중에 의해 선출된다.

그렇다면 직분자는 사람(회중)이 뽑는 것일까? 다시 말하면, 회중 다수의 '뜻'에 따라 직분자가 세워지는 것일까? 벨기에 신앙고백서 제31조는 그렇지 않다는 것을 고백한다. 비록 형식적으로는 사람(회중들)이 직분자를 선출하지만, 실질적으로는 하나님께서 세우신다는 점을 강조한다.

이 사실을 위해서 벨기에 신앙고백서 제31조는 다음의 네 가지를 다루고 있다. 1) 직분자의 선출 방식 2) 직분자를 부르시는 하나님 3) 하나님이 부르신 직분 간의 동등함 4) 직분자에게 순종해야 할 회중의 의무.

| 본 론 |

사람이 아니라 하나님께서

벨기에 신앙고백서 제31조의 첫 문장은 "우리는 하나님의 말씀의 사역자들과

장로들과 집사들이 하나님의 말씀에 규정된(stipulated) 대로 기도와 선한 질서를 따라 교회의 합법적인 선거(election)를 통하여 선출되어야(chosen) 함을 믿습니다.”라고 고백한다.

여기에서 강조되는 두 가지 표현이 있다. “하나님의 말씀에 규정된 대로”와 “기도와 선한 질서를 따라”이다. 이 표현들은 직분자의 선출 주체가 형식적으로는 회중이지만 실질적으로는 하나님이심을 강조한다.

직분자는 교회의 합법적인 선거를 통하여 ‘사람’이 뽑는다. 그러나 사람의 자유로운 뜻에 따라 하는 것이 아니라 하나님의 말씀에 규정된 대로 한다. 그리고 기도를 통하여 하나님의 뜻을 확인하고, 선한 질서를 따라 함으로써 하나님의 뜻을 드러낸다. 그렇기에 형식적으로는 사람이 하지만, 궁극적으로는 하나님께서 하신다.

직분자의 선출 방식

그렇다면, “하나님의 말씀에 규정한 대로”라는 것은 어떤 방식인가? 여러 가지가 있겠지만 그중에 하나는 ‘합법적인 선거’다. 즉 회중에 의한 선거를 말한다.

성경에 보면 사도행전 2장에서 교회가 세워진 이후 처음으로 직분을 뽑는 장면이 사도행전 6장에 나온다. 교회의 여러 가지 사정에 의하여(행 6:1) 직분자의 필요성에 제기된 이후(6:2) 직분자를 선출하게 된다(6:5). 그런데 여기에서 일곱 사람(스데반, 빌립, 브로고로, 니가노르, 디몬, 바메나, 니골라)[210]을 세울 때, 사도들이 일정한 자격을 제시한 후에 그에 해당하는 이들을 교회에 속한 회중으로 하여금 택하게 하여 세운다(6:3,5).

사도행전 14:23에서는 처음으로 장로직을 세우라는 명령을 하면서 “각 교회에서 장로들을 택하여”라고 하는데, 여기에서 ‘택하다’라는 말이 헬라어 원

---

210) 이들에 대하여 ‘일곱 집사’라고 하지 않고 ‘일곱 사람’이라고 한 것에 유의하라. 한국교회에서는 일반적으로 이들을 ‘집사’로 이해하지만, 사도행전 6:1-6에는 ‘집사’라는 단어의 언급이 전혀 나타나지 않는다. 게다가 스데반과 빌립이 사도행전 6:8-15; 7장; 8:5-40에서 하는 역할을 보더라도 그들이 집사인 것으로 보이지 않는다. 예외적으로 사도행전 21:8에서 일곱 사람 중한 명인 빌립을 가리켜 ‘집사’라고 표현한 곳이 있긴 하다. 그러나 그것은 의역이다. 헬라어 원문과 영어 번역성경에도 ‘집사’라는 언급은 전혀 나타나지 않는다.

어에 의하면 '케이로토네오'로서 접두어 '케이르'는 '손'이라는 뜻을 갖고 있고, 어원적으로는 '손을 들어 표시하게 해서 선택하다'(elect by raising hands)라는 의미를 갖고 있다.[211] 다시 말해 거수(擧手) 투표를 통해서 한 것이며,[212] 그 주체는 회중들이었다.[213]

이러한 성경구절들에 근거해볼 때, "하나님의 말씀에 규정한 대로"라는 것은 회중이 직분자를 선출하는 것을 말한다. 그런데 이렇게 형식적으로는 회중이 선출하지만 실질적으로는 하나님께서 세우시는 것이니, 그 이유는 회중들이 사도행전 6:3, 디모데전서 3:2-13과 디도서 1:5-9 등에 나와 있는 하나님의 말씀에 따라 선출함으로써 하나님의 뜻을 드러내기 때문이다.

회중들에 의한 선택과 더불어 "기도"가 포함되어 있다는 것을 특별히 기억해야 한다. 회중들은 기도를 통하여 하나님의 뜻을 분별할 수 있도록 준비되어 선거에 임한다. 기도를 통하여 준비된 회중들은 자기들이 직분자를 선택하는 것이 아니라 하나님의 선택이 자신들에 의해 확인된다는 사실을 기억한다. 그리고 회중들은 하나님의 뜻을 교회 가운데 드러내기 위해서 선거를 한다.

종종 어느 교회에서는 직분자 선거의 과열을 염려하여 기습적으로 선거를 실시하는 경우도 있다.[214] 그러나 이것은 바람직하지 않다. 기도는 직분자 선출의 중요한 과정이다. 교회의 머리이신 그리스도께서 어떤 이들을 직분자로 부르셨는지를 깊이 고려해야 하는데 그중에 기도는 필수적이다. 기도가 없이는 하나님의 뜻이 아닌 사람의 뜻만 드러날 뿐이다.

---

211) Robert L. Reymond, *A New Systematic Theology of the Christian Faith*(Nashville: Thomas Nelson, 1998), p. 897, n.3; Cornelis Van Dam, *The Elder: Today's Ministry Rooted in All of Scripture*(Phillipsburg: P&R, 2009), 6.

212) 이와 관련하여 사도행전 1장 이후에는 '제비뽑기'가 등장하지 않는다는 것을 유의하라.

213) 칼뱅도 *Institutes*, Ⅳ, iii, 15에서 동일한 주장을 한다.

214) 한국의 장로교회 헌법에는 공동의회의 개최 요건이 개회 일주일 전에만 공고하면 되게 되어 있다. 그 법 정신은 기습적인 개회를 막기 위한 것이다. 그런데 많은 교회들이 법을 문자적으로만 적용하여 최소한의 기간인 일주일 전에 공고하여 선거하는 경우들이 많다. 그러나 성숙한 교회라면 오랫동안 온 회중이 함께 직분자 선출에 관하여 성경의 가르침을 공부하고, 기도한 뒤에 선거하는 것이 바람직하다.

이렇게 직분자의 선택에 있어서 형식적인 주체는 회중이지만, 실질적인 주체는 하나님이시다. 이 사실은 그다음 문장에 더 분명하게 나타난다.

인간의 뜻이 개입되어서는 안 됨

"그러므로 모든 사람은 부적절한 방법이 개입되지 않도록(not to intrude by improper means) 조심해야 합니다." 한마디로 말하면 부정선거 하지 말라는 것이다. 그런데 왜 부적절한 방법이 개입되면 안 되는가? 절차상 민주주의 때문인가? 그렇지 않다. 직분자를 선출함에 있어서 부적절한 방법이 개입되지 않아야 하는 이유는 하나님께서 친히 선택하시는 일에 인간의 부정한 의지가 개입되면 안 되기 때문이다. 인간의 부적절한 개입으로 인하여 하나님의 뜻이 교회 가운데 드러나는 데 방해가 될 수 있기 때문이다.

이처럼 교회가 직분자를 선출할 때에 "하나님의 말씀에 규정한 대로"가 아닌 다른 방법으로 직분자를 세우는 것은 하나님의 뜻을 막는 것이다. "기도와 선한 질서를 따라 합법적으로 선거"하지 않고 편법을 사용하는 것은 하나님의 뜻을 확인하는 길을 차단하는 일이다. 그러므로 아무나 세워서도 안 되고, 아무렇게나 세워서도 안 된다. 매우 신중하게 말씀과 기도로 잘 살펴야 한다.

하지만, 종종 우리 시대의 교회에서는 여러 가지 편법들이 동원되기도 한다. 예컨대, 성경에서 가르치고 있는 합당한 자격을 갖추지 않은 사람이 세워지는 일이 있다. 공식적으로 선거권을 갖지 않은 사람들이나 평소에는 교회에도 오지 않는 사람들을 동원하여서 투표에 참여케 하는 일들이 있다. 혹은 각종 선거운동을 통하여서 직분자 선출을 하는 경우들이 있다. 이 모든 것들은 하나님의 뜻을 분별하는 것을 방해하는 요소들이다. 이런 일을 자행하는 것은 하나님 앞에서 심각한 범죄다.[215]

---

215) 이러한 일들이 세상의 선거에서는 부정으로 간주되어 처벌하기도 하고 질타를 당하기도 하지만, 교회 안에서 아무렇지 않게 자행되고 있다는 사실은 매우 슬픈 일이요 심각한 일로서 한국 교회가 자성해야 할 부분이다.

바르게 선출하기 위한 전제로서의 소명확인

직분자를 바르게 선출하기 위해서 먼저 전제되어야 할 것이 있다. 그것은 하나님이 그 사람을 부르셨는지를 스스로 확인하는 것이다. 하나님이 부르신다고 해서 '소명'(召命, calling)이라고 하는데, 앞서 배웠던 "교회의 합법적인 선거를 통하여 선출하는 것"인 외적 소명(external calling)과 구분하여 내적 소명(interrnal calling)이라고 한다. 벨기에 신앙고백서 제31조의 3번째 문장은 내적 소명을 다음과 같이 고백한다. "오히려 각 사람은 자신을 하나님께서 부르셨다는 확실한 증거(sure testimony)를 가지고, 또한 그 부르심이 주님께로부터 온 것임을 확신하기 위하여 하나님께서 부르시는 때까지 기다려야 합니다."

이 문장에서 우리에게 가르치는 핵심은 어떤 사람을 교회의 직분으로 부르시는 분은 하나님이시라는 사실이다. 그래서 하나님께서 각 사람을 부르셨다는 사실이 분명하게 확인되어야 한다(롬 11:29). 그 부르심을 확인하기 위한 여러 가지 증거들을 통해서 정말 부르셨는지, 아니면 단순히 개인적인 감정이 아닌지를 분별하는 것이 필요하다. 그리고 정말로 하나님께서 그 직분을 감당할 수 있는 은사와 자격을 주셨다는 확신을 가질 때까지 기다린 뒤에 그 직분에 임해야 한다.

예컨대, 목사의 경우, 말씀을 잘 가르침으로 주의 교회와 하나님 나라를 섬기고 싶은 열망이 가득해야 한다. 다른 어떤 것보다 이런 일로 주님을 섬기려는 마음이 가득해야 한다. 장로의 경우, 자기의 시간을 내어서 교회를 위한 섬김과 봉사에 힘쓰고, 선한 일을 하고자 하는 열심(딤전 3:1)과 사모함이 있어야 한다. 회중들의 영적 상태를 살피고 그들을 바른 길로 인도하고자 하는 마음이 있어야 한다. 집사의 경우, 교회의 재정을 지혜롭게 잘 사용함으로써 하나님의 교회가 하나님 나라의 그림자로서 이 땅 가운데 잘 세워지고자 하는 마음이 있어야 한다. 그리고 모든 직분 후보자에게는 성도들 앞에서 신앙의 모범이 되고자 하는 마음, 주님의 몸 된 교회를 세움에 대한 진정한 관심을 가지고 봉사하고자 하는 선한 마음이 있어야 한다.

이렇게 직분자는 외적 소명과 내적 소명을 통해서 하나님께서 부르셨다는 것이 확인될 때에 세워져야 한다. 외적 소명만 있어도 안 되고 내적 소명만 있어도 안 된다. 두 가지가 모두 충족됨으로써 하나님의 뜻이 분명하게 분별될 수 있다.

외적 소명이 무시되는 직분 선택 방식(1) – 재세례파

그런데 직분자가 되는 것을 신비주의적으로 생각하는 사람들이 있다. 벨기에 신앙고백서가 작성되던 당시에 있었던 재세례파들이 그러했다. 그들은 어떤 사람이 하나님으로부터 개인적인 계시를 받고, 그 결과로 하나님께서 직분으로 부르신다고 말한다. 이러한 방식은 외적 소명은 강조하지 않고 내적 소명만 강조하는 것이다. 그러나 이런 생각은 매우 주관적일 수 있는 위험이 있다. 왜냐하면 과연 하나님이 그 사람을 부르셨는지를 정확하게 알 수 없다. 한 개인의 마음이라는 것은 매우 주관적인 것으로서 하나님의 뜻을 확인하는 분명한 준거가 될 수 없다. 그리고 너도 나도 "하나님께서 나를 직분자로 부르셨습니다."라고 말해 버리면 교회는 혼란스러울 뿐이요, 직분의 의미가 없어지게 될 것이기 때문이다. 그렇기에 하나님이 부르셨다는 사실은 개인의 내적 소명과 함께 교회를 통한 외적 소명이 함께 확인되어야 한다.

외적 소명이 무시되는 직분 선택 방식(2) – 로마 가톨릭

로마 가톨릭의 경우 역시 문제가 있었다. 지금도 그러하지만, 로마 가톨릭은 직분자를 세움에 있어서 회중은 전혀 관여하지 못한다. 로마 가톨릭은 교회 정치에 있어서 감독정치를 채택하는데, 상회에서 직분자들을 임명하는 방식을 취한다. 교황이 추기경과 주교를 임명하고, 주교는 지역교구의 사제들을 임명한다. 그래서 직분자의 외적 소명을 확인하는 절차에 있어서 교인들이 완전히 배제된다.

외적 소명과 내적 소명을 함께 중요시 여기는 개혁파 교회

그러나 개혁교회와 장로교회는 외적 소명과 내적 소명을 모두 중요하게 여긴다. 왜냐하면 직분이란 개인의 의사에 따라 스스로 성취할 수 있는 것이 아니라 교회를 세우기 위한 것으로, 교회를 통해 세워지는 것이기 때문이다. 그래서 개혁파 교회는 그 자신이 느끼는바 내적 소명이 있는 사람에 대하여 그가 섬기게 될 회중이 선출하는 방법의 외적 소명을 통해 하나님의 뜻을 확인하여 직분자로 세우는 것을 중요하게 여겼다.

한국 장로교회의 직분 선출의 문제점

오늘날 한국 장로교회의 경우 어떤가? 목사의 경우에는 내적 소명만을, 장로와 집사 직분에 대해서는 외적 소명만을 강조하는 경우가 많다. 그래서 목사가 되려면 개인이 열망만 있으면 되는 것이 어렵지 않다. 장로와 집사의 경우 본인의 내적 소명을 확인하는 절차는 생략하고 외적 소명을 통한 확인만 하는 경우가 많다. 이는 잘못된 것이다. 내적 소명과 외적 소명 둘 다 강조되어야 한다.

그리고 서리집사와 같은 한국교회에만 있는 독특한 직분의 경우, 내적 소명에 대한 확인도 없고 외적 소명이 확인되는 절차도 없이 당회에서 임명하는 식의 제도를 취하는데, 이러한 방식은 로마 가톨릭의 방식과 전혀 다를 것이 없는 것으로 하루 속히 개혁되어야 할 부분이다.

모든 직분의 동등

특별히 로마 가톨릭의 방식과 같이 상명하달(上命下達)식의 임명 제도는 심각한 문제를 갖고 있다. 왜냐하면 그것은 직분의 동등함을 해치는 것이기 때문이다. 다음 문장의 고백을 보자. "말씀의 사역자들은 그들이 어떤 지위에 있든지 간에 동등한 권세와 권위를 가지는데, 왜냐하면 그들은 모두가 교회의 유일한 우주적 감독자(the only universal Bishop)요 유일한 머리이신 예수 그리스도의 종들이기 때문입니다."

벨기에 신앙고백서가 근거구절로 제시하는 마태복음 23:1-11에 보면 예수님께서는 제자들 간에 서로 높고 낮음이 없음을 강조하신다. 특별히 8절에 보면 "너희는 랍비라 칭함을 받지 말라 너희 선생은 하나요 너희는 다 형제니라."라고 말씀하고, 10절에는 "또한 지도자라 칭함을 받지 말라 너희의 지도자는 한 분이시니 곧 그리스도시니라."라고 말씀한다. 이러한 성경의 가르침을 통해 볼 때 예수님을 머리로 하는 교회에는 직분자 간에 그 어떤 위계(位階,

hierarchy)가 있을 수 없다. 모든 직분자는 동등한 권세와 권위를 갖고 있다. 이렇게 모든 직분자가 동등하다는 사실은 직분자가 어떤 특정한 사람에 의해서 임명되는 것이 아니라 모든 회중에 의해 선출된다는 사실을 통해서도 분명하게 드러난다.

그런데 로마 가톨릭과 같이 감독정치를 채택하는 교회의 경우, 직분자를 모든 회중이 선출하지 않고 특정한 사람이 임명함으로써 위계(位階)가 생겨난다. 그리고 직분의 동등함이 자연스럽게 무너지고 만다.[216]

벨기에 신앙고백서는 로마 가톨릭과 같은 방식을 매우 경계하면서 모든 직분자는 동등하며, 교회의 유일한 감독자와 유일한 머리는 예수 그리스도이심을 강조한다.

직분자에 대한 존경과 복종

마지막으로 나오는 문장을 보자. "하나님의 이 거룩한 규례가 위배되거나 (violated) 거부되지(rejected) 않도록 하기 위하여, 우리 모두는 말씀 사역자들과 교회의 장로들을 그들의 사역(work)으로 인하여 특별히 존경해야 하며, 가능한 한 불평(grumbling)이나 다툼(arguing)이 없이 그들과 화평하게 지내야 한다고 선언합니다."

앞서 언급한 것처럼, 직분은 비록 회중에 의해 선출되지만 궁극적으로는 하나님으로부터 오는 것이다. 그러므로 모든 회중은 비록 자신의 손에 의해 선출된 자들이라 하더라도 그들의 직분적 권위는 하나님으로부터 온 것임을 분명히 인정하는 것이 필요하다.

그러므로 선출 이후 일정한 절차를 거쳐서 임직함과 동시에 회중들은 하나님께서 세우신 직분자들을 존경해야 한다.[217] 교인들은 직분자가 하나님의 교

---

216) 한국교회에서 직분자를 회중이 선출하지 않는 경우들이 많은데 이는 직분의 세속화를 초래하기가 쉽다.

217) 회중으로 하여금 직분자를 선택하도록 한 것은 그들이 뽑은 직분자에게 철저하게 순종토록 하기 위함이다. 회중은 직분의 선출에 참여한 일에 대해 중요한 책임을 갖고 있으며, 그들이 선택한 직분자는 그 회중에게 속한다는 점을 명심해야 한다.

회를 잘 치리할 수 있도록 그들에게 지혜를 달라고 기도해야 한다. 목사를 위해서는 말씀을 잘 가르칠 수 있는 지혜를 달라고, 교인들을 잘 양육할 수 있는 지혜를 달라고, 하나님의 교회를 진리 가운데 잘 보존할 수 있는 지혜를 달라고 기도해야 한다. 장로를 위해서는 선포되는 말씀이 교회 가운데 잘 드러나고 있는지를 살필 수 있는 지혜를 달라고 기도해야 한다. 교인들을 심방하고 위로하며 언약의 자녀들을 잘 양육할 수 있게 해달라고 기도해야 한다. 목사와 장로 모두를 위해서는 교회 안에 일어나는 여러 가지 문제에 대해서 바르게 판단하고 해결할 수 있는 지혜를 달라고 기도해야 한다. 이때 직분자를 존경해야 한다는 것은 그 사람의 됨됨이를 존경하는 것이라는 의미보다는 그들의 직분적 권위를 존경해야 한다는 것이다. 내가 세웠다면 모르지만 하나님께서 세우셨으니 존경해야 한다.

이 사실은 벨기에 신앙고백서의 근거구절들인 데살로니가전서 5:12-13; 디모데전서 5:17; 히브리서 13:17 등에 잘 나타나 있다.

벨기에 신앙고백서 제31조가 나오게 된 역사적 배경

중세교회의 타락에 있어서 중요한 이슈 중 하나는 직분의 타락이었다. 모든 직분은 하나님으로부터 나오며 그 직분자를 세우시는 것도 하나님이시지만, 중세시대에는 그 의미가 잘 드러나지 못했다. 그리하여 직분 매매(賣買)가 활개를 쳤고, 회중들이 직분자의 선출에 전혀 참여하지 못하였고, 직분의 동등 됨이 파괴되어서 직분 간의 위계를 강조하였다.

그러한 시대에 작성된 벨기에 신앙고백서는 제31조를 통하여 직분자는 하나님께서 세우신다는 고백이 신앙의 한 부분임을 분명하게 고백한다. 그리고 직분자 선출의 주체가 회중들에게 있음을 강조하고, 인간적인 부정이 절대로 개입되어서는 안 될 것을 강조하며, 모든 직분은 동등하다는 사실을 고백한다.

| 결 론 |

하나님의 교회는 하나님께서 다스리신다. 교회의 머리는 오직 예수 그리스도
이시다. 이 사실이 교회 가운데 분명하게 드러나야 한다. 이 일을 위하여 교회
의 모든 일은 하나님의 말씀이 명하는 대로 해야 하고, 기도를 통해 진행되어
야 하며, 선한 질서를 따라 이루어져야 한다. 그렇지 않을 때에 교회는 하나님
의 뜻이 아닌 사람의 뜻에 의해 세워지게 되며, 그 교회는 하나님의 교회가 아
닌 사람들의 교회가 되고 말 것이다.

제32조

교회의 질서와 권징

The Order and Discipline of the Church

우리는 교회를 치리하는 자들이 몸 된 교회를 유지하기 위하여 어떤 질서를 세우는 것(to establish)이 유익하고 좋다 할지라도, 그들은 우리의 유일한 주인이신 그리스도께서 명령하신 것에서 벗어나지 않는지(not deviate from)를 항상 살펴야 함을 믿습니다.[1] 그러므로 우리는 하나님께 드리는 예배에 도입되어 어떤 방식으로든 양심을 억압하고(bind) 강요하는(compel) 인간적인 모든 고안물들(inventions)이나 규범들(laws)을 배격합니다(reject).[2] 우리는 조화와 일치를 보존하고 증진시키며, 하나님께 순종하도록 모든 것을 지키게 하는 적법한 것만을 받아들입니다.[3] 이 목적을 위하여 권징(discipline)과 출교(excommunication)가 하나님의 말씀에 따라 시행되어야만 합니다.[4]

1) 딤전 3:15 2) 사 29:13; 마 15:9; 갈 5:1 3) 고전 14:33 4) 마 16:19; 18:15–18; 롬 16:17; 고전 5장; 딤전 1:20

교회의 질서와 권징

- **본문:** 디모데전서 3:15; 고린도전서 14:33,40
- **관련신조:** 웨스트민스터 신앙고백서 제30장

| 서 론 |

어떤 모임이나 공동체든지 반드시 질서(order)가 필요하다. 한 사람만이 존재하는 것이 아니라 여러 사람이 모여서 하나의 공동체를 이루고 있다면 질서가 있어야 한다. 만약 질서가 없다면 그 공동체는 쉽게 혼란에 빠지게 될 것이고, 심지어는 공동체가 와해될 수도 있다.

교회 역시 마찬가지다. 교회는 여러 지체로 이루어진 하나의 몸이다. 그러므로 교회에는 질서가 있어야 한다. 그렇다면 교회의 질서는 어떠한 원리와 방식으로 세워질 수 있을까? 가장 기본은 하나님께서 교회를 다스리신다는 사실을 모든 사람이 기억하는 것이다. 또한 교회의 머리는 예수 그리스도이심을 모든 지체들이 기억하는 것이 필요하다(하이델베르크 요리문답 50문답; 웨스트민스터 신앙고백서 25장 6절). 이렇게 할 때에 교회는 비록 여러 사람들로 이루어졌지만 분명한 질서를 가질 수 있다. 각 지체들이 자기 마음대로 하지 않고(참조. 삿 21:25), 하나님과 그 아들 예수 그리스도의 뜻에 따라 행한다면 교회는 질서 있게 세워져 갈 것이다.

그런데 이러한 '원리'만으로 부족할 수가 있다. 인간의 연약함, 성도의 불완전함으로 인하여 더 분명한 '방법'이 요구된다. 그래서 교회는 말씀에 근거하여 바른 질서를 세워야 하는데, 이 일을 하는 사람이 하나님께서 세우신 직분자다. 하나님께서 교회에 직분자를 주시는 이유는 교회를 질서에 따라 다스리게 하시기 위함이다. 다시 말해 직분자들은 하나님의 교회를 바르게 세워 나가도록 하기 위해 특별히 부름을 받은 자들이다. 그래서 이들을 가리켜 '치리(治理)자'라고 말한다. 그러므로 이들은 하나님의 교회를 질서 있게 다스려 나가야 한다. 자기 마음대로 하는 것이 아니라 그리스도께서 당신의 말씀을 통해 주신 명령에 따라 해야 한다. 그 말씀의 범위 안에서 해야 한다. 그렇게 함으로서 궁극적으로 주님의 교회를 그리스도의 몸에 합당하게 세워 나가는 것이 중요하다.

벨기에 신앙고백서 제32조는 직분자들이 교회의 질서를 위해 어떻게 해야 하는지를 다루고 있다.

| 본 론 |

디모데전서 3:15의 가르침

이 강해의 본문인 디모데전서 3:15의 앞부분은 감독과 집사, 즉 직분자의 자격에 대해서 다룬다(딤전 3:1-13). 그러고 나서 14-15절에서는 말하기를 "(14)내가 속히 네게 가기를 바라나 이것을 네게 쓰는 것은 (15)만일 내가 지체하면 너로 하여금 하나님의 집에서 어떻게 행하여야 할지를 알게 하려 함이니 이 집은 살아계신 하나님의 교회요 진리의 기둥과 터니라."라고 말한다. 이 본문에 의하면 사도 바울은 디모데가 목회하고 있는 에베소에 가기를 원했다. 그리고 그곳에 가서 교회의 여러 가지 형편들에 대해 교훈하고 싶은 것들이 있었다. 하지만 상황이 여의치 않았다. 그래서 먼저 이 편지를 보내었으니, 편지를 보낸 중요한 목적은 디모데로 하여금 '하나님의 집'에서 어떻게 행하여야 할지를 알게 하기 위함이었다. 에베소 교회를 목회하는 디모데와 그의 사역을 통해 세워지는 감독들과 집사들, 즉 직분자들이 하나님의 집에서 어떻게 해야 하는지를 가르쳐 주기 위해서 보낸 편지다.

그렇다면, "하나님의 집에서 어떻게 행하여야 할지"라는 말이 무슨 말인가? '하나님의 집'이란 문자적으로 '하나님의 가정'을 의미한다. 하나님을 믿는 사람들로 이루어진 가정의 의미를 갖고 있는데, 이어지는 말씀에 보면 "이 집은 살아 계신 하나님의 교회요"라고 말씀하고 있어서 결국 '교회'를 가리킨다. 그러므로 "하나님의 집에서 어떻게 행하여야 할지"라는 말은 "하나님의 교회를 어떻게 치리(治理)해야 할지"라는 말로서, 사도 바울이 이 편지를 쓰고 있는 이유는 디모데가 목회하는 교회를 어떻게 다스려 가야 할지, 어떻게 교회의 질서를 세워 가야 할지를 가르쳐 주고 있는 것이다. 그래서 디모데전서를 디모데후서, 디도서와 함께 '목회서신'(The Pastoral Epistles)이라고 부른다. 사도 바울은 이 목회서신을 통하여 하나님의 집인 교회가 어떻게 세워져 가야 하는지 가르쳐 주고 있다. 그러면서 교회를 가리켜 '진리의 기둥과 터'라고 말씀하니, 교회는 세상 단체와 같이 운영되어서는 안 되고, 하나님의 진리에 맞게 다스려져야 한다는 것을 교훈한다. 이러한 말씀에 비춰볼 때에 교회에는 질서가 필요하다는 사실을 분명하게 알 수 있다.

그래서 벨기에 신앙고백서 제32조는 교회의 질서와 권징에 대한 내용을 다루면서 가장 첫 근거구절로 디모데전서 3:15를 제시한다.

고린도전서 14:33, 40의 가르침

이 강해의 또 다른 본문인 고린도전서 14:33에 보면 "하나님은 무질서의 하나님이 아니시오 오직 화평의 하나님이시니라."라고 말씀하고, 40절에 보면 "모든 것을 품위 있게 하고 질서 있게 하라."라고 말씀한다. 이 두 구절에서 강조되는 것이 '질서'다.

이 말씀의 의미를 구체적으로 알기 위해서 본문의 배경을 생각해 보자. 고린도전서 14장은 당시 고린도교회의 예배와 관련해서 나오는 말씀이다. 이 사실은 고린도전서 14:26을 보면 분명하게 알 수 있다. 그렇다면 당시 고린도교회의 예배가 어떠했는가? 우리가 알다시피 고린도교회는 여러 가지 문제들이 있었는데, 예배에 있어서도 마찬가지였다. 당시 고린도교회의 예배는 질서가 없이 매우 소란스러운 예배였다. 교회로서 모이는 예배란 개개인이 드리는 예배와 달리 함께 드리는 공적인 예배로서 궁극적으로는 '그리스도의 몸인 교회의 모습'을 가장 잘 드러내는 방편이 되어야 하는데, 고린도교회는 그렇지 못했다. 자기 나름의 은사를 가지고 소란을 떨었다. 이러한 상황 속에서 사도 바울은 고린도교회를 향하여 권면하기를 예배에 관한 중요한 원리를 제시한다. 그것은 하나님은 무질서의 하나님이 아니라, 화평의 하나님이시라는 사실이다 (33절). 그러면서 40절에서는 '질서'를 강조한다.

그러므로 이 말씀 역시 교회에 질서가 필요하다는 사실, 그중에서도 특히 예배와 관련하여 질서가 필요함을 잘 보여 준다. 그래서 벨기에 신앙고백서 제32조는 세 번째 근거구절로 고린도전서 14:33을 제시한다.

직분자가 할 일

그렇다면 이제 벨기에 신앙고백서 제32조는 무엇을 말하는지 보자. 먼저 가장 첫 문장을 보면 "우리는 교회를 치리하는 자들이 몸 된 교회를 유지하기 위하여 어떤 질서를 세우는 것(to establish)이 유익하고 좋다 할지라도"라고 고백한다. 이 말은 교회를 치리하는 자들, 즉 직분자들이 교회를 다스리기 위해서 어느 정도의 제도를 사용하는 것은 유익하다는 것이다.

여기에서 먼저 기억해야 할 것은 직분자는 그 직분에 적합한 일을 하라고 세움바 된 자들이다. 다시 말하면, 직분이 없는 사람들도 다 하는 예배드리고, 기도하고, 찬송 부르는 일을 하라고 직분이 주어지는 것이 아니다. 그런 일은 모든 회중이 하는 일이기에 어떤 사람을 구별하여 직분자로 세워서 할 필요가 없다. 그러므로 직분자란 어떤 직임을 수행하기 위한 직분으로 부름을 받은 사람을 말한다. 그래서 직분이 있다면 그 직분에 해당하는 직임이 있고 그 직임을 수행하기 위한 직분자가 있다.[218]

하나님의 집이요, 진리의 기둥과 터인 교회를 세워 나가도록 하시기 위해서 교회의 머리이신 예수님께서는 모든 성도들에게 성령을 주셔서 각각 자기의 받은 것을 통해 자기를 드려서 교회를 세우도록 하셨지만, 어떤 사람들에게는

---

218) 개혁주의 직분론에 있어서 직분, 직임, 은사, 부르심, 임직이 잘 연결되어 있어야만 정상적인 직분관이라고 할 수 있다(참조. 롬 11:29). 특히 웨스트민스터 대요리문답 제158문답은 이 사실을 아주 잘 보여 주고 있다.

특별한 은사를 주시고 또한 그 은사들을 책임 있게 사용하게 하셔서 교회를 세우게 하셨으니 그들이 곧 직분자다.

이렇게 세워진 직분자들은 교회가 그리스도의 몸으로서 온전하게 지어져가기 위해, 질서와 조화를 유지하기 위한 다스림을 해야 한다. 이 다스림을 위하여 교회의 질서를 확립하고 적절한 제도를 사용하는 것이 필요하다. 물론 그렇다고 해서 지나치게 행정적이고 획일적인 제도가 되어서는 안 된다. 왜냐하면 교회는 유기적 공동체이기 때문이다. 그러나 분명한 것은 질서의 하나님의 집인 교회를 위하여 질서를 유지하는 일에 자신의 섬김을 다해야 한다.

교회 회의와 교회법의 역사

이러한 성경의 가르침은 교회 역사를 보면 실제 교회 현장에서 드러난 것을 볼 수 있다. 그래서 교회 역사를 보면 교회의 질서를 위한 중요한 회의들이 있었고, 그 회의들을 통해서 교회를 위한 규례들이 제정된 것을 볼 수 있다. 그 내용을 다 살필 수는 없기에 중요한 내용만을 살펴보자.

초대교회의 경우, 니케아 공의회에서는 교회의 신앙고백에 관한 결정을 했고, 360년에 열린 라오디게아(Laodicea) 공의회는 예배와 관련된 결정을 하였고, 그 외에도 여러 가지 회의를 통해서 교회의 질서가 세워졌다.

종교개혁 시대의 경우에는 교회 질서를 위한 많은 규례들이 만들어졌는데, 이 일에 가장 대표적으로 관여한 사람이 칼뱅이다. 그는 앞서 우리가 보았던 고린도전서 14:40에 근거하여 교회법의 필요성을 주장하였다. 칼뱅의 이러한 생각으로 인하여 1536년에 기욤 파렐(Guillaume Farel, 1489-1565)의 요청을 받고 제네바 교회에 부임하여서 가장 먼저 했던 두 가지 일이 있는데, 첫째는 "제네바 신앙고백서를 작성한 일"(1536년, 21개조)[219]과 두 번째는 "**제네바 교회의 조직과 예배에 관한 조항들**"(Articles concernant l'organisation de l'eglise et du culte a Geneve / Articles concerning the Organization of the Church and of Worship at Geneva, 1537년

---

219) 1542년에 발행되는 제네바 신앙고백서의 초판이다.

1월 16일)[220]을 작성한 일이다. 이렇게 한 이유는 교회 질서가 필요하다는 분명한 이해를 하고 있었기 때문이다. 이후에 칼뱅은 1538년 4월 23일 제네바 교회에서 추방을 당하는데, 1541년 9월 13일에 제네바 교회의 요청으로 다시 돌아온다. 돌아와서 가장 먼저 한 일이 '교회법'을 작성하여 채택시키려고 한 것이니, 칼뱅은 1541년에는 "제네바 교회법"(Ordonnances ecclesiastiqes)을, 1542년에는 "제네바 예배모범"(La forme des chantz et prieres ecclesiastiques)을 만들어서 교회에서 사용하게 했다.

이외에도 칼뱅의 제자이자 스코틀랜드 장로교의 창시자인 존 녹스는 "제1치리서"(The First Book of Discipline, 1560)를 만들었고, 존 녹스가 죽은 이후에 스코틀랜드 교회의 지도자 역할을 했던 앤드류 멜빌(Andrew Melville, 1545-1622)은 "제2치리서"(The Second Book of Discipline, 1578)를 만들어서 교회의 정치를 확립하기도 했다. 이렇게 종교개혁자들은 교회의 조직과 예배에 관한 Articles(조항), Order(질서), Form(모범) 등을 만들어서 교회 질서를 세우는 것을 매우 중요하게 여겼다.

그 이후 1618-1619년의 네덜란드 도르트에서 열린 회의에서는 '도르트 교회법'(The Church Order of Dort)을 제정했으니, 이 법에는 직분과 예배에 관한 여러 가지 규정들이 포함되어 있다. 그리고 이 법은 지금까지도 네덜란드 개혁교회들의 교회법에 있어서 중요한 지침이 되고 있다.

또한 1643년 7월 1일에 열려서 1649년 2월 22일까지 계속된 웨스트민스터 회의는 웨스트민스터 신앙고백서와 대소요리문답뿐만 아니라 예배 모범(Directory for the Publick Worship of God)과 정치 모범(The Form of Presbyterial Church-Government)을 만들었다.

그리고 오늘날에도 서구의 교회들은 Book of Order 혹은 Church Government라는 것을 통해서 교회에 필요한 질서, 특히 예배와 직분에 관한

---

220) 1530년 바젤에서 오카람파디우스(Oecalampadius)에 의해 작성된 계획안의 영향을 받은 것이다. 그러나 그 결과 칼뱅과 파넬은 제네바에서 추방 당했다. 이후 1541년 칼뱅이 제네바로 다시 돌아와 11월 20일에 시의회에서 채택되었다.

내용을 제정해 오고 있고, 한국의 장로교회들은 웨스트민스터 회의를 통해서 만들어진 신앙고백서와 요리문답서들, 그리고 예배 모범과 정치 모범의 영향을 받은 헌법을 통해서 교회 질서를 세워 나가고 있다.

그리스도께서 명령하신 대로의 치리

직분자들은 공교회적으로 질서를 세울 뿐만 아니라 각 교회의 직분자들로 이루어진 당회나 제직회를 통해서 나름대로의 질서와 규율을 만들어 나가야 한다. 그러나 여기에서 명심해야 할 것이 있다. 그것은 이 모든 것들의 모법(母法)은 성경이라는 사실이다. 교회의 모든 질서는 반드시 성경을 기초로 세워 나가야 한다. 사람의 지혜나 방법이 개입되는 것을 최소화하고 하나님의 뜻과 방법이 충분히 드러나도록 최선을 다해야 한다.[221]

이 사실이 중요한 이유는 과거 교회 역사를 보면 성경의 가르침을 벗어나 사람의 지혜와 사람의 권위에 따라 교회가 다스려지던 때가 있었기 때문이다. 벨기에 신앙고백서가 작성되던 당시에도 마찬가지다. 성경이 말하지 않는 직분, 성경의 원리에서 벗어난 질서가 있었다.

그래서 벨기에 신앙고백서는 다음과 같이 고백한다. "우리는 교회를 치리하는 자들이 몸 된 교회를 유지하기 위하여 어떤 질서를 세우는 것(to establish)이 유익하고 좋다 할지라도, 그들은 우리의 유일한 주인이신 그리스도께서 명령하신 것에서 벗어나지 않는지(not deviate from)를 항상 살펴야 함을 믿습니다."

직분은 하나님께서 세우신 것이며 직분자도 하나님께서 부르셨으니, 직분자들은 반드시 자신들이 하는 일이 하나님의 말씀의 원리에 충실한지를 끊임없이 살펴야 한다. 그렇지 않으면 교회는 하나님의 뜻에 따라 세워질 수가 없다. 교회 질서를 위한 각종 규례를 정하되, 그 모든 것들이 교회의 머리이신 예수 그리스도의 뜻에 합당한지를 잘 살펴야 한다.

---

221) 일반적으로 세상에서는 사람의 지혜가 잘 드러나는 것을 미덕으로 생각한다. 그러나 교회는 사람의 지혜가 최소한으로 드러나도록 해야 한다는 특이성을 갖고 있다.

예배에 있어서의 규정적 원리

특별히 '예배'에 관한 부분에 있어서 더욱 그리해야 한다. 왜냐하면 교회는 예배공동체이며, 교회의 가장 중요한 핵심은 예배이기 때문이다. 이 예배를 위해서 여러 가지 규칙들을 만들 수가 있다. 우리가 잘 아는 웨스트민스터 표준문서의 경우에도 신앙고백서와 요리문답과 함께 예배 모범을 갖고 있다.

그런데 중세 시대에는 예배에 관한 규칙에 있어서 성경에서 명령하지 않은 것을 도입하는 경우들이 많이 있었다. 그리고 '지침' 혹은 '기도서'(the Book of Common Prayer)이라고 해서 아예 그런 방식으로 하지 않으면 안 되는 것으로 강압하는 경우들이 있었다.[222] 그러나 이러한 것들은 잘못된 것이다. 그래서 이렇게 고백한다. "그러므로 우리는 하나님께 드리는 예배에 도입되어 어떤 방식으로든 양심을 억압하고(bind) 강요하는(compel) 인간적인 모든 고안물들(inventions)이나 규범들(laws)을 배격합니다(reject). 우리는 조화와 일치를 보존하고 증진시키며, 하나님께 순종하도록 모든 것을 지키게 하는 적법한 것만을 받아들입니다."

위 문장은 성도의 양심을 억압할 정도로 예배에 관해서 획일적으로 강요해서는 안 된다는 사실을 말하면서 또한 동시에 교회가 예배에 관하여 하나님께서 허락하신 방법에 근거하여 적절하게 제한해야 할 필요성을 말한다. 즉 예배는 하나님께서 원하시는 방식대로 해야 한다는 것을 강조한다. 위 문장의 근거구절인 마태복음 15:9에도 보면 "사람의 계명으로 교훈을 삼아 가르치니 나를 헛되이 경배하는도다 하였느니라."라고 말씀하니 예배는 사람이 원하는 대로가 아니라 하나님께서 원하시는 방식대로, 하나님께서 가르쳐 주신 방식대로 해야 한다. 이것을 가리켜서 개혁주의 신학에서는 '예배에 있어서의 규정적 원리'(Regulative Principle of Worship)라고 한다. 이 부분에 대해서는 벨기에 신앙고백서 제7조에서 이미 다뤘다. 제7조의 두 번째, 세 번째 문장에서, "하나님께

---

222) 로마 가톨릭의 경우를 보면 "미사 경본 총지침"(Institutio Generalis Missalis)라는 것이 있어서 그 지침에 따라 미사를 집례해야 하고, "기도서"(Prayer Book)가 있어서 거기에 실린 대로 기도해야 한다. 영국 성공회의 경우도 기도서를 사용한다.

서 우리에게 요구하시는 예배의 전체 방식(the whole manner of worship)이 성경 안에 충분히 기록되어 있습니다. 그러므로 우리가 지금 성경에서 가르침을 받는 것 외에 다른 것을 가르치는 것은 심지어 사도라 할지라도 그 누구도 불법입니다(unlawful)."라고 고백한다.

이러한 원리에 근거하여 직분자들은 예배를 위한 분명한 질서를 세워야 하고 그리하여 교회가 드리는 공적 예배에 하나님께서 제정하신 것 이외에 다른 것이 들어오지 못하도록 해야 한다.

그러나 안타깝게도 오늘날 우리 시대의 교회는 직분자들이 이 일을 제대로 감당하지 못한다. 교회가 드리는 예배를 잘 지도하고 감독해야 할 직분자들이 오히려 예배의 순수성을 훼손시키는 것을 종종 볼 수 있다. 하지만, 우리는 성경과 벨기에 신앙고백서, 그리고 그 외에 우리의 믿음의 선배들이 전수해 준 '예배에 있어서의 규정적 원리'를 잘 지켜 나가야 한다.

때로는 필요한 권징과 출교

교회 질서에 관하여 직분자들이 할 수 있는 일의 범위는 무엇일까? 맨 마지막 문장을 보자. "이 목적을 위하여 권징(discipline)과 출교(excommunication)가 하나님의 말씀에 따라 시행되어야만 합니다." 교회 질서에 따라 세워진 직분자들이 할 수 있는 일은 권징과 출교다.

직분자가 세워진 목적은 교회 질서를 위함이니, 회중에게 적절한 권징을 해야만 한다. 권면과 징계 없이 질서가 세워질 수 없다.

쉽게 이해하기 위해 한 집안의 가정을 예로 들어보자. 부모가 자녀를 권면하고 징계하지 않고는 가정의 질서가 세워질 수 없다. 자녀가 부모님의 말씀을 거역할 때에 때로는 권면하고 그 정도가 심할 경우에는 징계를 해야 한다. 마찬가지로 직분자들은 교회가 하나님의 질서에 따라 세워지도록 성도들을 권면해야 하고 때로 그 정도가 심할 경우에 징계해야 한다. 성도들이 믿음과 행실에 있어서 하나님의 교훈에 일치하지 않음에도 불구하고 가만히 내버려둔다면 교회 질서는 세워질 수가 없다. 성도들이 하나님께 예배하는 일을 게을리 하는데도 가만히 내버려둔다면 교회 질서는 세워질 수 없다. 그러므로 직분자는 반드시 권징을 해야 한다.

그런데 이 징계의 범위가 어느 정도까지인가? 출교까지도 할 수 있다. 즉 교회 공동체로부터 제외되도록 할 수도 있다. 이 사실은 벨기에 신앙고백서의 근거구절들인 마태복음 16:19; 18:15-18; 로마서 16:17; 고린도전서 5장; 디모데전서 1:20뿐만 아니라 고린도후서 2:5-11; 데살로니가후서 3:6, 14, 15; 디모데전서 5:20; 디도서 3:10-11 등에서 말씀한다. 고린도전서 5:5과 디모데전서 1:20은 신약교회가 실제로 출교를 한 적이 있음을 보여 준다.

우리는 성경의 직접적 가르침을 통해서도 이 사실을 알 수 있지만, 직분자가 '세례'를 통하여 교회의 회원을 받아들이는 일에 관여하므로 '출교'를 통하여 그 회원을 내보내는 일도 할 수 있다는 것을 당연하게 생각할 수 있다. 또한 교회는 그리스도의 거룩한 몸이요, 직분자는 그 몸을 거룩하게 유지하고 보존하는 일을 하는 사람이라는 점을 생각한다면, 그리스도의 거룩한 몸에 합당하지 않은 '가라지'가 분명하게 드러났을 때에는 그 가라지를 끊어내는 일을 직분자가 해야 한다는 사실을 당연하게 생각할 수 있다.

권징과 출교의 제한적인 목적 – 조화와 일치

권징과 출교를 집행함에 있어서 매우 신중해야 한다는 사실을 잊지 말아야 한다. 직분자의 권위를 남용해서는 안 된다. 직분자는 철저히 교회의 머리이신 그리스도께 순종함으로 자신의 권위를 행사해야 한다. 그래서 벨기에 신앙고백서 제32조는 말하기를 "이 목적을 위하여 권징(discipline)과 출교(excommunication)가 하나님의 말씀에 따라 시행되어야만 합니다."라고 했다. 강조하기를 "하나님의 말씀에 따라 시행되어야만 합니다."라고 했으니 직분자는 자신의 뜻이 아닌 하나님의 뜻에 따라 권징과 출교를 행해야 한다. 또한 여기에서 "이 목적"이 무엇인가? 바로 앞에 나오는 고백에 보면 "우리는 조화와 일치를 보존하고 증진시키며"라고 되어 있다. 교회 안에 있는 질서와 관련된 모든 일들의 궁극적인 목적은 교회의 조화와 일치다. 다른 말로 하면 그리스도의 몸을 세우는 것이다. 이 일을 위해서 항상 신중하게 결정해야 한다. 그렇지 않으면 그리스도의 교회가 사람의 권위에 의해 짓밟힐 수 있다.

이 사실을 역사를 통해서 배울 수 있다. 얀 후스와 같은 체코의 종교개혁자들이 처형을 당하기도 하였다. 마르틴 루터를 비롯한 종교개혁자들이 부당한 징계를 받기도 했다. 한국의 주기철 목사 역시 마찬가지다.

| 결 론 |

하나님의 교회는 철저히 하나님의 말씀에 따라 지어져 가야 한다. "이 집은 살아 계신 하나님의 교회요 진리의 기둥과 터"(딤전 3:15)이다. 그러기 위해서 교회에는 질서가 있어야 한다. 벨기에 신앙고백서는 이 사실을 매우 강조한다. 그래서 제29조에서는 참 교회를 구별하는 세 가지 표지 중에 하나로서 "죄를 교정하고 징벌하는 교회의 권징을 실행하는 것"을 말했다. 그리고 제32조에 와서는 다시 구체적으로 교회에 질서가 있어야 하며 권징이 있어야 함을 말한다.

이러한 고백에 따라 개혁교회와 장로교회는 많은 신앙고백과 교회법과 예배 모범과 정치 모범을 만들어 왔다. 이미 우리에게는 그것들이 좋은 재료로 주어져 있다. 그러므로 우리가 할 일은 그것들이 온 교회 안에서 잘 가르쳐져서, 모든 교인들이 그 법을 잘 지켜 하나님의 교회를 든든히 세워 나가도록 하는 것이다.

성례

The Sacraments

우리는 우리의 은혜로우신(gracious) 하나님께서 우리의 무감각함(insensitivity)과 연약함(weakness)을 잊지 않으시어(mindful) 성례를 제정하시고, 이것으로 우리를 향한 당신의 약속을 우리에게 인치시고(seal), 당신의 선하신 뜻과 은혜를 보증하셨음을(to be pledges) 믿습니다. 하나님께서는 이것을 통해 우리의 믿음을 자라게 하시고(nourish) 유지해(sustain) 주십니다.[1] 하나님께서 복음의 말씀[2]에 이것을 더하셔서 당신께서 말씀으로 우리에게 선언하신 것과 내적으로 우리 마음속에 행하시는 것을 우리의 외적 감각에 더욱 잘 나타내 보이셨습니다. 이렇게 하나님께서는 당신께서 베풀어 주신 구원을 우리에게 확증해 주십니다. 성례들은 내면적이고 보이지 않는 것에 대한 보이는 표와 인(visible signs and seals)으로, 하나님께서는 이것을 방편으로 성령님의 능력을 통하여 우리 안에서 역사하십니다.[3] 그러므로 표는 헛되거나 무의미하여 우리를 속이는 것이 아닙니다. 왜냐하면 예수 그리스도께서 그 성례들의 실재(truth)이기 때문입니다. 그래서 그리스도를 떠나서(apart from Him) 이 성례들은 아무것도 아닙니다. 더 나아가서, 우리는 성례의 수를 우리의 주인이신 그리스도께서 우리를 위해 제정해 주신 두 가지, 즉 세례와[4] 예수 그리스도의 만찬의 성례로[5] 만족합니다.

1) 창 17:9-14; 출 12; 롬 4:11 2) 마 28:19; 엡 5:26 3) 롬 2:28,29; 골 2:11,12 4) 마 28:19 5) 마 26:26-28; 고전 11:23-26

성례

- **본문:** 로마서 4:11
- **관련신조:** 웨스트민스터 신앙고백서 제27장; 웨스트민스터 대요리문답
  제161-164문답; 웨스트민스터 소요리문답 제91-93문답;
  하이델베르크 요리문답 제65-68문답

| 서 론 |

벨기에 신앙고백서 제29조는 참 교회와 거짓 교회를 구별하는 표지를 다룬다. 그러면서 참 교회에는 세 가지 표지가 있다고 고백한다. ① 순수한 복음 설교를 선포하는 것 ② 그리스도께서 제정하신 대로 성례를 순수하게 시행하는 것 ③ 죄를 교정하고 징벌하는 교회의 권징을 집행하는 것.

이 세 가지 중에 세 번째에 해당하는 권징을 제30조에서 제32조까지 다뤘다면, 두 번째에 해당하는 '성례'는 제33조에서 제35조까지 다룬다. 좀 더 구체적으로는 제33조에서는 성례 전체에 대해서, 제34조는 성례 중 세례에 대해서, 제35조는 성례 중 주의 만찬에 대해서 다룬다. 이 강해에서는 제33조를 통해서 성례가 무엇인지에 대해서 살펴볼 것이다.

| 본 론 |

은혜의 방편으로서의 성례

하나님께서는 당신의 백성에게 은혜를 베푸신다. 하나님이 우리에게 은혜를

주실 수 있는 이유는 하나님이 곧 은혜로우신 분이기 때문이다. 하나님은 자신이 갖고 계신 것으로 우리에게 주신다. 하나님에게 사랑이 있으니 우리를 사랑하실 수 있고, 하나님에게 은혜가 있으니 우리에게 은혜를 주실 수 있다.

은혜의 하나님께서 당신의 백성들에게 은혜를 베푸실 때 몇 가지 공식적인 통로를 사용하시는데 그 수단을 가리켜, 은혜의 방편들(means of grace, *media gratiae*)이라고 한다. 은혜의 방편 중 첫 번째는 말씀의 설교다. 하나님은 당신의 말씀이 선포되는 것을 통해 당신의 백성들에게 은혜를 베푸신다. 로마서 10:17 "그러므로 믿음은 들음에서 나며 들음은 그리스도의 말씀으로 말미암았느니라."는 말씀은 믿음과 은혜가 주어지는 방편이 선포되는 말씀에 있음을 잘 보여준다.

여기에 더하여 하나님께서 주신 또 다른 은혜의 방편이 있는데, 성례. 성례(聖禮, sacraments)란 선포된 말씀에 더하여 복음의 약속을 표시하고 인치는 것이다(참조. 롬 4:11).[223] 하나님은 우리에게 은혜를 주셔서 믿음을 일으키시고, 그 믿음을 굳게 세우기를 원하시는데 그 방법으로 말씀과 성례를 사용하신다.[224]

이 사실이 벨기에 신앙고백서 제33조의 첫 문장에 나타나 있다. "우리는 우

---

223) 성례라는 말을 오해하지 말아야 한다. 교회에서 일어나는 많은 일들에 대해 피상적으로 생각하는 분들은 '성례'라는 용어를 '세례(洗禮)'의 뒷글자인 '례'와 '성찬(聖餐)'의 앞글자인 '성'이 합쳐져서 '성례'가 되었다고 생각하기가 쉽다. 공교롭게도 한글 번역이 그러한 오해를 하게 만든다. 하지만, 성례(聖禮)란 거룩한 예식이라는 뜻으로서, 교회 안에서 이루어지는 중요한 공적 예식을 말한다.

224) 웨스트민스터 신앙고백서(제14장 제1절), 웨스트민스터 대요리문답(제154문답), 웨스트민스터 소요리문답(제88문답)과 찰스 핫지(Charles Hodge, *Systematic Theology*, vol. 3(1871; Grand Rapids: Hendrickson, 2003), 169, 692-700), 유해무(유해무, 『개혁교의학』(서울: 크리스챤다이제스트, 1997), 526-530)는 은혜의 방편들에 말씀, 성례뿐만 아니라 '기도'를 포함시키는데, 벌코프는 기도를 '은혜의 열매'로 보고 방편에는 포함시키지 않는다. Louis Berkhof, *Systematic Theology*(Grand Rapids: Eerdmans, 1941), 권수경, 이상원 역, 『조직신학 (하)』(서울: 크리스챤다이제스트, 2000), 866. 레이몬드는 기도를 은혜의 열매로 보는 벌코프의 입장에 매우 동의하면서도 기도를 은혜의 방편에 포함시키는 핫지의 견해를 받아들인다. Robert L. Reymond, *A New Systematic Theology of the Christian Faith*(Nashville: Thomas Nelson, 1998), 912-913. 그루뎀은 전통적인 은혜의 방편의 종류에 대해 거부감을 갖고 은혜의 방편을 좀 더 확장시킨다. 기본적인 은혜의 방편 외에 예배, 권징, 구제, 영적 은사들, 친교, 전도, 개인을 향한 사역까지 포함시킨다. Wayne Grudem, *Systematic Theology: An Introduction to Biblical Doctrine*(Grand Rapids: Zondervan, 1994), 노진준 옮김, 『조직신학(하)』(서울: 은성, 1997), 170-171.

리의 은혜로우신(gracious) 하나님께서 우리의 무감각함(insensitivity)과 연약함(weakness)을 잊지 않으시어(mindful) 성례를 제정하시고, 이것으로 우리를 향한 당신의 약속을 우리에게 인치시고(seal), 당신의 선하신 뜻과 은혜를 보증하셨음을(to be pledges) 믿습니다."

이 문장에 의하면 말씀이라는 은혜의 방편이 있지만, "우리의 무감각함(insensitivity)과 연약함(weakness)을" 아시는 주님께서는 성례라는 것을 통해서 이 부분을 보강하셨음을 잘 설명해 주고 있다.

정리하면, 성례란 하나님께서 우리에게 은혜를 주시는 방편으로서, 우리의 약한 믿음을 받쳐 주기 위해서 말씀과 더불어 주심으로, 하나님의 약속에 대하여 확실히 믿게 만들어 주는 중요한 수단이다.

성례의 종류

성례에는 어떤 것이 있는가? 성례란 그리스도께서 친히 제정하신 것이다. 그래서 성례에는 두 가지가 있으니 마태복음 28:19에서 제자들에게 명령하신 세례와, 마태복음 26:26-28에서 제자들과 함께 하셨던 성찬이다.

이 사실을 벨기에 신앙고백서 제33조는 맨 마지막 문장에서 "더 나아가서, 우리는 성례의 수를 우리의 주인이신 그리스도께서 우리를 위해 제정해 주신 두 가지, 즉 세례와 예수 그리스도의 만찬의 성례로 만족합니다."라고 고백한다. 그리고 이어지는 제34조에서는 성례로서의 세례를, 제35조에서는 성례로서의 주의 만찬을 다룬다.

여기에서 우리는 성례의 종류가 세례와 성찬 외에는 없다는 사실을 잊지 말아야 하는데, 그 이유는 교회 역사에서 이 두 가지 이외의 것을 말했던 사람들이 있기 때문이다. 우리가 존경하는 아우구스티누스는 십자가를 긋는 것을 포함해서 30여 가지를 성례에 포함시켰다. 그리고 로마 가톨릭은 토마스 아퀴나스의 영향을 받아 일곱 가지의 성례를 주장한다. 그 일곱 가지는 우리가 말하는 세례에 해당하는 영세와 성찬에 해당하는 성체성사 외에도 안수 행위를 통한 성령 수여를 의미하는 견진성사(堅振聖事, confirmation),[225] 사제에게 찾아가서 자신의 죄를 고백하는 고해성사(告解聖事, penance),[226] 사제서품을 의미하는 신품성사(神品聖事, ordination),[227] 혼인성사(婚姻聖事, matrimony),[228] 신자가 임종하기 직전에 기름을 바르면서 하나님과의 만남을 준비하게 하는 종부성사(終傅聖事, extreme unction)[229]가 있다.[230] 그리고 오늘날 복음주의 교회에서는 하나의 '프로그램'으로 자주 행하는 세족식을 성례라고 말하는 경우가 있는데,[231] 세례와 성찬 이 두 가지 외에 더 주시지 않았다는 사실을 기억해야 한다.[232]

성례를 통한 은혜

그렇다면, 세례와 성찬이라고 하는 이 두 가지의 성례는 우리에게 어떻게 은혜를 주는가? 첫째, "이것으로 우리를 향한 당신의 약속을 우리에게 인치시고 (seal), 당신의 선하신 뜻과 은혜를 보증하십니다." 둘째, "하나님께서는 이것을

---

225) 안수 행위를 통한 '성령 수여'를 의미한다. 그들은 기름을 붓고 성령께서 그 사람에게 임하기를 위해서 기도한다. *Institutes*, Ⅳ, xviiii, 5. 근거로 사도행전 8:17; 14:22; 19:6; 히브리서 6:2를 들고 있다. *Institutes*, Ⅳ, xviiii, 6.

226) 근거로 마태복음 16:19; 요한복음 20:23; 야고보서 5:16을 들고 있다. 1546년 트렌트 공의회에서 성례로 인정되었다.

227) 사제서품을 의미한다. 근거로 디모데전서 4:14; 디모데후서 1:6을 들고 있다.

228) 근거로 에베소서 5:32에 나오는 '비밀'이라는 말을 들고 있다. *Institutes*, Ⅳ, xviiii, 35-36.

229) "영육의 정화"를 의미하는 것으로, 심판 때에 하나님과의 만남을 준비하기 위해 필요하다고 주장한다. 이것은 오직 사제만 시행하는 것으로 그들의 표현대로 '임종 시에'(in extremis) 기름을 바르며 시행한다. 그들은 종부성사가 죄를 사하는 것과 필요시에는 육체의 질병을 완화시키며, 필요치 않을 시에는 영혼을 구원하는 두 가지 효능이 있다고 말한다. 근거로 마가복음 6:13; 야고보서 5:14-15를 들고 있다. *Institutes*, Ⅳ, xviiii, 18. 개혁주의 교회는 장례가 교회적인 일이 아니라 가족의 일이라고 본다. 장례예식은 성례가 아니기에 교회예배와 같은 차원에서 진행하지는 않지만 유족들을 위로하고 격려하는 일 정도는 한다.

230) 이것들은 프로렌스 회의(1439-1445)가 공식적으로 결정했다.

231) 세족식은 성례가 될 수 없다(요 13:14; 참조. 딤전 5:10).

232) 성례가 오직 두 가지라는 사실은 개혁주의 신앙고백들이 매우 강조하는 것이다. 웨스트민스터 신앙고백서 제27장 제4절; 웨스트민스터 대요리문답 제164문답; 웨스트민스터 소요리문답 제93문답; 하이델베르크 요리문답 제68문답.

통해 우리의 믿음을 자라게 하시고(nourish) 유지해(sustain) 주십니다."

첫째, 성례는 하나님의 약속이 분명하다는 사실을 인치고 보증해 주는 역할을 한다. 좀 더 설명하면, 하나님의 약속을 '언약'이라고 한다(창 6:18; 9:9; 17:2). 그런데 그 언약이라는 것은 눈에 드러나는 형태로 나타나는 것이 아니다. 예컨대, 아브라함의 경우를 생각해보자. 하나님께서 아브라함에게 약속을 주셨다. 창세기 17:7에 "내가 내 언약을 나와 너 및 네 대대 후손 사이에 세워서 영원한 언약을 삼고 너와 네 후손의 하나님이 되리라."라고 하셨다. 여기에서 약속은 손에 잡히듯 분명한 것이 아니었다. 그래서 하나님은 그 언약에 대해 분명하게 보증하시기 위해서 창세기 17:10-11에서 "(10)너희 중 남자는 다 **할례**를 받으라 이것이 나와 너희와 너희 후손 사이에 지킬 내 **언약**이니라 (11)너희는 포피를 베어라 이것이 나와 너희 사이의 **언약의 표징**이니라."라고 하셨다. 이렇게 하나님은 할례를 언약의 표로 세우셨고, 그것을 통해서 약속이 분명하다는 사실을 기억하도록 하셨다. 이 할례가 구약의 성례다. 이에 대해서 이 강해의 본문 로마서 4:11은 해석하기를 "그가 **할례의 표**를 받은 것은 무할례시에 믿음으로 된 의를 인친 것이니 이는 무할례자로서 믿는 모든 자의 조상이 되어 그들도 의로 여기심을 얻게 하려 하심이라."라고 말씀한다. 여기에서는 할례를 표(表)라고 말하고, 그것은 믿음으로 된 의를 인(印) 친 것이라고 말한다. 이 본문에 근거하여 개혁주의 신학에서는 성례를 가리켜서 은혜언약의 표(表, sign)와 인(印, seal)이라고 한다.[233]

이처럼 성례는 하나님의 약속을 우리의 눈앞에 제시하여 우리로 하여금 그것을 바라보게 하는 것이며, 우리에게 약속의 보증이 되는 것이다. 성례는 하나님의 약속을 직접 눈으로 보게 하는 보증과 징표다. 예컨대, 세례를 통해 물이 뿌려지는 모습을 볼 때에 우리는 하나님께서 나를 당신의 소유로 삼으셨다는 당신의 약속을 확인한다. 나의 죄가 머리에서부터 발끝까지 분명하게 씻어졌다는 사실을 확인한다. 성찬을 통해 베풀어지는 빵과 포도주를 통하여서 예

---

233) 이러한 표현의 사용은 교회의 오랜 역사에 근거해서 이루어진 것이다. '표'라는 표현은 사용은 아우구스티누스에서부터 비롯되었다(*De Doctrina Christiana*, II, iv; *De Civitate Dei*, X, 55).

수님께서 참으로 나를 위해서 죽으셨고, 부활하셨으며 다시 오실 것이라는 약속을 확인하게 된다.

둘째, 성례가 어떻게 우리에게 은혜를 주는가? 성례는 우리의 믿음을 자라게 하고 유지하게 해준다. 믿음 없는 우리들에게 하나님은 말씀의 선포를 통해서 믿음을 일으키신다. 들음으로 말미암아 믿음이 생겨난다. 철저히 하나님의 역사다. 그런데 그 생겨난 믿음을 자라게 하고 유지하게 하시는 것 역시 성령 하나님의 역사다. 이때 성령 하나님께서는 성례라는 방편을 활용하신다. 이렇게 성례는 우리의 믿음을 자라게 해주고 유지하게 해주는 것으로 그냥 행하는 것이 아니다.

말씀과 함께 해야 효력이 있음

여기에서 우리가 한 가지 잊지 말아야 할 것이 있으니, 성례를 마술적인 것으로 생각하면 안 된다는 것이다. 다시 말하면 세례에 사용되는 물, 성찬에 사용되는 빵과 포도주 그 자체에 큰 능력이 있는 것이 아니다. 성례란 말씀에 더하여 진 것으로 말씀을 통해 주어진 약속과 함께 우리에게 주어진 것이다. 다시 말하면 약속의 말씀이 없는 성례는 무의미하다.

잘못된 예를 생각해보자. 로마 가톨릭은 성례가 죄인을 구원하는 데 필요한 모든 것을 포함하며 해석이 필요 없기 때문에, 은혜의 방편으로서의 말씀은 전혀 불필요하다고 말한다. 그래서 그들은 (성례와 관련해서) 말씀이 아무런 의미나 믿음이 없이 그냥 읊어지는 소리, 마술사의 주문같이 사용되는 것으로 이해한다. 실제로 중세 시대에는 신부(사제)가 성경을 낭독할 때에 그것을 듣는 사람들은 무슨 말인지를 알지도 못하고 그저 혼란스럽게 바라보고 있어도 사제가 예식문을 중얼거리기만 해도 충분하다고 생각하였다. 그래서 그들은 고의적으로 신자들에게 가르침이 전혀 전달되지 않게 하려고 노력하였고, 배우지 못한 사람들에게 모든 것을 라틴어로 말했다. 나중에는 이것이 더 심해져서 쉰 목소리로 사람들이 거의 들을 수 없게 속삭이는 말로 해야 더 정상적이라고 믿을 정도로 미신이 심해졌다.

하지만 성례는 말씀과 분리시켜서는 안 된다. 왜냐하면 성례는 그 자체가 고

유한 내용을 가지는 것이 아니라 그 내용이 하나님의 말씀에서 비롯되기 때문이다. 다시 말해 성례는 말씀에서 우리에게 약속한 내용을 눈으로 나타내 주는 말씀의 가시적인 선포(visible preaching)다. 그러므로 말씀을 떠난 성례 자체가 은혜의 방편이 될 수는 없다. 성례는 우리로 하여금 하나님의 말씀의 진실성을 더욱 확실하게 믿게 만드는 것으로서, 말씀이 믿음을 일으키고 강화시키는 반면, 성례는 다만 믿음을 강화시킬 뿐이다.[234] 그렇기에 하나님의 말씀이 없는 물은 그냥 물이요 세례가 아니며, 하나님의 말씀이 없는 빵과 포도주는 그냥 빵과 포도주일 뿐 성찬이 아니다. 물은 말씀과 더불어 세례요 생명의 물이며, 빵과 포도주는 말씀과 더불어 성찬이요 그리스도의 살과 피다.

그래서 벨기에 신앙고백서 제33조는 이렇게 고백한다. "하나님께서 복음의 말씀에 이것을 더하셔서 당신께서 말씀으로 우리에게 선언하신 것과 내적으로 우리 마음속에 행하시는 것을 우리의 외적 감각에 더욱 잘 나타내 보이셨습니다. 이렇게 하나님께서는 당신께서 베풀어 주신 구원을 우리에게 확증해 주십니다. 성례들은 내면적이고 보이지 않는 것에 대한 보이는 표와 인(visible signs and seals)으로, 하나님께서는 이것을 방편으로 성령님의 능력을 통하여 우리 안에서 역사하십니다."

성례의 효력

벨기에 신앙고백서 제33조는 덧붙여서 이렇게 고백한다. "그러므로 표는 헛되거나 무의미하여 우리를 속이는 것이 아닙니다. 왜냐하면 예수 그리스도께서 그 성례들의 실재(truth)이기 때문입니다. 그래서 그리스도를 떠나서(apart from Him) 이 성례들은 아무것도 아닙니다."

이 말은 성례에 있어서 말씀뿐만 아니라 그리스도의 역사가 중요하다는 것을 보여 주고 있다. 다시 말해 성례가 효력이 있는 것은 성례라는 행위 자체(ex opere operato)에 있는 것이 아니다. 그렇다고 해서, 성례를 집례하는 자의 특별한 신분이나 독특한 인격과 지위에 달려 있는 것(ex opere operantis)도 아니다(참

---

234) 참고로, 이러한 원리에 따라 예배 시 성례는 설교 이후에 시행된다.

조. 고전 1:11-16). 성례라는 행위 자체에 효력이 있다고 생각하는 것을 가리켜서 사효성(事效性)이라고 하고, 성례를 집례하는 자에 따라 그 효력이 달려 있다고 생각하는 것을 인효성(人效性)이라고 하는데, 이 모든 생각은 잘못이다.

성례의 유효성은 오직 성례를 사용하셔서 복음의 은혜를 우리에게 인쳐 주시는 성령님에게 있으며, 오직 그리스도 안에서만 견고함을 지니기에 그분을 떠나서 성례는 아무것도 약속하지 않는다.

그러므로 우리는 성례 자체를 지나치게 무의미한 것으로 받아들여 그 속에 담긴 비밀한 뜻을 소멸시키거나 약화시켜서 우리에게 전혀 열매를 맺지 못하도록 만들어서는 안 되지만, 반대로 성례에 지나치게 큰 의미를 부과해서 그리스도만이 우리에게 주실 수 있는 유익을 마치 성례 자체의 표징 덕분으로 돌리는 것도 유의해야 한다.

적용

복음의 말씀이 우리 귀에 헛되이 울리지 않아야 하며, 성례가 우리의 눈에 헛되이 비춰지지 않아야 한다. 이를 위해 우리는 말씀과 성례를 사용하셔서 말씀하시는 분이 성령 하나님이시라는 것을 분명히 깨닫고, 이 은혜의 방편들을 통하여 우리 마음의 완악함이 부드러워지고, 우리의 믿음이 소생케 되며, 우리의 믿음이 굳게 되기를 바라는 마음을 가져야 한다. 그렇게 할 때에 성령께서는 말씀과 성례가 우리의 귀와 눈을 거쳐서 우리의 영혼에 전달되게 해주실 것이다.

| 결론 |

하나님은 은혜로우신 분이시다. 그 하나님은 우리에게 당신의 은혜를 주신다. 먼저 말씀으로 은혜를 주시니 말씀은 우리의 믿음을 소생케 만든다. 그뿐 아니라 하나님은 우리의 무감각함과 연약함을 잘 아셔서 성례라고 하는 은혜의 방편을 허락해 주셨다. 이것은 우리의 믿음을 자라게 하며 굳게 세우며 유지하게 해준다. 이 성례란 세례와 성찬이다. 이 좋은 방편을 우리는 잘 활용해야 한다. 교회는 이 두 가지를 잘 시행해야 한다. 그래야 우리가 진정으로 하나님의 은혜를 받아 누릴 수 있다.[235]

---

235) 오늘날 한국교회에는 하나님이 주신 두 가지 은혜의 방편들 중에 한 가지(설교)만을 행하고, 나머지 한가지인 성례를 등한히 하므로 은혜를 제대로 받지 못하고 있다. 게다가 그나마 행하는 한 가지조차도 제대로 시행하지 못하고 있으니 매우 안타까운 일이다.

제34조

세례의 성례

The Sacrament of Baptism

우리는 율법의 완성이신(롬 10:4) 예수 그리스도께서 당신의 흘리신 피로 말미암아, 죄를 보상하거나(expiation) 만족케(satisfaction) 하기 위하여 드리고 드려 왔던 다른 모든 피 흘림을 끝나게 하셨음을 믿고 고백합니다. 그리하여 그분은 피로써 행하던(which involved blood) 할례(circumcision)를 폐하시고(abolished), 그 대신에 세례의 성례를 제정하셨습니다.[1] 우리는 세례에 의해서 하나님의 교회 안에 받아들여졌고, 다른 모든 사람들과 거짓 종교들로부터 구별되었으며(set apart from), 전적으로 하나님께 속하게 되어(committed) 그분의 표지(mark)와 표식(emblem)을 가지게 되었습니다.[2] 세례는 하나님께서 영원히 우리의 하나님과 은혜로우신 아버지가 되실 것이라는 사실을 우리에게 증거하는(testimony) 역할을 합니다.

바로 이런 이유로 하나님께서는 당신에게 속한 모든 사람들이 일반 물(plain water)로 아버지와 아들과 성령의 이름으로 세례를 받아야 한다고 명령하셨습니다(마 28:19). 이 세례에 의해서 하나님께서는 물이 우리 몸에 부어질 때(poured) 우리 몸에서 더러운 것이 씻기어지는 것처럼(as washes away the dirt of the body), 또 물이 세례 받는 사람에게 뿌려질 때(sprinkled) 그 사람의 몸에 보이는 것처럼(as water is seen on the body of the baptized), 그리스도의 피가 성령님에 의해서 내적으로(internally) 우리 영혼에 동일한 일을 한다는 것을 우리에게 상징해 주십니다(signifies to us).[3] 이것으로 그리스도의 피가 죄로부터 우리 영혼을 씻어(washes) 주고 정결하게(cleanses) 해주며[4] 우리를 진노의 자식에서 하나님의 자녀로 중생하게(regenerates) 합니다.[5] 이런 일은 그런 물로서 되는 것이 아니라(not brought about by the water as such)[6] 하나님의 아들의 보배로운 피를 뿌림으로 되는 것이고(but by the sprinkling of the precious blood of the Son of God),[7] 그것은 우리의 홍해이고[8] 우리가 바로의 압제 곧 마귀(the devil)를 피하여 영적인 가나안 땅으로 들어가기 위하여 통과해야만 하는 홍해입니다.

이렇게 그들의 편에서 보면 목사들이(the ministers) 우리에게 성례 즉 보이는 것(what is visible)을 주는 것이지만, 우리 주님께서는 성례에 의해서 상징되는 것(what is signified) 즉 보이지 않는 선물들과 은혜를 우리에게 주십니다. 그분은 우리 영혼의 모든 부정(不淨, filth)과 불의(unrighteousness)를 씻으시고(washes) 제거하시고(purges) 깨끗하게(cleanses) 하시고[9] 우리 마음을 새롭게 하여 모든 위로(comfort)로 가득하게 하시고, 당신의 아버지 같은 선하심에 대한 참된 확신을 우리에게 주시며, 새로운 본성(the new nature)으로 우리를 옷 입히시고, 이 모든 일로 옛 본성(the old nature)을 벗어 버리게 하십니다.[10]

그러므로 우리는 영원한 생명을 열망하는(aspires) 사람들은 누구든지 오직 한 번만 세례를 받아야 함을 믿습니다.[11] 세례는 결코 반복될 수 없습니다. 왜냐하면 우리는 두 번 태어날 수 없기 때문입니다. 또한 세례는 물이 우리 위에 주어지고 우리가 그 물을 받을 때에만 유익을 주는 것이 아니라, 우리의 전 생애에 걸쳐서(throughout our whole life) 유익을 주는 것입니다(benefits). 그런 이유로 우리는 오직 한 번 받는 단번의 세례로 만족하지 않으며(not content with) 신자의 어린 자녀들에게 세례를 베푸는 것을 비난하는 재세례파의 잘못(error)을 배격합니다(reject). 우리는 동일한 약속에 근거하여 이스라엘에서 유아들이 할례를 받았던 것처럼, 신자의 자녀들이 세례를 받아야 하고(ought to be baptized) 언약의 표로 인 쳐져야 한다(sealed with the sign of the covenant)는 것을 믿습니다.[12] 정말로 그리스도께서는 어른들의 죄를 씻기(wash) 위하여 피 흘리신 것만큼 신자의 자녀들의 죄를 씻기 위해서도 피 흘리셨습니다.[13] 그러므로 주님께서 율법에서 아이가 태어난 직후에 어린 양을 드리라고 명령하신 것처럼, 신자의 자녀들도 그리스도께서 그들을 위하여 행하신 것에 대한 표와 성례를 받아야만 합니다.[14] 이것은 그리스도의 고난(passion)과 죽음의 성례입니다. 세례가 우리 자녀들에게 이스라엘 백성들에게 베풀었던 할례와 동일한 의미를 가지기 때문에, 바울은 세례를 그리스도의 할례(the circumcision of Christ)라고 불렀습니다(골 2:11).

1) 골 2:11 2) 출 12:48; 벧전 2:9 3) 마 3:11; 고전 12:13 4) 행 22:16; 히 9:14; 요일 1:7; 계 1:5b 5) 딛 3:5 6) 벧전 3:21 7) 롬 6:3; 벧전 1:2; 2:24 8) 고전 10:1-4 9) 고전 6:11; 엡 5:26 10) 롬 6:4; 갈 3:27 11) 마 28:19; 엡 4:5 12) 창 17:10-12; 마 19:14; 행 2:39 13) 고전 7:14 14) 레 12:6

제34조

세례의 성례

- **본문:** 골로새서 2:11-12; 로마서 6:3-4
- **관련신조:** 웨스트민스터 신앙고백서 제28장; 웨스트민스터 대요리문답
제165-167, 176-177문답; 웨스트민스터 소요리문답 제
94-95문답; 하이델베르크 요리문답 제69-74문답

| 서 론 |

벨기에 신앙고백서 제33조의 마지막 문장에 따르면 성례에는 두 가지가 있다. 세례와 성찬이다. 그중에 첫 번째 것은 세례(洗禮, Baptism)다. 세례가 성례인 이유는 우리 주 예수 그리스도께서 친히 제정해 주셨기 때문이다. 마태복음 28:19에 보면 세례를 성례로 제정하시는 장면이 나온다. 부활하신 예수님께서 열 한 제자들에게 명령하시기를 "너희는 가서 모든 민족을 제자로 삼아 아버지와 아들과 성령의 이름으로 세례를 베풀고"라고 하셨다. 이 명령에 따라 교회의 창설자들인 사도들은 부활하신 그리스도의 복음을 전할 때마다 세례를 베풀었고, 그 이후에 오고 오는 모든 사도적 교회는 세례를 중요하게 여겼으니 그 이유는 교회의 머리이신 그리스도께서 직접 세우신 거룩한 예식이기 때문이다. 벨기에 신앙고백서 제34조는 그 세례의 성례를 다룬다.

| 본 론 |

구약의 할례를 신약의 세례로

예수님께서는 세례를 성례로 제정하셨는데, 이는 무에서 비롯된 것이 아니라 신약의 다른 많은 것들과 마찬가지로 구약시대부터 있어 오던 것의 연결선상에 있다. 구약시대의 할례가 신약의 세례로 이어졌다.

할례란 남자의 생식기 일부를 잘라내는 것으로, 구약시대에 하나님께서는 아브라함의 후손들에게 베풀도록 하셨다. 하나님은 할례를 통해 어떤 사람이 하나님의 언약 안에 있는지를 구분토록 하셨다. 그래서 이스라엘 백성들은 할례를 통해서 자신이 하나님의 약속 안에 있음을 믿고 살아갔다.

창세기 17:7에 보면 하나님께서 아브라함에게 약속의 말씀을 주시기를 "내가 내 언약을 나와 너 및 네 대대 후손 사이에 세워서 **영원한 언약**을 삼고 너와 네 후손의 하나님이 되리라."라고 하셨다. 곧 이어서 하나님은 이 약속에 대한 표를 주셨으니 창세기 17:10-11에서 "(10)너희 중 남자는 다 할례를 받으라 이것이 나와 너희와 너희 후손 사이에 지킬 내 언약이니라 (11)너희는 포피를 베어라 이것이 나와 너희 사이의 **언약의 표징**이니라."라고 하셨다. 이렇게 하나님은 할례라고 하는 언약의 표를 통해서 하나님과 그 백성이 맺은 약속(언약)이 분명하다는 사실을 기억하도록 하셨다. 이 할례가 구약의 성례다.

그 할례가 신약시대에 와서 변경되니 곧 세례다. 이제는 몸에 행하는 할례 대신에 물을 붓거나 뿌리거나 잠그는 형식의 세례로 바뀌게 된 것이다. 이렇게 형식은 바뀌었지만, 본질은 바뀌지 않았다. 할례가 곧 하나님의 언약의 표징이었던 것처럼 세례 역시 하나님의 언약의 표다.

세례가 할례를 대신한다는 사실은 이 강해의 본문인 골로새서 2:11-12에서 말씀한다. "(11)또 그 안에서 너희가 손으로 하지 아니한 할례를 받았으니 곧 육의 몸을 벗는 것이요 **그리스도의 할례**니라. (12)너희가 세례로 그리스도와 함께 장사되고 또 죽은 자들 가운데서 그를 일으키신 하나님의 역사를 믿음으로 말미암아 그 안에서 함께 일으키심을 받았느니라." 이 말씀을 보면 '손으로 하지 아니한 할례'가 곧 '세례'이고, 세례는 그리스도의 할례 곧 그리스도께서 성취하신 것을 할례를 대신하여 주신 것이다. 세례는 구약의 할례를 대체한 것으로 언약의 표시다.

그래서 벨기에 신앙고백서 제34조는 골로새서 2:11을 근거로 이렇게 고백한다. "우리는 율법의 완성이신(롬 10:4) 예수 그리스도께서 당신의 흘리신 피로 말미암아, 죄를 보상하거나(expiation) 만족케(satisfaction) 하기 위하여 드리고 드려 왔었던 다른 모든 피 흘림을 끝나게 하셨음을 믿고 고백합니다. 그리하여 그분은 피로써 행하던(which involved blood) 할례(circumcision)를 폐하시고(abolished), 그 대신에 세례의 성례를 제정하셨습니다."

세례의 의미

세례란 할례의 연결선 상에 있는 것으로 신약시대의 성례가 되었으니, 교회 바깥에 있던 사람이 교회 안에 들어오게 되었다는 표시다. 교회 밖에 있어서 하나님과 복음과 상관없던 사람이 교회 안으로 들어옴으로 하나님의 자녀가 되었다는 표시다. 이 사실을 물로 베푸는 세례를 통해서 드러낸다. 그래서 벨기에 신앙고백서 제34조는 다음과 같이 고백한다. "우리는 세례에 의해서 하나님의 교회 안에 받아들여졌고, 다른 모든 사람들과 거짓 종교들로부터 구별되었으며(set apart from), 전적으로 하나님께 속하게 되어(committed) 그분의 표지(mark)와 표식(emblem)을 가지게 되었습니다. 세례는 하나님께서 영원히 우리의 하나님과 은혜로우신 아버지가 되실 것이라는 사실을 우리에게 증거하는(testimony) 역할을 합니다."

그렇다면, 교회 안에 들어오게 되었다는 표시란 무슨 의미인가? 일반적으로 사람은 세상에 속해 있다. 왜냐하면 죄인이기 때문이다(벨기에 신앙고백서 제14-15조). 그런데 이 죄인은 성령님의 역사로 말미암아 거듭나게 되고 예수 그리스도를 믿음으로 말미암아 그 죄가 깨끗이 씻음 받게 된다. 그 결과 하나님의 자녀가 되고 그리스도의 몸 된 교회의 한 지체가 된다. 이 과정들은 우리가 구원받게 되는 과정들을 요약적으로 말한 것인데, 세례란 이 모든 과정들을 한번에 가시적으로 보여 주는 표시다. "죄인 됨-중생-믿음-죄 씻음-양자됨-교회의 지체됨"이라고 하는 구원의 서정들의 모든 내용을 세례라는 표시를 통해서 한 번에 보여 준다. 그래서 세례는 궁극적으로는 교회 가입의 표시이지만 실질적으로는 죄인으로서 세상에 속하였던 자가 죄에 대하여, 세상에 대하여, 옛 사람에 대하여 깨끗이 씻음 받아 그리스도와 함께 죽고, 함께 살아남으로써 오직 하나님께 속하게 되었다는 표시로 베푸는 것이다. 이 사실을 이 강해의 본문인 로마서 6:3-4에서 잘 보여 준다. "(3)무릇 그리스도 예수와 합하여 세례를 받은 우리는 그의 죽으심과 합하여 세례를 받은 줄을 알지 못하느냐 (4)그러므로 우리가 그의 죽으심과 합하여 세례를 받음으로 그와 함께 장사되었나니 이는 아버지의 영광으로 말미암아 그리스도를 죽은 자 가운데서 살리심과 같이 우리로 또한 새 생명 가운데서 행하게 하려 함이라." 이 말씀에서 보듯이 세례란 우리가 그리스도와 함께 죽고 함께 살아남으로써 일어나는 모든 일을 상징한다.

이렇게 세례는 그리스도로 말미암아 우리의 모든 죄가 용서받아 깨끗이 씻음 받았으며, 그 결과 그리스도에게 접붙임을 받아 하나님의 자녀의 일원이 되어 교회 공동체에 가입하게 되었음을 보여 주는 표다.

세례의 수단 – 물

세례가 가지는 이러한 의미를 드러내기 위해서 세례 시에 사용되는 재료는 '물'이다. 베드로전서 3:21에 보면 "물은 예수 그리스도께서 부활하심으로 말미암아 이제 너희를 구원하는 표니 곧 세례라."라고 말함으로써 세례의 수단이 물이라는 것을 잘 보여 준다. 그래서 벨기에 신앙고백서는 이렇게 고백한다. "바로 이런 이유로 하나님께서는 당신에게 속한 모든 사람들이 일반 물(plain water)로…세례를 받아야 한다고 명령하셨습니다(마 28:19)."

왜 물을 사용할까? 기본적인 이유는 성경에서 말씀하기 때문이다. 그렇다면 왜 성경은 물로 하라고 명령할까? 그 이유는 세례는 '씻음'을 상징하는 일인데, 물이 상징하는 것이 곧 씻음이기 때문이다. 세례라는 말의 원어인 '밥토'와 '밥티조'라는 말은 '씻다, 목욕하다, 씻음으로써 정결케 하다' 등의 의미가 있다(마 15:2; 눅 11:38; 막 7:3-4). 세례(洗禮)라는 한자어 자체에도 '씻다'(洗)라는 의미가 포함되어 있다. 이처럼 세례는 '씻음'과 관련이 있는데(히 9:10; 레 8:5-6;

14:8-9), 이 '씻음'을 잘 드러내기 위해서 '물'을 사용한다. 물이 몸의 더러운 것을 씻는 것처럼, 물을 통하여 우리의 죄가 씻음 받았다는 사실을 드러낸다. 물은 세례의 의미를 드러내는 가장 좋은 재료다.

벨기에 신앙고백서의 내용을 주목해보면 "일반 물(plain water)로"라는 말이 나온다. '물'이면 물이지, 왜 '일반(plain)'이라는 수식어가 나오는 것일까? 그 이유는 교회 역사에 보면 물이 아닌 다른 것으로 세례를 주었던 시도가 있었기 때문이다. 사실 성경에서 물이라고 했으면 너무나 당연히 물로 세례를 베풀면 된다(행 10:47). 그러나 사람들은 자꾸만 성경보다 더 지혜로워지려고 하는 성향이 있다. 그래서인지 과거 로마 가톨릭은 세례를 위한 물을 구별해야 할 필요가 있다고 생각하여 세례식이 있기 전에 미리 성별할 필요가 있다고 생각했다. 성수(聖水)라고 해서 깨끗하고 품위 있는 그릇에 담긴 깨끗한 자연수를 사용해야 한다고 보았다. 뿐만 아니라 그리스도께서 친히 제정하신 물로 세례를 주는 것을 비천하게 여기고 양초, 기름, 침, 제마의식(exorcism), 소금 등을 사용하기도 했다.[236] 벨기에 신앙고백서는 이러한 사실을 염두에 두고 "일반 물(plain water)로"라는 표현을 사용한다.

안타깝게도 오늘날에도 어떤 교회는 시간이 부족하다는 이유로, 혹은 물로 세례를 베푸는 것의 큰 의미를 알지 못하여 물로 세례를 베풀지 않는 경우가 간혹 있는데, 매우 위험한 일이다. 세례 시에 물을 사용하는 것은 매우 중요한 의미가 있다. 성경은 분명히 물을 사용하라고 말씀한다. 그리스도께서 지정하신 것을 반드시 사용해야 하고 그 외의 다른 것을 사용해서는 안 된다. 물은 전 세계 어느 곳이든 사람이 있는 곳이라면 존재하는 것이므로 물이 없어서 다른 것을 사용한다는 핑계도 바람직하지 않다.

물보다 중요한 것

물이라는 상징이 중요하지만 물로 세례 받는 것이 아니라 삼위 하나님의 이름으로 세례 받는다는 사실을 기억해야 한다. 그래서 벨기에 신앙고백서는 "바

---

236) *Institutes*, IV, xv, 19.

로 이런 이유로 하나님께서는 당신에게 속한 모든 사람들이 일반 물(plain water)로"라는 말 뒤에 이어서 "아버지와 아들과 성령의 이름으로 세례를 받아야 한다고 명령하셨습니다(마 28:19)."라고 고백한다. 물이 중요하지만, 더 중요한 것은 "삼위 하나님의 이름으로" 세례를 받는다는 사실이다. 그러므로 우리는 물이 지닌 상징을 강조하되, '물' 자체에 대한 지나친 의미 부여를 조심해야 한다.

존경받아 마땅한 종교개혁자 루터의 경우 세례에 사용되는 물을 보통의 물로 생각하지 않고, 본래적으로 신적인 권능을 가진 은혜로운 생명의 물, 중생의 씻음이 된 물이라고 생각했다. 그러나 그의 생각은 잘못되었다. 물 자체가 우리를 깨끗하게 씻으며 구원한다거나 물 자체에 깨끗하게 하며 중생하게 하며 새롭게 하는 힘이 있거나 구원의 원인이 있는 것은 아니다(엡 5:26; 딛 3:5). 단지, 물이 우리 몸의 더러운 것을 씻어내는 역할을 하는 것처럼, 우리의 근본적인 죄를 다 제거해 주셨음을 물로 씻는 의식을 통해서 드러내는 것이다.

세례의 방식 – 관수, 쇄수, 침수

물로 세례를 베풀되, 어떻게 베풀어야 할까? 어떻게 하는 것이 '씻음'의 의미를 잘 드러낼 수 있을까? 세례 받는 사람의 입에 물을 넣어 마시게 하면 될까?

교회 역사를 보면 세례를 주는 방식(mode of baptism)에 대해 논의가 있었다. 그렇게 해서 생겨난 대표적인 교파가 침례교회인데,[237] 그들은 세례 받는 사람을 물에 완전히 잠기도록 침수시켰다가 일으키는 침수의 방식만이 세례의 의미를 제대로 드러낼 수 있는 유일한 방식이라고 말한다. 이러한 방식을 단순히 여러 방식 중 하나가 아닌 '본질적인 것'으로 여긴다. 침례교가 이렇게 생각하는 이유는 이렇게 하는 것만이 예수 그리스도의 죽음과 부활을 제대로 보여줄 수 있고, 그래야만 세례 받는 사람이 그리스도와 함께 죽고 그리스도와 함

---

237) 1609년 암스테르담에서 영국인 존 스미스를 목사로 한 침례교회가 최초의 침례교회다. 신약 성경에 근거해 스미스는 영아의 침례나 세례를 거부했고, 신앙에 대한 구체적인 고백이 있는 이들에 대해서만 침례를 주었다. 이러한 운동은 영국으로 퍼져, 칼뱅주의를 기초로 하는 특수 침례교인(Particular Baptists)들과 알미니안주의를 기초로 하는 일반침례교인(General Baptists)들이 생겨났다.

께 다시 살았다는 것을 가장 잘 보여 줄 수 있기 때문이라고 한다. 이런 생각 때문에 침례교인들은 '침수', 즉 물에 완전히 잠기게 했다가 일으키는 방식이 아닌 다른 방식은 세례가 아니라고 본다. 다시 말해 그들은 참된 세례의 개념은 물속에 내려갔다가 다시 올라오는 방식을 통해서만 제대로 표현된다고 본다.

그러나 벨기에 신앙고백서 제34조는 다음과 같이 고백한다. "이 세례에 의해서 하나님께서는 물이 우리 몸에 부어질 때(poured) 우리 몸에서 더러운 것이 씻기어지는 것처럼(as washes away the dirt of the body), 또 물이 세례 받는 사람에게 뿌려질 때(sprinkled) 그 사람의 몸에 보이는 것처럼(as water is seen on the body of the baptized), 그리스도의 피가 성령님에 의해서 내적으로(internally) 우리 영혼에 동일한 일을 한다는 것을 우리에게 상징해 주십니다(signifies to us)." 벨기에 신앙고백서는 침수(immersion)는 언급하지 않고, 두 가지 방식을 말한다. 하나는 "물이 우리 몸에 부어질 때(poured)"라는 방식, 또 다른 하나는 "물이 세례 받는 사람에게 뿌려질 때(sprinkled)"라는 방식이다. 이는 침수를 절대화하지 않는 개혁주의 세례관에 기초한다.[238]

개혁주의 신학은 세례가 상징하는 핵심인 '씻음'(행 2:38; 22:16; 롬 6:4 이하; 고전 6:11; 딛 3:5; 히 10:22; 벧전 3:21; 계 1:5)은 꼭 침수가 아니어도 물을 붓거나 물을 뿌리는 것으로도 드러낼 수 있다고 본다. 그러면서도 침수도 가능하다고 본다. 개혁주의 신학은 침수만을 고집하지 않을 뿐 침수를 부정하지는 않는다.

세례의 효력

벨기에 신앙고백서는 계속해서 다음과 같이 고백한다. "이것으로 그리스도의 피가 죄로부터 우리 영혼을 씻어(washes) 주고 정결하게(cleanses) 해주며 우리를 진노의 자식에서 하나님의 자녀로 중생하게(regenerates) 합니다. 이런 일은 그런 물로서 되는 것이 아니라(not brought about by the water as such) 하나님의 아들의

---

238) 이 부분에 대해서는 웨스트민스터 신앙고백서 제28장 제3절이 아주 잘 다루고 있다. "수세자를 물속에 잠기게 할 필요는 없다(dipping of the person into the water is not necessary). 그 사람에게 물을 붓거나 뿌림으로(by pouring, or sprinkling water) 세례를 올바르게 시행할 수 있다."

보배로운 피를 뿌림으로 되는 것이고(but by the sprinkling of the precious blood of the Son of God), 그것은 우리의 홍해이고 우리가 바로의 압제 곧 마귀(the devil)를 피하여 영적인 가나안 땅으로 들어가기 위하여 통과해야만 하는 홍해입니다."

이 고백에 잘 나타나 있듯이 궁극적으로 우리의 죄를 해결해 주는 것은 그리스도의 피로서, 그것만이 우리의 영혼을 씻어 주고 정결하게 해주고 하나님의 자녀로 중생하게 해준다. 물로서 되는 것이 아니라 그리스도의 피로써 되는 것이니, 물을 통해 주는 세례는 그것을 상징적으로 보여 주는 것으로써 약속의 말씀에 대한 외형적인 표시일 뿐이다. 세례의 효력은 물이 아니라 그리스도의 피와 그에 대한 성령님의 사역에 있다.

그럼에도 불구하고 로마 가톨릭은 세례는 그 자체로 역사해서(ex opere operato) 곧 자동적으로 중생으로 이어진다고 믿는다. 그들은 세례를 받으면 원죄와 자범죄, 죄로 인한 형벌도 사함 받으며, 세례를 받으면 구원을 받으며, 천국에 들어간다고 주장한다. 이러한 생각을 세례 중생론(baptismal regeneration)이라고 하는데, 세례 중생론은 '세례를 받는 모든 사람들은 반드시 중생한 사람들이며, 세례를 받지 않는 사람은 결코 중생한 사람일 수 없다'는 것을 의미한다. 그러나 이러한 생각은 매우 잘못되었다.[239]

그래서 계속되는 신앙고백은 이렇게 고백한다. "이렇게 그들의 편에서 보면 목사들이(the ministers) 우리에게 성례 즉 보이는 것(what is visible)을 주는 것이지만, 우리 주님께서는 성례에 의해서 상징되는 것(what is signified) 즉 보이지 않는 선물들과 은혜를 우리에게 주십니다. 그분은 우리 영혼의 모든 부정(不淨, filth)과 불의(unrighteousness)를 씻으시고(washes) 제거하시고(purges) 깨끗하게(cleanses) 하시고 우리 마음을 새롭게 하여 모든 위로(comfort)로 가득하게 하시고, 당신의 아버지 같은 선하심에 대한 참된 확신을 우리에게 주시며, 새로운 본성(the

---

239) 웨스트민스터 신앙고백서는 위와 같은 로마 가톨릭의 견해를 매우 염려스러워하면서 위 견해를 부인한다. 웨스트민스터 신앙고백서 28장 5절에 잘 나타나 있다. "세례를 멸시하거나 가볍게 여기는 것은 큰 죄악이다. 그러나 사람이 하나님의 은혜와 구원을 받는 데 있어서 세례가 절대 불가결의 요소가 되는 것은 아니다. 세례를 받지 않고도 중생하여 구원받는 성도가 있는가 하면 세례를 받았음에도 불구하고 중생하지 못한 사람들도 있다."

new nature)으로 우리를 옷 입히시고, 이 모든 일로 옛 본성(the old nature)을 벗어 버리게 하십니다."

단 한 번의 세례 – 재세례파에 반대하여

우리의 구원을 단번에 상징적으로 잘 보여 주는 세례는 자주 베풀 수 있을까? 어차피 좋은 거라면 자주 베풀면 좋지 않을까? 또 다른 성례인 성찬의 경우 자주 베풀수록 좋은 것인데 세례도 자주 베풀면 안 될까? 그렇지 않다. 이어지는 고백을 보자. "그러므로 우리는 영원한 생명을 열망하는(aspires) 사람들은 누구든지 오직 한 번만 세례를 받아야 함을 믿습니다. 세례는 결코 반복될 수 없습니다. 왜냐하면 우리는 두 번 태어날 수 없기 때문입니다. 또한 세례는 물이 우리 위에 주어지고 우리가 그 물을 받을 때에만 유익을 주는 것이 아니라, 우리의 전 생애에 걸쳐서(throughout our whole life) 유익을 주는 것입니다(benefits). 그런 이유로 우리는 오직 한 번 받는 단번의 세례로 만족하지 않으며(not content with) 신자의 어린 자녀들에게 세례를 베푸는 것을 비난하는 재세례파의 잘못(error)을 배격합니다(reject)."

위 고백에 언급되어 있듯이 세례란 일평생에 오직 한 번만 받으면 된다. 왜냐하면 세례란 우리의 중생을 상징하는 것으로, 사람이 거듭나는 것은 오직 한 번 일어나는 일이기 때문이다. 우리는 단 한 번 출생하며 또한 새로워지는 일도 단 한 번 뿐이다. 그러므로 중생의 씻음인 세례는 단 한 번 받는 것으로 충분하며, 세례란 반복될 수 없다. 또한 세례란 받는 순간에만 유익한 것이 아니며 그 이후에 죄를 범한다고 해서 그것이 무효가 되지 않으며, 세례는 우리의 전 생애에 걸쳐서 유익을 준다.

그럼에도 불구하고 벨기에 신앙고백서가 작성되던 당시에 있었던 재세례파(再洗禮派, Anabaptist)는 세례를 다시 주어야 한다고 강조했다. 그들의 주장은 당시 잘못된 복음을 전하는 로마 가톨릭에서 세례를 받은 사람에 대해서 어떻게 해야 하는지에 대한 문제제기에서 비롯되었다. 재세례파들은 로마 가톨릭의 복음이 잘못되었으니 세례도 잘못된 것이고, 세례를 다시 베풀어야 한다고 가르쳤다. 그러나 종교개혁자들의 생각은 달랐다. 비록 그 세례를 베푼 사람들이 잘못된 교리를 가르쳤기는 하지만, 세례의 효력이란 세례를 베푸는 사람에게 있는 것이 아니라 삼위 하나님의 이름으로 받았다는 것이 중요하므로 (마 28:19), 그 세례도 인정해야 한다고 가르쳤다. 세례를 베푸는 자가 비록 불경해도 그리스도의 약속과 믿음 안에서 시행되기만 하면 세례가 헛된 것이 되지는 않는다고 보았다. 그래서 벨기에 신앙고백서는 이렇게 고백한다. "오직 한번 받는 단번의 세례로 만족하지 않는…재세례파의 잘못(error)을 배격합니다 (reject)."

유아에게도 베풀어져야 할 세례

벨기에 신앙고백서 제34조는 세례를 다루면서 한 가지 중요한 '쟁점'을 잊지 않는다. 그것은 "유아들에게도 세례를 베풀 수 있는가?" 하는 문제다.

이러한 의문이 생기는 이유는 세례가 신앙고백에 근거한다는 전제 때문이다. 기본적으로 세례란 예수 그리스도를 믿는다는 증거로서 주는 것으로, 그 믿음은 제22조에서 고백하듯이 구체적이고 바른 지식(cognitio)에 근거한다. 그렇기에 세례는 아무에게나 베풀지 않고, 자신의 믿음을 구체적으로 고백하는 사람에게 베푼다. 이를 위해 신앙고백에 대한 확인이 요구된다. 그런데, 유아는 그렇게 할 수 없다. 그렇다면 유아에게는 세례를 베풀어서는 안 된다는 논리로 이어진다.

이에 대해 벨기에 신앙고백서는 "신자의 어린 자녀들에게 세례를 베푸는 것을 비난하는 재세례파의 잘못(error)을 배격합니다(reject)."라고 고백한다. 벨기에 신앙고백서가 작성되던 당시에 있었던 재세례파는 유아들에게는 세례를 베풀면 안 된다고 주장했다.[240] 이렇게 주장하는 이유는 유아들은 세례의 의미를 이해하지 못하며, 그들이 믿고 있는지 아닌지 신앙의 고백을 확인할 수 없고, 신약에는 유아세례를 행하라고 명령한 직접적인 본문이 없을 뿐 아니라 유

---

240) 재세례파의 주장은 새로운 주장이 아니라 고대교회의 터툴리안도 주장했던 것으로, 터툴리안은 당시(2세기)에 유아세례를 시행하는 일이 일반적이었다고 하면서 자신은 세례를 늦추어 성인 세례를 하는 것이 안전하고 더 유익하다고 논증한다(De Baptismo, C. XVIII). 오늘날에는 침례교와 바르트주의자들이 유아세례를 동의하지 않는다.

아세례를 받은 흔적이 없다는 것 때문이다.

이러한 의문점들이 있음에도 불구하고 벨기에 신앙고백서뿐만 아니라 종교 개혁자들의 전통을 잇는 개신교의 대부분이 유아세례를 당연한 것으로 받아 들였다. 그 이유는 앞서 살펴본 것처럼 신약의 세례가 구약의 할례와 관련 있 기 때문이다. 할례와 세례가 모든 면에서 동일한 것은 아니지만 그 본질에 있 어서는 동일하다. 그러므로 유아세례의 문제도 할례의 관점에서 생각할 필요 가 있다. 즉 할례와 세례의 연속성의 입장에서 보아야 한다(롬 4:10-11; 골 2:11- 12; 엡 2:11-12). 실제로 벨기에 신앙고백서 제34조의 마지막 문장을 보면 "세례 가 우리 자녀들에게 이스라엘 백성들에게 베풀었던 할례와 동일한 의미를 가 지기 때문에, 바울은 세례를 그리스도의 할례(the circumcision of Christ)라고 불렀 습니다(골 2:11)."라고 고백한다.

그렇다면 할례가 어떻게 행해졌는지를 다시 생각해보자. 창세기 17:7에 "내 가 내 언약을 나와 너 및 네 대대 후손 사이에 세워서 영원한 언약을 삼고 너와 네 후손의 하나님이 되리라."라고 했고, 창세기 17:10에서 "너희 중 남자는 다 할례를 받으라 이것이 나와 너희와 너희 후손 사이에 지킬 내 언약이니라."라 고 했다. 이 구절들에서 보듯이 할례란 신자뿐만 아니라 그 자녀들에게도 베풀 어졌다. 이에 근거해서 신약시대에 와서 베드로는 사도행전 2:38에서 "너희가 회개하여 각각 예수 그리스도의 이름으로 세례를 받고 죄 사함을 받으라. 그리 하면 성령의 선물을 받으리니"라고 말한 뒤에, 이어서 39절에서 말하기를 "이 약속은 너희와 너희 자녀와 모든 먼 데 사람 곧 주 우리 하나님이 얼마든지 부 르시는 자들에게 하신 것이라."라고 했다.

그래서 벨기에 신앙고백서는 다음과 같이 말한다. "우리는 동일한 약속에 근거하여 이스라엘에서 유아들이 할례를 받았던 것처럼, 신자의 자녀들이 세 례를 받아야 하고(ought to be baptized) 언약의 표로 인 쳐져야 한다(sealed with the sign of the covenant)는 것을 믿습니다. 정말로 그리스도께서는 어른들의 죄를 씻 기(wash) 위하여 피 흘리신 것만큼 신자의 자녀들의 죄를 씻기 위해서도 피 흘 리셨습니다. 그러므로 주님께서 율법에서 아이가 태어난 직후에 어린 양을 드 리라고 명령하신 것처럼, 신자의 자녀들도 그리스도께서 그들을 위하여 행하신 것에 대한 표와 성례를 받아야만 합니다."

유아세례를 반대하는 사람들의 주장처럼 신약성경의 구체적인 구절에서 직접적으로 유아에게 세례를 베풀라고 가르치지는 않는다. 그래서 유아세례를 베푸는 것이 "오직 성경"(sola Scriptura)이라는 종교개혁의 원리에 반하는 것처럼 여겨질 수 있다. 그러나 그것은 "오직 성경"이라는 말에 대한 오해다. "오직 성경"이란 성경의 문자적인 가르침을 따른다는 것이 아니다. 우리는 성경 전체의 가르침을 통해 유추할 수 있다(tota Scriptura). 마치 삼위일체에 대한 직접적인 내용이 성경에 없지만, 아주 중요한 핵심 교리인 것과 마찬가지다. 그러므로 우리는 앞서 본 구절에 근거하여 유아에게도 세례를 베푸는 것이 성경적이라는 점을 기억해야 한다.

그리고 오해하지 말아야 할 것이 있다. 유아세례는 구원받은 자임을 표하는 예식이 아니다. 믿는 가정에서 태어났으니 이미 구원받았다고 전제하고 주는 것이 아니다. 또한 부모가 유아 대신 서약하는 것을 담보로 삼아서 세례를 줄 수 있는 것도 아니다. 더 나아가 유아세례가 마술적인 예식이어서 세례가 신앙을 만들어 내는 것도 아니다. 유아세례는 믿는 자의 가정에서 태어난 유아들이 언약의 자녀임을 인 치는 예식이다. 유아세례는 하나님의 언약에 근거해서 주는 것으로 구원의 주도권이 사람에게 있는 것이 아니라 오직 하나님께 있음을 기억하게 하려고 베푸는 의식이다.

유아세례와 함께 강조되어야 할 부모의 책임

그래서 유아세례와 함께 강조되어야 하는 것은 부모의 책임이다. 부모들은 자신의 자녀가 유아세례를 받을 때에, 부모로서 자기의 자녀를 하나님의 언약의 자녀임을 인식하겠다고 하며, 자녀에 대한 하나님의 언약을 확신하고 자신의 구원을 위해 진력하는 것과 마찬가지로 자녀에게 거룩한 진리의 도를 가르쳐야 하고, 주의 교훈과 훈계로 양육해야 하며(엡 6:4), 그들을 위해 기도해야 한다고 서약한다.

부모의 책임이 중요하다는 사실은 세례가 곧 중생을 불러일으키는 것이 아니라는 점을 생각하면 더 중요하다. 만약 세례가 중생을 불러일으킨다면 부모는 아무런 일을 하지 않아도 된다. 하지만 유아세례가 곧 중생은 아니기에 아직 신앙을 고백할 수 없는 어린 아이들에게 세례를 베푼 후에는 그 아이들이 성장해서 자신들의 입으로 신앙을 고백할 수 있을 때까지 그 아이들에게 주의 교훈과 훈계로 가르칠 책임이 부모에게 있다(엡 6:4).

부모는 자신의 자녀들에게 베풀어진 세례의 의미와 배경에 대해서 알아야 한다. 아이들이 성장하면 그들이 왜 세례를 받았는지를 가르쳐야 한다. 부모는 친히 경건의 본을 아이에게 보여 주고 그를 위하여 기도하며 그와 함께 기도하고 거룩한 진리의 도를 가르치고 주의 교훈 가운데서 장성하는 일에 최선을 다해야 한다. 그렇게 할 때에 비로소 그 아이들이 성장하면서 자신들이 곧 세례를 받은 자들이기 때문에 반드시 하나님께 책임을 져야 하는 자들임을 깨닫게 되고, 유아세례가 진정으로 은혜언약의 표와 인으로서의 참된 가치를 갖고 있음을 깨닫게 된다.

유아세례를 받은 자들에게도 책임이 있다. 세례를 받은 아이들은 성장하면서 자신들이 하나님께 바쳐진 자들이며, 성부, 성자, 성령의 이름으로 세례를 받은 자들이기 때문에 반드시 하나님께 책임을 져야 하는 자들임을 수시로 깨달아야 한다. 그리고 그들의 여생 동안 언제든지 발생할지도 모르는 의심, 즉 그들이 언약 안에 있는 백성이라는 사실에 대해 의심이 들 때면, 그들이 아직 깨닫지 못하는 유아였을 때, 그들에게 개인적으로 적용된 언약의 인침을 회고해 보아야 하며, 거기서 완전한 자유의 복음이 제공하는 소중한 확신과 보증을 받아야만 한다.[241]

| 결 론 |

예수님께서는 우리에게 세례라는 성례를 제정해 주셨다. 세례는 예수님께서

---

241) James Buchanan, *The Office and Work of the Holy Spirit*, 신호섭 옮김, 『성령의 사역, 회심과 부흥』(서울: 부흥과 개혁사, 2006), 261.

제정해 주신 대로 행해져야 한다. 무분별하게 아무렇게나 아무에게나 베풀어져서는 안 된다. 교회당에 나오는 사람들로 하여금 적절히 권해서 받게 하는 것이 되어서는 안 되며, 장로들의 모임인 당회의 문답을 받고 교회를 통해 진지하게 베풀어져야 한다. 그리고 신자의 자녀에게 베풀어져야 하되, 세례 그 자체가 마술적인 힘이 있는 것은 아니므로 유아세례를 받은 자들을 그 부모가 잘 가르쳐서 하나님의 언약의 자녀로 바르게 성장할 수 있게 해야 한다.

주의 만찬의 성례

The Sacrament of the Lord's Supper

우리는 우리 구주 예수 그리스도께서 이미 중생시키시고 당신의 가족 곧 당신의 교회로 받아들이신(incorporated) 자들을 육성(育成)하시고(nourish) 양육(養育)하시기(sustain) 위해서 주의 만찬의 성례를[1] 제정하셨다는 것을 믿습니다.

중생한 사람들(those who are regenerated)은 이중적 생명을 가집니다.[2] 하나는 육체적이고(physical) 일시적인(temporal) 생명인데, 이 생명은 그들의 첫 번째 탄생으로 받고 모든 사람들에게 공통적인 것입니다. 다른 하나는 영적이고(spiritual) 천상적인(heavenly) 생명인데, 이 생명은 그들의 두 번째 탄생에서 주어진 것이고, 그리스도의 몸의 교제(communion)에서 복음의 말씀[3]으로 이루어집니다(effected). 이 생명은 모든 사람들에게 공통적인 것이 아니라 하나님의 택하신 자들에게만(only to the elect of God) 해당됩니다.

육체적이고 지상적인(earthly) 생명을 유지하도록 하기 위해서, 하나님께서는 지상적이고 물질적인(material) 빵(bread)을 정하셨습니다(ordained). 이 빵은 생명이 모든 사람들에게 공통적인 것처럼 모든 사람들에게 공통적입니다. 신자들이 가지는 영적이고 천상적인 생명을 유지하도록 하기 위해서, 하나님께서는 하늘로부터 내려오신 산 떡, 곧 예수 그리스도를[4] 그들에게 보내 주셨는데(요 6:51), 그분께서는 신자들이 당신을 먹을 때 즉 믿음에 의해서 영적으로 취하여 받을 때(spiritually appropriated and received by faith) 신자들의 영적 생명을[5] 육성하고 양육하십니다.[6]

그리스도께서는 영적이고 천상적인 빵을 우리에게 묘사하기 위해, 당신의 몸의 성례로서의 지상적이고 눈에 보이는 빵(bread)과 당신의 피의 성례로서의 포도주(wine)를 제정하셨습니다.[7] 그리스도께서는 우리가 우리의 손으로 그 성례를 받아 들고 우리의 입으로 그것을 먹고 마실 때(as we take and hold the sacrament in our hands and eat and drink it with our mouths), 우리의 육체적 생명이 그것에 의해서 유지되는 것이 확실한 것만큼, 우리가 우리 영혼의 손과 입으로 우리의 영적 생명을 위해 우리 영혼에 우리의 유일하신 구주 그리스도의 참된 몸과 참된 피를 믿음으로 받아들이는 것도 확실하다고 증거하십니다.[8]

예수 그리스도께서 우리에게 헛되이 당신의 성례를 명하지 않으셨다는 것은 의심할 여지가 없습니다. 그러므로 그리스도께서는 이 거룩한 표로 우리에게 나타내신 모든 것을 우리 안에서 이루십니다. 우리는 마치 우리가 하나님의 영의 감추어진 활동(the hidden activity)을 이해할 수 없는 것처럼 이 일이 행해지는 방식(manner)을 이해하지 못합니다.[9] 우리가 먹고 마시는 것이 진짜 그리스도의 몸과 진짜 그리스도의 피라고 말할 때 우리는 잘못된 것이 아닙니다. 그러나 우리가 먹는 방식은 입으로가 아니라 믿음에 의해서 영으로 먹는 것입니다. 그런 방식으로 예수 그리스도께서는 항상 하늘에서 당신의 하나님 아버지의 오른편에 앉아 계십니다.[10] 그러나 그리스도께서는 믿음으로 우리와 끊임없이 교제하기를 멈추지 않으십니다. 이 잔치(banquet)는 그리스도께서 우리를 당신의 모든 혜택들(benefits)과 함께 당신 자신을 받은 참여자(partakers)가 되게 하시고 당신 자신과 당신의 고난(suffering)과 죽음의 공로(merit)를 즐기도록 우리에게 은혜(grace)를 베푸시는 영적 식탁(spiritual table)입니다.[11] 그리스도께서는 당신의 육체(flesh)을 먹게 하심으로 우리의 가난하고 고독한 영혼을 육성하시고 강화시키시고 당신의 피를 마시게 하심으로 회복시키시고(refreshes) 새롭게(renews) 하십니다.

비록 성례가 표하는 바와 함께 결합되어 있을지라도 그 표하는 바가 항상 모든 사람에 의해서 받아들여지는 것은 아닙니다.[12] 악한 자들(The wicked)은 분명히 성례를 받음으로 정죄(condemnation)에 이를 뿐이고, 성례의 진리를 받아들이지 않습니다. 이와 같이 유다와 마술사 시몬은 둘 다 성례를 받았지만 성례가 표하는 그리스도를 받아들이지 않았습니다.[13] 그리스도께서는 오직(exclusively) 신자들과만 교제하십니다.[14]

마지막으로, 우리가 함께 우리 구주 그리스도의 죽음을 감사함으로 기념하고(commemorate) 우리의 믿음과 기독교 신앙을 고백할 때[15] 겸손(humility)과 경외(reverence)로 하나님의 백성의 모임에서(in the congregation of the people of God) 우리는 이 거룩한 성례를 받습니다.[16] 그러므로 누구든지 조심스럽게 자기를 살피지 않고는(without careful self-examination) 이 식탁에 나오지 않아야 합니다. 그렇게 하지 않고서 이 떡을 먹고 이 잔을 마신다면 그 사람은 자기에게 주어지는 심판(judgment)을 먹고 마시는 것입니다(고전 11:28-29). 간단히 말하면, 우리는 이 거룩한 성례를 사용함으로 하나님과 우리 이웃을 뜨겁게 사랑하도록 자극받게 되는(are moved) 것입니다. 그러므로 우리는 성례에 사람들이 첨가한 것이나 또는 혼합시킨 모든 가증한 고안물(damnable inventions)을 성례의 모독(desecrations)으로서 배격합니다. 우리는 그리스도와 그의 사도들이 가르치신 규례로 만족해야 하고 그들이 말한 그대로 말해야 한다고 선언합니다.

1) 마 26:26-28; 막 14:22-24; 눅 22:19-20; 고전 11:23-26 2) 요 3:5-6 3) 요 5:25
4) 요 6:48-51 5) 요 6:63; 10:10b 6) 요 6:40,47 7) 요 6:55; 고전 10:16 8) 엡 3:17
9) 요 3:8 10) 막 16:19; 행 3:21 11) 롬 8:32; 고전 10:3-4 12) 고전 2:14 13) 눅
22:21-22; 행 8:13,21 14) 요 3:36 15) 행 2:46; 고전 11:26 16) 행 2:42, 20:7

주의 만찬의 성례

• **본문:** 요한복음 6:47-55; 누가복음 22:7-20

• **관련신조:** 웨스트민스터 신앙고백서 제29장; 웨스트민스터 대요리문답
　　　　　　 제168-177문답; 웨스트민스터 소요리문답 제96-97문답;
　　　　　　 하이델베르크 요리문답 제75-85문답

| 서 론 |

벨기에 신앙고백서 제33조의 마지막 문장에 따르면 성례는 두 가지가 있다.
세례와 성찬이다. 그중에 두 번째 것은 '성찬'이다. 벨기에 신앙고백서 제35조
는 성찬을 다루되, 우리가 흔히 성찬이라고 부르는 것을 '주의 만찬'이라고 표
현한다.[242]

　주의 만찬은 세례와 더불어 주님께서 제정하신 성례다. 세례를 성례로 제정
하신 예수님께서는 또한 주의 만찬을 성례로 제정하셨다. 그리하여 교회는 그
리스도의 명령에 따라 세례를 베풀고, 세례를 받은 자에게 주의 만찬을 베푼
다. 이렇게 함으로써 교회는 하나님께서 주시는 은혜를 세례와 주의 만찬을 통
해서 누린다. 죄인이었던 자들이 말씀과 성령으로 거듭나서 세례를 받고, 그렇

---

242) 우리가 흔히 '성찬'이라고 부르는 말을 성경에서는 다양하게 표현한다. '주의 상'(고전 10:21), '주
　　의 만찬'(고전 11:20), '떡을 뗀다'(행 2:42; 20:7; 고전 10:16), '축복의 잔'(고전 10:16) 등이 있다. 간혹 '최
　　후의 만찬'이라고 하기도 하지만 사실 이러한 표현은 성경에 전혀 나타나지 않는다. Robert L.
　　Reymond, *A New Systematic Theology of the Christian Faith*(Nashville: Thomas Nelson, 1998), 956. 벨
　　기에 신앙고백서 제35조는 여러 표현 중에서 고린도전서 11:20에 나오는 '주의 만찬'이라는 표
　　현을 사용한다.

게 된 자들이 주님의 식탁에 나와서 주님의 살과 피를 먹고 마심으로써 은혜를 얻는다. 이렇게 교회는 세례와 주의 만찬을 통해서 주님 다시 오실 때까지 이 세상에 계속해서 존재한다.

벨기에 신앙고백서 제35조는 주의 만찬의 성례를 다룬다. 벨기에 신앙고백서 제35조를 통해서 주님께서 우리에게 주의 만찬을 주신 이유, 의미, 유익 등에 대해서 생각해보자.

| 본 론 |

죄인을 중생케 하시는 하나님

첫 사람 아담 이후의 모든 사람은 죄인이다. 그 이유는 제14조와 제15조에서 고백하는 것처럼 "원죄(original Sin)가 인류(human race) 전체에 퍼져(spread throughout) 있으며 심지어 모태에 있는 유아들에게까지도 미치고 있기 때문"이다. 모태의 유아까지도 죄의 영향 아래에 있기 때문에 죄와 관련 없다고 말할 수 있는 사람은 아무도 없다. 이 세상의 모든 사람은 죄 아래에 있는 비참한 존재다.

그러나 하나님은 당신이 창세전에 택한 자에게 은혜를 베푸셔서 그 사람을 당신의 백성으로 삼으신다. 그리하여 그들을 복음으로 부르시고 말씀과 성령으로 거듭나게 하신다. 거듭난다는 것을 중생(重生)이라고 한다. 중생이란 죄로 말미암아 하나님을 향하여 죽었던 영혼이 다시 살아나는 것이다. 이렇게 하나님은 죽은 죄인들을 중생시키시기 위하여 교회에서 선포되는 말씀과 그 말씀과 함께 역사하시는 성령님의 역사를 사용하신다(벧전 1:21-23; 약 1:18; 웨스트민스터 대요리문답 제155문답).

이렇게 중생한 자는 어떻게 되는가? 죽었던 영혼은 말씀과 성령으로 말미암아 다시 살아나게 되니, 죄로 인하여 강퍅했던 마음이 근본적으로 새로워지게 된다. 이에 대해 에스겔 11:19-20은 설명하기를 "(19)내가 그들에게 한 마음을 주고 그 속에 새 영을 주며 그 몸에서 돌 같은 마음을 제거하고 살처럼 부드러운 마음을 주어 (20)내 율례를 따르며 내 규례를 지켜 행하게 하리니 그들은 내 백성이 되고 나는 그들의 하나님이 되리라."라고 하며, 에스겔 36:26은 "또 새 영을 너희 속에 두고 새 마음을 너희에게 주되 너희 육신에서 굳은 마음을 제거하고 부드러운 마음을 줄 것이며"라고 한다. 하나님께서는 중생을 통해 죽은 죄인 속에 성령을 부어 주시고, 그로 인하여 새 생명의 원리를 심으시며, 그 결과 죽은 영혼이 살아나고 새 사람이 되며 새 마음을 갖게 된다(겔 11:19; 36:26-27). 물론 죄성이 여전히 남아 있어서 자주 실수하고 실패하기도 하지만 (롬 7장), 그 영혼은 궁극적으로 하나님의 의를 따르는 삶으로 바뀌게 된다. 하나님은 이렇게 죄인을 중생시키심으로써 그들을 자신의 자녀로 삼아 주신다. 그리고 그 자녀들을 당신의 거룩한 교회의 한 일원으로 삼아 주신다. 이것이 바로 구원의 서정이다.

그런데 이것으로 끝이 아니다. 당신의 백성이 되고 당신의 교회에 속한 자들이 계속해서 자랄 수 있도록 먹여 주신다. 이렇게 먹여 주시기 위해 허락하신 것이 '주의 만찬'이다.

그래서 벨기에 신앙고백서 제35조의 첫 번째 문장은 이렇게 고백한다. "우리는 우리 구주 예수 그리스도께서 이미 중생시키시고 당신의 가족 곧 당신의 교회로 받아들이신(incorporated) 자들을 육성(育成)하시고(nourish) 양육(養育)하시기(sustain) 위해서 주의 만찬의 성례를 제정하셨다는 것을 믿습니다."[243]

이 고백에서 보듯이 주님께서는 당신의 백성이 된 자들을 위하여 먹이시니 주의 만찬의 성례를 통해서 하시며, 주의 만찬은 빵[244]과 포도주로 하는 것으로서, 이 빵과 포도주는 단순한 빵과 포도주가 아니라 그리스도의 몸과 피를 상징한다. 즉 한편으로는 물리적인 음식이지만, 실질적으로는 영적인 음식이

---

243) 벨기에 신앙고백서 제35조의 첫 번째 문장은 칼뱅의 기독교 강요(*Institutes*, IV, xvii, 1)에 배경을 두고 있다.

244) 성경이 한글로 번역되던 당시에는 '빵'이라는 표현이 보편적이지 않아 '떡'으로 번역하였지만, 우리가 잘 알다시피 '떡'이 아니라 '빵'이라고 하는 것이 옳다. 오늘날의 시점에서는 빵이라는 표현이 이미 보편적인데, 개역개정 성경이 번역하면서 여전히 '떡'으로 사용하는 것은 안타까운 부분이다. 이제는 '빵'이라고 번역함으로써 그 의미를 잘 드러내는 것이 필요하다.

다. 하나님은 중생한 사람들에게 영적인 음식을 먹이심으로 자라게 하신다.

그렇다면, 주님께서는 왜 이러한 방식을 사용하시는가? 이 사실을 벨기에 신앙고백서 제35조의 두 번째 단락에서 다음과 같이 고백한다. "중생한 사람들(those who are regenerated)은 이중적 생명을 가집니다. 하나는 육체적이고 (physical) 일시적인(temporal) 생명인데, 이 생명은 그들의 첫 번째 탄생으로 받고 모든 사람들에게 공통적인 것입니다. 다른 하나는 영적이고(spiritual) 천상적인(heavenly) 생명인데, 이 생명은 그들의 두 번째 탄생에서 주어진 것이고, 그리스도의 몸의 교제(communion)에서 복음의 말씀으로 이루어집니다(effected). 이 생명은 모든 사람들에게 공통적인 것이 아니라 하나님의 택하신 자들에게만 (only to the elect of God) 해당됩니다."

여기에서 말하듯이 중생한 자는 이중적 생명을 가진다. 하나는 육체적인 생명, 다른 하나는 영적인 생명이다. 이 중에서 육체적인 생명은 굳이 중생한 사람이 아니라 하더라도 이 세상에 태어난 사람이라면 누구나 갖고 있는 것이다. 그런데 중생한 사람은 육체적 생명 외에 영적이고 천상적인 생명을 가지고 있으니 이것은 중생을 통해 생겨난 생명이다.

육체적이고 일시적인 생명을 가진 사람에게 있어서 음식은 빵이나 밥이면 된다. 즉 물리적인 어떤 것만 있으면 된다. 그것만으로도 육체적 몸을 유지하고 육성하기에 충분하다. 그러나 영적이고 천상적인 생명을 가진 사람은 다르나. 영적인 생명을 가진 사에 세는 영직인 음식도 필요하다. 그래서 예수님께서는 중생한 자들을 위해서 영적인 생명에 필요한 음식으로 주의 만찬을 성례로 제정하신 것이다.

중생한 자에게 필요한 양식인 그리스도의 몸과 피

거듭난 자에게는 영의 음식이 필요하다는 사실을 예수님은 주의 만찬을 제정하기 훨씬 전에 이미 설명해 주셨다. 그 내용이 벨기에 신앙고백서 제35조의 4번째 근거구절이면서 이 강해의 본문인 요한복음 6:47-51에 잘 나와 있다. "(47)진실로 진실로 너희에게 이르노니 믿는 자는 영생을 가졌나니 (48)내가 곧 생명의 떡이니라 (49)너희 조상들은 광야에서 만나를 먹었어도 죽었거니와

(50)이는 하늘에서 내려오는 떡이니 사람으로 하여금 먹고 죽지 아니하게 하는 것이니라 (51)나는 하늘에서 내려온 살아 있는 떡이니 사람이 이 떡을 먹으면 영생하리라 내가 줄 떡은 곧 세상의 생명을 위한 내 살이니라 하시니라." 이 말씀을 통해서 예수님은 우리에게 다음과 같은 사실을 가르쳐 주신다. 첫째, 믿는 자에게는 영생이 있다(47절). 둘째, 예수님이 곧 생명의 떡이다(48절). 셋째, 구약시대에 이스라엘 백성들이 광야에서 먹은 만나는 곧 하늘에서 내려오는 떡이신 예수 그리스도를 상징했다(49-50절). 넷째, 광야에서 먹은 만나는 먹어도 죽었지만 그 만나가 상징한 참 생명의 떡이신 예수님은 먹으면 절대로 죽지 않는다(49-51절).

그리고 이어서 요한복음 6:53-55에서 이렇게 말씀하신다. "(53)예수께서 이르시되 내가 진실로진실로 너희에게 이르노니 인자의 살을 먹지 아니하고 인자의 피를 마시지 아니하면 너희 속에 생명이 없느니라. (54)내 살을 먹고 내 피를 마시는 자는 영생을 가졌고 마지막 날에 내가 그를 다시 살리리니 (55)내 살은 참된 양식이요 내 피는 참된 음료로다." 이 말씀을 통해서 중생한 사람은 참된 양식이시며 참된 음료이신 예수님을 통해서만 살 수 있다는 것을 가르쳐 주셨다. 이렇게 예수님은 성찬의 필요성에 대해서 성찬을 제정하시기 전에 이미 말씀해 주셨다.

이러한 성경적 가르침에 따라 벨기에 신앙고백서 제35조의 3번째 단락은 이렇게 고백한다. "육체적이고 지상적인(earthly) 생명을 유지하도록 하기 위해서, 하나님께서는 지상적이고 물질적인(material) 빵(bread)을 정하셨습니다(ordained). 이 빵은 생명이 모든 사람들에게 공통적인 것처럼 모든 사람들에게 공통적입니다. 신자들이 가지는 영적이고 천상적인 생명을 유지하도록 하기 위해서, 하나님께서는 하늘로부터 내려오신 산 떡, 곧 예수 그리스도를 그들에게 보내 주셨는데(요 6:51), 그분께서는 신자들이 당신을 먹을 때 즉 믿음에 의해서 영적으로 취하여 받을 때(spiritually appropriated and received by faith) 신자들의 영적 생명을 육성하고 양육하십니다."

주의 만찬을 성례로 제정하신 예수님

영적인 생명을 가진 자를 위한 영적 양식이 필요다고 말씀하신 예수님께서는 당신이 십자가에 잡히시기 전날에 주의 만찬을 제정하신다. 그 내용이 벨기에 신앙고백서 제35조의 첫 번째 근거구절인 마태복음 26:26-28; 마가복음 14:22-24; 누가복음 22:19-20에 잘 기록되어 있다. 세 개의 본문에서는 모두 비슷한 내용을 기록하지만, 그중에 이 강해의 본문인 누가복음 22:7-20을 보자.

7절에 보면 무교절이 되었다. 이 날은 유월절을 준비하는 날이다. 그래서 8절에 보면 예수님께서 제자들과 함께 유월절 식사를 위한 준비를 하도록 하시는 것을 볼 수 있다. 이것은 출애굽기 12장에 근거한 것으로 유대인들은 구약의 이스라엘 백성들이 출애굽 하였던 것을 기념하여 유월절 음식을 먹었다. 예수님은 그러한 풍습에 따라 제자들과 함께 유월절을 먹으려고 하신다. 준비가 모두 끝나고 때가 되자 15절에서 말씀하신다. "내가 고난을 받기 전에 너희와 함께 이 유월절 먹기를 원하고 원하였노라." 그리고 난 뒤 19절에 보면 예수님이 제자들에게 빵을 주신다. 20절에서는 잔을 주신다. 이렇게 빵과 포도주를 함께 마신다. 그러면서 예수님이 빵을 가리켜서 말씀하시기를 "이것은 너희를 위하여 주는 내 몸이라 너희가 이를 행하여 나를 기념하라."라고 하시고, 잔을 가리켜 말씀하시기를 "이 잔은 내 피로 세우는 새 언약이니 곧 너희를 위하여 붓는 것이라."라고 하셨다. 이렇게 예수님은 제자들과 함께 하신 마지막 식사 중에 자신의 몸과 피를 상징하는 빵과 포도주를 통하여 주의 만찬을 성례로 제정하셨다.

그래서 벨기에 신앙고백서는 이렇게 고백한다. "그리스도께서는 영적이고 천상적인 빵을 우리에게 묘사하기 위해, 당신의 몸의 성례로서의 지상적이고 눈에 보이는 빵(bread)과 당신의 피의 성례로서의 포도주(wine)를 제정하셨습니다."

신약의 성찬과 구약의 유월절의 상관성

여기에서 우리는 두 가지를 보아야 한다. 첫째, 예수님은 의도적으로 유월절에 성찬을 제정하심으로써, 구약의 할례와 신약의 세례가 연관이 있는 것처럼 구약의 유월절 식사가 신약의 성찬과 연관 있음을 나타내셨다. 둘째, 누가복음 22:20에서 "이 잔은 내 피로 세우는 새 언약이니"라고 말씀하심으로써 성찬은 구약시대에 행했던 옛 언약을 대체하는 새 언약으로서, 은혜언약의 표 중에 하나인 성례라는 것을 보여 주셨다. 이 두 가지 의미를 구체적으로 생각해보자.

첫째, 성찬은 구약의 유월절 식사와 관련 있다. 예수님은 의도적으로 유월절 식사와 관련하여 성찬을 제정하셨다. 예수님은 의도적으로 제자들에게 "너희와 유월절 먹기를 원하노라."라고 하셨다. 그리고 유월절에 있는 요소들을 사용하심으로써 예수님은 매우 자연스럽게 주의 만찬으로 넘어가셨다(마 26:26-28; 막 14:22-24; 눅 22:19-20; 고전 11:24; 웨스트민스터 신앙고백서 제29장 제1절). 이렇게 함으로써 신약의 성찬은 구약의 유월절 식사와 연관이 있음을 보여 주셨다.

그런데 약간의 차이가 있다. 출애굽기 12:2에 보면 유월절 음식은 가족과 함께 나눈다. 그리고 어린 양을 가지고 함께 나눈다. 출애굽기 12:8에 보면 고기를 불에 구워서 무교병과 쓴 나물과 함께 먹는다. 이것이 구약의 유월절 식사의 모습이다. 하지만 예수님은 가족이 아닌 제자들과 함께 식사를 하셨다. 이렇게 하심으로써 제자들을 가족으로 삼아 주셨다. 어린 양, 무교병, 쓴 나물 대신에 빵과 포도주로 식사를 하셨다. 이렇게 하심으로써 유월절 어린양의 의미가 곧 자기 자신임을 나타내셨으며, 구약의 죽임 당한 수많은 어린 양이 곧 자기 자신임을 나타내셨다.

이러한 사실을 통해서 예수님께서는 성찬의 본질은 구약에서 그 본질을 찾을 수 있다는 것을 보여 주셨다. 이것은 마치 세례가 그 본질을 구약에서 찾을 수 있는 것과 같다. 제34조의 가르침에서 배웠듯이 신약의 세례는 구약의 할례에서 그 본질을 찾을 수 있다. 예수님께서는 세례를 제정하심에 있어서 구약의 할례에서 그 본질을 취하셨다. 그런데 예수님은 성찬을 제정하심에 있어서도 구약의 유월절 식사에서 그 본질을 취하셨다.

그렇다면 신약의 성찬의 본질은 무엇인지를 유월절 사건을 통해서 생각해보자. 유월절 이야기를 간략하게 정리해보면 다음과 같다. 애굽이라는 죄의 땅에 노예로 살던 이스라엘 백성들을 구원하실 때에 하나님께서는 열 가지 재앙을 내리셨다. 그중에서 마지막 열 번째 장자의 죽음이라는 재앙을 내리실 때였다. 하나님께서는 애굽만을 심판하시고 이스라엘은 구원하시기를 원하셨다. 이렇게 하시기 위해서 이스라엘에게 명령을 내리셨다. 그 명령의 내용은 재앙이 있기 전날 밤에 이스라엘 백성들은 어린 양을 잡아서 그 피를 이스라엘 백성들의 집의 인방과 문 좌우 설주에 바르게 하였다(출 12:21-28). 이렇게 하면 천사가 인방과 문설주에 발려져 있는 피를 보고 그 집에는 재앙을 내리지 않게 하는 것이었다. 반대로 피가 발려져 있지 않은 집에는 장자가 모두 죽는 재앙이 임하게 되었다. 하나님께서는 이렇게 '피'를 통해서 재앙에서 면제될 수 있도록 허락하셨는데, 이렇게 피를 보고 넘어갔다고 해서 넘을 유(逾), 넘을 월(越) 자를 써서 유월절(逾越節)이라고 하고, 영어로는 The Passover라고 한다. 다른 조건 없이 그냥 문설주에 발려져 있는 피만으로도 하나님의 심판에서 면할 수 있었다. 그런데 이 유월절은 그리스도께서 십자가에서 흘리신 피를 통하여 우리의 죄로 인한 영원한 형벌에서 면제케 하실 것을 미리 보여 준 일이었다. 우리가 한 일이 전혀 없지만 예수님의 십자가의 보혈의 공로만으로 우리가 하나님의 진노의 심판에서 면제될 수 있는 것이다. 다시 말해, 구약의 유월절은 피로 말미암아 얻게 될 구원의 복음과 그 일을 이루실 십자가 사건의 예표적 사건이었다.

예수님은 이러한 의미를 나타내시기 위해서 의도적으로 유월절 식사를 통해서 성찬을 제정하셨고, 그 식사를 구약 이스라엘의 마지막 유월절로 심으셨고, 신약 교회의 최초의 성찬으로 제정하셨다. 그리하여 유월절 식사가 구원의 하나님을 기념하기 위한 식사였던 것처럼 신약의 성찬은 죄인 된 우리들을 위하여 그리스도께서 십자가에 달려 죽으심으로 그 피를 통하여 우리의 죄를 해결해 주셨음을 기억하고 기념하도록 하기 위해서 제정하신 것이다. 이렇게 하심으로서 성찬의 의미를 보여 주셨다.

둘째, 성찬은 구약시대에 행했던 옛 언약을 대체하는 새 언약인데, 그 옛 언약은 출애굽기 24장에 나오는 시내산 언약의 식사(출 24:11; 참조. 마 26:28)와 관련 있다. 출애굽기 24:1-2에 보면 모세가 아론, 나답, 아비후, 그리고 이스라엘의 장로 70명과 함께 시내 산에 올라간다. 이때 하나님은 모세에게 언약을 체결하시고 십계명을 주신다. 십계명을 흔히 '언약의 두 돌판'이라고 한다.[245] 그리고 8절에서 모세가 그 언약의 증거로서 피를 가지고 백성들에게 뿌리면서 말을 한다. "이는 여호와께서 이 모든 말씀에 대하여 너희와 세우신 언약의 피니라." 이어서 11절에서 하나님과 언약을 체결한 것을 기념하여 '식사'를 한다. 그런데 이에 대해서 성경의 저자인 성령님께서는 "그들은 하나님을 뵙고 먹고 마셨더라."라고 설명한다. 하나님 앞에서 음식을 먹은 일을 독특하게 표현한다. 이 내용을 요약하면, 하나님께서 이스라엘 백성들과 언약을 맺으시고, 하나님이 이스라엘의 하나님이 되시며 이스라엘은 하나님의 백성이 됨을 선언하셨으니 그 증거로 피를 백성들에게 뿌렸다. 그리고 그들은 음식을 먹었으니 그것은 곧 하나님을 먹고 마신 것이었다.

그런데 예수님은 의도적으로 포도주를 드시면서 말씀하시기를 "이 잔은 내 피로 세우는 새 언약이니"(눅 22:20)라고 하셨으니, 자신이 흘리신 피와 그 피로 말미암아 생겨난 성찬의 의미를 시내 산 언약과 관련하여 설명해 주신 것이다. 즉 시내 산 언약은 옛 언약이요, 예수 그리스도를 통한 언약은 새 언약인데, 이 언약의 표인 성찬은 하나님과 새 언약을 맺은 백성들이 행하는 새 언약의 식사로서 은혜언약의 표와 인이라는 사실을 보여 주셨다. 그리스도의 죽으심으로 말미암아 죄인 된 자들을 구원하여 주셨고, 그리하여 하나님의 백성이 되었으니 그것을 확증하는 표로서 제정하신 것이 성찬이니 곧 새 언약의 식사인 것이다.

이처럼 성찬을 행한다는 것은 예수님께서 자신의 피로 세우신 언약에 참여한다는 것을 의미하며, 구약에서 역사하신 하나님과 신약에서 역사하신 하나님을 함께 경험하게 하는 것으로서 과거에 하나님께서 우리에게 베풀어주신 은혜에 대한 기억일 뿐만 아니라 또한 동시에 장차 우리에게 있을 영원한 천국에서 누리게 될 잔치를 미리 맛보는 것이다. 그래서 벨기에 신앙고백서 제35조는 말하기를 "이 잔치(banquet)는 그리스도께서 우리를 당신의 모든 혜택들(benefits)과 함께 당신 자신을 받은 참여자(partakers)가 되게 하시고 당신 자신과

---

245) 십계명과 언약의 관련성에 대해서는 손재익, 『십계명, 언약의 10가지 말씀』, 26-35을 보라.

당신의 고난(suffering)과 죽음의 공로(merit)를 즐기도록 우리에게 은혜(grace)를 베푸시는 영적 식탁(spiritual table)입니다."라고 고백한다.

성찬은 신약의 성례로서 은혜언약의 표와 인이다. 그래서 우리는 성찬을 먹고 마실 때마다 그리스도께서 나를 위해 죽으셨다는 약속의 복음을 확인한다. 그리스도께서 찢으신 살과 흘리신 피가 곧 나를 죽음에서 건지신다는 복음의 약속을 확인한다. 이렇게 우리는 그 성찬을 먹고 마심으로서 믿음이 자라게 된다.

교회 안에서 계속되어야 할 성찬

예수님께서 친히 주의 만찬을 성례로 제정하셨으니 교회는 그리스도의 명령에 따라 계속해서 주의 만찬을 베풀어야 한다. 그리하여 교회 안에 거듭난 자들로 하여금 그들의 영적인 생명을 유지하도록 해야 한다. 그 생명이 더욱 자라도록 해야 한다. 물론 말씀이 그들의 생명을 자라게 하지만, 그와 함께 성찬을 통하여서 믿음이 자라게 만들어야 한다.

그래서 사도바울은 고린도전서 11:23-26에서 말하기를 "(23)내가 너희에게 전한 것은 주께 받은 것이니 곧 주 예수께서 잡히시던 밤에 떡을 가지사 (24)축사하시고 떼어 이르시되 이것은 너희를 위하는 내 몸이니 이것을 행하여 나를 기념하라 하시고 (25)식후에 또한 그와 같이 잔을 가지시고 이르시되 이 잔은 내 피로 세운 새 언약이니 이것을 행하여 마실 때마다 나를 기념하라 하셨으니 (26)너희가 이 떡을 먹으며 이 잔을 마실 때마나 주의 죽으심을 그가 오실 때까지 전하는 것이니라."라고 하면서 이 성찬이 교회의 성례로서 계속되어야 함을 말하고, 벨기에 신앙고백서 제35조는 첫 근거구절에서 이 구절을 제시한다.

믿음으로 받아야 할 성찬

교회는 주의 만찬을 성례로 여기고 계속해서 행해야 하지만, 명심해야 할 것이 있다. 빵과 포도주 자체에 힘이 있는 것이 아니라, 믿음으로 먹고 마실 때에 비로소 그 효력을 발휘한다. 물리적인 음식은 잘 씹을 수 있는 치아(齒牙)와 음식을 소화할 수 있는 소화기관의 힘이 있으면 섭취할 수 있다. 그런데 영적인 음식은 오직 믿음으로 섭취해야 한다. 만약 믿음으로 먹지 않으면 우리의 영혼에 아무런 영향을 주지 못한다.

이 사실을 벨기에 신앙고백서 제35조는 다음과 같이 고백한다. "그리스도께서는 우리가 우리의 손으로 그 성례를 받아 들고 우리의 입으로 그것을 먹고 마실 때(as we take and hold the sacrament in our hands and eat and drink it with our mouths), 우리의 육체적 생명이 그것에 의해서 유지되는 것이 확실한 것만큼, 우리가 우리 영혼의 손과 입으로 우리의 영적 생명을 위해 우리 영혼에 우리의 유일하신 구주 그리스도의 참된 몸과 참된 피를 믿음으로 받아들이는 것도 확실하다고 증거 하십니다."

오직 믿음을 통해서만 성찬이 효력이 있다는 것은 성례의 기본적인 사실이다. 제33조에서 언급했듯이 성례는 마술적인 힘을 갖고 있는 것이 아니다. 세례 시에 사용되는 물 자체에 효력이 있는 것이 아니듯, 성찬 시에 사용되는 빵과 포도주 자체에 힘이 있는 것이 아니다. 믿음이 없는 사람에게는 빵과 포도주일 뿐이다. 믿음으로 받을 때에 효력이 있다. 그리스도의 살을 상징하는 빵을 받을 때에, 그리스도의 살이 우리의 영혼에 힘과 생명을 주는 유일한 양식이라는 고백이 있어야 한다. 그리스도의 피를 상징하는 포도주를 받을 때에, 그리스도의 피가 우리에게 주는 유익을 깨달아야 한다. 성례는 의식을 통하여(ex opere operato) 참여자를 성화시키지 못하며, 다만 참여자 자신의 작용을 통해서만(ex opere operantis) 곧 믿음으로 받을 때만 효력이 있다.

그렇다면 성찬을 참여하는 자에게 필요한 '믿음'이라는 것은 무엇일까? 성찬 참여자는 자신의 죄에 대한 명확한 인식이 있어야 한다. 그리스도의 고난과 죽음으로 우리의 죄가 다 용서되었다는 믿음이 있어야 한다. 날마다 더 주님의 뜻을 잘 수행하기로 다짐하는 마음과 애씀이 있어야 한다. 영적으로 자라고 점점 더 그리스도의 형상을 닮아 가려는 거룩한 소원을 가져야 한다. 같은 상에 참여하여 한 몸을 형성하게 된 형제자매들을 잘 돌아보고 그들을 잘 섬김으로 주님의 몸의 하나된 것을 잘 드러내어야 하겠다는 다짐이 있어야 한다(참고. 웨스트민스터 대요리문답 제171, 174문답).[246] 이것이 성찬에 참여하는 자에게 요구되

---

246) 이승구, 『하이델베르크 요리문답 강해 II : 성령의 위로와 교회』(서울: 이레서원, 2009³), 213-214.

는 믿음이다. 이러한 믿음 없이 행하는 성찬은 성찬으로서 아무런 의미를 갖지 못한다.

성찬식은 주일예배를 드릴 때마다 하는 것이 가장 좋다. 아니면 칼뱅이 제안한 대로 1개월에 1회 정도 하는 것도 좋다.[247] 그러나 성찬이라는 제도 자체가 핵심이 아니라 반드시 믿음이 수반되어야만 한다는 것을 잊지 말아야 한다. 성찬을 무조건 많이 한다고 좋은 것이 아니라 그것을 행할 때에 바른 믿음이 요구되고 그 믿음이 교회와 세상에서 표현되어야 한다.

이 일을 위해서 목사는 성찬의 의미에 대해서 성도들에게 계속해서 가르쳐야 한다. 그렇지 않으면 성찬이라는 형식만 남고 그 의미는 사라져 성찬이 미신처럼 행해질 수 있다.

성찬이 주는 유익

성찬을 믿음으로 받을 때에 어떻게 되는가? 벨기에 신앙고백서 제35조의 다섯 번째 단락에 잘 설명되어 있다. "예수 그리스도께서 우리에게 헛되이 당신의 성례를 명하지 않으셨다는 것은 의심할 여지가 없습니다. 그러므로 그리스도께서는 이 거룩한 표로 우리에게 나타내신 모든 것을 우리 안에서 이루십니다. 우리는 마치 우리가 하나님의 영의 감추어진 활동(the hidden activity)을 이해할 수 없는 것처럼 이 일이 행해지는 방식(manner)을 이해하지 못합니다. 우리가 먹고 마시는 것이 진짜 그리스도의 몸과 진짜 그리스도의 피라고 말할 때 우리는 잘못된 것이 아닙니다. 그러나 우리가 먹는 방식은 입으로가 아니라 믿음에 의해서 영으로 먹는 것입니다. 그런 방식으로 예수 그리스도께서는 항상 하늘에서 당신의 하나님 아버지의 오른편에 앉아 계십니다. 그러나 그리스도께서는 믿음으로 우리와 끊임없이 교제하기를 멈추지 않으십니다. 이 잔치(banquet)는 그리스도께서 우리를 당신의 모든 혜택들(benefits)과 함께 당신 자신을 받은 참여자(partakers)가 되게 하시고 당신 자신과 당신의 고난(suffering)과 죽음의 공로(merit)를 즐기도록 우리에게 은혜(grace)를 베푸시는 영적 식탁

---

247) *Institutes*, Ⅳ, ⅹⅵⅰ, 43-46.

(spiritual table)입니다. 그리스도께서는 당신의 육체(flesh)을 먹게 하심으로 우리의 가난하고 고독한 영혼을 육성하시고 강화시키시고 당신의 피를 마시게 하심으로 회복시키시고(refreshes) 새롭게(renews) 하십니다."

이 설명대로 성찬은 그냥 아무런 의미 없는 예식이 아니다. 믿음으로 행할 때에 분명히 우리에게 효력이 있다. 믿음으로 성찬을 행할 때 그리스도께서 십자가에서 이루어주신 모든 공로가 풍성하게 드러난다. 믿음으로 성찬을 행할 때 그리스도께서 부활하셔서 이루신 은혜가 우리 안에 나타난다. 믿음으로 성찬을 행할 때 우리의 가난하고 고독한 영혼에 생기를 불어넣어 주시고, 지친 영혼을 새롭게 하신다.

성찬 참여의 대상

설교는 아무나 들을 수 있는가? 그렇다. 그렇다면 성찬은 아무나 참여할 수 있을까? 아니다. 성찬은 아무나 참여할 수 없다. 성찬에 참여할 수 있는 사람이 한정되어 있다(참고. 웨스트민스터 대요리문답 제173문답, 하이델베르크 요리문답 제81-82문답). 신자여야만 한다. 즉 중생한 자여야 한다. 왜냐하면 중생한 자에게만 생명의 양식이 의미가 있기 때문이다. 또한 앞서 배운 것처럼 성찬은 마술이 아니기 때문에 그 예식 자체에 효력이 있는 것이 아니라 성찬에 참여하는 자의 '믿음'이 요구되기 때문이다. 그래서 성찬을 집례하는 목사들이 성찬을 행할 때에 "세례 받으신 분만 성찬에 참여하십시오."라고 항상 말한다. 설교는 믿음이 생겨나도록 만드는 일이기에 믿음이 없는 사람이 듣는 것이 당연하다. "세례 받지 않은 분은 설교를 듣지 말고 나가십시오."라고 하지 않는다. 그러나 성찬은 믿음을 가진 사람에게 베푸는 것이므로 믿음이 없는 사람에게는 베풀 수가 없다.

그래서 벨기에 신앙고백서 제35조는 다음과 같이 고백한다. "비록 성례가 표하는 바와 함께 결합되어 있을지라도 그 표하는 바가 항상 모든 사람에 의해서 받아들여지는 것은 아닙니다. 악한 자들(The wicked)은 분명히 성례를 받음으로 정죄(condemnation)에 이를 뿐이고, 성례의 진리를 받아들이지 않습니다. 이와 같이 유다와 마술사 시몬은 둘 다 성례를 받았지만 성례가 표하는 그리스도를 받아들이지 않았습니다. 그리스도께서는 오직(exclusively) 신자들과만 교제하십니다."

이 고백에 잘 나타나 있듯이 성찬은 믿음 없이 행할 때에 오히려 정죄에 빠지게 된다. 그래서 반드시 믿음을 가진 사람에게만 베풀어야 한다. 이 사실에 대해서 벨기에 신앙고백서와 자매관계에 있는 하이델베르크 요리문답의 제81문답이 잘 설명한다. 거기에 보면 고린도전서 10:19-22와 11:28-29에 근거해서 설명하기를 "자기의 죄 때문에 자신에 대해 참으로 슬퍼하는 사람, 그러나 그리스도의 고난과 죽음에 의해 자기의 죄가 사하여지고 남아 있는 연약성도 가려졌음을 믿는 사람, 또한 자신의 믿음이 더욱 강하여지고 돌이킨 삶을 살기를 간절히 소원하는 사람이 참여할 것이다. 그러나 외식(外飾)하거나 회개하지 않는 사람이 참여하는 것은 자기가 받을 심판을 먹고 마시는 것입니다."라고 가르친다.

아무렇게나 성찬에 참여한다면?

만약 성찬에 참여하는 자들이 믿음이 없이 마음대로 행하면 어떻게 될까? 벨기에 신앙고백서 제35조는 "그러므로 누구든지 조심스럽게 자기를 살피지 않고는(without careful self-examination) 이 식탁에 나오지 않아야 합니다. 그렇게 하지 않고서 이 떡을 먹고 이 잔을 마신다면 그 사람은 자기에게 주어지는 심판(judgment)을 먹고 마시는 것입니다(고전 11:28-29)."라고 고백한다.

이 구절에서 제시하는 구절인 고린도전서 11:27-29에 보면 이렇게 말씀한다. "(27)그러므로 누구든지 주의 떡이나 잔을 합당하지 않게 먹고 마시는 자는 주의 몸과 피에 대하여 죄를 짓는 것이니라 (28)사람이 자기를 살피고 그 후에야 이 떡을 먹고 이 잔을 마실지니 (29)주의 몸을 분별하지 못하고 먹고 마시는 자는 자기의 죄를 먹고 마시는 것이니라." 이 말씀에서 보듯이 성찬에 참여함에 있어서 필요한 것은 주의 몸을 분별할 줄 아는 것이다. 이 말은 성찬이 그리스도의 몸이라는 '신령한 영적인 가치'를 모르는 사람에게 적합지 않다는 뜻이다. 또한 성찬에 나타난 그리스도의 한 몸 됨이라는 의미를 모르는 사람은 참여할 수 없다는 말이다. 즉 성찬에 대한 바른 지식과 분별력을 가지고 참여하여야 한다. 성찬과 관련하여 분명한 믿음이 요구된다. 만약 그렇게 하지 않고 성찬에 참여하는 사람은 성찬을 먹고 마시는 것이 아니라 오히려 자신의 죄를 먹고 마시는 일이 된다. 그래서 성찬에 참여하기 전에 성도들은 자기를 잘 살펴야 한다. 또한 아무리 세례를 받은 신자라 할지라도 심각한 죄 가운데 있는 경우에는 성찬에 참여해서는 안 된다(참조. 고후 13:5).

이어지는 30절에 보면 더욱 강하게 말씀한다. "그러므로 너희 중에 약한 자와 병든 자가 많고 잠자는 자도 적지 아니하니." '잠자는 자'라는 말은 죽었다는 말이다. 왜 고린도교회에 약한 자와 병든 자, 심지어 죽은 자가 많았을까? 고린도교회가 성찬을 행함에 있어서 아무렇게나 행했기 때문이다. 하나님은 고린도교회에 일어난 이 일을 성경에 기록케 하심으로써 중요한 사실을 계시해 주신다. 바로, 성찬은 함부로 시행하면 안 된다는 것이다. 성찬은 매우 신중하게 행해져야 한다. 그것이 성찬을 제정하신 예수님의 뜻이다.

성찬 참여의 대상을 규제해야 할 교회의 책임

성찬에 참여할 사람에 대해 분별해야 할 책임이 교회(치리회)에 맡겨져 있다. 다시 말하면 성찬에 참여할지 말지는 개인이 결정할 일이 아니라 교회가 공적으로 신경 써야 할 부분이다. 다시 말하면, 개인이 "나는 믿음이 없으니 성찬에 참여하면 안 되겠구나."라고 하는 것보다도, 교회(치리회)가 "당신은 아직 믿음이 없는 분이므로 성찬에 참여하면 안 됩니다. 다음 기회로 미루십시오." 혹은 "당신은 비록 믿음을 가진 사람이긴 하지만 최근에 아주 심각한 범죄를 행하였으니 이번 성찬에는 참여하지 마십시오."라고 해야 한다.

이 사실이 고린도전서 11:31에 암시되어 있다. "우리가 우리를 살폈으면 판단을 받지 아니하려니와." 고린도교회에 성찬에 함부로 참여하는 일이 많아서 약한 자, 병든 자, 심지어 죽은 사람도 있었는데, 이에 대해 말하면서 만약 교회가 잘 살폈더라면 이러한 일이 없었을 것이라고 말씀한다. 이 말씀은 교회가 성찬 참여자를 잘 분별해야 할 의무가 있음을 보여 준다.

그러므로 교회는 아무에게나 세례를 베풀어서도 안 되고, 세례를 베푼 뒤에도 성찬을 행함에 있어서 매우 신중해야 한다. 세례를 잘 베풀어서 세례를 받은 사람으로 성찬 참여의 자격을 제한해야 하고, 세례를 받았다 하더라도 때로는 그 사람의 신앙과 생활의 상태에 따라 성찬에 참여하지 못하도록 해야 한다 (하이델베르크 요리문답 제82문답).

성경의 가르침에 따라 말씀에 충실하게 교회를 세우려고 했던 개혁파 교회들은 성찬을 신중하게 시행하는 것을 중요하게 여기면서 또한 동시에 강조한 것이 있었으니 장로들의 심방이다. 성찬을 앞두고 장로들이 성도들의 가정을 심방하여서 과연 그 가정에 속한 사람들이 성찬에 참여할 만한 믿음과 행실을 갖춘 사람인지를 확인하고, 성찬에 아무나 참여하는 것이 아니라 교회가 잘 분별하여 참여케 했다. 이렇게 생겨난 장로의 심방이라는 전통은 성찬과 관련하여서 오늘날에도 여전히 건전한 개혁교회와 장로교회에서 행해지고 있다.

뿐만 아니라 교회 역사에 보면 성찬과 관련하여 실제적 적용에 있어서 성경의 가르침에 충실했던 노력이 있었다. 대표적으로 18세기 미국의 청교도 목회자인 조나단 에드워즈(Jonathan Edwards, 1703~1758)의 예가 있다. 그는 당시에 자신이 목회하던 노샘프턴(Northampton) 교회가 성찬 참여의 기준을 너무 낮추어 버려서 교회 안에 여러 가지 문제가 발생한 것을 보았다. 그래서 성찬 참여의 기준을 높여야 할 것을 설교나 여러 가지 방식으로 강력하게 호소했다. 물론 그 노력이 실패로 돌아가긴 하였지만 성찬 참여의 기준을 분명히 하지 않았을 때에 생기는 문제점이 무엇인지를 잘 보여 주는 예다.

적용

교회는 주의 만찬의 성례를 시행해야 한다. 교회로서 갖추어야 할 다른 모든 것들, 즉 그리스도인, 직분자, 예배, 말씀 선포 등이 있어도 성찬이 없다면 교회가 아니다. 교회는 반드시 그리스도의 명령을 따라 성찬을 시행해야 한다. 초대교회의 경우 성찬을 매우 중요하게 여겨 예배의 한 부분으로 생각했다(행 2:42; 20:7).

벨기에 신앙고백서 역시 이 사실을 강조한다. 벨기에 신앙고백서는 제29조에서 교회의 표지로 성례를 언급했다. 그리고 제33조에서부터 제35조까지에서 성례와 그 성례인 세례, 성찬에 대해서 고백했다. 이것은 우리로 하여금 교회가 무엇인지를 잘 보여 준다.

교회란 세례로 말미암아 세워지는 성찬 공동체다. 교회란 단순히 믿는 사람들의 모임이라는 개념을 넘어서는 공동체다. 그리스도의 십자가로 말미암아 구속받은 자들이 연합하여 그리스도의 몸을 이루어 가는 공동체다. 고린도전서 12:12-13은 이 사실을 잘 보여 준다. "(12)몸은 하나인데 많은 지체가 있고 몸의 지체가 많으나 한 몸임과 같이 그리스도도 그러하니라. (13)우리가 유대인이나 헬라인이나 종이나 자유인이나 다 한 성령으로 세례를 받아 한 몸이 되었고 또 다 한 성령을 마시게 하셨느니라." 그러므로 세례와 성찬으로 묶여 있는 공동체가 아니라면 교회가 아니다. 그저 종교적 단체일 뿐이다. 세례로 말미암아 그리스도의 한 몸에 속하게 되고, 성찬으로 말미암아 그리스도의 한 몸 됨이 온전히 나타나는 공동체가 참 교회다. 교회는 세례와 성찬을 시행하면서 이 의미를 잘 드러내어야 한다.

특별히 성찬은 복음의 모든 것을 잘 담아내고 있다. 성찬을 통해 우리의 죄인 됨이 드러난다. 찢어진 빵과 포도주를 통해 우리가 죄로 말미암아 당해야 할 형벌을 보게 된다. 성찬을 통해 우리가 구원받았음이 드러난다. 성찬을 통해 우리를 구원하신 분이 어떤 일을 하셨는지 드러난다. 성찬을 통해 구원받은 우리에게 필요한 것이 무엇인지가 드러난다. 성찬을 통해 구원받은 자들은 그리스도의 몸에 접붙임을 받았다는 사실이 드러난다. 성찬을 통해 구원받은 자들은 그리스도의 몸인 교회와 연합되어 있다는 사실이 드러난다. 성찬을 통해 무덤에 계시던 예수님께서 부활하셨음을 확신하게 된다. 성찬을 통해 장차 우리가 영원한 천국에서 맛보게 될 천국잔치를 보게 된다.

성찬은 복음을 다 담아내고 있기에, 성찬을 제대로 분명하게 시행한다면 우리의 믿음은 자랄 수밖에 없다. 교회의 교회됨이 분명해질 수밖에 없다. 성찬에 참여하는 모든 성도들이 믿음으로 참여하고, 성찬의 의미를 제대로 이해하고 그 의미를 구현해낼 때에 성찬은 비로소 우리를 위한 참된 성례가 된다.

| 결 론 |

성찬을 통해 하나님께서 우리에게 행하신 일들을 기억하자. 성찬을 통해 하나님의 보좌 오른쪽에 계신 예수 그리스도를 바라보자. 성찬을 통해 교회의 한 몸 됨의 의미를 기억하자. 성찬을 통해 앞으로 이루어질 새 예루살렘에서 우리의 신랑 되신 예수님과 영원토록 누리게 될 거룩한 식사를 바라보자.

시민정부

The Civil Government

우리는 인류의 부패(the depravity of mankind) 때문에 우리의 은혜로우신 (gracious) 하나님께서 왕과 군주와 공직자들(civil officers)을 세우셨음(ordained) 을 믿습니다.[1] 하나님께서는 사람들의 방탕함(the licentiousness of men)이 억 제되고, 모든 것이 선한 질서대로(in good order) 그들 가운데서 행해지게 하기 위해,[2] 세상이 법률(laws)과 정책(policies)에 따라 다스려지기를 원하십니다.[3] 하나님은 이 목적을 위해서 정부의 손에 칼(무력)을 두셔서, 악을 행하는 자들(wrongdoers)을 처벌하시고 선을 행하는 자들(those who do what is good)을 보호하십니다(롬 13:4). 이것을 억제하고 보호하는 그들의 임무는 공공질서(the public order)에만 제한된 것이 아니라, ※그리스도의 나라가 도래하고, 복음의 말씀이 모든 곳에서 설교되게 하여[4] 하나님께서 당신의 말씀에서 요구하신 대로 모든 사람들에 의해서 영광을 받으시고 예배를 받으시도록 하기 위한 교회와 교회의 사역(the church and its ministry)을 보호하는 것도 포함합니다.

더욱이 신분(quality)이나 조건(condition), 지위(rank)를 막론하고 모든 사람들은 공직자들의 다스림을 받아야 하고, 세금을 내야 하며, 그들을 경의 (honour)와 존경(respect)으로 대해야 하고, 하나님의 말씀에 위배되지 않는 한[5] 모든 일에 있어서 그들에게 순종해야 합니다.[6] 우리는 그들을 위해서 기도하여, 하나님께서 그들의 모든 길을 지도하셔서 우리가 모든 면에 있어서 경건하고 정직하여 조용하고 평화로운 생활을 할 수 있도록 해야 합니다 (딤전 2:1-2).

이런 이유로 우리는 재세례파와 다른 반역하는 사람들(other rebellious people) 과 일반적으로 권세들과 공직자들을 배격하고(reject) 공의를 무너뜨리며

(subvert)⁷⁾ 이익 공동체(a communion of goods)를 도입하여(introduce) 하나님께서 사람들 가운데 세우신 질서(decency)를 혼란하게(confound) 하는 모든 자들을 정죄합니다(condemn).

※ 표시된 부분에는 "모든 우상숭배와 거짓 예배는 제거되어야 하고 금지되어야 하며, 모든 적그리스도의 왕국은 파괴되어야 하며"라는 말이 있었으나, 1905년 네덜란드 개혁교회(Gereformeerde Kerken in Nederland)의 일반 총회에 의해서 삭제되었습니다.

1) 잠 8:15; 단 2:21; 요 19:11; 롬 13:1   2) 신 1:16; 신 16:19; 삿 21:25; 시 82; 렘 21:12; 22:3; 벧전 2:13,14   3) 출 18:20   4) 시 2; 롬 13:4a; 딤전 2:1-4   5) 행 4:19; 5:29   6) 마 17:27; 22:21; 롬 13:7; 딛 3:1; 벧전 2:17   7) 벧후 2:10; 유 8

시민정부

- **본문:** 로마서 13:1-7; 베드로전서 2:13-14
- **관련신조:** 웨스트민스터 신앙고백서 제23장, 제31장 제2, 5절; 하이델
  베르크 요리문답 제101, 104, 105문답

| 서 론 |

그리스도인이 이 세상을 살면서 공통적으로 경험하는 공동체 세 가지가 있다. 가정, 교회, 국가다. 그중에서 교회와 국가는 그 관계가 어떠해야 하는지에 있어서 중요한 이슈를 갖고 있다. 그 이슈 중에 몇 가지를 말해보면, 국가는 교회의 일에 대해서 어느 정도 간섭할 수 있는지? 반대로 교회는 국가에 대해서 어느 정도까지 간섭할 수 있는지? 그리스도인들은 세상 정치에 어느 정도 관여할 수 있는지? 악한 세상 권력에 대해서 그리스도인은 어떤 자세를 취해야 하는지? 등이다.

역사적으로 이 두 공동체의 관계에 대한 논의는 교회 역사만큼이나 오랜 세월 동안 있어 왔다. 그리고 이 두 공동체의 관계는 진자 운동을 하면서 때로는 국가가 교회를, 때로는 교회가 국가를 지배하기도 했고, 때로는 다른 형태로 나타나기도 했다.

초대교회 시대에 국가는 교회를 탄압하고 억압하였다. 초대교회 당시 로마는 기독교회를 탄압했다. 역사상 최대의 박해라고 할 수 있는 A.D. 303년의 디오클레티안 황제의 박해 때는 교회의 모든 집회를 금하고, 예배당을 파괴하며 성경책을 불태우기도 했다. 이때 교회는 폭력적 반항이 아닌 교훈과 설교를 통해 그 박해를 이겨냈다.

국가가 교회를 박해했던 때가 있었던 반면, 국가가 교회를 지지하던 때가 있었다. 콘스탄티누스 1세(Flavius Valerius Aurelius Constantinus, 272년 2월 27일-337년 5월 22일), 흔히 기독교 역사에서는 '콘스탄틴 대제'라고 부르는 왕이 다스리던 때(재위 306년-337년)에 313년에 있었던 밀라노 칙령을 통해 기독교에 대한 관용을 선포하여 기독교에 대한 박해를 끝내고 사실상 정식 종교로 공인했던 때가 있었다. 그 결과 교회의 압류된 재산을 돌려주고 이에 대한 국가의 보상을 정했다. 그리고 이때부터 주일(일요일)이 공휴일이 되었다. 그는 그 외에도 325년에 제1차 니케아 공의회를 소집하여 기독교의 발전에도 기여한 것으로도 유명하다.

교회가 국가를 지배하던 때도 있었다. 콘스탄틴 대제 이후 교회의 권한이 높아지자 교회가 타락하기 시작하여 이른바 '교황' 제도가 등장하게 되고, 교황에 대한 권위가 지나치게 높아지게 되어 A.D. 5세기부터 A.D. 13세까지 교황이 국가를 통치하는 시대가 있었다.

그러다가 다시 상황이 바뀌기도 했다. '교황의 바벨론 유수(幽囚)' 혹은 '교황의 아비뇽 유수'라는 이름으로 잘 알려진 사건이다. 13세기 말부터 국가 권력이 증대하기 시작하더니 14세기 초 프랑스에서 교황과 국왕의 갈등이 생겼다. 그 결과 왕의 권한이 우위를 차지하게 되고, 1305년에 선출된 프랑스인 제195대 교황 클레멘스 5세(Clemens PP. V, 재위: 1305년 6월 5일-1314년 4월 20일)는 프랑스 왕의 강력한 간섭을 받았으며, 로마로 들어가지 못한 채 프랑스의 아비뇽에 체류하게 되었다. 결국 1309년에 교황 클레멘스 5세가 프랑스 아비뇽으로 교황청을 옮긴 뒤, 1377년에 제201대 교황인 그레고리우스 11세(Gregorius PP. XI, 재위: 1370년 12월 30일-1378년 3월 26일)가 로마로 돌아갈 때까지의 7대[248]에 걸친 기간을 아비뇽에 머무르게 되는데, 이렇게 교황권이 프랑스 왕권에 굴복한 것을 고대 유대인의 바벨론 유수에 빗대어 교황의 바벨론 유수라고 부른다.

---

248) 교황 클레멘스 5세(1305년-1314년), 교황 요한 22세(1316년-1334년), 교황 베네딕토 12세(1334년-1342년), 교황 클레멘스 6세(1342년-1352년), 교황 인노첸시오 6세(1352년-1362년), 교황 우르바노 5세(1362년-1370년), 교황 그레고리오 11세(1370년-1378년).

이처럼 교회와 국가의 관계는 시대를 거쳐 오는 동안 아주 중요한 이슈였다. 벨기에 신앙고백서가 작성되던 종교개혁 당시에도 마찬가지였다. 당시 교회와 국가의 문제에 대해 세 가지 입장이 있었다. 첫째, 교황이 지상의 왕들과 통치자들을 다스려야 한다는 로마 가톨릭의 견해, 둘째, 교회와 국가는 분리되어야 하며 그 대신 국가는 하나님께서 다스리신다는 종교개혁자들의 견해, 셋째, 교회는 그리스도께만 속하여 있고 세상에 속하지 않는 공동체이므로 이 세상에 속한 것들로부터 거리를 두어야 한다는 재세례파의 견해다. 이 세 가지 견해 중 어떤 견해가 가장 성경적일까?

벨기에 신앙고백서 제36조를 통해서 어떤 견해가 성경의 가르침에 가장 일치하는지를 생각해보자. 다음의 네 가지 문제를 생각해보려고 한다. 첫째, 세속정부와 그 권세는 어떻게 생겨나게 되었는가? 둘째, 세속정부가 세워진 이유는 무엇인가? 셋째, 세속정부는 어느 범위까지 그 영향력을 미칠 수 있는가? 넷째, 교회는 세속정부에 대하여 어떤 태도를 취해야 하는가?

| 본 론 |

Ⅰ. 세속정부는 어떻게 생겨났는가?

일반적인 견해

첫째, 국가(國家)로 대표되는 시민정부(civil government) 혹은 세속정부는 어떻게 이 세상에 생겨났을까? 한국 사람들의 경우는 단군신화를 떠올린다. 단군(檀君)이 조선(朝鮮)이라는 나라를 세웠다는 것이다. 그 내용을 설명해보면 이렇다. 하늘에서 환인(桓因)의 서자인 환웅(桓雄)이 내려왔다. 환웅은 백두산 꼭대기의 신단수 아래 터를 잡고 '신시'라 이름하였다. 환웅이 신시를 다스리고 백성들을 가르치고 있던 어느 날, 곰과 호랑이가 환웅을 찾아와서 말했다. "환웅님 저희들도 사람으로 태어나게 해주십시오." 그리하여 환웅은 그들에게 굴속에 들어가서 마늘과 쑥을 100일간 먹고 지내면 사람이 될 수 있다고 했고,

그 결과 곰이 사람이 되었으니 웅녀가 되었다. 이 웅녀가 환웅과 결혼하여 아이를 낳았으니 그 이름이 '단군'이고, 단군은 나라를 만들었으니 조선(朝鮮)이라고 하였다.

이 이야기는 한낱 '신화'(myth)에 불과한 이야기지만 사람들이 흔히 세속정부의 탄생에 대해서 떠올리는 이야기다. 이외에도 보편적으로 세속정부의 설립에 대해 크게 두 가지 견해가 있다.

(1) 국가 진화론이다. 서로 같은 민족들이 모여서 사는 동안 부족의 전통이나 관습에 따라 자연스럽게 형성되었다는 것이다.

(2) 사회계약설이다. 토마스 홉스(T. Hobbes), 존 로크(J. Locke), 장 자크 루소(J. J. Rousseau) 등이 주장했던 것이다. 이 견해는 사회가 점차 복잡하게 발전함에 따라 그 필요에 의해서 사람들이 계약을 맺음으로 생겨났다는 것이다. 즉 원래는 모든 개인들이 누구의 명령도 들을 필요 없이 자기 마음대로 행할 수 있었다. 그러나 인구가 증가하고 사회가 복잡해짐에 따라 인간들은 함께 계약을 맺고 공동의 목적들을 위해 함께 움직이기 이전에는 혼란 상태 속에서 자기들이 원하는 목적들을 달성하기가 불가능하게 되었다. 그래서 인간들이 계약을 맺은 결과 국가나 세속정부가 탄생하게 되었다는 것이다.

성경과 신앙고백의 가르침

성경은 어떻게 가르칠까? 성경은 세속정부를 하나님께서 친히 세우셨다고 말씀한다. 이 강해의 본문인 로마서 13:1은 "…권세는 하나님으로부터 나지 않음이 없나니 모든 권세는 다 하나님께서 정하신 바라."라고 말씀한다. 여기서 권세란 세상을 다스리는 인간 통치자들이며 나아가 세속정부다. 오늘날로 치면 '국가'에 해당한다. 특별히 3절에 보면 "다스리는 자들은"이라고 되어 있는데, 여기에서 말하는 다스리는 자들이란 세속 정부의 위정자(爲政者)들이다. 이렇게 성경은 권세가 하나님으로부터 왔다고 말씀한다. 그리고 이 사실을 좀 더 강하게 표현하기를 2절에 보면 "그러므로 권세를 거스르는 자는 하나님의 명을 거스름이니…"라고 말씀한다. 이처럼 성경은 국가를 비롯한 세속정부가 하나님께서 세우신 것이라고 말씀한다. 이 본문뿐만 아니라 시편 75:7; 잠언

8:15-16; 예레미야 27:6, 17; 다니엘 2:21, 37; 4:17; 5:18-19 등을 보면 이 세상의 모든 세속 권력의 권세는 하나님께로부터 왔음을 알 수 있다.

하나님께서 태초에 아담과 하와를 통해 가정을 세우셨다. 하나님께서는 그리스도의 부활과 성령님의 강림을 통해서 교회를 세우셨다. 마찬가지로 하나님께서는 이 세상에 세속정부를 허락하셨다. 세속 권력 중에서 하나님으로부터 비롯되지 않은 것이 없다.

이러한 성경의 가르침에 따라 벨기에 신앙고백서 역시 첫 문장에서 다음과 같이 고백한다. "우리는 인류의 부패(the depravity of mankind) 때문에 우리의 은혜로우신(gracious) 하나님께서 왕과 군주와 공직자들(civil officers)을 세우셨음(ordained)을 믿습니다."

우리 주변의 잘못된 생각들

막연하게 생각할 때 권세는 사람에게서 비롯되었을 것이라고 생각하기 쉽다. 특히 우리는 민주주의 정신이 깊이 박혀 있어서 "국민의, 국민에 의한, 국민을 위한"(government of the people, by the people, for the people) 권력을 생각한다. 그리고 우리가 살고 있는 대한민국 헌법 제1조 2항이 표현하는 것처럼 "주권은 국민에게 있고, 모든 권력은 국민으로부터 나온다."고 생각하기 쉽다.

하지만, 로마서 13:1-2의 말씀과 벨기에 신앙고백서 제36조의 내용에 비추어서 생각해보면 전혀 그렇지 않다. 모든 권력은 하나님으로부터 나온다.

악한 권력에 대해서는?

이렇게 말할 때에 우리 안에 반감이 생길 수 있다. 왜냐하면 이 세상에는 건전한 권세가 있지만 그렇지 못한 경우도 많기 때문이다. 그래서 '과연 악한 권력이라도 하나님께서 세우신 것이라고 믿어야 하는가? 내가 동의하지 않는 권력에 대해서도 하나님께서 세우신 것이라고 믿어야 하는가?'라는 질문이 생길 수 있다.

그러나 우리는 이 신앙고백서를 작성한 '귀도 드 브레'가 어떠한 상황 속에 있었는지를 생각해보면 어느 정도까지 그러해야 하는지를 알 수 있다. 드 브레는 자기 시대의 가혹한 상황 가운데서도 자기가 속한 교회를 박해하는 정부에 대해서도 하나님으로부터 왔다고 고백한다. 벨기에 신앙고백서는 자신들의 개혁신앙을 핍박하는 당시의 스페인 왕 필립(펠리페) 2세에게 보낸 것이었다. 그런데 드 브레는 그 왕도 하나님께서 임명하셨다고 고백한다.[249]

드 브레뿐만 아니다. 로마서 13장이 기록된 시대를 생각해보라. 사도 바울이 이러한 고백을 할 때에 바울은 로마의 압제 가운데 살았다. 그럼에도 불구하고 성령 하나님의 가르치심에 따라 권세가 하나님께로부터 왔음을 고백한다.

그러므로 우리는 악한 권력이라도 하나님께로부터 왔음을 분명하게 기억해야 한다.

섭리 신앙에 기초하여

특별히 이 사실을 제13조에서 고백한 하나님의 섭리에 기초하여 생각해볼 필요가 있다. 우리는 온 세상을 주관하시는 하나님을 믿는다. 섭리를 믿는 우리의 고백이다. 그렇다면 온 세상을 다스리시는 하나님께서는 국가와 같은 세속권력도 주관하신다. 온 세상을 다스리시는 하나님께서는 너무나 당연히 세상의 통치자를 주관하신다. 물론 특별은총의 영역인 교회와는 그 간섭의 정도에 있어서 차이가 있겠지만 하나님의 손 안에 있지 않은 것이 없다.

Ⅱ. 하나님께서 세속정부를 세우신 목적

세속정부를 세우신 목적

둘째, 하나님께서 세속정부를 세우신 목적은 무엇일까? 벨기에 신앙고백서 제36조의 두 번째 문장은 "하나님께서는 사람들의 방탕함(the licentiousness of men)이 억제되고, 모든 것이 선한 질서대로(in good order) 그들 가운데서 행해지게

---

249) Clarence Bouwman, *Notes on the Belgic Confession*(Armadale: The League of the Free Reformed Women's Bible Study Societies, 1997), 손정원 옮김, 『벨직신앙고백해설』(부산: 도서출판 신언, 2007), 481.

하기 위해, 세상이 법률(laws)과 정책(policies)에 따라 다스려지기를 원하십니다."라고 고백한다. 하나님께서 세속정부를 세우신 이유는 악을 억제하고 선이 유지되게 하기 위함이다. 그래서 법률이나 정책을 허락하신다. 이 목적을 이루기 위해서 때로 하나님은 세속 권력에게 무력을 허용하신다. 그래서 이어지는 문장은 이렇게 고백한다. "하나님은 이 목적을 위해서 정부의 손에 칼(무력)을 두셔서, 악을 행하는 자들(wrongdoers)을 처벌하시고 선을 행하는 자들(those who do what is good)을 보호하십니다(롬 13:4)." '칼'(sword)을 가졌다는 것은 곧 무력(武力)을 가졌다는 것이고 좀 더 쉽게 말하면 사법권을 가졌다는 뜻이다. 이러한 역할을 가진 이유는 사회의 질서를 유지하기 위함이다. 악을 행하는 사람을 가두기도 하고 형벌을 내리기도 한다. 이렇게 함으로써 악을 행하는 자에게 진노를 내린다. 악을 행하는 사람을 징벌함으로써 자동적으로 그렇지 않은 사람에게 선을 베풀기도 한다. 이처럼 세속정부의 중요한 기능 중에 하나는 부당한 일이 발생하는 것을 방지하는 것인데, 하나님께서 그 권한을 주셨다.

왜 하나님은 굳이 세속정부를 통해서 이 일을 하게 하셨을까? 세속정부를 세우신 전제는 두 가지다. 첫째는 모든 사람이 죄인이라는 것이다. "사람들의 방탕함이 억제되고"라는 표현처럼 모든 사람들의 연약함과 결점, 죄악은 그것을 통제할 만한 권력의 필요성을 보여 준다. 만약 세상이 무죄상태(state of innocence)로 존재하다면 굳이 세속정부가 필요하지 않다. 그냥 전 세계를 영역으로 하는 하나님의 왕국만 있으면 된다. 그러나 그렇지 않기에 세속정부가 필요한 것이고 하나님은 그것을 허락하셨다. 둘째는 이 세상의 모든 사람이 교인은 아니라는 것이다. 비록 모든 사람이 죄인이라 하더라도 만약에 이 세상의 모든 사람이 교인이라면 굳이 세속정부가 필요하지 않다. 교회가 그 일을 하면 된다. 교회가 권징을 통하여 교인들을 다스리면 된다. 하나님의 말씀의 법만 있으면 충분하다. 그러나 이 세상은 그렇지 않다. 그렇기에 성도와 성도가 아닌 사람 모두를 관할할 수 있는 제도가 필요하다. 그래서 세속정부를 허락하셨고, 그 모양이나 체제는 시대에 따라 다르게 나타났다. 오늘날의 경우에는 '국가'의 형태를 띠는 것이 대부분이다.

이처럼 하나님은 세속정부를 사용하시고 때로는 그들에게 공권력을 사용케 하셔서 선이 증진되게 하시고 악이 억제되게 하신다. 이 사실을 로마서 13:4에서 잘 설명한다. "그는 하나님의 사역자가 되어 네게 선을 베푸는 자니라 그러나 네가 악을 행하거든 두려워하라 그가 공연히 칼을 가지지 아니하였으니 곧 하나님의 사역자가 되어 악을 행하는 자에게 진노하심을 따라 보응하는 자니라." 베드로전서 2:14에도 "그가 악행하는 자를 징벌하고 선행하는 자를 포상하기 위하여 보낸"이라고 표현한다.

세속정부의 역할[250]

세속정부는 기본적으로 사회질서를 유지하는 역할을 감당하는 단체다. 세속정부가 없으면 이 세상은 엉망이 될 수 있다. 교회만 있고 세속정부가 없다면 이 세상은 제대로 돌아가지 않을 것이다. 온갖 죄악이 난무할 수 있다. 그래서 하나님은 세속정부를 세우시고 그것을 통해서 사회질서가 유지되기를 원하셨다. 그러므로 세속정부는 그 영토에 거주하는 사람들의 행복과 안녕을 위해 힘써야 한다.

때로는 이 일을 위해서 무력을 사용하는 것도 하나님께서 허락하셨다. 세속정부는 영토 내의 평온을 유지하며 불온한 사람들의 선동을 억제하고 압제를 받는 사람들을 도우며 악행을 처벌하는 권한을 시행하기 위해서 무력을 사용할 수 있다.[251] 경찰권과 사법권을 사용할 수 있다.

Ⅲ. 세속정부가 통제할 수 있는 범위

셋째, 세속정부는 어느 범위까지 그 권한을 행사할 수 있을까? 일반 정치학에서는 크게 두 가지로 나뉜다. 첫째는 국가 절대주의다. 세속정부가 그 영토 안

---

250) *Institutes*, Ⅳ, ⅹⅹ, 2-3.

251) *Institutes*, Ⅳ, ⅹⅹ, 11-12.

에 일어나는 모든 문제를 간섭하고 지배해야 한다는 견해다. 둘째는 개인 절대주의다. 가능한 한 국가들의 통치력을 제한시켜야 한다는 견해다.

성경은 세속정부의 영역을 어떻게 말할까? 성경은 이 두 가지 견해의 중간적 입장을 취한다. 통치의 범위를 지나치게 제한하여 세속정부가 있으나 마나한 정도가 되게 하는 것은 옳지 않다. 즉 개인 절대주의는 바람직하지 않다. 세속정부는 분명히 하나님께서 맡기신 권한이 있다. 그러므로 그 일을 해야 한다. 세속정부는 국민의 기본권을 보호해야 한다. 국민의 신분과 재산에 관한 모든 문제에 보호자가 되어야 한다. 그러나 세속정부는 이 일에 있어서 지나치게 구체적이 되어서는 안 된다. 즉 국가 절대주의가 되어서는 안 된다. 세속정부는 인간 본연의 특성에 관한 문제에 있어서는 개인을 간섭할 수 없다. 인간의 내면에 관한 문제인 양심과 종교의 영역에는 간섭할 수 없다. 정부에 의해 만들어지지 않았거나 유지되지 않은 모임들이 가지는 고유의 영역들이 있으므로 그 부분에 침해할 수 없다. 예를 들어 국가가 학교 동아리에 대해서 간섭할 수 없다. 국가가 교회에 간섭할 수 없다.

성경의 가르침에 따르면 세속정부의 권한을 지나치게 최소화시켜서 세속정부 내의 집단들이 완전 방임상태에 있도록 두는 것을 반대하며, 반대로 국가가 사회, 경제적 집단들의 고유 영역을 침범하거나 이들을 소유하는 것을 반대한다.

이러한 사실에 근거하여 벨기에 신앙고백서 제36조는 세속정부가 가지는 임무의 한계를 다음과 같이 고백한다. "이것을 억제하고 보호하는 그들의 임무는 공공질서(the public order)에만 제한된 것이 아니라, 그리스도의 나라가 도래하고, 복음의 말씀이 모든 곳에서 설교되게 하여 하나님께서 당신의 말씀에서 요구하신 대로 모든 사람들에 의해서 영광을 받으시고 예배를 받으시도록 하기 위한 교회와 교회의 사역(the church and its ministry)을 보호하는 것도 포함합니다."

여기에 보면 한편으로는 공공질서를 제한하는 일을 해야 한다고 말하고, 한편으로는 신앙의 자유를 억압하는 일을 해서는 안 될 것을 말한다. 이 사실과 관련하여 디모데전서 2:2은 "임금들과 높은 지위에 있는 모든 사람을 위하여

하라 이는 우리가 모든 경건과 단정함으로 고요하고 평안한 생활을 하려 함이라."라고 말씀하는데, 여기에서 "이는 우리가 모든 경건과 단정함으로 고요하고 평안한 생활을 하려 함이라."라는 말은 세속정부가 성도와 교회의 신앙의 자유를 억압하는 것이 옳지 않음을 암시한다.[252]

Ⅳ. 세속정부에 대한 교회의 태도

세속정부에 대한 교회의 기본적인 태도

넷째, 세속정부에 대해 교회와 그리스도인은 어떤 태도를 가져야 할까? 기본적으로 교회에 속한 자들은 세속정부에 대해 복종해야 한다. 이 강해의 본문 로마서 13:1에 "각 사람은 위에 있는 권세들에게 복종하라."라고 한다. 또 다른 본문인 베드로전서 2:13-14에도 "(13)인간의 모든 제도를 주를 위하여 순종하되 혹은 위에 있는 왕이나 (14)혹은 그가 악행하는 자를 징벌하고 선행하는 자를 포상하기 위하여 보낸 총독에게 하라."라고 말씀한다. 이처럼 기본적인 태도는 '순종'이다.

그렇다면 좀 더 구체적으로 어떤 면에서 순종해야 하는가? 로마서 13:6-7에는 권세에 복종하는 것의 구체적인 예로서 세금을 언급한다. "(6)너희가 조세를 바치는 것도 이로 말미암음이라. 그들이 하나님의 일꾼이 되어 바로 이 일에 항상 힘쓰느니라. (7)모든 자에게 줄 것을 주되 조세를 받을 자에게 조세를 바치고 관세를 받을 자에게 관세를 바치고 두려워할 자를 두려워하며 존경할 자를 존경하라." 권세에 복종하는 것은 다양하게 표현될 수 있는데, 그 가운데 하나가 세금을 내는 일이다(막 12:17). 세금은 국가를 운영하기 위한 필수요건이며, 국민의 가장 기본적인 의무 가운데 하나다. 그렇다면 왜 세금을 내어

---

252) 이러한 성경적 가르침에 근거하여 오늘날 많은 나라에서 양심의 자유와 종교의 자유를 헌법에서 보장한다. 대한민국 헌법의 경우 제19조에서 양심의 자유를 제20조에서 종교의 자유를 언급한다.

야 하는가? 그 이유는 권세자들이 하나님의 일꾼이 되어 하나님이 시키신 일에 힘쓰기 때문이다.

이러한 성경의 가르침에 근거하여 벨기에 신앙고백서 제36조는 두 번째 단락에서 다음과 같이 고백한다. "더욱이 신분(quality)이나 조건(condition), 지위(rank)를 막론하고 모든 사람들은 공직자들의 다스림을 받아야 하고, 세금을 내야하며, 그들을 경의(honour)와 존경(respect)으로 대해야 하고, 하나님의 말씀에 위배되지 않는 한 모든 일에 있어서 그들에게 순종해야 합니다. 우리는 그들을 위해서 기도하여, 하나님께서 그들의 모든 길을 지도하셔서 우리가 모든 면에 있어서 경건하고 정직하여 조용하고 평화로운 생활을 할 수 있도록 해야 합니다(딤전 2:1-2)."

순종의 한계

세속정부의 모든 면에 대해서 순종해야 하는가? 그렇지 않다. 벨기에 신앙고백서 제36조를 잘 보면 "하나님의 말씀에 위배되지 않는 한"이라는 단서를 둔다. 이것은 베드로전서 2:13에도 언급되고 있다. "인간의 모든 제도를 주를 위하여 순종하되"라고 하면서 "주를 위하여"라는 단서를 붙인다.

기본적인 것에 있어서 그리스도인은 세속정부에 순종해야 한다. 기독교인들은 정부에 대해 성실한 국민, 성실한 시민이 되어야 한다. 그러나 반대로 교회나 그리스도인이 세속정부에 지나친 충성을 하는 것은 잘못이다. 성경은 국가에 대해 무조건적으로 충성하라고 말하지 않는다. 정부가 우리로 하여금 하나님의 계명을 어기게 할 때에는 순종할 필요가 없다. 정부가 하나님의 뜻에 반대되는 것을 명령하는 경우에는 복종해서는 안 된다.

성경에서 순종하라는 말은 세속정부의 모든 정책에 동의해야 한다는 것은 아니다. 하나님의 법에 반대되는 것도 다 지켜도 된다는 것은 아니다(행 5:29). 그런 의미보다는 정부에 대하여 수용과 겸손의 태도를 보여야 한다는 것이다. 비정상적인 방식으로 저항하는 것을 해서는 안 된다는 의미다.

하나님의 뜻을 거스르면서까지 국가 권력에 복종할 필요는 없다. 세속권력이 부당한 것을 요구할 때에 성도는 소극적인 의미에서 순종하지 않을 수 있다. 이때 단서가 있다. 저항은 어디까지나 비폭력적이어야 한다. 교회가 어떤 조직체를 구성해서 국가 권력에 항의하거나 지나친 데모를 한다거나 하는 것은 바람직하지 않다. 예수님도 그런 적이 없다. 그러므로 그리스도인들은 무정부주의자나 폭력 혁명가가 되어서는 안 된다.[253] 권세를 뒤엎으려는 노력을 해서는 안 되고 오히려 예수님께서 그렇게 하셨던 것처럼 하나님께서 허락하신 환경을 믿고 하나님의 주권을 기다려야 한다. 법이 보장하지 않은 불법적인 시위를 한다거나 반정부 시위를 한다거나 하는 것은 조심해야 한다. 혁명적인 방법을 하는 것은 성경적이지 않다. 만약 정부의 정책이 우리 소견에 옳지 않다면, 데모나 항거, 혁명이 아니라 조용하고 겸손하게 정부에게 이 사실을 알리고 하나님의 말씀을 따라 바뀌어야 할 부분을 지적해야 한다.

세속정부를 위해 기도해야 함

세속정부에 대하여 교회가 취해야 할 또 다른 자세는 그들을 위해서 기도하는 것이다. 교회는 권세를 세우신 하나님을 생각하고 하나님께서 세우신 위치에 있는 자들을 위해서 기도해야 한다. 이는 로마서 13장과 디모데전서 2장이 강조하는 부분이다. 특별히 디모데전서 2:1-2는 "(1)그러므로 내가 첫째로 권하노니 모든 사람을 위하여 간구와 기도와 도고와 감사를 하되 (2)임금들과 높은 지위에 있는 모든 사람을 위하여 하라 이는 우리가 모든 경건과 단정함으로 고요하고 평안한 생활을 하려 함이라."라고 말씀한다.

앞서 보았던 것처럼 교회가 세속정부의 부당함에 대해 항의할 때에 가장 먼저 취해야 할 자세는 기도다. 이것은 매우 소극적인 것처럼 보이지만 매우 적극적인 방식이다. 한국에 있는 그리스도인들은 한국정부를 위해, 미국에 있는 그리스도인들은 미국 정부를 위해, 아프리카의 어느 나라에 있는 그리스도인들은 그 나라의 정부를 위해 기도해야 한다. 이때 그 기도가 자기 나라의 무한한 영광이나 영원한 지속을 위해서 하는 것이 아니라 국가가 선을 잘 행할 수 있도록 해야 한다.

---

253) 손재익, 『십계명, 언약의 10가지 말씀』, 218-219.

V. 세속정부에 대한 교회의 태도를 오해하는 그리스도인들

지금까지 세속정부에 대해 교회가 취해야 할 태도에 대해서 성경의 가르침에 근거해서 생각해보았다. 그러나 교회 역사를 통해 보면 성경의 가르침과 다르게 가르친 사람들이 있다. 벨기에 신앙고백서 제36조는 마지막 단락에서 이 부분을 지적한다.

재세례파의 견해

벨기에 신앙고백서에 자주 등장하는 재세례파가 대표적이다. 재세례파는 기본적으로 이 세상에 대해서 매우 부정적인 견해를 갖고 있다. 그들은 그리스도인들은 세상에 속한 것이 아니라 하나님 나라에만 속한 자들이라고 본다. 그래서 정부를 거부하고 그 권세에 순종해서는 안 된다고 믿는다. 세금을 내는 것이나 정부에 연관되는 어떤 일을 하는 것은 모두가 잘못된 것이라고 보았고, 심지어 무정부주의(無政府主義, anarchism)를 표방하기도 한다.

그래서 벨기에 신앙고백서 제36조는 다음과 같이 고백한다. "이런 이유로 우리는 재세례파와 다른 반역하는 사람들(other rebellious people)과 일반적으로 권세들과 공직자들을 배격하고(reject) 공의를 무너뜨리며(subvert) 이익 공동체 (a communion of goods)를 도입하여(introduce) 하나님께서 사람들 가운데 세우신 질서(decency)를 혼란하게(confound) 하는 모든 자들을 정죄합니다(condemn)."

알미니안주의자들의 견해

또 다른 집단은 알미니안주의자들이다. 많은 사람들이 알미니안주의 하면 칼뱅주의 5대 교리(TULIP)를 떠올리고 예정과 구원에 관한 문제에 대해서만 생각하기 쉽다. 그런데 이들의 대표적인 이슈 중에 하나는 교회의 일에 국가가 깊이 개입해야 한다는 견해였다. 1618-1619년에 열린 도르트 회의(Synod of Dort)에 참석했던 그들은 교회에서 일어난 문제를 교회가 해결하는 것이 옳지만, 교회의 조직을 결정할 수 있는 권한은 국가에 있다고 생각하였다. 그러나 이러한 생각은 벨기에 신앙고백서 제30조에서부터 제32조까지의 내용과 반하는 것이다.

| 결 론 |

하나님은 이 세상의 모든 권세를 세우신 주권자시다. 하나님은 세상정부를 세
우셔서 세상의 역사를 이끌어 가신다. 이러한 하나님의 섭리와 그 지혜를 생각
해야 한다. 그리고 무엇보다도 그리스도인으로서 이 세상의 모든 것 중 "한 치
라도 주님의 소유"라고 했던 아브라함 카이퍼(Abraham Kuyper, 1837-1920)의 말
을 기억하면서, 교회와 세상 모두를 다스리시는 "하나님의 절대 주권"을 인정
하고 살아가는 개혁신앙인이 되어야 하겠다.

제37조

최후심판

The Last Judgment

마지막으로, 우리는 하나님의 말씀에 따라 주님께서 정하셨지만(ordained) 모든 피조물에게 알려지지 않은 그때가 이르고[1] 선택받은 자들의 수가 찰 때(is complete),[2] 우리 주 예수 그리스도께서 큰 영광과 위엄으로[3] 승천하신 것처럼(행 1:11) 육신으로 그리고 눈에 보이게(bodily and visibly)[4] 하늘로부터 오실 것이라고 믿습니다. 그리스도께서는 당신 자신을 산 사람들과 죽은 사람들의 심판주(Judge)로 선언하시고[5] 옛 세상을 정결하게(purge) 하기 위해서 이 옛 세상을 불태우실(afire) 것입니다.[6] 그때에 세상의 시작부터 끝까지 살았던 남자와 여자와 아이들 곧 모든 산 사람들이 이 위대하신 심판주(great Judge) 앞에 자기 스스로(in person) 서게 될 것입니다.[7] 그들은 천사장의 부름(archangel's call)과 하나님의 나팔 소리로 소집될 것입니다(be summoned)(살전 6:16).

그때 이전에 죽은 사람들은 땅으로부터 일어나서[8] 그들의 영혼(their spirits)이 다시 한 번 그들이 살았던 바로 그 몸과 연합할 것입니다(united with their own bodies in which they lived). 그때 다른 사람들처럼 죽지 않고 여전히 살아 있는 자들은 썩어질 것(perishable)이 썩지 않게(imperishable) 순식간에(the twinkling of an eye) 변화될 것입니다.[9] 그때 책들(books)이 펴지고 죽은 사람들이 선악 간에(고후 5:10) 이 세상에서 행한 것에 따라 심판을 받을 것입니다(계 20:12).[10] 정말로 모든 사람들은 자신이 언급한 모든 무익한 말(careless word)에 책임을 져야 하는데(마 12:36), 이것은 세상이 단지 농담(jest)과 재미(amusement)로 여긴 것들입니다. 사람들의 비밀과 외식(hypocrisies)이 모든 사람들의 눈앞에서 공개적으로(publicly) 드러날 것입니다. 그래서 이런 선한 이유로 사악한 악인들(the wicked)에게는 이 심판에 대한 생각이 무섭고(horrible) 두려운(dreadful) 것입니다.[11] 그러나 의로운 택자들에게는 이 심판에 대한 생각이 큰 기쁨(joy)과 위로(comfort)가 됩니다. 왜냐하면 택자들의 완전한 구속(full redemption)이 이루어지고 그들이 겪은 수고와 고통의 열매를 받을 것이기 때문입니다.[12] 그들의 무죄(innocence)가 모든 사람들에게 알려지고 그들이 이 세상에서 자신들을 핍박하고(persecuted) 압제하고(oppressed) 괴롭히던(tormented) 악한 자들에게 하나님께서 무서운 보복(vengeance)을 하시는 것을 볼 것입니다.[13]

악한 자들은 그들 자신의 양심의 증거에 의해서 유죄가 입증되어(be convicted) 죽지도 않고(immortal) 오직 마귀(devil)와 그의 사자들(angels)을 위하여 예비 된 영원한 불 속에서(마 25:41)[14] 고통을 받게 될 것입니다(be tormented).[15]

한편 신실하고 택함 받은 자들은 영광과 존귀의 면류관을 쓸 것입니다. 하나님의 아들이 하나님 아버지와 택한 천사들 앞에서(마 10:32) 그들의 이름을 인정하실(acknowledge) 것입니다.[16] 하나님께서 모든 눈물을 그 눈에서 씻기실 것이고(wipe away)(계 21:4),[17] 그들이 현재 많은 재판관들과 시민정부의 권세자들에 의해서 이단자(heretical)와 악인(evil)으로 정죄 받은 이유가 하나님의 아들로 인한 것임이 인정될 것입니다(be recognized). 주님께서는 은혜로운 보상(a gracious reward)으로서 사람의 마음이 결코 생각할 수 없는 그런 영광을 소유하도록 헤주실 것입니다.[18] 그러므로 우리는 예수 그리스도 우리 주 안에서 하나님의 충만한 약속을 즐길 것을 간절히 열망하면서 이 위대한 날을 고대합니다. 아멘. 주 예수여 오시옵소서!(계 22:20)

---

1) 마 24:36; 25:13; 살전 5:1-2 2) 히 11:39-40; 계 6:11 3) 마 24:30; 25:31 4) 계 1:7 5) 마 25:31-46; 딤후 4:1; 벧전 4:5 6) 벧후 3:10-13 7) 신 7:9-11; 계 20:12-13 8) 단 12:2; 요 5:28-29 9) 고전 15:51-52; 빌 3:20-21 10) 히 9:27; 계 22:12 11) 마 11:22; 23:33; 롬 2:5-6; 히 10:27; 벧후 2:9; 유 15; 계 14:7a 12) 눅 14:14; 살후 1:3-10; 요일 4:17 13) 계 15:4; 18:20 14) 계 20:10 15) 마 13:41-42; 막 9:48; 눅 16:22-28; 계 21:8 16) 계 3:5 17) 사 25:8; 계 7:17 18) 단 12:3; 마 5:12; 13:43; 고전 2:9; 계 21:9-22:5

제37조

최후심판

- **본문:** 요한계시록 1:7; 고린도전서 15:51-52; 요한계시록 20:12
- **관련신조:** 웨스트민스터 신앙고백서 제32-33장; 웨스트민스터 대요
  리문답 제84-90문답; 웨스트민스터 소요리문답 제37-38문
  답; 하이델베르크 요리문답 제57-58, 123문답

| 서 론 |

벨기에 신앙고백서의 가장 마지막 조항인 제37조 최후심판이다. 그동안 다룬 교리들은 모두 다 이미 일어난 것, 즉 과거에 관한 교리이거나 혹은 현재 일어나고 있는 것에 관한 교리다. 성경에 관한 교리(2-7조), 삼위 하나님에 관한 교리(1,8-11조), 하나님의 창조와 섭리(12-13조), 사람의 창조와 타락(14-15조), 하나님의 선택과 그리스도의 성육신(16-19조), 그리스도를 통한 구속(20-21조), 그리스도의 구속사역을 통한 우리의 구원(22-26조), 교회(27-32조), 성례(33-35조)에 관한 교리들은 과거와 현재에 관한 것이었다. 반면 제37조는 장차 있을 일, 즉 미래에 관한 교리다. 언제 이 일이 일어날지 알지 못하지만 분명히 아직 일어나지 않았고 앞으로 일어날 일에 관한 교리다. 여기에 기록된 일들이 일어나면 이 세상은 완전히 끝나게 되고 새로운 세상이 열리게 될 것이다.

　벨기에 신앙고백서 제37조가 다루는 내용은 마지막 때에 일어날 일들이다. 그 일들을 총 세 가지로 언급한다. 그리스도의 재림, 몸의 부활, 최후심판. 이 세 가지는 사도신경에서도 고백한다. "거기로부터 살아 있는 사람들과 죽은 사람들을 심판하러 오실 것입니다."라는 고백은 그리스도의 재림과 최후심판에 대한 것이다. 그리고 "몸이 다시 살아날 것과 영원히 사는 것을 믿습니다."

라는 고백은 몸의 부활과 최후심판 이후의 상태에 대한 것이다. 사도신경에서 간략하게 언급하는 그리스도의 재림, 몸의 부활, 최후심판, 이 세 가지를 벨기에 신앙고백서 제37조는 좀 더 구체적으로 다룬다.

| 본 론 |

I. 마지막 때에 일어날 일(1); 그리스도의 재림

그리스도의 재림

마지막 때에 일어날 일, 그 첫 번째는 '그리스도의 재림'이다. 벨기에 신앙고백서 제37조의 첫 문장은 다음과 같이 고백한다. "마지막으로, 우리는 하나님의 말씀에 따라 주님께서 정하셨지만(ordained) 모든 피조물에게 알려지지 않은 그때가 이르고 선택받은 자들의 수가 찰 때(is complete), 우리 주 예수 그리스도께서 큰 영광과 위엄으로 승천하신 것처럼(행 1:11) 육신으로 그리고 눈에 보이게(bodily and visibly) 하늘로부터 오실 것이라고 믿습니다."

이 문장에서 가르쳐 주고 있는 마지막 때에 있을 일은 "하늘로부터 오실 것이라고 믿습니다."라는 고백이다. 즉 예수님의 재림이다. 부활하셔서 승천하신 예수님은 올라가셨던 그 하늘로부터 다시 이 세상에 오실 것이다. 이렇게 "다시 오심"을 한자어로 '재림'(再臨, second coming)이라고 한다. 성경에는 '재림'이라는 말은 없다. 한글성경을 찾아보면 재림이라는 말 대신에 강림(降臨, 고전 15:23; 살전 2:19; 3:13; 4:16; 5:23; 살후 1:10; 2:1, 8; 약 5:7-8; 벧후 3:4; 요일 2:28), 나타나심(살후 2:8; 딤전 6:14; 딤후 4:1,8; 딛 2:13), 드러나심(고전 1:7; 살후 1:7; 벧전 1:7, 13; 4:13)이라는 표현이 나올 뿐이다. 비록 성경에 '재림'이라는 말은 없지만 일반적으로 예수님이 처음 이 세상에 성육신하여 오신 일을 처음 오셨다고 해서 '초림'(初臨)이라고 하고, 한 번 더 오시는 것을 초림과 구분하기 위해서 '재림'이

라고 부른다.[254]

벨기에 신앙고백서 제37조는 재림이 세상의 마지막 때에 일어날 일 중 하나라는 사실을 고백한다. 마지막 때에 일어날 일이 몇 가지 더 있지만, 그중에 예수님의 재림을 가장 먼저 이야기하는 이유는 예수님은 시간의 주관자이시므로 그분이 오시는 일은 곧 마지막이라는 시간을 알리는 일이기 때문이다. 약 2,000년 전에 이 세상에 처음 오셨던 예수님은 다시 오시는 일을 통해서 세상의 마지막이 왔다는 사실을 알리실 것이다.

이러한 재림에 대해서 성경 곳곳에서 말씀한다. 그중에서 이 강해의 본문인 요한계시록 1:7에서도 "볼지어다. 그가 구름을 타고 오시리라."라고 말씀하고, 데살로니가전서 4:16에서도 "주께서 호령과 천사장의 소리와 하나님의 나팔 소리로 친히 하늘로부터 강림하시리니."라고 말씀한다.

재림은 아직 일어난 일은 아니다. 하지만 성경이 말씀하기에 우리는 분명히 이 일이 일어날 것이라고 믿는다. 우리는 이러한 믿음을 가진 자들이다. 주님의 다시 오심을 믿고 기다리는 것이 우리의 믿음이다.

재림의 시기

예수님은 언제 다시 오실까? 벨기에 신앙고백서의 첫 문장 중에 "하나님의 말씀에 따라 주님께서 정하셨지만(ordained) 모든 피조물에게 알려지지 않은 그때가 이르고 선택받은 자들의 수가 찰 때(is complete)"라는 말이 나온다. 여기에서는 예수님의 재림의 시기를 세 가지로 표현한다.

첫째, 하나님의 말씀에 따라 정하신 날이 있다. 즉 분명히 재림의 때가 있다. 재림의 시기가 유동적인 것이 아니라 하나님께서 정한 시점이 있다. 둘째, 이렇게 확정된 때이긴 하지만, 그때는 모든 피조물에게 알려지지 않은 때다. 즉 아무도 모른다. 첫 번째 근거구절인 마태복음 24:36에서 예수님께서 말씀하시기를 "그날과 그때는 아무도 모르나니 하늘의 천사들도, 아들도 모르고 오직 아버지만 아시느니라."라고 하셨다. 여기에서 말씀하신 것처럼 재림의 시기는

---

254) 손재익, 『사도신경, 12문장에 담긴 기독교 신앙』, 224.

하나님 외에 아무도 모른다. 참고로 여기에서 "아들도 모르고"라는 말은 문자적으로 예수님도 모른다는 뜻이기보다는 모든 결정의 권한이 하나님께 있는 것으로서 모든 피조물은 그때를 알 수 없다는 의미다. 셋째, 아무도 모르지만 한 가지 단서가 있으니 선택받은 자들의 수가 찰 때 재림이 이루어진다. 이 사실은 두 번째 근거구절인 요한계시록 6:11에서 "각각 그들에게 흰 두루마기를 주시며 이르시되 아직 잠시 동안 쉬되 그들의 동무 종들과 형제들도 자기처럼 죽임을 당하여 그 수가 차기까지 하라 하시더라."라는 말씀에서 볼 수 있다. 창세전에 하나님께서 구원하시기로 작정하신 사람의 숫자가 채워지게 될 때에 비로소 재림이 이루어진다. 그런데 하나님의 선택은 하나님의 주권에 있는 부분이기에 우리는 전혀 알 수 없다. 이런 점에서 세 번째는 두 번째와 관련된다.

재림의 방식

예수님은 어떠한 방식으로 이 세상에 오실까? 벨기에 신앙고백서 제37조의 첫 문장의 뒷부분은 "우리 주 예수 그리스도께서 큰 영광과 위엄으로 승천하신 것처럼(행 1:11) 육신으로 그리고 눈에 보이게(bodily and visibly) 하늘로부터"라고 고백한다.

재림의 세 가지 방식을 말한다. 첫째, 큰 영광과 위엄으로 이루어진다. 둘째, 승천하신 것처럼 이루어진다. 셋째, 육신으로 그리고 눈에 보이게 이루어진다. 세 가지 모두는 두 번째에 해당하는 "승천하신 것처럼(행 1:11)"이라는 말에 포함된다. 어떤 방식이 승천하신 것과 같은 방식일까? 신앙고백의 본문에서 언급하는 사도행전 1:11에 보면 승천하신 예수님을 쳐다보는 사람들을 향해 천사가 이렇게 말한다. "갈릴리 사람들아 어찌하여 서서 하늘을 쳐다보느냐 너희 가운데서 하늘로 올려지신 이 예수는 하늘로 가심을 본 그대로 오시리라 하였느니라." 이 말씀대로라면 재림은 크게 세 가지 특징을 갖게 될 것이다. 첫째, 인격적 재림(人格的 再臨)이다. 즉 예수님은 친히 인격적으로 오실 것이다. 부활하신 예수님이 친히 하늘로 올라가셔서 하나님 아버지의 오른쪽에 앉으셨으니, 다시 오시는 것도 거기에 계신 그분이 직접 다시 오시는 것이다. 둘째, 큰 영광과 위엄으로 오실 것이다. 사도행전 1:9에 보면 예수님께서 하늘로 올라가실 때 구름이 예수님을 가렸다. 요한계시록 1:7에 보면 "볼지어다. 그가 구름을 타고 오시리라."라고 말씀한다. 이 말씀에 비추어 보면 예수님은 구름을 타고 가셨고 구름을 타고 오실 것이다. 그렇다면 예수님이 정말로 '구름'이라는 도구를 이용하실까? 그렇지 않다. 구름은 하늘로 가기 위한 운송수단이 아니다. 구름은 성경에서 영광을 상징한다(출 16:10; 40:38). 그렇기에 예수님께서 하늘로 올라가실 때에 구름이 그를 가린 것이나 예수님께서 하늘에서 땅으로 재림하실 때에 구름을 타고 오신다는 것은 큰 영광과 위엄이 가득할 것이라는 말이다. 예수님의 재림은 영광과 위엄이 충만한 방식으로 이루어지게 된다. 셋째, 육신으로 그리고 눈에 보이게 오신다. 예수님께서 부활하실 때 아무도 보지 못하게 부활하셨다. 부활하시고 난 뒤의 예수님은 보았지만 예수님께서 부활하시는 그 순간을 본 사람은 아무도 없다. 그런데 예수님께서 하늘로 올라가실 때는 제자들이 보지 못하도록 조심스럽게 올라가지 않으셨다. 사람들이 보는 앞에서 하늘로 올라가셨다. 그렇기에 재림도 사람들이 보는 앞에서 이루어질 것이다. 재림은 비밀스럽게 이루어지는 것이 아니라 모든 사람이 볼 수 있도록 가시(可視)적으로 이루어질 것이다(마 24:27). 이 사실은 요한계시록 1:7에 잘 나타나 있다. "볼지어다. 그가 구름을 타고 오시리라 각 사람의 눈이 그를 보겠고 그를 찌른 자들도 볼 것이요."

이러한 재림의 방식에 대한 성경의 가르침은 오늘날 자칭 '재림 예수'들의 가르침이 거짓임을 잘 보여 준다. 그들은 대개 아무도 모르는 사이에 재림했다고 말한다.[255] 그러나 성경은 예수님의 재림이 그렇게 비밀스럽게 이루어질 것이라고 말하지 않는다. 큰 영광과 위엄으로 우리 눈에 보이게 하늘로부터 오실 것이다.

재림의 목적

예수님께서 재림하시는 목적은 무엇일까? 최후심판이다. 이는 사도신경에서도 "살아 있는 사람들과 죽은 사람들을 심판하러 오실 것입니다."라고 고백하

---

255) 손재익, 『사도신경, 12문장에 담긴 기독교 신앙』, 235.

는 내용이다. 예수님은 최후심판을 위해서 이 세상에 오신다. 그러므로 재림은 마지막을 알리는 신호다. 재림으로 사람에 대한 모든 것이 심판받게 된다.

그래서 벨기에 신앙고백서는 첫 문장에서 예수님의 재림에 대해 말한 뒤에 이어서 두 번째, 세 번째 문장에서 말하기를 "그리스도께서는 당신 자신을 산 사람들과 죽은 사람들의 심판주(Judge)로 선언하시고 옛 세상을 정결하게 (purge) 하기 위해서 이 옛 세상을 불태우실(afire) 것입니다. 그때에 세상의 시작부터 끝까지 살았던 남자와 여자와 아이들 곧 모든 산 사람들이 이 위대하신 심판주(great Judge) 앞에 자기 스스로(in person) 서게 될 것입니다."라고 고백한다.

Ⅱ. 마지막 때에 일어날 일⑵; 몸의 부활

몸의 부활

마지막 때에 일어날 일인 예수님의 재림과 더불어 일어날 두 번째 일은 '몸의 부활'(몸이 다시 살아날 것)이다. 이 부분 역시 사도신경에서 중요하게 고백하는 내용이다. 죽은 사람의 몸이 다시 부활하게 될 것이다. 이 사실이 이 강해의 본문인 고린도전서 15:51-52 "(51)보라 내가 너희에게 비밀을 말하노니 우리가 다 잠 잘 것이 아니요 마지막 나팔에 순식간에 홀연히 다 변화되리니 (52)나팔 소리가 나매 죽은 자들이 썩지 아니할 것으로 다시 살아나고 우리도 변화되리라."에 나타나 있다. 이 말씀에 따르면 마지막 나팔소리가 들릴 때 죽은 자들이 다시 살아나게 될 것인데 곧 몸의 부활을 말한다.

몸의 부활에 대한 성경의 가르침에 근거해 벨기에 신앙고백서 제37조의 두 번째 단락에서는 이렇게 고백한다. "그때 이전에 죽은 사람들은 땅으로부터 일어나서 그들의 영혼(their spirits)이 다시 한 번 그들이 살았던 바로 그 몸과 연합할 것입니다(united with their own bodies in which they lived). 그때 다른 사람들처럼 죽지 않고 여전히 살아 있는 자들은 썩어질 것(perishable)이 썩지 않게 (imperishable) 순식간에(the twinkling of an eye) 변화될 것입니다." 벨기에 신앙고백서는 몸의 부활을 사도신경보다 자세하게 설명한다. 사도신경은 단순하게 "우리는 몸의 부활을 믿습니다."라고 고백하지만, 벨기에 신앙고백서는 몸의 부활이 무엇인지 좀 더 구체적으로 설명한다. 내용인즉, 예수님께서 재림하실 때에 죽은 사람들이 땅으로부터 일어나게 된다. 이렇게 일어난 몸은 이미 죽어서 하늘에 있는 영혼과 결합하게 될 것이다. 이때의 몸은 이전에 그들이 살았던 몸이 아니다. 부활한 몸이다. 썩지 않게 변화된 부활체다.

부연설명하면, 사람은 몸(body)과 영혼(soul)으로 구성되어 있다. 이 몸과 영혼은 하나로 이루어져 있다. 그래서 '영육 통일체'(psycho-somatic unity)라고 한다. 이 사실은 제14조에서 다루었다. 몸과 영혼은 하나로 이루어져 있기 때문에 그 둘은 절대로 나뉠 수 없다. 하지만 딱 한 번 나뉘게 된다. 죽을 때다. 사람이 죽으면 몸과 영혼이 나뉜다. 몸은 썩고, 영혼은 하나님의 품에 안기게 된다. 그리하여 영혼은 하늘에서 즐거움과 기쁨을 누린다. 하지만 이렇게 된 상태는 인간의 마지막 상태가 아니다. 왜냐하면 몸의 부활을 통해서 영혼과 몸이 결합될 때가 남아 있기 때문이다. 몸은 썩고 영혼만이 '하늘'(heaven)에 있는 상태를 가리켜 '중간기 상태'(intermediated period)라고 한다. 지금 현재, 그리스도 안에서 죽은 모든 영혼들이 이러한 상태에 있다. 이러한 상태에 있는 그들은 그 즐거움과 기쁨이 완성되는 날, 즉 몸의 부활을 기다리고 있다. 새 하늘과 새 땅을 창조하실 하나님의 구원사역의 완성을 바라보고 있다(계 6:10-11; 웨스트민스터 소요리문답 37문답). 그런데 예수님께서 재림하실 때 비로소 몸의 부활이 이루어지고, 그리하여 지금 현재 몸의 부활을 기다리고 있는 영혼과 결합하게 된다.[256] 이것이 사도신경과 벨기에 신앙고백서에서 가르치는 '몸의 부활'이다.

부활체의 특성

우리의 몸은 어떤 몸으로 부활하게 될 것인가? 앞서 본 벨기에 신앙고백서의 문장에 보면 이런 표현이 나온다. "그때 다른 사람들처럼 죽지 않고 여전히 살아 있는 자들은 썩어질 것(perishable)이 썩지 않게(imperishable) 순식간에(the

---

256) 손재익, 『사도신경, 12문장에 담긴 기독교 신앙』, 287-291.

twinkling of an eye) 변화될 것입니다." 이 문장에 보면 부활체의 중요한 특성을 "썩어질 것이 썩지 않게 변화된다."고 표현한다. 원래의 몸은 썩는 몸이다. 그러나 부활하는 몸은 썩지 않는 몸이다.

부활한 몸이 어떤 상태인지에 대해서는 고린도전서 15:42-44가 더 구체적으로 말씀한다. 이 본문에 보면 부활의 몸은 네 가지 중요한 특성이 있다. ① 썩을 몸이 썩지 아니할 몸으로 변화된다(고전 15:42,53). ② 욕된 몸이 영광스러운 몸으로 변화된다(고전 15:43; 빌 3:21; 골 3:4). ③ 약한 몸이 강한 몸으로 변화된다(고전 15:43). ④ 육의 몸이 신령한 몸으로 변화된다(고전 15:44).[257]

이것보다도 더 구체적이면 좋겠지만, 하나님께서는 우리가 어떠한 몸으로 부활할지에 대해서 신비의 영역으로 남겨두셨다. 하지만, 분명한 것은 그리스도의 재림과 동시에 몸의 부활 사건이 일어날 것이며, 그 몸은 썩을 몸에서 썩지 않는 몸으로 변화하게 된다는 것이다.[258]

Ⅲ. 마지막 때에 일어날 일(3); 최후심판

재림과 더불어 있을 최후심판

세상의 마지막 때에 예수님의 재림, 몸의 부활과 함께 일어날 또 다른 일은 최후심판이다. 사도신경에서 고백하듯이 예수님께서 재림하시는 목적 자체가 최후심판이다. 예수님은 거기로부터 즉, 하나님의 보좌 오른쪽에서부터 오셔서 살아 있는 사람들과 이미 죽어서 영혼만 있는 사람들을 심판하실 것이다.

최후심판은 어떤 형태로 나타나게 될까? 벨기에 신앙고백서는 두 번째 문장 이하에서 이렇게 고백한다. "그리스도께서는 당신 자신을 산 사람들과 죽은

---

257) 손재익, 『사도신경, 12문장에 담긴 기독교 신앙』, 294.

258) 신자의 부활체가 어떠할지에 대해 다음의 논의를 참고하라. J. A. Schep, *The nature of the resurrection body: a study fo the biblical data*(Grand Rapids: Eerdmans, 1964), 김종태 옮김, 『부활체의 본질』(서울: CLC, 1991), 275-340.

사람들의 심판주(Judge)로 선언하시고 옛 세상을 정결하게(purge) 하기 위해서 이 옛 세상을 불태우실(afire) 것입니다. 그때에 세상의 시작부터 끝까지 살았던 남자와 여자와 아이들 곧 모든 산 사람들이 이 위대하신 심판주(great Judge) 앞에 자기 스스로(in person) 서게 될 것입니다. 그들은 천사장의 부름(archangel's call)과 하나님의 나팔 소리로 소집될 것입니다(be summoned)(살전 6:16)."

이 구절에 근거해서 보면 최후심판은 다음과 같은 방식으로 일어나게 된다. ① 먼저, 그리스도께서 심판주이심이 드러난다. 심판자이신 그리스도께서는 하늘로부터 구름을 타고(영광중에) 그의 아버지와 거룩한 천사들의 영광과 위엄으로 강림하사 이 세상에 자신이 심판주이심을 선언하시게 될 것이다. ② 그 심판주 예수님은 이 세상을 정결하게 하기 위해서 이 세상을 불태우시는 심판을 행하신다. ③ 이때 심판의 대상으로 세상의 시작부터 끝까지 살았던 모든 사람들이 심판주 앞에 서게 될 것이다. ④ 이들에 대해서 심판주 예수님께서는 의인과 악인으로 구별하실 것이다(마 25:31-33). ⑤ 그 결과 의인은 영원한 생명으로, 악인은 영원한 형벌로 인도하시게 된다. 그리스도를 믿는 의인은 천국으로, 그리스도를 믿지 않는 악인은 '지옥'에 던져질 것이다(계 20:15).

심판의 내용

최후심판 때에 모든 사람들은 예수님 앞에서 심판을 받게 될 것이다. 그렇다면 예수님은 우리의 무엇을 심판하실까? 벨기에 신앙고백서의 고백을 보자. "그때 책들(books)이 펴지고 죽은 사람들이 선악 간에(고후 5:10) 이 세상에서 행한 것에 따라 심판을 받을 것입니다(계 20:12). 정말로 모든 사람들은 자신이 언급한 모든 무익한 말(careless word)에 책임을 져야 하는데(마 12:36), 이것은 세상이 단지 농담(jest)과 재미(amusement)로 여긴 것들입니다. 사람들의 비밀과 외식(hypocrisies)이 모든 사람들의 눈앞에서 공개적으로(publicly) 드러날 것입니다. 그래서 이런 선한 이유로 사악한 악인들(the wicked)에게는 이 심판에 대한 생각이 무섭고(horrible) 두려운(dreadful) 것입니다."

우리가 이 세상에서 행한 행위에 대해서 심판하신다. 그 행위는 말로 한 것도 포함된다. 마음으로 비밀스럽게 한 것도 해당된다. 즉 겉으로 행한 죄, 속으로 행한 죄, 모든 것이 심판의 대상이 된다. 마음의 생각과 은밀한 의도를 포함해서 우리의 과거 생활 전부가 심판의 대상이 된다. 다시 말하면 우리의 모든 것이 발가벗겨진다.

이 사실에 대해 벨기에 신앙고백서는 "책들(books)이 펴지고"라고 표현한다. 이 표현은 요한계시록 20:12에 나오는 "내가 보니 죽은 자들이 큰 자나 작은 자나 그 보좌 앞에 서 있는데 책들이 펴 있고 또 다른 책이 펴졌으니 곧 생명책이라 죽은 자들이 자기 행위를 따라 책들에 기록된 대로 심판을 받으니"라는 말씀에 근거한 것인데, 문자 그대로 우리의 행위를 구체적으로 적어 놓은 물리적인 책이 있다는 말이라기보다는 상징적인 표현이다. 마치 책에 기록된 것처럼 우리의 행한 바 모든 일이 분명하게 드러나게 될 것이라는 말이다. 최후심판 때에는 우리의 모든 행위가 드러나게 된다. 우리가 받을 심판은 이 세상에서 살면서 우리가 행한 모든 것들이다.

최후심판이 주는 위로

최후심판을 통해서 우리의 모든 행위가 드러난다고 하면 두려운 마음이 생길 수 있다. 왜냐하면 나의 감추고 싶은 모든 죄가 드러날 뿐만 아니라 그것으로 인해서 내가 하나님 앞에서 정죄 당하지는 않을까 하는 마음이 있기 때문이다.

그러나 여기에서 기억해야 할 것은 최후심판이란 악한 자들에게는 무서운 일이지만 하나님께서 그리스도 안에서 구원한 자들에게는 그렇지 않다는 것이다. 물론 악한 자나 구원받은 자 모두 그리스도의 심판대 앞에 서며, 그 행한 모든 일과 그 마음에 품은 모든 생각이 드러나긴 한다. 하지만 이 심판이 악인들에게는 무섭고 두려운 것이지만, 의인에게는 그렇지 않다. 의인들은 오히려 위로를 얻게 된다. 왜냐하면 그리스도 안에서 선택된 구원받은 자들은 우리의 중보자이신 그리스도를 통해 그 모든 죄가 무죄하다고 인정되기 때문이다.

그래서 벨기에 신앙고백서는 이렇게 고백한다. "그래서 이런 선한 이유로 사악한 악인들(the wicked)에게는 이 심판에 대한 생각이 무섭고(horrible) 두려운(dreadful) 것입니다. 그러나 의로운 택자들에게는 이 심판에 대한 생각이 큰 기쁨(joy)과 위로(comfort)가 됩니다. 왜냐하면 택자들의 완전한 구속(full redemption)이 이루어지고 그들이 겪은 수고와 고통의 열매를 받을 것이기 때문입니다. 그들의 무죄(innocence)가 모든 사람들에게 알려지고 그들이 이 세상에서 자신들을 핍박하고(persecuted) 압제하고(oppressed) 괴롭히던(tormented) 악한 자들에게 하나님께서 무서운 보복(vengeance)을 하시는 것을 볼 것입니다."

신자들도 최후심판을 받게 된다(마 13:30, 40-43, 49; 25:14-23, 34-30, 46; 고후 5:10; 히 10:30; 롬 14:10). 그러나 신자들은 심판의 날을 두려워할 필요가 없다. 왜냐하면 그리스도 예수 안에는 정죄함이 없기 때문이다(롬 8:1). 신자는 비록 심판은 받지만 형벌은 받지 않는다. 심판과 형벌을 구분해야 한다. 신자들도 자신의 죄와 잘못들이 드러나게 되겠지만, 그 죄는 용서받은 죄, 즉 이미 예수 그리스도의 피로 말미암아 전적으로 덮어진 죄다. 그렇기에 심판 뒤에 형벌은 없다. 구원만이 있을 뿐이다. 그러므로 신자들은 심판을 두려워해야 할 이유가 전혀 없다. 오히려 그리스도 안에서 큰 기쁨과 위로만이 있다.

최후심판의 결과

최후심판의 결과는 어떻게 되는가? 요한복음 5:29는 "선한 일을 행한 자는 생명의 부활로, 악한 일을 행한 자는 심판의 부활로 나오리라."라고 말씀한다. 이 말씀에 비춰볼 때 심판의 결과는 두 가지다. 하나는 영원한 생명, 하나는 영원한 멸망이다. 오직 두 가지 외에 없다. 중간은 없다.

최후심판의 결과(1) – 영원한 불행

멸망은 그리스도 안에 있지 않는 모든 자들에 해당된다. 그들은 영원한 형벌을 받게 될 것이다. 지옥불의 고통을 받게 될 것이다. 이 사실에 대해 벨기에 신앙고백서는 이렇게 고백한다. "악한 자들은 그들 자신의 양심의 증거에 의해서 유죄가 입증되어(be convicted) 죽지도 않고(immortal) 오직 마귀(devil)와 그의 사자들(angels)을 위하여 예비된 영원한 불 속에서(마 25:41) 고통을 받게 될 것입니다(be tormented)."

여기에서 고백하듯 악한 자들은 자신의 죄로 인하여 지옥 불의 고통을 받게 될 것이다. 여기에서 우리는 두 가지 중요한 표현을 놓치지 말아야 한다. 하나는 '죽지도 않고(immortal)'라는 말이고, 다른 하나는 '영원한 불'이라는 말이다. 이 두 표현은 그리스도 밖에서 죽은 자들, 즉 악한 자의 형벌은 영원한 것이라는 점을 강조한다. 이 '영원한'이라는 것은 '끝이 없다'는 의미다.

이 표현을 중요하게 여겨야 하는 이유는 종종 어떤 사람들이 악인의 형벌이 있음은 인정하면서도, 그 형벌이 영원하지 않다고 주장하기 때문이다. 제7일 안식일 예수 재림교와 여호와의 증인 같은 이단들은 최후심판과 악인의 형벌을 믿는다. 그러나 악인의 형벌은 영원한 것이 아니라 그 형벌의 끝이 있다고 주장한다. 그들은 심판의 결과 악인의 영혼은 지옥에서 고통 당하게 되는데, 그 고통은 어느 정도 계속되다가 결국 그 고통으로 인해 영혼이 소멸되어서 마침내는 형벌이 끝나게 될 것이라고 가르친다. 그러면서도 악인의 심판이 영원하다고 말한다. 이때 그들이 말하는 '영원한'은 '끝이 없는' 기간이 아니라 '매우 긴 기간'이라고 생각하고 자신들의 주장이 성경적이라고 주장한다.

우리는 그렇게 믿지 않는다. 지옥의 형벌은 영원하다. 끝이 없다. 벨기에 신앙고백서가 고백하듯 악인의 몸과 영혼은 '죽지도 않고' 즉 immortal하게 존재하여서 영원히 형벌을 받는다. 끝없는 형벌이다. 그들이 당할 형벌은 영원한 불 속에 있는 고통이다.

그 형벌에 끝이 없고 영원하다는 것은 매우 중요하다. 왜냐하면 만약 이렇게 믿지 않는다면 하나님의 형벌은 의미가 없기 때문이다. 영원한 고통이 아니라 석당히 고통 받다가 그 영혼이 아예 사라신나면 그 형벌은 이 세상에서 잠시 고난 당하는 것과 다를 바가 없다. 그리고 형벌이 영원하지 않다는 생각은 공의로우신 하나님의 속성에 합당하지 않다. 지옥의 형벌은 영원하다. 악인이 당할 고통은 끝이 없다.

최후심판의 결과(2) – 영원한 행복

반면, 그리스도 안에 있는 모든 자들은 최후심판의 결과 어떻게 될까? 의인이 누리게 되는 결과는 악인이 받게 되는 결과와 전혀 반대다. 의인은 영원한 행복을 누리게 될 것이다. 이 행복은 악인의 형벌이 영원하듯 영원할 것이다. 끝이 없을 것이다. 벨기에 신앙고백서는 이 사실을 다음과 같이 고백한다. "한편 신실하고 택함 받은 자들은 영광과 존귀의 면류관을 쓸 것입니다. 하나님의 아들이 하나님 아버지와 택한 천사들 앞에서(마 10:32) 그들의 이름을 인정하실(acknowledge) 것입니다. 하나님께서 모든 눈물을 그 눈에서 씻기실 것이고(wipe away)(계 21:4), 그들이 현재 많은 재판관들과 시민정부의 권세자들에 의해서 이단자(heretical)와 악인(evil)으로 정죄 받은 이유가 하나님의 아들로 인한 것임이 인정될 것입니다(be recognized). 주님께서는 은혜로운 보상(a gracious reward)으로서 사람의 마음이 결코 생각할 수 없는 그런 영광을 소유하도록 해주실 것입니다."

여기에서 고백한 것처럼 그리스도 안에서 구원받은 자들은 최후심판으로 말미암아 영광과 존귀의 면류관을 쓰게 될 것이다. 하나님께서 우리를 의롭다 인정해 주시며, 요한계시록 21:4의 말씀처럼 우리 눈에서 모든 눈물을 닦아 주실 것이고, 다시는 사망과 애통과 곡하는 것과 아픈 것이 없을 것이다. 오직 하나님께서 주시는 기쁨만이 충만할 것이다.

종종 어떤 사람들은 의인이 가게 되는 천국은 지겨울 것이라고 생각한다. 그러나 그렇지 않다. 새 하늘과 새 땅에서 우리는 썩는 몸이 아니라 영원히 썩지 않는 영화롭고 부활된 몸을 가지고 하나님을 찬양할 것이다. 새 하늘과 새 땅에서 영원의 아름다움과 그 풍요로움을 만끽하면서 하나님의 영광을 찬양할 것이다. 예수 그리스도 안에서 하나님을 얼굴과 얼굴로 대면하여 보며, 그분 안에서 충만한 만족을 얻고, 즐거워하며, 그분께 영광을 돌릴 것이다. 하나님께서 주시는 진정한 위로로 가득 찬 기쁨만이 '새 하늘과 새 땅'을 가득 채울 것이다.[259]

| 결론 | 최후심판을 대하는 성도의 자세

벨기에 신앙고백서의 가장 마지막 조항을 읽을 때 이 고백을 작성한 귀도 드

---

259) 손재익, 『사도신경, 12문장에 담긴 기독교 신앙』, 303.

브레의 마음으로 읽을 필요가 있다. 드 브레와 그가 목회하던 교회의 회원들, 그리고 그들과 같은 신앙을 가졌던 사람들은 당시에 잘못된 믿음과 지식을 가진 자들에 의해서 핍박을 당하였다. 그들은 그러한 상황 속에서 이 조항에 대한 고백을 통해서 위로를 얻었다. 장차 다시 오셔서 온 세상을 심판하실 그리스도, 그분이 심판하신 뒤에 얻게 될 영원한 새 하늘과 새 땅. 그것을 바라보면서 위로를 얻었다. 그래서 "그들이 현재 많은 재판관들과 시민정부의 권세자들에 의해서 이단자(heretical)와 악인(evil)으로 정죄 받은 이유가 하나님의 아들로 인한 것임이 인정될 것입니다(be recognized)."라고 고백한다.

오늘날 우리도 그러한 마음으로 살아야 한다. 주님 다시 오실 날을 기다려야 한다. 예수 그리스도 안에서 누리게 될 영원한 영광을 사모해야 한다. 이 세상의 모든 고통과 근심이 사라지고 오직 하나님의 영광으로만 충만하게 될 그날을 바라보아야 한다. 주님 다시 오실 때에 이루어지게 될 새 하늘과 새 땅을 소망해야 한다. 이러한 고백으로 벨기에 신앙고백서 제37조의 마지막을 읽어보자. "그러므로 우리는 예수 그리스도 우리 주 안에서 하나님의 충만한 약속을 즐길 것을 간절히 열망하면서 이 위대한 날을 고대합니다. 아멘. 주 예수여 오시옵소서!(계 22:20)."

벨기에 신앙고백서 강해 후기

"마음으로 믿고 입으로 시인하여, 나의 고백이 우리의 고백으로"

• **본문:** 로마서 10:9-10

| 서 론 |

지금까지 벨기에 신앙고백서를 통해서 성경, 성부 성자 성령 삼위일체 하나님, 창조와 섭리, 사람의 타락과 죄, 하나님의 선택, 그리스도의 성육신, 그리스도의 본성, 예수 그리스도의 구원사역, 칭의와 선행, 율법, 교회와 교회정치, 성례, 시민정부, 최후심판 등 성경이 말씀하는 중요한 교리들을 모두 배웠다.

　37개의 조항으로 된 신앙고백서를 배웠는데, 그렇다면 이제 우리는 어떻게 해야 할까? 배운 것으로 끝일까? 그렇지 않다. 그렇다면 어떻게 해야 할까?

　세 가지로 생각해볼 수 있다. 첫째, 신앙고백을 계속해서 배워야 한다. 둘째, 이 고백서의 내용을 마음으로 믿어 입으로 시인해야 한다. 셋째, 나의 고백은 우리 교회의 고백이 되어야 한다.

| 본 론 |

Ⅰ. 신앙고백을 계속해서 배워야 합니다.

계속해서 배워야 함

첫째, 신앙고백을 계속해서 배워야 한다. 모든 배움이 그러하듯이 교리를 배우는 일은 끝이 없다. 계속해서 배워야 한다. 이 말은 반드시 벨기에 신앙고백서를 다시 공부해야 한다는 의미는 아니다. 물론 벨기에 신앙고백서도 한 번 배운 것으로 충분하지 않기 때문에 계속해서 배워야 한다. 그러나 벨기에 신앙고백서가 아니라도 상관없다. 처음 이 강해를 시작할 때에 언급했듯이, 벨기에 신앙고백서는 교리를 배우기 위한 '도구'이지 그 자체가 절대적인 것은 아니다. 교리를 잘 배우기 위해서 역사상 존재했던 좋은 신앙고백서 중 하나인 벨기에 신앙고백서를 사용했을 뿐이다. 특히 이 고백서는 건전한 가르침을 강조한 분이 작성했고, 그 가르침에 동의하는 건전한 교회가 고백하고 가르쳐 왔고, 역사상 계속해서 이어져 왔기에 검증된 것이기에 유용하게 사용했을 뿐이다. 그러므로 이 고백서를 통해서 배우는 것도 중요하지만 성경이 말하는 바를 잘 정리해 둔 다른 신앙고백서나 요리문답서를 사용하는 것도 좋다.

우리에게는 더 많은 신앙고백서와 요리문답서가 있다. 역사적으로 이어져 내려온 정통 교회는 교리교육을 중요하게 여겼다. 그래서 오늘날 존재하는 신앙고백서나 신경이라는 형태의 글이 존재하기 이전인 초대교회는 주 예수 그리스도(마 28:19-20)와 사도들의 명령(딤후 2:2; 벧전 3:15)에 순종하여, 교리를 가르치는 일을 중요하게 여겼다. 특별히 세례를 받을 자를 위해서 기독교 교리의 요약을 가르쳤고, 그렇게 해서 생겨난 것이 이제는 너무나 보편화된 사도신경이다. 당시의 목사들은 기독교 교리를 새 신자에게 설명했고 그 요약으로써 12개의 질문을 했는데, 그렇게 해서 형성된 것이 오늘날의 사도신경이다. 그러므로 우리는 사도신경을 사용해서 교리를 배워도 좋다.

시간이 흘러 종교개혁 때에 들어와서는 교리교육이 더욱 강화되었다. 칼뱅은 "교리가 없이는 교회 자체가 존재한 일이 없다."고 말했다.[260] 이러한 가르침에 근거하여 교리의 필요성을 잘 알았던 개혁자들은 그 교리를 잘 정리하려는 시도를 많이 했다. 그렇게 해서 나타난 것이 벨기에 신앙고백서(1561), 하이델베르크 요리문답(1563), 제2스위스 신앙고백서(1566), 도르트 신조(1618-1619), 웨스트민스터 신앙고백서(1647), 웨스트민스터 소요리문답(1647), 웨스트민스터 대요리문답(1648) 등이다. 종교개혁자들과 그들의 후예들은 이러한 신조들을 작성했고, 그것들을 가르치고 공부했다. 그리고 역사적으로 존재한 건전한 개혁교회와 장로교회들은 하루에 두 번 예배드리는 일을 중요하게 여겼으니 오전에는 성경전체의 본문에 대한 연속적 강해를, 오후(저녁)에는 교리를 가르쳤다.

오늘날 우리는 이러한 도구들을 잘 사용해서 계속해서 배워야 한다. 역사가 남겨 준 좋은 유산을 사용하여서 그 전통을 이어가야 한다. 하나님께서 우리에게 말씀을 통해 가르쳐 주신 기독교 신앙의 모든 것을 계속해서 배워야 한다.

배우지 않을 때에 나타날 결과

그렇게 하지 않는다면, 교회는 타락하게 된다. 하나님을 아는 지식과 복음을 이해함에 있어서 천박해진다. 성경의 교리를 가르치는 일이 사라지게 될 때에 교회의 몸집은 크지만 내실은 없게 될 것이다. 체격은 좋지만 체력은 약한 교회가 될 것이다. "우리가 다 하나님의 아들을 믿는 것과 아는 일에 하나가 되어 온전한 사람을 이루어 그리스도의 장성한 분량이 충만한 데까지 이르리니"(엡 4:13)라는 말씀과 배치되는 교회로 가득하게 될 것이다.

오늘날 한국교회에 오후(저녁)예배 시간에 교리를 가르치는 일이 아예 사라지고 그 예배를 '찬양예배'로 만들거나, 또한 오후예배의 참석숫자가 오전예배와 일치하기는커녕 30~40퍼센트 정도밖에 되지 않는 현실, 심지어는 일주일에 주일 오전 한 번만 예배드리는 일로 만족하는 현실은 한국교회의 앞날을 잘 예견하게 해준다.

---

260) *Institutes*, I. vii. 2.

배우지 않았던 교회 역사의 교훈

종교개혁 당시에 교리교육이 강화된 이유가 이런 것에 있었다. 중세시대의 교회에서는 성경과 교리를 가르치지 않았다. 당시의 교회는 성경이 가르치는 전체의 내용이 일반적인 신자를 위해서는 너무 어려우니까 신자는 교회가 믿는 것을 외적으로만 알면 된다고 생각했다. 다시 말해 당시의 교회는 이해가 없는 믿음, 단지 교회가 가르치는 것을 믿으려는 태도만 갖고 있는 것도 믿음이라고 가르쳤다. 평범한 신자가 자기 스스로 성경의 여러 가지 교리를 검토하는 것은 힘들고 어려우니, 교회의 권위에 승복해서 교회가 진리라고 선포하는 것이라면 무작정 받아들이는 것도 구원 얻는 믿음(saving faith)이라고 가르쳤다.[261] 그 결과 교회 안에 하나님의 말씀이 희귀해졌고, 교인들뿐만 아니라 심지어 말씀을 가르치는 자들도 하나님의 말씀을 알지 못하는 시대가 되어 버렸다. 그래서 중세를 "암흑시대(Dark age)"라고 부른다.

종교개혁자들은 당시의 성도들이 하나님을 아는 일에 있어서 그 수준이 너무나 부족하다고 여겼다. 예컨대, 마르틴 루터는 1526년에 교회 방문단으로서 개신교를 따르는 작센(Sachsen) 지방의 교회들을 시찰하면서 교인들뿐만 아니라 소위 성직자라고 하는 사람들조차도 성경에 대하여 무지하고 무관심하며, 기도를 하지 않고 죄를 자백하지 않고 성찬에 참여하지도 않는 현실을 목도하였다. 이 사실에 충격을 받은 루터는 교인들이 성경에서 말하는 믿음의 내용을 정확하게 파악해야 한다고 생각해서 오후예배에는 목사가 정한 특정 성경본문이 아닌 성경 전체의 교리를 설교하는 일을 시작하였다. 그렇게 해서 루터의 대요리문답과 소요리문답이 만들어졌다.[262] 이러한 역사의 흐름 속에서 신앙고백을 배우고 가르치는 일이 회복되었고, 벨기에 신앙고백서 같은 것이 만들어지게 되었다.

그러므로 우리는 교회 역사의 교훈을 반면교사 삼아 계속해서 배워야 한다. 교회는 그리스도의 학생들이 모인(벨기에 신앙고백서 제13조) 성경학교다. 교회가 끊임없이 배우고 가르치지 않을 때에 교회는 다시금 중세로 되돌아갈 수 있다.

---

261) 이러한 믿음은 구원 얻는 믿음(saving faith)이 아니라 '맹목적 믿음'(implicit faith)이다.

262) 고재수, "오후 예배의 폐지", 『그리스도와 교회와 문화』(서울: 성약, 2008), 215.

Ⅱ. 이 고백을 마음으로 믿어 입으로 시인해야 합니다.

고백을 마음과 입으로

둘째, 배운 것에서 그치지 않고 이 고백이 나의 고백이 되어야 한다. 이 강해의 본문인 로마서 10:9-10 말씀에 "(9)네가 만일 네 입으로 예수를 주로 시인하며 또 하나님께서 그를 죽은 자 가운데서 살리신 것을 네 마음에 믿으면 구원을 받으리라 (10)사람이 마음으로 믿어 의에 이르고 입으로 시인하여 구원에 이르느니라."라고 했다. 그러므로 우리는 먼저 이 고백을 마음으로 믿어야 한다. 내가 믿는바 진리에 대해서 대충 얼버무리는 것이 아니라 분명하게 마음으로 믿어야 한다. 그리고 마음으로 믿은 그것을 입으로 고백할 수 있어야 한다.

예수님께서도 마태복음 10:32-33에서 이렇게 말씀하셨다. "(32)누구든지 사람 앞에서 나를 시인하면 나도 하늘에 계신 내 아버지 앞에서 그를 시인할 것이요, (33)누구든지 사람 앞에서 나를 부인하면 나도 하늘에 계신 내 아버지 앞에서 그를 부인하리라." 이 말씀에서 예수님은 사람들 앞에서 예수님을 시인하면 예수님이 마지막 날 하나님 앞에서 그 사람을 시인하겠다고 말씀하신다. 반대로 사람들 앞에서 예수님을 부인하면 예수님이 마지막 날 하나님 앞에서 그 사람을 동일하게 부인하실 것이라고 말씀하신다. 이렇게 성경은 우리로 하여금 사람 앞에서 주님을 시인해야 한다고 말한다. 그렇다면 무엇을 시인한다는 말일까? 우리가 믿는바 진리의 말씀이다. 성경의 가르침이다.

여기에 공통적으로 나오는 '시인하다'라는 말의 원어가 '호모로게오'다. '함께'와 '말하다'가 합쳐진 단어다. '호모로게오'라는 단어에서 '신앙고백'(confessio)이라는 말이 나왔다. 그래서 시인하는 것은 곧 신앙고백 하는 것이며, 그것은 곧 함께 말하는 것이다. 그러므로 이렇게 우리의 말로 우리가 믿는 바를 시인하는 것이 신앙을 고백하는 것이다.

고백의 내용

'신앙고백'이란 곧 '함께 말하다'라고 했는데 그렇다면 이 말은 누구와 함께 말한다는 것일까? 일차적으로는 '하나님과 함께 이야기하는 것'이다. 그러면 '무엇을' 하나님과 함께 이야기하는 것일까? 그것은 "하나님께서 그의 말씀에서 우리에게 계시하신 모든 것"이다(하이델베르크 요리문답 21문답). 다시 말해, '하나님께서 자신에 대해서 계시하신 것에 대해서 하나님과 함께 말하는 것'이 신앙고백이다. 달리 표현하면, 신앙고백은 하나님께로부터 배운 것을 하나님을 향해 '복창'하는 것이다.

그러므로 신앙고백이란 어떤 새로운 것을 말하는 것이 아니다. 나의 주관적인 생각을 말하는 것이 아니다. 내가 새로운 내용을 만들어 내는 것이 아니다. 오히려 성경이 말씀하고, 그 성경에 근거하여 교회가 가르치는 말씀을 믿고 고백하는 것이다.

신앙고백이 하나님으로부터 받아 말하는 것이라는 사실은 베드로의 신앙고백(마 16:16; 막 8:29; 눅 9:20)에 대한 예수님의 답변에 잘 드러나 있다. 마태복음 16:15에서 예수님이 제자들에게 묻는다. "너희는 나를 누구라 하느냐?" 이 질문에 대해 베드로는 "주는 그리스도시요 살아 계신 하나님의 아들이시니이다."(마 16:16)라고 대답한다. 이 대답을 들은 예수님께서 이어서 "바요나 시몬아 네가 복이 있도다 이를 네게 알게 한 이는 혈육이 아니요 하늘에 계신 아버지시니라."(마 16:17)라고 말씀하셨다. 이 말씀을 통해서 예수님은 강조하기를 베드로가 "주는 그리스도시요 살아 계신 하나님의 아들이시니이다."라고 고백한 것은 베드로가 스스로 만들어 낸 것이 아니고 '하늘에 계신 예수님의 아버지'께서 예수님의 교훈과 이적을 사용해서 베드로에게 가르쳐 주신 것이다. 그러므로 베드로의 고백은 그저 하나님께로부터 배운 것을 복창한 것에 불과한 것이었다.

여기에서 우리는 중요한 사실을 알 수 있다. 우리는 철저히 하나님으로부터 말씀을 배워야 마음으로 믿고 입으로 고백할 수 있다. 이런 점에서 신앙고백을 계속해서 배워야 한다는 것은 매우 중요하다.

신앙고백이란 사람이 마음대로 하는 것이 아니라 하나님께서 당신의 말씀을 통해서 가르쳐 주시고 깨닫게 해주시는 것을 고백하는 것이니, 우리는 잘 배워서 그 배운 것을 마음으로 믿어 의에 이르고 입으로 시인하여 구원에 이르러야 한다. 신앙고백은 우리가 하는 것이지만, 그 내용은 우리에게서 나온 것

이 아니라 하나님께서 주시는 것이다.[263]

배워서 입으로

기독교 신앙이란 마음으로 믿고 끝나는 것이 아니다. 마음으로 믿은 것을 입으로 고백해야 한다. 시인해야 한다. 믿음은 고백되어야 하고, 고백된 것이야 말로 비로소 참 믿음이라고 할 수 있다.

성도 개개인은 각자가 하나님 앞에서 고백자여야 한다. 이때 마음으로 고백하는 것이 아니라 입으로 고백하는 고백자여야 한다. 공개적으로 어떤 자리에 서든지 "예수님이 나의 구원자가 되신다. 예수님이 나의 유일한 왕이십니다." 라는 사실을 고백하는 자라야 한다.

벨기에 신앙고백서 제1조에도 첫 문장에서 "우리 모두는…마음으로 믿고 입으로 고백합니다."라고 가르치고 있고, 그것의 근거로 로마서 10:10을 들고 있다. 이것은 곧 벨기에 신앙고백서가 우리에게 주어진 목적은 여기에 기록되어 있는 모든 내용을 마음으로 믿고 입으로 고백하기 위함이라는 것을 잘 보여준다. 또한 그 기록된 모든 내용마다 성경을 근거로 기록하니 우리가 고백하는 것은 곧 하나님께서 우리에게 가르쳐 주신 것에 근거한 것임을 보여 준다. 이런 점에서 우리는 잘 배워야 한다. 그리고 그 배운 것에 근거해서 고백해야 한다.[264]

---

263) 김헌수, "성경과 신앙고백(1)-고백하는 행위의 중요성,"『성약 출판소식』, 제49호 (서울: 성약출판사, 2005), 10-11.

264) 웨스트민스터 요리문답을 작성한 목사들은 "사람들이 기계적으로 암기하는 방식으로 배우고 앵무새처럼 대답하고 그것을 깨닫지 못하게 되는 것"을 염려하였다. 김헌수, "종교개혁과 요리문답 교육 및 설교,"『하이델베르크 요리문답의 역사와 신학: 개혁 신앙 강좌 6』(서울: 성약, 2006), 19.

Ⅲ. 나의 고백은 우리 교회의 고백이 되어야 합니다.

나의 고백이 교회의 고백으로

셋째, 나의 고백이 우리 교회의 고백이 되어야 한다. 앞서 보았듯이 '신앙고백'(confessio)은 '함께 말하는 것'이다. 그 '함께'는 일차적으로 하나님이다. 더나아가 이차적으로는 교회 공동체를 의미한다. 하나님과 함께 그리고 교회 공동체와 함께 고백하는 것이다. 전통적으로 교회는 '고백 공동체'였다.

마태복음 16:15 이하에 보면 예수님께서 어느 한 사람이 아니라 제자들 전체에게 묻는다. "너희는 나를 누구라 하느냐?" 이 질문에 대해 베드로는 다른 제자들을 대표하여 대답하기를 "주는 그리스도시요 살아 계신 하나님의 아들이시니이다."(마 16:16)라고 고백한다. 이 고백을 들으신 예수님께서는 "내가 내 교회를 세우리니"(마 16:18)라고 말씀하셨다.

이러한 성경의 가르침에 근거하여 교회를 정의하면 예수님을 그리스도와 하나님의 아들로 시인하는 신자들의 모임이다. 교회의 터가 되는 사도들을 대표하여 베드로가 고백하였으니, 교회는 이 고백 위에 세워진 것이다.

이런 점에서 그리스도인이 된다는 것은 마음으로 믿어 의에 이르고 입으로 시인하여 구원에 이르는 것일 뿐만 아니라, 나아가 신앙고백을 통하여 교회 공동체의 한 일원이 된다는 것을 말한다. 우리는 개개인의 독립적인 신앙인으로 살아가는 것이 아니라 교회의 공통된 고백으로 묶여져 있는 자들이다. 그렇기에 교회에 속한 사람 하나하나가 신앙을 고백하고 교회에 들어오는 것이고, 교회 전체가 신앙을 고백하면서 하나님께 나아간다. 우리 모두는 각각 하나님의 말씀에서 가르쳐 주고 있는 내용을 믿고 고백하여 그리스도인이 되며 또한 동시에 교회의 지체가 된다. 그리고 그 교회와 함께 말한다. 이것이 신앙고백이다.

벨기에 신앙고백서에 나타난 '우리'

벨기에 신앙고백서는 이 사실을 아주 잘 드러내 준다. 벨기에 신앙고백서의 37개 조항 거의 대부분이 "우리는 믿습니다."(We Believe)라는 표현으로 시작한다. 특별히 제1조의 첫 문장에는 "마음으로 믿고 입으로 고백합니다."라는 표현이 나온다. 이 표현은 제1조에 대한 것만이 아니라 37개의 조항 전체에 대한 것이다. 제1조에서부터 제37조까지의 모든 내용을 마음으로 믿고 입으로 고백한다는 말이다. 그래서 이어지는 조항들은 "마음으로 믿고 입으로 고백합니다."라는 말을 "우리는 믿습니다."라고 줄여서 반복한다.

여기에서의 '우리'는 교회 전체를 가리킨다. 다시 말해 귀도 드 브레 개인의 고백이 아니라 귀도 드 브레와 그가 목회하고 있는 교회, 그리고 그 교회와 같은 믿음을 가진 교회가 함께 믿고 고백한다는 것이다. 벨기에 신앙고백서의 고백은 절대로 귀도 드 브레 개인의 고백일 수가 없다. 귀도 드 브레는 당시 스페인의 왕이었던 펠리페 2세에게 이 고백서를 전달하면서 "왕이시여~! 이 고백은 저의 고백이 아니라 제가 속한 네덜란드 교회의 고백입니다."라는 사실을 "우리는 믿습니다."라는 표현을 통해서 드러낸 것이다.

그러므로 이제 우리는 1561년 당시 네덜란드 교회와 그 이후에 성경적 가르침에 철저했던 모든 교회와 더불어 이 신앙을 고백해야 한다. 이 고백이 나의 고백이 되어야 하고 우리의 고백이 되어야 한다. 우리의 신앙은 귀도 드 브레의 그것과 동일해야 한다. 그가 작성한 벨기에 신앙고백은 우리의 고백이 되어야 하며 그가 고백한 신앙은 우리가 고백하는 신앙이어야 한다.

하나의 믿음, 하나의 교회

하나님은 한 분이시다. 그렇기에 믿음은 하나다. 교회도 하나다. 에베소서 4:4-6은 "(4)몸이 하나요 성령도 한 분이시니 이와 같이 너희가 부르심의 한 소망 안에서 부르심을 받았느니라. (5)주도 한 분이시요 믿음도 하나요 세례도 하나요 (6)하나님도 한 분이시니 곧 만유의 아버지시라 만유 위에 계시고 만유를 통일하시고 만유 가운데 계시도다."라고 말씀한다.

교회는 여러 개가 아니라 하나다. 어떤 점에서 하나인가? 믿는 바에 있어서 하나다. 왜냐하면 교회는 고백공동체이기 때문이다. 만약 우리가 서로 믿는 바가 다르다면 사실 우리는 한 교회가 아니다. 교회는 동일한 신앙고백, 교리로 연결되어 있어야 한다. 그래서 교리교육이 필요하다. 교리를 통해 진리 안에서 하나 됨이 있는 교회가 진정한 교회다.

오늘날 우리가 사는 시대는 공적인 신앙을 부인하는 시대다. 그래서 믿음을 매우 사적인 것으로 이해하는 시대가 되었다. 그러나 우리의 믿음은 개인적인 것이 아니다. 믿음은 공적인 것이다. 믿음은 어느 한 교회나 개인이 독자적으로 만들어 내는 것이 아니라 성령님의 은혜 안에서 사도들로부터 교회에게 위탁된 말씀을 상속함으로써 생겨난다. 교회의 믿음은 개인의 믿음과 고백이어야 한다. 나아가 개인의 믿음은 하나의 거룩하고 보편적이며 사도적인 교회의 믿음이어야 한다.

그렇기에 만약 여기에서 가르치고 있는 내용을 부인하거나 일부에 대해서 동의하지 않는다면, 그것은 단순한 의견 차이나 생각 차이가 아니라 참된 복음에 대한 부인이 된다. 자신을 교회의 보편성 바깥에 세우는 일이 된다. 그리고 우리 교회가 참된 교회라면 이 고백이 우리 모두의 고백이어야 한다.

| 결 론 |

이 강해에서 다룬 세 가지는 서로 연결되어 있다. 신앙고백을 계속해서 배우면, 이 고백이 나의 고백이 된다. 이 고백이 나의 고백이 되면 우리의 고백이 된다. 이 고백이 나의 고백과 우리의 고백이 되면 계속해서 배우게 되어 있다.

하나님으로부터 잘 받아 배우자. 그것을 마음으로 믿고 입으로 시인하자. 나의 고백이 되게 하자. 나의 고백을 제대로 세워 우리의 고백이 되게 하자.

마음으로 분명히 믿어 입으로 시인하는 것으로 이어져야 한다. 말하지 않는 신앙, 고백 없는 신앙은 신앙이 아니다. 고백되지 않은 신앙은 죽은 신앙이다. 우리가 정말로 믿는 사람이라면 고백하는 신앙을 가져야 한다.

신앙을 고백한다는 것은 한편으로 그리스도와 함께 나 자신은 죽겠다는 것임을 기억해야 한다. 나아가 그리스도께서 주시는 진리만이 나를 살린다는 것도 포함함을 기억해야 한다. 이런 점에서 우리 모두는 그리스도를 위한 증인, 그리스도를 위한 순교자여야 한다. 하나님을 말하는 자, 하나님을 증거하는

자, 하나님의 순교자로 살아가자. 목숨 다해, 목숨 바쳐 우리가 믿는바 신앙을
고백하는 자로 살아가자.